s'ouvrir/
ouvrir
= unlock

La Poésie du XIXᵉ siècle

★

LES ROMANTISMES

Robert Sabatier
de l'Académie Goncourt

HISTOIRE DE LA POÉSIE FRANÇAISE

★★★
★★

La Poésie
du XIXᵉ siècle

I
LES ROMANTISMES

AM

Albin Michel

IL A ÉTÉ TIRÉ DE CET OUVRAGE
SOIXANTE EXEMPLAIRES SUR VÉLIN
CUVE PUR CHIFFON DE RIVES,
DONT CINQUANTE NUMÉROTÉS
DE 1 A 50, ET DIX HORS COM-
MERCE NUMÉROTÉS DE I A X.

© Éditions Albin Michel, 1977
22, rue Huyghens, 75014 Paris

ISBN BROCHÉ 2-226-00426-2
ISBN RELIÉ 2-226-00427-0

Les Poètes de transition

I

Avant le Romantisme

La Transition.

AVANT d'en venir à la grande aventure du Romantisme, celle qui dépasse le temps même des luttes, des triomphes et des apogées, se propage dans les arts et les idées, et se prolonge jusqu'à nous, on ne saurait oublier une période transitoire durant laquelle (Lamartine, Hugo et Vigny fourbissant leurs armes) des poètes simplement estimables, que la nouvelle école rayera d'un trait de plume, se trouvent au premier rang de la scène.

Durant cette période, les maîtres, les possesseurs des fauteuils académiques, sont les derniers représentants des dogmes classiques, et, pour les meilleurs, les précurseurs du proche romantisme : ils feront autorité jusqu'à ce que d'autres les supplantent. Les idées nouvelles, issues de la Révolution, font lentement leur chemin, préparent des formes neuves. La génération de l'Empire et celle de la Restauration sont nourries de Jean-Jacques Rousseau, de Chateaubriand, de Mme de Staël, de Sénancour, de Voltaire, de Bernardin de Saint-Pierre.

Des signes préromantiques, nous en avons trouvé tout au long de ce voyage : au XVIe siècle chez un Joachim Du Bellay; au XVIIe siècle de Théophile, Tristan ou Saint-Amant, chez les grands classiques aussi; au XVIIIe siècle chez maints faiseurs d'élégies, d'héroïdes, d'épîtres, et l'on nomme Thomas comme les « îliens » Léonard, Bertin, Bonnard, Parny, et l'on nomme les élégiaques, les mélancoliques, Colardeau, Feutry, Malfilâtre, Gilbert, La Harpe, Legouvé, Millevoye, Arnault, Chênedollé et, bien sûr, au premier rang André Chénier, plus proche encore du futur parnasse que des romantiques.

Au début du XIXe siècle, dans ce premier temps, dans cette parenthèse entre deux manières, où l'on trouve des femmes poètes nommées Marceline Desbordes-Valmore, Élisa Mercœur, Sophie et Delphine Gay, Mme Amable Tastu, pleines de promesses romantiques, où Népomucène Lemercier fait figure de chef d'école, où des noms se détachent qui sont Barthélemy et Méry, Casimir Delavigne, Pierre-Antoine Lebrun, parmi bien des rescapés de l'Empire déjà rencontrés dans le précédent volume, on entrevoit des disciples lointains de Voltaire qui mêlent l'art classique le plus pauvre à un art préromantique informe. On manque de génie, d'assurance, on ne crée ni système nouveau ni méthodes nouvelles, on en est à l'art d'agrément, on ne sait mener à bien des ambitions vagues. C'est le temps du pseudo-classique que suit le classico-romantique. L'appareil du langage est vieilli, les stances sont languissantes et monotones, les clairons sonnent faux. Le théâtre en vers se répand dans des centaines d'œuvres mornes, avec cependant quelques acclimatations des théâtres anglais et allemand encore méprisés — et là il faut saluer Lemercier et Lebrun —, des regards vers la Grèce et l'Italie. Tout cela fait semblant d'être fort.

Il ne faut point se méprendre : on est à l'époque des beaux transports et ils tentent vainement de donner une idée de désordre passionné, de grandeur et d'enthousiasme. Dans les odes napoléoniennes, il n'est pas impossible qu'apparaisse un vers isolé que ne renieraient ni Victor Hugo ni Auguste Barbier; dans les pièces fugitives, plus sobres, on trouve de bons passages. La matière reste cependant molle, sans fermeté de trait.

Avant d'entreprendre le grand voyage romantique, nous parlerons donc de ces années ni chair ni poisson et nous tenterons d'en exprimer les caractères par une galerie des portraits de ces poètes mineurs que nous nous sommes proposé de ne jamais ignorer.

Deux illustres Marseillais.

Auguste-Marseille Barthélemy (1794-1867) et Joseph Méry (1798-1866) parcourent à peu près le même temps de vie et s'unissent pour écrire de nombreux poèmes satiriques et héroï-comiques comme *la Villéiade,* 1826, dans le goût du *Lutrin, les Jésuites, les Grecs,* 1826, *la Corbiéréide,* 1827, *la Peyronéide, les Sidiennes,* épîtres à Sidi Mahmoud, ambassadeur du bey à Tunis, ou le poème descriptif et apologétique *Napoléon en Égypte,* suivi du *Fils de l'Homme* écrit à la suite d'une visite faite au duc de Reichstadt pour lui présenter le premier de ces poèmes. Puis ce furent *Waterloo,* 1829, *l'Insurrection,* que salue Sainte-Beuve, les livraisons satiriques hebdomadaires de *la Némésis* en vers.

De Barthélemy, existe une *Ode sur le sacre* qui lui vaudra une aide financière de Charles X, et de nombreuses œuvres avec ou sans la collaboration de Méry. Nous avons déjà cité ses poèmes didactiques sur *la Bouillote, le Baccara, la Vapeur, la Siphilis, l'Art de fumer*. Inutile de dire que ces curiosités n'enrichissent pas la poésie.

Barthélemy appelait Méry son « hémistiche vivant ». Ce dernier fit, seul, de nombreuses pièces de circonstance, des poèmes de tous genres, et l'on reste confondu par l'ampleur d'une œuvre promise à l'oubli. S'il reste difficile de séparer ces poètes, de distinguer l'apport de chacun d'eux, il semble que Méry fut plus léger, plus brillant, plus fantaisiste que son comparse. Ses contes nocturnes laissent prévoir le romantisme. Il traduit des drames en vers, *le Chariot d'enfant* et *l'Imagier de Harlem* en collaboration avec Gérard de Nerval. Ses romans-feuilletons, excentriques, paradoxaux, lui permirent de se créer un genre personnel auprès de Dumas, de Gozlan et d'Eugène Sue. Méry était sympathique, journaliste hardi et facétieux qui ne dédaigne pas la mystification au détriment de Viennet ou de Ponsard ; il fut de surcroît bon latiniste, intelligent et vif d'esprit.

Si l'on en croit Alexandre Dumas, Barthélemy était froid et taciturne, Méry chaleureux et loquace. Pour Victor Hugo « Les vers de Barthélemy sont de beaux vers comme les sergents de ville sont de beaux hommes ». Méry, lui, fut loué davantage bien qu'il partageât les mêmes responsabilités. Voici, tiré de *Napoléon en Égypte,* un exemple de leur manière :

> Déjà les grenadiers, dans leur marche indécis,
> Fouillent les corridors par les torches noircis.
> Ils admirent longtemps, sur les frises tombées,
> Le vif azur qui teint l'aile des scarabées,
> Les feuilles de lotus, les farouches Typhons,
> Les granits constellés qui parent les plafonds,
> Les murs où vainement de muets caractères
> D'un magique alphabet conservent les mystères,
> Le piédestal sonore où mugissait Apis
> Et les sphynx merveilleux, gravement accroupis,
> Qui semblent, sur le seuil de la longue avenue,
> Proposer au passant une énigme inconnue.

C'est de la poésie Empire comme on dit du meuble Empire. Lorsque Barthélemy chante *l'Art de fumer,* voilà ce que cela donne :

> Là, l'enfant nouveau-né, créature éphémère,
> Suce à la fois la pipe et le sein de sa mère ;
> L'homme que le destin relègue au dernier rang
> Pompe un arôme exquis dans un tube odorant.

Heureux le grand seigneur de l'Inde et de la Perse!
Tandis qu'à ses côtés, un esclave lui verse
L'extase des élus dans les flots du moka,
Un autre est à ses pieds, penché sur son houka,
Merveilleux appareil, où la tiède fumée
Refroidie en passant sur une eau parfumée,
Dans un long serpentin qu'elle suit lentement
Dépose l'âcreté d'un impur sédiment...

Ce houka, nous le retrouverons au début des *Fleurs du Mal.* Barthélemy jette ailleurs ce vers : « L'homme absurde est celui qui ne change jamais », morale pour girouettes, et il dira aussi « Le coupable est celui qui varie à toute heure ». Traverser autant de régimes successifs obligea ces poètes à bien des variations. Bien peu s'en tirèrent avec honneur.

Nos deux poètes marseillais sont des poètes de transition auxquels on doit reconnaître, à défaut d'une valeur poétique, du moins de la force dans la satire, de la bonne volonté dans l'écriture qui reste toujours de bonne composition. Ajoutons que la traduction de *l'Énéide* due à Barthélemy fut la meilleure de son temps.

Ne séparons pas Barthélemy et Méry de leur ami et compatriote Gaston de Flotte (né en 1805) de Saint-Jean-du-Désert. Sa notoriété ne sera pas comparable à celle de ses amis, à celle de l'autre Marseillais Joseph Autran; elle reposera sur ses collections de *Bévues parisiennes,* 1860, glanées dans la presse, plus que sur ses grands poèmes royalistes *Jésus-Christ,* 1841, et *la Vendée,* 1848.

Quelques chantres de l'Empereur.

La personnalité de Napoléon Ier, on le sait, après avoir inspiré le siècle finissant, inspirera le XIXe siècle, admirateurs comme opposants : il n'est que de citer Mme de Staël et Chateaubriand, Lamartine et Vigny, comme Béranger, Auguste Barbier, Hugo, Balzac, Stendhal, Edgar Quinet. Tous ne diront pas sa gloire, tous affirment son importance. Les poètes rescapés de l'Empire dont nous parlons sont des inconditionnels.

Louis-Marie de La Haye de Cormenin (1788-1868), juriste, adresse une *Ode à Napoléon,* 1813. L'officier Alexis de Charbonnières (1778-1819) fait jouer en vers *la Journée d'Austerlitz* et intitule un poème *Essai sur le sublime* avant que « l'enfant sublime » ne se manifeste. Louis-François Cauchy (1760-1868) écrit son *Dithyrambe sur la bataille d'Austerlitz.* Pierre David (1772-1846) a pour titre de gloire d'avoir acquis la Vénus de Milo, ce qui vaut mieux que sa *Bataille d'Iéna,* 1829, ou son *Alexandréide,* 1826. Anne Bignan (1795-1861) donne *Napoléon en Russie,* 1839. La même année, Adolphe Favre

(1808-1886), auteur de menus poèmes, demande à Louis-Philippe le retour des cendres de Napoléon ce qui permettra à Théodore Villenave (1798-1866) d'écrire *les Cendres de Napoléon,* 1841, après avoir édité *Napoléon,* poème en dix chants du roi Joseph. Et Victor Lavagne traduit de l'arabe une *Apothéose de Napoléon,* 1829.

Un homme politique, Louis Belmontet (1798-1879), consacrera la plupart de ses œuvres, si l'on excepte *les Tristes,* 1824, et sa tragédie *Une Fête de Néron,* en collaboration avec Alexandre Soumet, à son idole et à sa famille : *les Mânes de Waterloo, les Funérailles de Napoléon, les Impérialistes, les Napoléoniennes, Sébastopol,* et... *le Fils de Napoléon III.* Lié quelque temps avec les romantiques, il finit par les faire sourire. Tenant d'un bonapartisme populaire, il a aussi écrit des poèmes tristes comme *les Petits Orphelins* qui sauront inspirer Hugo.

On pourrait citer des centaines d'hommages lyriques, par exemple à propos du mariage de l'empereur : au *Mercure,* l'encens ne cesse de brûler avec, entre autres, Joseph Michaud (1767-1839), Pierre-François Tissot (1768-1854) ou le chevalier Fourcy. Nicolas Lemaire célèbre la grossesse de l'impératrice en vers latins tandis qu'en français 12 730 candidats se disputent les cinquante prix proposés sur ce sujet. Pour célébrer Napoléon II, il y aura 1 300 rimeurs tous dépassés par Victor Hugo ou Auguste Barbier plus tard. Tout au long du siècle, des poètes impériaux trouvent dans ces sujets matière à lyrisme ampoulé. Citons encore le *Napoléon au Mont-Thabor,* 1825, d'Amédée Duquesnel (né en 1802), *les Napoléoniennes,* 1852, d'Henri Dottin (né en 1816). Tous les rimeurs, les Barthélemy et Méry, les Fontanes, les Lebrun, les Baour-Lormian, les Viennet, les Esménard, les Brifaut, les Casimir Delavigne, dans des odes ou des pièces, chantent Napoléon et sa famille. Seuls quelques-uns restent réservés : Népomucène Lemercier, Ducis ou Marie-Joseph Chénier. Nous allons encore rencontrer des chantres du pouvoir, occasionnels ou non.

Un certain lyrisme : Lebrun.

Parmi les poètes de transition, Pierre-Antoine Lebrun (1785-1873) mérite mieux que la place qu'on lui accorde généralement. On peut le situer parmi les derniers poètes classiques et aussi parmi les premiers poètes romantiques. Si ses tragédies, *Coriolan* ou *Ulysse,* rappellent Corneille, n'oublions pas que sa pièce *Marie Stuart,* 1820, fut considérée comme apportant une des premières victoires du Romantisme, que *le Cid d'Andalousie,* 1825, sans cesse lyrique, aura une influence sur Casimir Delavigne, Victor Hugo, Henri de Bornier, Hippolyte Lucas.

Lebrun, qu'il ne faut pas confondre avec Lebrun-Pindare, donne *l'Ode à la Grande Armée* et des poèmes, des stances marquant la geste napoléonienne, chargés de clichés pseudo-classiques (qu'il éliminera en partie par la suite) laissant préfigurer *l'Aiglon* d'Edmond Rostand. Ces œuvres de circonstance, parce que profondément ressenties, ne seront pas dénuées d'un certain lyrisme exclamatif :

> Ô jours de ma jeunesse! ô beaux et nobles jours!
> Jours de printemps! Jours d'espérance!
>   Que votre souvenir toujours
>   A sur mon âme de puissance!
>   A peine au sortir de l'enfance,
> J'ai vu sa gloire naître et commencer son cours.

S'il chante la mort de l'empereur, un sentiment douloureux qui n'est pas de convention parcourt l'ensemble de son poème et lui confère une unité comparable à celle du *Lac* de Lamartine par exemple :

> Oui, le voilà, couché sur un lit funéraire,
> Sans sceptre, sans drapeaux qui lui parent la mort;
> Sans compagnons guerriers, sans pompe militaire,
>   Tout seul en présence du sort.

Disant adieu à son idole, il montre qu'il dit adieu à sa jeunesse et à toute une époque :

> Adieu! tout doit finir par ce mot douloureux.
> Adieu! toi, le héros des chants de ma jeunesse,
> Toi que j'aimai! Je sens dans les derniers adieux
> Se rassembler l'ardeur de ma première ivresse.

On trouvera des réminiscences de ce Lebrun-là chez Delavigne et chez Hugo. Lebrun excellera dans les élégies funèbres (la mort de son homonyme Lebrun-Pindare, celle de Byron lui inspirent des chants dignes de considération) ou les élégies patriotiques comme *Super Flumina*. Certes, ces œuvres ouvertes à l'avenir restent entachées d'expressions démodées et de clichés, mais on aime un Lebrun champêtre, virgilien, avec des accents byroniens, qui chante la Normandie, notamment dans *les Journées de Tancarville* (il habita le château de cette ville), sans toutefois atteindre à l'ampleur des maîtres romantiques.

Un poème intéressant est *le Cimetière au bord de la mer* dont le titre rappelle *le Cimetière marin* de Paul Valéry. Rien de commun entre les alexandrins déclamatoires du premier et la beauté, la pureté des décasyllabes du second. Mais ici et là, on trouve les mêmes thèmes, le même recueillement devant la mort et la mer. Citons pour la curiosité quelques vers isolés de Lebrun :

> Vous êtes là, couchés sous les gazons connus.

> Les vents ont dispersé de royales poussières.

> Les matelots ici n'ont plus peur...

> Au lieu qui les vit naître, ils reviennent mourir.

> Qu'un humble coin de terre, à l'ombre de ces arbres,
> Plairait mieux que ces lieux où les funestes marbres...

> Où souvent à leurs os on dispute l'espace,
> Où la vie au trépas vient demander sa place.

Et maintenant des vers de Paul Valéry qui semblent répondre à chacun d'eux :

> Les morts cachés sont bien dans cette terre.

> Le vent se lève!... Il faut tenter de vivre!

> Tu n'as que moi pour contenir tes craintes.

> Tout va sous terre et rentre dans le jeu.

> Composé d'or, de pierre et d'arbres sombres
> Où tant de marbre est tremblant sur tant d'ombres.

> Ma chair lui plaît, et jusque sur ma couche,
> A ce vivant, je vis d'appartenir.

Pierre-Antoine Lebrun écrira aussi des poèmes charmants comme *le Sommeil* qui rappellent l'art de Léonard ou de Parny. La Méditerranée lui apportera une inspiration proche de celle de Chateaubriand, de Byron, de Lamartine. L'Italie et la Grèce sont présentes dans des poèmes où une fine peinture des paysages se mêle à l'épopée. Ses vers traduisent son émotion, ils ont des tonalités tristes, des couleurs pastel, et puis voilà que, dans des tableaux puissants, il compare la tempête à la révolution et se montre peintre de nature : nous sommes déjà au cœur du romantisme.

Le malheur pour Lebrun, c'est que, quoi qu'il écrive, il se trouve toujours un Hugo ou un Lamartine pour lui être supérieur. Herc Szwarc qui lui consacra un important ouvrage conclut ainsi : « Dans un temps où les œuvres de Schiller passent pour des monstruosités, Lebrun ose acclimater en France le théâtre allemand, brise le cadre rigide de la tragédie classique, prépare la voie à la tragédie romantique et au drame moderne. Son *Voyage de Grèce* donne à la littérature de son temps une sève nouvelle, en montrant une Grèce non point exsangue, mais pleine de vigueur. Enfin Lebrun, dans ses articles de *la Renommée,* est un des premiers qui font connaître et vulgarisent l'œuvre de Byron. Cinq ans avant la préface de *Cromwell,* il lance un plaidoyer en faveur du romantisme... Il mérite que l'histoire littéraire conserve son nom comme précurseur du romantisme et le distingue parmi ces *poetae minores* qui ont eu leur heure de célébrité et ont soutenu la gloire des lettres françaises dans une période stérile de transition. »

Le Poète des Messéniennes : Casimir Delavigne.

Poète lyrique et national, Casimir Delavigne (1793-1843) est surtout connu par ses *Messéniennes,* 1818, élégies politiques ainsi intitulées par allusion aux lamentations des Messéniens vaincus. Ce recueil, en son temps, connut un immense succès. Aujourd'hui, ces poèmes nous paraissent embarrassés, empêtrés dans une fade rhétorique : c'est que, depuis, nous avons lu Hugo, Lamartine ou Vigny. Or, ils tranchaient sur le ton général de l'époque : parmi le morne orchestre de ses contemporains, Delavigne apportait quelques sonorités cuivrées. Pleurant la patrie blessée, trouvant la juste vibration qui naît de la sincérité, il exprimait, dans le ton qui était le sien, la souffrance de tout un peuple et la France du désastre s'y reconnaissait. Même les hommes du nouveau pouvoir y furent sensibles. Il est aisé de répéter que tout cela reste d'une éloquence déclamatoire peu supportable de nos jours; il est nécessaire de situer le poète historiquement pour montrer qu'il assumait son rôle national.

Bien plus gratuits apparaissent les poèmes didactiques comme *la Découverte de la vaccine* ou *le Bonheur que procure l'étude,* sujet académique que tout le monde ou presque traite. Il en est de même pour *Charles XII à Narva,* épopée. Mais voilà qu'il suit, comme Lebrun, le chemin de Grèce et donne des stances *Aux ruines de la Grèce païenne* dont voici un extrait :

> Eurotas, Eurotas, que font ces lauriers-roses
> Sur ton rivage en deuil, par la mort habité ?
> Est-ce pour faire ombrage à ta captivité
>   Que ces nobles fleurs sont écloses ?
> Non, ta gloire n'est plus; non, d'un peuple puissant
> Tu ne reverras plus la jeunesse héroïque
> Laver parmi tes lis ses bras couverts de sang,
> Et dans ton cristal pur, sous ses pas jaillissant,
>   Secouer la poudre olympique.

Dans la manière de son temps, Casimir Delavigne ne cesse de chanter la liberté, de célébrer la vie, de s'enthousiasmer à chaque frémissement d'un peuple. La mort de Byron à Missolonghi lui inspire des chants enthousiastes. Il s'indigne contre l'avènement de Charles X. Il célèbre juillet 1830 :

> Ce soleil de juillet qu'enfin nous revoyons,
> Il a brillé sur la Bastille.
> Oui, le voilà, c'est lui! La Liberté, sa fille,
> Vient de renaître à ses rayons.
> Luis pour nous, accomplis l'œuvre de délivrance!

Son culte de la liberté lui dicte des chants nationaux comme *la Parisienne* au sort éphémère, *le Dies Irae de Kosciuszko* et *la Varsovienne*. En une seule année, on vend vingt et un mille exemplaires de ses *Messéniennes*. Il prend figure de poète national, de héraut de la liberté.

Comme chez Lebrun, la Normandie apparaît dans ses vers. Hôte de l'ancien prieuré de la Madeleine, il lui fait des adieux touchants desquels l'émotion n'est pas absente :

> Adieu, Madeleine chérie
> Qui te réfléchit dans les eaux
> Comme une fleur, dans la prairie,
> Se mire au cristal des ruisseaux.
> Ta colline où j'ai vu paraître
> Un beau jour qui s'est éclipsé,
> J'ai rêvé que j'en étais le maître.
> Adieu, ce doux rêve est passé.

Comme Lebrun, comme les romantiques, il fut un homme de théâtre. *Les Vêpres siciliennes,* 1819, tinrent longtemps l'affiche; Xavier de Maistre lui inspira l'idée d'une autre tragédie, *le Paria :* les chœurs forment une belle œuvre lyrique dont Sainte-Beuve dit : « Le poète arrive au charme et nous rend mieux qu'un écho de la mélodie d'*Esther.* » Autres œuvres tragiques, *Marino Faliero* (avec un aspect de comédie), *Louis XI* qui s'inspire de Walter Scott, *les Enfants d'Édouard, Une Famille au temps de Luther, Don Juan d'Autriche,* font montre d'un grand sens de la couleur locale. A défaut de hardiesse, on trouve du mouvement et de la verve. Côté comédie, en vers ou en prose, *la Popularité, les Comédiens, l'École des vieillards,* etc., sont du théâtre de second ordre qui ne manque pas de qualité, notamment dans la peinture des caractères.

« Ce modeste, dit Jules Lemaitre, est celui qui, dans la trouble révolution romantique, a le mieux vu, le mieux dégagé ce qu'elle avait de légitime, de conforme au génie traditionnel de notre race. » C'est lui faire une bien belle part. Il préfigura le romantisme, mais il lui fit aussi des emprunts. Le mouvement était dans l'air.

Dans le domaine poétique, il est curieux de voir que l'Italie lui inspire un tout autre art que la Grèce : elle lui dicte des vers légers, des ballades, des barcarolles, qui ont du charme, et qui, parées de musique, feront les délices des salons d'une époque.

Écoutons-le chanter l'aurore :

> Déjà l'aurore aux mains vermeilles
> Sème les roses du matin;
> Va, jeune esclave, sous ces treilles
> Porter les coupes du festin.
> Que ces flacons dont la vieillesse
> Promet à la soif qui nous presse
> Un nectar longtemps respecté,
> Rafraîchis par des eaux limpides,
> M'apportent dans leurs flancs humides
> Le délire et la volupté.

On le voit : c'est honnête, mais Théophile de Viau faisait mieux. Pour mieux voir l'homme, voici un court portrait par Sainte-Beuve : « Bienveillant par nature, exempt de toute envie, il ne put jamais admettre ce qu'il considérait comme des infractions extrêmes...; il croyait surtout que l'ancienne langue, celle de Racine, par exemple, suffit; il reconnaissait pourtant qu'on lui avait rendu service en faisant accepter au théâtre certaines libertés de style qu'il se fût moins permises auparavant et dont la trace se retrouve évidente chez lui à partir de *Louis XI*. » Complétons par l'opinion de Victor Hugo : « Quoique la faculté du beau et de l'idéal fût développée à un rare degré chez M. Delavigne, l'essor de la grande ambition littéraire, en ce qu'il peut avoir parfois de téméraire et de suprême, était arrêté en lui et comme limité par une sorte de réserve naturelle, qu'on peut louer ou blâmer, selon qu'on préfère dans les productions de l'esprit le goût qui circonscrit ou le génie qui entreprend, mais qui était une qualité aimable et gracieuse, et qui se traduisait en modestie dans son caractère et en prudence dans ses ouvrages. »

On ne saurait mieux définir Casimir Delavigne et son art : le goût qui circonscrit à défaut du génie qui entreprend, la modestie, la prudence, la sagesse...

Un Homme de bien : Népomucène Lemercier.

Lebrun, Delavigne, Lemercier, les mêmes définitions, les mêmes épithètes pourraient se répéter. Népomucène Lemercier (1771-1840) souhaitait cette épitaphe : « Il fut homme de bien et cultiva les lettres. » En son temps, il fit figure de novateur, presque de chef d'école. L'apparition du romantisme est chez lui constante, aussi bien dans sa comédie en prose, *Pinto*, 1798, que dans sa comédie historique *Christophe Colomb*, 1809. Dans ses autres pièces, de son *Agamemnon*, 1797, à sa *Démence de Charles VI*, 1820, en passant par *Charlemagne*, 1816, il attribue à ses personnages des caractères conventionnels en ajoutant une bonne dose de sentimentalisme. Il semble plus à l'aise en suivant la tradition classique qu'en usant de prestiges qui seront ceux d'un Hugo qui l'effacera complètement.

Par ses grandes « machines », Lemercier se rattache bien aux poètes fin de siècle : *les Ages français,* en quinze chants, 1803, *l'Atlantiade,* en six chants, 1812, avec de curieux personnages allégoriques représentant le calorique, le phosphore, l'oxygène, etc., *l'Ode sur le doute des vrais philosophes,* 1813, *la Mérovéide* en quatre chants, 1818, *Moïse...* Dans cette énorme masse de vers, dans ces bataillons bien rangés, on ne trouve pas matière à enthousiasme.

Deux poèmes, cependant, attirent la curiosité. Il tente la gageure de traduire par la poésie les œuvres de l'enfer du musée de Naples sans choquer la société raffinée et élégante qui l'entoure. Et ce sont *les Quatre métamorphoses,* 1800, où il tente de révéler le génie érotique des artistes antiques. Il a su en préserver la grâce et la volupté. La passion amoureuse donne à Diane des pieds de chèvre, métamorphose Jupiter en aigle, Vulcain en tigre et Bacchus en vigne. Il efface tout ce que cela pouvait avoir de scabreux par beaucoup de goût. Lemercier est attiré par l'antique. Marie-Joseph Chénier salua la tragédie *Agamemnon* : « Eschyle et Sophocle sont imités, mais avec indépendance. »

Le second poème que nous distinguons s'intitule *la Panhypocrisiade ou la comédie infernale du XVIe siècle,* 1819, dont on peut retenir au moins le titre qui s'inscrit bien dans ce goût des finales en *ide* ou en *ade* cher aux gonfleurs d'épopées de l'Empire. Lemercier a toujours eu un faible pour la satire, et cela dès sa comédie en vers, *le Tartufe révolutionnaire,* 1795. *La Panhypocrisiade* est une œuvre ambitieuse; Lemercier veut composer en quelque sorte ses *Tragiques* comme Agrippa d'Aubigné. Il mêle l'épopée, la comédie, la satire et fait ce que Victor Hugo définit comme « une sorte de chimère littéraire, une espèce de monstre à trois têtes, qui chante, qui rit et qui aboie ».

L'accueil fut réservé si l'on en juge par une critique de Charles Nodier dans *le Journal des Débats* : « Il y a dans cette œuvre tout ce qu'il fallait de ridicule pour gâter toutes les épopées de tous les siècles, et, à côté de cela, tout ce qu'il fallait d'inspiration pour fonder une grande réputation littéraire. Ce chaos monstrueux de vers étonnés de se rencontrer ensemble rappelle de temps en temps ce que le goût a de plus pur, ce que la verve a de plus vigoureux. C'est quelquefois Rabelais, Aristophane, Lucien, Milton, à travers le fatras d'un parodiste de Chapelain. »

Une certaine force rejoint des aspects fumeux et bizarres, mais il y a là de quoi satisfaire un amateur de curiosités, de « kitsch » poétique, qui s'étonnera de certains tableaux historiques inattendus.

Indiquons aussi que, singulièrement précoce, il donna sa première tragédie, *Méléagre,* qui n'eut qu'une représentation, à l'âge de dix-sept ans. Sa pièce le *Lévite d'Ephraïm,* 1796, laissa pressentir *Agamemnon.* La diversité de son inspiration théâtrale s'exprime encore dans le drame en vers *Clarisse Harlowe,* 1792, *Ophis,* sur un sujet égyptien qui coïncida avec l'expédition de Bonaparte, ce qui lui assura le succès, et, parmi bien des pièces, *Frédégonde et Brunehaut,* 1821, qu'on reprit en 1845 avec Rachel pour actrice. Entre-temps, la faveur s'était tournée du côté des romantiques. On disait alors à Lemercier que ces derniers étaient ses enfants; il répondait : « Oui, des enfants trouvés. »

Comme ses contemporains, il s'attacha à la Grèce moderne dont il traduisit *les Chants populaires.* Ce curieux homme au caractère impétueux, aux réactions inattendues, connut bien des aléas : d'une part, les critiques de l'Empire le traitaient de fou et d'esprit burlesque; d'autre part, il refusera sa voix à Victor Hugo pour l'Académie française. Il fréquenta les Bonapartes, mais, par la suite, sa franchise brutale ne plut guère. Il osait prédire au premier consul qu'il préparait le lit des Bourbons. Quand Napoléon fut couronné empereur, il renvoya sa Légion d'honneur et fut dès lors en proie aux tracasseries, interdits, censures, entraves, du gouvernement impérial qui le tenait pour un fanatique.

On peut saluer en lui un homme libre : jamais il ne renia son indépendance. Au cours du XIXe siècle, on tentera vainement de le ressusciter, d'en faire le père du romantisme, mais il s'indigna devant la nouvelle école, jetant : « Avec impunité les Hugo font des vers. » A défaut de génie, Lemercier eut de l'ingéniosité; sans être inspiré par l'ange heureux du bizarre, il donna dans la bizarrerie; la raison domina toujours son enthousiasme, et il s'est trouvé maintes fois en porte-à-faux.

Il est devenu difficile de lire sa *Panhypocrisiade* car l'emploi exclusif de l'alexandrin jette une monotonie éprouvante, mais il faut saluer une tentative d'aborder à un monde poétique inconnu sans cesse limitée par une éducation première venant du temps de Voltaire. On ne refusera pas à son grand poème de porter un lyrisme remarquable dans des morceaux isolés comme celui où un chêne parle de sa mort. Dans ce grand concert cacophonique, on entend ainsi parfois la musique d'un instrument qui étonne par sa vigueur. Citer ici un passage serait vain car c'est par une longue accumulation qu'il crée un intérêt. N'oublions pas qu'en cette période de transition, un poète eut une ambition, malheureuse certes, mais qui aurait pu l'égaler aux plus grands. Il est rare que les voix de l'histoire et celles de la nature, celles de la terre et du ciel s'unissent dans le chaos d'un poème. Comme Lebrun et Delavigne, Lemercier mérite une certaine considération.

Arnault, Brifaut, Viennet.

Antoine-Vincent Arnault (1766-1834), Charles Brifaut (1781-1857) et Jean-Pons-Guillaume Viennet (1777-1868) nous intéressent surtout aujourd'hui par les *Mémoires* que chacun d'eux a laissés. Ceux de Viennet, par exemple, donnent un portrait remarquable d'une période étendue.

Si Arnault fut exilé par la seconde Restauration, Brifaut traversa habilement les régimes successifs et Viennet connut des fortunes diverses. Arrêtons-nous à ce dernier.

En 1813, à la bataille de Leipzig, il dut de rester en vie au manuscrit de sa tragédie *Arbogaste* : porté sur sa poitrine, il arrêta une balle ennemie. Viennet salua l'avènement de Louis XVIII, fut mal vu de Charles X, réhabilité par Louis-Philippe. Membre de l'Académie française, pair de France, grand maître du rite écossais de la franc-maçonnerie, il fut couvert d'honneurs, sans être figé par le poids de ses médailles.

Anti-romantique, s'il devient leur tête de Turc favorite, il sait rendre coup pour coup. Ses poèmes sont médiocres, son *Siège de Damas,* 1824, son épique *Franciade,* 1843, font sourire tristement, mais il est persuadé que ses *Fables,* ses *Mémoires* lui assureront l'immortalité, ce qui est presque vrai pour ces derniers que consultent les historiens. La fable, genre qui nécessite souplesse et légèreté, selon le modèle de La Fontaine ou de Florian, chez lui, bien qu'il mêle des vers de coupes différentes, est d'une singulière lourdeur et d'une constante platitude.

Avec une ardeur combattante toute militaire, dans ces fables, comme dans ses *Satires* et ses *Épîtres,* il fait la même guerre aux Jésuites, au despotisme et aux romantiques. On rit beaucoup d'un de ses vers prêt au jeu de mots : « Les paysans fuyaient en emportant leurs lares. » Il tire l'épée contre *Hernani* dont il trouve l'expression triviale, contre *Marion Delorme* qu'il juge exécrable, contre *Ruy Blas* pour « son mélange de prétention et de niaiserie », etc. Alexandre Dumas a quelque grâce à ses yeux pour *Henri III et sa cour,* mais non sans réserves. Lui-même donne au théâtre *Michel Brémond,* en vers, où apparaît un précurseur de Jean Valjean, un *Richelieu* en prose où il tente de rejoindre la vérité du personnage historique. Comme tout un chacun, il donne une *Philippide* et une *Franciade.*

Chose curieuse, sa prose est plus alerte et il s'y montre un homme d'esprit à la plume acérée. Dans cette période, il apparaît sans doute comme le plus attaché au passé. Il est d'un autre temps; il meurt à soixante-seize ans en désaccord avec un siècle qui connut soixante-huit ans de sa vie.

Antoine-Vincent Arnault, déjà rencontré au xviiie siècle, est nettement meilleur poète, que ce soit dans ses *Fables* ou dans ses *Poésies diverses.* On se souvient du poème « De ta tige détachée – Pauvre feuille desséchée... ». Il faut retenir une bonne vingtaine de petites pièces gracieuses et repousser ses mauvaises tragédies.

Quant à Brifaut, sa tragédie *Ninus II* rencontra un succès peu mérité. On préfère lire ses *Dialogues et contes* en prose que de subir ses pièces de circonstance pour saluer l'arrivée du roi de Rome ou le retour de Louis XVIII.

Baour-Lormian, Boulay-Paty, Denne-Baron.

Connu à la fin du xviiie siècle, Louis-Pierre-Marie-François Baour-Lormian (1770-1854), poète officiel de l'Empire, doit être retenu moins pour ses *Satires toulousaines* ou ses *Trois mots* que pour sa traduction de *la Jérusalem délivrée* et surtout ses *Poésies galliques,* 1801. Son imitation d'Ossian en fait un préromantique; les romantiques trouvèrent en lui un ennemi acharné :

> Il semble que l'excès de leur stupide rage
> A métamorphosé leurs traits et leur langage;
> Il semble, à les ouïr grognant sur mon chemin,
> Qu'ils ont vu de Circé la baguette en ma main.

Ayant aidé à connaître le Tasse, Young et Hervey, s'étant rallié à la Restauration, n'avait-il pas tout pour plaire aux romantiques? Il est paradoxal qu'il soit leur virulent adversaire. Passons sur ses poésies impériales pour retenir dans ses *Poésies d'Ossian* d'après Macpherson, un *Hymne au soleil :*

> Roi du monde et du jour, guerrier aux cheveux d'or,
> Quelle main, te couvrant d'une armure enflammée,
> Abandonna l'espace à ton rapide essor,
> Et traça dans l'azur ta route accoutumée?

Nul astre à tes côtés ne lève un front rival ;
Les filles de la nuit à ton éclat pâlissent ;
La lune devant toi fuit d'un pas inégal,
Et ses rayons douteux dans tes flots s'engloutissent...

A la fin de sa vie, aveugle, il traduisit en vers le poème de *Job*. Il montre un talent d'observateur minutieux et l'on a cité comme un modèle de traduction certaines descriptions comme celle d'un cheval mourant. On trouve là, en effet, une animation du verbe, proprement imitative, ayant les défauts d'époque, mais prouvant une science poétique consommée. Enfin, au théâtre, se situant entre Racine et Voltaire, il connut le succès avec *Omasis ou Joseph en Égypte,* 1806, et l'échec avec *Mahomet II,* 1811, deux pièces sans aucune valeur.

Casimir Delavigne présenta au duc d'Orléans, qui se l'attacha comme bibliothécaire, Évariste Boulay-Paty (1804-1864), un jeune Breton qui débuta en pleine Restauration. Il connut bien Hugo, Vigny, Sainte-Beuve, les deux Deschamps, ressentit leur influence tout en gardant les défauts de l'ancienne école. Ces dissonances sont constantes chez lui et on le voit mêlant à une pompe surannée des éclats romantiques exacerbés.

Comme Sainte-Beuve s'est incarné dans Joseph Delorme, Boulay-Paty se personnifie dans un mort imaginaire qui donne son nom à un volume, *Élie Mariaker* qu'on peut classer parmi les œuvres romantiques. Dans ses *Odes,* il se montre proche de Chênedollé dont nous avons parlé dans le précédent volume et qui ne mourra qu'en 1833 et, en même temps, de Denne-Baron que nous allons rencontrer. Or, quand ces *Odes* paraissent, on connaît les *Chants du crépuscule* qui les démodent. Un moule le requiert presque exclusivement, le sonnet. Son recueil *les Sonnets de la vie humaine* en contient un très grand nombre. Inégaux, souvent insignifiants d'idées, les meilleurs montrent un travail de recherche d'une langue personnelle. Emmanuel Des Essarts croit que « dans le nombre, une anthologie peut préserver une vingtaine de sonnets irréprochables où, soit la vigueur, soit la grâce du rythme, concorde avec la beauté des pensées ». On pourrait leur adjoindre les meilleurs morceaux des *Odes* et d'*Élie Mariaker*. Son *Poème sur l'Arc de Triomphe,* malgré l'éloquence pompeuse, se différencie des œuvres de ses aînés immédiats.

Sainte-Beuve a salué son feu sacré, son culte de la forme, le charme de ses sonnets, a regretté qu'il eût plus de sentiment que d'idées, qu'il n'ait qu'un pied dans la nouvelle école poétique. « Ce n'est pas pour rien qu'il s'appelait Évariste, écrit-il, il tenait de Parny plus que d'Alfred de Musset. » Dans *Élie Mariaker,* on trouve une *Élégie* où apparaît sa Bretagne sous de fines nuances ; parmi ses *Odes,* un poème sur *Saint-Malo,* les deux remarqués et retenus par Van Bever pour ses fameux *Poètes du terroir.*

On apprécia durant quelques années Pierre-Jacques-René Denne-Baron (1780-1854) pour son poème *Héro et Léandre,* 1806, ses traductions des poètes latins, sa *Guirlande à Mnémosyne,* 1822, son *Ode à la nymphe Pyrène,* 1823, ses *Fleurs poétiques,* 1825, mais il fut bientôt démodé par la vogue de Lamartine. Il se replia sur ses travaux de traduction et de critique littéraire. Il s'attacha à Properce, Anacréon, mit en vers français *le Corsaire* de Byron et les *Psaumes de David.* Ses poèmes sont corrects mais appartiennent au XVIIIe siècle :

> Il est un demi-dieu charmant, léger, volage :
> Il devance l'aurore, et, d'ombrage en ombrage
>   Il fuit devant le char du jour :
> Sur son dos éclatant, où frémissent deux ailes,
> S'il portait un carquois et des flèches cruelles,
>   Vos yeux le prendraient pour l'Amour.

Ce demi-dieu charmant, c'est *Zéphyre* et la plupart des poèmes de Denne-Baron en ont la légèreté. Comme Sainte-Beuve, on peut penser qu'il fut « du nombre de ceux qui ont su être classiques sans convenu et avec originalité ».

Et beaucoup d'autres poètes de transition.

Proche de ces poètes à cheval sur deux époques, sur deux tendances, mi-classiques et mi-romantiques, des créateurs menus apparaissent. De Gustave Drouineau (1798-1878), on peut dire qu'il est un Casimir Delavigne en petit. Il lui adressa une *Épître sur les ouvrages de M. Delavigne,* 1823. Il écrivit comme lui un *Don Juan d'Autriche,* et par lui fut supplanté, ce qui ne fut pas étranger à son dérangement mental. Sous la Restauration, sa tragédie républicaine *Rienzo,* 1826, fut excellemment accueillie. Il salua en stances *le Soleil de la Liberté,* 1830 ; la même année, sa tragédie *Françoise de Rimini* laissa le public froid. Il s'attacha ensuite dans les cinq volumes d'*Ernest ou les travers du siècle* à flétrir les maux de son temps. Habité par « ce vague instinct des cieux qui m'attire et m'enflamme », neurasthénique, il fonda une secte obscure, le néo-christianisme, à laquelle il consacra ses livres. En 1834, il donna ses *Confessions poétiques.* Il souhaite sans cesse un univers idéal :

> Devant le Dieu de tous, une égalité sainte,
> Des prix à la vertu, des regrets aux pervers,
> Un culte universel au Dieu de l'univers.

En 1835, malade mental, il entra dans un asile d'aliénés où il devait finir ses jours. Nombre de biographes le font mourir cette année-là.

Fernand Desnoyers (1828-1869) ne prisa guère Casimir Delavigne dont il voulut déboulonner la statue, laissant ce vers célèbre : « Il est des morts qu'il faut qu'on tue. » Il est plus connu que les poèmes fantaisistes de ses *Chansons parisiennes,* 1855.

Ambroise-Anatole-Augustin, comte de Montesquiou-Fézensac (1788-1875), bien avant le poète des *Hortensias bleus,* fit briller un nom célèbre : non seulement parce qu'il fut général et député, mais parce qu'il ne cessa de se vouloir poète : *Poésies,* 1821-1821, *Chants divers,* 1843, *Moïse,* 1850. Cette fable a-t-elle servi de modèle à celui qui fut Des Esseintes? Elle s'intitule *Distinction :*

> « Je crains d'être un homme ordinaire,
> Disait un jeune enfant, je voudrais parvenir
>   A me distinguer du vulgaire.
> — Il en est un moyen, lui répondit son père :
> Fais tout pour mériter et non pour obtenir.
> Suis ce sage conseil que ma raison te donne,
>   Et sois bien sûr, à l'avenir,
>   De ne ressembler à personne. »

De nombreux Montesquiou-Fézensac ont écrit. L'un d'eux, l'abbé François-Xavier-Marc-Antoine, duc de Montesquiou-Fézensac (1756-1832), ministre de l'Intérieur en 1814, fut même de l'Académie française, sans avoir guère écrit. Le lieutenant-général Anne-Pierre, marquis de Montesquiou-Fézensac (1741-1798) avait lui aussi été de la même Académie; il avait écrit des *Poésies légères* et des *Mémoires de finance.*

Avant de se spécialiser dans la littérature enfantine, Claudius-Antony Billiet (1804-1866) écrivit, souvent sous le pseudonyme d'Antony Renal, des *Stances sur la mort du général Foy,* 1825, des *Chansons et Romances,* 1829, et d'autres recueils. Citons encore *la Chute de Napoléon,* 1846, poème de J.-P. Collot. Et aussi du Dr N. Misset une tétralogie allant de *Religion napoléonienne,* 1831, à *la Nuit napoléonienne,* 1843. On ira bientôt du mythe à la déification.

Élégies, 1816, *les Fleurs,* 1818, *Chants sacrés,* 1821, sont les titres de quelques-uns des recueils de Charles-Louis Mollevaut (1776-1844), traducteur d'œuvres latines, poète descriptif et énumératif des *Fleurs,* chantant la mort romantique :

> La jeune vigne en paix boit les feux de l'aurore,
> Le palmier verdoyant ne craint point de périr;
> La fleur même vivra plus d'un matin encore,
>   Et moi, je vais mourir!

L'Avignonnais Hyacinthe-Melchior Morel (1756-1829), avant de devenir poète occitan avec *lou Galoubé,* 1828, a donné divers recueils en français, d'un ton alerte, et édifié en prose et en vers *le Temple du Romantisme,* 1825. Il reste plus proche d'Anacréon que des nouveaux poètes.

Un autre élégiaque entre deux courants est Charles Loyson (1791-1820) qui écrit comme tout le monde *le Bonheur de l'étude,* 1817, sujet à la mode, se fait caricaturer férocement par Victor Hugo :

> Même quand l'oison vole, on sent qu'il a des pattes.

Notre poète a cependant de bonnes qualités qu'on trouve dans ses *Épîtres et Élégies,* 1819. Un poème, *le Lit de mort,* sait toucher par son noir pressentiment :

> Cessez de me flatter d'une espérance vaine;
> Cessez, ô mes amis, de me cacher vos pleurs.
> La sentence est portée; oui, ma mort est certaine,
> Et je ne vivrai plus bientôt que dans vos cœurs.

Le Bonheur que procure l'étude, on retrouve ce poème de concours académique en 1817 aussi chez Xavier Saintine (1798-1865) dont le nom nous est plus familier, grâce à *Picciola,* 1836, histoire d'un prisonnier qui se console avec une fleur comme Pellisson se consolait avec une araignée. Auprès de ce roman, il a écrit deux cents pièces de théâtre dont l'une, *l'Ours et le Pacha,* 1827, fut célèbre. Nous le retenons ici pour ses *Poèmes, odes et épîtres,* 1823, dont certains poèmes comme *la Fille de Rhigas* ont un ton préhugolien :

> Aux fêtes de Castri la jeunesse accourue,
> Et de joie et d'amour paraissait s'enivrer :
> Tout à coup, au milieu de la foule éperdue,
> L'œil hagard, une vierge est soudain apparue,
> Et se prend à pleurer.
>
> Du malheureux Rhigas c'est la fille insensée,
> Au milieu des tombeaux, errante nuit et jour;
> Recouvrant par accès sa raison éclipsée,
> L'amour de son pays survit à sa pensée;
> C'était son seul amour.

On pourrait composer un volume avec tous les poèmes inspirés par les malheurs de la Grèce à l'époque. De ce Saintine, Alphonse Karr, dans ses *Nouvelles guêpes,* se moquera gentiment :

> Il a trois noms : Xavier, Saintine, Boniface.
> Saintine, c'est le nom d'un esprit très-charmant,
> Philosophe enjoué plein de sel et de grâce.
> — L'autre n'est pas un nom : ce n'est qu'une grimace

Qu'il met, pour présenter ses livres humblement,
Aux quarante immortels qui l'ont, en cour plénière,
Déjà deux ou trois fois doté comme rosière.

Signalons au passage que Barthélemy eut un disciple en la personne de Louis Bastide (1805-1854), Marseillais comme lui. Les quatre volumes de ses *Mélanges poétiques,* 1832, très moyens, qui les a lus, qui les lira?

Parmi les poètes nés avant le siècle et qui en portent la marque, signalons André-Marie Ampère (1775-1836), oui, le physicien, le créateur de l'électrodynamique, pour ses épîtres, ses élégies, sa tragédie *Agis,* puis *Amorum,* selon Sainte-Beuve « le journal de son cœur ». Cet homme charmant avait, dès l'âge de dix-huit ans, créé une langue universelle. Il récitait *l'Imitation* de mémoire. Il fit la joie de ses étudiants par une distraction légendaire et l'on ne cessait d'en dire les anecdotes, mais ce « distrait » était en réalité attentif aux choses essentielles.

Longtemps après, Jérôme-Constant Berrier (1797-1852) chante *le Dévouement de Malesherbes,* 1821, autre sujet de concours, décrit ses *Sensations,* conte en petits vers prosaïques des histoires touchantes et mièvres. Un autre poète, Étienne de La Mothe-Langon (1786-1864) se fait connaître avant sa vingtième année par des poèmes historiques et patriotiques avant d'écrire des romans au style négligé tantôt dans le genre médiéval et vampirique, tantôt avec réalisme. L'un d'eux, *Monsieur le Préfet,* aurait influencé Stendhal pour la composition de *Lucien Leuwen.* Surtout géographe, Philippe-François de La Renaudière (1781-1845) doit sa mince renommée à Chateaubriand qui insère dans *le Génie du Christianisme* un de ses poèmes de jeunesse intitulé *la Fête-Dieu au hameau.*

Le marquis Henri-Zozime de Valori (1786-1859), auteur avec Désaugiers du *Mariage extravagant,* réunit ses *Œuvres poétiques* en 1830. Il est surtout connu pour sa protestation véhémente contre l'assassinat du duc d'Enghien.

Léon Thiessé (1793-1854) avec *l'Élégie sur la mort de Delille* 1813, se rattache au siècle passé, et au siècle présent avec ses *Catacombes de Paris,* 1815, mais plus encore parce qu'il est un des premiers traducteurs de Byron et en cela peut figurer parmi les précurseurs du romantisme. Mainteneur des gloires républicaines et impériales, il s'opposera cependant, comme Baour-Lormian et tant d'autres, à la nouvelle école, ce qui est encore le cas de Samson de Pongerville (1792-1870), traducteur de Virgile, d'Ovide, de Milton.

Signalons encore l'important corpus théâtral de cette période de transition. Nous avons déjà dit son immensité et sa médiocrité générale en traitant de l'Empire. Citons donc simplement *les*

Macchabées d'Alexandre Guiraud (1788-1847) qui ont droit à un petit salut de Victor Hugo; *Régulus,* 1822, de Lucien Arnault, tragédie en faveur de Napoléon; *Louis IX,* 1819, de Jacques-Arsène-Polycarpe Ancelot (1794-1854) en ajoutant que Léon Gozlan punissait ses enfants en les obligeant à lire cinq actes de ce dernier; quand l'un d'eux en tomba malade, il remplaça ce pensum par deux actes de Viennet. Il y a aussi *Tippoo-Saïb,* 1813, d'Étienne de Jouy (1764-1846); *Oreste,* 1821, de Jean-Marie Mély-Janin (1776-1827); *Brunehaut,* 1810, d'Étienne Aignan (1773-1824); *Pyrrhus,* 1807, de Louis-Grégoire Le Hoc (1743-1810) que Napoléon, maître-censeur, fit interdire; *Intrigue et amour,* d'après Schiller, d'Alexandre de La Ville de Mirmont (1783-1845).

Tous ces poètes, opposés ou non au romantisme, ont écrit des vers, répétons-le, qui laissent préfigurer ou qui portent la marque des nouvelles influences. Établissant un pont entre deux époques, ils forment, même pour ceux qui vivront très avant dans le siècle, une génération sacrifiée, effacée par la bouillante nouvelle école. Il est curieux de constater comme leurs œuvres portent la marque de cette transition. Une poésie en cours de métamorphose qui n'est pas toujours dénuée de qualités.

C'est le temps des fruits mal mûris. On ne considère encore la poésie que comme un art d'agrément ou d'ornement. Napoléon a sa part de responsabilité : il occupe la jeunesse ailleurs, il « étrangle d'une main ce qu'il essaie de galvaniser de l'autre » comme dit si bien Auguste Bourgoin. L'école nouvelle va laver les affronts faits à la poésie, mais cette période impériale et post-impériale laissera des traces faciles à retrouver : il y a du Delille encore chez Lamartine ou chez Hugo, et des fidèles du didactisme et de l'épopée, on en trouvera tout au long du siècle. Les romantiques, cependant patriotes, se moqueront de la « *patrioterie* littéraire », comme dit Émile Deschamps.

C'est dans les pièces légères, les élégies, les épîtres que tous nos poètes ont laissé des œuvres lisibles. En imaginant qu'on veuille tenter de les sauver, on pourrait parler au moins d'un grand respect de la langue et de la prosodie, d'une correspondance parfaite au goût de leur temps, d'un accord relatif entre les « producteurs » qu'ils sont et les « consommateurs » qu'ils trouvent, mais non de profonde et réelle poésie.

2

Chateaubriand

L'Homme, sa vie, ses voyages, son caractère.

Dès sa naissance, François-René de Chateaubriand (1768-1848) découvrit des paysages romantiques : la mer et ses fureurs, le château de Combourg et sa tristesse hautaine. Auprès de sa sœur, il connaît un climat de mélancolie et d'imagination maladive. En 1786, sous-lieutenant au régiment de Navarre, puis capitaine de cavalerie, il se partage entre sa carrière militaire et son goût des lettres. Reçu à la cour, il a pour conseillers Fontanes et Joubert, pour relations Chamfort, La Harpe, Parny, Ginguené, Malesherbes, Lebrun. Dans *l'Almanach des Muses,* il publie *l'Amour de la campagne.* Durant les années 1791-1792, il entreprend un voyage dont la narration sera vivement controversée : la traversée de l'Atlantique pour trouver un passage au nord de l'Amérique. Il descend jusqu'aux Grands Lacs. Il s'est passionné pour les récits des voyageurs (le *Voyage,* imaginaire ou réel, est une des régions poétiques de la littérature et de la géographie). Si l'on en juge par l'invraisemblance de ses itinéraires, son imagination s'y fertilise. N'a-t-il pas masqué, avec ce fameux passage à découvrir, un autre désir : comme Beaumarchais celui de spéculations commerciales? Recevant des influences multiples, québécoises ou américaines notamment, il trouve au moins une fortune littéraire. Revenu en France au moment de la mort du roi, il se marie, rejoint l'armée des émigrés, est blessé à Thionville, passe, comme plus tard Hugo, à Bruxelles, Jersey, puis en Angleterre où il connaît comme, plus tard encore, le couple Verlaine-Rimbaud, la misère.

En 1800, c'est le retour en France. Sa mère et sa sœur sont mortes. Les lectures de Volney, Bayle, Diderot, Voltaire, Rousseau lui ont apporté des doutes, des tiraillements, et il vit dans un incessant tourment religieux. Il retrouve finalement la foi de son enfance. Lorsqu'en 1802, paraît *le Génie du Christianisme,* Bonaparte cherche à y prendre appui pour ses essais de restauration religieuse. Successivement secrétaire d'ambassade à Rome, ministre plénipotentiaire dans le Valais, Chateaubriand démissionne avec éclat lors de l'assassinat du duc d'Enghien. Il visite alors Venise, la Grèce, Rhodes, Chypre, Constantinople, la Palestine, Tunis, l'Espagne : *les Martyrs, l'Itinéraire* en naîtront, ainsi que d'autres œuvres. La flânerie littéraire de Chateaubriand, de Lamartine, de Dumas est féconde. Dans toutes ses œuvres, *Atala, le Voyage en Amérique, les Natchez, le Génie du Christianisme, les Martyrs, l'Itinéraire,* Chateaubriand est le voyageur lyrique, le pèlerin passionné ouvert au merveilleux, plantant son chevalet de peintre en tous lieux, en tous temps. La nature lui fournit un incessant théâtre, il en brosse le décor, la mise en scène, et, parmi une foule de personnages, il n'oublie pas sa place : au premier plan.

De 1814 à 1830, il participe activement à la vie politique française. Pair de France au retour des Bourbons, il est ambassadeur de France à Berlin, à Londres, il représente la France au congrès de Vérone, il devient ministre des Affaires étrangères, mais en 1824, il est relevé de sa charge. En 1828, il est ambassadeur à Rome. A la chute de Charles X, il entre dans la vie privée.

Sa vieillesse, malgré l'admiration qui l'entoure, malgré son immense influence, malgré qu'il règne sur le salon de Mme Récamier, est morose et solitaire. Il vend ses *Mémoires* qui ne devront paraître qu' « outre-tombe ». Lorsqu'il meurt en 1848, on construit, face à la mer, un monument pompeux prêt pour ravir des générations de touristes.

Son caractère est dominé par l'orgueil, la mélancolie, la passion. Cette vie étonnante, si bien remplie, si riche d'action et d'engagement, avec ses phases de grandeur et de misère, pourrait être génératrice de satisfactions, mais son caractère l'en soustrait : toujours le spectacle de la mer, la morne solitude du château de Combourg, la méditation sur les pays et les siècles lui apportent leur mélancolie. « Élevé comme le compagnon des vents et des flots, ces flots, ces vents, cette solitude, qui furent mes premiers maîtres, convenaient peut-être mieux à la nature de mon esprit et à l'indépendance de mon caractère », écrit-il dans son introduction au *Voyage en Amérique.* Il connaît le spleen, on le voit dans les *Mémoires d'outre-tombe :* « Pasteur ou roi, qu'aurais-je fait de mon sceptre ou de ma houlette? Je me serais également fatigué de la gloire et du génie, du travail et du loisir, de la prospérité et de l'infortune... » Il ajoute : « Tout me lasse : je remorque avec peine mon ennui, et je vais partout bâillant ma vie. » Cette disposition spleenétique, si elle ne lui est pas particulière, est chez lui profonde. Mais ce n'est pas par simple imitation qu'on la retrouvera durant tout un siècle dont elle est le signe le plus constant (on le verra chez Baudelaire) : elle est née de l'histoire et des formes de la pensée et de la civilisation en quête d'autres contrées.

Orgueilleux, égotiste, solitaire, il saura se définir : « Sincère et véridique, je manque d'ouverture de cœur : mon âme tend incessamment à se fermer. » S'il ne se sépare pas de la conviction de sa supériorité, il a la noblesse de le confesser et de tenter des corrections : « Cette hauteur était le défaut de ma famille; elle était odieuse dans mon père; mon frère la poussait jusqu'au ridicule; elle a un peu passé à son fils aîné. Je ne suis pas bien sûr, malgré les inclinations républicaines, de m'en être complètement affranchi, bien que je l'aie soigneusement cachée. »

Un tel orgueil était nécessaire pour s'opposer aux puissants. En 1814, Chateaubriand écrit : « Si Napoléon en avait fini avec les rois, il n'en avait pas fini avec moi. » En finit-on jamais avec les poètes? Certes, Chateaubriand sait que son ennemi est un géant de l'histoire et il en naît une fascination, mais que partage, face à l'homme de l'Atlantique et du Nouveau Monde, l'homme venu d'une île de Méditerranée : il sait, cet empereur, que son opposant est un géant de la poésie, de la littérature, de la pensée, et de cela il connaît les effets durables. Il est difficile de museler un poète. Le tombeau des Invalides et celui de la mer se refermeront sans vainqueur ni vaincu.

La tentative incessante de connaissance de soi chez Chateaubriand aura des adeptes. Il nous apprend finalement qu'il n'est de vanité que dans l'orgueil non reconnu. Qu'il y ait de la pose, de la complaisance même dans ses *Mémoires d'outre-tombe,* n'empêche pas sa sincérité. Des confidences masquées de *René* à son ouvrage de prédilection, il montre toutes les étapes d'une existence multiple et toutes les faces de son talent.

N'aurait-il pas eu une telle influence sur le romantisme qu'il mériterait qu'on s'y attachât.

La Preuve poétique.

Le lecteur de ces pages pourrait se demander pourquoi Chateaubriand, essentiellement prosateur, apparaît dans cet ouvrage : ce serait alors qu'il ignorerait la magie d'une prose qui porte en elle toutes les caractéristiques du poème, non seulement rythme et nombre, mais aussi la poésie la plus significative du romantisme : mélancolie du poète, enthousiasme religieux, union avec la nature, recherche du passé, histoire vivante et imagée, ouverture sur l'univers, caractère épique et didactique, excellence à magnifier et à sublimer, peinture et musique par les mots, explorations et preuves, passages du clair de lune à l'aube solaire.

Avec Agrippa d'Aubigné, André Chénier, Victor Hugo, il est un des rares poètes français qui aient la tête épique. En plus, il a le don d'introduire dans l'épopée des éléments comparatifs dans le temps et des temps successifs comme des « moi » divers, des personnages comme René qu'on en peut extraire, et qui, malgré les apparences, ne se perdent pas absolument dans les brumes, révélant un nouveau réalisme. Mais les caractères multiples du genre en ce qu'il a de plus classique sont réunis dans *le Génie du Christianisme* dont il veut dire, par opposition à Voltaire, les « beautés morales et poétiques ». Il s'attache aux dogmes et aux doctrines, et, quand il en arrive à « l'existence de Dieu prouvée par les merveilles de la nature », sa démarche, purement poétique, s'éloigne de la démonstration philosophique ou métaphysique. Il écrit là, dans un style admirable, ses plus belles pages. Pour lui, la religion inspire mieux que le paganisme. Des poètes épiques lui apportent un soutien : Dante, le Tasse, Camoëns, Milton, Klopstock, Voltaire même. Par ses comparaisons entre anciens et modernes, il inaugure la critique historique : ses analyses des caractères naturels et sociaux, du sens religieux et des passions, selon les pays et les époques, est nouvelle.

René lui permet d'illustrer sa thèse. Il ne sait pas encore qu'il regrettera sa composition. Destiné à montrer dans le *Génie* le vague des passions, cet ouvrage sera publié ensuite à part. René, c'est Chateaubriand. C'est le souvenir de deux années à Combourg auprès de sa sœur Lucile, laquelle, on le sait, inquiétée par la tendresse quasi amoureuse qu'elle porte à son frère, entrera au couvent tandis qu'il s'exilera. La maladie romantique, le « mal du siècle » fait son apparition :

Sans parents, sans amis, pour ainsi dire, sur la terre, n'ayant point encore aimé, j'étais accablé d'une surabondance de vie. Quelquefois je rougissais subitement, et je sentais couler dans mon cœur comme des ruisseaux d'une lave ardente; quelquefois je poussais des cris involontaires, et la nuit était également troublée de mes songes et de mes veilles... Une langueur secrète s'emparait de mon corps. Ce dégoût de la vie que j'avais ressenti dès mon enfance revenait avec une force nouvelle. Bientôt mon cœur ne fournit plus d'aliments à ma pensée, et je ne m'apercevais de mon existence que par un profond sentiment d'ennui.

Les jeunes gens du temps reconnurent leur tristesse et leurs doutes dans *René*. Face à tant de disciples, Chateaubriand fut troublé comme il le dit dans ses *Mémoires :*

Si *René* n'existait pas, je ne l'écrirais plus; s'il m'était possible de le détruire, je le détruirais. Une famille de René poètes et de René prosateurs a pullulé; on n'a plus entendu que des phrases lamentables et décousues; il n'a plus été question que de vents et d'orages, que de maux inconnus livrés aux orages et à la nuit. Il n'y a pas de grimaud sortant du collège qui n'ait rêvé d'être le plus malheureux des hommes.

Le Génie du Christianisme établit sans cesse des parallèles : entre le merveilleux chrétien et le merveilleux païen, entre *la Bible* et Homère. Les parties consacrées à la musique et aux arts sont plus faibles et montrent lacunes et incompétences. On retient cependant sa réhabilitation de l'architecture gothique qui suscitera au XIXe siècle cet engouement bien connu. Il passe en revue avec plus ou moins de bonheur la philosophie, n'étant vraiment à son aise qu'avec Pascal. L'influence du christianisme sur la manière d'envisager l'histoire, l'éloquence sacrée, les « Harmonies de la religion chrétienne », la poésie des ruines, lui inspirent des pages inoubliables.

C'est là que prend place *Atala* publié un an auparavant. Comme *René,* cette œuvre fit d'abord partie des *Natchez* et sera publiée séparément. Cette relation des « Amours de deux sauvages dans le désert » non seulement affirme sa théorie de la beauté du christianisme et de la poésie de la religion, mais encore révèle l'amour de Chateaubriand pour la nature évocatrice de sentiments qu'apprécieront tant les romantiques. Ce livre est composé de ce qu'on pourrait appeler de grands poèmes en prose lyrique que relie le récit qui apporte son orchestration. Entre le prologue et l'épilogue, des titres sont donnés aux grandes parties : *les Chasseurs, les Laboureurs, le Drame, les Funérailles.* L'idylle des deux jeunes gens s'accompagne d'une vision pénétrante des passions humaines sur le fond de la nature éblouissante. Sur la voie ouverte par Jean-Jacques, Chateaubriand réussit une parfaite fusion des troubles de l'amour et des descriptions qui situent le couple humain dans son univers originel.

Les Martyrs se greffent eux aussi sur *le Génie du Christianisme* pour démontrer la supériorité du merveilleux chrétien dans l'épopée. « Il m'a semblé, écrit-il, qu'il fallait chercher un sujet qui renfermât dans un même cadre le tableau des deux religions, la morale, les sacrifices, les pompes des deux cultes; un sujet où le langage de la Genèse pût se faire entendre auprès de celui de *l'Odyssée.* »

Aujourd'hui, nous ne sommes plus guère sensibles aux arguments déployés par Chateaubriand, car ils valaient surtout pour leur époque. Ces descriptions et ces impressions, ces études juxtaposées, ces introspections qui voisinent avec des polémiques lointaines sont souvent étrangères à nos formes de pensée contemporaines. Le système apparaît incohérent dès qu'on le compare à ceux de penseurs tels que Joseph de Maistre. Peut-être l'amateur de poésie oubliera-t-il les démonstrations de Chateaubriand et jugera-t-il que son mérite à nos yeux est autre. Une lecture dans le contexte historique est nécessaire, mais s'en séparerait-on que demeurerait l'éblouissement constant des pages admirables par le style, la couleur et la vie.

Il est le père de ces méditations philosophiques et religieuses qui, de Lamartine, Hugo, Vigny, à tant de poètes, ont permis à notre art poétique de trouver sa mesure, de faire oublier notre réputation de légèreté pour nous égaler à nos voisins allemands ou anglais. Une œuvre gigogne comme *le Génie du Christianisme,* avec *Atala, René, les Martyrs,* l'épopée indienne des *Natchez* et encore *les Aventures du dernier Abencérage* (qui annonce le goût des romantiques pour l'Espagne) tout comme les *Mémoires* ou *l'Itinéraire,* dans son immensité, constitue un trésor inépuisable pour le sourcier et le chercheur de pépites.

Prose et poésie.

Il est heureux que Chateaubriand ait choisi la prose, car le poème de son temps, mal préparé à son vaste projet, ne lui aurait pas permis cette intensité romantique. Les Rousseau, les Bernardin de Saint-Pierre, les Volney avaient démontré que la prose pouvait être autre chose que le vêtement de la pensée, qu'elle pouvait se faire le véhicule d'éléments sensibles, imagés, pittoresques. On avait maintes fois affirmé au XVIIIe siècle qu'elle pouvait rivaliser avec la poésie. Par sa souplesse et son sens musical, Chateaubriand en apporte la preuve.

Il garde des défauts d'époque : épithètes vagues, mots « nobles », un peu trop d'airain, un peu trop d'urnes (les parnassiens ne s'en priveront pas). Il pastiche le style de ses devanciers, des poèmes bibliques et d'Homère à Fénelon. Son exotisme convenu, ses sauvages guindés et littéraires lassent, et, lorsque, dans *les Natchez,* il veut reproduire le langage indien, sa tentative le fait sombrer dans le galimatias, lui, le maître de la prose.

Nous avons vu, dans le précédent volume, qu'il a écrit des vers dans sa jeunesse. Cela pouvait apparaître comme une curiosité. Or, si l'on y regarde de près, on s'aperçoit bientôt que sa connaissance de la prosodie lui a permis de sentir le rythme de la phrase, les lois du nombre et de l'harmonie, la musicalité du mot, les sonorités expressives et imitatives. Comme Rousseau le voulait dans son *Essai sur la musique,* il « peint avec des sons ». Il rejoint l'univers des correspondances par un art très précis, dans une tradition bien assimilée.

Le lecteur ayant l'oreille musicale et qui serait assez patient pour compter dans sa prose les vers de différents mètres qui y sont contenus pourrait faire une inépuisable moisson. Si nous prenons un passage des *Natchez :*

La mort est un bien pour les sages; lui plaire est leur unique étude; ils passent toute leur vie à en contempler les charmes,

nous reconnaissons bien vite la présence de deux octosyllabes suivis de deux vers de sept pieds.

De même, cet autre passage :

Qu'il est insensé, celui qui s'écrie : Sauvez-moi de la mort! Il devrait plutôt dire : Sauvez-moi de la vie! Ô mort, que tu es belle au milieu des combats!

pourrait se décomposer en un décasyllabe, trois vers de six pieds et un alexandrin :

> Qu'il est insensé, celui qui s'écrie :
> Sauvez-moi de la mort!
> Il devrait plutôt dire :
> Sauvez-moi de la vie!
> Ô mort, que tu es belle au milieu des combats!

Lorsque voulant comparer *la Bible* et Homère, il traduit en langage homérique le simple verset de *Ruth,* on distingue cinq octosyllabes, un vers de sept pieds, deux de cinq :

Ne vous opposez point à moi, / en me forçant à vous quitter / et à m'en aller : / en quelque lieu que vous alliez, / j'irai avec vous. / Je mourrai où vous mourrez; / votre peuple sera mon peuple, / et votre Dieu sera mon Dieu.

Les exemples peuvent être multipliés interminablement et l'on voit bientôt qu'il ne s'agit pas d'effets heureux du hasard. Comme au temps des rhétoriqueurs, où la prosodie permit à la prose de s'assouplir et de trouver sa musique, le phénomène se reproduit chez Chateaubriand. Et puis, comme le dit Albert Chérel, « les sonorités lui servent à marquer le rythme; un rythme ralenti, lorsqu'il espace les syllabes accentuées, ou que par leur alternance habile avec les syllabes sourdes, il sait prolonger leur durée : ainsi — et par l'immobilité alanguie ou rigide qu'il donne alors à ses images —, il paraît s'immobiliser lui-même à contempler sa séduction de peintre. Ailleurs, ou presque en même temps, le rythme s'accélère pour évoquer le désordre d'un orage, ou les fiévreuses amertumes du cœur de l'homme ». Il y a en lui du chef d'orchestre et du cinéaste : le miracle incessant vient de ce qu'il distribue à son gré la musique et les images dans des mouvements de flux et de reflux, d'accélération et de repos qui animent son œuvre.

Il efface aisément les tentatives d'épopées en vers de ses pâles contemporains de la gent académique. L'épopée, nous l'avons vu au moyen âge, a trois têtes : roman, histoire, poème. Les contemporains de Chateaubriand, comme Ballanche et Marchangy, sont disposés à faire se répondre roman et histoire, la troisième partie étant remplacée par le poème en prose ou la prose poétique. Chateaubriand y réussit mieux que tous. Il sait que la monotonie peut être le défaut de ses grands ouvrages; pour le pallier, il introduit dans le cours de sa narration des scènes et des récits illustrateurs, des jeux et des pastiches poétiques. Il sait aussi quitter une tension trop constamment forte pour des croquis agréables, lestes, malicieux, satiriques ou même humoristiques, ajoutant au besoin une bonhomie feinte par un brusque « ture lure ».

Il aime prendre, on le voit dans *les Natchez* ou *les Martyrs,* le merveilleux, non comme sujet, mais comme ornement. L'imagination, si elle ne lui fait pas défaut, a besoin d'être soutenue. Recourant aux textes des géants de la poésie universelle, il trouve des modèles, fait des emprunts, ne s'en cache pas : « D'autres ont leurs ressources en eux-mêmes; moi, j'ai besoin de suppléer à ce qui me manque par toutes sortes de travaux. » Il a beaucoup lu « les Anciens, nos maîtres en tout ». L'observateur reconnaît au passage les Grecs comme nos classiques (Racine, La Fontaine, Bossuet...), *la Bible* comme les poètes anglais. Il transcende l'énorme documentation dont il a besoin pour des œuvres aussi vastes. Imitant, il dépasse ceux qu'il imite. Il se montre digne des rendez-vous qu'il a donnés. Peintre de l'histoire, de la nature et de l'âme, il résout toutes les difficultés par l'harmonie du style en donnant, ce manieur savant des mots, l'impression des données de l'instinct.

Une double leçon de prose et de poésie court dans ses pages. Voici une phrase souvent citée qui se balance sur deux membres égaux, rythmée par la répétition de « peut-être », dont la première partie s'achève sur le glissement du mot « voyage », et la seconde, par opposition, sur le mot « océan » également musical, mais avec une sonorité sourde, brève et d'un intense prolongement :

Le matelot ne sait où la mort le surprendra, à quel bord il laissera la vie : peut-être, quand il aura mêlé au vent son dernier soupir, sera-t-il lancé au sein des flots, attaché sur deux avirons, pour continuer son voyage; peut-être sera-t-il enterré dans un îlot désert que l'on ne retrouvera jamais, ainsi qu'il a dormi isolé dans son hamac, au milieu de l'Océan.

S'il conduit sa prose à la perfection, s'il a une vue large et un souffle puissant, si les exemples prosodiques abondent, sa langue est celle d'un homme du XVIIIe siècle — et il n'est pas le seul à bien écrire, on le sait, car le siècle des philosophes en cela constamment nous émerveille. Il n'est pas à l'abri des routines classiques et des clichés, mais ils apparaissent dans un contexte d'une telle qualité qu'il les fait oublier. Son goût pour les contrastes, pour l'union des mots qui semblent inconciliables lui permet, comme chez Bossuet, des images pénétrantes, des dissonances qui frappent. Il sourira lui-même de ce goût pour le mariage du concret et de l'abstrait, se limitant au besoin dans ses hardiesses comme lorsqu'il biffe du *Génie du Christianisme* cette phrase digne de Mlle de Scudéry : « Virgile est le géographe du cœur, avec lequel il a mesuré la terre. » Pierre Moreau a relevé de ces hardiesses montrant la sub-tilité des correspondances : « Dans *René,* une colonne demeurée debout dans le désert est une grande pensée qui s'élève dans une âme dévastée; dans *Atala* le cœur humain est un de ces arbres qui donnent leur baume pour les blessures des hommes lorsque le fer les a frappés eux-mêmes. La création s'anime tout entière : la lune est une blanche vestale, la brise est sa fraîche haleine... Par le seul charme des mots, des fils mystérieux relient toutes les choses du ciel, de la terre et de l'âme. »

Seuls de grands poètes pourront retrouver dans leurs vers cette magie de l'animation, ce chant qui utilise des temps forts et des temps atténués. Chateaubriand connaît les possibilités de l'orgue des vocables, des voyelles et des consonnes qu'il marie comme des notes de musique tandis que ses doigts courent sur tous les claviers. « Il joue du clavecin sur toutes nos fibres », dit sa chère Mme de Beaumont. Ce n'est pas par hasard que le poète de la prose écrit : « J'ai fait des vers vingt ans de ma vie avant d'écrire une ligne de prose. » Comme dit si bien Pierre Moreau : « Il ouvre un siècle de poésie qui ne cessera d'écrire l'histoire des rêves. »

Sa prose rivalise donc avec les vers les plus harmonieux. Les belles pages d'*Atala* sont dignes des grandes élégies qui vont naître : *le Lac, la Tristesse d'Olympio* ou *le Souvenir*. Sa période est sans cesse poétique, il a tout autant de musique par le balancement mélodieux des phrases euphoniques. Et que d'expressions neuves, en son temps, si souvent contestées, de « la jeunesse de la lumière » au « marbre tragique » en passant par « l'âme de la solitude » ou « la fidélité des ombres ». Il donne à entendre et il donne à voir, ce peintre, ce musicien : « La lune répandit dans les bois ce grand secret de mélancolie qu'elle aime à raconter aux vieux chênes et aux rivages antiques. » Nous retrouverons des voix fraternelles pour lui répondre et, par-delà les batailles, il est un novateur classique unissant Tacite, Sénèque, Bossuet, Racine, Pascal, Montaigne aux génies poétiques du XIXe siècle.

Aurait-il pu ne pas figurer ici celui dont Goethe dit qu'il est « assurément un rhéteur et un poète de grande envergure »? Il est pour Lamartine le « Rubens du style », mais André Gide affirme : « Mon penchant naturel me portait vers Chateaubriand; je décidai de lui préférer Stendhal, qui m'instruisit bien davantage. » Louis Veuillot veut en faire un « homme de lettres ». Karl Marx le juge sévèrement : « Ce fabricant de belle littérature qui allie de la façon la plus répugnante le scepticisme le plus distingué et le voltairianisme du XVIIIe siècle au sentimentalisme distingué et au romantisme du XIXe. » Joubert disant « Sa prose est de la musique et des vers » trouve un écho chez Stendhal : « C'est la harpe éolienne du style ».

On n'est point toujours tendre avec lui de nos jours. José Cabanis écrit : « Qu'en reste-t-il? Quelques pages de *René,* quelques paysages d'*Atala.* Ce ne sont ailleurs que balancements oratoires, et périodes *éloquentes.* » Le poète Claude Roy heureusement le découvre « plus vivant que bien des gens qu'on croise dans la rue », il établit des filiations, celles des « fils du mal du siècle et de l'absurde, de Maurice Barrès à Drieu la Rochelle, de Montherlant à Camus », celles de ses héritiers pour qui la politique « est toujours une passion et souvent l'ersatz d'un absolu, de Barrès à Aragon, de Mauriac à Malraux, de Bernanos à Sartre ». Et nous voulons conclure sur ces phrases avec lesquelles nous sommes en accord : « Car Chateaubriand n'invente pas seulement une façon nouvelle de faire vivre la prose, il invente aussi une façon moderne de faire palpiter la vie, de la considérer, de l'aimer, de la dédaigner. Il est avec Rousseau et Hugo, un des trois pères de la sensibilité contemporaine. »

Aspects du Romantisme

I

Regard vers l'Allemagne romantique

L E mot Romantisme, pour beaucoup, reste vague et se situe au niveau des sensations ; une brume l'enveloppe qui permet d'échapper aux multiples définitions qu'on en peut donner ; pour mieux le cerner, il convient de rechercher ses sens précis. Ce terme recouvre non seulement la poésie, mais aussi l'ensemble de la littérature ; non seulement l'ensemble de la littérature, mais tous les arts, une infinité de manières d'être, de penser, de ressentir, de se comporter. Le Romantisme unit des paradoxes : ainsi, il est une révolution de l'indépendance et un retour aux traditions poétiques passées : moyen âge et Renaissance. Selon les littératures nationales, sa définition est sujette à variations. Universel, on ne saurait l'étudier en restant sur notre territoire ; concept éternel, on ne peut se limiter aux lustres de son apogée ; combattant, on ne doit pas ignorer les arguments de ses détracteurs.

Tout en restant national, le romantisme français connaît la nécessité vitale de sortir de nos frontières pour trouver la plus juste peinture de l'humanité : le temps n'est plus où l'ensemble humain prend la figure générale de l'homme français. On ne peut tenter de dégager ses principes et ses tendances sans recourir à l'histoire. Il porte en lui de multiples germes : ceux des écoles parnassienne, symboliste, naturaliste, sociale, surréaliste qui le suivront. Avant d'en venir à l'exploration de ce monde échappant à la fixité classique, conscient du devenir, un voyage, si court soit-il, dans l'espace et le temps s'impose.

Venu d'ailleurs, en France le Romantisme se métamorphose, prend notre visage éternel sans rien renier des marques germaniques et anglo-saxonnes. Deux grandes influences étrangères en effet apparaissent : celle de l'Allemagne, celle de l'Angleterre. Tentons un panorama permettant de mieux respirer l'air du temps avant d'en venir aux batailles d'idées, aux principes de vérité et de liberté, aux tendances individualistes et sociales, à l'affirmation de la fraternité humaine, et cela par approches successives, en commençant par l'histoire.

Vers une Europe littéraire.

Si la France d'avant la Révolution connaissait la plupart des écrivains allemands auxquels se référera le romantisme français, Germaine de Staël (1766-1817), avec *De l'Allemagne,* 1810, ouvrage en proie à toutes sortes d'interdits, fait comprendre ce qui nous arrive d'outre-Rhin, littérature, philosophie, art, d'une autre langue et d'un autre état d'esprit. Weimar pouvait apparaître comme l'Athènes germanique. Des noms comme ceux de Wieland, Schlegel, Goethe, Schiller, Tieck deviennent familiers, chacun d'eux étant promesse d'infinies richesses.

Le vicomte de Saint-Chamans exprime bien ce que pouvait ressentir un Français non préparé devant ces nouveautés : « J'ai quelquefois une impatience indicible de descendre de la hauteur où je m'élève avec elle (Mme de Staël); et quand je suis perdu quelque temps dans cette fantasmagorie, rêveuse, idéaliste, romantique, mystique, métaphysique, enthousiaste et infinie, si je trouve quelqu'un qui vienne me dire simplement et sans périphrase bonjour ou bonsoir, j'éprouve un bien-être. » Les classiques vont protester contre ces civilisés qu'ils traitent de Goths, de Bructères, de Sicambres.

Plus intelligents, plus clairvoyants, recherchant au contraire le contact avec l'étranger, d'autres feront que la France, sans rien perdre de son originalité, trouvera une nouvelle source de vitalité. Il n'est que de lire la préface de *la Muse française :* « Nous tiendrons le public au courant des littératures étrangères comme de la nôtre, bien persuadés qu'un patriotisme étroit en littérature est un reste de barbarie. » Ce texte est de 1823 et l'année suivante, une annonce du *Globe* ajoute : « Laissons tenter toutes les expériences et ne craignons de devenir anglais ni germains. Il y a dans notre ciel, dans notre organisation délicate et flexible, dans notre goût si juste et si vrai, assez de vertu pour nous maintenir ce que nous sommes. » Grâce à de telles idées, l'Europe littéraire verra se tenir un incessant congrès, les voyageurs français se rendant en Allemagne, comme Victor Cousin, 1817, Michelet, 1825, Edgar Quinet à deux reprises, 1826, 1842, Sainte-Beuve, 1829, et, dans les années 1830, Hugo, Lamartine, Musset, Dumas, Nerval. Avec *le Globe,* des revues font la liaison qui sont *la Bibliothèque allemande* et *la Revue germanique.* Des artistes, des intellectuels font le pèlerinage allemand qui se nomment David d'Angers, Blaze de Bury, Xavier Marmier, Saint-Marc Girardin, Saint-René Taillandier. Les poètes de transition comme Lebrun ou Soumet traduisent les chefs-d'œuvre allemands, et, auprès de Mme Necker qui traduit le *Cours de littérature dramatique* de Schlegel, traducteurs, adaptateurs, imitateurs pullulent comme Benjamin Constant, Barante, Stapfer, Merle d'Aubigné, Latouche, Ampère, Alexandre Duval, Merville, etc.

Le mérite essentiel de Mme de Staël, dans sa géniale esquisse *De l'Allemagne,* c'est d'ouvrir la France à ces nouveaux horizons, à un agrandissement sans lequel nous risquions de poursuivre indéfiniment des jeux dérisoires. Il faut remonter haut dans l'histoire pour trouver ceux-là, Allemands et Anglais, qui nous ont permis d'aller au-delà de nous-mêmes en créant le meilleur d'une poésie française depuis longtemps endormie. La pensée germanique venue d'Allemagne et de Suisse alémanique dépassera la période romantique et dominera tout le siècle.

Klopstock et son temps.

Au XVIIIe siècle, chez nos voisins, apparaît Friedrich-Gottlieb Klopstock (1724-1803), poète nourri de l'Antiquité, qui, dès son enfance, conçoit le projet de *la Messiade* dont les premiers chants paraissent en 1748. Il s'agit d'une épopée tirée de l'évangile sous l'influence de Milton. Le succès est immédiat : l'Allemagne trouve un poète national âgé de vingt-quatre ans, et, par la ferveur du culte qu'elle lui voue, excite son enthousiasme créateur. Trois ans plus tôt, il se trouvait à Zurich, se liait avec le groupe des poètes de l'école saxonne sous les auspices de Johann Christoph Gottsched (1700-1766) qui conseille à ses compatriotes de se mettre à l'école française, se veut le Boileau allemand, école qui se trouva bientôt en rivalité avec l'école suisse de Johann-Jakob Bodmer (1698-1783) et de son ami Johann-Jakob Breitinger (1701-1776). Cette école oppose la littérature anglo-saxonne au classicisme français défendu par Gottsched. *Le Paradis perdu* de Milton est le modèle, et l'on redécouvre les anciens monuments de la poésie allemande. La primauté de l'imagination et du merveilleux fondé sur la vraisemblance sont affirmés dans le *Traité critique du merveilleux dans la poésie,* 1740, de Bodmer qui préface la même année *la Critique de l'art poétique* de son ami.

Klopstock trouve dans cette école un parfait modèle. Il deviendra le centre d'une école littéraire lui apportant sa ferveur comme en témoigne Saint-René Taillandier : « C'était une sorte de piétisme littéraire. Cette idée d'un sacerdoce épique que Bodmer avait voulu inspirer à Klopstock, devenait peu à peu une réalité. Son poème et sa vie ne faisaient qu'un. Il transportait dans son poème les événements de sa vie; il réglait sa vie d'après les inspirations de son poème. » On saisit l'importance d'une double démarche qui sera celle des romantiques.

La Messiade est le tableau de la passion et de la résurrection du Christ, vaste mise en scène des puissances célestes et infernales comme on en trouve dans les mystères du moyen âge. Mme de Staël dit : « Lorsqu'on commence ce poème, on croit entrer dans une grande église au milieu de laquelle un orgue se fait entendre. » Sa traduction montre que le sentiment lyrique chez Klopstock atteint déjà avec une avance considérable des hauteurs comme on en trouvera chez les romantiques :

Je l'espérais de toi, ô Médiateur céleste! J'ai chanté le cantique de la nouvelle alliance; la redoutable carrière est parcourue et tu m'as pardonné mes pas chancelants.
— Reconnaissance, sentiment éternel, brûlant, exalté, fais retentir les accords de ma harpe; hâte-toi; mon cœur est inondé de joie, et je verse des pleurs de ravissement.
— Je ne demande aucune récompense; n'ai-je pas déjà goûté le plaisir des anges, puisque j'ai chanté mon Dieu? L'émotion pénétra mon âme jusque dans ses profondeurs, et ce qu'il y a de plus intime en mon être fut ébranlé.
Le ciel et la terre disparurent à mes regards; mais bientôt l'orage se calma; le souffle de ma vie ressemblait à l'air pur et serein d'un jour de printemps. — Ah! que je suis récompensé. N'ai-je pas vu couler les larmes des chrétiens? Et dans un autre monde peut-être m'accueilleront-ils encore avec ces célestes larmes...

Si Klopstock fit d'admirables *Odes,* des élégies, des drames bibliques et nationaux, il est surtout connu en France pour cette *Messiade* qui unit le sentiment chrétien à celui de la nature. Ses effusions lyriques, son enthousiasme, son fanatisme germanique, ses rejets de la gallomanie et aussi de certaines formes d'anglomanie, son dédain des apports antiques auront une vive influence car il s'ouvre sur l'avenir.

Cependant, c'est surtout Christoph-Martin Wieland (1733-1813) qui unissant l'imitation de l'école allemande à l'influence anglaise d'un Richardson ou d'un Fielding, sans rien renier d'un piquant voltairien, inaugurera une poésie plus diversifiée, plus universelle et plus fraternelle, se rapprochant de la France, tempérant les excès nationaux. Il saluera André Chénier du vivant de ce dernier, il s'attachera à des sujets comme *Obéron* et *Huon de Bordeaux,* travaillera dans tous les genres, apparaîtra comme une sorte de Voltaire ayant plus d'imagination poétique.

Mme de Staël le connaissait bien, comme elle connaissait Gotthold-Ephraïm Lessing (1729-1781) dont elle fit le portrait : « C'est un esprit neuf et hardi, et qui reste néanmoins à la portée du commun des hommes; sa manière de voir est allemande, sa manière de s'exprimer européenne. Dialecticien spirituel et serré dans ses arguments, l'enthousiasme pour le beau remplissait cependant le fond de son âme; il avait une ardeur sans flamme, une véhémence philosophique toujours active, et qui produisait, par des coups redoublés, des effets durables. »

Excellent comparatiste, personnel, national, il réagit contre les excès de l'imitation française tout en subissant l'influence de Diderot et des encyclopédistes.

Pour cette première période, n'oublions pas de citer Albrecht von Haller (1708-1777), Suisse de langue allemande, médecin, savant, dont on lut à Paris des poèmes comme *les Alpes* ou *les Origines du Mal,* les odes, les élégies, qui ne sont pas étrangers à la formation de l'esprit nouveau, et aussi Gottfried-August Bürger (1747-1794) pour *Lénore* ou *le Féroce chasseur;* il est le créateur de l'émotion superstitieuse, de l'effroi romantique, poète pathétique qu'un refrain « les morts vont vite » semble exprimer tout entier. Enfin, nous avons dit dans le précédent volume la grande influence de Salomon Gessner (1730-1788) dont *les Idylles* sont sans cesse traduites et imitées.

Assaut et irruption.

Autour de ces poètes, dans un immense tourbillon littéraire, des génies se pressent et les Allemands appellent cette période *Sturm und Drangperiode* ou « période d'assaut et d'irruption ». On verra s'affirmer un Goethe, un Schiller, un Herder. Une influence sur la France, par eux, se fera directement sentir.

De Johann-Wolfgang Goethe (1749-1832), poète comparable à Dante et à Shakespeare, Mme de Staël a montré qu'il a réuni et porté au plus haut point les caractères distinctifs de l'esprit allemand agrandi par les idées et les sentiments du moderne cosmopolitisme, trouvant en lui « une grande profondeur d'idées, la grâce qui naît de l'imagination, une sensibilité parfois fantastique, faite pour intéresser des lecteurs qui cherchent dans les livres de quoi varier leur existence monotone et veulent que la poésie leur tienne lieu d'événements véritables ». Il est le plus original, le plus universel. Tous les genres, poème épique, chanson, élégie, ballade, roman, histoire, drame, tragédie, comédie, opéra, passant par sa plume, sont transformés et portent son empreinte indélébile. Ce métamorphoseur sait tirer des effets de tous les éléments de la pensée et de toutes les situations humaines. Il est un des rares à distinguer l'avenir par-delà le présent, à ne pas repousser par le lyrisme la problématique, à aspirer à toujours plus de lumière, tout en se surveillant, en s'attachant à ne jamais être dupe de ses propres enthousiasmes.

En France, c'est surtout *Werther* qui plut, et cela par l'expérience de la passion qui s'y manifeste, mais ce ne fut pas sans réserves. La comparaison avec *René* ne fut pas toujours favorable au poète allemand. L'école classique fit la fine bouche et, si les romantiques l'admirèrent, son influence ne fut pas immédiate ni décisive. N'en fut-il pas de même pour *Faust* malgré la traduction de Gérard de Nerval qui enchanta Goethe vieillissant? L'adversaire des romantiques, l'académicien Louis-Simon Auger (1772-1829) s'en prend à ceux qui, selon lui, « échangeraient *Phèdre* et *Iphigénie* contre *Faust* et *Goetz de Berlichingen* », titres qu'il dut prononcer du bout des lèvres. Mais on doit ajouter qu'il fit beaucoup rire. De *Werther* naîtront bien des œuvres françaises, de *Delphine* à *Volupté* en passant par *Obermann, Valérie, le Peintre de Salzbourg* et *Adolphe*. Après les auteurs d'idylles imitées de Gessner, apparut la rencontre violente du moi décuplé avec les orages de la nature. Chateaubriand, comme les romantiques français, s'en inspireront. Jusqu'à Paul Valéry, les *Faust* se multiplieront. Entre Faust, jeune premier romantique, le diabolique Méphisto, la tragique Marguerite, que d'inspirations possibles jusque dans le roman populaire!

Pour Friedrich von Schiller (1759-1805), l'influence est lente à se manifester en France, mais en 1821, ses *Poésies* sont connues par son traducteur Camille Jordan. En édulcorant ses poèmes, en arrangeant ses drames à la mode française, les adaptateurs le trahirent. On lui préféra même Zacharias Werner (1768-1823), dramaturge mystique qui n'a pas sa dimension. Quant à Johann Gottfried Herder (1744-1803), ami de Goethe, bon connaisseur de la France, il renverse les barrières entre peuple et poésie. Pour lui, la poésie véritable doit être puisée dans le fonds national et populaire. Il recueille les ballades populaires anonymes à travers toute l'Europe, il s'intéresse aux origines du langage, il offre par ses recherches lointaines les possibilités d'un profond rajeunissement. Goethe retrouve chez lui, avec ravissement, la force splendide de l'art venu du peuple. Prophète du romantisme international, il s'attache sans cesse à l'histoire générale de la poésie. Les Allemands ne retiendront que le côté national de son œuvre tandis que les Français, assez tard, apprécient son souffle humanitaire, surtout un Edgar Quinet qui le traduit et l'imite, mais ses idées, son romantisme social sont utilement propagés.

C'est à Friedrich Schlegel (1772-1829) que Mme de Staël confie l'éducation de ses enfants. Il est bien connu de Benjamin Constant, de Mme Récamier, de Barante, de Sismondi, de Bernadotte qui se l'attache. Dans son *Cours de littérature dramatique,* traduit en France en 1814, il étudie les théâtres ancien et moderne, se montre injuste envers Molière et le théâtre français, s'enthousiasme pour Shakespeare et pour les Espagnols. Par lui, nous le verrons plus loin, le grand Will, par-delà tant d'oppositions, par-delà les maigres traductions de Ducis, fera, comme Byron et Walter Scott, une rentrée en force dans notre pays sous des signes romantiques.

Les Fantastiques.

Un des plus grands conteurs fantastiques de tous les temps, Ernst Theodor Amadeus Hoffmann (1776-1822), composa avec les fruits de son imagination, en y mêlant une exaltation mystique et une ardente sensualité, dans une liberté totale, se laissant guider par son humeur et par les événements de sa vie des *Contes* qui sont dans toutes les mémoires.

Il crée, comme l'a défini Saint-Marc Girardin, un état complet de toutes les impressions instinctives de notre âme, en dégageant celles qui échappent à la réflexion philosophique. En 1829 et en 1833, ces récits, sous le titre apocryphe de *Contes fantastiques,* paraissent en France sous la plume du traducteur François-Adolphe Loève-Veimars (1801-1854). (De ce dernier, on souligne au passage le rôle important dans le mouvement romantique : il adapte aussi Goethe, Wieland, Wilhelm Hauff, Heinrich Zschokke et fait connaître la littérature populaire anglaise.) Dès la parution des *Contes fantastiques,* naît un enthousiasme chez les écrivains comme Saint-Marc Girardin, Nodier, Aloysius Bertrand, Jules Janin, Marmier, Sand, Nerval, Gautier, qu'on retrouvera chez les musiciens tels que le Berlioz de *la Symphonie fantastique,* puis dans les *Contes d'Hoffmann* de Barbier et Carré, dans ceux d'Offenbach, en attendant la *Coppélia* de Léo Delibes. Par Hoffmann, le réalisme poétique et fantastique fait son entrée dans la littérature. Edgar Poe et Baudelaire l'admireront. Il représente en France, au XIXe siècle, l'image la plus populaire du romantisme allemand. Marcel Schneider qui, comme Marcel Brion, est proche de lui, le dit bien : « Hoffmann a ouvert la voie, il a indiqué le chemin : après lui chacun se précipite. On n'a plus à démontrer ce que lui doivent Nerval, Musset, Sand, Nodier, Gautier, Baudelaire, Champfleury, Cladel, Barbey, Villiers, Maupassant, tant d'autres. L'étude de l'influence de Hoffmann sur les écrivains français du XIXe siècle ferait à elle seule un gros volume... » De plus, notre historien du fantastique ajoute dans son étude les noms de Balzac, Berbiguier l'ennemi des farfadets, Émile Deschamps, Alexandre Dumas, Erckmann-Chatrian, fantastiques en de hauts lieux de leurs œuvres. Ces proses nous entraînent sûrement en pays poétique. Le climat même de la société rêvante, dont celui de la poésie dans le poème, s'en trouve transformé.

Il en est de même pour tous ces fantastiques allemands qui se nomment Jean-Paul, Novalis, Schlegel, Tieck, La Motte-Fouqué, Wackenroder, Görres, Bonaventura, Bettina et Achim von Arnim, les frères Grimm, Eichendorff, Chamisso, Kerner, Mörike, Büchner... Des phénomènes d'apparentement, de transmutations quasi magiques apparaissent, le plus significatif étant un Gérard de Nerval en qui Hölderlin, Kleist, Klopstock, Goethe, Bürger, Zedlitz, se rejoignent tout en le laissant enfant du Valois.

Heine et quelques autres.

Henri Heine (1797-1856) apporte une présence particulière. Il est de tous le plus français. Ses origines israélites le placent en marge de la communauté germanique : il connaît l'exil en France à partir de 1831. Francophile, non sans critiques, d'esprit européen, fils de la Révolution, allié du socialisme, ami de Karl Marx, il est sans cesse en proie à des déchirements intérieurs, à la misère physique autant que morale. Il essaiera d'établir un pont entre la France et l'Allemagne, connaîtra une évolution intellectuelle traversée de paradoxes, se déclarera un des plus malades parmi les fils de « ce vieux monde malade ». Il reste l'homme seul par excellence. Son œuvre est noire, traversée d'effrois comme dans son *Romanzero,* 1851. Ces chants jaillis de l'enfer de la souffrance sont le « livre d'or des vaincus », la marque d'un pessimisme lyrique. Faut-il rappeler le sort fait à ses frères alors que le nazisme fit interdire ses livres?

Chronologiquement, il ne précède pas notre romantisme français, mais on n'aurait su l'éloigner de ce court tableau, tout comme d'ailleurs Nikolaus Lenau (1802-1850), Franz Stelzhamer (1802-1874), Hermann von Gilm (1812-1864), Friedrich Hebbel (1813-1863), Theodor Storm (1817-1888) et Éduard Mörike (1804-1875). Il faut encore rappeler des poètes comme Ludwig Uhland (1787-1862) dont Goethe aime les ballades et les poèmes lyriques, Justinius Kerner (1786-1862) qui étudie le magnétisme et la possession démoniaque et écrit des ballades, Gustav Schwab (1792-1850) qui met la vieille poésie populaire à la portée de ses contemporains et traduit en 1826 *les Méditations* de Lamartine, Wilhelm Müller (1794-1827) dont les *Lieder* sont prêts pour la musique de Schubert. Et non plus les principaux chantres du théâtre romantique, La Motte-Fouqué (1777-1843), Heinrich von Kleist (1777-1811), Franz Grillparzer (1791-1872), Karl Lebrecht Immermann (1796-1840), Zacharias Werner (1768-1823), puis Georg Büchner (1813-1837).

Diderot écrivait déjà : « La lecture des bons ouvrages de Kant, de Schubart, de Klopstock, de Schiller, de Goethe, de Novalis, excite en nous une impression profonde et solennelle assez semblable à celle que nous cause la vue du temps du moyen âge. »

Les romantiques allemands seront les plus farouches combattants de notre classicisme : « La poésie de la toilette qui est celle des Français, n'a plus accès chez nous qu'à la toilette des dames. » Un anonyme écrit encore que la poésie n'est contenue ni dans l'abbé Delille « ni dans tout ce que le goût français prend ordinairement pour de la poésie ».

Un mot encore pour reconnaître l'apport des études dues à Johann Joachim Winckelmann (1717-1768), créateur de la critique d'art, fondateur de la science du Beau, Friedrich Wolf (1759-1824), Georg-Friedrich Creuzer (1771-1858) et mentionner tous ceux qui appartiennent à l'histoire de la philosophie, Kant, Fichte, Hegel, Lavater, Pestalozzi qui conquièrent les domaines de la métaphysique.

Un Blücher littéraire?

Durant le siècle, les relations ouvertes par Mme de Staël se perpétueront. Bien des Allemands ont bu à la source française et à la source anglaise, et, par leur génie particulier, ont apporté des sources nouvelles de création. On découvrira non une Allemagne, mais des Allemagnes prenant le visage de tel ou tel de ses écrivains, de ses poètes, de ses philosophes, avec la grande déception de la guerre de 1870 pour ceux qui croyaient à une seule Allemagne idyllique et rêveuse, mais cela est une autre histoire.

Mme de Staël est-elle, selon le mot de Musset, « un Blücher littéraire »? Elle apporte dans ses bagages cette littérature sentimentale et mélancolique, se libérant des règles, faisant concurrence aux anciens modèles grecs et latins qui donnera à la France la plus belle image de sa voisine. Elle regarda l'époque de la Révolution comme une ère nouvelle permettant le déploiement de nouvelles ressources intellectuelles par l'infinie perfectibilité de la nature humaine. Elle fut déçue : « l'empire des anciennes habitudes » tenait bon, même s'il était ébranlé. *De l'Allemagne* correspond à son souci de perfectibilité. Elle a fait un tableau de ce que nous aimons outre-Rhin en y ajoutant du charme, en ne reniant rien des difficultés de son entreprise, en restant accessible au plus grand nombre. Qu'elle présente Goethe ou Schiller, elle sait les situer dans leur climat. Elle n'omet pas les philosophes. A sa narration, elle ajoute sa sensibilité propre, sa fantaisie, avec un fond d'humanisme véritable : celui qui peut arracher l'homme pensant à sa solitude.

Cette femme du XVIIIe siècle, par ses fréquentations, son originalité, l'avance qu'elle a sur son temps, manifeste une présence exceptionnelle et inégalée; elle est, comme dit Mme Necker, « un génie audacieux et une femme malheureuse ». Ceux qui ont eu le privilège de lire sa correspondance commencée dès le plus jeune âge sont pétris d'admiration devant cet esprit européen.

Certes, le lecteur de *Delphine,* 1802, ou de *Corinne,* 1807, verra bientôt qu'elle n'est pas dégagée tout à fait de son temps. Son imagination ne trouve pas toujours la langue, le style de narration et de composition qui conviennent, mais on retiendra cette tentative d'exposer la condition féminine dans une société faite par les hommes pour les hommes. Il faut aller au-delà de l'expression écrite et faire preuve d'imagination pour rejoindre ce qu'elle porte et qu'elle n'exprime pas toujours avec la force attendue.

C'est bien dans *De l'Allemagne* qu'elle s'exprime le mieux. Quelques extraits nous permettront peut-être de suivre son regard et d'ajouter des traits à ce portrait difficile du romantisme que nous tentons d'établir peu à peu :

Les Allemands, réunissant tout à la fois, ce qui est très rare, l'imagination et le recueillement contemplatif, sont plus capables que d'autres de la poésie lyrique. Les Modernes ne peuvent se passer d'une certaine profondeur d'idées dont une religion spiritualiste leur a donné l'habitude; et si cependant cette profondeur n'était point revêtue d'images, ce ne serait pas de la poésie : il faut donc que la nature grandisse aux yeux de l'homme, pour qu'il puisse s'en servir comme l'emblème de ses pensées...

Le nom du romantisme a été introduit nouvellement en Allemagne pour désigner la poésie dont les chants des troubadours ont été l'origine, celle qui est née de la chevalerie et du christianisme. Si l'on n'admet pas que le paganisme et le christianisme, le Nord et le Midi, l'Antiquité et le Moyen Age, la chevalerie et les institutions grecques, se sont partagé l'empire de la littérature, l'on ne parviendra jamais à juger sous un point de vue philosophique le goût antique et le goût moderne...

2

Regard vers l'Angleterre romantique

Combats autour de Shakespeare.

LES romantiques français eurent un point de ralliement : Shakespeare. Voltaire avait été l'annonciateur avant Louis-Sébastien Mercier, le prophète du romantisme, qui s'était déclaré épris de passion pour le grand dramaturge du passé, tout comme Pierre Letourneur (1736-1788) qui l'avait mis à jour en compagnie de Fontaine-Malherbe et du comte de Catuelan, avant que Ducis apporte ses fadeurs.

Au début du XIXe siècle, imposer Shakespeare fut un dur combat. Au théâtre de la Porte-Saint-Martin, les acteurs anglais furent hués, reçurent des œufs pourris, entendirent durant le spectacle : « Parlez français! A bas Shakespeare, le lieutenant de Wellington! » comme en témoigne Stendhal qui apprend l'anglais pour lire dans le texte Shakespeare dont la vérité humaine le passionne. Il y aurait une longue étude à faire des relations de Shakespeare avec les auteurs français et l'on verrait bientôt qu'il excelle à mettre en lumière les aspects parfois cachés de chacun, aussi bien au temps de Voltaire, qu'à celui de Letourneur, de François Guizot, d'Amédée Pichot qui aide ce dernier à corriger le travail de Letourneur, de Benjamin Laroche, d'Émile Montégut, de François-Victor Hugo, d'Alfred de Vigny, mais il faudrait citer tous les grands de toutes les littératures, les Schlegel et les Tieck, les Coleridge, jusqu'à Yves Bonnefoy sans oublier Claudel, Gide ou Camus.

Stendhal, esprit indépendant, combattit donc vaillamment pour les nouveaux principes. Comparatiste, il oppose Racine à Shakespeare sans rabaisser le premier. Le Danois Georg Brandès l'exprime fort bien : « Stendhal montre que Shakespeare réussit plus souvent que Racine à produire sur la scène l'illusion complète et que la véritable jouissance, que l'art nous procure, dépend de cette illusion et de l'impression qu'elle laisse en nous. Or, ce qui détruit surtout l'illusion c'est l'admiration qu'excitent les beaux vers. » Il se demande ensuite si le devoir du poète romantique est de se livrer à de beaux développements en vers harmonieux ou de traduire fidèlement les émotions de l'âme. Stendhal répond à cette question primordiale en proscrivant le vers du drame tragique. Il ne conseille pas d'imiter Shakespeare mais de retenir son don d'observation du monde et son habileté à donner aux contemporains la tragédie qui leur correspond. Pour lui, le romantisme est synonyme d'art moderne, et l'on peut penser que Shakespeare comme Racine furent romantiques en ce qu'ils exprimaient, chacun à sa manière, une époque donnée.

Un Ludovic Vitet (1802-1873), âgé de vingt ans, avant même de donner sa pièce *les Barricades,* 1826, se rapprochera le plus de cet idéal romantique et entrera dans les vues de Stendhal, étudiant Shakespeare mieux qu'aucun autre.

Les Poètes anglais.

L'influence de Shakespeare sur le drame romantique français sera donc prépondérante. Un autre nom doit être cité, celui de John Milton (1608-1674) et il n'est que de rappeler son *Paradis perdu* pour distinguer des rapports profonds avec le romantisme allemand et le romantisme français. Les rencontres Chateaubriand-Klopstock-Milton, Schlegel-Shakespeare produiront ces taches d'huile bientôt répandues.

Edmund Spenser (1552-1599) fut un des premiers à découvrir en Angleterre les ressources profondes et durables d'un art exigeant. N'oublions pas non plus qu'on lit beaucoup l'idole de Diderot, Samuel Richardson (1689-1761) dont les romans sentimentaux, comme *Clarisse Harlowe* qui suggère *la Nouvelle Héloïse,* passionnent le public européen et contribuent à la formation de nouvelles sensibilités.

Plus encore, Walter Scott (1771-1832), renonçant à des poèmes parfois artificiels, à de meilleures romances, et, pour répondre aux succès de Byron, écrivant ses grands romans historiques, va en imprégner la France. Il montre quel parti le roman peut tirer de l'histoire et on n'oubliera plus cette leçon. Déjà bien connu des poètes de transition comme Soumet qui d'un de ses romans tire le drame *Émilie,* il influence profondément roman et drame. Il agit sur les mentalités de l'époque non seulement en France, se devoir

mais aussi en Italie (Manzoni) ou en Allemagne (La Motte-Fouqué). Selon Stendhal, il vaut mieux pour peindre les costumes et les visages que les sentiments et les passions. Son moyen âge ressuscité, ses goûts de la chevalerie vont plaire. Un *Quentin Durward* rend populaire la figure de Louis XI, mais on s'attache à tous ses romans, y compris les plus anglais. De toutes parts vont surgir les imitateurs. Le *Cinq-Mars* de Vigny, *les Trois mousquetaires* de Dumas, *les Chouans* de Balzac, *Notre-Dame-de-Paris* de Hugo, *la Chronique du règne de Charles IX* de Mérimée, *le Capitaine Fracasse* de Gautier s'inscrivent dans cette postérité du roman historique lancé par Walter Scott.

On se doit, après avoir rappelé les poètes de la nuit et des tombeaux : Young et ses *Nuits,* Hervey et ses *Méditations,* Gray et son *Cimetière,* inspirateurs de tant d'élégiaques du XVIIIe siècle (comme eux, Byron, Leopardi, Heine, Lamartine, Hugo méditeront devant des tombes ouvertes), d'en venir au grand poète anglais, celui qui fournit le plus parfait modèle romantique et dont la poésie pessimiste marquera la jeune génération française : George Gordon Noël, 6e baron Byron, dit Lord Byron (1788-1824).

Qu'au moment de l'insurrection hellénique, il se soit rendu en Orient, qu'il soit mort à Missolonghi, son visage, sa naissance, son caractère, les étapes de sa biographie, tout cela, autant que *le Pèlerinage de Childe Harold,* 1812, *Manfred,* 1817 ou *Don Juan,* 1819, en fait le modèle du héros et de l'écrivain romantique. Il semble, plus qu'humain, jailli du cerveau d'un poète génial qui en fait un héros inoubliable. A part une réserve de Stendhal qui l'admire, mais trouve ses drames « mortellement ennuyeux », l'admiration est totale. Plus que l'Angleterre, Byron devient *la* Grèce. Des poètes de transition à ceux de la nouvelle génération, Byron et Grèce vont devenir synonymes de poésie. On va les chanter avec un enthousiasme tel, mais avec souvent si peu d'intelligence de la personnalité profonde du poète que Sainte-Beuve, dans *le Globe,* proteste contre l'abus des mots : *Byron, liberté, hymne funèbre.*

Déjà Lamartine et Hugo jettent dans des articles leurs sentiments d'admiration. Ils ne voient en lui que le poète du scepticisme et du pessimisme gravissant les degrés du génie; ils oublient tous les autres aspects de l'œuvre, et notamment la charge satirique qu'on trouve dans *Don Juan.* Pour Hugo, c'est l'occasion d'opposer la poésie de Byron à la poésie du XVIIIe siècle en un raccourci éloquent : « La différence entre le rire de Byron et celui de Voltaire vient de ce que Voltaire n'avait pas souffert. » C'est le souvenir du poète anglais qui attirera les regards des romantiques vers l'Orient. La mort du poète en terre étrangère, son dévouement à une cause de liberté auront une profonde répercussion sur leurs œuvres comme sur leurs idées politiques.

Lamartine, formé à l'élégie comme la pratiquaient les poètes du XVIIIe siècle, mais devant la conduire à des sommets inespérés, soumis au doute dans une foi fragile, vit en Byron l'ange déchu. A son imitation, il se veut héros romantique, il revêt son masque pour écrire un *Cinquième chant de Childe Harold* où il peut exprimer sous le couvert de celui qu'il admire des doutes et des sentiments révolutionnaires encore timides qui s'exprimeront mieux dans ses *Méditations poétiques.*

Mais tout le jeune romantisme français ne porte-t-il pas la marque de Lord Byron? Le plus proche est incontestablement Alfred de Musset que le sculpteur Préault appellera un jour « Mademoiselle Byron ». Le délicat, le fragile Musset reconnaît la voix du modèle comme celle d'une âme sœur. Écoutons ce que dit Brandès : « C'est un Byron français plus faible, plus tendre, plus gracieux, comme Heine est un Byron allemand moins grand, mais plus arrogant et plus spirituel, comme Paludan-Müller est le Byron danois, satirique, orthodoxe et conservateur. » Plus que ses contemporains nés pour la plupart dans de solides provinces, c'est le « pâle enfant du vieux Paris » comme dit Coppée, Alfred de Musset, qui, par sa sensibilité maladive, percevra le mieux le message de Byron, mais aucun ne restera insensible à son influence et à sa personnalité. Amédée Pichot, Benjamin Delaroche, Auguste-Jean-Baptiste Defauconpret ont bien servi Byron en le traduisant comme ils le firent pour bien des maîtres étrangers.

Il faut dire encore que le pas de Calais est sans cesse franchi, notamment par Charles de Rémusat (1797-1875) qui apporte ses informations dans *le Globe,* cette revue si tournée vers l'étranger. Un Villemain, un Guizot si proche des Anglais par son caractère protestant, le Vigny prédestiné à l'Angleterre de *Chatterton,* aimant une Anglaise (comme Lamartine ou Berlioz), un Philarète Chasles, un Gustave Planche sont sans cesse réceptifs à ce qui vient d'Angleterre et n'oublions pas les apports qui passent à travers les mailles du snobisme, du dandysme, de l'anglomanie.

De merveilleux poètes anglais ont cependant une influence plus tardive; il s'agit des lakistes ainsi nommés parce qu'ils résidèrent à la même époque (entre 1805 et 1830) dans la région des lacs au nord de l'Angleterre : William Wordsworth (1770-1850), ami de Walter Scott, dont les *Ballades lyriques* ouvrent une nouvelle voie; Percy Bysshe Shelley (1792-1822), ami de Byron qu'il accompagne à Venise, de John Keats (1795-1821) dont il a le temps de chanter la mort; Robert Southey (1774-1843), ami de Wordsworth et de

Samuel Taylor Coleridge (1772-1834), autre « lakiste » dont on n'oubliera pas *la Ballade du vieux marin;* l'Irlandais Thomas Moore (1779-1852), proche de l'Écossais Robert Burns (1759-1796) pour ses chansons et de Byron pour la partie orientale, mais moins fort que ces deux derniers; Charles Lamb (1775-1834), bon critique et poète de verve et son ami William Hazlitt (1778-1830), critique éclairé et moderne; Thomas de Quincey (1785-1859), l'opiomane, en rapports étroits avec cette école. Ils sont tous de grands romantiques, plus proches de nous parfois qu'un Byron, et l'on ne saurait oublier de placer auprès d'eux William Blake (1757-1827) l'auteur du *Mariage du Ciel et de l'Enfer,* le peintre étonnant, celui qui nous dit que « l'imagination c'est l'éternité ». Ces personnalités, parfois étranges, ne se séparent pas de la plus haute idée de la poésie.

Les premiers romantiques français ne les connaîtront guère. Sainte-Beuve est le seul qui en sache la valeur et s'efforce de les populariser par des traductions. Un rapprochement avec les lakistes pourra être fait à propos de Brizeux, mais il n'est que fortuit.

Malgré tout ce qui pouvait nous séparer de l'Angleterre, l'ennemie de Napoléon, c'est d'elle que viendra l'influence la plus marquée, qu'elle soit directe ou qu'elle passe par les poètes allemands.

3

Caractéristiques romantiques

L'Influence nationale prépondérante.

S I nos premières approches donnent une idée du romantisme
en tant que mouvement européen, il est nécessaire d'aller plus
avant dans sa compréhension. Si les messages allemands et anglais
sont dynamiques et inspirateurs, l'Italie (le lieu du pèlerinage
romantique) de Dante comme celle d'Alessandro Manzoni (1785-
1873), tributaire de Walter Scott, l'Espagne, celle du *Romancero,*
celle du théâtre du Siècle d'Or, celle qui inspire tant de *Mémoires* et
de *Voyages,* les pays scandinaves qui ont assimilé plus rapidement
que d'autres les textes médiévaux et la tradition populaire, la Grèce
vue par Lord Byron, Lebrun et Delavigne, tous les romantiques, ces
nations ont une certaine part à notre développement lyrique, le
romantisme aux Pays-Bas, en Roumanie, en Bulgarie, en Serbie, au
Canada, aux États-Unis, en Amérique du Sud se manifestant avec
retard.

En France, on ne saurait oublier des sources nationales nombreuses qu'on trouvera dans ce voyage. Sans s'enfermer dans les
cadres d'un nationalisme étroit, on peut affirmer que les sources
étrangères sont un moteur, une énergie aidant les Français à découvrir les ressources d'un génie insoupçonné, et que les influences
du passé français restent les plus fortes. Même les oppositions,
comme celle de Racine à Shakespeare, ont un pouvoir fécondant.
Et le fond de civilisation porte un romantisme qu'il faut extraire,
ce qui sera la tache d'une génération.

Des gestes à François Villon, des troubadours aux romanciers
bretons, des ménestrels à Rutebeuf, le romantisme existait. Il existait chez Du Bellay, chez Agrippa d'Aubigné, chez le baroque Du Bartas, chez les poètes de la mort. A l'époque de Malherbe, Cyrano

de Bergerac et sa folle imagination, Saint-Amant, Théophile de Viau, Tristan L'Hermite et leurs rêveries, bien des « grotesques » recueillis par Gautier, Corneille dans ses éclats, Racine dans ses harmonies, La Fontaine au contact de la nature, Molière dans un *Don Juan* proche du drame romantique, Fénelon dans son attachement à la couleur locale s'affranchissent bien souvent des carcans et donnent les fruits d'une imagination libre. Faut-il revenir au volume précédent pour retrouver la foule élégiaque et idyllique, les œuvres de Rousseau et de Bernardin de Saint-Pierre comme de maints prosateurs, Sade, Sébastien Mercier et sa clairvoyance utopique, Diderot, et montrer qu'ils sont dégagés de Malherbe et de Boileau pour la mise en œuvre d'un idéal nouveau? Et, bien sûr, au premier plan, André Chénier, génial précurseur, prêt pour les références romantiques et parnassiennes.

Une Révolution, des révolutions littéraires.

Le romantisme est donc, pour sa définition la plus sommaire, une opposition au classicisme, mais surtout au pseudo-classicisme. Il est un renouvellement politique, philosophique, moral, social, le règne de l'individualisme bien compris, oui, mais aussi une, *des* révolutions, en même temps la révolution du romantisme et le romantisme de la révolution qui secoue les jougs passés, les règles mortes. Il lutte, il libère, il renouvelle, il inaugure la littérature moderne dont il porte toutes les responsabilités.

Dès le début, il s'affirme comme guerre d'indépendance, comme critique générale de la société et de la littérature. Le moyen âge, le xvie siècle dédaignés par classiques et néo-classiques sont ardemment réhabilités et cela apparaît dans toutes les littératures où l'on tente sans cesse de retrouver la voix populaire. Cependant, une vive réserve ici peut être faite : les réhabilitations formelles ne sont pas accompagnées, comme dans d'autres pays, d'une mise en valeur approfondie du trésor poétique populaire de la nation; par ce défaut, le peuple restera dans l'ignorance de ses trésors anciens.

Cette révolution littéraire est la conséquence d'une révolution politique dont elle sera, dans ses grandes lignes, l'expression et le chant. A défaut d'une base philosophique solide, d'un sens religieux profond que remplace une religiosité vague et diffuse, d'une imagination fantastique affirmée (elle existe çà et là, mais reste tributaire de nos voisins), c'est par sa fougue anti-classique, l'ampleur du combat à mener et du retard à rattraper, par la valeur de ses poètes, la force de ses groupes, cénacles et revues que le romantisme s'affirmera.

La France est en retard sur ses voisins comme ce fut le cas à la Renaissance. Après un texte comme le *Discours préliminaire* à *Wallstein* de Benjamin Constant qui est de 1809, il faudra attendre les années 1820 pour l'affirmation de la poésie lyrique, les années 1830 pour celle du théâtre tragique, mais ce romantisme ne cessera pas en 1843 avec la chute des *Burgraves* comme on l'a trop dit. Multiforme, il se perpétue dans la poésie sociale, puis à travers les écoles qui le suivent jusqu'à nos jours.

Le romantisme marquera une révolution du goût. On laisse de côté l'aspect « art d'agrément » de la poésie, il ne s'agit plus de savoir bien disposer des bouquets ou de faire des gammes dans les salons. Donc, on n'écrit plus pour plaire, avec facilité, et là, on rejoint les idées d'un Maurice Scève et d'un Agrippa d'Aubigné qui étonnent par leur retrait devant leur art puisqu'ils allaient jusqu'à oublier de signer leurs œuvres. Cependant, les fortes personnalités de nos romantiques, leur sens de la scène, ne les conduira jamais à de telles réserves, excessives sans doute. Ils auront leur aspect théâtral et sauront se mettre au premier plan chaque fois qu'ils le pourront, ne serait-ce que pour donner au poète sa place et sa dignité dans l'ensemble social qu'il sert. Mais, répétons-le, comme plus tard chez les surréalistes, et chez ces derniers avec une rigueur janséniste plus grande encore, on dédaigne le succès facile, le clin d'œil au public (encore qu'à l'une ou l'autre période d'une vie toutes les individualités n'y échappent pas). Pour les romantiques, celui qui ose montrer ce qu'il voit et non ce qu'on veut qu'il voit, qui ose faire entendre des chants nouveaux, imposer sa vision personnelle du monde est seul digne d'être apprécié.

Pour bien comprendre, il faut se reporter à l'époque, lire les néo-classiques : on voit alors à quel point ce renouvellement s'imposait. Il s'agit d'une réaction biologique naturelle, d'un combat de jeunes intelligences et de sensibilités neuves contre le sacro-saint respect des règles et des routines qui n'est souvent que l'alibi de la pauvreté créatrice. On peut d'ailleurs se déplacer d'un siècle, remplacer 1820 par 1920 pour trouver un correspondant. La réaction surréaliste contre les sommeils de la pensée, contre la stupidité ambiante d'une prétendue belle époque s'explique aisément : il n'est que de lire les journaux de ce temps, encore que, dans le domaine de la poésie, il existe des non-surréalistes de valeur, nous le verrons.

Le programme est vaste pour nos jeunes turcs, aussi vaste que celui de Du Bellay, de Ronsard et de la Pléiade. Il s'agit de renouveler non seulement la poésie, mais le roman avec Sand, Balzac, Stendhal, Mérimée, Gautier, l'histoire avec Michelet, les études sociales

interpréter
intermédiaire

avec Ballanche, Quinet, les saint-simoniens, la philosophie dans la discipline kantienne, la critique avec Sainte-Beuve, et, de Delacroix à Berlioz, tous les arts. On pourrait résumer en disant qu'il faut changer l'homme.

le truchement

Vérité, liberté, société.

« Un nouveau schisme littéraire, une poétique barbare », dit le naïf académicien Auger. Les éclats de ce conservateur ne vont pas loin. Quel créateur pourrait-on opposer au romantisme ? C'est là une grande différence avec la révolution surréaliste qui, elle, ne peut prétendre monopoliser toutes les valeurs. Qui opposer aux romantiques puisque les poètes de transition eux-mêmes, par leurs meilleurs aspects, en procèdent aussi ?

Historiquement, la poussée romantique, en même temps que les poètes sans avenir, bouscule quelque peu ce que nous avons eu de bon dans le siècle classique, mais on n'efface aucun des meilleurs, pas plus que Ronsard n'efface Marot ou que Malherbe n'efface Ronsard. Ce sont les pâles disciples qui en pâtissent.

Frondeur, révolté, le romantisme français cherche, comme aux temps reculés, à retrouver un état originairement poétique du monde en suivant une voie large, ouverte, libre, aventureuse. Bien que le XVIIIᵉ siècle, bien que la Révolution lui aient ouvert cette voie, le changement moral n'est pas si profond qu'il ne faille tout réinventer, et les romantiques eux-mêmes n'échappent pas à une emprise séculaire. On n'est plus à l'âge spontané de la civilisation et la création sans cesse s'impose, car il faut, en même temps que la littérature, changer la société.

Une tâche primordiale est de concilier l'art et la vie. Mᵐᵉ de Staël le dit : « La littérature doit être l'expression de la société. » Le poète ne peut plus se séparer de la nature en ce qu'elle a de concret et de grandiose ; il ne peut plus divorcer avec les convictions profondes de la nation qu'il faut extraire de leurs apparences. Il y a donc une réaction nationale et une question se pose : pourquoi exprimer des pensées qui nous sont propres par le truchement des Grecs et des Latins ?

C'est au fond une nouvelle bataille des Anciens et des Modernes. Pourquoi les créateurs se sont-ils interdit systématiquement les sujets nationaux ? Il apparaît surprenant qu'on ne trouve jamais chez Corneille ou chez Racine, comme le dit Le Prévost, académicien de Rouen, le doux nom de France, « que ces deux grands poètes aient complètement abjuré leur pays, pour n'avoir trouvé dans leur cœur le besoin de lui consacrer un chant,

un vers, un mot ». Il n'est pas allé y voir d'assez prêt, mais son analyse, si primaire qu'elle soit, contient une vérité qu'exprime
aussi Ballanche : « Nous avons tout abandonné pour les riantes
créations de la Grèce. L'architecture nous a donné le style gothique ;
mais les terribles inventions des Sarrazins et des hommes du Nord,
mais les Croisades n'ont pu féconder notre imagination. » Il
semble ignorer la poésie médiévale, mais pour les siècles récents,
il est vrai, comme il l'affirme, que « nous avons refusé d'interroger
nos âges fabuleux », et que « les tombeaux de nos ancêtres ne nous
ont rien appris ». Guttinguer déclare : « Être romantique, c'est
chanter son pays, ses affections, ses mœurs et son Dieu. » En cela
les Allemands ont donné un exemple : « Écoutez dans leurs chants
l'accent de la patrie » dit Henri de Latouche. On observe dans
le Globe : « Les drames mixtes et populaires d'une nation voisine
font frissonner quarante millions d'hommes ». On croit alors à
une Allemagne idyllique et toute tournée vers la pensée.

On recourt à ce moyen âge qu'ici nous avons tant aimé. Cyprien
Anot, poète d'Élégies rhémoises, dit : « Quel charme n'aurait point
la peinture fidèle des mœurs naïves et simples de nos aïeux ? Avec
quelle facilité les fabliaux des troubadours, les carrousels, les
joutes des chevaliers, les cours d'amour feront oublier les pasteurs
de l'Arcadie. » Des chants néo-médiévaux vont surgir, mais la
réinvention aura ses curiosités et la poésie aura souvent l'aspect des
restaurations de Viollet-le-Duc. Qu'importe ! un retour est amorcé.

Les simplifications classiques ont conduit à l'abstraction, à l'uni-
formité. Le romantisme réagit par la diversité, l'expression du
concret et de l'individuel. On lit dans la Muse française, à propos des
imitateurs de Voltaire : « Les héros les plus étranges accoururent
de tous les points de l'univers pour répéter au théâtre les fadeurs
amassées durant un siècle, dans les coulisses, et depuis Manco-
Capac jusqu'à Téléphonte, d'Aristomène à Mustapha et à Zéangir,
on eût dit une même famille d'amants et de guerriers sortis des
mêmes écoles ou nés avec des sentiments jumeaux. » Le romantique, lui, comme le dit M.-A. David-Sauvageot, « redescend du
général vers le particulier, le concret, l'individuel ; il note de préfé-
rence les traits caractéristiques qui séparent hommes et choses. Il
ne peindra pas de même l'Anglais, l'Allemand, le Vénitien, le
Chinois ; il notera les particularités provinciales, remarquera l'air
et le pli que donnent la condition, la profession ; il ne dédaignera
pas les petits métiers... »

Il faudrait dire ici, par parenthèse, que les romantiques et leurs
exégètes oublient bien souvent de se référer aux conditions
générales d'une époque, tracent un tableau général sans tenir

compte des cas particuliers, et que des arguments de valeur pourraient sans cesse leur être opposés, mais il n'est pas de révolutions qui se fassent sans victimes innocentes.

Soucieux de vérité, le romantique n'ira pas chercher ses sujets dans un jardin d'agrément, dans un parc bien ordonné. Il semble que la nature entière ne soit pas assez grande pour lui. Dans la traduction d'un poème en vingt chants de l'Anglais William Coombe, *le Don Quichotte romantique,* on peut lire : « Tandis que la littérature classique attire l'homme dans la vie civilisée, la littérature romantique au contraire le rappelle aux émotions primitives et risque, en dépassant ce but, de le ramener à une sorte de vie sauvage. »

Louis-Sébastien Mercier dans son essai *Du Théâtre,* 1773, observait déjà la seule présence sur terre des têtes à diadèmes. Avant que l'histoire ne quitte l'étude des dynasties pour celle des faits sociaux, les romantiques annoncent que l'intérêt doit être étendu à tous les hommes et surtout aux plus souffrants. Les romantiques ne répugneront pas à étaler « les lambeaux de la misère » comme disait encore Mercier, et c'est là un des aspects les plus respectables de la nouvelle littérature. On ne reculera pas devant les peintures les plus crues, les plus repoussantes parfois, et c'est une ouverture vers la poésie sociale, vers le naturalisme. Ce n'est pas pour le seul plaisir du contraste qu'on représentera le laid, mais par souci de vérité. Le caractère de toute forme doit être analysé, rien de ce qui existe repoussé. Il en naît une égalité des êtres et des choses devant l'art créateur. Pas de choix arbitraires pour plaire au public, car ce dernier, par son goût élargi, doit être réceptif au mal comme au bien, au laid comme au beau.

Il était temps aussi de mettre un bonnet rouge au dictionnaire. Il ne saurait y avoir de mots nobles et de mots bas, les uns étant admis, les autres repoussés. On a le sentiment que la langue est trop pauvre, trop abstraite, qu'elle ne permet pas la hardiesse, la trivialité, l'énergie, le dynamisme. Il faut lutter contre de fausses délicatesses, vivifier par des métaphores, et ne jamais craindre de dire, de nommer, rejeter les périphrases hypocrites. Voilà bien une leçon qui peut être durable.

Au Théâtre.

Au théâtre, il ne faut jamais fixer, par le respect des règles, les personnages dans un moment qu'on éternise. Il faut voir les êtres en présent, mais aussi en avenir, il faut tenir compte de l'inconstance et de la précarité. Le héros fixe de Corneille va s'éloigner.

Mercier le disait : « Il n'y a rien de plus inconstant que la nature qu'on dit être immuable; on la cherche, elle se montre, fuit, change de forme. » La vérité n'est plus absolue, mais relative et le romantique tentera de suivre bien des errances, bien des métamorphoses, parfois subites.

La bataille d'*Hernani* de 1830 est restée célèbre par le « scandale ». Théophile Gautier a relaté joyeusement cette histoire d'un combat, en soi acte poétique comme on en reverra à l'époque surréaliste. L'attaque du bourgeois attaché aux idées traditionnelles, le gilet rouge de Théophile devenu symbole, la légende s'en empare : « Il en est de même de nos cheveux, dit Gautier. Nous les avons portés courts, mais cela n'a servi à rien : ils passaient toujours pour longs. » Il y aurait une étude à faire du romantisme à nos jours sur le signe révolutionnaire dans le cheveu.

Avant cette action publique, en 1827, la fameuse *Préface d'Hernani,* tout en faisant de Hugo le chef de file du romantisme, avait marqué une action plus profonde. La jeune école y trouva son manifeste. Comme Du Bellay avait puisé chez d'autres, les idées de Victor Hugo existaient chez Shakespeare, Goethe, Schiller, Schlegel, propagées par la voix de Mme de Staël. On a souvent vu naître à l'étranger des mouvements importants qui ont connu chez nous un complet épanouissement parce qu'exprimés par une voix plus vive. Hugo, dans sa préface, a utilisé une étonnante artillerie de mots, une machine de guerre efficace, avec ses traits, ses fulgurances, ses tempêtes, ses paradoxes, ses colères, ses bombes. Si du point de vue historique l'analyse paraît courte, et même parfois contestable, littérairement elle est de longue portée. Il fallait emporter la victoire contre le traditionnel Théâtre-Français et tout moyen était bon.

Le théâtre est replacé dans l'histoire générale de notre évolution. Hugo le montre aux origines en extase et en admiration devant le créateur. L'épopée homérique apporte l'action et se perpétue dans la tragédie grecque qui « tourne autour de Troie ». Vient le christianisme qui révèle à l'homme sa dualité : naissance de la psychologie. Racine, Shakespeare, Goethe, en cela se montrent supérieurs aux Grecs. La principale erreur du classicisme a été de séparer les genres : comédie et tragédie. Le théâtre est un. Son objet est la vérité. Il faut réaliser l'harmonie des contraires : le beau et le laid, le rire et les larmes, la haute passion et le bas ridicule, le sublime et le grotesque.

Cela conduit à proscrire les unités de temps et de lieu, voire d'action, au bénéfice de l'unité d'impression. Si l'on conserve l'alexandrin, c'est en l'assouplissant, en permettant l'enjambement, en déplaçant les césures. Le nouveau théâtre, dramatique, lyrique, épique, moral, historique, utilisera toutes les ressources de la poésie, il sera un théâtre complet. Victor Hugo pense à ses œuvres immédiates. Il donne une définition hardie, ambitieuse, mais qui ne sera pas entièrement suivie, même par lui-même comme en témoignera son *Théâtre en liberté*. En fait, la limite du théâtre romantique sera d'être en vers et traitant de l'histoire. Deux goûts chers à Hugo. Les drames, les comédies réalistes, puis naturalistes, iront plus loin, par la prose, dans la nouveauté. Mais cette théorie du théâtre romantique, même si elle trouve vite ses limites, s'inscrit dans l'histoire d'une certaine idée de l'homme, de l'histoire et de la poésie qui influencera le poème.

Lutte, essor, individualisme, tendances.

Le romantisme ne peut plus, d'aucune manière, se référer aux autorités qu'il discrédite. La bataille se déploie, les citadelles à détruire étant la doctrine de l'imitation qui s'est usée, la critique conservatrice qui veut continuer de régenter la poésie, les tenants de Boileau, la Comédie-Française qui, par privilège du pouvoir, maintient la comédie classique, l'Institut et l'Académie, gardiens des formes stérilisantes : autorités, règles, codes, usages, séparation des genres.

A la thèse classique : « Les genres ont été reconnus et fixés; on ne peut en changer la nature ni en augmenter le nombre », on peut répondre par la formulation romantique selon Schlegel : « L'art et la poésie antique n'admettent jamais le mélange des genres hétérogènes; l'esprit romantique se plaît dans un rapprochement continuel des choses les plus opposées. »

La poésie lyrique va-t-elle se trouver dans un ghetto, les vers ne pourront-ils pas communiquer avec la prose, la poésie communiquer avec les arts, les genres s'allier et se répondre? Si, en face des classiques se présente une opposition, elle a ses désaccords. Une minorité pense que la prose ne peut aspirer à la dignité poétique; une majorité répond que la poésie romantique se doit de conserver ce nom lorsqu'elle rejoint l'épopée, même si elle est dépouillée du rythme. Déjà au XVIIIe siècle Mercier s'écriait : « Tombez, tombez, murailles qui séparez les genres! » ce qui était aussi le désir de Diderot. Il ne faut plus qu'un art reste enfermé dans des définitions. Le drame mixte recevra le lyrisme, le génie aura champ ouvert pour exprimer la diversité, l'unité de temps apparaîtra absurde dès lors qu'on voudra embrasser les temps les plus vastes.

Le romantisme marque la fin des tracés traditionnels, des jardins à la française, des conventions arbitraires. « Votre ordre c'est le désordre! » crient les classiques et les romantiques répondent : « Notre ordre est celui de la nature et de la liberté! » On croirait entendre des slogans d'aujourd'hui.

Seule la liberté peut permettre l'essor du romantisme. La bataille est violente, on manie aisément l'injure. Ce n'est pas la raison profonde qu'on attaque, mais ses faux-semblants, ses excès qui brisent la spontanéité, et surtout l'esprit raisonneur que Chateaubriand déteste parce qu'il est l'ennemi de la sensibilité et de l'imagination. En s'insurgeant contre cette raison toute-puissante au nom de ce « moi » que Pascal disait haïssable, les romantiques revendiquaient la légitimité du sentiment et du caprice, de la liberté et de la fantaisie individuelles. Musset jettera ces vers :

Le jour où l'Hélicon m'entendra sermonner,
Mon premier point sera qu'il faut déraisonner.

Et Mercier, en précurseur génial, disait bien tout cela que ressentira une autre génération : « Le génie est audacieux, fécond et dégagé de toute entrave. Il ne repose point sur le même objet; il tire des lignes immenses qui se croisent et se correspondent; il va saluer le Hottentot dans sa hutte barbare et plane du même vol sous les plafonds dorés de Versailles. »

L'anti-conformisme amène à l'essor de l'individualisme. Enfin, la poésie ne marchera plus au pas, le poète choisira ses options. S'il existe une force romantique unie, elle n'est pas à l'abri des schismes. Dans la liberté conquise, des tendances diverses se dégagent, et c'est heureux. Il faut les diviser en deux grands courants.

Une première école incline vers les tendances objectives. Il s'agit de montrer les choses telles qu'elles sont par une analyse minutieuse, une observation quasi scientifique, l'écrivain restant en retrait. C'est la revue *le Globe* qui exprime cette tendance qui ne renie pas Voltaire, qui se montre sage, sûre, expérimentée, mesurée. Elle compte d'éminents penseurs, des érudits, des critiques, des hommes politiques, des philosophes, gens de têtes solides qui se nomment Dubois, Duvergier de Hauranne, Rémusat, Thiers, qui ne sont pas des classiques puisque ces derniers les amusent et excitent leurs critiques, qui se disent romantiques, mais, oui, un grand mais : ce groupe ne compte pas de poètes. Voici quelles sont les grandes lignes de sa pensée qui participe largement du romantisme : il faut consulter une raison plus libéralement comprise, étudier les modèles passés en les choisissant bien et ne retenir que leur leçon d'originalité en étant soi-même dégagé d'eux et original, garder au théâtre l'unité d'action qui seule compte, mêler les genres, rester simple et se fier au goût, se méfier de l'arbitraire, dédaigner la préciosité, se défier de la germanomanie et de l'anglomanie. Cette école peut être prise comme celle des tenants d'un élargissement du classicisme, une branche romantique qui débouchera sur le réalisme. On sera plus volontiers attiré par l'art des Constant, Stendhal, Mérimée, Balzac, que par la poésie.

La seconde école, féconde en matière poétique, nous intéresse ici davantage. Elle parlera par l'autre importante revue *la Muse française*. Ici, on est plus proche de Rousseau que de Voltaire. Il s'agit du romantisme de l'impression personnelle, le poète étant intimement mêlé aux choses. C'est l'exacerbation du moi, la naissance de la poésie de l'âme, de la sympathie humaine universelle, de l'échappée vers la rêverie, le merveilleux, le fantastique, voire le divin. On est dans la tradition du sentimentalisme vivant de Rousseau, mais en évitant les pièges larmoyants. On rénove le spiritualisme. Le sentiment profond, l'idéalisme philosophique proche du mysticisme religieux, l'intimisme permettent de livrer les créations de l'âme et de l'esprit.

Il existe dans cette école subjective, un dynamisme constant. On lit dans *la Muse française* : « Lorsque les événements font entrer la vie dans le cœur, lorsque la famille, la patrie, le moi, sont menacés, tous les sentiments énergiques se réveillent. » Au sein de la jeune école, bien des paradoxes sont présents. Ainsi, s'attendrait-on à ce que les poètes de *la Muse française*, les Vigny, Lamartine, Hugo, Nodier leur aîné, soient les plus fidèles serviteurs du trône tandis que maints conservateurs sont plus libéraux ? Pour un Cyprien Desmarais, les hommes forts vont aux luttes, les faibles voient dans la Révolution « une espèce de barbarie qui détache l'homme de l'homme, le jette dans la contemplation rêveuse et dans l'enthousiasme solitaire », comme en témoignent Goethe, Chateaubriand ou Sénancour. L'étude de chaque poète pris dans sa vie sociale et politique montrera bien des évolutions.

Les poètes seront les acteurs de la vie publique. « Ce serait, lit-on dans *la Muse française*, une erreur presque coupable dans l'homme de lettres que de se croire au-dessus de l'intérêt général et des besoins nationaux, d'exempter son esprit de toute action sur les contemporains, et d'isoler sa vie égoïste dans la grande vie du corps social. » C'est ainsi que l'on verra flétrir, comme Voltaire qu'on abjure, les crimes politiques, les poètes donner leur sentiment sur les réformes, conseiller les révolutions. Dès lors, l'histoire nationale et universelle, les épopées révolutionnaires et impériales enfiévreront les esprits, enrichiront les imaginations, les arracheront à leur individualisme sans rien ôter de leur subjectivisme essentiel. Comme Lamartine en 1830 exprime bien cette pensée : « La poésie, dont une sorte de profanation intellectuelle avait fait parmi nous une habile torture de la langue, un jeu stérile de l'esprit, se souvient de son origine et de sa fin. Elle renaît fille de l'enthousiasme et de l'inspiration, expression idéale et mystérieuse de ce que l'âme a de plus éthéré et de plus inexprimable, sens harmonieux des douleurs ou des voluptés de l'esprit. »

Il faut préciser ce qu'est *l'individualisme* romantique car le mot prête à confusion, fait rêver à la tour d'ivoire. On pourrait croire que le poète romantique, cloîtré dans son moi, refuse de se mêler à la foule et de partager ses doutes, ses angoisses, comme ses joies et ses plaisirs. Le moi du poète est le moi de ses contemporains. Il exprime ses rayons et ses ombres, ces dernières étant sans doute plus fréquentes si l'on en juge par les cris de douleur de Musset, le pessimisme de Vigny, les harmonies sombres de Lamartine. Victor Hugo dit : « Tout homme qui écrit, écrit un livre et ce livre, c'est lui. La poésie est avant tout ce qu'il y a d'intime en nous. » Le poète traduit ce que la foule sent confusément. Il faut lire la préface des *Contemplations* où Victor Hugo affirme cette communion entre le poète et son lecteur, traçant une nouvelle idée des relations entre ce qu'un sociologue d'aujourd'hui appellerait consommateur et producteur, idée plus que jamais présente :

> Ceux qui se pencheront sur ces « Contemplations » retrouveront leur propre image dans cette eau profonde et triste qui s'est lentement amassée là, au fond d'une âme... Est-ce donc la vie d'un homme? Oui, et la vie des autres hommes aussi. Nul de nous n'a le droit d'avoir une vie qui soit à lui. Ma vie est la vôtre, ma vie est la mienne; vous vivez ce que je vis; la destinée est une. Prenez donc ce miroir et regardez-vous y. On se plaint quelquefois des écrivains qui disent « moi ». Parlez-nous de nous, leur crie-t-on. Hélas! quand je parle de moi, je parle de vous. Comment ne le sentez-vous pas? Ah! insensé qui crois que je ne suis pas toi.

Quelque chose a changé : « On ne recommence pas les madrigaux de Dorat après les guillotines de Robespierre, et ce n'est pas au siècle de Buonaparte qu'on peut continuer Voltaire », dit Victor Hugo dans un article sur Byron en 1824. Insistons sur la gravité du romantisme : il s'attache à tous les grands problèmes, il ne refuse aucun des aspects amers ou malsains de la vie, il se souvient du grand mystère de la destinée humaine avec quelque chose de pascalien dans la démarche, il ne fuit pas les problématiques, le lyrisme est aussi un élément de découverte, il tente d'aborder aux rives inconnues, il réfléchit sans cesse au devenir, il ne se satisfait pas de l'équilibre et de la sérénité, il dépasse le sublime de la phrase comme chez Corneille pour rejoindre celui du religieux et du philosophique.

Aux transformations de l'esprit poétique répondent celles de la forme. La révolution est ici moins aiguë qu'on ne l'imagine et bien des vieilleries passent à travers le filtre. Le concret l'emporte cependant sur la langue abstraite. On est plus pittoresque (cette épithète enchante tout le xixe), plus vivant, plus imagé, plus précis. Enfin, le cheval pourra être un cheval (et non un coursier), l'épée pourra être une épée (et non un glaive). Les barrières séparant les mots « nobles » des mots roturiers sont renversées ; les termes généraux, les périphrases hypocrites sont condamnés au profit du mot propre ; le vocabulaire s'enrichira comme au vieux temps, avant que le goût classique n'intervînt, et feront leur entrée les termes empruntés aux sciences, aux arts, à l'industrie, au commerce, à l'artisanat. Des mots tombés en désuétude depuis le riche et fécond Ronsard seront réhabilités ; ils prendront des sens nouveaux et l'on verra que le néologisme est le plus souvent un archaïsme ayant subi une cure de jouvence. La syntaxe se libère, la phrase se rebelle contre les règles de la raison, se conforme plutôt aux élans du cœur, aux pouvoirs infinis de l'imagination.

L'alexandrin est disloqué, soumis à une gymnastique assouplissante, prêt à répondre à tous les emplois ; les édits de Malherbe sont en partie supprimés : l'enjambement est permis, et même le hiatus, s'il n'est pas choquant, est autorisé. La rime esclave devient reine : on crée de nouveaux rythmes, on va rechercher ceux subtils de la Renaissance. On se soucie de l'harmonie du vers et à son sens propre, le mot ajoute sa valeur de son. L'harmonie prend tous ses pouvoirs : on la trouve douce et berceuse, répondant aux murmures des vagues expirant sur la plage ou au souffle du vent dans les branches chez un Lamartine, vibrante, guerrière chez Hugo, légère, variée, pleine de fantaisie chez Musset ou Gautier, ample et grave chez Vigny.

Le Poète.

Il tend vers la divinité par le mystère. Comme dit Desmarais, « le caractère de son idéal est nécessairement dans l'éternel et dans l'infini ». Comme dit Anot : « Dans les ouvrages romantiques où il n'y a point d'idées religieuses, sous l'acception vulgaire du mot, il y a des sentiments qui préparent à la religion. » Comme dit Nodier : « Chez les Anciens, ce sont les poètes qui ont fait les religions ; chez les Modernes, c'est la religion qui crée enfin des poètes. » Victor Hugo à cet égard est significatif. Son Dieu est un dieu de poète. La recherche essentielle du romantisme est contenue dans ces questions : d'où vient l'homme, où va-t-il, quel est le sens de la vie, de la mort? Il y a là sujet à méditation philosophique et religieuse, à pensée, à rêve, à toutes sortes d'orages, et il est émouvant de voir le poète se pencher sur son art dans l'espoir qu'il donne des réponses ou le mette sur le chemin des réponses.

Dieu est toujours présent chez les romantiques que ce soit chez Lamartine si proche de Chateaubriand, chez Hugo qui ne cesse de dire que *la Bible* est le plus grand des chefs-d'œuvre, chez Musset qui écrit *l'Espoir en Dieu,* chez Vigny philosophique et religieux. Leurs interrogations et leurs doutes, leurs espoirs, leur quête d'infini s'étendent à toute la poésie du XIXe siècle.

Il n'est pas seul, ce poète, car les sciences, les arts, la musique, la théologie, la philosophie l'accompagnent dans ses luttes. Il n'est jamais isolé car dans le temps et dans la géographie littéraire européenne, d'autres accomplissent les mêmes fouilles, posent les mêmes questions. Le poète sait, comme dit Ballanche, qu'il est « la parole vivante du genre humain ». Les voyages du ciel et des enfers de Milton, Dante, Klopstock, les recherches du passé, comme chez un Macpherson ou les archéologues du folklore national populaire anglais, allemand ou scandinave, lui dictent sa voie. Le poète monarchiste des années 1820 ne sait peut-être pas qu'il prépare une révolution : son pessimisme reste abstrait, son optimisme, lui, est concret et, du même coup, subversif. C'est ce dernier qui permet les évolutions et les changements. Le monde doit être changé et pour cela, il faut intervertir les rôles : que l'accusé soit juge, que le pauvre soit riche, que l'humble soit puissant, et une nouvelle civilisation régnera. L'analyse paraît brève et naïve; elle témoigne d'une foi inébranlable en l'homme, et cet aspect de sympathie humaine est le meilleur de la nouvelle génération.

Le poète romantique a appris à se situer dans la durée, à appliquer ses systèmes de valeurs aux œuvres du fonds universel comme aux créations inspirées par le monde sujet aux métamorphoses dont il se sent le responsable. Si le sens de la précarité humaine le prédispose à une inquiétude constante, l'irréversibilité du temps à une angoisse douloureuse, le sentiment de sa propre existence le conduit parfois à des états extatiques : il connaît l'illusion de toucher, par la poésie, à l'éternité. Sans cesse, il tente de prolonger les moments heureux ou révélateurs, de les extraire de sa mémoire affective, d'y trouver un essor, une identité entre la sensation éprouvée dans son passé et celle du moment présent, ce qui lui donne l'impression d'abolir le temps. Il éprouve encore qu'il est le por-

La parole vivant du genre humain

teur non seulement de ses propres souvenirs, mais de ceux des époques passées, avant sa venue au monde.

Le poète romantique va créer des mondes imaginaires et il les peuplera. Il a une vision picturale de l'univers, de la nature dans son ensemble, de la campagne dans ses particularités. Il écoute un concert fabuleux : celui des ruines et des tombeaux, des rochers qui permettent l'élévation du corps et de l'âme, des fleurs et des oiseaux, des lacs dormants et des eaux vives, de la houle et des tempêtes intérieures. Il se rapproche du ciel pour mieux contempler la terre. Cet homme social connaît la solitude et ses déchirements. Il va du monde concret au détachement vaporeux. Il va de l'homme souffrant à un univers aérien de sylphes, de feux follets, de lutins, d'ondines et de fées, qui lui viennent d'un Nord dispensateur de terreurs nocturnes comme au temps de Saint-Amant, avec fantômes et oiseaux de nuit, démons et goules, chimères et vampires, dans le monde grouillant du sommeil de la raison qui enfante les monstres. Sans cesse, il établit un va-et-vient entre la fantasmagorie et la réalité la plus crue, entre les paysages lointains et la patrie française. Non, le romantisme n'est pas si facile à définir, il ne correspond pas à l'idée vague que certains en ont, il réunit des contradictions incessantes, des paradoxes constants que l'homme et l'art seuls peuvent résoudre, et c'est là le sens fondamental de ses multiples recherches aussi diversifiées que la nature humaine.

Il n'existe pas un, mais *des* romantismes. Quoi de commun entre celui de Lamartine et celui de Pétrus Borel ? entre celui de Casimir Delavigne et celui de Philothée O'Neddy ? Et l'on pourrait, par souci de contrastes moins violents, répéter les différences entre le romantisme libéral, bourgeois, anticlérical du *Globe* et le romantisme aristocratique, monarchiste, religieux de *la Muse française* : il fallut bien la personnalité de Victor Hugo pour opérer une jonction, une alliance. Dans les années 1830, au temps de la bohème galante de Nerval, lorsqu'on exhibe devant des bourgeois trois belles filles nues et enduites de farine pour faire croire à des statues, on est loin des voiles romantiques des Elvire.

L'alliance entre la génération de 1820 et celle de 1830, en dépit de ce qui pourrait les opposer, cette sorte d'union romantique contre la vieille société est sans doute un étonnant phénomène littéraire autant que social. Lorsque Gautier, Nerval et les bousingots viennent au secours d'*Hernani,* apportant le sang bouillant d'une génération neuve, ils suivent un romantisme de choc violent, frénétique, profanateur, excentrique. Philothée O'Neddy, Pétrus Borel, Lassailly, lycanthropes, précurseurs du « théâtre de la cruauté » d'Antonin Artaud, inspirateurs de ce qu'il y a de plus noir dans les fleurs maladives de Baudelaire, de la rage homicide de Lautréamont, annonciateurs de Rimbaud, Jarry, Apollinaire, du dadaïsme de Tristan Tzara et du surréalisme d'André Breton, libérateurs de la folie créatrice, du fantastique social, des modes d'expression, prophètes d'une société différente, ceux-là s'éloignent des jeunes malades anémiques et des rêveries au bord des lacs. On les dit « petits romantiques » par allusion au quantitatif, alors que, refusant les limites, ils apportent un élargissement, une expansion de l'être. Ce sont eux qui repoussent alors le champ du possible et obligent les plus grands, et surtout Victor Hugo, à un état d'éveil constant. Le romantisme offre sans cesse au cours du siècle un asile vaste et ouvert aux plus inattendues des cohabitations, et l'on verra que personne n'échappe vraiment à cette nouvelle manière d'être, de penser, de concevoir.

Le Mot romantisme.

Avançons-nous, comme nous le souhaitons, par ces étapes successives ? Pour aller plus loin, il faudra rencontrer les créateurs et leurs œuvres. C'est à dessein que nous n'avons pas commencé par l'étymologie et l'analyse du mot romantisme. Il est cependant nécessaire de les apporter.

Dans une première acception, le mot *romantisme* est proche du mot *romanesque*. Au XVIIe siècle, Claude Nicaise l'emploie ainsi : « Que dites-vous de ces pastoureaux ? Ne sont-ils pas bien romantiques ? » En 1745, Jean Leblanc note : « Plusieurs Anglais essayent de donner à leurs jardins un air qu'ils appellent « romantic », c'est-à-dire à peu près pittoresque. » Romantique se dit des lieux qui éveillent l'imagination des romanciers ou des poètes. On lit chez Rousseau : « Les rives du lac de Bienne sont plus sauvages et plus romantiques que celles du lac de Genève », et chez Marmontel : « Il y avait dans sa beauté je ne sais quoi de romantique et de fabuleux qu'on n'avait jamais vu jusque-là qu'en idée. » Nous nous orientons déjà vers le mystère.

Charles de Villers et Senancour se servent de ce terme, mais c'est Mme de Staël qui applique ce mot à la nouvelle école en l'opposant au classique, après l'avoir recueilli dans la critique allemande : Schlegel l'a accoutumée à *romantisch*.

Ce mot qui désignait des paysages propres à inspirer le roman, qui devait devenir, après avoir été le synonyme de romanesque, celui de pittoresque, était donc appelé à devenir en quelque sorte l'antonyme de classique. Cette division en « classiques » et en « romantiques » a souvent un aspect arbitraire. On lit dans une lettre de 1814 d'Astolphe de Custine à sa mère : « Ces dénominations de romantiques et de classiques, que les Allemands ont créées depuis plusieurs années, servent à désigner deux partis qui bientôt diviseront le genre humain. »

La bataille des Anciens et des Modernes, comme au temps de Perrault, de Boileau? Il y a de cela et Nodier définit les lignes de partage : « Dans les âges secondaires, l'esprit humain a suivi deux voies, l'une qui était toute tracée et qui n'aboutissait qu'à la reproduction perpétuelle de beaux types antiques, l'autre qui était inventrice et téméraire, et où il s'agissait de saisir sur le fait le caractère et la physionomie des types modernes. C'est peut-être dans le choix de ces directions que s'est manifesté le partage de deux écoles qu'on appelle le classique et le romantique. »

Qui est romantique et qui ne l'est pas? La distinction devient bien difficile. On peut repousser, si l'on est romantique, les pâles imitateurs, et c'est facile, mais dès lors qu'on se trouve en face de hautes personnalités littéraires, le problème se complique et l'on ne peut trouver que le facile argument des dates. Lorsque Stendhal essaie d'attirer l'étymologie de romantisme vers l'Italie en se référant à la littérature romane, il choisit pour étayer son propos des noms qui surprennent et que repousseraient les romantiques.

Ce sont finalement les individualités créatrices qui vont répondre en créant leur romantisme personnel. La définition lapidaire échappe et nous sommes proches des définitions multiples de la poésie, généralement exactes, mais toujours incomplètes. De cela, Victor Hugo aura moins cure qu'on ne l'imagine. Le romantique jeune homme repousse ces appellations ou passe allègrement de l'une à l'autre. Dans une préface à ses odes, il démontre que les définitions de Mme de Staël, marquées par la chronologie, obligeraient, comme l'a remarqué Pierre Moreau, « à attribuer *le Paradis perdu* aux classiques, et *la Henriade* aux romantiques ». Le jeune Hugo joue un peu, mais il est significatif qu'en 1826, il rejette à la fois l'imitation des classiques et des romantiques. Cependant, il choisit bien la nouvelle école, faisant de l'autre celle de l'imitation. En 1864, dans un livre sur *Shakespeare,* Victor Hugo écrira :

Ce mot *romantisme* a, comme tous les mots de combat, l'avantage de résumer vivement un groupe d'idées; il va vite, ce qui plaît dans la mêlée; mais il a selon nous, par sa signification militante, l'inconvénient de paraître borner le mouvement qu'il représente à un fait de guerre : or ce mouvement est un fait d'intelligence, un fait de civilisation, un fait d'âme; et c'est pourquoi celui qui écrit ces lignes n'a jamais employé les mots *romantisme* ou *romantique.* On ne les trouvera acceptés dans aucune des pages de critique qu'il a pu avoir l'occasion d'écrire.

Aujourd'hui, il n'est plus possible de se fier entièrement à des définitions globales et souvent hasardeuses; c'est souvent par facilité qu'on les emploie. Musset, l'indépendant, rompant avec les romantiques, peut dire qu'il aime La Fontaine, qu'il apprécie l'héritage grec et latin comme la Grèce et l'Italie modernes, qu'il aime l'art de son pays, qu'il regrette de voir nos « muses barbouillées de patois étrangers ». Dans *les Secrètes pensées de Raphaël,* on lit :

> Vétéran, je m'assois sur mon tambour crevé.
> Racine, rencontrant Shakespeare sur ma table,
> S'endort, près de Boileau qui leur a pardonné.

En 1836, Alfred de Musset s'égayait intelligemment aux dépens du mot *romantisme,* s'amusant à énumérer les diverses acceptions qu'il pouvait susciter et traçant des portraits ironiques et critiques pour montrer ce qu'il y a de vague dans les théories romantiques : « Le romantisme, mon cher monsieur! Non, à coup sûr, ce n'est ni le mépris des unités, ni l'alliance du comique et du tragique, ni rien au monde que vous puissiez dire... Le romantisme, c'est l'étoile qui pleure, c'est le vent qui vagit, c'est la nuit qui frissonne... c'est le jet inespéré, l'extase alanguie, en même temps le plein et le rond, le diamétral, le pyramidal, l'oriental, etc. »

Mais tendre au romantisme, c'est avant tout tendre à la plus haute et la plus idéale idée de la poésie, c'est tenter de rejoindre une présence fuyante et toujours à venir. Charles Baudelaire rêvera lui aussi d'un romantisme *autre.* Écoutons-le : « Qui dit romantisme dit art moderne — c'est-à-dire intimité, spiritualité, couleur, aspiration vers l'infini, exprimée par tous les moyens que contiennent les arts. Il suit de là qu'il y a une contradiction entre le romantisme et les œuvres de ses principaux sectateurs. » Romantisme synonyme de « remise en question »? Cette idée apparaît aujourd'hui lorsqu'on suit les travaux de la Société des études romantiques dans la revue *Romantisme* qui réunit des textes internationaux, son but étant « d'être un lieu de rencontre entre les explorateurs, actuels et futurs, de cette contrée énorme déjà sillonnée, jalonnée, traversée de voies royales, mais toujours terre d'aventures et de découvertes ».

L'Édition romantique.

Contrairement à ce que la grande renommée des poètes romantiques pourrait laisser croire, les tirages des œuvres sont faibles. Émile de Girardin nous a appris qu'en 1835 Victor Hugo et Paul de Kock, favorisés, vendaient 2 500 exemplaires de leurs œuvres, tandis que Balzac, Soulié, Sue et Janin se situaient autour de 1 200 exemplaires, Alphonse Karr 1 000 exemplaires. Quant aux poètes comme Alfred de Musset par exemple, ils voyaient leurs ouvrages se vendre entre 600 et 900 exemplaires. Théophile Gautier quant à lui ne voyait pas ses œuvres dépasser 600 exemplaires.

Non seulement les tirages étaient faibles, mais de plus les contrefaçons étrangères apportaient aux éditeurs français une redoutable concurrence. Avant que naissent les grandes dynasties éditoriales, la plupart existant encore aujourd'hui, nous trouvons Henri Nicolle, l'éditeur des *Méditations* de Lamartine refusées par le plus important Ambroise-Firmin Didot. Charles Gosselin lui succède en 1822, mais ce seront surtout Ladvocat et Eugène Renduel qui serviront la poésie montante. Le premier s'honore d'être « Éditeur de M. de Chateaubriand, de Byron, de Shakespeare, de Schiller ». Un des premiers gros tirages sera celui des *Paroles d'un croyant* de Lamennais (plus de 100 000 exemplaires). Chez Ladvocat ou chez Renduel publient Victor Hugo, Charles Nodier, Théophile Gautier, Gérard de Nerval, Alfred de Vigny, Alfred de Musset, Sainte-Beuve, Casimir Delavigne qu'illustrent les Tony Johannot ou les Célestin Nanteuil entre autres. Beaucoup d'éditeurs se ruineront ou abandonneront la profession après l'avoir marquée de leur empreinte. Nous citerons Levavasseur, Ambroise Dupont, Hector Bossange, Pierre-Jules Hetzel, Gervais Charpentier, Michel Lévy, Poulet-Malassis, Albert Lacroix, Charles-Antoine Pagnerre aux diverses époques, en attendant le Lemerre ou le Vanier du parnasse et du symbolisme. Et n'oublions pas Honoré de Balzac lui-même.

Comme c'est le cas aujourd'hui, il fut heureux que les nouveaux poètes, dans des relations parfois difficiles, rencontrent sans cesse de nouveaux éditeurs, petites officines vivantes, qui les aident avec efficacité, tandis que de grandes maisons à l'enthousiasme usé par la routine restaient déficientes ou ne faisaient que recueillir les moissons semées par d'autres. Il est significatif et intéressant de voir qu'en 1831, les écrivains, pour aider le célèbre Ladvocat en difficulté, font paraître, hélas vainement, le *Livre des Cent-un*. Disons aussi l'importance, la variété, la quantité des publications périodiques, feuilles et revues diverses, dont nous allons rencontrer les titres au cours de ce texte, et ajoutons qu'alors, dans la grande presse, la poésie avait encore sa place reconnue.

Alphonse de Lamartine

I

Le Long parcours d'une vie

Le Printemps d'un gentilhomme.

MILLY n'est pas « la terre natale ». Alphonse-Marie-Louis Prat de Lamartine (1790-1869) est né à Mâcon d'une famille qui avait servi avec fidélité l'ancienne monarchie (son père, Pierre de Lamartine, fut emprisonné de 1793 à la chute de Robespierre, un de ses oncles déporté) et qui sera résolument anti-bonapartiste. Sa mère, née Alix Des Roys, âme artiste et religieuse, lui donne l'enseignement du temps : celui de Fénelon. Il avait sept ans lorsqu'on s'installa à Milly où il trouva, ce jeune aristocrate, le contact avec la nature et la paysannerie. Le livre de chevet est *la Bible* illustrée de Royaumont. Après un court séjour à Lyon suivi d'une fugue, les Pères de la Foi, de Belley, vont se charger de l'éducation du jeune Alphonse. Il est né dans une famille selon son cœur, parmi des nobles sans titre, le père étant un gentilhomme campagnard, la mère une femme raffinée, un esprit distingué et généreux. C'est d'elle qu'il tient l'essentiel de son caractère.

Il sort de Belley couvert de lauriers. Sa formation doit plus encore à ses lectures : Racine, Voltaire et Rousseau, Bernardin de Saint-Pierre, *la Bible,* Ossian, les élégiaques antiques et ceux du XVIIIe siècle, l'Arioste, le Tasse, Pope, Richardson, Fielding, et surtout Mme de Staël et Chateaubriand. On ajoute un peu de Montaigne, La Fontaine qu'il ne cessera de détester. C'est surtout la lecture de *René* qui le bouleverse : il sera un des multiples « René » dont parle Chateaubriand. Ne serait-il pas l'image en vers de ce dernier ?

Bien que dès 1809 il ait ébauché *le Lac,* ses premiers vers, peu originaux, portent la marque de ses apprentissages. Il y a en lui du Gresset :

Tandis que d'un léger coton
Mon visage frais se colore;
Que tout sourit à mon aurore
Et que raisonner en Caton
Chez moi serait risible encore...

Il lit beaucoup les vers de Voltaire et l'on s'en aperçoit aisément :

Ne peux-tu jouir seul de ces moments de joie,
Consolateurs d'un jour que le Ciel nous envoie?
Et ton cœur abattu sous le poids de ses maux
Dans le cœur d'un ami cherche-t-il du repos?

Non, sa poésie ne décolle pas encore de terre, et l'on voit encore un exercice, un calque parfait de Jean-Baptiste Rousseau :

Hélas! voyageurs que nous sommes,
Nos jours seront bientôt passés,
Et de la demeure des hommes
Demain nos pas sont effacés.
Qu'il est beau ce désir de l'âme,
Dont la noble fierté réclame
Contre un ténébreux avenir;
Dont l'orgueil aux races futures
Pour prix des vertus les plus pures
Ne demande qu'un souvenir.

Serait-il resté ce versificateur s'il n'avait rencontré l'amour? Vers vingt ans, il s'éprit d'une jeune Mâconnaise, et ses oncles, pour couper court, l'envoyèrent en Italie. On sait l'importance du voyage et de l'amour dans son œuvre poétique. L'Italie, celle de la Napolitaine Antoniella qui sera Graziella, celle surtout de son ciel et de ses artistes, sera sa seconde patrie.

De retour en France, nommé maire de Milly pour échapper à la conscription, car les Lamartine ne veulent d'aucune façon servir l'Empire, il a une liaison avec une jeune hobereaute, Nina de Pierreclau, dont naîtra un fils qui épousera la nièce du poète. A la Restauration, il entre dans les gardes du corps, mais les Cent-Jours interrompent sa carrière et il ne reprend ensuite le service que pour démissionner quelques mois plus tard. Jusqu'en 1820, il sera sans emploi, mais son oisiveté féconde profite à la poésie. Il prépare quatre petits livres d'élégies dans le goût de Parny, répondant à l'Éléonore de son maître par la bien connue Elvire, en réalité une Mme Julie Charles rencontrée dans une ville d'eau par le jeune séducteur que l'adultère ne gêne nullement. La mort de Mme Charles lui apporte le don de la souffrance, le jeune libertin est désormais un amoureux malheureux, le jeune versificateur est désormais un poète. Huit mois après la mort d'Elvire, Mme de Lamartine écrit dans son *Journal :* « On dirait qu'il est abattu par quelque chagrin qu'il ne me dit pas, mais que je crains d'entrevoir. »

A sa tragédie intérieure, correspond tout d'abord la composition d'une tragédie, *Saül,* que Talma refuse de présenter à la Comédie-Française. Il pense à enfanter une autre tragédie, *Clovis.* Grâce au refus de Talma, il s'orientera vers ce qui fait sa gloire : le poème, celui des *Méditations.*

C'est là qu'il va transposer sa douleur et son espoir en Dieu; c'est là que va jaillir sa flamme poétique, son inspiration sincère et personnelle. Il dira plus tard : « Je n'imitais plus personne; je m'exprimais moi-même. Ce n'était pas un art, c'était un soulagement de mon propre cœur. »

La Gloire littéraire.

En 1820, parurent *les Méditations* qui le firent entrer de plain-pied dans la gloire. Celle-ci était assurée avant même la publication : Lamartine avait lu des passages dans les salons, il avait fait imprimer à petit tirage *l'Isolement,* et fait retarder l'impression du volume complet non par calcul, mais parce qu'il craignait que sa réputation de poète lui refusât le sérieux qui s'attache à la carrière diplomatique qu'il envisageait. En cela il se trompait, car c'est son succès qui devait lui ouvrir toutes les portes.

Plus qu'un succès, un triomphe! Talleyrand passe une partie de la nuit à le lire et dit : « Mon insomnie est un jugement. » Le ministre de l'Intérieur lui fait don d'une bibliothèque classique, latine et française. Le ministre des Affaires étrangères le nomme conseiller d'ambassade à Naples. Le roi le pensionne. Le 6 juin 1820, il épouse une jeune Anglaise, Maria-Anna-Elisa Birch qu'il emmène en Italie. Tout lui sourit à la fois : gloire, fortune, amour.

Dès lors, il publiera ses grands recueils avec des fortunes diverses mais sans rien perdre d'une gloire qui n'augmente ni ne faillit, malgré certaines déceptions comme *le Chant du Sacre* de 1824. Cette année-là, il subit un échec à l'Académie française où il entrera en 1829, peu de jours avant la mort de sa mère.

Sa carrière diplomatique se poursuit à Florence où il exercera ses fonctions jusqu'à la chute de Charles X. Il visite l'Italie du Sud, Malte, la Grèce, la Syrie, la Palestine, comme pour Chateaubriand, sources de prose et de poésie. En 1833, la mort de sa fille précipite son retour. Alors qu'il se trouvait en Orient, il a été élu député du Nord. Il entre dans la carrière politique alors que *les Harmonies poétiques et religieuses, les Nouvelles Méditations* enchantent ses contemporains.

Politique, historien, orateur.

De 1833 à 1851, tout en publiant ses œuvres, Lamartine parcourt les chemins de la politique. Il inaugure une manière très particulière d'envisager cette dernière, se situant hors de l'éventail des partis en se disant « au plafond » comme d'autres aujourd'hui disent « ailleurs ». Resté en dehors des coteries littéraires, il reste de même en dehors des partis habituels, ce qui lui vaut bien des attaques, mais aussi une grande autorité personnelle. Il sera un modèle pour ceux qui oublieront de le nommer. Comme eux, avant eux, il observe que « la France est une nation qui s'ennuie ». Il soulève sans cesse les applaudissements, ce qui ne veut pas dire qu'il rallie les votes. Il dit : « Je ferai l'insurrection de l'ennui, une révolution pour secouer ce cauchemar. » Il écrit : « Guizot, Molé, Thiers, Passy, Dufaure, cinq manières de dire le même mot. Ils m'ennuient sous toutes les désinences. Que le diable les conjugue comme il voudra. Je veux aller au fait et attaquer le règne tout entier. »

Il se sentit si maître de son art oratoire où il se montrait naturel jusque dans la pompe déclamatoire, si épris aussi de l'admiration qu'il suscitait, de la rage de convaincre et de la puissance de son verbe que, pris à son jeu, ayant parcouru tous les chemins de la gloire poétique, il tente de toucher, ce qui est le cas de bien des écrivains comblés, à autre chose. Il ira jusqu'à témoigner d'une certaine ingratitude envers la poésie : « J'avais toujours senti que l'éloquence était en moi plus que la poésie. » Il sacrifie à l'immédiat : « Adieu les vers. J'aime mieux parler; cela m'anime, m'échauffe, me dramatise davantage. Et puis les paroles crachées coûtent moins que les stances fondues en bronze. »

Pris dans ce tourbillon, il garde cependant ses sentiments de poète et de penseur. Il sait à la fois défendre les études littéraires, traiter de la question d'Orient, des fortifications de Paris, de la loi de Régence, s'élever dès qu'il s'agit de la peine de mort ou de l'assistance sociale. Il ne perd pas, quoi qu'il en dise, le goût des grandes œuvres. En 1835, il voyage et cela donne les quatre volumes de son *Voyage en Orient* dont les aperçus nouveaux, la hardiesse de pensée sont masqués par des négligences de composition et des inexactitudes géographiques flagrantes.

Apparaît au cœur de cette vie politique une œuvre poétique de longue haleine, *Jocelyn,* 1836. C'est le journal d'un curé de village annoncé comme un épisode, un fragment d'un vaste poème humanitaire voulant embrasser tous les âges de la nature et toutes les époques de la civilisation. Après quelques hésitations, ce poème fut accepté comme l'ébauche d'une épopée en accord avec les idées du temps. Deux ans plus tard, *la Chute d'un ange,* 1838, justifia son titre : les négligences de la forme furent remarquées et, malgré son ambition, le poème tomba.

Heureusement, *les Recueillements poétiques,* 1839, en dépit de leur inégalité, montrent un élargissement de sa poésie auquel le public du temps ne fut pas sensible d'ailleurs : on ne retint que le mauvais; son inspiration, si elle s'est renouvelée, si le lyrisme individuel s'accompagne d'un vaste regard vers l'avenir de l'humanité, le poète n'a pas su trouver la forme nouvelle qui convenait à son message.

Désormais, Lamartine se manifeste surtout par ses œuvres en prose, avec d'heureuses exceptions comme *la Marseillaise de la Paix.* Tout à la politique, il contribue par ses écrits et ses discours à déconsidérer le gouvernement de Louis-Philippe, appelant la majorité « le parti des bornes », provoquant contre elle « la révolution du mépris ». Son *Histoire des Girondins,* 1847, peut inspirer à la bourgeoisie des sentiments républicains dont elle s'est éloignée. Il fut comme ministre des Affaires Étrangères le chef populaire du gouvernement provisoire de 1848 (c'est le temps de sa défense des trois couleurs du drapeau) avant d'être éclipsé par l'élection du général Cavaignac qui le fait entrer dans l'ombre à l'avènement de Napoléon III.

Dès lors, de 1851 à sa mort, il va connaître le triste hiver de la vieillesse impécunieuse. Sa seule ressource est sa plume et vont naître bien des livres de commande. On peut s'en étonner, car il fut souvent très riche. Généreux, grand seigneur, menant la vie somptueuse d'un artiste adulé, il connut bientôt la ruine. Dès lors, il se vit condamné aux travaux forcés littéraires : d'où une foule d'ouvrages peu durables dans tous les genres, l'histoire, le roman, la biographie, les confidences, la critique littéraire, le drame, les articles de journaux, les ouvrages de vulgarisation. Tout cela ne serait que littérature alimentaire si, par moments, l'élévation du sentiment, l'élégance de la plume n'apparaissaient, mais parmi bien des négligences, des inexactitudes, des défaillances de doctrine. Sa misère reste relative, certes, mais le contraste entre les moments de sa double gloire, littéraire et politique, et cet abaissement est frappant.

C'est le temps des souscriptions ouvertes en sa faveur, des appels directs à la charité publique, des loteries, des opérations financières le plus souvent avortées. Il faut attendre 1867 pour qu'une loi lui apporte une dotation viagère de la rente d'un capital de cinq cent mille francs. Il traîne deux années pénibles de maladie. A sa mort, un décret impérial prescrit que ses funérailles seront célébrées aux frais de l'État. Lamartine ne reçoit pas cette aumône posthume : il a demandé d'être enterré le plus simplement possible dans sa terre de Saint-Point. Ni poète prévoyant ni poète maudit, sa vie connaît les plus hauts sommets et les déclins les plus subits. Elle est passionnante comme un roman et Maurice Toesca nous en persuade qui a écrit une biographie fort intéressante.

2

Méditations et harmonies

Un Poète contesté et admiré.

Q UI ne connaît par cœur des vers de Lamartine ? Il décourage
la citation, car le meilleur de lui-même, chacun l'a perçu
de longue date jusqu'à saturation : poésie qui chante habite la
mémoire. Ces passages connus paraissent si uniformément beaux
que cette beauté même fait écran. On écoute comme de la musique,
on oublie le sens, on fredonne ou on déclame, on se berce, on se
complaît dans une douceur paresseuse. A part maints « inconditionnels », qui se penche vraiment sur ses œuvres, quel jeune
homme d'aujourd'hui va chercher parmi ses méditations, harmonies et recueillements un écho fraternel, répondant à ses préoccupations d'homme du XXᵉ siècle ? On l'a figé près d'un lac ou
à l'ombre d'un vieux chêne dans une attitude romantique et l'on
ne va guère plus loin.

Autour de lui, le concert est discordant. Il connut durant sa vie
une période d'effacement qui se prolongea quelque quatre lustres
après sa mort avant qu'il se produise en fin de siècle un retour
suivi d'un oubli relatif qui se prolonge encore. Aujourd'hui, nous
pouvons prendre un long recul pour l'envisager sans complaisance,
pour le juger impartialement, pour l'aimer ou le repousser en
toute connaissance de cause.

D'abord, est-il si ancien, si démodé ? Un Georges Poulet n'a-t-il
pas analysé « le sentiment de l'espace » chez Lamartine en disant
sa « réussite extraordinaire » en en montrant telle ou telle « image
admirable » ? Ne le montre-t-on pas annonçant Mallarmé ? Ne
voit-on pas en lui un lecteur de Sade ? Inattendu, n'est-ce pas ?
Et veut-on une référence qui compte aujourd'hui ? La voici :

« Lamartine *quelquefois voyant,* mais étranglé par la forme vieille. »
C'est de Rimbaud!

Comme dit Henri Guillemin, « il est sincère, sincère à fond »;
c'est à propos de Lamartine politique, mais peut-on couper
l'homme en deux? Claude Roy, lui, nous confie tout autre chose;
pour lui la vraie vie de Lamartine est ailleurs que dans la poésie,
il le dit : « Ce sera le politique, l'historien, l'historien de son
histoire, l'apôtre maladroit qui vivra une vraie vie, écrira une
vraie œuvre, dont les sommets sont encore vivants au milieu du
fatras. » Versons au dossier cette tirade contre le poète : « Une
critique interne, structurale ou sémantique, grammairienne ou
grammatologique suffirait en effet à montrer que l'œuvre du
" poète " tombe en poussière, et qu'elle n'a jamais vécu, sinon
dans l'imagination de ceux qui s'y lisaient, dans l'imagination des
lecteurs qui y " faisaient et défaisaient leurs propres poèmes ".
Il n'y a qu'à lire *les Méditations* ou *les Harmonies* pour sentir tout de
suite, et pour vérifier bientôt, que dans ce phrasé mou, cette versification ronronnante, ces battements d'ailes énervées, ces chapelets
de lieux communs, cette barbe-à-papa de formules toutes faites où
se défait la poésie, Lamartine n'a rien mis de personne, parce qu'il
n'a rien mis de lui-même. » Mais quel poète vit mieux dans l'imagination de ceux qui s'y lisent? lequel reste aussi bien en mémoire?
On ne peut juger un poète du début du xixe siècle comme on juge-
rait son disciple en notre temps.

D'autres, par-delà leur critique exigeante, resteront fervents :
« Lamartine n'est pas cet artiste exigeant dont nous faisons un peu
vite le type du poète. Son œuvre énorme, inégale, heurte les habitudes du lecteur en un temps où l'on croit volontiers que la valeur
d'une poésie est en raison inverse de son volume. Il y a pire :
Lamartine est intelligible; nulle autre obscurité chez lui que celle
qui naît parfois d'une syntaxe trop lâche. Cela joue contre lui. »
Et nous apprécions cette mise en garde : « L'enthousiasme n'est
peut-être pas un état d'âme pour un écrivain; mais malheur au
lecteur de poèmes chez qui la critique précède l'admiration : il
risque fort de comprendre, mais de ne jamais sentir la poésie. »
C'est un code de lecture du poème. Ces deux citations sont prises
chez Marius-François Guyard, l'éditeur des vers de Lamartine dans
la *Bibliothèque de la Pléiade.*

Controversé, Lamartine? Sans cesse. Voici le « pour » : « Il est
en rapport avec tous les cœurs » (Vigny); « Il est le seul qui ait
traversé sans haine le monde de la haine » (Émile Ollivier); « Le
plus chaste et le plus idéal génie » (Barbey d'Aurevilly); « C'était
le plus grand des Racine, sans excepter Racine » (Hugo); « Sa ten-

dresse d'imagination est divine » (Maurice Barrès); « C'est notre poète sacré » (Charles Maurras). Voilà le « contre » : « Dès que Lamartine sort de l'impression de l'amour, il est puéril » (Stendhal); « Un Fénelon gâté et sans aucun frein » (Sainte-Beuve); « C'est un esprit eunuque » (Flaubert). Dans chaque bord, des auteurs dignes de considération, alors?

Il y a de tout chez Lamartine, mais qu'on aille voir ailleurs si on peut retenir autant. Faisons, pour lire honnêtement, un retour apaisé vers ce début du siècle où nous avons rencontré des poètes de transition pour voir quelle nouveauté il apportait. Pas partout, certes, ici et là il peut décevoir, mais on ne résistera pas au chant, au souffle entraînant, au charme, à la sensibilité. Chacun recevra Lamartine selon son goût et ses tendances. Aimé avec passion, détesté de même, il n'incline pas au jugement tiède. C'est beaucoup pour un poète, c'est peut-être même fondamental.

Les Méditations poétiques.

Devrait-on choisir un livre parmi l'ensemble, je conseillerais *les Méditations*. On peut trouver ailleurs plus de puissance, une inspiration plus vaste, une orchestration plus étoffée, mais aussi plus de défauts, d'incorrections, de périphrases pénibles. Le poète a trop de facilité, trop d'habileté, trop le sens de l'improvisation, comme dans ses discours, et cela le gâche. Il montre de la paresse. Refusant d'être un « homme de lettres », ce qui est bien, il sombre par trop dans l'amateurisme. Mais il a cette qualité essentielle : il chante et il chante juste. Et ses contemporains prêtent l'oreille, entendent cette voix qui leur parle de leur propre précarité, de leurs doutes et de leurs souffrances, de la mélancolie, de la solitude, du refuge de la nature. Ils croient entendre ce qu'il y a d'inexprimé en eux, et en cela le poète rempli son rôle. Lamartine dira de ses *Méditations* : « Ce n'était pas un art, c'était un soulagement de mon propre cœur qui se berçait de ses propres sanglots. » Conception égoïste de la poésie, certes, et qui peut conduire au bavardage indiscret, à la logomachie, mais Lamartine a assez de dignité pour se retenir. Simplement, comme en politique, il siège « au plafond ». Se singularisant, comment pourrait-il ne pas déplaire?

Poète de l'idéal, il chante « Comme l'oiseau gémit, comme le vent respire, / Comme l'eau murmure en coulant. » Niera-t-on la fluidité mélodieuse du vers, la finesse des impressions qui nous effleure, la hauteur de l'inspiration? Il faudrait faire taire en nous le critique et écouter :

Souvent sur la montagne, à l'ombre du vieux chêne,
Au coucher du soleil, tristement je m'assieds;
Je promène au hasard mes regards sur la plaine,
Dont le tableau changeant se déroule à mes pieds.

Ici gronde le fleuve aux vagues écumantes,
Il serpente, et s'enfonce en un lointain obscur;
Là, le lac immobile étend ses eaux dormantes
Où l'étoile du soir se lève dans l'azur.

. . . .

Mais à ces doux tableaux mon âme indifférente
N'éprouve devant eux ni charme, ni transports,
Je contemple la terre, ainsi qu'une ombre errante :
Le soleil des vivants n'échauffe plus les morts.

De colline en colline en vain portant ma vue,
Du sud à l'aquilon, de l'aurore au couchant,
Je parcours tous les points de l'immense étendue;
Et je dis : Nulle part le bonheur ne m'attend.

Que me font ces vallons, ces palais, ces chaumières?
Vains objets dont pour moi le charme est envolé;
Fleuves, rochers, forêts, solitudes si chères,
Un seul être vous manque, et tout est dépeuplé.

Le spécialiste retiendra des épithètes de remplissage : *vieux* chêne,
vagues *écumantes, immense* étendue, et ne lui pardonnera pas ce qu'il
accepte plus volontiers chez Baudelaire qui tant de fois abuse
dans ce sens. Le simple lecteur écoutera la musique des vers et
peut-on nier qu'elle soit pénétrante?

Lamartine se relie aux classiques; on trouve, nous l'avons montré, certaines de ses images chez Parny ou Léonard, chez Thomas
aussi, mais ce dernier dans son *Ode sur le Temps* ne peut rivaliser
avec les vers du *Lac* :

Ainsi, toujours poussés vers de nouveaux rivages,
Dans la nuit éternelle emportés sans retour,
Ne pourrons-nous jamais sur l'océan des âges
        Jeter l'ancre un seul jour?

Ô lac! l'année à peine a fini sa carrière,
Et près des flots chéris qu'elle devrait revoir,
Regarde! je viens seul m'asseoir sur cette pierre
        Où tu la vis s'asseoir!

Tu mugissais ainsi sous ces roches profondes,
Ainsi tu te brisais sur leurs flancs déchirés
Ainsi le vent jetait l'écume de tes ondes
        Sur ses pieds adorés.

Un soir, t'en souvient-il? nous voguions en silence;
On n'entendait au loin, sur l'onde et sous les cieux,
Que le bruit des rameurs qui frappaient en cadence
        Tes flots harmonieux.

Quel est ici l'apport original de Lamartine? N'est-on pas tenté de penser qu'il fait du Jean-Jacques Rousseau en vers? Si l'on se reporte à la dix-septième lettre de la quatrième partie de *la Nouvelle Héloïse,* on trouve dans cette élégie en prose tous les éléments du *Lac,* comme en témoigne ce court extrait :

Nous gardions un profond silence. Le bruit égal et mesuré des rames m'excitait à rêver... Peu à peu, je sentis augmenter la mélancolie dont j'étais accablé. Un ciel serein, la fraîcheur de l'eau, les doux rayons de la lune, le frémissement argenté dont l'eau brillait autour de nous, le concours des plus agréables sensations, la présence même de cet objet chéri, rien ne pouvait détourner de mon cœur mille réflexions douloureuses... Je lui dis avec un peu de véhémence : « Ô Julie, voici les lieux où soupira jadis pour toi le plus fidèle amant du monde... Voici la pierre où je m'asseyais pour contempler ton heureux séjour. »

Et Rousseau se rappelle une promenade semblable faite autrefois pour tracer le tableau de la rapidité du destin et de la précarité des choses fugitives :

« C'en est fait, pensais-je en moi-même, ces temps, ces temps heureux ne sont plus; ils ont disparu pour jamais. Hélas! ils ne reviendront plus...! »

Nous avons abrégé cette prose languide et molle. Elle apparaît comme l'ébauche du *Lac,* mais Lamartine aura la contention, la fermeté du trait, il donnera un moule à ces lieux communs, il fera chanter dans une forme dont on ne peut nier la beauté :

> Ô temps! suspends ton vol, et vous, heures propices!
>   Suspendez votre cours :
> Laissez-nous savourer les rapides délices
>   Des plus beaux de nos jours!
>
> Assez de malheureux ici-bas vous implorent,
>   Coulez, coulez pour eux;
> Prenez avec leurs jours les soins qui les dévorent,
>   Oubliez les heureux.

S'il dédie *l'Homme* à Byron son chant devient plus personnel, nourri de sa méditation philosophique et religieuse. Ce poème pourrait n'être que l'écho du didactisme de l'abbé Delille, mais il y ajoute son art personnel et sa flamme :

> Borné dans sa nature, infini dans ses vœux,
> L'homme est un dieu tombé qui se souvient des cieux.

Ses octosyllabes du *Soir* sont à ce point parfaits qu'il faut remonter au temps de Théophile de Viau pour retrouver ce ton :

Le soir ramène le silence.
Assis sur ces rochers déserts,
Je suis dans le vague des airs
Le char de la nuit qui s'avance.

Vénus se lève à l'horizon;
A mes pieds l'étoile amoureuse
De sa lueur mystérieuse
Blanchit les tapis de gazon.

De ce hêtre au feuillage sombre
J'entends frissonner les rameaux :
On dirait autour des tombeaux
Qu'on entend voltiger une ombre.

Le poète retrouve donc le sens de la nature, des effets nocturnes depuis si longtemps oubliés ou artificiellement traités. Dans ce recueil, des parties plus faibles : *le Golfe de Baïa* qui sent trop son Parny, *Sur la retraite, Sur la gloire* où il y a de la lourdeur, de l'emphase, défauts qu'on retrouve çà et là, mais que tant de beautés font oublier. Passons sur *l'Ode à la naissance du duc de Bordeaux, la Semaine sainte à la Roche-Guyon,* et quelques poèmes faibles pour admirer comme il sait prendre de la hauteur dans les grands moments philosophiques de ces poèmes : *l'Invocation, le Génie, l'Immortalité.* Des générations ont récité les vers du *Vallon :*

Mais la nature est là qui t'invite et qui t'aime.
Plonge-toi dans son sein qu'elle t'ouvre toujours.
Quand tout change pour toi, la nature est la même
Et le même soleil se lève sur tes jours.

Il en est d'autres sur lesquels on a dû passer. On doit recourir à un jugement de Lamartine sur lui-même : « Je suis le premier qui ait fait descendre la poésie du Parnasse et qui ait donné à ce qu'on nommait la Muse, au lieu d'une lyre à sept cordes de convention, les fibres mêmes du cœur de l'homme, touchées et émues par les innombrables frissons de l'âme et de la nature. » Il semble pourtant en bien des endroits que ce sont ses qualités prosodiques et oratoires qui animent des schémas au départ assez froids. Quelles que soient sa nouveauté et sa valeur, il est bien éloigné du meilleur Hugo aux visions fantastiques, fulgurantes et puissantes, comme d'un Vigny plus concentré ou d'un Musset dont le désespoir est plus convaincant. Mais on se laisse prendre volontiers à son charme musical, à son sens du recueillement devant la nature, à son sentimentalisme vague qui convinrent si parfaitement à la génération sortant des guerres impériales. Elvire rejoint les grandes héroïnes inspiratrices dans un chant renouvelé, mélodique, jouant sur les sonorités vaporeuses, avec un bonheur du beau vers pouvant se continuer durant des strophes.

La Mort de Socrate et les Nouvelles Méditations.

Lamartine fut-il conscient de la monotonie de cette exaltation constante du Moi ? Il écrivit *la Mort de Socrate, 1823,* qui apparaît comme un entracte entre les deux séries des *Méditations.* Là, il trouve une variété, mais aussi un sujet qui lui résiste, et ce long discours en alexandrins sonores, parsemé de points d'exclamation, montre les mêmes maladresses qu'on trouve chez les poètes didactiques du siècle précédent. Il a beau s'exclamer, multiplier les transports, il ne parvient pas à enlever son poème. Socrate, malgré ses nobles aspirations, nous attriste, nous semble infidèle, étranger en tout cas à celui dont Platon fixe les nuances. Lamartine, avec bonne volonté, n'a fait qu'édifier une statue académique.

Des *Nouvelles Méditations,* 1823, le critique soupçonneux peut penser qu'il ressasse ou qu'il exploite un succès. Le lamartinien convaincu répondra qu'on trouve plus de variété dans le choix des sujets, un élargissement de l'inspiration, et une même sincérité. Mais Lamartine, dans un commentaire d'un des poèmes, *les Préludes,* ne fait-il pas un aveu ? « J'écrivais encore de temps en temps, écrit-il, mais comme poète non plus comme homme. J'écrivis *les Préludes* dans cette disposition d'esprit. J'étais devenu plus habile artiste ; je jouais avec mon instrument. » On appréciera aussi la sincérité d'un autre commentaire, celui de l'ode *le Passé :* « Je n'étais pas aussi découragé de la vie que ces vers semblaient l'indiquer. »

Il y a donc une attitude littéraire du désespoir. Mais les hommes de sa génération se croyaient tous destinés à mourir jeunes et ne cessaient de parler de leur mort. L'attitude de Lamartine, paradoxalement, s'accompagne de sincérité. Des poèmes résonnent comme des chants du cygne, ainsi *le Poète mourant :*

> La coupe de mes jours s'est brisée encore pleine ;
> Ma vie hors de son sein s'enfuit à chaque haleine ;
> Ni baisers ni soupirs ne peuvent l'arrêter ;
> Et l'aile de la mort sur l'airain qui me pleure,
> En sons entrecoupés frappe ma dernière heure ;
> Faut-il gémir ? faut-il chanter ?...

Souvent des vers nous rappellent autre chose : « Cueillons, cueillons la rose au matin de la vie ! » Lamartine a beaucoup lu. Il s'imite aussi lui-même, sans guère de souci de renouvellement. Chénier avait plus de hardiesse que lui dans ses vers. Passons sur les rimes négligées, on n'est plus à cela près aujourd'hui, mais pourquoi la cloche est-elle toujours « l'airain sonore »? On trouve des vers faux, des incorrections grammaticales, des vers construits sur deux substantifs et deux épithètes : « Flotte d'un noir coursier l'ondoyante crinière », des incorrections : « Me *rentraient* dans le cœur » ou « vêtissait » pour « vêtait ». Il n'arrive pas à se débarrasser de l'héritage néo-classique, à rajeunir son vocabulaire. N'était son sens de l'expression du sentiment et son harmonie, volerait-il bien plus haut que certains poètes de transition? Nous aimons son idéalisme, sa sensibilité, son lyrisme, nous regrettons son dédain de l'art, sa manière aristocratique de se vouloir « amateur en poésie ».

Pour parler de lui équitablement, il faut passer sans cesse de la louange à la critique. On pense à un poème du recueil, *Bonaparte* qui se différencie des autres non par la qualité mais par le choix du sujet. Notre poète tantôt dresse l'apothéose, tantôt jette l'anathème. Il ne peut au fond s'empêcher d'admirer ce qu'il déteste. Nous nous demandons si nous ne sommes pas comme lui parfois tant sa lecture inspire de sentiments mêlés. Ce *Bonaparte,* inspiré (et même démarqué) de Manzoni, apparaît « Sur un écueil battu par la vague plaintive »; il est coupable, inhumain « comme l'aigle régnant dans un ciel solitaire » et proche du poème dans le temps de la mort où « C'est le dieu qui punit, c'est le dieu qui pardonne » qui a le dernier mot. Dans un curieux balancement, Lamartine injurie et salue tour à tour. Ce Bonaparte romantique fait penser à celui du film d'Abel Gance.

On trouve d'ennuyeux fragments épiques ou dramatiques. Il est meilleur dans l'élégie, même s'il n'oublie jamais son maître Parny, ou, plutôt, à cause de cela. Son *Crucifix* tant admiré, bien que d'un trait net, est inférieur aux poèmes du premier recueil, mais *le Chant d'amour* ou *le Chant nocturne* nous ravissent. Il en est de même pour sa *Consolation,* poème plus intime, d'un chant plus recueilli où il parle heureusement de la vie familiale.

Autre paradoxe, un des éléments positifs est l'imprécision, le vague, le vaporeux. Or, on peut penser que cela naît, non pas d'une volonté délibérée, mais plutôt d'un laisser-aller, d'une répugnance à se donner le mal de trouver l'épithète juste. C'est fort curieux.

D'autres *Méditations* seront ajoutées plus tard. Les années auront passé. Victor Hugo aura apporté sa leçon. Nous avons aimé *Sultan, le cheval arabe* où le poète oublie ses langueurs pour donner un poème concret, hardi et plein de vivacité. De même *A un curé de campagne* avec sa rusticité vraie nous éloigne du ton idyllique

convenu. Quant à la pièce *A M. de Musset* « en réponse à ses vers »,
elle témoigne d'un effort d'autocompréhension plutôt que d'ouverture vers l'autre; on le dirait aujourd'hui bien paternaliste et
pontifiant cet aîné qui donne des règles de vie sur un ton condes-
cendant et compatissant.

Lamartine ou les contradictions complémentaires, dirait-on.
Nous ne lui ménageons pas des sévérités qui valent mieux que
l'indifférence. Il est curieux qu'on ne montre jamais un autre
aspect de lui, moins constant il est vrai que son lyrisme déclamatoire. Lorsqu'il se penche *Sur une page peinte d'insectes et de
plantes,* il nous charme comme le feront les symbolistes :

> Insectes bourdonnants; papillons; fleurs ailées;
> Aux touffes des rosiers lianes enroulées;
> Convolvulus tressés aux fils des liserons;
> Pervenches, beaux yeux bleus qui regardez dans l'ombre;
> Nénuphars endormis sur les eaux; fleurs sans nombre;
> Calices qui noyez les trompes des cirons!
>
> Fruits où mon Dieu parfume avant tant d'abondance
> Le pain de ses saisons et de sa providence;
> Figue où brille sur l'œil une larme de miel;
> Pêches qui ressemblez aux pudeurs de la joue;
> Oiseau qui fait reluire un écrin sur ta roue,
> Et dont le cou de moire a fixé l'arc-en-ciel!

Voilà bien la face cachée de Lamartine. Il est permis de préférer *l'Esprit en Dieu* où le poète se montre dans son humilité,
avec des touches justes, montrant qu'il est l'instrument d'une
volonté supérieure. Il est permis de préférer ces vers célèbres :

> Salut, bois couronnés d'un reste de verdure!
> Feuillages jaunissants sur les gazons épars;
> Salut, derniers beaux jours! le deuil de la nature
> Convient à la douleur et plaît à mes regards,

car l'expression en est parfaite. Mais, pour bien connaître Lamartine, il faut s'écarter des vers d'anthologie et aller fouiller parmi
ses bataillons cachés.

Les Harmonies poétiques et religieuses.

Il y aura ensuite le Lamartine-Byron du *Dernier chant du pèlerinage Harold,* 1825, avec la tirade contre l'Italie dont Harold
s'éloigne pour chercher ailleurs « des hommes et non pas de la
poussière humaine » qui vaudra un duel au poète français. Ce
poème lui permet de trouver d'ailleurs de beaux vers : Lamartine a
soigné sa langue et son style. Il s'agit, on le sait, du récit lyrique des

derniers mois de la vie de Byron. Quelques épîtres familières suivent, avant *les Harmonies,* 1830. C'est un écho des *Méditations,* avec cette différence que le sentiment religieux y est constant. Mais nous sommes loin des poèmes chrétiens habituels, nous trouvons plutôt le dieu du poète, c'est-à-dire l'émanation d'une religiosité diffuse qui suit les élans enthousiastes et les accès de mélancolie. Au cours de quatre grandes parties, Lamartine veut montrer l'omniprésence de Dieu : dans la nature, dans les diverses religions, dans l'humanité. Des poèmes comme *le Chêne, Jéhovah, l'Humanité* sont particulièrement significatifs. *L'Idée de Dieu* peut nous apporter la quiétude et l'apaisement.

Élans de l'âme, tourments, évanescences, appel constant à un pathétisme que le poète s'efforce, par accumulation, de rejoindre, la démarche est émouvante, et, par-delà le mode ou la mode romantique, on sent la sincérité. Ce qui éloigne Lamartine de se perdre dans les nuées, c'est un fond de réalisme qui lui vient de son éducation campagnarde, son sens descriptif qui lui permet d'imposer d'admirables tableaux. Il écrit comme s'il allait mourir dès le poème écrit. Alors, il fait vite, les mots se pressent, les alexandrins sont jetés dans la fièvre, le temps d'ordonner l'inspiration est à peine pris, c'est l'enthousiasme, le cœur plus que la tête, selon un phénomène inverse à celui d'aujourd'hui, et ce sont des torrents verbaux parmi lesquels on trouve des pépites. Ainsi cet exemple tant cité d'harmonie imitative poussée à la perfection :

> Sur la plage sonore où la mer de Sorrente
> Déroule ses flots bleus aux pieds de l'oranger...

Délicieux musicien! On a envie de lui demander pardon de nos rigueurs. On lit, on lit, on s'ennuie, on s'exalte avec des réussites. Dans *l'Hymne de la nuit,* variant les mètres, il donne une symphonie, dans *l'Hymne de l'enfant à son réveil* (Ô Père qu'adore mon père/Toi qu'on ne nomme qu'à genoux), il donne une prière émouvante et familière, dans *l'Hymne du soir,* la magie continue, dans *Poésie ou Paysage,* chaque strophe porte des germes de poésie future :

> Il est une langue inconnue
> Que parlent les vents dans les airs,
> La foudre et l'éclair dans la nue,
> La vague aux bords grondants des mers,
> L'étoile de ses feux voilée,
> L'astre endormi sur la vallée,
> Le chant lointain des matelots.

Il y a du Baudelaire dans le dernier vers, il y a du Racine parfois, du Lamartine toujours, car on le reconnaît bien à travers qualité et défauts. Artiste, il ne lui manque que d'être constamment artiste : il eût été notre plus grand poète.

S'inspirant des *Psaumes,* il fait naître un étonnant vertige de l'imagination devant les mystères insondables de l'univers. *L'Infini dans les cieux* développe poétiquement la fameuse méditation de Pascal sur les deux infinis et en fait l'égal du Victor Hugo des poèmes de *la Légende des siècles* comme *Abîme, Plein ciel.* Là on voit ce que Lamartine veut dire quand il nomme « la respiration de l'âme ». D'autres beaux poèmes sont *le Tombeau d'une mère, Novissima Verba, Hymne à la douleur, la Cantate.* Il cherche une autre langue dans *Désir :*

> Ah! si j'avais des paroles,
> Des images, des symboles,
> Pour peindre ce que je sens!
> Si ma langue embarrassée
> Pour révéler ma pensée
> Pouvait créer des accents!

Le poème *Contre la peine de mort* affirme sa générosité et sa hauteur de vue :

> Peuple, diront-ils, ouvre une ère
> Que dans ses rêves seuls l'humanité tenta,
> Proscris des codes de la terre
> La mort que le crime inventa!

Lamartine est lucide. Il sait que son tort est d'écrire trop vite. Dès la préface, il demande qu'on l'en excuse : « Je demande grâce pour les imperfections de style dont les esprits délicats seront souvent blessés. Ce que l'on sent fortement s'écrit vite. Il n'appartient qu'au génie d'unir deux qualités qui s'excluent : la correction et l'inspiration. » Il aurait dû travailler, reprendre : ne le fit-il pas sans cesse pour *le Lac?* Et l'on veut terminer ce parcours des *Harmonies* par une autre image du poète : celle du réaliste, du poète agreste qui se rapproche de la voix populaire, de la voix intimiste comme dans *la Retraite* et qui jette ce chef d'œuvre : *Milly ou la terre natale :* comme le poète chante bien dans son arbre généalogique!

De Jocelyn aux Recueillements

L'Épopée rédemptrice de Jocelyn.

D E poème en poème, on sent l'effort de Lamartine pour rejoindre autre chose que le cri de l'âme. Il s'achemine vers la conception d'un grandiose poème, celui dont rêvent les ambitieux romantiques et dont *la Légende des siècles* est la représentation la plus achevée. Cet enthousiasme, ce goût des œuvres titanesques est une marque de l'époque, avant que ne s'amenuisent les ambitions et les projets au fur et à mesure qu'on va vers plus de délicatesse artistique. Comme toujours, Lamartine fait part de son programme :

Je cherchais quel était le sujet épique approprié à l'époque, aux mœurs, à l'avenir, qui permît au poète d'être à la fois local et universel, d'être merveilleux et d'être vrai, d'être immense et d'être un. Ce sujet, il s'offrait de lui-même, il n'y en a pas deux : c'est l'humanité, c'est la destinée de l'homme; ce sont les phases que l'esprit humain doit parcourir pour arriver à ses fins par les voies de Dieu.

D'une épopée mettant en scène un ange épris d'une mortelle et condamné par Dieu à vivre pour sa purification plusieurs vies humaines sur la terre (symbole de l'humanité cherchant son rachat par de multiples épreuves), il n'a conçu que deux immenses épisodes : *Jocelyn* et *la Chute d'un ange*.

Jocelyn, 1836, se présente comme un « Journal trouvé chez un curé de campagne », thème que reprendront des romanciers contemporains. Le poème est composé de neuf époques entre un épilogue et un prologue. La vie et les aventures de l'abbé Dumont, premier éducateur du poète, lui fournissent la trame du récit, la fiction poétique se mêlant aux faits réels. Le héros est « le type chrétien de notre époque, le curé de village, le prêtre évangélique ». Séminariste, Jocelyn a dû s'enfuir pour échapper à la tourmente révolutionnaire. Caché dans une grotte des Alpes, il y recueille une jeune proscrite, Laurence, pour laquelle il éprouve une vive passion. Il est alors appelé au chevet de son évêque moribond et reçoit de ses mains l'ordination. Ces vœux l'amènent à se détourner de Laurence. On le verra vieillir dans une humble cure de campagne avant qu'un jour il soit appelé auprès d'une mourante : il reconnaît Laurence, il lui ferme les yeux et l'ensevelit dans la grotte alpestre où sa seule passion humaine s'était éveillée. Mais ce n'est là qu'un bref résumé.

On retrouve là le poète des *Méditations* et des *Harmonies*. Ce sont encore des descriptions de nature (la grotte des Alpes ou le printemps), des élans de l'âme et des élévations religieuses. Dans un cadre champêtre, une poésie émue et pénétrante se déroule. Auprès des moments élevés, ceux qui rappellent *les Révolutions* ou *l'Infini dans les cieux,* on trouve une poésie simple et familière, celle du curé enseignant le catéchisme, parlant avec ses paroissiens dans la promenade, surprenant les humbles douleurs des hommes. Les scènes villageoises abondent comme le bal ou le réveil à l'Angélus :

> Les filles du village à ce refrain joyeux
> Entrouvraient leur fenêtre en se frottant les yeux,
> Se saluaient de loin du sourire et du geste,
> Et sur les hauts balcons penchant leur front modeste
> Peignaient leurs longs cheveux qui pendaient au dehors.

Ses vers prosaïques ont du charme. On voit Jocelyn instruire les enfants du village et dire son bonheur d'être avec eux :

> Puis je pense tout haut pour eux; le cercle écoute,
> Et mon cœur dans leur cœur se verse goutte à goutte.

Il y a là un Lamartine rousseauiste. Romanesque, il donne des scènes pathétiques comme l'ordination dans la prison, les funérailles de Laurence qui rappellent celles d'*Atala,* l'hymne au travail des *Laboureurs*. Les descriptions de ce poème symbolique et philosophique sont fluides, naturelles, musicales, et le lecteur capable de se dépayser est étonné par l'abondance du récit et sa tranquille sincérité. Les penchants de Lamartine à la sérénité conquise sont partout. J'imagine qu'un jeune homme du xxᵉ siècle lisant bien ce poème pourra sourire de ce qui lui paraîtra naïf et lointain, je doute qu'il ne trouve pas quelque plaisir et quelque admiration. Il répond à ce que Fénelon demandait : « Un sublime si familier, si doux et si simple que chacun soit tenté d'abord de croire qu'il l'aurait trouvé sans peine. » Les paraboles de l'apostolat charitable se déroulent sans heurts, monotones, avec les signes d'une bonté optimiste malgré la tristesse ambiante. Jocelyn est un homme sensible, dominé par le sentiment. Son épopée porte la trace des combats intérieurs de Lamartine qui sent se désagréger sa foi religieuse et tente de l'affermir par un tableau idéal. Lamartine est de la famille de Racine, non de celle de Corneille, et son héros indécis est à l'opposé des âmes fortes. Jocelyn nous dit sans cesse une foi religieuse fort simple qui tient en quelques mots : la bonté de Dieu qui en est l'affirmation. Il en est le héros sacrifié, immolé, voulant répandre un grand sourire au monde, mais ne pouvant l'empêcher d'être empreint d'une mélancolie profonde. Ce sont finalement les étapes d'un calvaire moral qui se détachent sur un fond de nature infiniment agréable. Ce n'est plus « le deuil de la nature », mais le deuil de l'homme dans la nature qui fait contraste.

Avec l'Ange Cédar.

Autant *Jocelyn* était proche des réalités, autant *la Chute d'un ange,* 1838, est un appel à l'imaginaire. Lamartine nous avertit :

Les angoisses d'un esprit céleste incarné par sa faute au milieu de cette société brutale et perverse, où l'idée de Dieu s'était éclipsée et où le sensualisme le plus abject s'était substitué à toute spiritualisation et à toute adoration, voilà mon sujet dans ce fragment d'épopée métaphysique.

Un premier chant de l'épopée aurait conté la Création, *la Chute d'un ange* devait le suivre. Il s'agit d'un récit et de quinze visions préhistoriques montrant l'ange Cédar devenu homme, et homme esclave, pour la punition de son amour terrestre, où sont décrites les souffrances et l'expiation. L'ange déchu ne pourra retrouver au ciel l'objet de son amour que lorsqu'il aura été purifié par plusieurs vies et plusieurs morts méritoires.

On relève plusieurs influences : *les Amours des anges,* 1820, de l'Anglais Thomas Moore, *les Paroles d'un croyant,* 1834, de Lamennais, les œuvres de Chateaubriand, et surtout *Éloa,* 1824, d'Alfred de Vigny dont le poème se rapproche sans en avoir la force. Si *Jocelyn* connut le succès parce que les contemporains de Lamartine trouvaient un écho d'eux-mêmes, *la Chute d'un ange* laissa le public perplexe.

La Chute d'un ange montre un effort du poète pour atteindre à une vigueur comparable à celle de Vigny ou de Hugo. Il y parvient parfois, mais l'ensemble pèche par trop de longueurs, de confusion dans la composition, de hâte dans l'écriture. Il faut reconnaître une fois encore la beauté des descriptions pastorales. Elles alternent avec des tableaux cruels, des horreurs accumulées dans une violence orientale. En son temps, les lecteurs furent surpris par les imaginations incessantes, la bizarrerie, l'étrangeté, la peinture confuse de ce monde primitif où un aigle enlève des enfants pour les porter dans une caverne, où apparaissent des machines volantes.

Dans les tableaux qui appellent le plus de vigueur, comme la Révolution au pays du roi Nemphed, la lutte de Cédar contre des brigands, il se montre mal à l'aise, inférieur à ce qu'un Hugo peut faire avec de tels sujets. On sent que le poète se force et ne parvient pas à convaincre. Il a de la qualité lorsqu'il est plus proprement lamartinien, par exemple dans la poésie biblique, dans la plus belle des parties, *le Chœur des cèdres du Liban*. Mais une œuvre décriée en son temps même pourrait-elle être reçue aujourd'hui? On y trouve en tout cas un effort de renouvellement et, à défaut de l'admiration constante, le poète a droit à l'estime.

Il aurait fallu que Lamartine pût se consacrer entièrement au poème. Pris par la politique, il nous donne une idée de son emploi du temps alors qu'il écrivait son poème :

> J'attends les chemins de fer pour plaider puissamment ma « décentralisation ». Je fais à l'Hôtel de Ville, lundi, un « superbe discours », comme on dit, sur les horreurs de l'administration actuelle relative aux Enfants trouvés... Je lis ce soir mon rapport aux Affaires étrangères. J'étudie vingt volumes de chemins de fer. Je parais en deux volumes de poésie, dans sept jours. J'ai quarante lettres et deux ou trois séances par matinée. Je monte à cheval au Bois de Boulogne deux heures. Je ne dîne pas chez moi un jour par semaine. J'ai cent vingt personnes le soir deux fois par semaine. Je suis malade et triste.

Pris dans cette course, comme le serait un homme d'aujourd'hui, il commet tant d'incorrections de style et de vers boiteux que la critique s'indigne. Il devra beaucoup corriger. Le livre se vend bien pourtant. Lamartine gagne même de l'argent. Mais le sujet ne plaît pas. Voulant étonner, quitter les sentiers battus, rejoindre un projet surhumain, Lamartine ne fait que choquer et ennuyer. Personne ne se retrouve dans les caractères des héros; ces orgies orientales, ces crimes effroyables, ce satanisme surprennent. On ne retient que cela qui ne plaît guère. Et aujourd'hui? Avouons-le, on ne lit plus ce poème. Et si l'on tente l'effort, ce n'est pas sans lassitude. Heureusement, des récompenses nous attendent : on a la surprise de découvrir une poésie objective, un univers sorti de l'imagination, des idylles, des passages didactiques, philosophiques, descriptifs qui ne déçoivent pas, des cris de colère contre les oppresseurs, un appel à la justice sociale hautement revendiquée. Sans l'homme politique, avec du travail, nous aurions eu là un des grands poèmes français, mais peut-on reprocher à Lamartine de concilier le rêve et l'action?

La Chute d'un ange, Jocelyn sont les ruines du beau rêve avorté sur les traces du Tasse ou de Milton : celui du plus vaste poème humanitaire qu'on ait jamais écrit. Ne se sentant pas suivi, porté, le découragement gagna le poète. Les lecteurs ne croyaient pas qu'il tiendrait ses promesses. La vie le prenait. Il renonça, comme il l'écrit au comte Aymon de Virieu : « Entre nous cela ne vaut pas grand'chose » et encore un peu plus tard : « C'est détestable. » Mais on ne saura oublier son *Chœur des cèdres,* souvenir du voyage au Liban. Nous avons là la plus noble et la plus haute poésie.

Le Dernier recueil.

On peut prendre le titre de *Recueillements poétiques,* 1839, dernier des grands ensembles de Lamartine, non seulement au sens de repli sur soi-même pour de pieuses méditations, mais à celui de « recueil » de pièces diverses, car il s'agit de trente poèmes isolés sans aucun lien entre eux. Ici, Lamartine se répète. Il y a des beautés, mais qui semblent rajeunies, fardées, et l'inspiration réelle, nouvelle, ne se montre que par intermittence. Le public, là encore, bouda : certains poèmes sentaient le déjà lu, le Lamartine s'imitant lui-même; d'autres surprenaient par leur audace. Ainsi *Utopie,* prophétie humanitaire, par laquelle il annonce l'homme nouveau qui sera bon, libre, heureux, riche, intelligent, paré de toutes les perfections physiques et morales. Certaines épîtres de circonstance font songer au traitement du genre par Voltaire, le lyrisme mélancolique en plus.

Si dans la plupart de ces pièces, l'inspiration, la démonstration ont quelque froideur, s'il se montre grandiloquent et faussement sentimental, on peut retenir un quart du recueil qui échappe à ces défauts. Toute la fraîcheur, toute la spontanéité, toute la simplicité dont sait être capable Lamartine dans ses grands moments apparaissent dans *la Vigne et la Maison* où il évoque le peuple heureux des jours de son enfance provinciale, dans *le Cantique sur un rayon de soleil* où il célèbre la grandeur de Dieu, dans *la Cloche du village* où il souhaite pour sa mort non le funèbre glas, mais le carillon de la fête :

> Si quelque main pieuse en mon honneur te sonne,
> Des sanglots de l'airain, oh! n'attriste personne,
> Ne va pas mendier des pleurs à l'horizon,
> Mais prends ta voix de fête, et sonne sur ma tombe
> Avec le bruit joyeux d'une chaîne qui tombe
> Au seuil libre d'une prison.

> Ou chante un air semblable au cri de l'alouette
> Qui s'élevant du chaume où la bise la fouette,
> Dresse à l'aube du jour son vol mélodieux,
> Et gazouille ces chants qui font taire d'envie
> Ses rivaux attachés aux ronces de la vie,
> Et qui se perd au fond des cieux!

Un peu partout, la jeunesse perdue, les regrets du temps passé, la fuite des jours, c'est là qu'il excelle. Le poème *A M. Félix Guillemardet* est plein de générosité et de charité. *Le Toast aux Gallois* est un poème de communion celtique. Celui *A une jeune fille poète* adressé à l'ouvrière dijonnaise Antoinette Quarré est un des nombreux témoignages des préoccupations sociales des romantiques.

Après *les Recueillements,* Lamartine écrit encore des poèmes. Il complétera des recueils, donnera des pièces nouvelles ajoutées dans l'édition des *Œuvres complètes,* 1842, et l'on retient *la Marseillaise de la paix* pour en rappeler l'histoire. Le poète allemand Nicolas Becker ayant écrit un *Rheinlied,* il lui répond en 1841 par le célèbre poème où retentit le vers fameux : « Je suis concitoyen de tout homme qui pense. » Trois guerres franco-allemandes semblent nier ce poème; il demeure cependant comme un moment historique de la plus haute pensée. Il dépasse le défi cocardier lancé par Musset à l'instigation de Mme de Girardin, et l'on voudrait que les enfants des deux nations le lisent encore. C'est un grand poème antiraciste et fraternel. Hélas! il ne sera pas entendu.

Une *Marseillaise noire* apparaît dans son *Toussaint Louverture,* pièce en vers comme dans *Saül* et *Médée* que traverse un écho de Racine. Dans les huit poèmes du *Cours familier de littérature* domine une méditation poétique, *le Désert ou l'immatérialité de Dieu* et il reste à glaner çà et là de beaux passages.

Faut-il conclure? Rappelons que Lamartine, à sa manière, est un poète engagé. Il vante l'action politique :

> Qu'est-ce qu'un homme qui à la fin de sa vie n'aurait fait que cadencer ses rêves poétiques, pendant que ses contemporains combattaient, avec toutes les armes, le grand combat de la patrie et de la civilisation; pendant que tout le monde moral se remuait autour de lui dans le terrible enfantement des idées et des choses? Ce serait une espèce de baladin propre à divertir les hommes sérieux, et qu'on aurait dû renvoyer avec les bagages parmi les musiciens de l'armée.

Cette sévérité envers le poète, proche du « joueur de quilles » de Malherbe serait-elle l'écho d'une déception? On a oublié l'orateur, l'homme d'État, l'historien; on a surtout retenu le poète, et c'est par lui qu'il a contribué à changer les mentalités. Rejette-t-il lui-même sa part de poésie qu'elle ne peut lui être ôtée. C'est elle qui l'arrache à l'oubli. Elle nous apporte, malgré les réserves qu'on peut faire, malgré qu'elle soit datée, la voix d'un interprète du cœur, d'un homme libéral, généreux, épris de justice sociale, la voix d'un ami qui veille à donner un écho à nos sentiments profonds, qui nous élève au-dessus de nous-mêmes, ce qu'il souhaite dans son texte *Des Destinées de la poésie* :

Une douleur que vos vers ont pu endormir un moment, un enthousiasme que vous avez allumé le premier dans un cœur jeune et pur, une prière confuse de l'âme à laquelle vous avez donné une parole et un accent... La moindre de ces choses saintes consolerait de toutes les critiques et vaut cent fois, pour l'âme du poète, ce que ses faibles vers lui ont coûté de veilles ou d'amertume.

Victor Hugo le géant

I

Quatre-vingt-trois années

Chateaubriand ou rien!

1802 : « Ce siècle avait deux ans... », nul mieux que Victor-Marie Hugo (1802-1885) n'a marqué la date de sa naissance. Il était le troisième fils du commandant Léopold-Sigisbert Hugo, dit Brutus, dont nous avons parlé dans le précédent volume, et qui devait devenir général-comte. Par lui, son ascendance est lorraine : une famille d'artisans dont le poète héritera le goût du travail bien fait; il devra sans doute à cette ascendance de l'Est son imagination visionnaire, son pouvoir de création mythique proche de celles des poètes germaniques. Sa mère, Sophie Trébuchet, Vendéenne, lui lègue ses convictions royalistes. La mésentente des parents aboutira à la séparation et à la pauvreté. Le jeune Victor passera son enfance auprès de sa mère et de ses deux frères, Abel et Eugène, pour ne retrouver son père qu'à l'âge de vingt ans, en 1822. C'est le temps de son mariage, de ses premiers succès littéraires, celui aussi de la mort de sa mère et du premier enfant mort en bas âge. Il renouera donc avec son héros de père, tout auréolé de la gloire napoléonienne.

Dès sa tendre enfance, la vie nomade de l'officier lui avait fait découvrir la Corse, l'Italie, l'Espagne surtout, dont il devait garder des souvenirs : des noms de villages comme Ernani et Torquemada, de rue comme Ortaleza, d'un ruisseau comme Matalobos, de certain valet bossu et nain du Collège des Nobles de Madrid, ébauche d'Elespuru, Triboulet et Quasimodo, certain Gubetta qui rudoya son frère Eugène, noms qu'on retrouve dans ses œuvres. D'Hugo, Saint-Victor fera « le Grand d'Espagne de la poésie ».

Après ce premier cadre de vie, la chute de l'Empire amène le retour à Paris. Les enfants Hugo vont bénéficier de la seule éducation maternelle. C'est le temps des Feuillantines, près de l'ancien couvent de ce nom, dans une maison dont le jardin sera immortalisé dans *les Rayons et les Ombres* et dans *les Contemplations*. Mme Hugo, avec l'aide d'un vieux maître d'école, donna une éducation indépendante et poétique à ses fils, la meilleure qui soit. On enseignait le grec et le latin, on habituait les enfants à fouiller les boîtes des bouquinistes où l'on découvre Rousseau, Voltaire, Diderot. Les lectures sont incohérentes et parfois on trouve seulement des tomes dépareillés. C'est « l'éducation en liberté ».

Victor Hugo ira d'études chaotiques, à la manière des autodidactes, vers un enseignement plus habituel. Tandis que de grands épisodes de l'histoire se déroulent autour des Cent-Jours, Victor devient élève de la pension Cordier et Decotte et suit les cours de philosophie, de mathématiques, de physique du lycée Louis-le-Grand. Entre 1816 et 1818, ses études sont brillantes et il semble destiné à Polytechnique. Or, sur un cahier de 1816, il écrit : « Je veux être Chateaubriand ou rien. » C'est là sa vocation longuement mûrie. Désireux de réussir, il sait quelles sont les meilleures voies ; sa stratégie littéraire l'oriente vers le pouvoir dont il se voit bien le chantre officiel, vers Chateaubriand qui est la plus haute autorité littéraire, vers les concours poétiques toujours en faveur. En 1817, il est le neuvième au concours de poésie de l'Académie française (il n'a que quinze ans) ; en 1819, il est lauréat de l'Académie des Jeux Floraux de Toulouse. Auparavant, il s'était essayé à traduire Virgile, avait rimé une tragédie, *Irtamène,* célébrant sous un travestissement égyptien le retour de Louis XVIII. Ces essais l'ont amené à apprendre la technique poétique, et cela méthodiquement, en jeune rhétoricien que les ressources du vocabulaire intéressent plus que les émois adolescents et les angoisses métaphysiques.

Les Premières œuvres.

A seize ans, il lit un journal fondé par Chateaubriand, *le Conservateur* où l'on trouve les signatures de Lamennais, Genoude, le comte Jules de Polignac, le cardinal de La Luzerne. Victor Hugo attend la prose de Chateaubriand pour la mettre en vers qu'il s'agisse d'une *Notice sur la Vendée* ou d'attaques ultra-royalistes contre le ministère Decazes. Ce qui retient le plus Hugo, chez son maître, c'est qu'il situe le poète dans la cité à la place qui lui est due. La fonction du poète, la dignité de l'écrivain, l'utilité des gens de lettres, Victor Hugo tout au long de sa vie ne cessera de reprendre ces thèmes et de les défendre.

En 1819, Victor Hugo réunit un groupe de jeunes composé

notamment de ses deux frères, d'Alexandre Soumet, Alfred de Vigny et Adolphe Trébuchet pour fonder *le Conservateur littéraire,* annexe du journal de Chateaubriand, comme aujourd'hui *l'Observateur littéraire* pourrait être le complément du *Nouvel Observateur* ou *le Littéraire* celui du *Figaro.* Victor Hugo se réserve la critique dramatique, juge M. Ancelot trop lyrique et M. Viennet trop peu soucieux de la couleur locale. Nos jeunes turcs savent déjà ce qu'ils veulent. On lit dans *le Conservateur :*

> *Le Conservateur littéraire* est dirigé par trois frères, MM. Hugo, dont l'aîné a à peine vingt et un ans, et dont le plus jeune n'en a que dix-sept. Celui-ci, qu'on distingue sous le nom de Victor, était déjà connu par une ode sur la Vendée et par une satire sur le télégraphe.

Notre jeune poète soutient alors le trône et l'autel, défend la tradition classique tout en la critiquant au besoin. Il dit que tout écrivain doit avoir pour objet principal d'être utile, que « la vieille société qui sort encore toute chancelante des saturnales de l'athéisme et de l'anarchie » a besoin d'un « langage austère, consolant et religieux ». Chateaubriand voyait tout cela d'un œil plein de sympathie. Louis XVIII attribue bientôt au jeune poète une pension de mille livres bientôt portée à deux mille (l'heureux temps!), ce qui lui permet de se marier.

Il existe un premier cénacle qui se réunit à l'Abbaye-aux-Bois autour de Mme Récamier, au salon de l'Arsenal chez Charles Nodier où l'on trouve Émile et Antony Deschamps, Soumet, Ancelot, Chênedollé, Jules Lefèvre-Deumier, Jules de Rességuier. Ici ou là, Hugo, Vigny, Lamartine viennent parfois. Tous songent à un besoin de renouvellement sans qu'aucun d'eux pense à une véritable révolution littéraire.

Dans son journal, Hugo étonne par la qualité de sa critique, la sûreté de ses jugements. Il y publie une première version de *Bug-Jargal*. Critique, romancier, poète, tout est déjà posé. En 1822, à vingt ans, il publie *Odes et poésies diverses,* puis donne sans cesse des éditions remaniées : *Odes,* 1823, *Nouvelles odes,* 1824, puis 1825, *Odes,* 1827, et enfin, une édition entièrement nouvelle, *Odes et ballades,* 1828. Nous parlerons plus loin de ces œuvres comme de toutes celles citées dans cet itinéraire biographique.

Dans les cercles littéraires, Victor Hugo est reconnu comme un jeune maître. Il a multiplié les efforts, fondant dès 1823 *la Muse française* où il affirmait que l'écrivain ne doit point se croire « au-dessus de l'intérêt général et des besoins nationaux ». Cela n'empêche pas le jeune poète de se situer sur les hauteurs, près de Chateaubriand. Il déplorera qu'on l'éloigne du gouvernement, celui-là qui a toute son admiration et dont il partage les idées. Les jeunes royalistes que sont Hugo, ses frères, ses amis, attendaient trop de la Restauration pour n'être pas déçus. Ils affirment leur idéalisme, mais non sans grincement, non sans opposition. On trouve un Hugo sentimental et confiant cependant, s'attendrissant volontiers, suivant en journaliste l'actualité qui lui fournit, comme au temps de Ronsard, les sujets de ses poèmes. En 1821, à la Société des Bonnes-Lettres, il rencontre les écrivains royalistes les plus divers : Nodier, Fontanes, Chateaubriand, Vanderbourg, Désaugiers, des savants, des académiciens, des hommes de science, de grands journalistes. Le poète est à l'écoute de tout, emmagasine la documentation de ses futures grandes œuvres. Le désastre des émigrés de Quiberon, l'assassinat du duc de Berry par l'ouvrier Louvel, le déjà lointain Louis XVII lui dictent des sujets de poèmes.

La Préface de Cromwell.

Dans le domaine du lyrisme, il est clair que Victor Hugo, Lamartine, Vigny ont triomphé. Il reste à renverser au théâtre le classicisme si bien implanté. Le théâtre nouveau réclamé depuis longtemps par Mercier et Mme de Staël doit naître. Nous l'avons dit, Shakespeare est présent et aussi les Espagnols avec leur variété d'inspiration. Le drame nouveau, Victor Hugo va le proposer en établissant ses principes. Talma aurait joué son *Cromwell* s'il n'était mort à ce moment-là. En 1827, Hugo reprend son drame en donnant une préface composée d'éléments qu'on retrouve chez Schlegel, Mme de Staël, Benjamin Constant, Guizot, Manzoni, Stendhal.

Quelles sont les idées nouvelles ? Il faut réunir les formes les plus opposées de l'art comme le grotesque et le sublime, le tragique et le comique, ne pas craindre les paradoxes qui font partie de la vie, être fracassant et vigoureux, réunir les idées qui sont dans l'air, mêler la pensée philosophique, le réalisme, le mouvement, la couleur locale. Victor Hugo peut élever un monument avec des débris, des déchets, comme il fabriquera les meubles qu'on peut voir au musée de la place des Vosges. Bien des chefs-d'œuvre du théâtre romantique seront apparemment éloignés de ces doctrines, mais naîtront du sentiment de liberté apporté par Hugo.

Devant ce code de littérature théâtrale, surgissent des opposants : deux députés refusent de voter la subvention des théâtres si on joue « le sieur Hugo » à la Comédie-Française. Parmi les partisans de Hugo, on enregistre le suicide d'un perruquier qui laisse un testament avec ces mots : « A bas *les Vêpres siciliennes* et vive *Cromwell!* » et David d'Angers s'écrie : « Quelle profondeur de pensée! A elle seule cette préface est un code de littérature! » Enthousiasmes et colères, le domaine antithétique où se plaît Hugo. Il est déjà le législateur de la nouvelle pléiade dont il a écrit le manifeste.

Le temps du grand combat romantique se situe entre 1827 et 1843. Victor Hugo en est le chef incontesté. Pendant ces seize années, les poèmes, drames, romans, vont se succéder avec une étonnante fécondité. Il faudra l'échec des *Burgraves* pour montrer à Victor Hugo que le premier romantisme subit un déclin. Nous rencontrerons les œuvres de ces trois lustres : *les Orientales,* 1829, *les Chants du crépuscule,* 1835, *les Voix intérieures,* 1837, *les Rayons et les ombres,* 1840, pour la poésie, et pour le théâtre : *Hernani,* 1830, *Marion Delorme,* 1831, *le Roi s'amuse,* 1832, *Lucrèce Borgia,* 1833, *Marie Tudor,* 1833, *Angelo,* 1835, *Ruy Blas,* 1838, *les Burgraves,* 1843, et pour les romans : *Han d'Islande,* 1825, *les Derniers jours d'un condamné,* 1829, *Notre-Dame de Paris,* 1831, *Claude Gueux,* 1834. *Les Misérables* ne paraîtront qu'en 1862, vingt-huit ans après *Claude Gueux.*

Nous verrons que Victor Hugo n'est pas resté fixé dans les idées de la *Préface* de *Cromwell,* qu'à la couleur locale et aux exploits techniques, succédera une voix intime confiant des émotions personnelles et développant des thèmes généraux à la manière des classiques. Le rôle du poète, le destin humain, la religion, la nature, les joies de la famille, l'amour lui dictent ses meilleures œuvres. Peu à peu, après la révolution romantique de 1830, Victor Hugo trouvera un équilibre entre la forme classique et la richesse d'images en liberté du romantisme, tantôt avec éloquence comme chez Lamartine, tantôt avec une parfaite simplicité de ton.

Son mariage avec Adèle Foucher lui a donné, outre un fils mort en bas âge, quatre enfants, de 1824 à 1830. La mort de sa fille qui se noie en voyage de noces à Villequier le plonge dans une profonde douleur qui le fait cesser d'écrire pour un temps. A quarante et un ans, il a déjà une œuvre importante. Il a connu les étapes d'une vie bien remplie, des débuts de l'enfant sublime à la passion pour Juliette Drouet, il a triomphé dans ses luttes, il a fait éclore le philhellénisme d'époque dans *les Orientales,* il a rejoint le moyen âge et assuré la liaison avec le passé lointain et peu reconnu, il a défendu le trône et l'autel, il a contribué à assurer au poète une place dans la société de son temps, il a uni ses contradictions de royaliste ayant un fond caché d'enthousiasme envers Napoléon dont il sera le célébrant. S'il éprouva comme tout homme de lettres quelques jalousies, notamment envers Lamartine ou quelque crainte devant des rivaux-disciples au théâtre, comme Vigny ou Dumas, cela n'a pu que fortifier son enthousiasme créateur. Sa place dans la littérature est déjà bien établie, la douleur lui apporte un mûrissement.

La Lutte politique et l'exil.

Être pair de France, comme Chateaubriand, était le rêve de Victor Hugo. Louis-Philippe le réalisa en 1845. Faire de la politique était pour le poète remplir pleinement sa fonction. Comme Lamartine, le plus heureux dans ce domaine, Hugo, Dumas, Vigny, Alphonse Karr n'hésitent pas à se présenter aux élections. Le vicomte Hugo fréquente le monde officiel en même temps qu'il travaille aux *Misérables* et aux *Contemplations*.

Cependant, les utopies sociales de Pierre Leroux et de Cabet, vulgarisées par George Sand, faisaient naître vaguement l'idée de République idéale. Lamartine allait de banquet en banquet, exhortait les ouvriers en flétrissant la décadence de la monarchie parlementaire. En 1848, Louis-Philippe est mis à la porte et naît la République à laquelle Victor Hugo se rallie, car il y trouve une affirmation de son socialisme d'ailleurs assez nébuleux. Lamartine, avec ses 2 300 000 voix le fascine. Après un échec, Hugo devient député à l'Assemblée Constituante.

En juillet 1848, il fonde le journal *l'Événement*. Programme : « Haine vigoureuse de l'anarchie; tendre et profond amour du peuple ». Le principal rédacteur est un fils du poète, Charles Hugo, les collaborateurs sont Auguste Vacquerie, le plus profondément républicain, et d'autres plus tièdes : Paul Meurice, Théophile Gautier, Léon Gozlan, Alphonse Karr, Gérard de Nerval, Édouard Thierry, Théodore de Banville, Auguste Vitu, Champfleury, Dumas fils. A l'Assemblée, Victor Hugo fait une propagande dont il se repentira en faveur de Louis-Napoléon Bonaparte et vote toujours en faveur des projets de la droite. En septembre 1848, *l'Événement* salue l'élection du futur empereur dans cinq départements, en octobre le journal pose la candidature du prince à la présidence de la République.

Pris dans les intrigues politiques, Hugo se détache de la cause. Il espérait recevoir en récompense le portefeuille de ministre de l'Instruction publique, il est profondément déçu. A la Législative et à la Constituante, il se pose en démocrate et devient le plus fougueux adversaire du prince-président. Il avait cru de bonne foi qu'un régime fort, tout en écartant l'anarchie, mènerait une action sociale en faveur du peuple. Il s'aperçut bientôt que le nouveau maître se mettait au service des puissances financières en menant une politique rétrograde. Dans l'opposition, l'ancien monarchiste se fait à l'idée d'une république idéale. Dès 1849, son parti est pris. Quand arrive le coup d'état du 2 décembre 1851, il essaie en vain de soulever les masses populaires. Craignant l'emprisonnement, il s'exile à Bruxelles, à Jersey, puis à Guernesey en 1855.

Ayant connu neuf années littérairement creuses, son indignation, son exil lui apportent un second souffle. Pendant dix-huit ans, il donne le meilleur de lui-même. Sa haine contre l'empereur va lui dicter une œuvre pamphlétaire et lyrique : *Napoléon le Petit*, 1852, *Histoire d'un crime* qu'il ne publiera qu'en 1877, mais ce sont surtout *les Châtiments*, 1853, qui apportent une des plus violentes satires connues depuis Peire Cardenal et Agrippa d'Aubigné. Ce temps de l'exil est celui où Victor Hugo, reprenant des poèmes inédits, en composant d'autres avec une incroyable fécondité, va donner la somme poétique de son art et de sa pensée avec *les Contemplations*, 1856. D'autres poèmes, *la Fin de Satan, Dieu,* inachevé, seront publiés plus tard. C'est l'époque aussi du plus grand poème épique, *la Légende des siècles*, dès 1859, puis 1877, 1883, des *Chansons des rues et des bois*, 1865, qui apporte le contraste d'une poésie familière, simple, avec des aspects parnassiens et symbolistes.

Ces dix-huit années lui ont permis de parcourir toutes les voies de la poésie et d'exceller partout, de dépasser même, par la nouveauté et la puissance, ce qui s'était fait avant lui. Et n'oublions pas que c'est aussi le temps des *Misérables*, 1862, des *Travailleurs de la mer*, 1866, de *L'Homme qui rit*, 1869. On reste confondu par l'ampleur du travail, par le dépassement et l'originalité de chacune de ces œuvres qui suffirait à faire la gloire d'un écrivain.

Le Grand âge et l'apothéose.

Durant la dernière partie de sa vie, au retour de l'exil, de 1870 à 1885, cette production étonnante ne cessera pas. Bien que Victor Hugo soit de nouveau élu à l'Assemblée Nationale, malgré ses fougueuses interventions, la politique ne lui réussit guère. Il donne sa démission de député. Battu aux nouvelles élections, il devient sénateur de Paris en 1876. On le verra intervenir en faveur des Communards. En 1872, déçu par le nouveau régime, il repartira pour une année dans son île. De ses échecs politiques, la littérature ne peut se plaindre. C'est par ses œuvres que le poète pourra apporter sa générosité à ses contemporains, c'est par elles qu'il pourra assouvir une certaine fringale de popularité.

Durant cette période du grand âge, il enrichira *la Légende des siècles,* donnera cet *Art d'être grand-père,* 1877, quelque peu mièvre, *le Pape,* 1878, *la Pitié suprême,* 1879, *L'Ane,* 1880, *Religions et religion,* 1880, *les Quatre vents de l'esprit,* 1881, *Toute la lyre,* 1888-1893, et d'autres recueils posthumes comme *la Dernière gerbe* et *Océan.* S'ajoute le théâtre avec *Torquemada,* et le posthume *Théâtre en liberté,* 1886. Après sa mort paraîtront d'autres nombreux manuscrits : *Choses vues, Alpes et Pyrénées, France et Belgique, Les Années funestes, Post-scriptum de ma vie, Tas de pierres,* etc.

Comme Fontenelle, comme Voltaire, par la longue durée de sa vie, il survivra à sa génération, verra se lever un nouvel univers poétique souvent né de quelque partie de lui-même. Il est le patriarche vénéré, le poète respecté, une sorte de visionnaire et de Dieu de la poésie. Durant cette dernière partie de sa vie, il ne cesse de récolter les riches moissons de l'exil. Cet ancien royaliste devient en quelque sorte un symbole républicain. Il ne marche cependant pas main dans la main avec le pouvoir. Pour le peuple qui se reconnaît en lui, il devient le père, le Père Hugo.

Sa vie d'homme se poursuit, soumise à tous les aléas de la vie quotidienne : malheurs familiaux et ennuis domestiques, amours tumultueuses avec Juliette Drouet, érotisme de patriarche. Ses paroles ont une immense audience, qu'il parle sur la tombe d'Edgar Quinet, qu'il traite de Voltaire, qu'il fasse un discours pour l'ouverture du Congrès littéraire international. Son amie Juliette Drouet meurt le 11 mai 1883. La même année, Hugo rédige son fameux testament : « Je refuse l'oraison de toutes les églises; je demande une prière à toutes les âmes. Je crois en Dieu. » L'année 1884 est marquée par un voyage en Suisse. Le vendredi 15 mai 1885, Hugo est atteint de congestion pulmonaire et meurt le 22 mai. Le 1er juin, le gouvernement décide les funérailles nationales. Jamais aucun poète en France n'aura eu tant de gloire. Déjà, depuis 1880, les manifestations en son honneur se succédaient : banquet du cinquantenaire d'*Hernani,* célébration de la quatre-vingtième année du poète. L'apothéose, c'est le cercueil exposé sous l'Arc de Triomphe et transporté aux Invalides. Ce sera un souvenir inoubliable pour les spectateurs, y compris nombre de jeunes poètes.

Nous venons de parcourir sa longue vie, ses soixante-dix ans de création, à trop grands pas. En rejoignant ses œuvres, nous ne la quittons pas, tant le créateur et ses œuvres sont mêlés. Place donc à un des phénomènes les plus curieux et les plus déroutants de l'histoire poétique française.

2

Harpes et cuivres

La Démarche évolutive des Odes.

E N 1828, Victor Hugo réunit les trois volumes de ses *Odes* en
ajoutant des pièces nouvelles du même genre ainsi que
« des esquisses d'un genre capricieux : tableaux, rêvés, scènes,
récits, légendes superstitieuses, traditions populaires », autrement
dit les *Ballades* où Hugo recherche le ton des anciens poètes
médiévaux.

Les premières *Odes* sont parues deux ans après *les Méditations*
de Lamartine, quelques mois après *les Poèmes antiques et modernes*
de Vigny. Déjà un important trio de poètes romantiques s'affirme.
Lorsque l'on prend le volume complet des *Odes*, il est aisé de
découvrir des manières successives qui marquent l'évolution de
sa pensée. Un Hugo chrétien et monarchiste se reconnaît dans la
plupart des poèmes de circonstance, louangeurs à l'excès selon
la loi du genre, mais chez le jeune poète à partir d'une sincérité.
On doit sacrifier à maintes conventions pour écrire des poèmes
sur de tels sujets : *Louis XVII, Rétablissement de la statue de Henri IV,
Mort du Duc de Berry, Naissance du Duc de Bordeaux* que suit un
Baptême du même, *Funérailles de Louis XVIII, Sacre de Charles X...*
Est-il si romantique ce poète plus conservateur que Lamartine,
moins nouveau que Vigny? Il semble sage, obéissant aux conseils
des doctes, se corrigeant comme pour leur faire plaisir, se confor-
mant bien à ses thèmes. La critique lui reproche déjà de tomber
parfois dans l'obscurité ou d'aller vers l'exaltation romantique.
Hugo triomphera heureusement par ce que le censeur appelle
« défauts », ce qui est le cas de bien des poètes qui ont su heureusement cultiver ces derniers plutôt que de s'endormir dans de fades
et impersonnelles « qualités » (un des paradoxes de la poésie,
n'est-ce pas?).

Pour ces *Odes,* d'édition en édition, le poète construit une vérité qui n'appartient qu'à lui, veut bien faciliter « les dissections de la critique » en donnant le plan de l'édition complète et en ajoutant des remarques : « Quelque puérile que paraisse à l'auteur l'habitude de *faire des corrections* érigée en système, il est très loin d'avoir fui, ce qui serait un système non moins fâcheux, les corrections qui lui ont paru importantes; mais il a fallu pour cela qu'elles se présentassent naturellement, invinciblement, comme d'elles-mêmes, et en quelque sorte avec le caractère de l'inspiration. » Pour lui, il y a sans doute plus important : « Une forte école s'élève, une génération forte croît dans l'ombre pour elle. » Et Hugo dit son espoir pour le xixᵉ siècle : « la liberté dans l'ordre, la liberté dans l'art ». Hugo est déjà bien décidé à « corriger un ouvrage dans un autre ouvrage ».

Il est facile de distinguer odes historiques, politiques et personnelles. Si la marque de Victor Hugo est partout, elle apparaît plus évidente et plus intéressante dans l'exercice de l'idéal. *Le Poète, la Lyre et la Harpe, le Génie, l'Ame, l'Antéchrist* marquent un dépassement. Ici et là, on trouve tracée la voie de ses grandes œuvres. Hugo est né et le mouvement hugolien sera irréversible. *L'Antéchrist* laisse prévoir *la Fin de Satan;* à travers les pièces historiques et politiques percent bien des grandes œuvres futures. Quant à ses odes aimables et familières, nous retrouverons leur visage tout au long de la vie poétique de Hugo et jusque dans les poèmes du grand âge.

La nature et l'amour qu'il porte à sa jeune femme l'inspirent dans son *Vallon de Chérizy, le Voyage, la Promenade, Rêves.* On trouve çà et là une simplicité presque désarmante. Plus que des odes, ce sont des romances comme cette *Pluie d'été* dont le début ne peut susciter beaucoup d'admiration :

> Que la soirée est fraîche et douce!
> Oh! viens! il a plu ce matin;
> Les humides tapis de mousse
> Verdissent tes pieds de satin,

mais, peu à peu, par accumulation, un paysage familier, brossé avec art dans l'ingénuité, constitue un ravissant tableau. Victor Hugo utilise tous les mètres comme en se jouant. Chacune des épigraphes qu'il place en tête de ces odes donne un coup de diapason, qu'il emprunte aux Anciens (saint Augustin, Horace, Ovide, Pythagore, Tacite, Virgile), aux poètes de la Renaissance (Du Bellay, Belleau, Jean de La Taille découvert chez Sainte-Beuve), aux étrangers (Shakespeare, Maturin), à ses proches (Chateaubriand,

Émile Deschamps, Guttinguer, Eugène Hugo, Lamartine, Nodier, Mme Tastu, Vigny). Déjà des poèmes sont prêts pour l'anthologie, qu'on prenne ceux qu'on vient de citer, *Moïse sur le Nil* ou *la Fille d'O-Taïti*. Qui ne connaît le début de la plus célèbre des odes, *Mon Enfance :*

> J'ai des rêves de guerre en mon âme inquiète;
> J'aurais été soldat, si je n'étais poète.

En 90 vers, il nous donne déjà la plus intérieure des biographies. Il faudrait citer et citer, aller de surprise en surprise, dans cette immense œuvre de poète. Les *Odes,* par leur démarche évolutive, marquent déjà l'appétit de conquérant de Victor Hugo.

Le Moyen Age réinventé.

Dans la deuxième partie du recueil de 1828, combien sont différentes les *Ballades!* Victor Hugo part à la recherche du pittoresque médiéval cher aux Romantiques. Cette mode « rétro » fait aimer les donjons crénelés (ceux des taches d'encre), les tournois, les légendes, les délices et les rudesses d'un moyen âge réinventé. C'est déjà l'univers de *Notre-Dame de Paris.* Hugo n'a-t-il pas attaqué dès ses débuts les pilleurs d'épaves qui transformaient les ruines médiévales en carrières! N'oublions pas que la plupart des *Ballades* sont des commentaires pour un album de dessins consacré à ces beautés. Hugo se réjouit du matériau qui lui est apporté : couleurs et signes héraldiques, oriflammes, cris de guerre, astrologie et magie, vieux métiers, fêtes et combats. Partout, dans les ruelles du vieux Paris ou dans les ruines provinciales, le poète cherche ce qui reste de ces époques lointaines, écoute de lointaines rumeurs, celles de l'histoire qui le hante. Par sa biologie intime, il crée un « kitsch » fort intéressant, fait de la poésie à partir du bric-à-brac. Son moyen âge n'est pas le vrai, il est autre.

Ici, il se rattache à la légende cosmique, à la mythologie humanitaire, à l'histoire intérieure de l'esprit, à la geste imaginaire. Apparaît le ton des chansons d'outre-Manche. Les titres sont significatifs : *Une Fée, le Sylphe, A Trilby le lutin d'Argail, la Ronde du Sabbat, la Légende de la nonne...* On rencontre Urgèle et Morgane, les sylphes et les gnomes, la Sylphide et l'Ondine, le sylvain et le satyre. Il a puisé dans les anciennes chroniques, il a jeté un œil vers le roman breton, vers les poètes de la Renaissance comme en témoignent ses épigraphes, vers Shakespeare surtout.

Là, il est fasciné par le combat des preux. « J'aurais été soldat... » Il se montre soucieux de retrouver les rythmes de la chanson médié-

vale, non la vraie, mais celle qu'il imagine, et ce poète du
XIXe siècle, dans sa recherche, renoue avec les troubadours et les
trouvères en les prolongeant artificiellement certes, mais en créant
et non en se contentant d'un simple pastiche. Il n'est que de lire
l'Aveu du Châtelain, les fragments du *Missel,* l'étonnante *Chasse du
Burgrave* avec ses rimes en écho comme chez les rhétoriqueurs :

> « En chasse, amis! je vous invite.
>   Vite!
> En chasse! allons courre les cerfs,
>   Serfs! »
>
> Il part, et madame Isabelle,
>   Belle,
> Dit gaiement du haut des remparts :
>   — Pars!
>
> Tous les seigneurs sont dans la plaine,
>   Pleine
> D'ardents seigneurs, de sénéchaux
>   Chauds.
>
> Ce ne sont que baillis et prêtres,
>   Reîtres
> Qui savent traquer à pas lourds
>   L'ours...

Ou encore dans ces autres enluminures en vers de trois pieds
dans le long *Pas d'armes du Roi Jean* :

> Par saint-Gille,   Nous qui sommes,
> Viens-nous en,   De par Dieu,
> Mon agile   Gentilshommes
> Alezan;   De haut lieu,
> Viens, écoute,   Il faut faire
> Par la route,   Bruit sur terre,
> Voir la joute   Et la guerre
> Du roi Jean.   N'est qu'un jeu.

Cette plongée dans l'histoire ne laisse pas d'étonner en même
temps qu'elle laisse augurer *la Légende des siècles.*

Si les *Odes,* malgré leur nouveauté, se rattachent par bien des
endroits à la tradition classique (celles qu'il consacre à la louange
des grands surtout), les *Ballades* sont romantiques. Parties d'une
gageure, elles atteignent à l'art et ce renouveau gothique n'est pas
si ridicule. Se tournant vers un passé mal connu, Hugo est novateur. On verra profiter de ses recherches de rythmes Théophile
Gautier, Théodore de Banville, les parnassiens. Dans les *Odes* les
plus intimistes, Hugo révèle sa nature profonde, sa démarche
conquérante; dans les *Ballades,* il dépasse l'exercice arbitraire, fait

oublier l'artifice et le fer-blanc par sa réussite. Cet ensemble, *Odes et Ballades,* un an après la *Préface* de *Cromwell,* apportait une confirmation des propos du poète destinés au renouvellement du théâtre, mais aussi à une certaine idée de la poésie.

Un Déplacement dans l'espace.

Au déplacement temporel des *Ballades* succède le déplacement géographique des *Orientales,* 1ère édition en janvier 1829 que suit une nouvelle édition le mois suivant. Dans la première préface, il affirme sa liberté : « L'art n'a que faire des lisières, des menottes, des bâillons : il vous dit : Va! et vous lâche dans ce grand jardin de poésie, où il n'y a pas de fruit défendu. L'espace et le temps sont au poète. » Comment lui est venue l'idée des *Orientales?* Il le dit : « En allant voir un coucher de soleil. » Il sait aussi que tout le continent penche à l'Orient. Il veut « une littérature qu'on puisse comparer à une ville du moyen âge ». Et puis, ses idées politiques évoluent. La révolution grecque est un exemple de la rébellion contre la tyrannie des rois. Royaliste, Hugo l'est encore, mais royaliste d'opposition. Comme sa poésie, sa démarche de citoyen reste en mouvement. Il n'est pas la girouette que disent ses ennemis. Chez lui, tout est conscient. Le philhellénisme est à la mode. Victor Hugo n'est pas le premier dans ce domaine, nous l'avons vu avec Lebrun, Lemercier, Delavigne et tant d'autres. Lamartine, en même temps que maints poètes oubliés, a chanté la mort de Byron. Et l'on peut citer des femmes comme Mme Tastu ou Delphine Gay, des académiciens comme Bignan et Viennet, le poète Bonjour qui écrit des *Lacédémoniennes,* un adolescent nommé Jules Barbey qui sera célèbre sous le nom de Jules Barbey d'Aurevilly, Alexandre Dumas, Alfred de Wailly, Alphonse Rabbe, Genoude, Saintine, Vaublanc, Maxime Raybaud, Gaspard de Pons, etc. Cette Grèce dont le xviiie siècle a chanté les ruines, c'est Chateaubriand qui l'a mise à la mode dans sa vie présente. Mais *les Orientales* de Victor Hugo effacent les *Messéniennes, Lacédémoniennes, Corynthiennes* et autres *Byroniennes.* Aux formules en prose de sa préface : « Ali-Pacha est à Napoléon ce que le tigre est au lion, le vautour à l'aigle » ou « Austerlitz et Marengo sont de grands noms et de petits villages », répondent celles d'une poésie nouvelle.

S'il évoque la guerre d'indépendance des Grecs contre les Turcs, par exemple dans *Canaris, les Têtes du sérail, Navarin* ou *l'Enfant,* il reste fidèle à l'histoire, mais en lui ajoutant des dimensions supplémentaires : des formes, des couleurs, une fantasmagorie jaillies de son imagination. L'Orient apporte au poète des thèmes héroïques, voluptueux, sauvages qui lui permettent de faire naître la poésie. Mais cet Orient, loin de se limiter à la Grèce, s'étend à toute la Méditerranée, de l'Espagne de son enfance à l'Afrique et à tout lieu marqué par la présence orientale. Il ne manque rien des idées suggérées et même reçues comme dit Flaubert. On lui pardonnerait difficilement cet exotisme facile s'il n'était ce prodigieux manieur de mots dépassant les espagnolades et les turqueries, cet orgiaque créateur de rythmes et de couleurs qui entraîne son lecteur dans des visions incessantes, dans un concert éblouissant d'instruments nouveaux, avec ses montagnes sonores et ses plages apaisées. Le refrain obsédant d'un distique dans sa *Marche turque,* le ton de barcarolle de *Sara la baigneuse,* la sensualité de *Lazzara,* les élévations d'*Attente, la Romance mauresque, les Bleuets, Clair de lune,* tout cela est du grand art.

Bien sûr, il existe une poésie toute faite, celle des mots employés : *imams, comparadgis, timariots, houris, bey, vizir,* et cent autres qui permettraient de composer tout un lexique, mais quel emploi! On le pourrait comparer à celui de Delacroix pour la couleur dans ses *Massacres de Chio.* Auprès de tableaux apaisés il existe chez Hugo de folles cavalcades comme dans *Mazeppa.* Il va chercher le nom de *Bouonaberdi* (Bonaparte) dans les chroniques arabes. Le mythe napoléonien est présent quand il intitule un poème *Lui.* Seuls, *les Djinns* apparaissent par trop comme un exercice d'habileté. D'un huitain à l'autre, les vers progressent et l'on va de deux à dix pieds (l'impair de neuf étant seul oublié) pour régresser de dix à deux pieds comme si le poème apparaissait dans un miroir. Là, il y a quelque chose d'arbitraire fort gênant.

Les Orientales comme *les Odes et Ballades* pourraient être incluses dans la vaste *Légende des siècles* que constitue l'œuvre poétique entier de Victor Hugo. Il faudrait tant citer que citer paraît vain. Trouvons donc en librairie l'édition complète des *Poésies,* dans la collection *l'Intégrale* par exemple. Auprès de *l'Enfant* tant cité dans les anthologies et les manuels scolaires avec son dernier vers « Je veux de la poudre et des balles » (plus pour frapper que pour éveiller à la poésie), il existe des trésors dignes de la caverne d'Ali-Baba, ceux-là justement que la scolarité oublie.

Ajoutons que ce recueil ouvre la voie à toutes les audaces poétiques du XIXᵉ siècle. La couleur locale, le pittoresque, qualités romantiques, sont présents, mais il faut aller plus avant pour trouver dans le choix des épithètes (qui ajoutent presque toujours à la pensée une détermination mystérieuse, quasi surréaliste, fantastique en tout cas), des comparaisons hardies, des antithèses fortes, des images (qui vraiment donnent à voir), dans les mouvements de crescendo, les finales majestueuses, les repos soudains, que pour le génie poétique ouvert à tous les mots de la tribu aucune conquête n'est impossible, car les ressources du style et du vers sont inépuisables. Hugo sonne le glas des poèmes néo-classiques incolores et sans saveur. *Les Orientales* montrent un musicien, un coloriste, un historien, un poète.

Les Demi-teintes.

A ces éclatements de couleurs et de sons vont succéder des œuvres plus nuancées, plus discrètes, on serait tenté de dire « verlainiènnes » sans courir le risque de se tromper : en 1890, Verlaine disait son admiration et son étonnement devant « leur relative simplicité, un certain accent sincère », il employait des épithètes comme « modéré, discret », disait « sourdine » et « nuance ». Cela peut s'appliquer à quatre volumes correspondant à la deuxième période hugolienne, celle d'avant l'exil. Les titres sont significatifs : *Les Feuilles d'automne*, 1831, *les Chants du crépuscule*, 1835, *les Voix intérieures*, 1837, *les Rayons et les ombres*, 1840.

Il faut lire la préface du premier de ces recueils. Le poète est conscient de ce qui se passe dans son temps :

Au-dehors, çà et là, sur la face de l'Europe, des peuples tout entiers qu'on assassine, qu'on déporte en masse ou qu'on met aux fers, l'Irlande dont on fait un cimetière, l'Italie dont on fait un bagne, la Sibérie qu'on peuple avec la Pologne; partout d'ailleurs, même dans les États les plus paisibles, quelque chose de vermoulu qui se disloque, et, pour les oreilles attentives, le bruit sourd que font les révolutions, encore enfouies dans la sape, en poussant sous tous les royaumes de l'Europe leurs galeries souterraines, ramifications de la grande révolution centrale dont le cratère est Paris.

Hugo jette un regard vers les siècles passés. Si la terre a tant de fois tremblé, cela n'a pas empêché la marche de l'art. Aujourd'hui, « parce que la tribune aux harangues regorge de Démosthènes, parce que les rostres sont encombrés de Cicérons, parce que nous avons trop de Mirabeaux, ce n'est pas une raison pour que nous n'ayons pas, dans quelque coin obscur, un poète ». Le poète dans son temps ne semble-t-il pas nous parler pour aujourd'hui? Dans la tempête, il nous parle de l'indestructible cœur humain et de l'art indestructible. Il sait qu'au contraire des vaisseaux, les oiseaux ne volent bien que contre le vent. Pour lui, la poésie tient de l'oiseau :

Et c'est pour cela qu'elle est plus belle et plus forte, risquée au milieu des orages politiques. Quand on sent la poésie d'une certaine façon, on l'aime mieux habitant la montagne et la ruine, planant sur l'avalanche, bâtissant son aire dans la tempête, qu'en fuite vers un éternel printemps. On l'aime mieux aigle qu'hirondelle.

Est-ce folie de publier « de pauvres vers désintéressés »? Il livre des feuilles mortes. « Ce n'est point là de la poésie de tumulte et de bruit; ce sont des vers sereins et paisibles, des vers comme tout le monde en fait ou en rêve, des vers de la famille, du foyer domestique, de la vie privée; des vers de l'intérieur de l'âme. » Il semblerait à le lire qu'il n'y ait pas de place ici pour la poésie politique. Elle se trouve ailleurs, car Hugo n'a pas voulu troubler l'unité du volume, voilà ce qu'il nous dit. On s'apercevra cependant qu'elle est sous-jacente, en germination. Tout le monde connaît le coup d'archet du début :

> Ce siècle avait deux ans! Rome remplaçait Sparte,
> Déjà Napoléon perçait sous Bonaparte,
> Et du premier consul, déjà, par maint endroit,
> Le front de l'empereur brisait le masque étroit.

Ce poème sempiternellement cité parce qu'il permet une facile explication de texte, tout comme d'ailleurs le *Souvenir d'enfance :*

> Dans une grande fête, un jour, au Panthéon,
> J'avais sept ans, je vis passer Napoléon.

risquerait de décourager l'amateur de vraie poésie et non de discours versifié. Disons bien vite que le meilleur Hugo n'est pas là. On ne saurait biffer ces vers d'un trait de plume et jouer ainsi les Malherbe, car on s'aperçoit qu'ils sont nécessaires à l'économie de l'ouvrage : c'est à partir de l'événement, si prosaïquement narré qu'il soit (et qui sait si Hugo ne l'a pas voulu ainsi) que nous atteindrons les lieux de la plus authentique poésie.

Au fil de cet admirable recueil, nous irons sans cesse vers la tendresse. Ce poète qui n'a pas atteint sa trentième année se tourne vers son enfance pour chanter les charmes des jeunes ans, les regrets, la douceur familiale. C'est le Victor Hugo sentimental, mélancolique, désabusé, jouant des impressions provoquées par ce qui l'entoure, exprimant l'inexprimable qu'éveille confusément « une fleur qui s'en va, une étoile qui tombe, un soleil qui se couche, une église sans toit, une rue pleine d'herbe ». Il se souvient de Lamartine et se rapproche du Sainte-Beuve de *Vie, poésie et pensées de Joseph Delorme.*

Tandis que se poursuit la lecture, d'un poème à l'autre, d'étonnement en étonnement, on s'aperçoit bientôt qu'il dépasse le projet intimiste de sa préface, le côté « bonne chanson » qu'on imagine. Là où l'on pourrait trouver de la mièvrerie, des tableaux

familiaux et bourgeois, on découvre que le poète apparemment
paisible est habité de passion contenue. Romantique, il écoute
Ce qu'on entend sur la montagne à la fois « doux comme un chant
du soir, fort comme un choc d'armures », écrit un poème *Dicté en
présence du glacier du Rhône* laissant présager les élévations baudelairiennes, adresse un poème fraternel *A M. de Lamartine,* chante *la
Bièvre* ou *les Soleils couchants* en images éblouissantes, s'adresse
sans cesse à ses amis, aux pauvres ou au dieu *Pan.* Il ne serait pas
Hugo si quelque souvenir d'enfance, quelque impression fugitive
ne prenait une signification exemplaire. S'il parle de son enfance,
elle est aussi celle du siècle et il ajoute l'héroïsme, le ton épique,
la générosité. Au cœur même de son apaisement automnal, il
chante sans cesse l'aigle, l'épopée napoléonienne qu'a vécue son
père, et l'on devine qu'il va être le poète des grandes convulsions
d'un siècle qui se cherche. Il ne cesse de philosopher, mais, heureusement, en poète. Sans cela, sa pensée serait courte et quotidienne.
Son élan invincible, son imagerie incessante lui offrent un pouvoir
de persuasion et de communication non seulement avec ses amis,
poètes ou intellectuels, mais aussi avec tous.

Victor Hugo se sent de plus en plus à l'aise avec le verbe. C'est le
recueil de la simplicité harmonieuse. Il varie les mètres et les
rythmes. Certains passages étonnent par leur modernité. On va à
ce point de surprise en surprise, on découvre tant de diversité, que
le fameux « Victor Hugo, hélas! » apparaît creux et vain. On est
tenté une fois de plus de s'élever contre l'image déclamatoire qui
nous est donnée du poète.

Sa *Prière pour tous,* loin des paraphrases bibliques habituelles,
est une création originale d'une rare finesse. On voit, on entend,
on respire et ce ne sont que délices dignes des poètes les plus délicats, symbolistes ou impressionnistes. S'il parle de l'enfant, nous
découvrons ce qu'il y a de plus pur en ce monde. Virtuose, il
dépasse la virtuosité de ses précédents recueils par ses approfon-
dissements, sa pensée grave et méditative.

Et, avant que nous refermions le recueil, le poète nous convie à
entendre un dernier mot : il crie alors, au-dessus de ses feuilles
mortes, sa haine de l'oppression, il parcourt l'Europe blessée, il
jette son indignation, il semble alors se révolter contre son propre
projet :

> Oh! la muse se doit aux peuples sans défense.
> J'oublie alors l'amour, la famille, l'enfance,
> Et les molles chansons, et le loisir serein,
> Et j'ajoute à ma lyre une corde d'airain!

Non, *les Feuilles d'automne* ne sont pas, comme on a voulu le démontrer, étrangères aux passions du dehors. Hugo, s'il prend un temps d'arrêt pour tenter d'harmoniser une époque de révolution et de rénovation confuses, cherche plus que jamais à communier avec les problèmes de son temps.

Cette « corde d'airain » résonne dans *les Chants du crépuscule* avant de s'affirmer plus encore d'un recueil à l'autre, même s'il reste fidèle aux demi-teintes. Un fil « à peine visible, peut-être » relie cet ouvrage au précédent. « C'est toujours la même pensée avec d'autres soucis, la même onde avec d'autres vents, le même front avec d'autres rides, la même vie avec un autre âge. » Le poète ne laisse subsister dans ces ouvrages ce qui est personnel que dans la mesure où « c'est peut-être quelquefois un reflet de ce qui est général ». Non, ce qu'il veut exprimer, « c'est cet étrange état crépusculaire de l'âme et de la société dans le siècle où nous vivons ; c'est cette brume au-dehors, cette incertitude au-dedans ; c'est ce je ne sais quoi d'à demi éclairé qui nous environne ».

Hugo a conscience que son époque est livrée à l'attente et à la transition. Autour de lui, on ne comprend que deux mots : le Oui et le Non. Dans cette époque tranchée, parmi ces discussions acharnées le poète dit : « Il n'est pourtant, lui (l'auteur), ni de ceux qui nient, ni de ceux qui affirment. Il est de ceux qui espèrent. » On pourrait ajouter qu'il est surtout de ceux qui interrogent. A l'exclamatif succède l'interrogatif :

De quel nom te nommer, heure trouble où nous sommes ?
Tous les fronts sont baignés de livides sueurs.
Dans les hauteurs du ciel et dans le cœur des hommes
Les ténèbres partout se mêlent aux lueurs.

Croyances, passions, désespoir, espérances,
Rien n'est dans le grand jour et rien n'est dans la nuit,
Et le monde sur qui flottent les apparences,
Est à demi couvert d'une ombre où tout reluit.

Dans son livre ses cris d'espoir sont mêlés d'hésitation, ses chants d'amour coupés de plaintes, sa sérénité pénétrée de tristesse ; ses abattements se réjouissent tout à coup, ses défaillances sont relevées soudain. Il parle de « ces troubles intérieurs qui remuent à peine la surface du vers au dehors, ces tumultes politiques contemplés avec calme, ces retours religieux de la place publique à la famille, cette crainte que tout n'aille s'obscurcissant, et par moments cette foi joyeuse et bruyante à l'épanouissement possible de l'humanité ».

Si nous citons cette préface, il y a deux raisons : elle exprime parfaitement le fond de l'ouvrage, sa mélancolie et son ton désabusé; elle montre à l'homme d'aujourd'hui un miroir ancien où il peut par éclairs se reconnaître car, comme dans notre période atomique, le poète voyage sans cesse du doute à la fête espérée.

> Le poète, en ses chants où l'amertume abonde,
> Reflétait, écho triste et calme cependant,
> Tout ce que l'âme rêve et tout ce que le monde
> Chante, bégaie ou dit dans l'ombre en attendant!

Au poème *Prélude* duquel ces vers sont extraits succèdent de longs poèmes où il aborde les grands problèmes de l'histoire et de la politique avec des plongées dans un passé qui lui est proche. Il y a là, souvent plus que du poète, du journaliste en lui, sans que cela soit péjoratif. Dans ses longs poèmes aux titres parlants : *Dicté après juillet 1830, A la Colonne, Napoléon II, A Canaris,* il prend un ton apocalyptique et satirique. Il sait aussi nous parler du suicide d'un jeune homme ou d'un vote à la Chambre, raconter avant Musset la mort de Rolla, flétrir le dénonciateur de la duchesse de Berry : *A l'homme qui a livré une femme,* satiriser des *Noces et festins,* dresser cet *Hymne* cher à l'école :

> Ceux qui pieusement sont morts pour la patrie
> Ont droit qu'à leur cercueil la foule vienne et prie.

Certains passages sont envahis par une rhétorique creuse et on ne peut retenir que l'habileté du poète à gonfler artificiellement des lieux communs. On préfère trouver les poèmes d'amour inspirés par Juliette Drouet. Là, Hugo oublie l'enflure pour trouver la délicatesse et ce n'est pas par hasard qu'un poème s'adresse à *Anacréon* et qu'un autre est *Écrit sur la première page d'un Pétrarque.* Son goût des vocables sonores apparaît notamment dans *Noces et festins* ou dans *Au bord de la mer.* Le lecteur d'aujourd'hui ne pourra s'empêcher de le trouver grandiloquent et pompeux dans ses longs discours adressés à la Divinité par quelque truchement. On retient pour sa vérité ce poème où il dit *Que nous avons le doute en nous :*

> Je vous dirai qu'en moi je porte un ennemi,
> Le doute, qui m'emmène errer dans le bois sombre,
> Spectre myope et sourd, qui, fait de jour et d'ombre,
> Montre et cache à la fois toute chose à demi!

En bien des endroits, on trouve un Victor Hugo qui semble s'imiter lui-même sans qu'un véritable renouvellement de l'inspiration apparaisse. Mais Victor Hugo, répétons-le, récompense toujours le lecteur opiniâtre par la beauté et la grandeur qui arrivent au moment où l'on semble le moins les attendre.

Les Voix intérieures, dédiées à la mémoire de son père, continuent les deux précédents avec un penchant plus affirmé pour l'inspiration intime. Le poète sait qu'il lui appartient d'élever, lorsqu'ils le méritent, « les événements politiques à la dignité d'événements historiques ». Il énumère les qualités nécessaires pour cela : « Qu'il ait dans le cœur cette sympathique intelligence des révolutions qui implique le dédain de l'émeute, ce grave respect du peuple qui s'allie au mépris de la foule; que son esprit ne concède rien aux petites colères ni aux petites vanités; que son éloge comme son blâme prennent souvent à rebours, tantôt l'esprit de cour, tantôt l'esprit de faction. Il faut qu'il puisse saluer le drapeau tricolore sans insulter les fleurs de lys; il faut qu'il puisse dans le même livre, presque à la même page, flétrir « l'homme qui a vendu une femme » et louer un noble jeune prince pour une action bien faite, glorifier la haute idée sculptée sur l'arc de l'Étoile et consoler la triste pensée enfermée dans la tombe de Charles X. » C'est en quelque sorte un code du poète responsable qui nous est donné là avec cette conclusion : « La puissance du poète est faite d'indépendance. » Jamais le rôle de ce dernier n'a été porté plus haut. On pense aux grandes voix de la Renaissance et, à l'opposé, à Malherbe si loin de l'État sinon pour le louer.

Victor Hugo n'oublie pas que la Portia de Shakespeare parle de « cette musique que tout homme a en soi ». Spiritualiste, intimiste, élégiaque, Hugo se garde de l'égotisme. Sa pensée individuelle n'a de valeur que si elle est prise comme exemple. Il veut avant tout exprimer le triple aspect de la vie humaine : « Le foyer, qui est notre cœur même; le champ, où la nature nous parle; la rue, où tempête, à travers les coups de fouet des partis, cet embarras de charrettes qu'on appelle les événements politiques. »

Ses poèmes sont dictés par l'histoire : mort de Charles X en exil dans *Sunt Lacrymae Rerum* ou bien *A l'Arc de Triomphe,* par la religion : *Dieu est toujours là,* par des événements familiaux comme la mort d'Eugène Hugo, par la satire : *A un riche,* par l'enfance : *A des oiseaux envolés,* par le sentiment philosophique : *Pensar, Dudar,* par une pensée qui rejoint le fantastique au cours d'un fascinant dialogue : *A Olympio.* Hugo reçoit aussi l'inspiration de la nature dans des morceaux célèbres : *la Vache* ou *Avril,* délicieuse évocation des jardins et des champs. Une *Soirée en mer* lui fait penser à Dieu avec ces dialogues si caractéristiques de sa manière :

> Où vas-tu? — Vers la nuit noire.
> Où vas-tu? — Vers le grand jour.
> Toi? — Je cherche s'il faut croire.
> Et toi? — Je vais à la gloire.
> Et toi? — Je vais à l'amour.

Apparaissent Dante, Virgile ou Dürer dans des poèmes à l'image de leur puissance sans que cela interdise des tableaux précis et colorés dignes de Théophile Gautier et des parnassiens. Dans *Passé,* Gérard de Nerval semble bien proche :

> C'était un grand château du temps de Louis treize.
> Le couchant rougissait ce palais oublié.

mais, comme le dit Jean-Bertrand Barrère, si « le motif du château doré au crépuscule a chez Hugo une aussi ancienne filiation que chez Nerval », ce dernier « va plus loin, approchant avant Baudelaire la zone mystérieuse d'une *vie antérieure* ».

Il n'empêche qu'au fur et à mesure de la lecture, bien des poètes qui suivront Hugo nous apparaissent comme des branches parfois plus parfaites, mais nées du grand tronc. Verlaine et les symbolistes, Mallarmé par éclairs, Baudelaire et même Rimbaud sont ici non pas contenus car chacun est allé plus avant dans sa voie, mais bien proches. Certaines images sont dignes d'inspirer un peintre préraphaélite :

> Tous deux, l'ange et le roi, les mains entrelacées,
> Ils marchaient, fiers, joyeux, foulant le vert gazon,
> Ils mêlaient leurs regards, leur souffle, leurs pensées...
> Ô temps évanouis! ô splendeurs éclipsées!
> Ô soleils descendus derrière l'horizon!

Hugo adore glisser des chiffres et nombres dans ses vers :

> Ceux de quatre-vingt-treize et de mil huit cent onze,
> Ceux que conduit au ciel la spirale de bronze...

Et aussi bien des formules géométriques :

> La courbe d'Annibal ou l'angle d'Alexandre
> Au carré de César.

Sans oublier les rimes latines parfois loin cherchées :

> Et Notre-Dame au loin, aux ténèbres mêlée,
> Illuminant sa croix ainsi qu'un labarum,
> Vous chantera dans l'ombre un vague Te Deum!

Les noms propres empruntés à l'histoire sont là pour ceux qu'ils désignent, mais plus encore pour les sonorités qu'ils apportent : Bélénus, Mithra, Lycoris, Gallus, Candale, Caussade... et il en est de même pour les noms tirés de la géographie ou de l'histoire sainte. Cela n'est pas bien sûr particulier à ces recueils. Un puriste trouverait aussi à redire dans la manière qu'il a de faire rimer des mots de même famille ou de même nature ou des épithètes qui ne sont là que pour cette utilité. Malherbe aurait sans doute eu à travailler plus encore que sur les œuvres de Ronsard, mais le flot hugolien semble tout emporter. On doit retenir surtout le foisonnement imagé fortement spectaculaire.

« Virgile et Dante sont ses divins maîtres. » Il le dit dans la préface du quatrième recueil *les Rayons et les ombres*. Il présente merveilleusement bien ses projets : aujourd'hui, il serait un maître de la « prière d'insérer ». Cela s'accompagne des ébauches d'un art poétique fondé sur les deux façons d'exister de l'homme : « selon la société et selon la nature ». Voici quelques extraits :

> Nul ne se dérobe dans ce monde au ciel bleu, aux arbres verts, à la nuit sombre, au bruit du vent, aux chants des oiseaux. Aucune créature ne peut s'extraire de la création... Tout se tient, tout est complet, tout s'accouple et se féconde par l'accouplement. La société se meut dans la nature; la nature enveloppe la société. L'un des deux yeux du poète est pour l'humanité, l'autre pour la nature. Le premier de ces yeux s'appelle l'observation, le second s'appelle l'imagination. De ce double regard toujours fixé sur son double objet naît au fond du cerveau du poète cette inspiration une et multiple, simple et complexe, qu'on nomme le génie.

Le poète, pour Hugo, a le culte de la conscience comme Juvénal, de la pensée comme Dante, de la nature comme saint Augustin. Il ajoute au fil du discours *la Bible,* Virgile, Milton. Placé sous de tels patronages, comment ne pas craindre que les poèmes ne répondent pas à de telles promesses? Sûr de lui, le poète écrira en 1859 : « J'écris tout simplement l'Humanité, fresque à fresque, fragment à fragment, époque à époque. » Dans ses analyses, action, vie, passé, présent, avenir, science, philosophie, rêverie, nature, société sont mêlés. Il dit au fond que tout est dans tout, et tout chez Victor Hugo avec un ton de persuasion contagieux.

Dans *les Rayons et les ombres,* les poèmes correspondent de plus en plus à cette idée de mage, de poète conducteur de peuples et redresseur de torts, de pèlerin d'une idéologie humanitaire — qui nous semble aujourd'hui lointaine et grandiloquente, mais que nous ne devrions pas oublier. Cela amène Hugo, vaste auteur du grand Poème de l'Homme, à des tours déclamatoires frisant parfois le ridicule, mais qu'on doit replacer dans la mentalité de son époque. Sa pensée, comparée à celle des grands philosophes, serait primaire et superficielle si l'art et la passion ne l'arrachaient à la gratuité. La « fureur poétique » dont on parlait au temps de la Renaissance est présente, et aussi le lyrisme, l'excitation constante à l'idée par le cheminement des images. Il y a de l'emphase et aussi, sous cet emballage, une forte incantation. Des passages admirables ont toujours été masqués par ce qu'on retenait chez le poète de plus directement explicable.

Il faut avoir lu les 306 vers de *Fonction du Poète* qui commence
ainsi :

> Pourquoi t'exiler, ô poète,
> Dans la foule où nous te voyons.

pour apprécier la hauteur de vue et les vers de qualité. Il faut
contempler les spectacles urbains ou champêtres, recevoir évocations et souvenirs, voir comme le lyrisme peut s'accompagner de
véhémence avant de cotôyer quelque *Spectacle rassurant* (ainsi qu'il
intitule un poème), méditer une fois de plus *Dans le cimetière,* rencontrer un poème *Au statuaire David,* lire, bien sûr, ces poèmes
d'anthologie que sont *Tristesse d'Olympio* (au ton solennel et pur
comme l'eau d'un lac), *Oceano Nox* qui reste dans toutes les
mémoires :

> Oh! combien de marins, combien de capitaines
> Qui sont partis joyeux pour des courses lointaines,
> Dans ce morne horizon se sont évanouis.
> Combien ont disparu, dure et triste fortune!
> Dans une mer sans fond, par une nuit sans lune,
> Sous l'aveugle océan à jamais enfouis!

On sait, soit dit au passage, combien la mer vue par Hugo a pu
inspirer d'autres poètes, du Rimbaud du *Bateau Ivre* à Baudelaire
ou Lautréamont. Mais que cet *Oceano Nox* ne nous laisse pas quitte!
Des beautés plus discrètes résident ailleurs. Pas dans *Fiat Voluntas*
qui s'ouvre par ce vers de mauvais goût :

> Pauvre femme! son lait à la tête est monté,

mais plutôt un petit poème, *Guitare* avec « Le vent qui vient à travers la montagne / M'a rendu fou! » qui semble la « traduction
des sons d'une guitare » comme il voulait l'intituler. Le poème
Que la musique date du seizième siècle fera sourire les musicologues,
mais on se penchera sur *Sagesse,* titre que reprendra Verlaine,
sur *Regard jeté dans une mansarde* pour sa douceur et son humanité,
sur *le Sept Août 1829* pour sa noblesse de ton, *Ce qui se passait aux
Feuillantines vers 1813,* pour la nostalgie qui s'en dégage, *Caeruleum
Mare,* plus traditionnel, mais fortement imagé.

Un poème moins connu *Écrit sur le tombeau d'un petit enfant au
bord de la mer* nous montre un Hugo follement amoureux des mots
qui ne cesse de nommer et de donner à voir :

> Vieux lierre, frais gazon, herbe, roseaux, corolles;
> Église où l'esprit voit le Dieu qu'il rêve ailleurs;
> Mouches qui murmurez d'ineffables paroles
> A l'oreille du pâtre assoupi dans les fleurs.
> Vents, flots, hymne orageux, chœur sans fin, voix sans nombre;

Bois qui faites songer le passant sérieux ;
Fruits qui tombez de l'arbre impénétrable et sombre,
Étoiles qui tombez du ciel mystérieux ;

Oiseaux aux cris joyeux, vague aux plaintes profondes ;
Froid lézard des vieux murs dans la pierre tapi ;
Plaines qui répandez vos souffles sur les ondes ;
Mer où la perle éclôt, terre où germe l'épi...

Nommer, toujours nommer. Dans *la Statue,* il se grise de noms propres inspirés souvent par la rime :

D'un bout à l'autre bout de cette épaisse allée,
Avez-vous quelquefois, moqueur antique et grec,
Quand près de vous passait le beau Lautrec
Marguerite aux doux yeux, la reine béarnaise,
Lancé votre œil oblique à l'Hercule Farnèse ?
Seul sous votre antre vert de feuillage mouillé,
Ô Sylvain complaisant, avez-vous conseillé,
Vous tournant vers chacun du côté qui l'attire,
Racan comme berger, Régnier comme satyre ?
Avez-vous vu parfois, sur ce banc, vers midi,
Suer Vincent de Paul à façonner Gondi ?
Faune ! avez-vous suivi de ce regard étrange
Anne avec Buckingham, Louis avec Fontange...

Et il continue à nommer les personnages de l'histoire ou de la poésie dans des exercices de haute voltige dont un œil attentif décèle facilement les chevilles et les tricheries, mais, il n'importe ! nous sommes enlevés et nul aussi bien que lui peut donner une idée verticale et horizontale de l'histoire. Ou bien exalter Dieu comme nul autre dans ces vers de *Sagesse* qui feront naître une « future vigueur » :

Ô sagesse ! esprit pur ! sérénité suprême !
Zeus ! Irmensul ! Wishnou ! Jupiter ! Jehova !
Dieu que cherchait Socrate et que Jésus trouva !
Unique Dieu ! vrai Dieu ! seul mystère ! seule âme !
Toi qui, laissant tomber ce que la mort réclame,
Fis les cieux infinis pour les temps éternels !
Toi qui mis dans l'éther plein de bruits solennels,
Tente dont ton haleine émeut les sombres toiles,
Des millions d'oiseaux, des millions d'étoiles !
Que te font, ô Très-Haut ! les hommes insensés,
Vers la nuit au hasard l'un par l'autre poussés,
Fantômes dont jamais tes yeux ne se souviennent,
Devant ta face immense ombres qui vont et viennent.

Déjà, dans ce poème, on peut entrevoir, comme le dit J. Gaudon, une « version désespérée de la métamorphose éblouissante du satyre, problème vertigineux auquel *Dieu* et *la Légende des siècles* donneront une réponse incomplète. » Mais déjà une réponse...

Déjà dans ces recueils dont nous venons de parler, Victor Hugo est présent avec sa faculté maîtresse : l'imagination luxuriante qui lui permet de concrétiser les idées les plus abstraites, avec une acuité de vision incessante. Par-delà les lieux communs ou la philosophie sommaire, les idées générales, tout est métamorphosé en poésie. Il met en marche un étonnant instrument, appareil de perception et d'imagination, avec une multitude de lentilles grossissantes et déformantes le conduisant vers le démesuré, le colossal, le grand, l'hyperbolique. Que ces miroirs mettent à nu des défauts dont le principal est souvent le faux goût, n'empêche l'apparition constante de beautés de premier ordre. Par le choc des antithèses, des contrastes inattendus, par ses jongleries, par ses emplois des mots les plus rares (non sans quelque pédantisme), il orchestre en jouant de tous les instruments : le trombone et la grosse caisse, la trompette et le tambour, mais aussi la flûte et le clavecin, la lyre et la harpe. Il met « un bonnet rouge au vieux dictionnaire », il disloque « ce grand niais d'alexandrin » et Malherbe trouve son plus grand ennemi. Mais nous n'en sommes encore ici qu'aux premiers degrés de cet escalier monumental.

3

Guerre et paix

Hugo la Colère.

E N 1840, Victor Hugo publie *le Retour de l'Empereur,* poème patriotique accompagné de poèmes napoléoniens pris dans ses œuvres précédentes. Treize ans après, exilé, ce sont *les Châtiments,* 1853.

Les titres ironiques des sept chapitres disent la direction des attaques : *La Société est sauvée, l'Ordre est rétabli, la Famille est restaurée, la Religion est glorifiée, l'Autorité est sacrée, la Stabilité est assurée, les Sauveurs se sauveront.* Que trouve-t-on? La rancune d'un proscrit, certes, mais aussi l'indignation devant le parjure, la pitié envers la France asservie. La colère va multiplier les antithèses, métaphores, hyperboles. Comme au temps d'Agrippa d'Aubigné, la cravache entre en poésie. Hugo reprend la matière de son *Napoléon le Petit* publié l'année précédente. Ajoutant des lentilles caricaturales, il va faire naître un Napoléon III monstrueux. Nouveau Perse, ingénuité en moins, nouveau Juvénal, avec plus d'expression, il veut clouer le maître de la France au pilori de l'histoire, l'autre Napoléon, le grand, lui fournissant un contraste facile. Jamais poète n'a imaginé un aussi vaste jeu de massacre. On pense, dans cet extrait d'*Éblouissements,* aux litanies de la chanson révolutionnaire :

> Ours que Boustrapa montre et qu'il tient par la sangle,
> Valsez, Billaut, Parieu, Drouyn, Lebœuf, Delangle!
> Danse, Dupin! dansez, l'horrible et le bouffon!
> Hyènes, loups, chacals, non prévus par Buffon,
> Leroy, Forey, tueurs au fer rongé de rouilles,
> Dansez! dansez, Berger, d'Hautpoul, Murat, citrouilles!

Sans guère de distinction, Hugo la Colère multiplie les invectives versifiées, la rhétorique haineuse, la caricature digne des plus violents journaux satiriques, l'épopée de l'insulte, le poème de l'anathème et de la vengeance : il invente là un genre. En effet, par son systématisme, ses emphases, son gigantisme, ses répétitions, il n'a pas la hauteur et la noblesse de l'auteur des *Tragiques* et cela tient du journalisme polémique mis en poésie. « Trois mille vers de haine, c'est trop!... » dit Lamartine qui ajoute, pacifique : « Je ne comprends pas qu'on ait de la haine pendant plus d'un vers. »

Le poète « bouffe » du Napoléon III comme les libres penseurs « bouffent » du curé. Il trouve dans sa traversée du désert, une nouvelle expérience, dans son île face à la France, un haut siège de juge, une nouvelle condition sociale qui lui permet d'assumer un rôle historique impitoyable : celui du prophète déchiré par la justesse de sa prophétie et voulant dominer la catastrophe. Hugo devient l'histoire, une histoire qui est cloaque. Le dégoût transparaît dans ses vers. Il grandit le mal pour mieux l'exorciser, pour permettre à l'homme par le poème vengeur de se régénérer.

Les Châtiments sont la multiplication et en même temps l'utilisation efficace des défauts du poète : emphase, système, développements inutiles, points de détail oiseux. Mais nous lisons plus d'un siècle après l'événement. Pour comprendre, il faut se pencher sur les mentalités de l'époque, lire des gazettes, contempler de féroces portraits-charges, connaître le mauvais goût satirique, la cruauté verbale, et nous apercevoir que nous nous trouvons devant un monde autre, ô combien différent de celui d'aujourd'hui si nuancé, trop peut-être. Le Hugo combattant est celui des couleurs crues et non plus celui des demi-teintes que nous avons rencontré.

Représentant de la voix populaire, on n'a pas assez dit qu'il a recours à la *Chanson*, et plusieurs poèmes portent ce simple titre. Sa chanson peut aussi s'intituler : *Idylles, l'Empereur s'amuse, le Sacre* (sur l'air de Malbrough), *le Chant de ceux qui s'en vont en mer, Hymne des transportés, le Chasseur noir*. Ces chansons apparaissent comme des points de repos entre de vastes poèmes sans que la colère en soit absente.

Voici quelques passages où règne l'invective. Dans *l'Homme a ri* :

> Ah! tu finiras bien par hurler, misérable!
> Encor tout haletant de ton crime exécrable,
> Dans ton triomphe abject, si lugubre et si prompt,
> Je t'ai saisi. J'ai mis l'écriteau sur ton front;
> Et maintenant la foule accourt et te bafoue.
> Toi, tandis qu'au poteau le châtiment te cloue,
> Que le carcan te force à lever le menton,
> Tandis que, de ta veste arrachant le bouton,

> L'histoire à mes côtés met à nu ton épaule,
> Tu dis : je ne sens rien! et tu nous railles, drôle!
> Ton rire sur mon nom gaîment vient écumer;
> Mais je tiens le fer rouge et vois ta chair fumer.

Dans *Joyeuse vie* :

> Bien, pillards, intrigants, fourbes, crétins, puissances!
> Attablez-vous en hâte autour des jouissances!
>   Accourez! place à tous!
> Maîtres, buvez, mangez, car la vie est rapide.
> Tout ce peuple conquis, tout ce peuple stupide,
>   Tout ce peuple est à vous!

Dans *Un Autre* qui s'adresse à Louis Veuillot :

> Ce Zoïle cagot naquit d'une Javotte.
> Le diable — ce jour-là Dieu permit qu'il créât —,
> D'un peu de Ravaillac et d'un peu de Nonotte
>   Composa ce gredin béat.

Dans *Napoléon III* :

> Donc c'est fait. Dût rugir de honte le canon,
> Te voilà, nain immonde accroupi sur ce nom!
> Cette gloire est ton trou, ta bauge! ta demeure!

C'est là le ton qui domine. Il en est d'autres : lyre de rage mais aussi lyre d'airain ou lyre fraternelle. Il chante aussi bien *Toulon, les Morts du 4 Décembre, l'Obéissance passive, les Querelles du sérail, la Loi Faider, les Commissions mixtes, le Parti du Crime, l'Égout de Rome* (et c'est la colère grandiose!) que *Quatre prisonniers* après leur condamnation, *Pauline Roland* militante socialiste, *les Martyres, les Transportés, les Femmes* (et c'est la fraternité combattante!).

Le poème le plus cité est *Expiation*. Là on a pu dire que Daumier cède la place à Delacroix. Ce poème se présente comme un drame épique divisé en cinq tableaux : retraite de Russie, bataille de Waterloo, rocher de Sainte-Hélène, tombeau des Invalides, 2 décembre. Après tant d'épopées de carton-pâte, Napoléon trouve son barde. Hugo peint à fresque. Sa mise en scène est digne de celles des chansons de geste :

> Il neigeait. On était vaincu par sa conquête.
> Pour la première fois l'aigle baissait la tête.
> Sombres jours! L'empereur revenait lentement,
> Laissant derrière lui Moscou brûler fumant.
> Il neigeait.

Au cours de ce spectacle en noir et blanc, « il neigeait » revient, verbe implacable. Dans le silence, sans cesse la neige prépare « Pour cette immense armée un immense linceul. » Une armée fantomatique apparaît avec ses cavaliers devenus statues de glace, avec cette « procession d'ombres sur le ciel noir ». La nature triomphe et son vaincu se demande si c'est là le châtiment tandis qu'une voix répond négativement.

Succède le gouffre de Waterloo, en noir et sang, la dernière lutte contre le monde ligué dans la « morne plaine » où « la pâle mort mêlait les sombres bataillons », la fatalité d'un Blücher devançant Grouchy, l'hécatombe héroïque, la déroute puissante, le géant terrassé.

Prométhée sera enchaîné à Sainte-Hélène : le drame succède à l'épopée. Est-ce là l'expiation? Pas encore! dit la Voix. Endormi sous le dôme des Invalides, Napoléon pourrait connaître le repos, assumer le châtiment suprême. Non, il viendra avec l'attentat du 2 décembre :

> Ô terreur! Une voix qu'il reconnut lui dit :
> — Réveille-toi. Moscou, Waterloo, Sainte-Hélène,
> L'exil, les rois geôliers, l'Angleterre hautaine
> Sur ton lit accoudée à ton dernier moment,
> Sire, cela n'est rien. — Voici le Châtiment!

Napoléon le Grand va renaître « Bonaparte, écuyer du cirque Beauharnais » dans un monde trivial, sinistre et bouffon. Et voilà de nouveau l'invective, la parodie burlesque :

> Commencer par Homère et finir par Callot!
> Épopée! Épopée! Oh! quel dernier chapitre!

Le 2 décembre devient le châtiment du dix-huit brumaire. Dans ce poème, Hugo a tout dit semble-t-il. Il résume tout ce livre où le grandiose et le décevant de l'histoire se reflètent dans le poème, lui-même, grandiose et décevant. Mais on lira encore *Lux* pour accéder, dans un univers de réminiscences bibliques, à la montée prophétique de la lumière et de l'espoir :

> Fêtes dans les cités, fêtes dans les campagnes!
> Les cieux n'ont plus d'enfers, les lois n'ont plus de bagnes.
> Où donc est l'échafaud? ce monstre a disparu.
> Tout renaît. Le bonheur de chacun est accru
> De la félicité des nations entières.

Et aussi le poème qui le précède, *Ultima Verba*. Comme aux temps lointains où l'enfant Agrippa d'Aubigné prêtait serment devant les gibets d'Amboise, Victor Hugo, posant le pied sur la terre d'exil a fait lui aussi ce nouveau serment d'Annibal. C'est le poème de la vigilance :

> Si l'on n'est plus que mille, eh bien, j'en suis. Si même
> Ils ne sont plus que cent, je brave encore Sylla;

S'il en demeure dix, je serai le dixième;
Et s'il n'en reste qu'un, je serai celui-là.

Les Châtiments appartiennent à l'histoire de France autant qu'à
celle de la poésie. Si les goûts de l'homme contemporain se sont
éloignés de ce genre de poésie, il ne pourra nier que l'affirmation
de Voltaire a été niée par Hugo : il existe en France une tête
épique.

Autrefois et aujourd'hui.

Victor Hugo, après *les Châtiments,* a commencé *la Fin de Satan*
qui paraîtra plus tard. Auparavant, il donne avec *les Contemplations,*
1856, ce qui apparaîtra comme le chef-d'œuvre de la poésie philosophique et lyrique.

Le poète nous parle, en citant Tacite, de la « période considérable de la vie d'un mortel ». Il s'agit de « Mémoires d'une âme »
et « le livre doit être lu comme on lirait le livre d'un mort ». Hugo
prend du recul :

Ce sont, en effet, toutes les impressions, tous les souvenirs, toutes les
réalités, tous les fantômes vagues, riants ou funèbres, que peut contenir
une conscience, revenus et rappelés, rayon à rayon, soupir à soupir, et
mêlés dans la même nuée sombre. C'est l'existence humaine sortant de
l'énigme du berceau et aboutissant à l'énigme du cercueil; c'est un esprit
qui marche de lueur en lueur en laissant derrière lui la jeunesse, l'amour,
l'illusion, le combat, le désespoir, et qui s'arrête éperdu « au bord de
l'infini ». Cela commence par un sourire, continue par un sanglot, et
finit par un bruit du clairon de l'abîme.

Les Contemplations sont proches des recueils en demi-teintes. Les
mêmes thèmes sont repris, mais amplifiés et rehaussés par l'énergie
que le poète a puisée dans son exil. Le livre est divisé en deux parties.
La première, « Autrefois » (1830-1843) comprend trois volets intitulés *Aurore, l'Ame en fleur, les Luttes et les rêves;* la seconde, « Aujour-
d'hui » (1843-1845) se compose aussi de trois livres : *Pauca meae,
En marche, Au bord de l'Infini.* Nous quittons l'épopée et la politique
pour trouver des tableaux de nature, des images humaines, des
poètes d'amour, des chansons sensibles, des souvenirs, des dialogues avec les êtres et les choses, des poèmes d'art poétique, des
émerveillements panthéistes, beaucoup d'oiseaux et de fleurs, le
temps et les saisons, des élégies, des méditations philosophiques et
religieuses. Il y a là une diversité difficilement exprimable et l'on
ne peut que faire un rapide tour d'horizon.

On lira, après les poèmes à ses filles, la *Réponse à un acte d'accusa-
tion.* Est-il « le démagogue horrible et débordé, / Et le dévastateur

du vieil A B C D »? Cet art poétique, cette satire littéraire est d'une vive ardeur. Extrayons quelques vers célèbres pour leur contenu de charge plutôt que de poésie :

> Je mis un bonnet rouge au vieux dictionnaire.
> Plus de mot sénateur! plus de mot roturier!
> Je fis une tempête au fond de l'encrier...

> Alors, l'ode, embrassant Rabelais, s'enivra;
> Sur le sommet du Pinde on dansait Ça ira;
> Les neuf muses, seins nus, chantaient la Carmagnole...

> Au panier les Bouhours, les Batteux, les Brossettes!
> A la pensée humaine ils ont mis les poucettes...

> J'ai dit à la narine : Eh! mais! tu n'es qu'un nez!
> J'ai dit au long fruit d'or : Mais tu n'es qu'une poire!

Dans *Suite,* immédiatement après, Hugo proclame la déification de la parole. Ce poème commence ainsi :

> Car le mot, qu'on le sache, est un être vivant.

et se termine par ce vers célèbre :

> Car le mot, c'est le Verbe, et le Verbe, c'est Dieu.

Plus loin, dans *A propos d'Horace,* Hugo reprend les mots de la colère. Il y met la même ardeur, ou presque, qu'à fustiger Napoléon III dans *les Châtiments :*

> Marchands de grec! marchands de latin! cuistres! dogues!
> Philistins! magisters! je vous hais, pédagogues!
> Car, dans votre aplomb grave, infaillible, hébété,
> Vous niez l'idéal, la grâce et la beauté!
> Car vos textes, vos lois, vos règles sont fossiles!
> Car, avec l'air profond, vous êtes imbéciles!

Il prophétise un temps où l'on « n'instruira plus les oiseaux par la cage », où l'enfant ne sera plus « une bête de somme attelée à Virgile ». On ne lit pas aujourd'hui cela sans malice et sans complicité.

Mais dans la plupart des pages de ces *Contemplations,* il s'agit plus de rêve que de pavés. On ne peut connaître les délices des vers qu'en les écoutant longuement chanter; il faut voir combien le dessin des poèmes est tracé, ce qu'il y a de précision pour nous apercevoir d'un progrès chez Hugo. Ayant inspiré de jeunes disciples : Théophile Gautier, Théodore de Banville et Leconte de Lisle, à son tour il a vu comme ils savaient se montrer artistes. Il y a les poèmes de nature dans lesquels se glisse toujours une pensée qui dépasse le simple tableau, mais n'y aurait-il que ce dernier qu'on se laisserait prendre au charme, et c'est visible dans *Vere Novo, les Oiseaux, Vieille chanson du jeune temps, Premier Mai, En écoutant les oiseaux, Églogue, Crépuscule, Aux arbres...*

Il y a une progression dans ce recueil. Les poèmes de nature, ou les poèmes plus légers, les chansons sont des repos alors qu'une marche visionnaire s'accomplit, que l'Apocalypse vit dans chaque poème, que le Poète devient Prophète. Des titres sont significatifs : *Melancholia, Saturne, Horror, Dolor.* Auprès de poèmes familiers bien connus : *la Fête chez Thérèse, Aux Feuillantines,* on découvre l'idée d'une religion de la poésie qui grandit et s'affirme. Les poètes à travers Hugo apparaissent mêlés à la Nature et à l'Humanité, à la Vie et à la Mort, à la Divinité et au Chaos, à toutes les antithèses les plus hautes. Si *A Villequier,* si connu, appartient encore à la veine humaine :

> Maintenant que Paris, ses pavés et ses marbres,
> Et sa brume et ses toits sont bien loin de mes yeux;
> Maintenant que je suis sous les branches des arbres,
> Et que je puis songer à la beauté des cieux...

son expression ne le différencie guère encore d'autres poèmes élégiaques déjà rencontrés chez Hugo. En revanche, un poème en vers ïambiques, *Ibo,* sur un rythme sautillant, mais vigoureux, s'élance vers la recherche d'un infini, d'une sur-vérité :

> Jusqu'aux portes visionnaires
>   Du ciel sacré;
> Et, si vous aboyez, tonnerres,
>   Je rugirai.

Dans les dizains des *Mages,* poème admirable, une place est assignée au poète : celle de prophète de la pensée et de l'humanité :

> Pourquoi donc faites-vous des prêtres
> Quand vous en avez parmi vous?

« Ces hommes, ce sont les poètes » et des noms parsèment le poème :

> Les Virgiles, les Isaïes;
> Toutes les âmes envahies
> Par les grandes brumes du sort.

Hier, Hugo aurait peut-être cédé au plaisir de la simple recension propre à étayer un propos didactique. Au temps des *Contemplations,* il a d'autres cimes à gravir. Nous nous trouvons dans l'univers du plus haut romantisme et en cela nous nous rapprochons de certaines recherches surréalistes. Ici, une énergie domine sans cesse le poème :

Oh! vous êtes les seuls pontifes,
Penseurs, lutteurs des grands espoirs,
Dompteurs des fauves hippogriffes,
Cavaliers des pégases noirs!
Ames devant Dieu toutes nues,
Voyants des choses inconnues,
Vous savez la religion!
Quand votre esprit veut fuir dans l'ombre,
La nuée aux croupes sans nombre
Lui dit : Me voici, Légion!

. . . .

Oh! tous à la fois, aigles, âmes,
Esprits, oiseaux, essors, raisons,
Pour prendre en vos serres les flammes,
Pour connaître les horizons,
A travers l'ombre et les tempêtes,
Ayant au-dessus de vos têtes
Mondes et soleils, au-dessous
Inde, Égypte, Grèce et Judée,
Envolez-vous! envolez-vous!

Nous sommes loin ici de la poésie des événements, de la nature
ou du foyer et le miracle est peut-être qu'il cohabite tant de préoccupations terrestres et divines chez le poète. Dans ce qu'il a de
meilleur, il est bien comme l'appelle Arthur Rimbaud « le premier
des voyants ». Les poètes les plus admirés aujourd'hui ont su voir
en lui. Superficiel parfois, il ne l'est pas quand il se livre à sa
voyance. Il apparaît bientôt comme le premier maître et le premier
inspirateur d'une région conduisant au surréalisme.

Les huit cents vers de *Ce que dit la bouche d'ombre* représentent une
Genèse, un traité *De natura rerum* qui s'ouvre à la totalité des religions, des croyances humaines. Jésus-Christ, par l'intermédiaire
des tables tournantes de Guernesey, au printemps de 1855, a
annoncé au poète la religion de l'avenir, mais n'est-il pas l'écho de
la pensée de Victor Hugo ou le révélateur de l'homme devant sa
face divine? Le poète cherche plutôt une confirmation : « Les êtres
qui habitent l'invisible et qui voient la pensée dans nos cerveaux
savent que depuis vingt-cinq ans environ, je m'occupe des questions que la table soulève et approfondit. » Hugo se sait, et sait le
poète, héritier naturel des mages, fils de Zoroastre, Pythagore, Virgile; il fréquente des illuminés; connaît le symbolisme alchimique
des cathédrales comme Notre-Dame de Paris; guette tous les
signes venant d'univers mystérieux; peut faire parler les éléments.

Hugo se construit ainsi sa vision personnelle du monde avec sa
théorie de la chute et de la rédemption. Dieu existe, être personnel
et être immanent au monde qu'il a émané et qu'il rappelle à lui.
Comme l'a écrit Robert Kanters : « Il faut lire comme un texte reli-

gieux le *Ce que dit la bouche d'ombre* des *Contemplations*. » Et citant
les vers qui suivent, le critique ajoute : « Ce ne sont point là paroles
de poète, ce sont paroles de croyant. »

Tout dit dans l'infini quelque chose à quelqu'un...

Dieu n'a créé que l'être impondérable,
Il le fit radieux, beau, candide, adorable
Mais imparfait...

Donc Dieu fit l'univers, l'univers fit le mal...
Le mal, c'est la matière? Arbre noir, fatal fruit.

Toute faute qu'on fait est un cachot qu'on ouvre.

Roi forçat, l'homme esprit, pense et matière, mange.

L'homme est une prison où l'âme reste libre.

Espérez! espérez! espérez! misérables!
Pas de deuil infini, pas de maux incurables!
    Pas d'enfer éternel!
Les douleurs vont à Dieu comme la flèche aux cibles;
Les bonnes actions sont les gonds invisibles
    De la porte du ciel.

Victor Hugo, esprit et matière, voilà bien deux clés de son œuvre
poétique. Voici la dernière strophe du plus haut poème du recueil :

Tout sera dit. Le mal expirera; les larmes
Tariront; plus de fers, plus de deuils, plus d'alarmes;
    L'affreux gouffre inclément
Cessera d'être sourd, et bégaiera : Qu'entends-je?
Les douleurs finiront dans toute l'ombre; un ange
    Criera : Commencement!

Le dernier poème : *A celle qui est restée en France* apparaît comme la
dédicace de tout le livre des *Contemplations* (qui commence par le
poème *Ma Fille*) au souvenir de Léopoldine, mais il dépasse l'élégie
à la jeune morte comme le montre si bien J. Gaudon : « Tout dans
le poème ramène à la mort : mort de Léopoldine, mort du poète,
hymne au " grand néant ", à " l'universel tombeau ". » Et le poème
se terminera par une lente berceuse dans laquelle le poète essaie
d'apaiser les fantômes, ceux de la nature, de l'humanité, « la grande
horreur religieuse », le « fourmillement de tout ».

Pégase au vert.

Avant d'en venir à *la Légende des siècles* dont la première série est
de 1859, la deuxième de 1877, la troisième de 1883, et qu'on ne sau-

rait séparer ici, un petit saut chronologique nous fera découvrir tout d'abord *les Chansons des rues et des bois,* 1865, recueil qui marque, comme le dit si bien Théophile Gautier, « une espèce de temps de repos et comme les vacances du génie ». Comme dans *les Contemplations,* deux époques : « Ici la jeunesse, là la maturité » exprimées en deux titres : *Jeunesse, Sagesse.*

Le livre, si l'on excepte quelques groupes de cinq ou de six vers, est composé dans son ensemble de poèmes en quatrains. Le poète a mis « Pégase au vert » : il s'agit d'une sorte de divertissement, de petites fêtes de la nature et du printemps, avec un côté Rémi Belleau revu par Gautier ou Leconte de Lisle, si ce n'est Béranger ou Pierre Dupont. Pour en donner une idée, l'auteur de ces lignes, jouant au jeu des devinettes, a parfois lu des extraits devant des poètes contemporains en leur laissant le soin de trouver le nom de l'auteur : les réponses se sont partagées entre Apollinaire, Max Jacob, Cocteau et Desnos; on aurait pu ajouter des poètes de l'école fantaisiste comme des auteurs de comptines; on aurait pu, par un retour en arrière, nommer parfois Gautier, parfois Verlaine.

Comme il titre un de ses poèmes, *le Poète bat aux champs* et l'on découvre auprès de Sèvres, Montreuil, Montfermeil, Auteuil, Ivry ou Ville d'Avray d'autres lieux proches :

> Je te fais molosse, ô mon dogue!
> L'acanthe manque? J'ai le thym.
> Je nomme Vaugirard églogue;
> J'installe Amyntas à Pantin.
>
> Les fleurs sont à Sèvre aussi fraîches
> Que sur l'Hybla, cher au sylvain;
> Montreuil mérite avec ses pêches
> La garde du dragon divin.

Nous trouverons ainsi des lieux qui sont des titres de poèmes, des sujets de promenades : *Les Tuileries, Meudon, Chelles, Créteil, la Sologne.* Ce ne sont qu'amours légères (celles des chansonnettes), baisers volés, fêtes galantes, verlainiennes, spectacles variés (*le Cheval, les Étoiles filantes, le Chêne du parc détruit,* etc.), délicieuses présences féminines dans ces poèmes : *Lisbeth, Dizain de femmes, le Doigt de la femme, A la belle impérieuse.* Et tout cela dans un jaillissement de rythmes brefs et légers, sans rien « qui pèse ou qui pose », un chant de cascades et de ruisseaux succédant aux grands torrents apocalyptiques des autres livres, une foule heureuse d'images ténues en habit de fête. Au cœur de cet univers mineur, optimiste, sensuel, parfois grivois et même bachique, dans une sorte de complicité humaine et populaire, la malice et la frivolité sont présentes sans cesse.

Il suffit de piquer de la fourchette pour trouver de la fantaisie et des traits piquants :

> Un roi, c'est un homme équestre,
> Personnage à numéro,
> En marge duquel de Maistre
> Écrit : Roi, lisez : Bourreau.

l'écho des jeunes amourettes :

> Mes dix-neuf ans étaient la fête
> Qu'en frissonnant je vous offrais ;
> Vous étiez belle et j'étais bête
> Au fond des bois sombres et frais...

> Mon sang murmurait dans mes tempes
> Une chanson que j'entendais ;
> Les planètes étaient mes lampes ;
> J'étais archange sous un dais.

des traits mélancoliques :

> Au fond du parc qui se délabre,
> Vieux, désert, mais encor charmant
> Quand la lune, obscur candélabre,
> S'allume en son écroulement,

> Un moineau-franc, que rien ne gêne,
> A son grenier, tout grand ouvert,
> Au cinquième étage d'un chêne
> Qu'avril vient de repeindre en vert.

des tableaux de nature :

> C'est le moment crépusculaire.
> J'admire, assis sous un portail,
> Ce reste de jour dont s'éclaire
> La dernière heure du travail.

> Dans les terres, de nuit baignées,
> Je contemple, ému, les haillons
> D'un vieillard qui jette à poignées
> La moisson future aux sillons.

> . . . .

> Il marche dans la plaine immense,
> Va, vient, lance la graine au loin,
> Rouvre sa main, et recommence,
> Et je médite, obscur témoin,

> Pendant que, déployant ses voiles,
> L'ombre, où se mêle une rumeur,
> Semble élargir jusqu'aux étoiles
> Le geste auguste du semeur.

Auprès de tels poèmes qu'on dirait aujourd'hui écologiques, il y a de fines satires à fleuret moucheté ou non, d'alertes comédies, une corbeille de fruits variés à ce point que le Victor Hugo des grands recueils prophétiques n'est pas tout à fait absent. Le livre écrit avec le regard l'est aussi par instants avec le rêve. Parfois des évocations mythologiques et savantes, comme chez les maîtres de la Pléiade, nous rappellent les autres dimensions du poète. Tantôt c'est pour la rime et la fantaisie, tantôt il peut s'y glisser quelque malice pédante que l'entrain fait vite oublier.

Par ce recueil, Victor Hugo touche à ce Parnasse que nous rencontrerons : il en a les touches paganisantes et épicuriennes ; il en a aussi ce mysticisme qui apparaît dans cette école par éclairs, chez Ménard ou Leconte de Lisle, mysticisme qui d'ailleurs vient de l'influence hugolienne. Il y a échange car on ne saurait prendre Hugo comme un poète statique ; il sait reconnaître ce qu'il y a de bon et de dynamique chez ses cadets ; il garde un certain sens de l'évolution littéraire et, sans être infidèle à lui-même, il peut se pencher vers l'art de l'avenir. Le parnasse, mais aussi le symbolisme le plus musical sont présents dans *les Chansons des rues et des bois.* Peut-être un pédagogue d'aujourd'hui ne ferait-il pas le même choix que ceux des vieux manuels scolaires, mais il reste beaucoup à prendre et à apprendre. Auprès de certains contemporains, nouveaux hôtes des recueils de poésies enfantines, Victor Hugo trouve toujours sa place.

Le Triomphe de la chose à dire.

En 1867, un poème, *la Voix de Guernesey,* qui sera repris dans *Actes et paroles,* puis dans *les Années funestes,* est à la gloire de Garibaldi : il connaît un succès immense si l'on en juge par ses dix-sept traductions en un mois, mais sait-on que Garibaldi répondit en vers ? Après une édition augmentée des *Châtiments,* 1870, paraît *l'Année terrible,* 1872. Hugo dit : « Nous avons la République, nous aurons la Liberté. » L'ouvrage continue sa guerre contre le responsable de tous les maux, comme dans *Napoléon le Petit* et *les Châtiments.* S'affirme, comme dit Aragon, « le triomphe de la chose à dire ». Tandis que le poète prépare déjà des œuvres qui paraîtront bien plus tard, voici, inspiré par l'actualité immédiate, un nouveau poème de politique et d'histoire, des mémoires de militant, un journal poétique du combattant. C'est la chute du Second Empire, l'avènement de la Troisième République, la marche difficile vers la liberté. Dans les années sombres, le temps des défaites, de l'occupation, de la perte des provinces de l'Est, de la lutte des partis, quel espoir peut apparaître? Ce sont les martyrs et les exilés qui montrent le chemin de la gloire et de la fraternité des peuples. Le recueil commence par la grande comédie du plébiscite, le *satisfecit* pour le passé, le blanc-seing pour l'avenir. Titre du poème : *les 7 500 000 Oui*. Une fois de plus Victor Hugo proteste :

> Nous ne voulons, nous autres,
> Ayant Danton pour père et Hampden pour aïeul,
> Pas plus du tyran *Tous* que du despote *Un Seul*.

Un suaire de neige recouvre la France : ces 7 500 000 flocons que seul le soleil de la liberté peut faire fondre.

Et voilà le poème de *Sedan* qui montre l'homme tragique avec son nom fatal, sa date lugubre. Emporté par la colère et la haine contre Napoléon III, « l'escroc fatal », Victor Hugo laisse sa plume vengeresse courir comme s'il n'en était plus maître. Jamais langage poétique ne sera chargé à ce point d'outrages, d'outrances, de cruauté, de crudités verbales. Hugo rejoint en cela Agrippa d'Aubigné, le seul avec qui la comparaison s'impose. Comme dit Lenient, nul ne sait aussi bien que Hugo « faire d'une litanie une imprécation, et de l'histoire un pilori ». Il lutte à coups de hache, joue du mauvais goût, ce qui ne l'empêche pas dans ses moments de haut lyrisme de toucher à l'art de Dante ou de Milton. Ici encore, les noms, ceux des lieux historiques, ceux des héros des guerres nationales défilent pour étayer l'imprécation :

> Et tous ces chefs de guerre, Héristal, Charlemagne,
> Charles Martel, Turenne, effroi de l'Allemagne,
> Condé, Villars, fameux par un si fier succès,
> Cet Achille, Kléber, ce Scipion, Desaix,
> Napoléon, plus grand que César et Pompée,
> Par la main d'un bandit, rendirent leur épée.

Le miracle est que dès les premiers poèmes, nous nous croyons aux sommets de l'exaltation; or, elle va s'accroître, s'amplifier des courants impérieux de la voix populaire. Hugo est alors non seulement poète national, mais la nation elle-même, blessée, rancunière, chauvine, orgueilleuse, chargée de patriotisme sauvage. C'est l'élan d'une Résistance.

C'est le temps où l'histoire va vite, où s'affrontent les idées avec le plus de violence. Les poèmes portent pour titre les noms des mois fameux qui vont inspirer, soit dit par parenthèse, avant de retrouver des individualités fameuses, nombre de poètes (Victor de Laprade, Joseph Autran, Paul Déroulède, Eugène Manuel, Théodore de Banville, Henri de Bornier, Jules Barbier, François Coppée, Sully Prudhomme, Leconte de Lisle, Émile Bergerat,

Édouard Pailleron, Catulle Mendès, Auguste Lacaussade, André Theuriet, Albert Delpit, Félix Franck, Alphonse Daudet, Louis Gallet, Édouard Grenier, Mme Ackermann, Joséphin Soulary, une foule de poètes bourgeois, ouvriers, soldats, militants, les chansonniers du Siège de Paris et de la Commune, etc.).

L'histoire funeste avec tous ses événements défile sous la plume de Victor Hugo. Le monde entier est contenu dans les poèmes, de l'Union latine à l'Allemagne détestée, et le poète n'oublie pas l'ingratitude américaine ou la montée du socialisme berlinois. On va sans cesse du funeste au lugubre, du terrible au désespérant. Mais Victor Hugo tout empli de l'enthousiasme et de la force populaire apporte son optimisme, sa gaieté même, son rire aux pointes extrêmes du malheur : « Paris terrible et gai combat... » Il salue les femmes de Paris en pensant aux matrones romaines de Juvénal :

> Elles acceptent tout, les femmes de Paris,
> Leur âtre éteint, leurs pieds par le verglas meurtris,
> Au seuil noir des bouchers les attentes nocturnes,
> La neige et l'ouragan vidant leurs froides urnes,
> La famine, l'horreur, le combat, sans rien voir
> Que la grande patrie et que le grand devoir.

Comment ne pas penser aux jours d'une autre occupation? Bien sûr, Hugo se laisse devancer par un optimisme peu clairvoyant : « Paris avant un mois chassera les Prussiens. » Mais devant l'effondrement des preuves, pour paraphraser René Char, le poète va répondre par une salve d'avenir. On retiendra un poème, *Bêtise de la guerre* :

> Ouvrières sans yeux, Pénélope imbécile,
> Berceuse du chaos où le néant oscille.

Et ce sont les jours sombres de la capitulation, le peuple trahi et indigné, la semaine sanglante (21-28 mai) où les Versaillais écrasent la Commune, le temps des proscriptions...

Une question se pose : Victor Hugo reste-t-il toujours à la hauteur de l'événement? L'histoire peut émettre des réserves. Dans cet enfer national, il arrive que la raison du poète s'égare, que son impartialité soudaine le place en retrait. Il dit les torts de Versailles, mais aussi ceux de Paris. Il condamne les massacres d'où qu'ils viennent sous prétexte d'équité. Mais on retiendra l'amour de la patrie, les poèmes de *Septembre* et *Octobre* 1870 : le siège de Paris, les combats acharnés, les poèmes de *Mai* : lutte contre les partisans de la liberté, incendie de Paris comparable à celui de Moscou, acte qui l'indigne, mais dont la faute revient au passé plus qu'au peuple, expulsion du poète qui est chassé de Bruxelles. Les poèmes prennent alors le ton prophétique, biblique, les événements personnels et historiques sont mêlés, tout vers a couleur de symbole. On retiendra que le livre tout entier débouche sur une condamnation du vieux monde croulant, sur une ouverture sans cesse tentée dans l'œuvre entier de Hugo sur la renaissance de la civilisation.

On rapprochera évidemment de *l'Année terrible* une publication posthume, *les Années funestes,* 1898. Là encore, pour une apologie de la république, de la démocratie et du laïcisme, le poète traverse l'histoire, du 2 décembre à la chute du tyran exécré. Et cela face à l'océan :

> J'ai dit à l'Océan : — Salut! veux-tu que j'entre,
> Ô gouffre, en ton mystère, ô lion, dans ton antre?
> J'arrive du milieu des hommes asservis.
> Gouffre, je ne sais plus au juste si je vis;
> J'ai ce cadavre en moi, la conscience humaine;
> Et je sens cette mort immense qui me mène.
> Quoique tuée, elle est vivante encor pour moi.
> Mais ai-je sur la face assez d'ombre et d'effroi
> Pour être justicier, réponds, mer insondable?

Dans *César,* il exprime sa haine du nouveau maître. Dans *Sa Conscience,* il s'en prend aux flagorneurs et profiteurs du régime, dans *les Prêtres des faux dieux* à la France tyrannique, dans *l'Empire atroce* au régime contraignant. C'est le temps de la proscription des citoyens, de l'alliance avec le Pape contre la liberté de l'Italie, de la négation des idéaux humanitaires du siècle. Le sarcasme partout jusqu'à ces *Coups de clairon,* quatrains alertes en vers de cinq pieds, jusqu'à ces poèmes où *le Poète prend la parole,* jusqu'à cette épître terminale *A vous tous* qui clôt le recueil par une élévation, un appel à la confiance que les Français peuvent puiser dans leur riche arbre généalogique.

4

Un Visionnaire cosmique

Le Mur des siècles.

O H ! non. Après une lecture de *la Légende des siècles,* on ne dira pas, sous peine d'aveuglement : « Victor Hugo, hélas ! » Ici, quelles que soient les modifications de nos goûts, nous restons bouleversés par ce « chaos d'êtres montant du gouffre au firmament ». L'élaboration de ce poème qu'on ne peut qualifier qu'en multipliant les géantes épithètes hugoliennes s'étend sur quarante années, la réalisation sur plus de vingt ans. Écrit à Guernesey dans l'exil, à Paris dans la gloire, c'est le grand poème de l'humanité rêvé par Lamartine. A chaque moment de l'œuvre poétique de Hugo, on a vu son imagination s'exalter par l'ombre historique jaillie du passé. Ces deux extraits de sa préface disent l'essentiel du projet, le plus vaste qui ait été tenté dans notre histoire de la poésie française :

Exprimer l'humanité dans une espèce d'œuvre cyclique; la peindre successivement et simultanément sous tous ses aspects, histoire, fable, philosophie, religion, science, lesquels se résument en un seul et immense mouvement d'ascension vers la lumière; faire apparaître dans une sorte de miroir sombre et clair − que l'interruption naturelle des travaux terrestres brisera probablement avant qu'il ait la dimension rêvée par l'auteur − cette grande figure une et multiple, lugubre et rayonnante, fatale et sacrée, l'Homme; voilà de quelle pensée, de quelle ambition, si l'on veut, est sortie *la Légende des siècles.*

L'épanouissement du genre humain de siècle en siècle, l'homme montant des ténèbres à l'idéal, la transfiguration paradisiaque de l'enfer terrestre, l'éclosion lente et suprême de la liberté, droit pour cette vie, responsabilité pour l'autre; une espèce d'hymne religieux à mille strophes, ayant dans ses entrailles une foi profonde et sur son sommet une haute prière; le drame de la création éclairé par le visage du créateur, voilà ce que sera, terminé, ce poème dans son ensemble...

Cette œuvre, un poème, *la Vision d'où est sorti ce livre,* en donne le ton :

> J'eus un rêve : le mur des siècles m'apparut.
> C'était de la chair vive avec du granit brut,
> Une immobilité faite d'inquiétude,
> Un édifice ayant un bruit de multitude,
> Des trous noirs étoilés par de farouches yeux,
> Des évolutions de groupes monstrueux,
> De vastes bas-reliefs, des fresques colossales;
> Parfois le mur s'ouvrait et laissait voir des salles,
> Des antres où siégeaient des heureux, des puissants,
> Des vainqueurs abrutis de crime, ivres d'encens,
> Des intérieurs d'or, de jaspe et de porphyre;
> Et ce mur frissonnait comme un arbre au zéphyre;
> Tous les siècles, le front ceint de tours ou d'épis,
> Étaient là, mornes sphinx sur l'énigme accroupis...

C'est bien « l'épopée humaine, âpre, immense, écroulée » qui se dresse devant nous. Hugo part de l'antiquité mythologique et biblique, passe par l'Orient et les civilisations anciennes, la Grèce, Rome, pour s'arrêter longuement au moyen âge des vaillants preux, du merveilleux, des monstres et de la démesure. Il aborde au xvıe siècle de la domination espagnole et de l'Inquisition. Il saute par-dessus le xvııe siècle, parcourt trop rapidement le xvıııe pour en arriver au *Temps présent* dans des poèmes qui auraient aussi bien pu se situer dans *les Châtiments* ou *les Contemplations.*

Cette *Légende des siècles* ne donne pas un tableau complet de l'histoire : trop de lacunes, trop de parti-pris pour les époques préférées. Il s'agit bien d'une « légende », c'est-à-dire de l'histoire vue au travers de l'imagination populaire — ou de celle du poète. Rien n'est suffisamment développé sauf lorsqu'il s'agit du moyen âge des seigneurs et des rois. Le déroulement n'est pas purement chronologique, surtout lorsqu'un thème requiert Victor Hugo et lui fait embrasser plusieurs époques. Ainsi, *la Comète* de Halley, en 1759, le ramène aux livres anciens de l'humanité et à l'histoire des dieux; ainsi *le Groupe des Idylles* lui fait unir Orphée, Salomon, Archiloque, Aristophane, Asclépiade, Théocrite, Bion, Moschus, Virgile, Catulle à Dante, Pétrarque, Ronsard, Shakespeare, puis Racan, Segrais, Voltaire, Chaulieu, Diderot, Beaumarchais, Chénier, à qui il s'adresse familièrement, consacrant un poème à chacun, décrivant son art et découvrant bien des correspondances; ainsi *Tout le passé et tout l'avenir* sont réunis dans un poème portant ce titre.

Tout est magnifié, conduit vers des dimensions surnaturelles. Le merveilleux s'accompagne de la confiance en l'homme, de l'éblouissement constant. Victor Hugo fait partager ses croyances, accepter ses inventions, envoûte le lecteur qui prend un bain de merveilleux historique et légendaire. Il crée l'illusion de la couleur locale, même par des moyens faciles, mais sa vision ne reste pas plaquée et froide. Il suffit de quelques mots, de courtes expressions pour créer l'illusion, et de cela les parnassiens se souviendront.

Il a su imiter et même dépasser les agrandissements bien connus de la geste médiévale. Dans *le Mariage de Roland,* il donne pour bâton au héros un chêne. Que Charlemagne dans *Aymerillot* se dresse sur ses étriers et toute l'armée frissonne. Qu'apparaisse *le Parricide* et il va sous une pluie de sang.

On ne dira jamais mieux *le Sacre de la femme* avec « la tendresse inexprimable et douce ». Un tableau romantique est offert dans la conscience où entre deux vers, le premier et le dernier :

> Lorsque avec ses enfants vêtus de peaux de bêtes...

> ... L'œil était dans la tombe et regardait Caïn.

le drame ancestral apparaît. Dans *Puissance égale bonté* apparaît l'éblouissement :

> Car Dieu, de l'araignée, avait fait le soleil.

On n'oubliera pas non plus le final de *Booz endormi :*

> Cette faucille d'or dans le champ des étoiles

qui pourra apprendre comment un poème peut être prolongé indéfiniment. Il connaît la puissance des répétitions. Il répète :

> « Ronceveaux! Ronceveaux! ô traître Ganelon! »

comme il répétera « Waterloo ». Veut-il décrire un chevalier, comme dans *le Mariage de Roland,* quelques mots suffiront à nous déplacer dans le temps :

> Il porte le haubert que portait Salomon,
> Son estoc resplendit comme l'œil d'un démon.

Dans *la Rose de l'Infante,* il peint un costume richement ouvragé en s'aidant de mots appropriés :

> Sa basquine est en point de Gênes; sur sa jupe
> Une arabesque, errant dans les plis de satin,
> Suit les mille détours d'un fil d'or florentin.

Sans cesse se retrouve son génie du maniement des mots, la richesse de son vocabulaire. Il est un peintre visionnaire :

> La salle est gigantesque; elle n'a qu'une porte;
> Le mur fuit dans la brume et semble illimité;

En face de la porte, à l'autre extrémité,
Brille, étrange et splendide, une table adossée
Au fond de ce livide et froid rez-de-chaussée;
La salle a pour plafond les charpentes du toit;
Cette table n'attend qu'un convive; on n'y voit
Qu'un fauteuil sous un dais qui pend aux poutres noires;
Les anciens temps ont peint sur le mur leurs histoires.

Si nous nous limitions à citer ces vers, le poète pourrait être accusé de prosaïsme. Or, d'un vers à l'autre, à partir de la description d'une *Salle à manger,* il va dans l'espace clos faire surgir tout le monde de la mythologie et de l'histoire, ajouter le poème *Ce qu'on y voit encore.* Dans *les Trônes d'Orient,* il fait parler dix sphinx. Sans cesse, il nous enivre de mots. Il se dépasse quand il veut retrouver le mythe païen de la Renaissance dans un de ses plus beaux poèmes, *le Satyre* qu'on ne peut sans dommage mutiler comme il est d'usage dans les anthologies. C'est le grand Pan, c'est-à-dire le grand Tout, qui surgit dans cette suite bouleversante. On supplie de le lire entier, on est navré de ne citer que les derniers vers :

Il cria :
        « L'avenir, tel que les cieux le font,
C'est l'élargissement dans l'infini sans fond,
C'est l'esprit pénétrant de toutes parts la chose!
On mutile l'effet en limitant la cause;
Monde, tout le mal vient de la forme des dieux.
On fait du ténébreux avec le radieux;
Pourquoi mettre au-dessus de l'Être, des fantômes?
Les clartés, les éthers, ne sont pas des royaumes.
Place au fourmillement éternel des cieux noirs,
Des cieux bleus, des midis, des aurores, des soirs!
Place à l'atome saint qui brûle ou qui ruisselle!
Place au rayonnement de l'âme universelle!
Un roi c'est de la guerre, un dieu c'est de la nuit.
Liberté, vie et foi, sur le dogme détruit!
Partout une lumière et partout un génie!
Amour! tout s'entendra, tout étant l'harmonie!
L'azur du ciel sera l'apaisement des loups.
Place à Tout! Je suis Pan; Jupiter! à genoux. »

Dans ces immenses suites lyriques qui valent par l'accumulation autant que par le détail, on se surprend à se livrer au vertige des longues périodes, et aussi à isoler un vers :

L'azur du ciel sera l'apaisement des loups

que ne renierait sans doute pas un admirateur de Pierre Reverdy ou de René Char, mais on trouve tout chez Hugo, tout le passé et une grande partie de l'avenir ou tout au moins sa préfiguration. Qui ne connaît les vingt alexandrins d'*Après la bataille,* allant de

Mon père, ce héros au sourire si doux,

à ce vers qui clôt un poème mesuré comme une fable :

« Donne-lui tout de même à boire », dit mon père.

où, comme dit J. Massin, la conduite du général Hugo « inaugure les temps de l'homme nouveau ».

Un des plus beaux poèmes de ce vaste bestiaire que contient la poésie française est *le Crapaud* pour la beauté de ses descriptions plus encore que par sa moralité attendue :

(Oh! pourquoi la souffrance et pourquoi la laideur?
Hélas, le bas-empire est couvert d'Augustules,
Les césars de forfaits, les crapauds de pustules,
Comme le pré de fleurs et le ciel de soleils.)

Les Pauvres gens affirment ce qu'il y a de plus noble chez Hugo : sa considération et sa connaissance de la générosité populaire. Là, nous quittons les grands éclairs romantiques pour rejoindre un réalisme chargé d'émotion. Nous pensons au grand Villon parlant de sa mère. Qu'il existe une référence : le poème de Charles Lafont, *les Enfants de la morte,* n'empêche que certaines œuvres méritent qu'on les répète en les améliorant. Et n'oublions pas encore que *la Légende des siècles* comporte ces titres : *Vingtième siècle* et *Hors des temps.* Il est à souhaiter que nos poètes aient d'aussi larges visions.

Une idéologie ambitieuse lie ces courtes épopées les unes aux autres. Aujourd'hui, après tant d'expériences et de désillusions, ces grandes idées peuvent nous sembler naïves et désuètes, cette philosophie sommaire. Il nous manque cette foi en l'humanité sortie du proche XVIIIe siècle. Nos ambitions se sont déplacées. Mais comment ne pas admirer le monument grandiose élevé à l'éternelle marche de l'homme? Le tableau est-il incohérent, incomplet? Oui, mais Hugo a su réunir les éléments d'une synthèse que le lecteur peut construire intérieurement. Érudit, le poète l'est en poète, et cela le distingue de tant de poètes didactiques ne faisant que versifier le savoir.

Jamais on n'avait édifié un aussi riche et vaste palais d'images. Le poète le doit à sa vision ésotérique des choses, à son goût des tables tournantes ou des taches d'encre fertilisant son imagination, à son sens de l'invention, à son énergie créatrice incessante, au spectacle mouvant de la mer, à ce recul dans l'île face au continent bouleversé. Désire-t-on de la virtuosité? elle n'est jamais gratuite; de la science prosodique? la syntaxe et l'art des vers offrent de tels bouleversements que la langue semble se modifier à la volonté du créateur; de l'abondance? on ne cesse d'être étonné par ces montagnes et ces paquets de mer. Hugo peut unir la passion, la profondeur, la puissance à l'humour, à la drôlerie, au baroquisme. Il utilise sans cesse en se jouant toutes les ressources du poème et de la langue. Il sait être intelligent et « en intelligence » avec les choses, avec l'espace et le temps. On oublie, dès lors, ce qui nous paraît trop daté ou trop scolaire pour retenir les hauts moments du génie poétique.

Victor Hugo, dans *la Légende des siècles* comme en bien d'autres endroits, joue comme Jupiter avec le tonnerre, et peut aussi bien faire naître un ciel serein : n'est-il pas le maître des éléments! Architecte, peintre, musicien, il est un démiurge du verbe auquel il faut l'univers pour orchestre. Les siècles parlent par. sa voix.

Dès les deux tomes de 1859, toutes les merveilles sont réunies. Ce qu'il ajoutera, bien que méritant des titres à la considération, ne dépasse pas les premiers poèmes. Moins de vers heureux, de formules qui habitent la mémoire. Plus de dépouillement en maints endroits cependant et un ton bouleversant :

> Je ne me sentais plus vivant; je me retrouve,
> Je marche, je revois le but sacré. J'éprouve
> Le vertige divin, joyeux, épouvanté,
> Des doutes convergeant tous vers la vérité;
> Pourtant je hais le dogme, un dogme c'est un cloître.
> Je sens le sombre amour des précipices croître
> Dans mon sauvage cœur, saignant, blessé, banni,
> Calme, et de plus en plus épars dans l'infini.
> Si j'abaisse les yeux, si je regarde l'ombre,
> Je sens en moi, devant les supplices sans nombre,
> Les bourreaux, les tyrans, grandir à chaque pas
> Une indignation qui ne m'endurcit pas,
> Car s'indigner de tout, c'est tout aimer en somme,
> Et tout le genre humain est l'abîme de l'homme.

Ces vers sont de 1883 ou 1875. Ils peuvent dans le recueil être suivis d'un poème de 1854 sans qu'on trouve une rupture :

> Écoute; — nous vivrons, nous saignerons, nous sommes
> Faits pour souffrir parmi les femmes et les hommes;
> Et nous apercevrons devant nos yeux, vois-tu,
> Comme des monts, travail, honneur, devoir, vertu,
> Et nous gravirons l'une après l'autre ces cimes...

Comme dans ses poèmes médiévaux, il ne cesse de s'en prendre aux rois et aux tyrans, accommodant en musique des noms propres comme il sait unir des flots de verbes ou d'épithètes :

> Pisistrate, Manfred, Hippias, Foulques-Nerre,
> Hatto du Rhin, Jean deux, le pire des dauphins,
> Macrin, Vitellius, ont fait de sombres fins;

Rois, ce ne sont point là des choses que j'invente;
C'est de l'histoire...

Un poème d'un millier de vers, *les Quatre jours d'Elciis,* fait reparaître ce moyen âge violent dans le goût du xixᵉ siècle où les preux chevaliers, les hommes de justice, se détachent lumineux sur un fond noir.

On n'en finirait pas de commenter cette masse immense, tout en sachant bien que rien ne vaut la lecture elle-même. Il manquait à la poésie française un tel ensemble, une telle *Bible de l'Humanité* pour reprendre le titre inspirateur de Michelet. Des déceptions, des temps morts, certes, mais quel immense poème n'en contient pas? Mentionnons ici la réserve faite par Gaston Deschamps : « Malheureusement, il y a déjà, dans *la Légende des siècles,* des vers, des strophes, des pages, qui ressemblent à du faux Victor Hugo, et qui paraissent sortir de l'atelier poétique d'Auguste Vacquerie. » Cette impression peut être renforcée par les étranges comptes rendus des tables tournantes où les esprits dictent indéfiniment des vers hugoliens même quand le maître n'est pas à la table.

Tout cela n'empêche pas que *la Légende des siècles* soit le recueil le plus riche et le plus scintillant de l'époque, le plus chargé d'éclairs poétiques, le plus immédiatement étonnant et fascinant, mais qui sait si *les Contemplations* ne touchent pas, aujourd'hui, plus profondément notre sensibilité?

Les Deux enfances.

Dans maintes scènes des *Misérables* se manifeste la compréhension de l'enfance chère à Victor Hugo; on la retrouve dans *l'Art d'être grand-père,* 1877. Certains poèmes sont proches des *Chansons des rues et des bois* tandis que d'autres auraient pu se situer dans *la Légende des siècles.* Il en est ainsi pour *l'Exilé satisfait, Encore Dieu mais avec des restrictions* ou *Encore l'Immaculée Conception* dictés par l'anticléricalisme.

Dès les premières œuvres, le « grand-père enfant » se penche avec tendresse sur *George et Jeanne* :

Moi qu'un petit enfant rend tout à fait stupide,
J'en ai deux; George et Jeanne; et je prends l'un pour guide
Et l'autre pour lumière, et j'accours à leur voix,
Vu que George a deux ans et que Jeanne a dix mois.

Univers mièvre, banal, celui des photographies de famille surannées? Le lecteur sera surpris : par-delà l'enfance d'âge, on perçoit une enfance de cœur, un sentiment d'enfance qui peut sauvegarder l'homme jusque dans son grand âge; par-delà les images douces, on trouve une force attentive, un appel à la ténacité face à l'existence qui s'ouvre; par-delà la pédagogie, on découvre un homme qui montre le monde en psychologue et sait s'étonner lui-même de l'inconnu soudain grand ouvert devant l'être :

> Jeanne parle; elle dit des choses qu'elle ignore;
> Elle envoie à la mer qui gronde, au bois sonore,
> A la nuée, aux fleurs, aux nids, au firmament,
> A l'infime nature un doux gazouillement,
> Tout un discours, profond peut-être, qu'elle achève
> Par un sourire où flotte une âme, où tremble un rêve,
> Murmure indistinct, vague, obscur, confus, brouillé.
> Dieu, le bon vieux grand-père, écoute émerveillé.

Cette enfance qui lui apporte beaucoup, Victor Hugo sait lui répondre. Il désigne et nomme les arbres et les plantes, les animaux et les oiseaux. Il peint le Printemps en tableaux familiers. Il jette des croquis rapides, heurtés, comme dans Fenêtres ouvertes :

> J'entends des voix. Lueurs à travers ma paupière,
> Une cloche est en branle à l'église Saint-Pierre.
> Cris des baigneurs. Plus près! plus loin! non, par ici!
> Non, par là! Les oiseaux gazouillent. Jeanne aussi.
> George l'appelle. Chant des coqs. Une truelle
> Racle un toit. Des chevaux passent dans la ruelle.
> Grincement d'une faux qui coupe le gazon.
> Chocs. Rumeurs. Des couvreurs marchent sur la maison.
> Bruits du port. Sifflement des machines chauffées.
> Musique militaire arrivant par bouffées.
> Brouhaha sur le quai. Voix françaises. Merci.
> Bonjour. Adieu. Sans doute il est tard, car voici
> Que vient tout près de moi chanter mon rouge-gorge.
> Vacarme des marteaux lointains dans une forge.
> L'eau clapote. On entend haleter un steamer.
> Une mouche entre. Souffle immense de la mer.

De telles curiosités abondent. Ailleurs, il regarde Jeanne endormie ou décrit les Choses du soir en glissant un refrain entre chaque quatrain :

> Je ne sais plus quand, je ne sais plus où,
> Maître Yvon soufflait dans son biniou.

Il semble imiter Delille en ajoutant un soupçon de Régnier pour faire le Poème du Jardin des Plantes où défilent animaux réels et bestiaires littéraires :

> Les bêtes, cela parle; et Dupont de Nemours
> Les comprend, chants et cris, gaîté, colère, amours.

Il met en vers, en chansons, de menus incidents, il dit *Grand âge et bas âge mêlés* ou *les Griffonnages de l'écolier*. Faut-il dire un conte aux enfants? Il le fait en vers et c'est *l'Épopée du lion*. Il fait dialoguer deux enfants de cinq et six ans devant les bêtes, jouant de l'alexandrin pour y inclure un festival de mots enfantins. *L'Art d'être grand-père* est riche en curiosités et on a tort de reléguer ce recueil au second plan. Il fait la liaison entre l'enfance de l'homme et son âge mûr, il accomplit le mariage du passé et de l'avenir, il a confiance : auprès de sa compréhension de l'âme enfantine, il sème les mots grandioses qui peuvent assurer le triomphe du bien. Livre ouvert, livre d'espoir jamais bêtifiant. Tours familiers ou poésie plus ambitieuse, habiletés exagérées ou grands moments de liberté, Victor Hugo, dans cet *Art d'être grand-père* décourage la critique : il est sincère, on ne peut plus sincère, et ce recueil jette un éclairage profond sur d'autres œuvres. On ne le saurait oublier.

La Tétralogie philosophique.

A chaque moment de sa vie, Hugo semble soucieux de répondre à une attente du public. On le voit encore avec quatre livres témoignant de sa pitié profonde pour la misère des hommes, de sa religion personnelle oscillant entre déisme et panthéisme. Ce sont : *le Pape,* 1878, *la Pitié suprême,* 1879, *Religions et religion, l'Ane,* 1880, qui seront regroupés en 1883.

Le Pape : sa publication correspond à l'avènement de Léon XIII successeur de Pie IX « l'infaillible ». Jules Jouy considéra le poème comme « une arme terrible au service de la libre pensée », Henri Guillemin en fait un scénario « sommaire et agressif ». *La Pitié suprême :* le but du poème est d'aider à l'amnistie des condamnés de la Commune. *Religions et religion :* c'est la poursuite d'une lutte sur deux fronts, contre l'athéisme et contre le cléricalisme. Il en est de même pour *l'Ane* contre lequel Zola s'est insurgé : « Comment! nous luttons, nous travaillons, nous avons conquis la méthode et nous avançons à pas de géants dans toutes les connaissances! Et c'est justement l'heure que cet homme choisit pour lâcher son âne et lui faire insulter la science. » Pour Zola, Hugo est un homme des anciens âges « parfaitement perdu dans notre siècle de science ». Le propos du poète a été mal compris : il s'insurge en fait contre les maîtres, contre une science qui écrase les faibles, contre le discours scientifique et sa tour de Babel. Il y a un regard d'avenir où, comme écrit Annie Ubersfeld, « le peuple sera le maître de la pensée, de la parole-écriture ».

Dans *le Pape,* il faut lire des passages comme *En voyant un petit enfant* :

> Nous nous croyons le droit d'être altiers, durs, grondeurs,
> Et lui qui ne se sait aucun droit sur la terre
> Les a tous. Sa fraîcheur pure nous désaltère :
> Il calme notre fièvre, il desserre nos nœuds,
> Il arrive des lieux obscurs et lumineux,
> Des gouffres bleus, du fond des divins empyrées ;
> Ses beaux yeux sont noyés de lueurs azurées.
> S'il parlait, des soleils il nous dirait les noms.

Et, comme par contraste avec ceux qui sont « la joie'errante parmi nous », cette colère généreuse : *En voyant passer les brebis tondues* :

> S'il est des anges noirs volant dans ces ténèbres,
> Je les implore ! Ô vents, grâce ! ô plafonds funèbres,
> Ayez pitié ! l'on souffre. Ah ! que d'infortunés !
> Qui donc s'acharne ainsi sur les pauvres ? Donnez
> D'autres ordres, esprits de l'ombre, à la tempête !
> Dans l'échevèlement sauvage du prophète
> Le vent peut se jouer ; car le prophète est fort ;
> Mais soufflant sur le faible en pleurs, le ciel a tort.

« Où sont donc ces bergers qu'on appelle les prêtres ? » s'écrie Hugo. Dans *la Pitié suprême,* le poème de *Jean Huss* est bien celui de la pitié jaillissant au cœur de l'horreur et du supplice. Là encore, il faut tout lire, se livrer à la fascination de flots de verbes et d'épithètes, de grossissements et d'éloquence, avec parfois les merveilles inattendues. Son tueur, son bourreau

> Difforme sous le faix de l'horreur éternelle,
> Ayant le flamboiement des bûchers pour prunelle,

est bien un fascinant, un maudit :

> Sous l'œil, haineux du peuple il remuait la braise,
> Abject, las, réprouvé, blasphémé, blasphémant ;
> Et Jean Huss, par le feu léché lugubrement,
> Leva les yeux au ciel et murmura : Pauvre homme !...

Quatre Livres engagés, philosophiques, prophétiques, à la coulée rapide. L'utilisation du fonds rhétorique donne naissance à un ensemble chaotique, tintamarresque, stupéfiant qui n'évite pas les pièges de la phraséologie tout en permettant des réussites baroques ou cocasses. C'est le vertige des sommets, du sur-Hugo, à coup sûr une leçon de grammaire et de style, le maniement de toutes les gammes. On construit sur un appareil cyclopéen un édifice si haut que sa fragilité apparaît. Abus de mots, marivaudage de monstres, Hugo étonne et montre les défauts de la cuirasse : la philosophie réduite n'est pas à la mesure du langage déployé; la vue du monde partagé entre le Mal et le Bien reste sommaire, manque de nuances. L'ami des mots, des phrases aux couleurs crues, l'amateur des grands chocs de langage restera médusé par les facultés intactes de l'homme vieillissant, du colosse qui ne renonce pas à s'identifier à son temps face à de nouvelles orientations. Le poème est envahi de toutes parts : morale, philosophie, didactisme, désir de prouver, éloquence, pièges à poésie qui semblent par instant le faire chanceler. On ne conseillerait pas d'aborder Hugo par ces poèmes qu'on ne peut recevoir que dans le contexte de ses œuvres précédentes. *Les Contemplations* sont supérieures, disent davantage, mais les poèmes de cette tétralogie montrent ce que peut être le poète possédé par les mots, en proie à un délire verbal qu'on ne trouvera plus, qu'on n'osera plus tenter. Jusqu'où Hugo peut-il aller trop loin? Dans le siècle finissant, la question peut se poser.

Le Quadrige.

Un autre témoignage de la gigantesque puissance créatrice du vieillard vient avec *les Quatre vents de l'esprit*, 1881. La diversité hugolienne se répand en quatre livres : satirique, dramatique, lyrique, épique. Le premier :

> La satire à présent, chant où se mêle un cri,
> Bouche de fer d'où sort un sanglot attendri...

Cette satire pour Hugo est l'occasion d'attaquer les sorbonnagres comme « le petit Andrieux, à face de grenouille » qui, empruntant ses fausses dents à Boileau, mordait Shakespeare et ses œuvres, d'attaquer les réactionnaires comme Joseph de Maistre, de projeter ses foudres exclamatives. Auprès de la grande phrase satirique proche de Mathurin Régnier, le poète extravague, va du sourire ou du rire à la colère vengeresse, du chant familier à la mise en cause d'une partie de la société. Il appelle un chat un chat, use de la faconde, change souvent de genre et de ton. Qu'il s'en prenne au bourgeois *(le Soutien des Empires)*, à l'insulteur des vaillants et des justes *(Anima Vilis)*, aux amis du passé *(Littérature)*, à ses propres ennemis *(le Bout de l'oreille)*, aux tueurs *(l'Échafaud)*, qu'il écrive *Sur un portrait de sainte* ou *Après une visite au bagne*, qu'il décrive *les Bonzes* ou *les Prêtres*, *les Idolatries et philosophies*, c'est toujours avec la même flamme communicative, comme si cette force ne devait jamais s'émousser. Çà et là, un poème curieux affirme son originalité. Ainsi ces *Voix dans le grenier* où il imagine une conversation entre l'habit râpé, la chaise dépaillée, le poêle froid, le verre plein d'eau, la soucoupe pleine de poussière, l'écuelle de bois, le carreau cassé et une dizaine d'autres dont le ciel bleu qui a le dernier mot. Les objets inanimés se mettent à trouver une âme dans un jeu burlesque tenant de la fatrasie et du coq-à-l'âne.

Il ne répugne pas au prosaïsme s'il le juge efficace. Dans une époque encore obscurantiste, il jette une pédagogie réformatrice en vers. Ainsi dans *Écrit après la visite d'un bagne :*

> Chaque enfant qu'on enseigne est un homme qu'on gagne.
> Quatre-vingt-dix voleurs sur cent qui sont au bagne
> Ne sont jamais allés à l'école une fois,
> Et ne savent pas lire, et signent d'une croix.
> C'est dans cette ombre-là qu'ils ont trouvé le crime.
> L'ignorance est la nuit qui commence l'abîme.
> Où rampe la raison, l'honnêteté périt.
> Dieu, le premier auteur de ce qu'on écrit,
> A mis, sur cette terre où les hommes sont ivres,
> Les ailes des esprits dans les pages des livres.

Cette suite gnomique, moralisatrice peut faire sourire aujourd'hui. Il faut bien lire Hugo dans son temps. Lisons encore dans ces *Quatre vents de l'esprit :*

> Un hymne harmonieux sort des feuilles du tremble;
> Les voyageurs craintifs, qui vont la nuit ensemble,
> Haussent la voix dans l'ombre où l'on doit se hâter.
>   Laissez tout ce qui tremble
>   Chanter!

Ou bien ce poème *A ma fille Adèle,* celle dont le destin fut si tragique :

> Tout enfant, tu dormais près de moi, rose et fraîche
> Comme un petit Jésus accroupi dans la crèche;
> Ton pur sommeil était si calme et si charmant
> Que tu n'entendais pas l'oiseau chanter dans l'ombre;
> Moi, pensif, j'aspirais toute la douceur sombre
>   Du mystérieux firmament.

Les deux poèmes du livre dramatique, *Margarita* et *Esca,* « les deux trouvailles de Gallus » introduisent à une double idylle. Satan a pris l'apparence du duc Gallus pour courtiser ou désespérer des bergères. Esca, selon Paul de Saint-Victor, est une « Ève de Watteau tentée par un Satan rococo ». Hugo s'est donné là une sorte de divertissement en forme de drame romantique qui n'est pas du plus haut intérêt. Le livre lyrique lui sied mieux, car apparaît un « je » vif et direct. Hugo se livre, lutte contre les calomnies, fait l'éloge de la vie à la campagne, montre que l'exil peut être la fidélité à la patrie. Si rien ne surprend vraiment, si l'on pense que maints poèmes ne sont que des surgeons, on a plaisir à faire avec Hugo de nouvelles *Promenades,* comme il intitule quatre poèmes surtout quand on retrouve ses fortes images et ses regards vers ses propres abîmes et ceux de l'univers. Le livre épique, celui des *Statues* et des *Cariatides* montre la rencontre des statues de Louis XIII et Louis XIV, accompagnées de Richelieu, avec Louis XVI qui leur apprend qu'ils ont construit l'échafaud sur lequel il devait mourir.

Auprès de vers didactiques, des musiques font contraste :

> La mer donne l'écume et la terre le sable.
> L'or se mêle à l'argent dans les plis du flot vert.
> J'entends le bruit que fait l'éther infranchissable,
> Bruit immense et lointain, de silence couvert.
>
> Un enfant chante auprès de la mer qui murmure.
> Rien n'est grand, ni petit. Vous avez mis, mon Dieu,
> Sur la création et sur la créature
> Les mêmes astres d'or et le même ciel bleu.

Au fil de cette *Promenade,* Hugo spectateur et contemplateur, chef d'orchestre de la nature, laisse apparaître ce qu'il y a de meilleur, de plus élevé dans le romantisme.

Dans *les Quatre vents de l'esprit,* œuvre dont l'unité n'est guère profonde, on rencontre de nouveau l'image de Victor Hugo mage et prophète de la démocratie, exaltant la liberté totale de l'esprit qui, comme dit *la Bible,* souffle où il veut, et se déclarant lié par sa mission humaine et poétique au destin de la France.

Les Grands poèmes posthumes.

A sa mort, Victor Hugo laisse une masse poétique souvent difficilement classable où se trouvent des richesses étonnantes, et sans doute ses plus purs joyaux. Auprès de *Poèmes de jeunesse,* de *Nouveaux Châtiments,* d'*Années funestes,* de recueils factices comme *Toute la lyre, Dernière gerbe, Océan, Tas de pierres,* venus au fil des années pour nous rappeler que le poète Hugo est inépuisable en vers comme en prose, on trouve deux œuvres essentielles : *la Fin de Satan, Dieu,* dont la publication fut longtemps différée et sur lesquelles nous nous arrêterons, bien conscient, comme tout au long de ces pages, de naviguer sur un océan avec un bien frêle esquif.

Robert Kanters écrit : « La masse énorme des écrits posthumes est venue rééquilibrer la figure de Victor Hugo, redonner aux problèmes mystiques, cosmologiques, eschatologiques la place qu'ils occupaient dans l'esprit du penseur. » On ne saurait mieux dire. Nous ne sommes pas si éloignés avec *la Fin de Satan* et *Dieu* des *Fleurs du mal*. On a même affirmé que ce dernier poème se plaçant entre les deux autres pourrait donner une sorte de *Divine Comédie* moderne. Comme Hugo, Baudelaire a écouté la bouche d'ombre, même si Satan ne lui a pas donné les mêmes réponses.

Il est difficile de reconstituer le plan de *la Fin de Satan*, 1886, suite inachevée de poèmes épiques et lyriques que compléteront des ajouts dans de nouvelles éditions. Une comparaison avec *la Légende des siècles* montre qu'au contraire de ce dernier livre composé de petites épopées, nous trouvons une œuvre religieuse épique, vaste narration qui nous fait assister au rachat de Satan et à son pardon. Dès lors apparaît un plan de conversion du mal au bien, de transformation des ténèbres en lumière. Le thème n'est pas nouveau dans la littérature : on le trouve au moyen âge; au XIXᵉ siècle, il inspire Vigny dans *Éloa,* Alexandre Soumet dans *la Divine Épopée* sans oublier des auteurs aussi divers que Proudhon et Enfantin, Éliphas Levi, Esquiros et George Sand, laquelle put comprendre le projet de Hugo : « C'est la prédiction du progrès indéfini, l'accomplissement du temps, le règne du bien vainqueur du mal par la douceur et la pitié; c'est la porte de l'enfer arrachée de ses gonds, et les condamnés rendus à l'espérance, les aveugles à la lumière; c'est la loi du sang et la peine du talion abolies par la notion du véritable Évangile; c'est en même temps les prisons de l'Inquisition rasées et semées de sel, ce sont les chaînes, les carcans et les chevalets à jamais réduits en poussière; c'est l'échafaud politique renversé, la peine de mort abolie; c'est la révolte de Satan apaisée, le jour où finira son inexorable et inique supplice. » Nous retrouvons l'univers des *Misérables* à un niveau prométhéen et celui du roman noir avec ses terrifiantes créatures.

Biblique, évangélique, prophétique, l'ouvrage nous entraîne comme le veut un titre général *Hors de la terre,* titre qui est aussi celui du prologue, cette vision hallucinante du châtiment de Lucifer, la chute, dont on retient les vastes descriptions :

Le soleil était là qui mourait dans l'abîme.

L'astre, au fond du brouillard, sans air qui le ranime,
Se refroidissait, morne et lentement détruit.
On voyait sa rondeur sinistre dans la nuit;
Et l'on voyait décroître, en ce silence sombre,
Ses ulcères de feu sous une lèpre d'ombre.
Charbon d'un monde éteint! flambeau soufflé par Dieu!
Ses crevasses montraient encore un peu de feu,

Comme si par les trous du crâne on eût vu l'âme.
Au centre palpitait et rampait une flamme
Qui par instants léchait les bords extérieurs,
Et de chaque cratère il sortait des lueurs
Qui frissonnaient ainsi que de flamboyants glaives,
Et s'évanouissaient sans bruit comme des rêves.
L'astre était presque noir. L'archange était si las
Qu'il n'avait plus de voix et plus de souffle, hélas!
Et l'astre agonisait sous ses regards farouches.
Il mourait, il luttait. Avec ses sombres bouches
Dans l'obscurité froide il lançait par moments
Des flots ardents, des blocs rougis, des monts fumants,
Des rocs tout écumants de sa clarté première;
Comme si ce géant de vie et de lumière,
Englouti par la brume où tout s'évanouit,
N'eût pas voulu mourir sans insulter la nuit
Et sans cracher sa lave à la face de l'ombre.
Autour de lui le temps et l'espace et le nombre
Et la forme et le bruit expiraient, en créant
L'unité formidable et noire du néant.
Le spectre Rien levait sa tête hors du gouffre.

Un second préambule, *la Première page,* nous introduit au
Déluge :

Et le silence emplit la lugubre étendue.
La terre, sphère d'eau dans le ciel suspendue,
Sans cri, sans mouvement, sans voix, sans jour, sans bruit,
N'était plus qu'une larme immense dans la nuit.

Dans *le Glaive,* c'est la cruauté des tyrans qui est symbolisée.
Encore des visions dantesques, ou plus simplement hugoliennes :

Et l'esquif monstrueux se ruait dans l'espace.
Les noirs oiseaux volaient, ouvrant leur bec rapace.
Les invisibles yeux qui sont dans l'ombre épars
Et dans le vague azur s'ouvrent de toutes parts,
Stupéfaits, regardaient la sinistre figure
De ces brigands ailés à l'énorme envergure;
Et le char vision, tout baigné de vapeur,
Montait; les quatre vents n'osaient souffler, de peur
De voir se hérisser le poitrail des quatre aigles.

Plus, sans frein, sans repos, sans relâche et sans règles,
Les aigles s'élançaient vers les lambeaux hideux,
Plus le but reculant montait au-dessus d'eux;
Et, criant comme un bœuf qui réclame l'étable,
Les grands oiseaux, traînant la cage redoutable,
Le poursuivaient toujours sans l'atteindre jamais.

Le deuxième Livre est *le Gibet,* transposition épique de la vie de
Jésus-Christ, nouvelle *Légende des siècles.* Mais bientôt *Satan dans*

la nuit jettera sa rage et ses cris infernaux. Si le poème est inachevé, si son plan prête à bien des conjectures, le dessein reste visible : le triomphe de la liberté est la fin du Mal. Nous avons là une réelle épopée philosophique au souffle puissant, inépuisable, avec ses visions apocalyptiques et ses pages de lumière. Nous sommes proches des meilleurs passages des *Contemplations,* et devant une œuvre qui soutient la comparaison avec les plus grands poèmes de l'humanité. Nous nous rattachons avec ce poème comme avec *Dieu* à un climat de surréalité qui est celui de la poésie moderne. On ne peut plus isoler Hugo de cette dernière comme on l'a fait trop longtemps. S'il ne crée pas un nouveau langage nous trouvons toutes les conditions prêtes pour cela.

Le crime de Caïn, pour le poète, s'est fait avec l'aide de trois instruments : un clou, un bâton, une pierre, qui lui fournissent un triple symbole : le glaive de Nemrod le révolté, le gibet (la croix de Jésus), les pierres de la prison (la Bastille). Cela ne va pas sans quelque incohérence : Satan obtenant son rachat en acceptant que sa fille Liberté arme les Français peut aujourd'hui nous sembler curieux. Un sous-titre, *Hors de la terre,* ajoute une signification mystérieuse aux diverses parties.

Le début, épique, est composé d'énormes blocs cyclopéens : *Et nox factor est, Nemrod, Satan dans la nuit.* La chute de Satan, l'ascension de l'Arche enlevée par les aigles, Satan implorant la miséricorde divine sont des morceaux étonnants, haussant la poésie française à des niveaux jusqu'alors inconnus. Le second panneau donne une paraphrase du *Nouveau Testament* d'une profondeur pathétique nouvelle, étrange évangile selon Hugo, vie de Jésus en immenses poèmes : *la Judée, Jésus-Christ, le Crucifix.* Les théologiens pourront apporter leurs savantes critiques : elles ne tiennent pas devant le génie du visionnaire, la splendeur extatique mêlée de suavité évangélique, de douceur, de pitié.

On ne peut oublier *Barrabas, Deux différentes manières d'aimer, Celui qui est, Ténèbres, Satyre.* Parmi les fissures de ces immenses blocs, on trouve aussi des fleurs, comme dans *le Cantique de Bethphagé* :

> Elle dormait, sa tête appuyée à son bras ;
> Ne la réveillez pas avant qu'elle le veuille ;
> Par les fleurs, par le daim qui tremble sous la feuille,
> Par les astres du ciel, ne la réveillez pas !

Mais citation ici est mutilation. On préfère renvoyer au texte de toute urgence celui qui ne connaîtrait pas cette *Fin de Satan,* qui ne connaîtrait pas *Dieu.* Georges-Emmanuel Clancier a bien exprimé, parlant de *Ce que dit la bouche d'ombre,* poème si proche de ceux-là, la vision totale du poète : « Il convient bien d'employer ici le mot " vision ", car le poète voit et nous donne à voir ces architectures fantastiques de ténèbres et de lueurs, aussi extraordinaires mais aussi évidentes que celles qui s'élèvent du fond des rêves, et l'idée est ici composée d'images qui parviennent à rendre palpable l'abstraction, à capter le néant dans les métaphores, à nous hisser jusqu'au bout du " promontoire du songe ". »

Dieu, 1891, a été longtemps un poème ignoré alors qu'il s'agit d'une œuvre ambitieuse, complément de *la Légende des siècles* et de *la Fin de Satan,* cet ensemble reflétant l'Être sous sa triple face : l'Humanité, le Mal, l'Infini ou le progressif, le relatif, l'absolu. *Dieu* contient toutes les réponses à l'éternelle question : qu'est-ce que Dieu? C'est une *Légende des religions* répondant· à celle des siècles. Un prodige de poésie, contenant des absurdités et des boursouflures, avec sa philosophie déraisonnante de poète qui fait grincer les dents des amateurs de bonne logique, mais dont l'analyse ne peut parvenir à détruire la marche conquérante, les percées philosophiques nées du lyrisme même et détruisant toutes les preuves rationnelles. La musique, la syntaxe plus riche que jamais, le vocabulaire sonore font s'établir les droits de la géniale déraison-démesure. Qu'importent les libertés face à l'histoire, à la mythologie, à la religion, aux codifications des encyclopédies, aux noms propres mêmes! Victor Hugo se donne parfois le luxe de la feinte ignorance pour nous entraîner vers de neuves vérités. Il n'est pas si courant que l'homme, le poète, dialogue avec l'esprit humain, les voix du ciel, les fantômes du passé et les êtres vrais de l'histoire ou des symboles pour tenter de résoudre le problème de la création et de la destinée.

Certes, Victor Hugo est aidé par ses lectures. Le saint-simonisme, la Kabbale, les tables tournantes lui ont ouvert des portes, et il en naît quelque chose de baroque, de composite, quelle imagerie! C'est parfois naïf, c'est toujours prodigieux. Il faut parcourir ces trois parties : *Ascension dans les Ténèbres, Dieu,* l'ébauche de *Jour,* s'arrêter à l'éblouissement de longues périodes dignes des plus grandes œuvres de l'humanité, Lucrèce ou Dante. Du cirque de Gavarni que creusa la goutte d'eau primitive à la bacchanale des créatures vraies ou fabuleuses qui sillonnent *le Vautour* (avec son étonnante prosopopée de la Nature) se déploie ce que nous avons fait de plus haut en poésie. C'est bien, comme dit Bernard Gros, « le Visionnaire de Guernesey » qui vient nous surprendre par son expérience inouïe. Et rappelons Léon Cellier : « Ce poème, obstinément méconnu, est la seule réplique digne d'admiration donnée par un poète français à *la Divine Comédie*. »

Sur une trame théologique, Hugo a brodé de vastes visions d'histoire élevée à l'épopée avec un merveilleux féerique et fantastique, des articulations tragiques d'une force étonnante, mais imaginerait-on la recherche de Dieu autrement que dans cet univers surnaturel? Il faut admirer les correspondances symboliques, notamment dans la deuxième partie, *Dieu,* où les oiseaux élevés au symbole deviennent des porte-parole. *La Chauve-souris* est l'athéisme, *le Hibou* le scepticisme, *le Corbeau* le manichéisme, *le Vautour* le paganisme, *l'Aigle* le mosaïsme, *le Griffon* le christianisme :

> Quand les bourreaux dressaient la croix, j'étais dessus;
> J'ai frissonné sur l'arbre où l'on cloua Jésus;
> J'ai vu cette agonie immense et solennelle;
> Marc a pris pour l'écrire une plume à mon aile;
> J'ai regardé Jésus saigner et s'assoupir;
> Je sais tout; je suis plein de son dernier soupir.
> Je sème sa parole au souffle de la bise.
> . . . .
> Devant les actions de l'homme infortuné
> Souvent la pureté des firmaments s'indigne;
> Souvent l'astre aux yeux d'aigle et l'ange au vol de cygne
> S'étonnent de cette ombre et de cette noirceur;
> Dieu, voyant l'homme fourbe, implacable, oppresseur,
> Est triste; et quand, sortant de la nuit, la Colère
> Apparaît, face sombre et que la foudre éclaire,
> Rappelant au Seigneur ce que l'homme lui doit,
> Prête à maudire, il met sur cette bouche un doigt.
> Ce doigt mystérieux et doux, c'est la clémence.

Comme *la Lumière* sera « ce qui n'a pas encore de nom », *l'Ange* exprime le rationalisme :

> L'homme,
> Titan du relatif et nain de l'absolu,
> Se croit astre et se voit de clarté chevelu;
> Homme, l'orgueil t'enivre, et c'est un vin de l'ombre.
> Redescends! redescends! Tout à l'heure, âpre et sombre,
> L'aigle en rudoyant l'homme avait raison souvent.
> Parce que je t'ai dit, moi : c'est bien! en avant!
> Ne t'en va pas cogner les soleils, larve noire!
> Épargne à l'infini l'assaut de l'infusoire!
>
> Voyons, qu'es-tu? peux-tu toi-même t'affirmer?
> A quoi te résous-tu? douter? haïr? aimer?
> Que crois-tu? Que sais-tu? Tu n'as dans ta science
> Pas même un parti pris d'ombre ou de confiance,
> Tu sais au hasard. Lois que ton œil calcula,
> Faits, chiffres, procédés, classements, tout cela
> Contient-il Dieu? réponds. Ta science est l'ânesse

Qui va, portant sa charge au moulin de Gonesse,
Sans savoir, en marchant front bas et l'œil troublé,
Si c'est un sac de cendre ou bien un sac de blé.

Ne craignons pas de le répéter : il faut lire *la Fin de Satan* et *Dieu*
en entier car la citation ne saurait rendre la marche et la progression de ces grands poèmes.

La Reconnaissance.

La situation de Victor Hugo auprès du vaste public français reste
la plus étrange qui soit. Parce qu'il est le plus célèbre, il est le plus
méconnu. Parce que de grands poètes le suivent, on est tenté de
l'éliminer à leur profit sans se douter qu'ils lui sont tous plus ou
moins redevables, ne serait-ce que d'un sens nouveau, visionnaire
et magique, de la poésie. Parce que l'œuvre est immense, on n'ose
y pénétrer. Parce qu'il s'oppose à une vue cartésienne du monde,
on le repousse. Parce que la scolarité a choisi le plus facile, on s'en
fait une image vague et vieille, la plus fausse qui soit. Or, la poésie
de Victor Hugo, et pas seulement sa poésie, est la seule réponse.
Au moins faut-il qu'on l'entende et qu'on ne s'en tienne pas quitte
avec quelques vers d'anthologie, genre utile, mais auquel les
poèmes les plus vastes échappent fatalement.

A partir de l'œuvre de Victor Hugo seule, on pourrait composer
une anthologie de la poésie française dans laquelle se rejoindraient
toutes ses grandes périodes. On y trouverait aussi l'avenir. A ses
mille voix, à tous ses timbres, tous ses instruments, à tous ses
registres, il serait facile d'ajouter tout ce qui, contenu chez lui,
va se développer chez d'autres, parnassiens, symbolistes, poètes
sociaux et tenants de toutes écoles. Leconte de Lisle, Banville,
Heredia sont déjà présents, parfois Baudelaire, Rimbaud qui
empruntent une technique hugolienne, Lautréamont qui a lu *les
Travailleurs de la mer* comme les grands poèmes de l'océan. Paul
Verlaine, celui des *Fêtes galantes,* est présent dans ces vers pris dans
les Années funestes :

Les belles fantasques
A l'œil tendre et fou
Qui nouaient leurs masques
Autour de leur cou...

Lorsque Mallarmé écrira ces vers de *l'Après-midi d'un faune :*

Ainsi quand des raisins j'ai sucé la clarté,
Rieur, j'élève au ciel d'été la grappe vide
Et, soufflant dans ses peaux lumineuses...

ne se souvient-il pas du *Petit roi de Galice?* Voici trois vers de Hugo
bien inspirateurs :

> Des satyres couchés sur le dos, égrenant
> Des grappes de raisin au-dessus de leur tête...
> Téiant la nymphe Ivresse en leur riante envie...

Ce quatrain du temps des privations adressé à Judith Gautier qui
n'avait pu accepter une invitation à dîner est fort attrayant :

> Si vous étiez venue, ô belle que j'admire!
> Je vous aurais offert un repas sans rival;
> J'aurais tué Pégase et je l'aurais fait cuire
> Afin de vous offrir une aile de cheval.

Il y a chez Hugo mille exemples de cet humour et de cette fantaisie qu'un Apollinaire n'aurait pas reniés.

Briseur de l'alexandrin, notamment dans *la Légende des siècles*
ou dans l'étonnant *Théâtre en liberté,* Hugo a ouvert la voie au vers
libre. Que ceux qui parlent de lourdeur à son propos le lisent bien
et ils trouveront des vers immatériels, sans rien qui pèse ou qui
pose, des nuances musicales comme on en trouve chez Verlaine,
Mallarmé, Shelley. Que ceux qui trouvent sa pensée pesante lisent
ses *Choses vues* et ils découvriront une prodigieuse intelligence.
Certes, il y a des scories, ce fleuve immense roule des pierres, du
sable, mais que de beauté dans sa coulée, que de merveilles sur ses
rives!

Une courte revue d'opinions s'impose. Auprès de Rimbaud
saluant à sa manière le visionnaire, rencontrons Baudelaire : « Non
seulement, il exprime nettement, il traduit littéralement la lettre
nette et claire; mais il exprime avec *l'obscurité indispensable,* ce qui
est obscur et confusément révélé. » Mallarmé : « ... Hugo, dans sa
tâche mystérieuse, rabattit toute la prose, philosophie, éloquence,
histoire au vers, et, comme il était le vers personnellement... » Paul
Claudel : « Victor Hugo est un inspiré, on peut même dire qu'il
fut l'Inspiré par excellence, et son œuvre est la meilleure démonstration qui soit de ce phénomène étrange, et si embarrassant pour
la disposition critique, que l'on appelle l'inspiration. » Charles
Péguy : « Il mangeait son pain d'un meilleur appétit, et sa cuisse
de bœuf, il buvait son vin d'un meilleur cœur qu'un compagnon
d'Achille... Un homme qui buvait dans le creux de sa main à la
source de la création charnelle, d'aussi près que les anciens païens,
qui embrassait l'univers charnel d'un embrassement neuf, charnel...
Il ouvre les yeux, sinon les plus profonds, du moins les plus voyants
qui se soient jamais ouverts sur le monde charnel... » Charles
Maurras : « Cette œuvre signifie la lutte du Génie et de l'Erreur.

bruyant

L'Erreur était certainement plus grande que le Génie. Mais, souvent, celui-ci a été plus fort qu'elle. »

Les mots d'auteur du genre « bête comme l'Himalaya » ont fleuri. Voici André Gide avec « Le plus grand poète français, hélas!... » à quoi on préfère finalement l'impertinence pertinente de Jean Cocteau : « Victor Hugo ? un fou qui se prenait pour Victor Hugo. » On en revient cependant à plus sérieux avec Gaëtan Picon : « Ouvert à la fois aux signes mystérieux du monde et à ceux de l'événement temporel, Hugo apparaît comme un visionnaire cosmique qui a tenté d'accorder sa révélation de l'énigme universelle à une interprétation optimiste et rationaliste de l'histoire humaine. » Avec Henry de Montherlant : « ...une anthologie de lui, faite du seul point de vue de l'intelligence, causerait des surprises. » Avec Claude Roy : « Il prend à bras-le-corps le chœur des constellations et la chorale des vents. Il nage la brasse de Jéhovah dans le chaos des tempêtes et le vacarme des flots. Les filets de Hugo sont les seuls dont les mailles soient assez solides pour ramener, dans une colossale pêche miraculeuse, non seulement les poissons de la mer et les pieuvres du fond, mais les Sept Mers elles-mêmes. » Avec Jean Follain : « Il laisse deviner les avenirs de la poésie : certains de ses vers pourraient être de Mallarmé ou de Max Jacob. Dans *les Travailleurs de la mer* des pages ressortissant de la poésie en prose, semblent écrites par Lautréamont. »

On n'en finit jamais avec Hugo, et nous n'avons parlé uniquement que de sa poésie... Aussi voudrait-on conclure avec ce raccourci de Kléber Haedens : « Le temps ne fera sans doute pas de choix dans son œuvre, car Hugo vaut par sa masse et il a le don d'être mauvais avec éclat. Poète catastrophique et génial, romancier élevant le roman populaire et le roman-feuilleton à une sorte de dignité, dramaturge ridicule et mouvementé, magnifique journaliste dans · *Choses vues,* pamphlétaire, orateur, historien, maître d'une révolution littéraire d'une ampleur difficile à mesurer, Hugo est le plus bruyant des écrivains français. Le pays qui passe, à tort, il est vrai, pour le pays de la mesure, ne pouvait choisir comme poète national un homme plus constamment démesuré. Mais Hugo sera vraiment révélé en France le jour où, après avoir été oublié pendant un siècle, un critique ingénieux le découvrira. »

bruyant – głośny – noisy

*Alfred de Vigny
ou la lucidité*

I

La Vérité sur la vie...

L A longue vie de Victor Hugo nous a fait parcourir presque
tout le siècle et il faut faire un retour en arrière pour rencontrer Alfred de Vigny (1797-1863). Il nous apporte une autre
image humaine, un autre caractère. Poète, romancier, dramaturge,
penseur, il n'a rien écrit qui ne soit profondément médité et de
la plus haute qualité.

Il est né à Loches de Léon-Pierre de Vigny, officier de Louis XV,
qui avait épousé à cinquante-trois ans Marie-Jeanne-Amélie de
Baraudin, descendante d'une famille italienne, de vingt ans plus
jeune que lui. Alfred hérita de cette tradition nobiliaire à laquelle
il fut attaché durant toute son existence. Par elle, il fut marqué et
sans doute aussi par l'âge de ce père qui comptait soixante années
au moment de sa naissance. Enfant chéri, élevé selon de vieilles traditions, éduqué intellectuellement et artistiquement par les meilleurs maîtres, entouré, protégé, soigné (trois enfants des Vigny
étaient morts en bas âge), il fut aussi marqué dès sa plus tendre
enfance par un climat de tristesse, une rigueur de vie : sa famille
semblait porter tout le deuil du passé monarchique.

En 1805, à la pension Hix dont les élèves suivaient les cours du
lycée Bonaparte, élève exceptionnel remportant tous les prix, de
faible constitution physique, appartenant à l'ancienne noblesse,
Alfred de Vigny était tout préparé pour son rôle de souffre-
douleur : « le temps le plus malheureux de ma vie » écrira-t-il. Il
pourra dire : « J'appartiens à cette génération née avec le siècle,
qui, nourrie de bulletins par l'Empereur, avait toujours devant les
yeux une épée nue. » La guerre semble « l'état naturel » du pays.
Plus que tout autre, il ressent l'influence de son arbre généalogique,
et toute sa pensée, noble, grave, hautaine, mélancolique, en est
l'héritage. Son admirable *Journal d'un poète* et sa correspondance

nous renseignent sur cette existence morose, rêveuse, douloureuse, sans cesse froissée par la réalité, déçue dans ses ambitions, où les chagrins sont nombreux, où la gloire se fait attendre. Enfant de vieux, en proie à la mélancolie, il éprouve un mal du siècle qui n'est pas une pose romantique. Ayant vécu dans le monde suranné de l'Ancien Régime (sa famille fréquentait Mme de Montcalm, Mme Du Cayla, Mme de Saint-Aignan et de nombreux endeuillés de la Terreur), il en a gardé la fierté, la hauteur, le désespoir.

Il ne peut imaginer d'autre carrière que celle des armes. Or le temps des guerres est révolu, le temps de la grandeur est terminé. Il reste les servitudes. Entré aux gardes du corps, il sera pour ses compagnons, les jeunes officiers, un « père la Pensée ». Il est en effet un poète, un rêveur, un philosophe qui médite sur la société en transformation et trouve surtout matière à désillusions. Il perdra vite la foi solide des siens tout en gardant un esprit marqué de religiosité. Loin du néo-christianisme de Chateaubriand, du lyrisme religieux de Lamartine, des élans visionnaires de Victor Hugo et de son optimisme, ou des éclairs passionnés de Musset, il est plus que tout autre solitaire face au ciel. Posant une épée inutile, il lit *la Bible,* mais aussi les philosophes du xviiie siècle qui l'éloignent de la foi naïve des siens. Il lit aussi les élégiaques du siècle précédent, et aussi bien Delille, Chénier, Chateaubriand, Homère, Milton, Byron surtout sur lequel il écrit son premier article accepté par le jeune rédacteur en chef du *Conservateur littéraire,* Victor Hugo.

C'était en 1820. Deux ans plus tard, Vigny publie des *Poèmes* qui passent à peu près inaperçus, et qui deviendront les *Poèmes antiques et modernes,* 1826, augmentés en 1829, puis 1837. Cependant, sa morne carrière militaire se poursuit. Lieutenant en 1822, capitaine en 1823, la guerre espagnole va-t-elle lui donner l'occasion de se distinguer? Non, il s'arrête à Pau où il reste en garnison. Il a connu des amours avec la future Mme de Girardin, Delphine Gay. A Pau, il rencontre Miss Lydia Bunburry, une jeune Anglaise et l'épouse. Son père est riche : cela vous redore un blason. Xénophobe, elle se refuse à parler correctement le français, n'a que mépris pour les relations littéraires de son mari. Alfred de Vigny est tenu à l'écart par son beau-père, riche farfelu, ancien gouverneur de la Jamaïque. La dot : une île de Polynésie. Passons sur des procès peu sympathiques pour récupérer de l'argent.

Vigny fréquente les salons littéraires, surtout celui de Charles Nodier à l'Arsenal. Il est l'ami de Sainte-Beuve, Hugo, Delacroix. Les romantiques se défient bien un peu de cet homme du monde, le tenant pour un amateur distingué des lettres, mais il aura bientôt le succès : *Cinq-Mars,* 1826, premier chef-d'œuvre du roman historique, un an avant que Vigny se fasse réformer, un an avant que *Roméo et Juliette,* traduit de Shakespeare soit refusé à la Comédie-Française. Il aura plus de succès avec *le More de Venise,* 1829, *le Maréchal d'Ancre,* en prose, 1831, qui lui fait rencontrer l'actrice Marie Dorval pour laquelle il éprouve une vive passion, à qui il offre un proverbe, *Quitte pour la peur,* 1833, et qui devient la Kitty Bell de son triomphe, *Chatterton,* 1835.

Trois ans plus tard, Vigny rompt avec la comédienne. Blessé, il exprime sa détresse dans *la Colère de Samson.* Après *Servitude et grandeur militaires,* 1835, Vigny publiera ses poèmes essentiels séparés par de grands espaces de temps. En 1845, l'Académie finira par l'élire et ne ménagera pas ses ironies devant un long discours de réception. Partisan de Charles X en 1830, intéressé par le christianisme démocratique de Lamennais, pendant peu de temps par le saint-simonisme, idéaliste, il se présente sans succès aux élections en Charente. Quittant Paris, il va se retirer au Maine-Giraud près de Blanzac, en Angoumois, garde-malade de sa femme et compagnon de ses idées dans une apparente tour d'ivoire.

Ce retrait nous vaudra ses plus beaux poèmes, *la Bouteille à la mer,* 1853, *le Mont des Oliviers,* 1862, ou *l'Esprit pur,* 1863, qui, avec d'autres créations majeures, formeront les posthumes *Destinées,* 1864. Ces poèmes développent une philosophie déjà entrevue quarante ans plus tôt dans les *Poèmes antiques et modernes.* Avec ces œuvres, avec *le Journal d'un poète,* la preuve est faite d'une authenticité entière. Intelligent, lucide, ayant le sens de l'absurdité de la vie, ne refusant cependant pas de tenter son intégration à la société humaine, croyant parmi le lot commun à sa mission de poète, résigné et actif, hautain et rêvant à l'union des hommes fondée sur la primauté de l'esprit, utopiste sans système, unissant avec difficulté ses contradictions, plus pudique que ses contemporains, sans doute est-il un des plus modernes de tous. Barbey d'Aurevilly, d'un caractère proche du sien, l'a ainsi défini : « Il apparaît plus grand que les poètes de son temps qui ne sont que des poètes : car il fera l'effet d'une poésie, — la poésie de ce désespoir silencieux qui ne se mettait pas de cendre sur la tête, mais qui en avait dans le cœur. » Dans *le Journal d'un poète,* on trouve cette phrase significative : « La vérité sur la vie, c'est le désespoir. Il est bon et salutaire de n'avoir aucune espérance. » Vigny : une religion de la lucidité.

Les Poèmes antiques et modernes

Les Trois « Livres ».

Qu'importent les épigrammes sournoises du comte Molé lors de la réception académique, qu'importent les réserves peut-être envieuses de Sainte-Beuve. Elles n'ont pas de poids face aux grands poèmes de Vigny. Il a peu écrit. Sobre, il a choisi la discrétion poétique. Il n'est pas un versificateur, un virtuose faisant feu de tout bois, jouant sur tous les registres, profitant de tous les sujets d'inspiration. Il n'est pas un rassembleur de mots et d'images, il n'est pas atteint de publiomanie. Son imagination est grave essentiellement. Il déteste la gratuité. Il ne cherche pas à plaire aux foules, à les influencer, à les conduire. Il a le culte de son art et le goût du secret. Il ne cherche pas à faire école. Nous voyons là une figure humaine et poétique bien différente de Lamartine ou Hugo. Plus que ce dernier, il trie, il choisit, il ne garde de ses œuvres que celles qui lui paraissent dignes d'être conservées. Il se juge plus sévèrement que ses contemporains ne le font, d'où la relative rareté de ses poèmes.

Ses premières poésies sont divisées en trois livres : *Livre mystique, Livre antique, Livre moderne.* Le premier, pour nous le plus original et le plus riche, comprend *Moïse, Éloa ou la Sœur des anges, le Déluge.* On y reconnaît les ferveurs du romantisme à ses débuts : renaissance de la foi si précaire qu'elle soit, recherche d'émotions nouvelles comme chez Chénier, Chateaubriand et Lamartine. *Moïse,* 1822, s'entretient avec Dieu. Il sort tout droit de *la Bible* dont il épouse les tours. Dans sa partie descriptive, le poème est majestueux :

> Le soleil prolongeait sur la cime des tentes
> Ces obliques rayons, ces flammes éclatantes,

Ces larges traces d'or qu'il laisse dans les airs,
Lorsqu'en un lit de sable il se couche aux déserts.
La pourpre et l'or semblaient revêtir la campagne.
Du stérile Nébo gravissant la montagne,
Moïse, l'homme de Dieu, s'arrête, et, sans orgueil,
Sur le vaste horizon promène un long coup d'œil.

C'est l'occasion de faire défiler ces noms sonores qu'aiment tant les romantiques : Galaad, Éphraïm, Manassé, Nephtali, Jéricho, Phogor, Chanaan, et qui nourriront les parnassiens. La partie philosophique du poème s'éloigne de la philosophie du siècle précédent. La Genèse apparaît dans le discours de Moïse, chargé d'ans, sentant peser sur lui le poids terrible du destin. Aucun procédé n'est utilisé et l'on ressent partout un souffle grandiose :

« Hélas! je sais aussi tous les secrets des cieux,
Et vous m'avez prêté la force de vos yeux.
Je commande à la nuit de déchirer ses voiles;
Ma bouche par leur nom a compté les étoiles,
Et, dès qu'au firmament mon geste l'appela,
Chacune s'est hâtée en disant : « Me voilà. »
J'impose mes deux mains sur le front des nuages
Pour tarir dans leurs flancs la source des orages;
J'engloutis les cités sous les sables mouvants;
Je renverse les monts sous les ailes des vents;
Mon pied infatigable est plus fort que l'espace;
Le fleuve aux grandes eaux se range quand je passe,
Et la voix de la mer se tait devant ma voix.

Nous sommes aux antipodes du *Moïse sauvé* du bon Saint-Amant et proches de Schiller et de Chateaubriand. L'originalité de Vigny est qu'il interprète, comme il le fera dans *les Destinées,* son pessimisme, son expérience de la solitude, son austère mélancolie devant le silence de Dieu, de la nature et des hommes. Génie prédestiné au malheur, Vigny-Moïse chante l'absence :

Hélas! je suis, Seigneur, puissant et solitaire,
Laissez-moi m'endormir du sommeil de la terre.

Éloa ou la Sœur des anges est un mystère en trois parties : *Naissance, Séduction, Chute.* Ces chants de passion et de pitié sont dans la suite de Byron en plus élégiaque, plus attendri, plus triste. Cette Éloa, ange au féminin, née d'une larme du Christ, est vraiment la sœur de charité, la tentative du rachat de tous, le suprême espoir. Elle représente le sacrifice, l'appel à l'amour, à la réconciliation avec Satan, à la possibilité du salut par l'union des principes du bien et du mal. Mais le sacrifice sera vain, l'amour d'Éloa châtié. On trouve au long du poème des images symbolistes, préraphaélites, d'une grande beauté et dont l'influence sera durable :

> Toute parée, aux yeux du Ciel qui la contemple,
> Elle marche vers Dieu comme une épouse au Temple;
> Son beau front est serein et pur comme un beau lys
> Et d'un voile d'azur il soulève les plis;
> Ses cheveux partagés comme des gerbes blondes
> Dans les vapeurs de l'air perdent leurs molles ondes,
> Comme on voit la comète errante dans les cieux
> Fondre au sein de la nuit ses rayons gracieux;
> Une rose aux lueurs de l'aube matinale
> N'a pas de son teint frais la rougeur virginale;
> Et la lune, des bois éclairant l'épaisseur,
> D'un de ses doux regards n'atteint pas la douceur.

Une nature renouvelée apparaît dans ses descriptions :

> Ainsi dans les forêts de la Louisiane,
> Bercé sous les bambous et la longue liane,
> Ayant rompu l'œuf d'or par le soleil mûri,
> Sort de son lit de fleurs l'éclatant Colibri;
> Une verte émeraude a couronné sa tête,
> Des ailes sur son dos la pourpre est déjà prête,
> La cuirasse d'azur garnit son jeune cœur;
> Pour les luttes de l'air l'oiseau part en vainqueur...

Le ton est biblique, chatoyant et la démonstration philosophique progresse avec un art de poète. Et que de regrets devant la chute :

> Ah! si dans ce moment la Vierge eût pu l'entendre,
> Si la céleste main qu'elle eût osé lui tendre
> L'eût saisi repentant, docile à remonter...

Le troisième poème, *le Déluge* est aussi en forme de mystère partant de cette phrase de la Genèse : « Serait-il dit que vous fassiez mourir le Juste avec le méchant? » La protestation se fait ardente, violente même contre Dieu qui répond par le silence au sacrifice de l'innocent. A cela s'oppose, dans le mouvement diluvien, la pureté première, la beauté du monde attestant son enfance, la bonté de l'homme à son premier matin :

> La Terre était riante et dans sa fleur première;
> Le jour avait encor cette même lumière —
> Qui du ciel embelli couronna les hauteurs
> Quand Dieu le fit tomber de ses doigts créateurs.

Il nous dit encore :

> La pitié du mortel n'est point celle des Cieux.
> Dieu ne fait point de pacte avec la race humaine!
> Qui créa sans amour fera périr sans haine.

Après ce *Livre mystique* vient le *Livre antique* puisant son inspiration dans l'antiquité biblique et l'antiquité homérique. On retient surtout *la Fille de Jephté,* court poème sur celle que les filles d'Israël pleurent chaque année durant quatre jours :

> Voilà ce qu'ont chanté les filles d'Israël,
> Et leurs pleurs ont coulé sur l'herbe du Carmel.

Dix-neuf quatrains suivent ce distique. Ils forment un drame sorti de *la Bible* et digne de lui être comparé. Il en est de même pour *la Femme adultère* dans ce lit qui fait penser à celui de Baudelaire :

> « Mon lit est parfumé d'aloès et de myrrhe;
> L'odorant cinnamome et le nard de Palmyre
> Ont chez moi de l'Égypte embaumé les tapis.
> J'ai placé sur mon front et l'or et le lapis;
> Venez, mon bien-aimé, m'enivrer de délices
> Jusqu'à l'heure où le jour appelle aux sacrifices.

Les poèmes homériques sont moins intéressants. Du poème *le Somnanbule* au court tableau du *Bain d'une dame romaine,* en passant par *la Dryade,* idylle dans le goût de Théocrite, et l'élégie *Symétha,* on trouve plus un art de peindre que des résonances profondes.

En revanche, le *Livre moderne* où le poète quitte souvent l'alexandrin pour des poèmes de mètres divers, malgré quelques faiblesses, est en général plus réussi. C'est là qu'on trouve *le Cor* évoquant bien avant *la Légende des siècles* Roland et Charlemagne. Ce poème est connu de tous :

> J'aime le son du Cor, le soir, au fond des bois,
> Soit qu'il chante les pleurs de la biche aux abois,
> Ou l'adieu du chasseur que l'écho faible accueille
> Et que le vent du nord porte de feuille en feuille.
>
> Que de fois, seul dans l'ombre à minuit demeuré,
> J'ai souri de l'entendre, et plus souvent pleuré!
> Car je croyais ouïr ces bruits prophétiques
> Qui précédaient la mort des Paladins antiques.
>
> Ô montagnes d'azur! ô pays adoré!
> Rocs de la Frazona, cirque du Marboré,
> Cascades qui tombez des neiges entraînées,
> Sources, gaves, ruisseaux, torrents des Pyrénées;
>
> Monts gelés et fleuris, trône des deux saisons,
> Dont le front est de glace et le pied de gazons!
> C'est là qu'il faut s'asseoir, c'est là qu'il faut entendre
> Les airs lointains d'un Cor mélancolique et tendre.

C'est là qu'on trouve un « Poème du XVIᵉ siècle » inattendu, *Madame de Soubise,* pas bon du tout, mais étrange, où sont entrecroisées des strophes de neuf vers de cinq pieds et des huitains décasyllabiques. On retient plutôt le poème sur *la Frégate La Sérieuse,* bien qu'un peu longuet. Hugo admirera cette alternance de vers de six pieds et d'alexandrins :

> *La Sérieuse* alors semblait à l'agonie :
> L'eau dans ses cavités bouillonnait sourdement;
> Elle, comme voyant sa carrière finie,
> Gémit profondément.

> Je me sentis pleurer, et ce fut un prodige,
> Un mouvement honteux; mais bientôt l'étouffant :
> « Nous nous sommes conduits comme il fallait, lui dis-je;
> Adieu donc, mon enfant! »

Cependant, le meilleur Vigny est celui qui prend du recul avec l'événement. Il faut bien qu'il y ait « Élévation » comme dans le dernier poème, *Paris,* qu'il sous-titre ainsi. Il est vrai que pour Vigny le poème est élévation et son ton apocalyptique le rapproche de Victor Hugo. Là, un soldat en mal de gloire a la vision d'un monde nouveau, bon ou mauvais, mais au moins prometteur.

Paris, selon l'expression de Vigny, « sorti de rêves symboliques », peut étonner par sa nouveauté :

> Œuvre, ouvriers, tout brûle! au feu tout se féconde!
> Salamandres partout!... Enfer! Éden du monde!
> Paris, principe et fin! Paris! Ombre et flambeau!...
> Je ne sais si c'est mal, tout cela, mais c'est beau,
> Mais c'est grand! Mais on sent jusqu'au fond de son âme
> Qu'un monde tout nouveau se forge à cette flamme.

Il élève l'homme à la hauteur de la divinité :

> Seul, sans père et sans fils, soumis à la parole,
> L'union est son but et le travail son rôle,
> Et, selon celui-là, qui parle après Jésus,
> Tous seront appelés et tous seront élus.

Le triptyque mystique, antique, moderne montre à quel point Vigny est grand quand il trouve un thème correspondant à sa personnalité, reflétant son caractère. S'il s'égare dans un sujet qui ne lui correspond pas vraiment, le poème est tout de suite plus banal. Classique par la composition, romantique discret par ses choix, ses images, son exotisme dans l'espace ou le temps (comme Chénier qui l'a influencé, lui aussi fait des vers antiques sur des pensers nouveaux), son choix des mots sonores (noms de lieux ou de personnages qui jettent des éclats de trompette dans ses vers), son goût de l'épique (en même temps que son refus de la grande épopée), Vigny ouvre la voie à Hugo, à Leconte de Lisle et aux parnassiens, aux symbolistes, à Péguy qui reprendra certains de ses thèmes, mais notre poète est aussi lui-même touché par les poètes qui l'ont précédé, il n'a pas perdu certains tics du xviiie siècle, il est redevable surtout à Byron et à Chateaubriand qui lui ont ouvert des voies d'inspiration. Dans les poèmes que nous venons d'évoquer et qu'il faut que le lecteur lise en entier, Vigny se montre le plus fort lorsqu'il se mesure avec Dieu par la voix de héros grandioses qui magnifient son désarroi, sa tristesse, sa pitié humanitaire.

3

Les Destinées

La Perle de la pensée.

UN an après la mort de Vigny, Louis Ratisbonne, son exécuteur testamentaire, publie ses onze poèmes groupant environ deux mille alexandrins sous le titre *les Destinées*. Le plus ancien de ces poèmes est de 1839, le dernier de 1863. S'étalant sur un quart de siècle, le recueil contient toutes les variations d'une pensée cohérente empreinte d'un pessimisme fondamental. Ce sont les chants stoïques du désespoir courageux, de la détresse maîtrisée. Certains poèmes sont immenses et comptent parmi les plus beaux de notre langue, aucun n'est de qualité inférieure.

Si le poème en tercets qui a donné son titre à l'ensemble, *les Destinées,* est d'une composition laborieuse, du moins donne-t-il avec bonheur le coup de diapason de l'ensemble; on regrette simplement que le philosophe y étouffe le poète, ce qui ne sera jamais le cas ailleurs. Quel envol nous apporte *la Maison du berger,* cette tour d'ivoire roulante! Ici un espoir : l'amour, la tendresse, la compassion sont des remèdes possibles aux maux humains, ainsi qu'en témoigne ce début connu de tous :

> Si ton cœur, gémissant du poids de notre vie,
> Se traîne et se débat comme un aigle blessé,
> Portant comme le sien, sur son aile asservie,
> Tout un monde fatal, écrasant et glacé;
> S'il ne bat qu'en saignant par sa plaie immortelle,
> S'il ne voit plus l'amour, son étoile fidèle,
> Éclairer pour lui seul l'horizon effacé;
> Si ton âme enchaînée, ainsi que l'est mon âme,
> Lasse de son boulet et de son pain amer,
> Sur sa galère en deuil laisse tomber la rame,
> Penche sa tête pâle et pleure sur la mer,

Et, cherchant dans les flots une route inconnue,
Y voit, en frissonnant, sur son épaule nue
La lettre sociale écrite avec le fer;

Si ton corps, frémissant des passions secrètes,
S'indigne des regards, timide et palpitant;
S'il cherche à sa beauté de profondes retraites
Pour la mieux dérober au profane insultant;
Si ta lèvre se sèche au poison des mensonges,
Si ton beau front rougit de passer dans les songes
D'un impur inconnu qui te voit et t'entend.

L'homme d'aujourd'hui peut entendre et trouver des réponses dans ce qui suit :

Pars courageusement, laisse toutes les villes;
Ne ternis plus tes pieds aux poudres du chemin;
Du haut de nos pensers vois les cités serviles
Comme les rocs fatals de l'esclavage humain.
Les grands bois et les champs sont de vastes asiles,
Libres comme la mer autour des sombres îles.
Marche à travers les champs une fleur à la main.

La strophe prophétique partant de ce lointain « taureau de fer qui fume, souffle et beugle » pourrait aussi bien partir de nos modernes machines :

La distance et le temps sont vaincus. La science
Trace autour de la terre un chemin triste et droit.
Le Monde est rétréci par notre expérience
Et l'équateur n'est plus qu'un anneau trop étroit.
Plus de hasard. Chacun glissera sur sa ligne
Immobile au seul rang que le départ assigne,
Plongé dans un calcul silencieux et froid.

La malédiction du poète chère à Baudelaire est contenue tout entière dans cette strophe :

Poésie! ô trésor! perle de la pensée!
Les tumultes du cœur, comme ceux de la mer,
Ne sauraient empêcher ta robe nuancée
D'amasser les couleurs qui doivent te former.
Mais sitôt qu'il te voit briller sur un front mâle,
Troublé de ta lueur mystérieuse et pâle,
Le vulgaire effrayé commence à blasphémer.

Après tant de passages nobles et majestueux en même temps que pleins du sentiment de l'homme s'élevant, se dépassant lui-même, multipliant sa hauteur, voici le final :

Nous marcherons ainsi, ne laissant que notre ombre
Sur cette terre ingrate où les morts ont passé;
Nous nous parlerons d'eux à l'heure où tout est sombre,

> Où tu te plais à suivre un chemin effacé,
> A rêver, appuyée aux branches incertaines,
> Pleurant, comme Diane au bord de ces fontaines,
> Ton amour taciturne et toujours menacé.

L'Eva de ce poème, si douce, est loin de la Dalila mise en scène dans *la Colère de Samson* où l'on voit « la Femme, enfant malade et douze fois impur ». Là, Vigny est à l'aise dans l'invective à laquelle il donne une dimension lyrique. Que pensera le lecteur d'aujourd'hui des quatre vers qui suivent?

> Bientôt, se retirant dans un hideux royaume,
> La Femme aura Gomorrhe et l'Homme aura Sodome,
> Et, se jetant de loin un regard irrité,
> Les deux sexes mourront chacun de son côté.

Autre poème célèbre, *la Mort du loup* est une leçon de stoïcisme prise aux sources de la nature. En couples d'alexandrins à rimes plates, le lecteur trouve la fable du mourir serein avec cette conclusion philosophique :

> Gémir, pleurer, prier est également lâche.
> Fais énergiquement ta longue et lourde tâche
> Dans la voie où le Sort a voulu t'appeler.
> Puis après, comme moi, souffre et meurs sans parler.

Comme *la Maison du berger,* comme *l'Esprit pur, la Bouteille à la mer* est en strophes de sept vers. Ici encore, ce qui empêche le désespoir de sombrer dans le néant nihiliste est la pitié, le sentiment de la fraternité humaine partageant le sort atroce fait à chacun. Face à la misère d'un homme sans Dieu, le désespoir doit être actif, la solitude doit devenir l'union de toutes les solitudes. Et pourquoi ne pas préparer le sort d'une humanité future sans se soucier du résultat immédiat? S'il réside là quelque grandeur, on le saura bien un jour et cela appartiendra à l'histoire. Le bateau qui coule, c'est encore une expérience, une étape de la marche des hommes. L'étudier et glisser le témoignage dans le goulot d'une bouteille soumise au hasard des flots à défaut de providence divine, c'est dans la tempête, la certitude d'une mort apaisée :

> Il sourit en songeant que ce fragile verre
> Portera sa pensée et son nom jusqu'au port,
> Que d'une île inconnue il agrandit la terre,
> Qu'il marque un nouvel astre et le confie au sort,
> Que Dieu peut bien permettre à des eaux insensées
> De perdre des vaisseaux, mais non pas des pensées,
> Et qu'avec un flacon il a vaincu la mort.

Et c'est l'Idée qui triomphe :

Le vrai Dieu, le Dieu fort est le Dieu des idées!
Sur nos fronts où le germe est jeté par le sort,
Répandons le savoir en fécondes ondées;
Puis, recueillant le fruit tel que de l'âme il sort,
Tout empreint du parfum des saintes solitudes,
Jetons l'œuvre à la mer, la mer des multitudes :
— Dieu la prendra du doigt pour la conduire au port.

Si *la Flûte* ou *les Oracles* ne sont point dans *les Destinées* œuvres majeures, *le Mont des Oliviers* touche par l'angoisse dont il est chargé. Jésus confie au Père sa solitude et sa détresse, mais aucune réponse ne vient et le fils de Dieu voit « rôder la torche de Judas ». Vigny répond au silence divin par un autre silence :

S'il est vrai qu'au Jardin sacré des Écritures,
Le Fils de l'homme ait dit ce qu'on voit rapporté;
Muet, aveugle et sourd au cri des créatures,
Si le Ciel nous laissa comme un monde avorté,
Le juste opposera le dédain à l'absence
Et ne répondra plus que par un froid silence
Au silence éternel de la Divinité.

Sur la trace de Chateaubriand, un autre poème, *la Sauvage,* montre une Indienne dont la parenté a été détruite par les Hurons frappant, accompagnée de ses enfants, à la porte d'une maison anglaise, riche et puritaine, qui célèbre Noël. C'est un tableau imagé, un poème d'accueil, une anecdote touchante, quelque peu pompeuse, qui n'ajoute qu'un peu d'exotisme et d'espoir à l'ensemble. Il en est de même pour l'histoire d'une grande dame russe, *Wanda* que suivent deux poèmes, *Billets de Wanda :* là, Vigny use d'un pathétisme déclamatoire. Wanda, jeune, belle, fortunée, suit son époux condamné jusqu'en Sibérie. Un tsar esclavagiste répond par une indifférence cruelle qui peut être comparée à celle de Dieu selon Vigny :

Mais il n'a point parlé, mais cette année encore
Heure par heure en vain lentement tombera,
Et la neige sans bruit sur la terre incolore
Aux pieds des exilés nuit et jour gèlera.
Silencieux devant son armée en silence
Le Czar, en mesurant la cuirasse et la lance,
Passera sa revue et toujours se taira.

L'Esprit pur peut passer pour un testament poétique. Vigny compte ses aïeux, évoque le souvenir de seigneurs opulents, de grands chasseurs « forçant les sangliers et détruisant les loups », de « galants guerriers sur terre et sur mer ». Hélas! eux qui ont tant connu n'ont laissé aucun témoignage écrit :

> Mais aucun, au sortir d'une rude campagne,
> Ne sut se recueillir, quitter le destrier,
> Dételer pour un jour ses palefrois d'Espagne,
> Ni des coursiers de chasse enlever l'étrier,
> Pour graver quelque page et dire en quelque livre
> Comment son temps vivait et comment il sut vivre,
> Dès qu'ils n'agissaient plus, se hâtant d'oublier.

Pour Vigny l'action n'est rien sans l'acte d'écrire : c'est lui qui sublimise et qui consacre. On peut trouver là une sorte de plaidoyer *pro domo* et d'exaltation du rôle de l'écrivain, avec de fort beaux vers :

> J'ai mis sur le cimier doré du gentilhomme
> Une plume de fer qui n'est pas sans beauté.

Dans *les Destinées,* le poète donne une forme concrète à la pensée philosophique. La maîtrisant, il use des symboles, joue de l'analogie, sait, par exemple, choisir Jésus-Christ pour traduire avec plus de puissance les misères humaines. Aussi bon peintre que Lamartine, il brosse des tableaux puissants, contrastés. Parce que le cadre est discret, les scènes dramatiques gagnent en ampleur. Vigny sait jouer sur des sonorités voilées, les ombres lourdes et les légères lumières comme sut les faire alterner Racine, avec la même grâce troublante.

Certes, des défauts d'époque subsistent : ceux qu'on trouve chez les poètes de transition et dont le romantisme hérite en partie. Le censeur glanera quelques préciosités mal venues : le piano est un « harmonieux ivoire », le champagne devient « la mousse d'Aï »; quelques incohérences, des périodes mal organisées font de légères taches dans cet ensemble. On les oublie facilement. L'intériorité du poète, la richesse de sa pensée dépassent de minces regrets.

Poète de tour d'ivoire? Il faut regarder de près l'architecture de cette dernière. Il n'y faut pas chercher la pose ou l'esthétisme du retrait. Vigny n'est pas un homme de lettres au sens péjoratif du terme. Son retrait est avant tout celui des cénacles, des coteries d'admiration mutuelle, des sociétés d'arrivisme. Cet aristocrate ne fuit pas l'humanité; il fuit la vulgarité. Sa hauteur, son apparent mépris sont plus estimables que la flagornerie ou l'exploitation d'une renommée. Des générations en ont pris conscience et ont respecté Alfred de Vigny. Trop orgueilleux pour être vaniteux, trop fier pour ne pas mépriser ceux qui manquent de fierté, il a pour lui d'être le prêtre sans concession d'une religion de l'esprit, de l'art et de la pensée. « Vigny ou la passion de l'honneur » : il est significatif que Maurice Toesca ait ainsi intitulé une biographie consacrée au poète dans laquelle sont montrés la double nature, le double caractère de l'homme : « époux déférent, amant de feu ; aristocrate et républicain, candidat aux élections de 1848 ; guerrier d'esprit et pacifiste d'âme ; chrétien contestataire et croyant ; idéaliste et marchand de cognac ; mondain et solitaire ; puis, à l'avènement de Napoléon III, fidèle bonapartiste ; enfin, jusqu'au bout de sa vie, en proie au démon de la sexualité ».

Cet homme double est tout de pudeur : au contraire des autres romantiques, il fait sentir sa détresse sans la crier et chez lui les chants les plus assourdis sont les chants les plus beaux ; il n'entend pas Dieu et l'on pourrait paraphraser à son propos Musset (Dieu ne parle pas ; on ne peut lui répondre) ; la nature n'est pas la panacée ; Vigny reste le plus souvent impersonnel et le miracle c'est qu'il ne soit pas de glace ; il semble tenir le lecteur à distance, or ce dernier ne l'entend que mieux. Leconte de Lisle qui lui doit beaucoup reconnaît : « La nature de ce rare talent le circonscrit dans une sphère chastement lumineuse et hantée par une élite spirituelle très restreinte, non de disciples, mais d'admirateurs persuadés. » Et Anatole France : « Cet homme calme n'était pas insensible ; il eut ses souffrances ; mais il garda toujours la sublime pudeur de la cacher. » Pour ceux qui ont suivi sa pensée philosophique à travers toutes ses œuvres en vers comme en prose, la voix de Brunetière est une voix de justice : « Le seul romantique qui ait eu des idées générales et surtout une conception de la vie raisonnée, personnelle, philosophique. »

4

Auto-portrait et portraits

Les Poèmes divers.

Aux recueils essentiels, on peut ajouter le mince post-scriptum de vers de circonstance tels qu'un badinage saphique ou un bulletin humoristique pour des camarades de régiment, des vers angéliques pour saluer une naissance, d'autres dédiés à l'étudiant Sand, meurtrier de Kotzebue. Il écrit comme tout un chacun *Sur la mort de Byron* ou s'adresse aux mânes de Girodet dans *la Beauté idéale.* On trouve des poèmes *A Marie Dorval,* quelques sonnets, des poèmes hellénisants qui trahissent l'influence d'André Chénier, une barcarolle. Sa période saint-simonienne lui dicte un *Chant d'ouvriers* inattendu :

> La vie est un vaste atelier
> Où, chacun faisant son métier,
>   Tout le monde est utile.
> On agit d'un commun effort,
> Et du faible aidé par le fort
>   La tâche est plus facile.
>
> Battons le fer...
>
> Dieu du travail, Dieu de la paix,
> C'est à l'œuvre que tu parais :
>   Le feu, ta main l'allume.
> L'ouvrier voit, dès son berceau,
> Ta grande main sur le marteau,
>   Ton genou sous l'enclume.

Le More de Venise ou *Shylock,* en vers, ne sont pas supérieurs à *Chatterton* ou même à *la Maréchale d'Ancre* en prose. Pour la poésie il faut ajouter les fragments contenus dans *le Journal d'un poète* et rêver à ces projets de poèmes dont ces pages sont parsemées. Ce *Journal* exceptionnel, tout ami de la poésie se doit de le lire au même titre que les poèmes de Vigny. C'est Louis Ratisbonne qui donna ce titre aux inédits qu'il publia en 1867, avant que d'autres fragments ne fussent ajoutés et qu'une édition définitive ne fût entreprise par Fernand Baldensperger en 1932. Avec ces confessions, ces souvenirs, ces critiques, ces projets, ces observations, ces portraits, ces relations de rencontres, ces maximes, ces pensées, ces réflexions littéraires, nous pénétrons dans un univers secret qui nous touche par sa sincérité, même si nous trouvons des contradictions, des variations d'opinions dans le temps et des jugements fâcheux comme celui sur Henri Heine par exemple.

Ce témoignage montre surtout les scrupules du poète, son dévouement à l'idée, sa rigueur, son accord profond avec lui-même. Dans ces carnets intimes, Vigny livre des doutes, des souffrances, des angoisses plus retenus dans ses poèmes. En un mot, il explique son œuvre, il explique sa personne. S'il écrit au jour le jour, cela ne veut pas dire que tout ne soit profondément mûri et pensé. Nous trouvons la complexité de sa recherche, nous pénétrons dans les mystères de la création poétique. On peut trouver aussi la réfutation par l'écrit des accusations politiques dont il est l'objet. Pour lui, le critique ne doit pas être un espion. La tâche de la critique est de faire « non pas l'histoire des écrivains, mais celle des écrits », limitation difficilement acceptable aujourd'hui. Tout créateur peut se retrouver dans cette pensée : « Je ne fais pas un livre, il se fait. Il mûrit et croît dans ma tête comme un fruit. » *Le Journal d'un poète* traduit toutes les nuances, toutes les étapes du pessimisme de Vigny et aussi ce qui le sauve : son sentiment de l'honneur qu'il appelle « la poésie du devoir ». Pour en donner une idée, si incomplète qu'elle soit, voici quelques extraits :

Le poète est toujours malheureux parce que rien ne remplace pour lui ce qu'il voit en rêvant.

La Poésie n'a en France qu'une langue imparfaite, circonscrite et prude. La lyre française n'a que la corde de l'Élégie. Toutes les autres sont fausses ou absentes. Je les ai touchées toutes, on pourrait m'en croire.

Le seul beau moment d'un ouvrage est celui où on l'écrit.

L'art est la vérité choisie.

Lorsqu'on fait des vers en regardant une pendule, on a honte du temps que l'on perd à chercher une rime qui ait la bonté de ne pas trop nuire à l'idée.

Il n'y a que deux choses à admirer dans les écrits des hommes : leur poésie ou leur philosophie. Les œuvres de science ne sont qu'une accumulation de faits ou de mots dans la mémoire. Le savoir n'est rien s'il n'est l'ornement ou l'appui, ou le ciment d'un monument philosophique ou poétique.

Est-il concevable qu'il se trouve encore des Poètes pour chanter des batailles gagnées, des combats du fer contre la chair, du feu contre la peau?

Je ne sais pourquoi j'écris. — La gloire après la mort ne se sent probablement pas; dans la vie, elle se sent bien peu. L'argent? Les livres faits avec recueillement n'en donnent pas. — Mais je sens en moi le besoin de dire à la *société* les idées que j'ai en moi et qui veulent sortir.

Les belles-lettres ont cela d'inférieur et de misérable qu'on n'y montre pas son âme véritable, mais une sorte d'âme secondaire et parée.

Il ne faut désirer la popularité que dans la postérité et non dans le temps présent.

La Poésie est une science. La nation française n'aime pas les vers, parce qu'elle ne sait pas les lire. Il faudra deux siècles d'éducation pour lui donner quelque peu de lecture et une ombre d'atticisme.

Il serait vain de souligner combien cette pensée poétique de Vigny est actuelle, et pour ceux qui ne verraient en lui qu'un homme hautain, distant et réactionnaire, parlant du vulgaire du bout des lèvres, voici ce que représente pour lui ce dernier :

Poème. — Le Vulgaire. — Le vulgaire n'est pas le laboureur penché sur sa charrue, n'est pas le maçon et le serrurier. Le vulgaire c'est le grand monde illettré qui croit en sa fatuité et dédaigne les lettres.

Tout est à lire, car tout revient à la poésie, même ce qui en semble le plus éloigné. Les joies les plus hautes de Vigny naissent d'une lucidité qui le guérit lentement de ses préjugés aristocratiques, d'une passion poétique constante, d'un sens élevé de l'idée et de l'esprit. Cet homme en retrait ne se désolidarise jamais de l'humanité. Sans le recours d'un idéal démocratique qui n'est pas le sien, il recherche cependant la fraternité. Sait-on que Maxime Du Camp le saluera comme un « poète social »? Isolé, n'ayant guère obtenu de son vivant sa part légitime de renommée, il exercera sur de nouvelles générations une influence en profondeur, et cela se reconnaîtra aussi bien chez Baudelaire que plus tard chez Paul Valéry. De lui, parnassiens et symbolistes s'imprégneront secrètement. Durant le temps romantique, l'œuvre de Vigny, agrandissant et approfondissant la recherche de ses contemporains, apporte une mise en garde contre le danger représenté par la facilité lyrique et le déploiement verbal, même s'il n'échappe pas toujours à ces défauts. En effet, les puristes lui reprocheront d'avoir laissé des déchets dans une œuvre poétique volontairement réduite et ne retiendront qu'une centaine de vers : c'est mal le lire, mal connaître son effort pour dégager la poésie d'une terre lourde qui colle encore à ses pieds. De plus, sans les parties plus neutres, plus effacées, l'aspect ascensionnel de cette poésie n'apparaîtrait pas dans toute sa splendeur conquérante.

Alfred de Vigny est avant tout le poète de la verticalité, de l'élévation. Il cherche non pas l'épanouissement, mais comme dirait Baudelaire, la « fusée » ascendante du vers qui peut rehausser et ennoblir l'image humaine, arracher l'homme aux « liens de plomb » de la fatalité. Enthousiaste dans le désespoir, positif dans son pessimisme, jetant de l'énergie dans son stoïcisme, brûlant dans son apparente froideur, on ne lui retirera pas d'être le plus sincère des romantiques et un des plus chargés de promesses d'avenir. Vigny est un poète à l'état adulte, ne pensant pas à la gloire immédiate, mais à celle de l'avenir. Sa tour d'ivoire est haute comme l'aire de l'aigle dont la vue perçante regarde vers des lieux lointains et ignorés.

Cet homme qui voit loin, ce penseur visionnaire, Georges-Emmanuel Clancier, ébloui par *la Maison du berger,* en a dit : « On ne s'étonnera pas que le poète capable de composer une fois en sa vie un chant d'une telle beauté, où l'amour, la solitude, le monde, la passion et la mélancolie scintillent en une seule longue lueur à la fois somptueuse et retenue, ait plus tard admiré *les Fleurs du Mal.* » Et si, avant d'inviter encore une fois à la lecture de Vigny, nous devions conclure, ce serait par une phrase de Claude Roy affirmant la modernité de l'auteur des *Destinées :* « Lire Vigny aujourd'hui, c'est retrouver Kafka et Melville, Valéry et Pavese, Camus et Hemingway, etc. S'il nous fait penser à ceux-là, c'est qu'eux et lui pensent à la même chose, la même chose. »

Alfred de Musset
le fragile

atteindre — to reach
atteint — blow/attack

Le Prince Charmant du Romantisme

« Le voilà, jeune et beau, sous le ciel de la France. »

COMBIEN est différent Musset de Vigny! Imaginerait-on ce dernier, poète de la maturité, écrivant :

> Mes premiers vers sont d'un enfant,
> Les seconds d'un adolescent,
> Les derniers à peine d'un homme.

A l'intérieur du mouvement romantique, apparaissent donc les personnalités les plus diverses qui soient. Encore une fois, il n'y a pas, en France, un romantisme, mais des romantismes. Avec Musset naît la saison vernale de la vie, la jeunesse et la passion, les caprices enfantins, les orages adolescents, les atteintes douloureuses de l'âge d'homme. De tous, il est le plus séduisant, le plus libre, le plus désespéré aussi, non pas par l'aboutissement raisonné d'une pensée philosophique, mais parce que son cœur s'use plus qu'il ne se bronze au contact de l'existence.

Alfred de Musset (1810-1857) naquit à Paris, près du Quartier latin, d'un père et d'une mère appartenant l'un et l'autre à ces milieux cultivés issus du XVIIIe siècle, avec l'héritage de Voltaire et le culte de Rousseau. Aucune malédiction familiale ne semble peser sur lui : le père est un homme aimable et respecté, la mère une femme aimante et aimée, et le foyer est le plus uni qu'on puisse imaginer. En remontant dans la généalogie, selon Musset, on trouve, nous l'avons dit, Cassandre Salviati, la Cassandre de Ronsard, et le ménestrel du XIIIe siècle Colin Muset serait un ancêtre. Que l'enfant Musset soit impulsif, d'une nature nerveuse ne semble pas bien grave. Enfant gâté, il vit dans un milieu où tous, et même le frère aîné Paul qui sera son biographe, lui passent ses caprices. De plus, Alfred possède tous les dons : élève à Henri-IV, ayant des condisciples appartenant aux meilleures familles (un de ses amis est le duc d'Orléans), ses études sont excellentes.

A quelle carrière est-il promis? Il étudie le droit, la médecine sans s'y fixer; il est musicien, il dessine : ce n'est pas là son avenir. Doué en toutes choses, il choisit la poésie. A dix-huit ans, il fréquente déjà les salons littéraires. Paul Foucher, le beau-frère de Victor Hugo, l'a introduit dans la célèbre famille, l'a présenté au Maître qui lui a fait bon accueil. Il va aussi chez Nodier, il est le prince charmant du jeune romantisme. Si ses premiers essais ne se différencient guère de ce que publient ses amis, avec ce qu'il faut de couleur historique et locale, de ton moyenâgeux, d'exotisme et d'acrobaties verbales, s'il écrit avec facilité, maîtrise un style déjà élégant et souple, sa personnalité n'est pas encore affirmée. Il écrit des madrigaux, des couplets, des évocations antiques dans le goût d'André Chénier, en montrant partout sa virtuosité sans qu'apparaisse encore rien de très personnel.

Son indépendance d'esprit plaît à Vigny, la finesse de sa psychologie enchante Sainte-Beuve. Musset est flatté, mais ne leur préfère-t-il pas au fond les amis d'une joyeuse vie? Ce sont des jeunes gens riches, cultivés, de bons viveurs, ce qui n'empêche nullement leurs qualités humaines comme c'est le cas pour Ulric Guttinguer, par exemple, si romantique. Parmi les noms de cette jeunesse dorée, on trouve Alfred Tattet, les comtes de Belgiojoso et d'Alton-Shée.

Mais l'enfant terrible, le jeune dandy, le Parisien qui a hérité de la gouaille locale, l'héritier de toute une tradition d'équilibre et de mesure, le rire de la satire toujours prêt à fleurir sur ses lèvres, ne peut-il sourire devant certaines boursouflures du romantisme? On peut croire qu'il imite quand, souvent, il parodie, il pastiche, semblant dire : « Voyez comme c'est facile de jouer au grand poète! » Lorsqu'en 1829 paraissent les *Contes d'Espagne et d'Italie,* tous les espoirs sont dépassés. Musset, l'enfant Musset, étonne, émerveille, scandalise. Répandant tous ses dons, fantaisie, art, impertinence, on se demande s'il ne se moque pas autant des deux parties poétiques en présence : le classicisme bourgeois dont il heurte les goûts aussi bien que les romantiques qu'il semble railler en exagérant leurs défauts, en caricaturant leurs tics et leurs outrances. Il badine, il joue, il s'amuse, il rit de tous et de lui-même, surprend en ces temps de sanglots et d'aventures du cœur par son détachement. On dirait même qu'il se hâte d'écrire comme pour profiter pleinement de sa jeunesse et l'on ne retirera jamais à Musset d'être le plus jeune de tous, ce qui n'est pas seulement un fait chronologique mais une vérité humaine.

« Le voilà demandant pourquoi son cœur soupire. »

Comme on pouvait s'y attendre, entre 1830 et 1833 surtout, il affirmera son indépendance à l'égard du mouvement nouveau, soucieux, selon le mot de son père, de se « déhugotiser » pour être lui-même en dehors des modes et des doctrines. Après avoir montré ce dont il était capable dans ce domaine, ayant découvert avec une grande avance sur son temps, ce qu'il pouvait y avoir de factice dans le tout premier romantisme français, il veut se fier à sa spontanéité, à sa sincérité :

> Tu te frappais le front en lisant Lamartine.
> Ah! frappe-toi le cœur, c'est là qu'est le génie.

Durant ces années, il joue le détachement, mène une vie libre de jeune gandin, de personnage à la mode dans le plaisir fugace des amours de boulevard, des valses avec quelque grisette. Il ne sait pas qu'au détour du chemin, le vrai mal romantique le guette, celui qui est éternel et non pas de mode, non pas de convention. Dans son corps, dans son esprit, dans son cœur, parce que le plus fragile, il sera le plus frappé. La douleur ne frappe pas que les maudits.

Alfred de Musset multiplie les œuvres : *la Quittance du Diable,* pièce tirée d'un roman de Walter Scott, 1830, qu'on ne joue pas; *la Nuit vénitienne,* 1830, qu'on siffle. Le poète prend pour résolution de ne plus affronter le public et il s'y tient. Il donne *Un Spectacle dans un fauteuil,* 1832, recueil formé de deux pièces à lire et non à jouer. La première, *la Coupe et les lèvres,* est précédée d'une *Dédicace* en vers qui est un véritable manifeste. Il nous dit le peu de cas qu'il fait de la critique, sa haine de l'état de plagiaire : « Mon verre n'est pas grand, mais je bois dans mon verre. » Il n'est pas un écrivain politique; il aime sa patrie et en aime d'autres; il est catholique et sait que d'autres religions ont peut-être des réponses; il aime la sagesse, mais aussi le tabac et le bordeaux; il aime la nature, mais aussi les arts et la peinture; il affirme surtout son indépendance à l'égard du romantisme et ses amis reçurent de ce jeune homme quelques traits satiriques fort blessants :

> Mais je hais les pleurards, les rêveurs à nacelles,
> Les amants de la nuit, des lacs, des cascatelles,
> Cette engeance sans nom, qui ne peut faire un pas
> Sans s'inonder de vers, de pleurs et d'agendas.

Sait-il alors que romantique, il l'est profondément? *La Coupe et les lèvres,* comme la seconde pièce, *A quoi rêvent les jeunes filles?* trahissent la naissance du dégoût d'une débauche de laquelle on peut difficilement s'extraire, d'un scepticisme face à l'amour, des aspirations idéales qui se refusent à un cœur malade de trop servir, du désir de retrouver dans l'art une pureté perdue dans la vie. Le recueil est complété par le beau poème *Namouna* où se reflète, derrière une fausse désinvolture, un approfondissement humain.

En fait, le meilleur de l'œuvre de Musset sera écrit avant sa trentième année. Il commence en 1833 un *Roman par lettres,* publie deux pièces, *Andrea del Sarto* (les rapports de l'amour et de l'art) et *les Caprices de Marianne* (la rencontre d'un idéalisme amoureux et de la femme dont le poète a une conception pessimiste). Ces années 1830-1833 sont le temps où Musset, déjà las d'une vie désœuvrée de jeune viveur, connaissant la lassitude du plaisir, le dégoût de la débauche et de la bamboche, connaissant sa faiblesse et ne sachant lui résister, désabusé tout en ayant conscience de ne pas parvenir à devenir un homme, est sans cuirasse. C'est alors que George Sand intervient dans sa vie.

« Le voilà se noyant dans des larmes de femme. »

Sur ce drame amoureux, tout a été dit. Chacun des deux amants l'a conté à sa manière : Musset dans *la Confession d'un enfant du siècle,* 1836, Sand dans *Elle et Lui.* Cette étape semble venir à point nommé dans la vie du poète pour lui apporter son mûrissement. Le changement apparaît avec *Rolla :* aux plaintes vagues, à la tristesse fatiguée et désinvolte va succéder le désespoir s'exprimant en vers de feu avec un grave lyrisme. Cependant le Musset charmant, léger, plein de drôlerie et de fraîcheur ne disparaîtra jamais tout à fait, on le retrouvera jusqu'à la fin de sa vie.

Les amours de George et d'Alfred forment un véritable roman et l'on n'aurait su trouver personnages plus séduisants, plus typés pour le conduire. Par la beauté épanouie de sa personnalité féminine, par son intelligence exceptionnelle, George répond à l'idéal du jeune amant. Célèbre et fêtée, libre et audacieuse, elle a tout pour séduire le jeune désabusé. Elle représente le grand amour qui peut le guérir des griseries. Pour l'un comme pour l'autre, un sens peut être donné à une vie irrégulière. L'enivrement sera de courte durée. On connaît les étapes de cette liaison passionnée qu'une fiction aurait certainement terminée par un suicide : crise nerveuse de Musset la nuit en forêt de Fontainebleau, voyage d'Italie (Gênes, Pise, Livourne, Florence, Venise) qui marquent la naissance, l'apogée et le déclin de l'amour. D'un commun accord, bien que Musset aime toujours sa compagne, on ira vers l'amitié. A Venise, alors que le poète est gravement malade (sans doute atteint de fièvre typhoïde), liaison de la femme avec le médecin italien Pagello, jalousie, drame, rupture. George Sand, de tout cela, nourrira non seulement *Elle et Lui,* mais aussi bien d'autres œuvres psychologiques et sentimentales. On sait que Paul de Musset, soucieux de rétablir la vérité et de défendre son frère, répondra par *Lui et Elle.* Tout cela appartient à l'histoire amoureuse du XIXᵉ siècle.

Alfred de Musset pourra retrouver le travail, le seul consolateur possible : « Jours de travail, seuls jours où j'ai vécu! » Comme chez Vigny, la vie par l'écriture. Car ce paresseux apparent est des plus actifs. Après *Fantasio,* voici le meilleur de son théâtre avec *On ne badine pas avec l'amour, Lorenzaccio,* 1834, que suivront *le Chandelier,* 1835, *Il ne faut jurer de rien,* 1836, *Un Caprice,* 1837, et plus tard, *Il faut qu'une porte soit ouverte ou fermée,* 1845.

Après le drame de Venise, la souffrance de Musset n'est pas seulement sentimentale. Elle correspond à une crise intellectuelle et morale. La « femme à l'œil sombre » n'a pu l'arracher à son sort. Celui que Devéria a dessiné en page, âme inquiète et faible, santé chancelante, va retomber dans ses égarements, dans cette débauche qui est pour lui une drogue. Les amours seront nombreuses. Au cours des années, on verra se succéder une femme du monde, Mᵐᵉ Jaubert; une grisette, Louise; une jeune fille, Aimée d'Alton; une jeune actrice célèbre, Rachel. Certaines l'attirent, mais se refusent comme Pauline Garcia, sœur de la Malibran, ou la princesse Belgiojoso. Il connaîtra encore des amours tournant à l'orage avec Mᵐᵉ Allan et la poétesse Louise Colet qui écrira *Lui.*

On croit généralement qu'à partir d'août 1833, les poèmes lyriques sont uniquement inspirés par George Sand. Or, les échos d'autres épisodes sentimentaux retentissent dans ces poèmes. Si la passion malheureuse apporte un chant nouveau, une plainte passionnée, l'amour n'est pas le thème unique; il est le point de départ d'intenses méditations sur la souffrance et la création poétique, sur les oppositions du cœur et de l'esprit, sur la vie et sur l'art, sur la solitude et sur l'espérance, sur l'apaisement et le pardon, sur Dieu et la mort. Après *Rolla,* voici des chefs-d'œuvre poétiques incomparables, ces *Nuits* originales, si différentes de Novalis, si personnelles, que sont *la Nuit de Mai* et *la Nuit de Décembre,* 1835, *la Nuit d'Août,* 1836, *la Nuit d'Octobre,* 1837, ces longs dialogues entre la poésie personnifiée par une Muse vibrante, humaine, et l'être de chair et de sang, soumis à toutes les faiblesses et luttant désespérément. La *Lettre à Lamartine, l'Espoir en Dieu, Souvenir, les Stances à la Malibran* sont d'autres hauts moments de cette existence « tout aux tavernes et aux filles », et qui trahissent des préoccupations moins légères qu'il n'y paraît.

« Et le jour que parut le convive de pierre. »

Passent les années. Tandis que le donjuanisme se poursuit, la gloire qui a saisi Musset au sortir de l'enfance, presque scandaleusement, ne le quitte plus, bien qu'après la trentième année les productions soient courtes et légères : de temps en temps un madrigal, un sonnet comme ceux dédiés à Mme Ménessier-Nodier, une chanson. La tristesse, le désenchantement que traversent des éclairs géniaux. En 1847, après l'avoir joué à Saint-Pétersbourg, Mme Allan, la belle actrice, fait prendre *Un Caprice* au Théâtre français. Et voilà que, alors qu'il ne s'y attendait guère, Musset connaît à la scène le succès qui se refusa à ses débuts. On le découvre, on monte ses comédies. Tout n'est pas bon, si l'on en juge par *Bettine,* 1851, mais les réussites sont incomparables et l'on sait aujourd'hui quelle avance sur son époque avait Musset dans ce domaine.

En fait, il est poète partout, pas seulement dans ses vers. Auprès de la grande poésie, du roman autobiographique, du théâtre, il existe le Musset des douze *Nouvelles et Contes* (*Frédéric et Bernerette, le Fils du Titien, Margot, Histoire d'un merle blanc, Mimi Pinson, Pierre et Camille, la Mouche,* etc.) dont la lecture, à défaut d'être bouleversante, reste fort agréable. On connaît moins le Musset critique, celui d'un livre posthume intitulé *Mélanges de littérature et de critique.* Ses lecteurs y trouveraient, si besoin était, une nouvelle preuve de l'indépendance, de la sûreté de goût et de jugement de Musset. Y sont réunies quatre *Lettres de Dupuis et Cotonet* que l'auteur suppose avoir été écrites par deux provinciaux au directeur de *la Revue des Deux-Mondes.* La première est une critique du romantisme en ce qu'il a d'outrancier, d'extravagant et de variable. Musset annonce que, plagiat pour plagiat, il aime mieux « un beau plâtre pris sur la Diane chasseresse qu'un monstre de bois vermoulu décroché d'un grenier gothique ». L'humanitarisme à la mode, le journalisme-roi, l'esprit du temps font l'objet de ces missives où se montrent le bon sens spirituel et le dédain des conventions d'un homme libre. Rappelons également son essai *De la Tragédie à propos des débuts de mademoiselle Rachel,* son étude de critique artistique : *Un mot sur l'art moderne : Salon de 1836,* des articles de journaux très enlevés, des comédies, *Une matinée de don Juan* et *Faire sans dire,* mais l'on aimerait oublier son discours de réception à l'Académie française mal inspiré par Emmanuel Dupaty.

En effet, le 12 février 1852, Musset était élu chez la dame respectable. Il devait mourir après avoir « perdu sa force et sa vie », avoir entendu « sonner la mort à ses oreilles » le 2 mai 1857. Ayant perdu « ses amis et sa gaieté », peu de personnes suivirent son cercueil.

Telles sont, à gros traits, les étapes de la vie d'un poète qui se voulait classique et qui était peut-être le plus intimement romantique de tous, le moins stoïque, le plus douloureux, et celui qui avait le plus de charme, nous allons le voir en exposant ses grands et petits poèmes qui éveilleront, nous l'espérons, le désir de lire ses œuvres complètes sans cesse rééditées.

Les Premières poésies

« Ce livre est toute ma jeunesse. »

Eₙₜᵣₑ 1829 et 1835, Alfred de Musset écrit les poèmes qu'il réunira sous le titre de *Premières poésies*. Dans cette première partie de son œuvre poétique, on trouve les *Contes d'Espagne et d'Italie,* en vers, c'est-à-dire la matière du premier recueil publié en 1829 alors que le jeune Alfred appartenait encore pour peu de temps au Cénacle.

Sans connaître ni l'Espagne ni l'Italie, il cédait à l'engouement de ses contemporains. Au départ, le recueil ne devait contenir que deux poèmes dramatiques : *Don Paez,* celui d'Espagne, avec pour fond la jalousie, et *Portia,* triomphe de l'amour à l'italienne. Les tenants de l'œuvre à forte densité poétique peuvent être déçus par ces œuvres éloquentes et prosaïques, mais si l'on se reporte à l'époque de leur publication, en plein romantisme libre et flamboyant, après tant de lourdeurs néo-classiques, on peut comprendre que le public acquis à la nouvelle école ait pu être charmé, émerveillé, étonné par ces vers pleins de fantaisie, de pirouettes narquoises, par cet univers d'opéra-comique autour de jalousies, d'adultères, de crimes à ne pas trop prendre au sérieux. Ne dirait-on pas, dans les vers qui suivent, que le jeune Musset s'amuse et rit sous cape d'un bon tour joué à ses aînés romantiques ?

> Les premières clartés du jour avaient rougi
> L'Orient, quand le comte Onorio Luigi
> Rentra du bal masqué. — Fatigue ou nonchalance,
> La comtesse à son bras s'appuyait en silence,
> Et d'une main distraite écartait ses cheveux
> Qui tombaient en désordre et voilaient ses beaux yeux.

Elle s'alla jeter, en entrant dans la chambre,
Sur le bord de son lit. — On était en décembre...

Son éditeur lui conseilla de compléter son recueil. Il ajouta notamment *Mardoche,* conte en vers qui réunit le trio habituel mari-femme-amant, meilleur et plus hardi, le poète pratiquant, au scandale de tous, des enjambements vertigineux :

— Un dimanche (observez qu'un dimanche la rue
Vivienne est tout à fait vide, et que la cohue
Est aux Panoramas, ou bien au boulevard),
Un dimanche matin, une heure, une heure un quart...

Et voici un exemple encore plus effarant :

— Henri huit, révérend, dit Mardoche, fut veuf
De sept reines, tua deux cardinaux, dix-neuf
Évêques, treize abbés, cinq cents prieurs, soixante-
Un chanoines, quatorze archidiacres, cinquante
Docteurs, douze marquis, trois cent dix chevaliers,
Vingt-neuf barons chrétiens, et vingt-six roturiers.

Quelques gentilles impertinences :

J'ai connu, l'an dernier, un jeune homme nommé
Mardoche, qui vivait nuit et jour enfermé.
Ô prodige! il n'avait jamais lu de sa vie
Le *Journal de Paris,* ni n'en avait envie.
Il n'avait vu ni Kean, ni Bonaparte, ni
Monsieur de Metternich; — quand il avait fini
De souper, se couchait, précisément à l'heure
Où (quand par le brouillard la chatte rôde et pleure)
Monsieur Hugo va voir mourir Phébus le blond.
Vous dire ses parents, cela serait trop long.

Et de l'humour juvénile :

Bornez-vous à savoir qu'il avait la pucelle
D'Orléans pour aïeule en ligne maternelle.

Musset ajouta également *les Marrons du feu,* drame, où la célèbre Camargo fait exécuter par un nouvel amant cet abbé Désidério qui l'a abandonnée. Certains critiques ont vu là une parodie d'*Andromaque.* Mais pour l'amateur de poésie, le meilleur des *Contes d'Espagne et d'Italie* qu'on trouve dans les *Premières poésies,* est dans des poèmes plus courts, baignés de pittoresque et de mélancolie, avec ce retrait, cette douce ironie de la voix qui fredonne. La plupart de ces délicieux tableaux ont été célèbres immédiatement après leur publication et on le comprend encore. Ainsi, parmi ses « Chansons à mettre en musique », *l'Andalouse* avec sa double valeur de romance et de poème :

Avez-vous vu, dans Barcelone,
Une Andalouse au sein bruni?
Pâle comme un beau soir d'automne!
C'est ma maîtresse, ma lionne!
La marquesa d'Amaëgui!

J'ai fait bien des chansons pour elle,
Je me suis battu bien souvent.
Bien souvent j'ai fait sentinelle,
Pour voir le coin de sa prunelle,
Quand son rideau tremblait au vent.

Elle est à moi, moi seul au monde.
Ses grands sourcils noirs sont à moi,
Son corps souple et sa jambe ronde,
Sa chevelure qui l'inonde,
Plus longue qu'un manteau de roi!

Ainsi dans ce poème doucement balancé, évocation inoubliable de *Venise* :

Dans Venise la rouge,
Pas un bateau qui bouge,
Pas un pêcheur sur l'eau,
    Pas un falot.

Seul, assis sur la grève,
Le grand lion soulève,
Sur l'horizon serein,
    Son pied d'airain.

Autour de lui, par groupes,
Navires et chaloupes,
Pareils à des hérons
    Couchés en rond,

Dorment sur l'eau qui fume,
Et croisent dans la brume,
En légers tourbillons,
    Leurs pavillons.

La lune qui s'efface
Couvre son front qui passe
D'un nuage étoilé
    Demi-voilé.

La lune, cette lune chère aux romantiques, aux amants nocturnes de l'astre rond prêt pour tous les clichés, il la traitera en gentil iconoclaste dans ce qui représente pour lui un badinage, *Ballade à la lune* :

> C'était, dans la nuit brune,
> Sur le clocher jauni,
> La lune,
> Comme un point sur un i.

Ce « point sur un i » en fera-t-il couler de l'encre! On vit bien que, primesautier, il se moquait des rêveurs, mais avec un art n'ayant rien à envier au Hugo des *Odes et ballades*. A la fois, Musset se montre aussi audacieux que les plus audacieux, et, par le caractère caricatural, par sa moquerie permanente, il se sépare d'une école qu'il remet en question. Il fait surgir, en même temps qu'un point sur un i, un point d'interrogation : ce jeune homme aussi doué que ses aînés écrit-il une œuvre romantique ou une parodie satirique du romantisme? On peut sûrement penser qu'il affirmera à sa manière le triomphe du mouvement en lui ajoutant la corde de la fantaisie et du rire, en attendant que, pris au jeu de la poésie et de la vie, il ne s'y blesse.

Qu'il subisse la mode est indéniable, mais elle ne le gêne aucunement, ne le contraint pas du tout : son tempérament propre, son humeur badine en même temps que sa profondeur sous-jacente s'accommodent de tout. Les romantiques ont recueilli l'héritage de la poésie française·et chacun le reçoit, le métamorphose à sa manière. Sans doute, Musset représente-t-il le caractère le plus national qui soit même s'il refuse la poésie nationale.

Entre ses affleurements légers du romantisme et l'idéalisme méditatif de Lamartine, la solennité lyrique de Hugo, le stoïcisme fier et mélancolique de Vigny, le contraste est immense. Heureusement, Alfred de Musset n'est pas seulement le gandin qui irrite Baudelaire, mais un homme de qualité et surtout un esprit libre.

Ayant montré qu'il peut imiter aussi bien que quiconque les tours médiéval et renaissant en jouant de la syntaxe archaïque et de l'inversion, ayant à son tour éveillé les déesses antiques, il sait se montrer sensible dans des *Stances :*

> Que j'aime à voir, dans la vallée
> Désolée,
> Se lever comme un mausolée
> Les quatre ailes d'un noir moutier!
> Que j'aime à voir, près de l'austère
> Monastère,
> Au seuil du baron feudataire,
> La croix blanche et le bénitier!
>
> Vous, des antiques Pyrénées
> Les aînées,
> Vieilles églises décharnées,
> Maigres et tristes monuments,

> Vous que le temps n'a pu dissoudre,
> Ni la foudre,
> De quelques grands monts mis en poudre
> N'êtes-vous pas les ossements?

Ou encore dans un *Sonnet* qui commence ainsi :

> Que j'aime le premier frisson d'hiver! le chaume,
> Sous le pied du chasseur, refusant de ployer!
> Quand vient la pie aux champs que le foin vert embaume,
> Au fond du vieux château s'éveille le foyer.

Sans doute ne sommes-nous pas éloigné de Lamartine, mais parmi les quatorze vers, on trouve brusquement ce cri : « — *Et toi, ma vie, et toi!* »

Un poème, *les Secrètes pensées de Rafaël,* montre qu'il sait être à l'école des vieux satiriques et qu'il a pu, comme Hugo, apprécier Mathurin Régnier :

> Ô vous race des dieux, phalange incorruptible,
> Électeurs brevetés des morts et des vivants;
> Porte-clefs éternels du mont inaccessible,
> Guindés, guédés, bridés, confortables pédants!
> Pharmaciens du bon goût, distillateurs sublimes,
> Seuls vraiment immortels, et seuls autorisés;
> Qui, d'un bras dédaigneux, sur vos seins magnanimes,
> Secouant le tabac de vos jabots usés,
> Avez toussé, — soufflé, — passé sur vos lunettes
> Un parement brossé, pour les rendre plus nettes,
> Et, d'une main soigneuse ouvrant l'in-octavo,
> Sans partialité, sans malveillance aucune,
> Sans vouloir faire cas ni des ha! ni des ho!
> Avez lu posément — la Ballade à la lune!!!
>
> Maîtres, maîtres divins, où trouverai-je, hélas!
> Un fleuve où me noyer, une corde où me pendre,
> Pour avoir oublié de faire écrire au bas :
> *Le public est prié de ne pas se méprendre...*
> Chose si peu coûteuse et si simple à présent,
> Et qu'à tous les piliers on voit à chaque instant!
> *Ah! povero ohimé!* — Qu'a pensé le beau sexe?
> On dit, maîtres, on dit qu'alors votre sourcil,
> En voyant cette lune, et ce point sur cet i,
> Prit l'effroyable aspect d'un accent circonflexe!

On ne se moque pas mieux et avec autant de juvénilité. Et cela dure encore pendant bien des vers riches de trouvailles joyeuses.

Ailleurs, Musset multiplie dans ses titres les adresses aux dames qui passent dans sa vie ou dans son imagination : *A Pépa, A Juana, A Julie, A Laure,* et aussi à ses amis qui reçoivent des poèmes familiers, Édouard Bocher ou le cher Alfred Tattet. C'est dans ce même recueil des *Premières poésies* qu'on trouve *le Saule*, « fragment », poème moins original avec ce thème du jeune ténébreux qui, pénétrant dans le couvent où la jeune fille qu'il a séduite s'est retirée, reçoit son dernier soupir. Cela reste souvent prosaïque, même si l'éloquence et l'agilité éloignent l'ennui.

Suit ce *Spectacle dans un fauteuil* dont nous avons parlé. Le lecteur est convié au théâtre sans se déplacer :

> Mon livre, un ami lecteur, t'offre une chance égale.
> Il te coûte à peu près ce que coûte une stalle;
> Ouvre-le sans colère, et lis-le d'un bon œil.

Dans *la Coupe et les lèvres* ou dans *A quoi rêvent les jeunes filles?* (Musset a le don des titres originaux) qui font penser à un Marivaux tourné vers l'idéal romantique plus qu'à Ossian dont le poète emprunte la lyre au passage, on se rattache donc au théâtre, même si ces pièces se veulent injouables. Il s'agit avant tout de nouvelles confessions où Musset apparaît à travers des personnages à son image qui sont Franck, Sylvio ou Hassan, incarnation de Don Juan dans *Namouna*. Rappelons que ce *Spectacle dans un fauteuil* plut à Sainte-Beuve qui y vit le sommet de l'art de Musset. Le conte oriental de *Namouna* se rattache à *la Coupe et les lèvres* : Hassan, comme le chasseur Franck, est partagé entre la figure idéale de l'amour et ses succès faciles. Une fois de plus, on trouve le mythe de Don Juan allant de femme en femme à la recherche de celle qui pourrait l'arracher à cette odyssée amoureuse.

Il se peut que ces dialogues dramatiques, ces histoires en vers agacent aujourd'hui parce que le poète y bavarde beaucoup et se regarde écrire comme on s'écoute parler. Des digressions sont trop longues et mal venues, mais on ne peut rejeter ce qui est inimitable : le ton de jeunesse, la désinvolture, la finesse, la pudeur d'un désespoir se cachant derrière la fantaisie. Badinage à la Marot, tours marivaudesques, coulée de la phrase en vers comme chez La Fontaine, on peut s'arrêter à cela qui n'est pas si mal, mais en plus nous trouvons de bonnes peintures de personnages et, sans qu'il y paraisse trop, car rien n'est appuyé, les plus belles figures de héros romanesques ou romantiques.

Le poème liminaire *Dédicace* éclaire le caractère et l'art du poète. Ces extraits peuvent en donner au moins une idée :

> On n'écrit pas un mot que tout l'être ne vibre.

> Je ne fais pas grand cas, pour moi, de la critique.
> Toute mouche qu'elle est, c'est rare qu'elle pique.

Je ne me suis pas fait écrivain politique,
N'étant pas amoureux de la place publique.

D'ailleurs, il n'entre pas dans mes prétentions
D'être l'homme du siècle et de ses passions.

Vous me demanderez si j'aime ma patrie.
Oui; — j'aime fort aussi l'Espagne et la Turquie.
Je ne hais pas la Perse, et je crois les Indous
De très honnêtes gens qui boivent comme nous.

Vous me demanderez si je suis catholique.
Oui; — j'aime fort aussi les dieux Lath et Nésu.

Vous me demanderez si j'aime la sagesse.
Oui; — j'aime fort aussi le tabac à fumer.
J'estime le bordeaux, surtout dans sa vieillesse;
J'aime tous les vins francs, parce qu'ils font aimer.

Vous me demanderez si j'aime la nature.
Oui; — j'aime fort aussi les arts et la peinture.

Doutez de tout au monde, et jamais de l'amour.

On trouve même après toutes ces parties qu'il développe avec humour, un petit art poétique :

Vous trouverez, mon cher, mes rimes bien mauvaises;
Quant à ces choses-là, je suis un réformé.
Je n'ai plus de système, et j'aime mieux mes aises;
Mais j'ai toujours trouvé honteux de cheviller.

Si le temps n'est pas venu encore du vers libre et du dédain du « bijou d'un sou » qu'est la rime, Musset ne cherche pas la rime riche et le dit ironiquement :

Gloire aux auteurs nouveaux, qui veulent à la rime
Une lettre de plus qu'il n'en fallait jadis!

Dès 1829, il disait : « Je ne comprends pas que, pour faire un vers, on s'amuse à commencer par la fin, en remontant le courant, tant bien que mal, de la dernière syllabe à la première, autrement dit de la rime à la raison, au lieu de descendre naturellement de la pensée à la rime. Ce sont là des jeux d'esprits avec lesquels on s'accoutume à voir dans les mots autre chose que le symbole des idées. »

Dès les *Premières poésies,* on voit que Musset est à la merci de ses émotions propres et que ce sont elles qui le dirigent dans son art. C'est pourquoi il échappe à l'enlisement, au risque de s'imiter soi-

même, et aussi à ce qu'il peut y avoir de factice dans un renouvellement lyrique qui n'est pas motivé par des besoins profonds. Et
lorsque le recueil se referme sur ces trois derniers vers :

> Mais le hasard peut tout, — et ce qu'on lui voit faire
> Nous a souvent appris que le bonheur sur terre
> Peut n'avoir qu'une nuit, comme la gloire un jour.

lorsqu'on ouvre le volume des *Poésies nouvelles,* dès *Rolla,* bien que
ce poème se rattache aux *Premières poésies,* on trouve un ton nouveau : celui que la vie et la douleur ont dicté au poète.

3

Les Poésies nouvelles

« Un soir, nous étions seuls... »

L E récit en vers *Rolla* est né d'un fait divers : le suicide d'un joueur, habitué du *Café de Paris,* homme connu de Musset. Son frère Paul témoigne de « ce lugubre épisode qui ne fut pas étranger à la conception de *Rolla* » en ces termes : « Un soir, on apprit qu'un des habitués de la réunion ne viendrait plus. Le bruit courut qu'il avait pris avec lui-même l'engagement de se brûler la cervelle le jour où il aurait perdu ou dépensé son dernier louis, et que, ce moment venu, il s'était tenu parole. » Le frère du poète rappelle aussi dans sa *Biographie* comment *Rolla* fut accueilli : « Après la publication des *Caprices de Marianne,* Alfred se trouvait un matin chez Mᵐᵉ Tattet, la mère. MM. Sainte-Beuve, Antony Deschamps, Ulric Guttinguer et plusieurs autres littérateurs assistaient à ce déjeuner [...]. Quand le dessert fut servi on lui demanda des vers et il récita la première partie d'un poème inédit. C'est *Rolla* dont il n'avait encore parlé qu'à son frère. L'auditoire accueillit cette poésie avec des transports de joie. » Ce poème étrange, qui ouvre *les Poésies nouvelles,* offre des passages souvent cités. Dès le début, il surprend par son ampleur :

> Regrettez-vous le temps où le ciel sur la terre
> Marchait et respirait dans un peuple de dieux;
> Où Vénus Astarté, fille de l'onde amère,
> Secouait, vierge encor, les larmes de sa mère,
> Et fécondait le monde en tordant ses cheveux?
> Regrettez-vous le temps où les Nymphes lascives
> Ondoyaient au soleil parmi les fleurs des eaux,
> Et d'un éclat de rire agaçaient sur les rives
> Les Faunes indolents couchés dans les roseaux?
> Où les sources tremblaient des baisers de Narcisse?

Nous sommes là entre La Fontaine et Valéry. Par la suite, on trouve un ton nouveau, inquiet, désemparé qui fait oublier quelque emphase. C'est encore le thème de l'homme blasé, impur, en proie à ses mauvais démons, avec une interrogation soudaine : celle de l'être en danger qui, dans un sursaut désespéré, tente de se sauver, de recourir à la foi perdue, de se rattacher à l'amour purificateur de la femme ou au salut par le souvenir d'une enfance préservée. Et le poète, attaquant Voltaire, s'en prend au scepticisme contagieux :

> Dors-tu content, Voltaire, et ton hideux sourire
> Voltige-t-il encor sur tes os décharnés ?
> Ton siècle était, dit-on, trop jeune pour te lire ;
> Le nôtre doit te plaire, et tes hommes sont nés.
> Il est tombé sur nous, cet édifice immense
> Que de tes larges mains tu sapais nuit et jour.

Après un dialogue avec Marie, Rolla prend le flacon du suicide, le vide, embrasse celle qu'il aime :

> Dans ce chaste baiser son âme était partie,
> Et, pendant un moment, tous deux avaient aimé.

L'univers du double jeu : celui du tapis vert et celui de la vie, se retrouve dans *Une bonne fortune,* poème né d'un séjour à Bade où

> Là, du soir au matin, roule le grand *peut-être,*
> Le hasard, noir flambeau de ces siècles d'ennui,
> Le seul qui dans le ciel flotte encore aujourd'hui.

Dans l'élégie *Lucie,* des vers comme

> Fille de la douleur, harmonie ! harmonie !
> Langue que pour l'amour inventa le génie !
> Qui nous vint d'Italie, et qui lui vint des cieux !

sont précédés et suivis de ce sixain célèbre avec sa douceur de romance :

> Mes chers amis, quand je mourrai,
> Plantez un saule au cimetière.
> J'aime son feuillage éploré ;
> La pâleur m'en est douce et chère,
> Et son ombre sera légère
> A la terre où je dormirai.

Les Quatre Nuits.

Et vient dans le recueil la surprise de *la Nuit de Mai :* « Poète, prends ton luth et me donne un baiser. » Ces quatre *Nuits* représentent dans notre poésie un phénomène unique. Elles donnent la meilleure idée de ce que peut être un poète inspiré qui rencontre vraiment sa muse, sans qu'il y ait rien là de laborieux, de forcé, d'attendu. Il y a en fait dédoublement du poète, celui qui s'affirme dans *la Nuit de Décembre* et ce sont des dialogues entre Musset et Musset, ce qui leur donne vérité, couleur et surtout cette coulée naturelle qui charme le lecteur. On a parfois voulu trouver dans les *Nuits* les étapes d'un itinéraire spirituel et on a tenté par des exégèses de leur trouver une suite et une progression. Elles viennent du cœur, de l'inspiration du moment, elles naissent de l'émotion, elles ne sont nullement forcées, elles sortent des sentiers battus de toute logique. Projection de la dualité du poète, elles forment une musique de voix opposées, avec chacune sa mesure, ses timbres, ses sonorités du grave à l'aigu, ses couleurs du bleu de ciel au noir infernal, ses épisodes de la blessure à l'espérance, de la souffrance à la création. C'est la face d'ombre et la face de lumière dialoguant. Comme dans ses pièces où les personnages parlent presque toujours deux à deux, le même dialogue se retrouve ici.

Il est heureux que ces *Nuits* ne se ressemblent pas, que Musset, comme l'aurait fait un contemporain de Saint-Lambert ou de Delille, n'ait pas cherché à couvrir les douze mois de l'année. Quelques mots sur la naissance de la première de ces œuvres, *la Nuit de Mai :* c'est le moment où Musset dit avoir cloué dans la bière sa première jeunesse, sa paresse et sa vanité. Il dit : « Je crois sentir enfin que ma pensée, comme une plante qui a été longtemps arrosée, a puisé dans la terre des sucs pour croître au soleil. Il me semble que je vais bientôt parler et que j'ai quelque chose dans l'âme qui demande à sortir. » Ce qui demandait à sortir, nous apprend Paul de Musset, c'était *la Nuit de Mai* qui ajoute : « Il avait, comme *Fantasio,* le mois de mai sur les joues. » Ces *Nuits* seront préparées avec apparat : à la lueur des flambeaux, avec deux couverts pour que la place de la muse soit marquée. Cela fait sourire peut-être, mais quelle adolescence dans cette préparation à l'écriture ! Écoutons le début de cette *Nuit* printanière :

La Muse

Poète, prends ton luth et me donne un baiser ;
La fleur de l'églantier sent ses bourgeons éclore,
Le printemps naît ce soir ; les vents vont s'embraser ;
Et la bergeronnette, en attendant l'aurore,
Aux premiers buissons verts commence à se poser.
Poète, prends ton luth et me donne un baiser.

Le Poète

Comme il fait noir dans la vallée !
J'ai cru qu'une forme voilée

Flottait là-bas sur la forêt.
Elle sortait de la prairie;
Son pied rasait l'herbe fleurie;
C'est une étrange rêverie;
Elle s'efface et disparaît.

La Muse

Poète, prends ton luth; la nuit, sur la pelouse,
Balance le zéphyre dans son voile odorant.
La rose, vierge encor, se referme jalouse
Sur le frelon nacré qu'elle enivre en mourant.
Écoute! tout se tait; songe à ta bien-aimée.
Ce soir, sous les tilleuls, à la sombre ramée
Le rayon du couchant laisse un adieu plus doux.
Ce soir, tout va fleurir : l'immortelle nature
Se remplit de parfums, d'amour et de murmure,
Comme le lit joyeux de deux jeunes époux.

Le Poète

Pourquoi mon cœur bat-il si vite?
Qu'ai-je donc en moi qui s'agite
Dont je me sens épouvanté?
Ne frappe-t-on pas à ma porte?
Pourquoi ma lampe à demi morte
M'éblouit-elle de clarté?
Dieu puissant! tout mon corps frissonne.
Qui vient? qui m'appelle? — Personne.
Je suis seul; c'est l'heure qui sonne;
Ô solitude! ô pauvreté!

On trouve dans la Nuit de Mai une souffrance prostrée qui cherche un secours dans l'art purificateur tandis que la musique en est fraîche, animée et limpide. D'aucuns souriront au passage de la fable du pélican peu conforme aux sciences naturelles, les mêmes qui sourient de La Fontaine, comme ils se gausseront avec plus de vérité du Rhin allemand. Par-delà le détail, la Nuit de Mai parle encore au poète du temps présent.

La Nuit de Décembre, celle de la solitude, de l'angoisse, a quelque chose de funèbre : c'est le spectre de la jeunesse qui apparaît dans cette odyssée où surgit toujours, effrayant, l'inconnu, l'autre. Le jeune homme qui lira :

Du temps que j'étais écolier,
Je restais un soir à veiller
Dans notre salle solitaire.
Devant ma table vint s'asseoir
Un pauvre enfant vêtu de noir,
Qui me ressemblait comme un frère.

Son visage était triste et beau :
A la lueur de mon flambeau,
Dans mon livre ouvert il vint lire.
Il pencha son front sur sa main,
Et resta jusqu'au lendemain,
Pensif, avec un doux sourire.

ne restera pas insensible à ce tableau que chacun a pu surprendre dans sa vie. La narration poétique est coulante, simple et en même temps efficace. Villon se racontant prenait ce ton. Le lecteur se posera peut-être à son tour cette question :

Qui donc es-tu? — Tu n'es pas mon bon ange,
Jamais tu ne viens m'avertir.
Tu vois mes maux (c'est une chose étrange!)
Et tu me regardes souffrir.
Depuis vingt ans tu marches dans ma voie,
Et je ne saurais t'appeler.
Qui donc es-tu, si c'est Dieu qui t'envoie?
Tu me souris sans partager ma joie,
Tu me plains sans me consoler!

et la Vision lui dira son nom dans ce final digne du début :

— Ami, notre père est le tien.
Je ne suis ni l'ange gardien,
Ni le mauvais destin des hommes.
Ceux que j'aime, je ne sais pas
De quel côté s'en vont leurs pas
Sur ce peu de fange où nous sommes.

Je ne suis ni dieu ni démon,
Et tu m'as nommé par mon nom
Quand tu m'as appelé ton frère;
Où tu vas, j'y serais toujours,
Jusques au dernier de tes jours,
Où j'irai m'asseoir sur ta pierre.

Le ciel m'a confié ton cœur.
Quand tu seras dans la douleur,
Viens à moi sans inquiétude.
Je te suivrai sur le chemin;
Mais je ne puis toucher ta main,
Ami, je suis la Solitude.

Cette *Nuit de Décembre* fut écrite après la rupture avec la dame des stances *A Ninon*. On sait que Musset commença une *Nuit de Juin* qui fut interrompue. *La Nuit d'Août* fut écrite selon le même cérémonial romantique que les autres dans un état d'exaltation. Le poète veut vivre, aimer, et il y a plus d'animation, de la joie même. C'est le chant de l'amour douloureux, mais triomphant :

Ô Muse! que m'importe ou la mort ou la vie?
J'aime, et je veux pâlir; j'aime et je veux souffrir;
J'aime, et pour un baiser je donne mon génie;
J'aime, et je veux sentir sur ma joue amaigrie
Ruisseler une source impossible à tarir.

J'aime, et je veux chanter la joie et la paresse,
Ma folle expérience et mes soucis d'un jour,
Et je veux raconter et répéter sans cesse
Qu'après avoir juré de vivre sans maîtresse,
J'ai fait serment de vivre et de mourir d'amour.

Dépouille devant tous l'orgueil qui te dévore,
Cœur gonflé d'amertume et qui t'es cru fermé.
Aime, et tu renaîtras; fais-toi fleur pour éclore.
Après avoir souffert, il faut souffrir encore;
Il faut aimer sans cesse, après avoir aimé.

« Qu'as-tu fait de ta vie et de ta liberté? » demande la muse et
l'on pense à Verlaine : « Dis, qu'as-tu fait toi que voilà? » Malgré
l'intervalle de deux années qui sépare la composition de *la Nuit
d'Octobre* de *la Nuit d'Août,* elle semble la suivre. Malgré les ran-
cœurs de l'amant trompé le poème va vers la résignation et le
pardon :

Le Poète

Le mal dont j'ai souffert s'est enfui comme un rêve.
Je n'en puis comparer le lointain souvenir
Qu'à ces brouillards légers que l'aurore soulève,
Et qu'avec la rosée on voit s'évanouir.

La Muse

Qu'aviez-vous donc, ô mon poète!
Et quelle est la peine secrète
Qui de moi vous a séparé?
Hélas! je m'en ressens encore.
Quel est donc ce mal que j'ignore
Et dont j'ai si longtemps pleuré?

Le Poète

C'est un mal vulgaire et bien connu des hommes;
Mais, lorsque nous avons quelque ennui dans le cœur,
Nous nous imaginons, pauvres fous que nous sommes,
Que personne avant nous n'a senti la douleur.

La Muse

Il n'est de vulgaire chagrin
Que celui d'une âme vulgaire.
Ami, que ce triste mystère
S'échappe aujourd'hui de ton sein...

Il est significatif que cette *Nuit d'Octobre* se termine comme a
commencé celle de Mai; sur une renaissance :

> — Et maintenant, blonde rêveuse,
> Maintenant, Muse, à nos amours!
> Dis-moi quelque chanson joyeuse,
> Comme au premier temps des beaux jours.
> Déjà la pelouse embaumée
> Sent les approches du matin;
> Viens éveiller ma bien-aimée,
> Et cueillir les fleurs du jardin.
> Viens voir la nature immortelle
> Sortir des voiles du sommeil;
> Nous allons renaître avec elle
> Au premier rayon du soleil!

Les *Nuits* de Musset sont le chef-d'œuvre du lyrisme sentimental, le lieu où se rejoignent souffrance et création. Par ces poèmes
comme par *l'Espoir en Dieu* et quelques autres, le Musset le plus
grand s'affirme : celui qui se hisse au niveau des interrogateurs et
n'est pas éloigné de Baudelaire. On n'oubliera pas après une lecture la beauté du rythme et de la musique des vers, la limpidité de
l'expression avec ce rien de romance qui transparaît dans les vers
courts. Limpidité, grâce, éclat...

L'Espoir.

Musset cherche toujours une voix qui lui réponde et sans doute
est-ce pour cela que lorsque qu'il n'écrit pas des dialogues, il
cherche à en entreprendre avec d'autres. Après une lecture des
Méditations, il ne résiste pas au désir d'écrire en alexandrins la
Lettre à M. de Lamartine dans laquelle il jette l'admiration de toute
une génération :

> Qui de nous, Lamartine, et de notre jeunesse,
> Ne sait par cœur ce chant, des amants adorés,
> Qu'un soir, au bord d'un lac, tu nous as soupiré?

Après cela, Lamartine invita Musset et leurs relations durèrent
quelques mois. Le poète du *Lac* commença une réponse qu'il ne
termina pas. Et puis, Lamartine, vieilli, considérait cela d'assez
loin. En 1850, Musset écrivait qu'il le traitait encore « en enfant ».
L'Espoir en Dieu est moins anecdotique, mais plus important.
Après *la Nuit de Mai,* ce poème traduit un nouvel effort vers un
idéal chrétien qui se refuse. Le chemin est long de l'épicurisme au
jansénisme et le poète n'a pas assez de forces pour le parcourir.

Mais cet homme qui se prend à douter garde l'espoir de la seule certitude qui pourrait le sauver. On pense au pari de Pascal :

> Si le ciel est désert, nous n'offensons personne;
> Si quelqu'un nous entend, qu'il nous prenne en pitié!

Très belles et fluides sont les *Stances à la Malibran,* cette éloquente élégie dédiée à une comédienne inspirée plus que soumise aux règles du métier et qui commit, comme lui, les mêmes imprudences romantiques :

> Ne savais-tu donc pas, comédienne imprudente,
> Que ces cris insensés qui te sortaient du cœur
> De ta joue amaigrie augmentaient la pâleur?
> Ne savais-tu donc pas que, sur ta tempe ardente,
> Ta main de jour en jour se posait plus tremblante
> Et que c'est tenter Dieu que d'aimer la douleur?

Dans le poème *Souvenir* où George Sand apparaît en filigrane, le ton est proche du *Lac* ou de la *Tristesse d'Olympio.* La nature berce le lyrisme, le rythme est apaisé. Dans ce désir d'immortaliser un amour, l'influence des aînés est forte :

> J'espérais bien pleurer, mais je croyais souffrir
> En osant te revoir; place à jamais sacrée,
> Ô la plus chère tombe et la plus ignorée
>   Où dorme un souvenir.

> . . . .

> Les voilà, ces coteaux, ces bruyères fleuries,
> Et ces pas argentins sur le sable muet,
> Ces sentiers amoureux, remplis de causeries,
>   Où son bras m'enlaçait.

> Les voilà, ces sapins à la sombre verdure,
> Cette gorge profonde aux nonchalants détours,
> Ces sauvages amis, dont l'antique murmure
>   A bercé mes beaux jours.

Tableaux classiques.

Dans ces *Poésies nouvelles,* le premier Musset n'a pas disparu : celui de la fantaisie, de la verve, de la satire, des contes et des romances, le Musset à l'esprit français.

Nous sommes éloignés du haut lyrisme nocturne quand il fait dialoguer deux pauvres bohèmes *Durand et Dupont* avec réalisme. Durand, poète ossianique en mal d'éditeur, se flatte de ne jamais avoir écrit un livre en bon français, ce qui est pour Musset une occasion de se moquer des romantiques germanolâtres. Son interlocuteur, Dupont, est plus touchant en ce qu'il nourrit le grand rêve humanitaire du siècle, ce dont Musset se sert pour brosser un tableau des utopies sociales : Lamennais, Fourier, Enfantin. Plus que cela qui n'est guère plaisant, on retient le côté XVIIᵉ siècle de Musset mettant en scène des poètes crottés comme au temps de Scarron et de Saint-Amant.

Un autre poème se relie aussi à ce temps lointain : *Sur la paresse,* écrit à partir de quatre vers de Mathurin Régnier dont Musset se fait le disciple. Ici, il grince quelque peu, laisse sans doute passer quelque irritation devant son siècle. Ce Régnier qui se redressait « comme un serpent dans l'herbe » pour une balourdise de Malherbe, qui rossait Berthelot de sa main,

> Oui, mon cher, ce même homme, et par la raison même
> Que son cœur débordant poussait tout à l'extrême,
> Et qu'au moindre sujet qui venait l'animer
> Sachant si bien haïr, il savait tant aimer,
> Il eût trouvé ce siècle indigne de satire,
> Trop vain pour en pleurer, trop triste pour en rire,
> Et, quel qu'en fût son rêve, il l'eût voulu garder,
> Il n'est que trop facile, à qui sait regarder,
> De comprendre pourquoi tout est malade en France;
> Le mal des gens d'esprit, c'est leur indifférence,
> Celui des gens de cœur, leur inutilité.

Molière est dans ce poème. Il est plus encore dans *Une soirée perdue :*

> J'étais seul, l'autre soir, au Théâtre-Français,
> Ou presque seul; l'auteur n'avait pas grand succès.
> Ce n'était que Molière...

Et voici qu'une apparition féminine rappelle au spectateur deux vers d'André Chénier. Il n'en faut pas plus pour que se rallume le cœur éteint du poète aux yeux blasés. Un autre poème s'en rapproche, *Après une lecture* (celle de Leopardi) avec son exposé d'une poétique que nous connaissons déjà et qui ne change guère au cours des années. Le plus classique des romantiques a des formules originales et durables parce qu'accordées à son temps :

> Vive le vieux roman, vive la page heureuse
> Que tourne sur la mousse une belle amoureuse!
> Vive d'un doigt coquet le livre déchiré,
> Qu'arrose dans le bain le robinet doré!
> Et, que tous les pédants frappent leur tête creuse,
> Vive le mélodrame où Margot a pleuré.

Il jouera de l'*Idylle* comme les bergers anciens dans un dialogue entre Rodolphe et Albert. *Silvia,* comme *Simone,* est un délassement à la manière de Boccace. Deux imitations d'Horace s'adressent à Lydie. On ne saurait oublier des poèmes de circonstance comme celui *Sur la Naissance du comte de Paris* ou les stances du *Treize Juillet,* des poèmes à Sainte-Beuve ou Charles Nodier, des rondeaux à la manière de jadis, et surtout des sonnets qui figurent parmi les plus beaux de la poésie française.

Chansons et sonnets.

Les œuvres légères ont, dans leur genre mineur, autant de qualité qu'ont les grandes œuvres graves comme les *Nuits* ou *l'Espoir en Dieu.* Nous verrons que le xixe siècle fut riche en chansonniers et en chansons. Celles de Musset sont parmi les plus belles. Il reste la douceur de l'ancien temps dans cette *Chanson de Fortunio :*

> Si vous croyez que je vais dire
> Qui j'ose aimer,
> Je ne saurais pour un empire
> Vous la nommer.
>
> Nous allons chanter à la ronde,
> Si vous voulez,
> Que je l'adore et qu'elle est blonde
> Comme les blés.
> . . . .
> Mais j'aime trop pour que je die
> Qui j'ose aimer,
> Et je veux mourir pour ma mie
> Sans la nommer.

Les sonorités chères à l'époque sont dans cette *Chanson :*

> A Saint-Blaise, à la Zuecca,
> Vous étiez, vous étiez bien aise
> A Saint-Blaise.
> A Saint-Blaise, à la Zuecca,
> Nous étions bien là.

Dans *la Chanson de Barberine,* un autre écho du temps, avec ce rien moyenâgeux :

> Beau chevalier qui partez pour la guerre,
> Qu'allez-vous faire
> Si loin d'ici?
> Voyez-vous pas que la nuit est profonde,
> Et que le monde
> N'est que souci?

Cette légèreté se retrouve dans de courts poèmes comme *A une fleur* ou *Adieu!,* mais si le poète répond par un *Impromptu* à cette question : « Qu'est-ce que la poésie? » cela ne va pas sans quelques banalités :

> Chasser tout souvenir et fixer la pensée,
> Sur un bel axe d'or la tenir balancée,
> Incertaine, inquiète, immobile, pourtant;
> Éterniser peut-être un rêve d'un instant;
> Aimer le vrai, le beau, chercher leur harmonie;
> Écouter dans son cœur l'écho de son génie;
> Chanter, rire, pleurer, seul, sans but, au hasard;
> D'un sourire, d'un mot, d'un soupir, d'un regard
> Faire un travail exquis, plein de crainte et de charme,
>   Faire une perle d'une larme :
> Du poète ici-bas voilà la passion,
> Voilà son bien, sa vie et son ambition.

Heureusement, les *Nuits* nous disent plus et mieux. On préfère que Musset garde le ton de la chanson et il sait le garder jusque dans des poèmes en alexandrins, ce qui est habile :

> Si je vous le disais pourtant, que je vous aime,
> Qui sait, brune aux yeux bleus, ce que vous en diriez?
> L'amour, vous le savez, cause une peine extrême;
> C'est un mal sans pitié que vous plaignez vous-même;
> Peut-être cependant que vous m'en puniriez.
>
> Si je vous le disais, que six mois de silence
> Cachent de longs tourments et des vœux insensés :
> Ninon, vous êtes fine, et votre insouciance
> Se plaît, comme une fée, à deviner d'avance;
> Vous me répondriez peut-être : Je le sais.

« Si je vous le disais... » : à partir de cet hémistiche, Musset multiplie les variations amoureuses *A Ninon*. Il sait être charmant, enjôleur, séducteur. Que représente pour lui la femme? Un objet, comme on dit aujourd'hui, oui, mais un objet d'art. Comme dit Jacques Bens : « Musset considérait les femmes comme un art et pas comme un élément du confort domestique. Il aimait les femmes comme on aime la peinture, la musique, la poésie. » On ajoute : comme Musset aimait la souffrance, la souffrance qui accompagne la passion.

Ses sonnets, *le Fils du Titien, Béatrix Donato* ou *Jamais* sont des réussites :

> Jamais, avez-vous dit, tandis qu'autour de nous
> Résonnait de Schubert la plaintive musique;
> Jamais, avez-vous dit, tandis que, malgré vous,
> Brillait de vos grands yeux l'azur mélancolique.
>
> Jamais, répétiez-vous, pâle et d'un air si doux
> Qu'on eût cru voir sourire une médaille antique.

Mais des trésors secrets l'instinct fier et pudique
Vous couvrit de rougeur, comme un voile jaloux.

Quel mot vous prononcez, marquise, et quel dommage!
Hélas! je ne voyais ni ce charmant visage,
Ni ce divin sourire, en vous parlant d'aimer.

Vos yeux bleus sont moins doux que votre âme n'est belle.
Même en les regardant, je ne regrettais qu'elle,
Et de voir dans sa fleur un tel cœur se fermer.

Par Musset, le classicisme trouve des prolongements au
XIXe siècle et parfois on pense, quelques tournures mises à part, se
retrouver au temps de Voltaire; ainsi dans ces *Adieux à Suzon* :

Adieu, Suzon, ma rose blonde,
Qui m'as aimé pendant huit jours;
Les plus courts plaisirs de ce monde
Souvent font les meilleures amours.
Sais-je, au moment où je te quitte,
Où m'entraîne mon astre errant?
Je m'en vais bien pourtant, ma petite,
        Bien loin, bien vite,
        Toujours courant.

Si l'on cite le *Sonnet au lecteur* qui clôt le livre des *Poésies nouvelles,*
c'est avec quelque regret, car il est indigne des grands moments de
l'ouvrage :

Jusqu'à présent, lecteur, suivant l'antique usage,
Je te disais bonjour à la première page.
Mon livre, cette fois, se ferme moins gaiement;
En vérité, ce siècle est un mauvais moment.

Tout s'en va, les plaisirs et les mœurs d'un autre âge,
Les rois, les dieux vaincus, le hasard triomphant,
Rosalinde et Suzon qui me trouvent trop sage,
Lamartine vieilli qui me traite en enfant.

La politique, hélas! voilà notre misère.
Mes meilleurs ennemis me conseillent d'en faire.
Être rouge ce soir, blanc demain, ma foi, non.

Je veux, quand on m'a lu, qu'on puisse me relire.
Si deux noms, par hasard, s'embrouillent sur ma lyre,
Ce ne sera jamais que Ninette ou Ninon.

Nostalgie pour nostalgie, nous préférons terminer ce court
voyage parmi *les Poésies nouvelles* par son plus admirable sonnet,
Tristesse :

J'ai perdu ma force et ma vie,
Et mes amis et ma gaieté;
J'ai perdu jusqu'à la fierté
Qui faisait croire à mon génie.

Quand j'ai connu la Vérité,
J'ai cru que c'était une amie;
Quand je l'ai comprise et sentie,
J'en étais déjà dégoûté.

Et pourtant elle est éternelle,
Et ceux qui se sont passés d'elle
Ici-bas ont tout ignoré.

Dieu parle, il faut qu'on lui réponde.
Le seul bien qui me reste au monde
Est d'avoir quelquefois pleuré.

De Musset, outre *les Premières poésies* et *les Poésies nouvelles,* il existe nombre de poèmes réunis sous les titres : *Poésies complémentaires, Poésies posthumes, Fragments de poésies,* qu'on trouve dans ses recueils. L'ami de la poésie se doit de les lire, s'il veut retrouver une voix chère, mais ils ne contiennent pas de poèmes à la hauteur des plus grands de ses recueils majeurs. Leur contenu est plus historique que poétique. Pourtant le glaneur peut faire quelques trouvailles. Un des poèmes les plus connus s'y trouve. Ce sont les *Derniers vers :*

L'heure de ma mort, depuis dix-huit mois,
De tous les côtés sonne à mes oreilles,
Depuis dix-huit mois d'ennuis et de veilles,
Partout je la sens, partout je la vois.

Plus je me débats contre ma misère,
Plus s'éveille en moi l'instinct du malheur;
Et, dès que je veux faire un pas sur la terre,
Je sens tout à coup s'arrêter mon cœur.

Ma force à lutter s'use et se prodigue.
Jusqu'à mon repos, tout est un combat;
Et, comme un coursier brisé de fatigue,
Mon courage éteint chancelle et s'abat.

Musset aimé et détesté.

Doué de trop de dons, physiques, intellectuels, artistiques, il pouvait susciter des jalousies. Bien qu'il eût écrit dans son discours de réception académique : « Je ne me suis jamais brouillé qu'avec moi-même », son caractère déplut à beaucoup. Héritier d'une tradition classique en temps de rénovation, Français jusqu'à en être Gaulois, ne se voulant dupe de rien, avec sa sensibilité à fleur de peau, son côté enfant qui veut qu'on le plaigne et qu'on l'aime, il n'est pas fait pour plaire à des esprits virils, à des combattants, à des poètes engagés, à ceux qui cherchent dans la poésie une philosophie élevée.

En son temps, Delacroix le trouve incolore. Pour Latouche, il « brise les illusions »; pour Chateaubriand, c'est un alcoolique; pour Victor Hugo, sa réputation n'est qu'un caprice de la mode et il lui donne, lui aussi, le sobriquet de « Miss Byron ». Le plus sévère est Baudelaire, peut-être secrètement envieux d'un dandysme qu'il a lui-même recherché : « Excepté à l'âge de la première communion... je n'ai jamais pu souffrir ce maître des gandins, son impudence d'enfant gâté, qui invoque le ciel et l'enfer pour des aventures de table d'hôte, son torrent bourbeux de fautes de grammaire et de prosodie. »

Au XIXe siècle, il y aura cependant bien des opinions favorables comme celle de Taine : « Y eut-il jamais accent plus vivant et plus vrai? Celui-là au moins n'a jamais menti. Il n'a dit que ce qu'il sentait. Il a pensé tout haut. Il a fait la confession de tout le monde. On ne l'a point admiré, on l'a aimé; c'était plus qu'un poète, c'était un homme. » Écoutons encore quelques voix. Maxime Du Camp : « Il a dû à ces heures d'orage et de douloureuse agonie de laisser échapper en quelques *Nuits* immortelles des accents qui ont fait vibrer tous les cœurs, et que rien n'abolira. Tant qu'il y aura une France et une poésie française, les flammes de Musset vivront. » En 1877, Barbey d'Aurevilly fait le point : « La vie d'Alfred de Musset fut élégante et vulgaire... Mais ce qui ne l'est point, ce fut son génie, son génie tout en âme, le plus puissamment humain et le plus puissamment moderne, le plus nous tous enfin, qui ait jamais existé. » Et Brunetière : « L'amour a trouvé le chemin de ce cœur de dandy! C'est vers ce supplice qu'il a « crié » dans ses vers, et c'est la sincérité, c'est l'éloquence du cri qu'il a poussé, c'en est l'accent d'entière vérité qui assurent à jamais la durée de la *Lettre à Lamartine,* des *Nuits,* du *Souvenir.* »

Ce qui soumit Musset, comme d'ailleurs ses contemporains de la première moitié du siècle, à la plus vive des critiques, ce fut l'éclosion qui suivit, beaucoup oubliant leurs dettes, oubliant les premiers pionniers de la recherche, oubliant les barrières établies depuis deux siècles qu'il fallait renverser. Bernard Masson a raison de dire : « Il a peut-être manqué à l'auteur des *Nuits* ce qui fait la force et la nouveauté d'un Baudelaire : « le travail par lequel une rêverie devient un objet d'art », mais n'oublions pas cependant que Musset a toujours su faire la différence entre art et métier, entre poésie et versification.

Paul Eluard, comme pour La Fontaine, ne le reçoit pas dans son anthologie, mais cette phrase de Jean-Pierre Richard les rapproche : « Comme plus tard chez un Eluard la révélation charnelle commande tout le champ de la création poétique, et cela sans doute parce qu'elle met celui qui aime en possession d'une assurance d'ordre proprement métaphysique. » Comme Richard, Claude Roy a étudié la dualité de Musset : « Le dialogue de Musset avec Musset, écrit-il, ce n'est pas seulement le dialogue de l'esprit critique avec l'engluement dans l'affectivité, de l'ironie avec la sentimentalité, et de la désinvolture avec la pesanteur. Quand Musset a recours à son double et demande à son ombre la complicité d'un ombrage secourable, il sait (comme le découvrira plus tard Lorenzo dans la duplicité du politique) que l'Autre en nous peut être celui-là qui offre un marché de dupe. Qu'en promettant un répit au captif il le lui fera payer au prix fort du malheur. Il y a ce double clair qui juge, raille, allège, libère le for intérieur, le double souverain. » Roy considère que « le Musset " *quatorze fois exécrable* " sur lequel crache Rimbaud, n'est exécrable que quand il est un : pleureur englué dans la passion aveugle, qui déclame en vers ou en prose sa clameur bavarde, et tellement " sincère " qu'on ne croit pas en sa rhétorique ».

Il existe heureusement le Musset double et l'on ne résiste pas à citer encore Claude Roy : « Mais le Musset vivant, ce jeune homme inflétri, quel que soit le mal qu'il se donne pour se dessécher et se détruire, le Musset qui nous touche, comme on donne la main, la pose sur l'épaule en souriant, se moquant pour ne pas pleurer, s'amusant pour n'être pas usé, se survolant pour n'être pas piégé, ce Musset que notre non-éternité aurait presque envie de nommer le Musset " éternel ", ce Musset frère est toujours double. »

Il est vrai que le Musset amical sait nous toucher. « Toutes les jeunes filles veulent épouser Alfred de Musset! » disait Fernand Gregh. Encore une réserve, celle de Georges-Emmanuel Clancier : « Un poète, certes, mais plus en prose qu'en vers », car ce poète contemporain voit Musset plus poète et plus vrai dans son théâtre. « L'amour de la mort », dit Maurice Toesca. « Page éternel, poète maudit », ajoute Paul Guth. On se rallie à Kléber Haedens : « Alfred de Musset a le dangereux privilège de rester, par-delà les âges, le poète de la jeunesse, même si la jeunesse le renie et le méprise. » Pour nous, parce qu'il y a un zeste d'espérance au cœur de son désespoir, parce qu'il nous dit :

Les plus désespérés sont les chants les plus beaux,

parce qu'il n'est pas un homme de lettres, mais un homme ayant gardé son beau <u>contenu</u> d'enfance jusqu'à la fin de ses jours, parce que, s'il a joué, il a joué « pour de vrai », parce qu'il a su dépasser sa <u>sensiblerie</u> native par une haute sensibilité, parce que sentimenteux il s'est fait sentimental, parce que, libre en face d'une école toute-puissante, il a su rester lui-même, — pour nous, le plus romantique des classiques et le plus classique des romantiques, ne reniant ni la haute poésie ni la chanson douce qui inspirera Verlaine ou Laforgue —, il reste jeune dans le temps.

Le Sur-romantisme de
Gérard de Nerval

I

Gérard de Nerval

Gérard Labrunie, dit Gérard de Nerval (1808-1855) fut, comme l'a indiqué Albert Béguin, « longtemps confondu avec la petite troupe des romantiques mineurs ». Il s'en détacha « vers la fin du siècle pour devenir peu à peu ce précurseur aventuré cent ans plus tôt sur les chemins de la poésie moderne ». Aujourd'hui, reconnu par tous, chacun a, selon ses goûts, dégagé son Gérard de Nerval à lui : le chantre du Valois à la recherche des fuyantes images de jeunes filles aimées et disparues; le narrateur d'*Aurélia,* observateur éveillé de sa vie onirique cher comme Rimbaud et Lautréamont aux surréalistes; le poète ésotérique héritier des vieilles et mystérieuses traditions qu'étudieront longuement et profondément René Daumal, Rolland de Renéville, Georges Le Breton, Jean Richer surtout; le bousingot de Francis Dumont; le poète de Mortefontaine et Ermenonville qu'aime Francis Carco. Il est le point d'incidence de tant de lectures qui le marqueront; comme dit encore Béguin : « D'Apulée à Nodier, de Ronsard aux poètes romantiques, des mystagogues de la Renaissance à Court de Gébelin, on ne voit pas ce qu'il aurait ignoré! » Or, une part de Gérard de Nerval échappe toujours à l'analyse des chercheurs les plus perspicaces. Il reste toujours un poète secret, aussi secret que le mystère de sa mort, et la psychanalyse, le recours à la mythologie, aux lectures initiatiques, aux souvenirs ne révèle pas tout : la poésie de ce fascinant résiste à l'explication parce qu'elle est la plus pure poésie, celle qui s'invente elle-même.

Ses admirateurs retiennent essentiellement *les Filles du feu, Pandora, Aurélia,* les *Contes,* pour la prose, et pour la poésie les sonnets des *Chimères,* les *Odelettes,* des *Poésies diverses.* Il semble convenu d'oublier les recueils inférieurs comme *la France guerrière,* les *Satires,* les *Élégies nationales,* les essais dramatiques et les œuvres écrites en collaboration avec Gautier, Dumas, Monjou, Alboize, Coignard, Lopez, Maquet ou Méry. Il existe une œuvre immense de ce Gérard qui passait pour un flâneur, voire pour un paresseux. Sans doute a-t-on eu raison d'épurer, de garder le meilleur, de séparer l'ivraie du bon grain. C'est dans le sens du poète lui-même qui a parlé de ses poncifs passés. Mais on ne peut ignorer cet ensemble et le cacher honteusement. L'œuvre du poète d'avenir, celle qui nous est livrée aujourd'hui, est quantitativement réduite : une vingtaine de sonnets (mais quels sonnets!), des odelettes et des poésies diverses qui pâlissent devant les *Chimères*. Chez Nerval, le poète est un tout, le poète est partout : dans le cycle autobiographique du souvenir comme dans les poèmes et comme dans la vie. « *Tout,* chez lui, est œuvre de poète » dit justement Albert Béguin.

Gérard.

Son père, Étienne Labrunie, est un ancien soldat de la République qui, devenu chirurgien, suit la Grande Armée accompagné de sa femme, Marie-Antoinette Laurent, fille d'un marchand de lingeries du quartier Saint-Eustache. En 1810, elle meurt en Silésie. Le petit Gérard a été confié à un oncle aubergiste à Mortefontaine. Lorsque son père revient en 1814 après avoir été prisonnier en Russie, il emmène l'enfant à Paris. Externe au Lycée Charlemagne, Gérard eut pour condisciple Théophile Gautier avec qui il noua, selon ce dernier « une de ces amitiés d'enfance que la mort seule dénoue ». Il ne s'éloigne pas du Valois où il passe ses vacances, y rencontrant ces jeunes filles en fleurs et ces jeunes femmes qui habitent une œuvre à la recherche de la femme idéale, aussi rêvée que réelle.

A dix-huit ans, Gérard publie ses premiers vers : ainsi, les *Élégies nationales* où il célèbre Napoléon. Il n'est alors qu'un des suiveurs de l'abbé Delille dont il prend le ton didactique et de Casimir Delavigne dont il a la pesanteur. Ses plaquettes montrent un néo-classique jouant de la lyre académique, avec des passages qu'imprègne le sens de la satire humoristique. Il ne serait alors qu'un poète de concours académiques s'il ne rencontrait le *Faust* de Goethe dont il entreprend la difficultueuse traduction. Sans cesse, il voudra rivaliser avec le grand poète allemand. Le personnage de Faust le hante. Il est récompensé par l'opinion de Goethe lui-même : « Il ne m'est plus possible de lire *Faust;* mais dans cette traduction française tout reprend nouveauté, fraîcheur et esprit. » Dans la célèbre *Ballade du roi de Thulé,* Gérard a su restituer la naïveté de la vieille poésie allemande et son fantastique symbolique et sentimental :

> Il était un roi de Thulé
> A qui son amante fidèle
> Légua, comme souvenir d'elle,
> Une coupe d'or ciselé.
>
> C'était un trésor plein de charmes
> Où son amour se conservait :
> A chaque fois qu'il y buvait
> Ses yeux se remplissaient de larmes.
>
> Voyant ses derniers jours venir,
> Il divisa son héritage,
> Mais il excepta du partage
> La coupe, son cher souvenir.
>
> Il fit à la table royale
> Asseoir les barons dans sa tour;
> Debout et rangée alentour,
> Brillait sa noblesse loyale.
>
> Sous le balcon grondait la mer.
> Le vieux roi se lève en silence,
> Il boit, — frissonne, et sa main lance
> La coupe d'or au flot amer!
>
> Il la vit tourner dans l'eau noire,
> La vague en s'ouvrant fit un pli,
> Le roi pencha son front pâli...
> Jamais on ne le vit plus boire.

Nous sommes à un degré de qualité autre que celui des vers napoléoniens :

> Les Bardes bien longtemps le rediront encore
> Jusqu'à ce qu'un mortel favorisé des cieux
> Le chante sur un luth sonore...

Sa traduction de Goethe vaut à Gérard une immense popularité. Il est présenté à Victor Hugo, il a des amis parmi les poètes, parmi les artistes comme Célestin Nanteuil et Jehan Duseigneur.

Entre 1827 et 1830, Gérard loue Béranger sous le pseudonyme de Louis Gerval (il aura d'autres pseudonymes comme Fritz, Aloysius Block, Cadet Roussel, Beuglant, le père Gérard, etc.). Il travaille à une adaptation de *Han d'Islande* pour le théâtre. Il compose une anthologie : *Poésies allemandes de Klopstock, Goethe, Schiller, Bürger...* « De cette familiarité avec Goethe, Uhland, Bürger, L. Tieck, dit Théophile Gautier, Gérard conserva dans son talent une certaine teinte rêveuse qui put faire prendre parfois ses propres œuvres pour des traductions de poètes inconnus d'outre-Rhin. » Il connaît bien le fonds poétique français et publie une anthologie des poètes de la Pléiade dont la préface est significative de ses tendances. Gautier parle de cette pièce, *le Prince des Sots* qui semble nous reporter à cette queue du moyen âge qui subsiste à la Renaissance avec Pierre Gringore et Eloy d'Amerval. C'est une « grande dyablerie », un mystère gothique écrit comme il se doit en octosyllabes.

Bientôt sera fondé le petit cénacle, noyau du mouvement « Jeune-France » qui fournira à Victor Hugo les francs-tireurs de la bataille d'*Hernani*.

Bousingot et Jeune-France.

Lorsque sonna le cor d'*Hernani,* c'est Gérard, comme on l'appelait alors, qui recruta les combattants. Qui étaient les amis de ce petit cénacle que Francis Dumont a comparé au groupe surréaliste? Laissons parler Théophile Gautier : « La réunion se composait habituellement de Gérard de Nerval, de Jehan Duseigneur, d'Augustus Mac-Keat, de Philothée O'Neddy (chacun arrangeait un peu son nom pour lui donner plus de tournure), de Napoléon Tom, de Joseph Bouchardy, de Célestin Nanteuil, un peu plus tard, de Théophile Gautier, de quelques autres encore, et enfin de Pétrus Borel lui-même. Ces jeunes gens, unis par la plus tendre amitié, étaient les uns peintres, les autres statuaires, celui-ci graveur, celui-là architecte ou du moins élève en architecture. Quant à nous, comme nous l'avons dit, placé à l'Y du carrefour, nous hésitions entre les deux routes, c'est-à-dire entre la poésie et la peinture, également abominables aux familles. »

Donnons les clefs : Augustus Mac-Keat, c'est Auguste Maquet; Philothée O'Neddy, c'est Théophile Dondey; Napoléon Tom est Thomas. A ces noms s'ajoutent ceux de Jules Vabre, de Léon Clopet et du romancier frénétique Alphonse Brot. Au romantisme de la pâleur se substitue celui de la couleur, du relief; l'orgiaque succède au mélancolique. La génération de 1830 a de la santé, les joues rouges comme le fameux gilet. La bohème est bruyante, échevelée, elle aime les jurons sonores : « Ah! massacre et malheur! honte et chaos! tison d'enfer! anathème et dérision! terre et ciel! tête et sang! » comme elle aime les prénoms à tournure médiévale : Aloysius, Pétrus, Élias, etc. Comme dit Champfleury dans ses *Vignettes romantiques,* « l'orgie, c'était, avec la beauté et la richesse, la sensualité, la révolte contre la société, le délire des sens ». Et puis orgia rime avec Borgia. Victor Hugo n'est pas étranger à ce déchaînement qui s'annonçait avec *les Orientales*. Nos jeunes romantiques ont des poses de mousquetaires, de chevaliers médiévaux, de truands échevelés. On s'habille à la Marat. On cherche des tenues destinées à choquer ou épater l'ennemi : le bourgeois. Ces hippies du temps jadis sont ainsi décrits par Gautier, aux abords de l'Odéon, en un autre temps de contestation, alors que va avoir lieu la première d'*Antony :* « C'était une agitation, un tumulte, une effervescence dont on se ferait difficilement une idée aujourd'hui. Il y avait là des mines étranges et farouches, des moustaches en croc, des royales pointues, des cheveux mérovingiens [...], des pourpoints extravagants, des habits à revers de velours rejetés sur les épaules comme on en voit encore dans les lithographies de Devéria, des chapeaux de toutes les formes, excepté, bien entendu, de la forme usuelle. » Nous sommes loin, on le voit, du romantisme de Lamartine.

Ces jeunes gens républicains manient donc l'excentricité, ils seront les littéraires bousingots, mot qui contient à la fois bouse (ordure), bousin (bruit) et désigne communément un chapeau de marin. Gautier dans son *Histoire du romantisme* a décrit ces personnages combattants en donnant une grande place à son ami Nerval.

Le gentil Gérard, poète de l'opposition sous la Restauration, poète politique en 1830 écrit des œuvres qui surprendront ses admirateurs. Libéral, plus soucieux de révolution romantique que politique et sociale, peu apte à la lutte armée, il met quelque opportunisme peut-être à célébrer *le Peuple* dont il sait la puissance :

> — Le Peuple! — Trop longtemps on n'a vu dans l'histoire
> Pour l'œuvre des sujets que des rois admirés,
>> Les arts dédaignant une gloire
>> Qui n'avait pas d'habits dorés;
> A la cour seule était l'éclat et le courage,
>> Et le bon goût et le vrai beau;
> Les vêtements grossiers du peuple et son langage
> Faisaient rougir la mise et souillaient le pinceau...

Il versifie ainsi comme il a versifié dans tant de poèmes oubliés : *Adieux de Napoléon à la France, Complainte sur la mort de haut et puissant seigneur le droit d'aînesse, Complainte sur l'Immortalité de M. Brifaut, les Hauts Faits des Jésuites...,* œuvres de circonstance. En 1830, il oppose Napoléon aux nouveaux gouvernants en s'adressant à Victor Hugo :

>> A bas! à bas, les petits hommes!
>> Nous avons vu Napoléon!
> Petits! Tu l'as bien dit, Victor, lorsque du Corse
> Ta voix leur évoquait le spectre redouté,
> Montrant qu'il n'est donné qu'aux hommes de sa force
>> De violer la liberté!

Quelle que soit la bonne volonté de l'opposant Nerval, lorsqu'il s'adresse à Béranger, attaquant ici le pouvoir :

> Quand une secte turbulente,
> Levant sa tête menaçante,
> Brave les décrets souverains,
> Vous restez muets, sans vengeance,
> Et vous n'usez de la puissance
> Que pour combattre des refrains...

on a quelque hâte à en venir au bon Nerval, celui que nous connaissons.

Après 1830.

Entre 1830 et 1832, Gérard de Nerval écrit des poèmes isolés comme *Fantaisie* qui est un chef-d'œuvre :

> Il est un air pour qui je donnerais
> Tout Rossini, tout Mozart et tout Weber,
> Un air très vieux, languissant et funèbre,
> Qui pour moi seul a des charmes secrets!
>
> Or, chaque fois que je viens à l'entendre,
> De deux cents ans mon âme rajeunit...
> C'est sous Louis treize; et je crois voir s'étendre
> Un coteau vert, que le couchant jaunit.
>
> Puis un château de brique à coins de pierre,
> Aux vitraux teints de rougeâtres couleurs,
> Ceint de grands parcs, avec une rivière
> Baignant ses pieds, qui coule entre des fleurs;
>
> Puis une dame, à sa haute fenêtre,
> Blonde aux yeux noirs, en ses habits anciens,
> Que, dans une autre existence peut-être,
> J'ai déjà vue... et dont je me souviens!

Cette nostalgie de la vie antérieure se retrouvera chez Baudelaire. Durant la même période, Nerval traduit Jean-Paul et Hoffmann, recevant leur influence durable, le dernier concevant comme lui la liaison du rêve, de la poésie et de la folie comme moyen d'accéder à une réalité invisible. En 1832, sa participation à une manifestation estudiantine lui fait connaître la prison à Sainte-Pélagie, ce qui lui dicte un poème, *Politique,* où l'on sent ce goût de la chanson cher à Musset et dans lequel Verlaine est déjà présent :

> Dans Sainte-Pélagie,
> Sous ce règne élargie,
> Où, rêveur et pensif,
> Je vis captif,

Pas une herbe ne pousse
Et pas un brin de mousse
Le long des murs grillés
    Et frais taillés!

Oiseau qui fend l'espace...
Et toi, brise, qui passe
Sur l'étroit horizon
    De la prison,

Dans votre vol superbe,
Apportez-moi quelque herbe,
Quelque gramen, mouvant
    Sa tête au vent!

La même année, ayant commencé des études de médecine, il peut aider à la lutte contre l'épidémie de choléra. En 1833, anonymement, il donne un poème à Pétrus Borel pour qu'il le place en exergue de *Champavert, contes immoraux*. Là, apparaît un Gérard (car Borel a indiqué l'auteur : Gérard) sur-romantique préparant un jardin pour fleurs vénéneuses :

Car la Société n'est qu'un marais fétide
Dont le fond, sans nul doute, est seul pur et limpide
Mais où ce qui se voit de plus sale, de plus
Vénéneux et puant, vient toujours par-dessus!
Et c'est une pitié! C'est un vrai fouillis d'herbes
Jaunes, de roseaux secs épanouis en gerbes,
Troncs pourris, champignons fendus et verdissants,
Arbustes épineux croisés dans tous les sens,
Fange verte, écumeuse et grouillante d'insectes,
De crapauds et de vers, qui de rides infectes
Le sillonnent, le tout parsemé d'animaux
Noyés, et dont le ventre apparaît noir et gros.

Cela que nous citons après Francis Dumont ne représente guère le Nerval des anthologies. C'est pourtant le temps où il écrit de petites pièces qui seront publiées plus tard, et qui révèlent son génie poétique. Le petit cénacle sera dissous. Nerval ne publie guère. Peut-être se consacre-t-il à ses études de médecine. En 1834, il hérite de son grand-père une petite fortune; il en profite pour voyager; il connaît l'éblouissement de l'Italie. Au retour, il s'installe impasse du Doyenné et mène avec ses amis artistes cette joyeuse vie qu'il a immortalisée sous le nom de « Bohème galante » : c'est là qu'on reçoit les jolies filles, *les Cydalises*.

Où sont nos amoureuses?
Elles sont au tombeau :
Elles sont plus heureuses,
Dans un séjour plus beau!

Elles sont près des anges,
Dans le fond du ciel bleu,
Et chantent les louanges
De la mère de Dieu!

Ô blanche fiancée!
Ô jeune vierge en fleur!
Amante délaissée
Que flétrit la douleur!

L'éternité profonde
Souriait dans vos yeux...
Flambeaux éteints du monde,
Rallumez-vous aux cieux!

Nerval ne leur voue sans doute qu'un amour rêvé. Amoureux sans espoir de l'actrice Jenny Colon, peut-être à la manière chaste des poètes renaissants, il crée pour la louer une revue luxueuse, *le Monde dramatique,* en 1835, qui tombera l'année suivante, emportant dans sa chute le reste de l'héritage. Dès lors, le poète gagne sa vie par le journalisme. Il travaille à des pièces, en projette d'autres, se rend en Belgique et en Angleterre en compagnie de Théophile Gautier. Une pièce écrite pour Jenny Colon, en collaboration avec Dumas, *Piquillo,* 1837, connaît le succès. Il écrit de bouleversantes *Lettres à Jenny Colon,* mais cette dernière lui préfère un flûtiste. Le rêve et la vie ne peuvent s'unir.

Il collabore avec Alexandre Dumas pour *Leo Burckart,* 1839, où sa personnalité se révèle à travers le héros Frantz, pour *Excursion au bord du Rhin,* 1841. Au théâtre, il y a encore *Caligula, l'Alchimiste.* Il travaille à *Lorely,* puis avec Maquet au *Roi de Bicêtre,* à *Emilie,* entreprend le *Voyage en Orient.* A Vienne, il est tombé amoureux de la pianiste Marie Pleyel. Elle intercédera curieusement pour lui auprès de Jenny Colon, mais une dernière rencontre avec l'actrice sera décevante. Gérard travaille beaucoup, traduit encore les Allemands, entreprenant *le Second Faust,* les poèmes de Henri Heine avec lequel il s'est lié.

Le 21 février 1841, il connaît les premiers signes de dérangement mental, les premières hallucinations. Il entre en clinique, rue de Picpus, puis chez le Dr Blanche à Passy. C'est le temps où Jules Janin fait l'épitaphe de son esprit, mais Gérard, durant des années, entre deux crises mentales, va étonner ses amis par son activité. Jenny Colon meurt et dès lors se mêle au mythe nervalien de la femme rédemptrice. Gérard a voyagé en Orient, il a fait mille tâches de librairie et de journalisme, il a élaboré mille projets de livres se métamorphosant sans cesse et n'aboutissant pas toujours, mais il y a les premiers sonnets des *Chimères,* 1844, *le Roman tragique*, 1844, *le Marquis de Fayolle*, 1849, un article sur *le Temple d'Isis;* l'ésotérisme l'attire et on le voit dans *les Illuminés*, 1852, *les Prophètes rouges, Histoire de la reine du matin et de Salomon*. *La Bohème galante* devient en 1852 *les Petits châteaux de Bohème* en référence à un des chefs-d'œuvre de Nodier qu'il admire. Des textes précédemment publiés ont été réunis dans *l'Imagier de Harlem*, 1851. L'échec d'une pièce indienne, en collaboration avec Méry, *le Chariot d'enfant*, 1851, a provoqué une nouvelle crise mentale. A partir de 1851, ses rechutes sont fréquentes. En 1852, il est hospitalisé à la maison Dubois, en 1853, puis en 1854, de nouveau chez le Dr Blanche.

Des titres encore : *les Confidences de Nicolas* où il évoque Restif de La Bretonne, trouvant une parenté avec lui; *les Faux-Saulniers* où il s'inspire du Diderot de *Jacques le Fataliste*. Et les chefs-d'œuvre : *Sylvie*, 1853, *la Pandora*, 1854, *les Filles du Feu*, 1854, *Aurélia*, 1855.

Le 26 janvier 1855, à l'aube, on trouva Nerval pendu dans une ruelle aujourd'hui disparue, rue de la Vieille-Lanterne, sur l'emplacement actuel du Théâtre de la Ville. On épilogue encore sur les raisons de son suicide sans être tout à fait sûr qu'il y ait eu suicide. Cette vie se termine sur une énigme. On parla d'assassinat, car la position de son corps, le chapeau sur sa tête étaient des faits curieux. S'agissait-il même d'un exercice de recherche voluptueuse? Ou encore d'une évasion dans le sommeil par suspension? Gautier a laissé ce témoignage d'une nuit en diligence : « Je m'établis dans un coin le moins incommodément qu'il me fut possible. Pour Gérard il avisa d'un moyen de dormir qu'un autre eût employé pour se sentir éveillé; il noua son foulard par les deux bouts à la bâche de la voiture, passa son mufle dans cette espèce de licol et but bientôt à pleines gorgées, à la noire coupe du sommeil. Ce qui m'a beaucoup surpris, c'est qu'il ne se soit pas étranglé bel et bien; apparemment que Dieu, toujours bon, toujours paternel, veut lui épargner la peine de se pendre lui-même. » Le mystère s'est refermé.

Portraits de Gérard.

Imaginons-le vivant en nous référant encore au témoignage de son meilleur ami, le bon Théo : « Cette bonté rayonnait de lui comme d'un corps naturellement lumineux, on la voyait toujours et elle l'enveloppait d'une atmosphère spéciale; il semblait vraiment qu'on obligeât Gérard en lui demandant service et il partait aussitôt, allant de l'Arc de l'Étoile à la Bastille, du Panthéon à

Batignolles, pour proposer à quelque journal l'article d'un camarade sans argent... Il travaillait en marchant et de temps à autre il s'arrêtait brusquement, cherchant dans une de ses poches profondes un petit cahier de papier cousu, y écrivait une pensée, une phrase, un mot, un rappel, un signe intelligible seulement pour lui, et refermant le cahier reprenait sa course de plus belle... »

Son esprit aérien, celui d'une « hirondelle apode » est décrit par Gautier : « Il était tout ailes et n'avait pas de pieds, tout au plus une imperceptible griffe pour se suspendre un moment aux choses et reprendre haleine; il allait, venait, faisait de brusques zigzags aux angles imprévus, montait, descendait, montait plutôt, planait et se mouvait dans un milieu fluide avec la joie et la liberté d'un être qui est dans son élément... Gérard, nous ne savons trop pourquoi, a toujours passé pour être paresseux comme une couleuvre. C'est une réputation qu'on a faite à bien d'autres qui ont travaillé toute leur vie et à qui on pourrait faire un bûcher de leurs œuvres. Ce bayeur aux corneilles, ce chasseur de papillons, ce souffleur de bulles, ce faiseur de ronds dans l'eau menait au contraire l'existence intellectuelle la plus active. Sous une apparence paisible, il vivait dans une grande effervescence intérieure. »

Un autre l'a bien connu, c'est Arsène Houssaye qui nous dit : « Il amenait " la folle du logis " partout où il entrait; c'était à qui le fixerait une heure durant, car on avait pour lui je ne sais quelle sympathie à la fois humaine et divine; on sentait en lui le prédestiné, le prophète et l'illuminé... Gérard, à ses heures de folie pythagoricienne ou d'exaltation mystique, donne encore la main à la sagesse; je dirai même que Gérard n'a jamais été fou : il a été illuminé, et quand il est parti pour l'autre monde, c'est qu'il croyait n'avoir plus rien à trouver en celui-ci. »

Alexandre Dumas écrivait : « C'est un esprit charmant et distingué... chez lequel, de temps en temps, un certain phénomène se produit, qui, par bonheur, nous l'espérons, n'est sérieusement inquiétant ni pour lui ni pour ses amis... » et il ajoutait montrant sans se douter de la vérité profonde de son analyse : « Alors notre pauvre Gérard, pour les hommes de sciences, est malade, et a besoin de traitement, tandis que pour nous il est tout simplement plus conteur, plus rêveur, plus spirituel, plus gai ou plus triste que jamais. » Pour Henri Heine, Gérard était une âme plutôt qu'un homme, « il était d'une candeur enfantine, d'une délicatesse de sensitive ». Mais terminons sur un autoportrait, celui contenu dans son *Épitaphe* :

Il a vécu tantôt gai comme un sansonnet, — *oiseau commun*
Tour à tour amoureux, insoucieux et tendre,
Tantôt sombre et rêveur comme un triste Clitandre,
Un jour il entendit qu'à sa porte on sonnait.

C'était la Mort! Alors il la pria d'attendre
Qu'il eût posé le point à son dernier sonnet;
Et puis sans s'émouvoir, il s'en alla s'étendre
Au fond du coffre noir où son corps frissonnait.

Il était paresseux, à ce que dit l'histoire,
Il laissait trop sécher l'encre dans l'écritoire.
Il voulait tout savoir mais il n'a rien connu.

Et quand vint le moment où, las de cette vie,
Un soir d'hiver, enfin l'âme lui fut ravie,
Il s'en alla disant : « Pourquoi suis-je venu? »

Voilà le portrait de l'homme, bien extérieur sans doute même quand il le brosse lui-même, car il reste pudique. Le véritable est dans ses proses, dans ses vers. Nous allons parler de ces derniers, les meilleurs, les plus grands, en ayant conscience d'une impossibilité : leur savante distillation échappe à l'analyse des chimistes, comme chaque fois qu'il y a création. Nés d'un haut savoir ancien, de visions fugitives, mettant en œuvre un symbolisme ésotérique participant de codes et leur échappant, l'exégèse y mord difficilement : sa lime s'use contre un tel métal.

2

Les Poèmes de Gérard de Nerval

A VANT que Nerval fût vraiment découvert, au XIXe siècle on ne
retenait que les *Odelettes,* citant, fort heureusement d'ailleurs,
Fantaisie ou *les Cydalises.* Mais on ne semblait guère se soucier des
difficiles *Chimères.* De même, pour la prose, on ne pouvait évidemment pas distinguer dans *Pandora* ou *Aurélia* des prémices surréalistes. *Sylvie* fera dire à Proust : « Aller plus loin que Gérard. »
Une voie aussi pour Alain-Fournier. Comme dit Léon Cellier :
« La chose la plus frappante encore dans le cas des *Chimères :* trois
ou quatre sonnets *(El Desdichado, Artémis, Erythréa)* suffisent à faire
de lui un des plus grands poètes, parce qu'il a su y distiller la poésie même. Qu'un librettiste, pis encore, qu'un émule de Casimir
Delavigne soit devenu ce poète pur, il y a là un prodige étonnant. »

Les Odelettes rythmiques et lyriques.

Si Nerval n'avait été que le poète des *Odelettes,* il ne serait qu'un
des poètes mineurs du romantisme, gracieux et fragile, artiste,
mais l'on trouverait chez lui des références pour Baudelaire, avec
Fantaisie déjà cité, ou pour Verlaine avec nombre de poèmes
comme *Politique* ou *les Cydalises.* S'ajouterait une parenté avec
Sainte-Beuve poète pour l'intimisme, avec Musset pour le ton de
romance, ce n'est pas si mal.

En fait, ces *Odelettes* écrites au temps du dandysme galant de
l'impasse du Doyenné furent rimées avec facilité et sans doute
beaucoup d'autres de ces pièces ont été perdues. Y attachait-il, le
bon Gérard, une grande importance? Ce n'est pas sûr. Cependant,
elles suffirent à assurer sa notoriété. Elles ont surtout un air de
ces poètes de la Renaissance que Gérard de Nerval a tant étudiés,

non seulement Ronsard et ses amis, mais aussi ceux qu'il a révélés comme Du Bartas et Chassignet. Certains mètres sont calqués sur ceux de ces poètes anciens : *Politique* déjà cité, ou *Avril* :

> Déjà les beaux jours, la poussière,
> Un ciel d'azur et de lumière,
> Les murs enflammés, les longs soirs ;
> Et rien de vert : à peine encore
> Un reflet rougeâtre décore
> Les grands arbres aux rameaux noirs !
>
> Ce beau temps me pèse et m'ennuie.
> Ce n'est qu'après des jours de pluie
> Que doit surgir, en un tableau,
> Le printemps verdissant et rose,
> Comme une nymphe fraîche éclose,
> Qui, souriante, sort de l'eau.

Dans les bois rappelle aussi les petits poèmes bucoliques des amis de Ronsard :

> Au printemps l'Oiseau naît et chante :
> N'avez-vous pas ouï sa voix ?...
> Elle est pure, simple et touchante,
> La voix de l'Oiseau — dans les bois !
>
> L'été, l'Oiseau cherche l'Oiselle ;
> Il aime — et n'aime qu'une fois !
> Qu'il est doux, paisible et fidèle,
> Le nid de l'Oiseau — dans les bois !
>
> Puis quand vient l'automne brumeuse,
> Il se tait... avant les temps froids.
> Hélas ! qu'elle doit être heureuse
> La mort de l'Oiseau — dans les bois !

Si dans ces poèmes, il fait un relais entre le XVIe siècle et les symbolistes, dans d'autres, il reste marqué par la poésie impériale. Il a le goût des peintures, comme dans ce *Coucher de soleil* :

> Quand le Soleil du soir parcourt les Tuileries
> Et jette l'incendie aux vitres du château ;
> Je suis la Grande Allée et ses deux pièces d'eau
> Tout plongé dans mes rêveries !
>
> Et de là, mes amis, c'est un coup d'œil fort beau
> De voir, lorsqu'à l'entour la nuit répand son voile,
> Le coucher du soleil, riche et mouvant tableau,
> Encadré dans l'Arc de l'Étoile.

Pour lui, le soleil ni la gloire ne se peuvent regarder en face et il le dit en quatre tercets dans *le Point noir* :

Quiconque a regardé le soleil fixement
Croit voir devant ses yeux voler obstinément
Autour de lui, dans l'air, une tache livide.

Ainsi, tout jeune encore et plus audacieux,
Sur la gloire un instant j'osai fixer les yeux :
Un point noir est resté dans mon regard avide.

Depuis, mêlée à tout comme un signe de deuil,
Partout, sur quelque endroit que s'arrête mon œil,
Je la vois se poser aussi, la tache noire! —

Quoi, toujours? Entre moi sans cesse et le bonheur!
Oh! c'est que l'aigle seul — malheur à nous, malheur!
Contemple impunément le Soleil et la Gloire.

Il sait aussi dans *les Papillons* qui porte une trace renaissante
(il est léger et profond comme Rémi Belleau) :

Le papillon, fleur sans tige,
            Qui voltige,
Que l'on cueille en un réseau;
Dans la nature infinie,
            Harmonie
Entre la plante et l'oiseau!...

nommer, nommer éperdument, comme le feront Huysmans dans
A rebours et Zola pour les fleurs dans *la Faute de l'abbé Mouret* :

Voici le *machaon-zèbre,*
De fauve et de noir rayé;
Le *deuil,* en habit funèbre,
Et le *miroir* bleu-strié;
Voici l'*argus,* feuille-morte,
Le *morio,* le *grand bleu,*
Et le *paon-de-jour* qui porte
Sur chaque aile un œil de feu!

S'il chante sur un air grec *Ni bonjour ni bonsoir,* avec simplicité et
dépouillement, il rejoint une contention qu'on ne retrouvera
qu'avec les poètes contemporains :

Νή καλιμέρα, νὴ ὧρα καλή.

Le matin n'est plus! le soir pas encore :
Pourtant de nos yeux l'éclair a pâli.

Νή καλιμέρα, νὴ ὧρα καλή.

Mais le soir vermeil ressemble à l'aurore,
Et la nuit plus tard amène l'oubli!

Dans ses poèmes intimistes comme *le Réveil en voiture* ou *le Relais,*
comme *la Grand'mère* ou *la Cousine :*

L'hiver a ses plaisirs; et souvent, le dimanche,
Quand un peu de soleil jaunit la terre blanche,
Avec une cousine on sort se promener...
— Et ne vous faites pas attendre pour dîner,

Dit la mère. Et quand on a bien, aux Tuileries,
Vu sous les arbres noirs les toilettes fleuries,
La jeune fille a froid... et vous fait observer
Que le brouillard du soir commence à se lever.

Et l'on revient, parlant du beau jour qu'on regrette,
Qui s'est passé si vite... et de flamme discrète :
Et l'on sent en rentrant, avec grand appétit,
Du bas de l'escalier, — le dindon qui rôtit.

ne retrouve-t-on pas la voix du *Joseph Delorme* de Sainte-Beuve?
Les poètes du groupe fantaisiste se souviendront sans doute de
Gaieté où passent les souvenirs d'Anacréon et de Saint-Amant :

Petit *piqueton* de Mareuil,
Plus clairet qu'un vin d'Argenteuil,
Que ta saveur est souveraine!
Les Romains ne t'ont pas compris
Lorsqu'habitant l'ancien Paris
Ils te préféraient le Surène.

Ta liqueur rose, ô joli vin!
Semble faite du sang divin
De quelque nymphe bocagère;
Tu perles au bord désiré
D'un verre à côtes, coloré
Par les teintes de la fougère.

Tu me guéris pendant l'été
De la soif qu'un vin plus vanté
M'avait laissé depuis la veille;
Ton goût suret, mais doux aussi,
Me rafraîchit quand je m'éveille.

Et quoi! si gai dès le matin,
Je foule d'un pied incertain
Le sentier où verdit ton pampre!...
— Et je n'ai pas de Richelet
Pour finir ce docte couplet...
Et trouver une rime en ampre.

Et Gérard nous avertit que le mot pampre, mot sonore, n'a pas
de rime. Peut-être se souvient-il, cet auteur de poèmes satiriques, de Mathurin Régnier et de ses amis dans *Nobles et valets* :

Ces nobles d'autrefois dont parlent les romans,
Ces preux à front de bœuf, à figures dantesques,
Dont les corps charpentés d'ossements gigantesques
Semblaient avoir au sol racine et fondements;

S'ils revenaient au monde, et qu'il leur prît l'idée
De voir les héritiers de leurs noms immortels,
Race de Laridons, encombrant les hôtels
Des ministres, — rampante, avide et dégradée;

Êtres grêles, à buscs, plastrons et faux mollets : —
Certes ils comprendraient alors, ces nobles hommes,
Que, depuis les vieux temps, au sang des gentilshommes
Leurs filles ont mêlé bien du sang de valets!

Mais nous sommes loin, il faut l'avouer, du tempérament d'Agrippa d'Aubigné lorsqu'il s'en prend à Henri III. Retour au passé avec *Notre-Dame de Paris,* mais au passé remis au goût du jour par le cher Victor :

Notre-Dame est bien vieille : on la verra peut-être
Enterrer cependant Paris qu'elle a vu naître;
Mais, dans quelle mille ans, le Temps fera broncher
Comme un loup fait un bœuf, cette carcasse lourde,
Tordra ses nerfs de fer, et puis d'une dent sourde
Rongera tristement ses vieux os de rocher!

Bien des hommes, de tous les pays de la terre
Viendront, pour contempler cette ruine austère,
Rêveurs, et relisant le livre de Victor;
— Alors ils croiront voir la vieille basilique,
Toute ainsi qu'elle était, puissante et magnifique,
Se lever devant eux comme l'ombre d'un mort!

Dans ce recueil de poèmes si variés, un poème encore, une *Élégie* sur une *Pensée de Byron* où passe un rien venu du XVIIIe siècle :

Par mon amour et ma constance,
J'ai cru fléchir ta rigueur,
Et le souffle de l'espérance
Avait pénétré dans mon cœur;
Mais le temps, qu'en vain je prolonge,
M'a découvert la vérité,
L'espérance a fui comme un songe...
Et mon amour seul m'est resté.

Mais, après une lecture de ces *Odelettes, Fantaisie* mise à part pour son appel à la vie antérieure, on ne distingue guère l'annonce du grand Nerval des *Chimères.* Non, comme Marceline Desbordes-Valmore, il nous fait attendre *la Bonne Chanson* ou les *Romances sans paroles* de Verlaine.

Lyrisme et vers d'opéra, Poésies diverses.

Les « poèmes d'opéra » qu'a laissés Nerval montrent que nous sommes à un niveau de qualité plus élevé que celui de la plupart des librettistes. Un Fuzelier aurait été bien incapable d'écrire ce *Roi de Thulé* que nous avons lu ou même cette *Chanson gothique* :

> Belle épousée
> J'aime tes pleurs!
> C'est la rosée
> Qui sied aux fleurs.
>
> Les belles choses
> N'ont qu'un printemps,
> Semons de roses
> Les pas du Temps!
>
> Soit brune ou blonde
> Faut-il choisir?
> Le Dieu du monde,
> C'est le Plaisir.

La poésie germanique, celle des lieds retrouvés par les poètes du romantisme allemand peut l'inspirer; il imite Uhland dans *la Sérénade* :

> Oh! quel doux chant m'éveille?
> — Près de ton lit je veille,
> Ma fille! et n'entends rien...
> Rendors-toi, c'est chimère!
> — J'entends dehors, ma mère,
> Un chœur aérien!...
>
> — Ta fièvre va renaître.
> — Ces chants de la fenêtre
> Semblent s'être approchés.
> — Dors, pauvre enfant malade,
> Qui rêves sérénade...
> Les galants sont couchés!
>
> — Les hommes, que m'importe...
> Un nuage m'emporte...
> Adieu le monde, adieu!
> Mère, ces sons étranges,
> C'est le concert des anges
> Qui m'appelent à Dieu!

Parmi les *Poésies diverses,* une *Mélodie,* et une *Mélodie irlandaise* sont imitées de Thomas Moore. Il ne s'y distingue guère de la plupart des poètes romantiques :

Et voilà notre sort! au matin de la vie
Par des rêves d'espoir notre âme poursuivie
Se balance un moment sur les flots du bonheur;
Mais, sitôt que le soir étend son voile sombre,
L'onde qui nous portait se retire, et dans l'ombre
Bientôt nous restons seuls en proie à la douleur.

Il en prend le ton mélancolique dans des *Stances élégiaques*, dans *Résignation*, par exemple. Passons sur des vers de circonstance adressés *A Victor Hugo qui m'avait donné son livre du Rhin*, *A M. Alexandre Dumas*, écrit à Francfort, *A Madame Henri Heine*, en forme de madrigal. Lorsqu'on lit *Une Femme est l'Amour* :

Une femme est l'amour, la gloire et l'espérance;
Aux enfants qu'elle guide, à l'homme consolé,
Elle élève le cœur et calme la souffrance,
Comme un esprit des cieux sur la terre exilé.

on retrouve cette quête de la mère perdue dans la tendre enfance, mais avec quels regrets! On préfère revenir à sa prose où la Femme est exprimée avec tellement plus de lumière et de poésie.

Dans cet ensemble, on s'arrête à une *Rêverie de Charles VI* pour son ton médiéval :

Il semble que Dieu dise à mon âme souffrante :
Quitte le monde impur, la foule indifférente,
Suis d'un pas *assuré* cette route qui luit,
Et — viens à moy, mon fils... et — n'attends pas LA NUIT!!!

ou encore à des poèmes familiers, des croquis de voyage comme *De Ramsgate à Anvers* :

A cette côte anglaise
J'ai donc fait mes adieux,
Et sa blanche falaise
S'efface au bord des cieux!

Que la mer me sourie!
Plaise aux dieux que je sois
Bientôt dans ta patrie,
Ô grand maître anversois!

Rubens! à toi je songe,
Seul peut-être et pensif
Sur cette mer où plonge
Notre fumeux esquif.

Histoire et poésie,
Tout me vient à travers
Ma mémoire saisie
Des merveilles d'Anvers.

Quelles que soient les qualités musicales des *Odelettes* et autres poésies, ces pièces ne représentent plus grand-chose dès lors qu'apparaissent les sonnets qu'on trouve dans *les Filles du Feu* en 1854, un an avant sa fin tragique. Avec sa descente aux enfers, le vrai Gérard est né, se dégageant de sa quotidienneté et de son époque. On n'osera plus dire qu'il est mort fou tant sa pénétration est lucide dans son éveil au rêve.

Les Chimères.

Certains sonnets figuraient encore dans *les Petits châteaux de Bohème;* d'autres ont été recueillis dans des périodiques ou des manuscrits inédits. Gérard de Nerval rompt avec le romantisme oratoire : auprès de lui, Hugo ou Lamartine font figure de classiques. Il pénètre au cœur de l'invisible, dans cet ailleurs plein de mystère et de rêverie, dans ce qui est brumes pour qui ne voit pas : là où le poète peut rejoindre les héros et les dieux, les dames-amantes ou vierges-mères, naviguer dans le temps et l'espace comme dans une onde. Le miracle est que l'invisible, l'impalpable, l'indicible seront traduits en images nettes, serties comme des pierres dans le moule parfait du sonnet qui retrouve sa magie renaissante.

Les Chimères permettent à Nerval d'exprimer sa communion avec les dieux de toutes les religions, les prêtres de tous les cultes, les prophètes et les sybilles, les maîtres et les sages antiques, de pénétrer dans les sanctuaires de la nature et des hommes. On découvre un univers sacré, religieux sans être chrétien (même s'il parle du Christ). Ces poèmes qu'on dit obscurs et qui brillent d'une lumière noire ont leurs clefs symboliques, leurs secrets, mais, par-delà les significations multiples, ils s'imposent par leur charme, leurs étonnants effets musicaux, leur pouvoir d'envoûtement ignoré jusqu'ici par les meilleurs romantiques. Nerval, familier de la poésie scientifique et religieuse renaissante, lecteur de Du Bartas, des baroques et des mystiques, connaisseur de l'Orient (son *Voyage en Orient* est significatif), des doctrines des *Illuminés,* féru (on le voit dans *Aurélia*) de doctrines pythagoriciennes, néo-platoniciennes, alchimiques, cabalistiques, occultistes, propose des lectures infinies.

On ne saurait limiter sa poésie à être un moteur d'explications comme on ne saurait repousser ces dernières, mais, quoi qu'il en soit, le poème demeure, indestructible, par la magie de ses mots. Déceler les fils d'Ariane du poète peut être une tâche exaltante; les modes du voyage sont moins importants que le voyage lui-même. Comme au temps du *Roman de la Rose,* nous assistons à une quête, non pas dans un jardin ensoleillé, mais dans une nuit créatrice où la lumière naît du poème, de son incantation. Il ne s'agit pas d'un jeu d'esprit ou d'un rébus, c'est une traversée douloureuse. Pour la première fois, nous assistons avec un poète à la descente dans ses propres enfers, sans le secours d'un Virgile pour le guider. Dans le cadre étroit du sonnet cher à Pétrarque, le temps est enfermé, tous les souvenirs d'une existence avec sa recherche du connu et de l'inconnu, la masse culturelle de l'univers ouvert à l'essentiel, les amours naufragées et les rêves engloutis, la nostalgie des êtres entrevus et disparus dans le grand espoir du rendez-vous de l'éternité, les conjurations et les exorcismes de l'esprit douloureux et de la raison blessée, de la plaie ouverte comme un hublot.

Gérard a lui-même dit le caractère mystérieux des *Chimères.* Dans une dédicace à Alexandre Dumas, il s'exprime dans ce langage qu'aujourd'hui, après le surréalisme, nous pouvons mieux entendre : « Ces sonnets ont été composés dans un état de rêverie *supernaturaliste,* comme diraient les Allemands... Ils ne sont guère plus obscurs que la métaphysique d'Hegel ou les *Mémorables* de Swedenborg, et perdraient de leur charme à être expliqués, si la chose était possible... » Nous voudrions, en donnant à lire *El Desdichado,* répondre à son vœu :

> Je suis le Ténébreux, — le Veuf, — l'Inconsolé,
> Le Prince d'Aquitaine à la Tour abolie :
> Ma seule *Étoile* est morte, — et mon luth constellé
> Pórte le *Soleil noir* de la *Mélancolie.*
>
> Dans la nuit du Tombeau, Toi qui m'as consolé,
> Rends-moi le Pausilippe et la mer d'Italie,
> La fleur qui plaisait tant à mon cœur désolé,
> Et la treille où le Pampre à la Rose s'allie.
>
> Suis-je Amour ou Phœbus?... Lusignan ou Biron?
> Mon front est rouge encor du baiser de la Reine;
> J'ai rêvé dans la Grotte où nage la Sirène...
>
> Et j'ai deux fois vainqueur traversé l'Achéron :
> Modulant tour à tour sur la lyre d'Orphée
> Les soupirs de la Sainte et les cris de la Fée.

Donnons le témoignage d'explications suggérées. Ainsi, « le Prince d'Aquitaine à la Tour abolie » : Nerval qui aimait les pseudonymes a signé une lettre à Jules Janin « Nap. della Torre Brunya »; il était d'une lointaine origine agenaise; il peut se croire prince déchu, frustré, « à la Tour abolie ». Pour cette tour, voudrait-on d'autres explications? Marie-Jeanne Durry, poète et universitaire, nous en livre abondamment :

La tour abolie du prince d'Aquitaine est tout ce qu'on voudra. Une des tours d'argent que dessine dans ses armoiries l'imaginaire descendant d'un château du Périgord. La tour foudroyée des tarots. La tour du château de Lusignan, en Poitou, rasé par l'ordre du roi à la fin du xvie siècle, sans qu'on fît même grâce, dit le président de Thou, « à cette fameuse tour de Mélusine, que nos auteurs ont rendue si célèbre par les fables qu'ils en ont racontées ». Ou la tour qui se dresse dans *Aurélia,* « si profonde du côté de la terre et si haute du côté du ciel »... Je ne dis même pas que cette tour de l'épreuve (ne?) se soit elle aussi élevée et effacée devant Nerval pendant qu'il écrivait *El Desdichado.* Mais, surgissante et évanouissante, elle est en lui.

André Lebois qui a cité ce texte dans son *Fabuleux Nerval* a pour sa part montré que la tour se chante et qu'elle est lieu commun. Elle vit « comme la spirale de Flaubert, l'escalier de Vathek, la Tour de Babel, dans la conscience collective ». Voudrait-on poursuivre avec l'*Étoile,* on trouverait celle du berger, celle que Jenny Colon porta au front en interprétant la reine de la nuit de *la Flûte enchantée,* d'autres proches ou lointaines. *Le Soleil noir :* expression alchimique, l'Apocalypse, Dürer. *Le Pausilippe et la mer d'Italie :* le voyage romantique. *Le Pampre à la Rose s'allie :* à défaut de rime? le *Roman de la Rose? Amour :* celui du même roman? *Phœbus, Lusignan, Biron :* nostalgie du moyen âge encore, Biron qui porte Byron, qui sait? *La Grotte :* vase alchimique. *La Sirène :* Mélusine. Le dernier tercet : la Naples de Virgile, le chant de triomphe du héros revenu des Enfers, les deux victoires contre la folie, la lyre salvatrice.

Nombreuses sont les tentatives d'explication, et l'on peut encore citer Paul Gautier, Jeanine Moulin, Fernand Verhesen, André Rousseaux, Émilie Noulet, Jean Richer, Georges Le Breton, François Constans, Jean Pellegrin, Robert Goffin, pour ce seul poème, noms auxquels s'en ajouteront beaucoup d'autres pour les différents sonnets : Yves-Gérard Le Dantec, G. Rouger, Rolland de Renéville, Albert Béguin... Nous en oublions beaucoup. Rarement poète suggéra tant d'exégètes et l'on reste souvent plein d'admiration devant des trésors d'intelligence et de perspicacité poétique. Mais rien n'a pu, comme Nerval le craignait, détruire le charme. Nous nous en tiendrons quant à nous à son désir, car l'explication, possible ou impossible, ajoute de tout sauf de la poésie.

On rencontre souvent Myrtho chez Théocrite; c'est aussi le nom de la jeune Tarentine Myrto de Chénier; voici le sonnet célèbre des *Chimères* portant ce titre *Myrtho :*

> Je pense à toi, Myrtho, divine enchanteresse,
> Au Pausilippe altier, de mille feux brillants,
> A ton front inondé des clartés d'Orient,
> Aux raisins noirs mêlés avec l'or de ta tresse.

C'est dans ta coupe aussi que j'avais bu l'ivresse,
Et dans l'éclair furtif de ton œil souriant,
Quand aux pieds d'Iacchus on me voyait priant,
Car la Muse m'a fait l'un des fils de la Grèce.

Je sais pourquoi là-bas le volcan s'est rouvert...
C'est qu'hier tu l'avais touché d'un pied agile,
Et de cendres soudain l'horizon s'est couvert.

Depuis qu'un duc normand brisa tes dieux d'argile,
Toujours, sous les rameaux du laurier de Virgile,
Le pâle hortensia s'unit au myrte vert!

Dans les *Autres Chimères* se trouve un autre poème intitulé *Myrtho* dont les deux quatrains sont les mêmes, mais où les deux tercets sont les suivants :

Ils reviendront ces dieux que tu pleures toujours!
Le temps va ramener l'ordre des anciens jours;
La terre a tressailli d'un souffle prophétique...

Cependant la sybille au visage latin
Est endormie encor sous l'arc de Constantin
— Et rien n'a dérangé le sévère portique.

On les retrouvera ces deux tercets à la fin du sonnet *Delfica* qui évoque le souvenir d'une des nouvelles des *Filles du Feu, Octavie*, et dont les deux quatrains sont les suivants :

La connais-tu, Dafné, cette ancienne romance,
Au pied du sycomore, ou sous les lauriers blancs,
Sous l'olivier, le myrte, ou les saules tremblants,
Cette chanson d'amour qui toujours recommence?...

Reconnais-tu le TEMPLE au péristyle immense,
Et les citrons amers où s'imprimaient tes dents,
Et la grotte, fatale aux hôtes imprudents,
Où du dragon vaincu dort l'antique semence?...

Ces deux quatrains sont repris pour le début du sonnet *A J-y Colonna* (Jenny Colon) et Nerval y ajoute les deux tercets suivants, copiés sur ceux du premier sonnet *Myrtho* :

Sais-tu pourquoi, là-bas, le volcan s'est rouvert?
C'est qu'un jour nous l'avions touché d'un pied agile,
Et de sa poudre au loin l'horizon s'est couvert!

Depuis qu'un Duc Normand brisa vos pieds d'argile,
Toujours sous le palmier du tombeau de Virgile
Le pâle hortensia s'unit au laurier vert.

Ces reprises nous montrent l'unité d'inspiration de ces sonnets en même temps que les hantises du poète. De même, le sonnet *Horus* est à peu près le même que celui dédié *A Louise d'Or., reine.*

Le dernier vers du deuxième sonnet *Myrtho* : « Et rien n'a dérangé le sévère portique » se retrouve à la fin de deux sonnets : *A Madame Aguado* et *Erythréa*.

Ce qu'on appelle folie ou dérangement mental a permis à Gérard de vivre ce dédoublement qui a hanté le romantisme allemand. Réminiscences, aventures vécues ou imaginées, souvenirs d'une existence antérieure, voyages dans les régions les plus reculées et les plus obscures de la mémoire et de l'âme, insertion dans un monde mythologique ressuscité. Comme *El Desdichado,* un autre sonnet, « bijou enlevé à la Dea Syria, à la déesse multiforme » (dit Maurice Barrès), résiste aux explications peut-être parce qu'il contient trop d'incarnations de la Femme mythique du poète ; c'est *Artémis :*

> La Treizième revient... C'est encor la première ;
> Et c'est toujours la Seule, — ou c'est le seul moment :
> Car es-tu Reine, ô Toi! la première ou la dernière ?
> Es-tu Roi, toi le seul ou le dernier amant ?...
>
> Aimez qui vous aima du berceau dans la bière ;
> Celle que j'aimai seul m'aime encor tendrement :
> C'est la Mort — ou la Morte... Ô délice! ô tourment!
> La rose qu'elle tient, c'est la *Rose trémière.*
>
> Sainte napolitaine aux mains pleines de feux,
> Rose au cœur violet, fleur de sainte Gudule :
> As-tu trouvé la croix dans le désert des cieux ?
>
> Roses blanches, tombez! vous insultez nos Dieux,
> Tombez, fantômes blancs, de votre ciel qui brûle :
> — La Sainte de l'abîme est plus sainte à mes yeux!

Le premier vers : « La Treizième revient... » paraîtrait obscur à qui ne connaîtrait pas le titre initial du poème, *Ballet des heures.* Il s'agit de la treizième heure qui est encore la première, refermant un cycle. Et treize est fatidique : la treizième carte du Tarot est celle de la Mort. Une méditation sur la mort est proposée : la mère morte (l'orphelin Gérard...), puis des images superposées dont on peut trouver la source : il a décrit l'église Sainte-Gudule de Bruxelles, et puis Naples. Enfin, il y a la « Sainte de l'abîme », celle du ciel vide, du néant, le reniement du christianisme.

Les cinq sonnets, *Le Christ aux Oliviers,* apparaissent comme une suite logique. Nerval aurait pu les intituler « le Reniement de Jésus » car il s'agit d'une suite blasphématoire bien à l'opposé de ce qu'écrira Verlaine dans *Sagesse* avec les sonnets de « Mon Dieu m'a dit... ». Nerval montre, selon la tradition ésotérique, un dieu sacrifié, en proie au doute, qui, tandis que ses amis dorment, découvre le

néant de Dieu lui-même. Ce n'est pas par hasard qu'une épigraphe
est de Jean-Paul Richter :

> Dieu est mort! le ciel est vide...
> Pleurez! enfants, vous n'avez plus de père!

car, si le premier sonnet est une paraphrase évangélique, les
deuxième et troisième copient le *Discours du Christ mort,* de Jean-
Paul. Rien n'est plus clair que ce discours bien établi :

> Il reprit : « Tout est mort! J'ai parcouru les mondes;
> Et j'ai perdu mon vol dans leurs chemins lactés,
> Aussi loin que la vie, en ses veines fécondes,
> Répand des sables d'or et des flots argentés :
>
> « Partout le sol désert côtoyé par des ondes,
> Des tourbillons confus d'océans agités...
> Un souffle vague émeut les sphères vagabondes,
> Mais nul esprit n'existe en ces immensités.
>
> « En cherchant l'œil de Dieu, je n'ai vu qu'une orbite
> Vaste, noire et sans fond, d'où la nuit qui l'habite
> Rayonne sur le monde et s'épaissit toujours;
>
> « Un arc-en-ciel étrange entoure ce puits sombre,
> Seuil de l'ancien chaos dont le néant est l'ombre,
> Spirale engloutissant les Mondes et les Jours!

La plupart de ces poèmes de qualité ne valent pas *El Desdichado,*
Myrtho ou *Artémis.* Un Vigny, un Hugo dans leurs poèmes religieux
et philosophiques lui sont supérieurs. Dans les quatrième et cinquième sonnets, on ressent l'influence de Du Bartas dont Nerval
a bien connu toutes les œuvres et la suite de neuf sonnets des *Neuf*
Muses Pyrénées. Lorsqu'à la fin du quatrième sonnet, Pilate pris de
pitié dit aux satellites : « Allez chercher ce fou! », Nerval reprend :

> C'est bien lui, ce fou, cet insensé sublime...
> Cet Icare oublié qui remontait les cieux,
> Ce Phaëton perdu sous la foudre des dieux,
> Ce bel Atys meurtri que Cybèle ranime!
>
> L'augure interrogeait le flanc de la victime,
> La terre s'enivrait de ce sang précieux...
> L'univers étourdi penchait sur ses essieux,
> Et l'Olympe un instant chancela vers l'abîme.
>
> « Réponds! criait César à Jupiter Ammon,
> Quel est ce nouveau dieu qu'on impose à la terre?
> Et si ce n'est un dieu, c'est au moins un démon... »
>
> Mais l'oracle invoqué pour jamais dut se taire;
> Un seul pouvait au monde expliquer ce mystère :
> — Celui qui donna l'âme aux enfants du limon.

Une autre religion : celle de la nature. « Eh quoi! tout est sensible! », extrait d'une traduction des *Vers dorés* de Pythagore, figure en épigraphe. Pour clore *les Chimères,* il fallait cet agrandissement et ce baume. La philosophie pythagoricienne, celle du Hugo des tables tournantes, celle, plus tard, de Tolstoï ou Gandhi, lui dicte ce développement où le minéral, le végétal appellent une méditation constructive à partir des vieilles sources. Il rappelle ce que l'homme a pu oublier en traduisant une pensée antique, ne dédaignant pas ici le ton aphoristique et didactique. Les pierres, ces pierres qui hantèrent Rémi Belleau et maints renaissants prennent un relief particulier. Jamais on ne dit en quatorze vers tant de choses essentielles :

> Homme! libre penseur — te crois-tu seul pensant?
> Dans ce monde, où la vie éclate en toute chose :
> Des forces que tu tiens ta liberté dispose,
> Mais de tous tes conseils l'univers est absent.
>
> Respecte dans la bête un esprit agissant...
> Chaque fleur est une âme à la Nature éclose;
> Un mystère d'amour dans le métal repose :
> Tout est sensible; — Et tout sur ton être est puissant!
>
> Crains dans le mur aveugle un regard qui t'épie :
> A la matière même un verbe est attaché...
> Ne la fais pas servir à quelque usage impie.
>
> Souvent dans l'être obscur habite un Dieu caché;
> Et, comme un œil naissant couvert par ses paupières,
> Un pur esprit s'accroît sous l'écorce des pierres.

Voilà un poème qui nous touche toujours, nous hommes du siècle industrialisé. Comme dit André Lebois : « Nerval, avant Rilke, avant Milosz, a su montrer dans le plus banal galet, dans le plus dur silex, un être qui participe comme l'homme au mystère de la création. » On ajoute que chez ces trois poètes, on assiste à une recherche du divin. Chez Nerval, elle a quelque chose de désespéré. Il vogue à travers les époques comme son Christ à travers les cieux en quête d'une réponse, d'un signe. Seule la poésie lui répond au cours de ces sonnets somptueux, chatoyants, si magiques et si fabuleux que chaque lecture apporte la découverte de nouvelles richesses, celles du plus grand des testaments poétiques. A travers la poésie, jusqu'à nos jours, va s'étendre une religion nervalienne. Quant aux commentaires, comme dit Pascal Pia, « moins un poème est explicable, plus il suscite d'explications ». Ne voyons donc dans ces dernières qu'une preuve supplémentaire de l'ampleur du trésor et ne gâchons pas notre plaisir à Nerval.

Autres Chimères.

Ces neuf sonnets reprennent souvent les thèmes des premières *Chimères;* on le voit surtout dans la seconde *Myrtho, A Louise d'Or., reine, A J-y Colonna, A Madame Aguado, Erythréa* où le poète semble mettre une certaine désinvolture à reprendre des vers déjà écrits pour les enchâsser dans de nouveaux sonnets. Ce sont des versions différentes qu'on trouve dans ces poèmes posthumes.

Parmi les autres, il faut lire, car on y trouve des traits révélateurs des sources nervaliennes, le sonnet *A Madame Sand :*

« Ce roc voûté par art, chef-d'œuvre d'un autre âge,
Ce roc de Tarascon hébergeait autrefois
Les géants descendus des montagnes de Foix
Dont tant *d'os* excessifs rendent sûr témoignage. »

Ô seigneur Du Bartas! Je suis de ton lignage,
Moi qui soude mon vers à ton vers d'autrefois :
Mais les vrais descendants des vieux *Comtes de Foix*
Ont besoin *de témoins* pour parler dans notre âge.

J'ai passé près Salzbourg sous des rochers tremblants;
La Cigogne d'Autriche y nourrit les Milans.
Barberousse et Richard ont sacré ce refuge.

La neige règne au front de leurs pics infranchis,
Et ce sont, m'a-t-on dit, les *ossements* blanchis
Des anciens monts rongés par la mer du Déluge.

La première strophe est de Du Bartas. Tirée des *Neuf Muses Pyrénées,* le texte est différent de celui que donne Nerval :

Ce roc cambré par art, par nature ou par l'aage,
Ce roc de Tarascon hébergea quelquefois
Les Geans qui voloyent les montagnes de Foix,
De tant d'os excessifs rendent seur tesmoignage.

Le premier des sonnets des *Autres Chimères, la Tête armée,* s'ouvre par ce quatrain :

Napoléon mourant vit une *Tête armée...*
Il pensait à son fils déjà faible et souffrant :
La Tête, c'était donc sa France bien-aimée,
Décapitée, aux pieds du César expirant.

C'est encore le mythe napoléonien qui l'habite, mais est-ce vraiment le même homme qui écrivit les *Élégies nationales?* Comme nous sommes loin de Casimir Delavigne ou Auguste Barbier, et même de Victor Hugo! La dernière parole de Napoléon : « Mon fils! Tête armée! » est ici magnifiée, illustrée, conduite jusqu'à une rencontre entre Dieu et l'Empereur demi-dieu vaincu, tandis qu'un jeune homme, le roi de Rome, sort du Purgatoire pour tendre « sa main

pure au monarque des cieux ». Même rencontre de l'histoire devenue légende et mythologie dans le sonnet *A Hélène de Mecklem-
bourg* :

> Le vieux palais attend la princesse saxonne
> Qui des derniers Capets veut sauver les enfants;
> Charlemagne attentif à ses pas triomphants
> Crie à Napoléon que Charles-Quint pardonne.
>
> Mais deux rois à la grille attendent en personne;
> Quel est le souvenir qui les tient si tremblants,
> Que l'aïeul aux yeux morts s'en retourne à pas lents,
> Dédaignant de frapper ces pêcheurs de couronne?
>
> Ô Médicis! les temps seraient-ils accomplis?
> Tes trois fils sont rentrés dans ta robe à grands plis
> Mais il en reste un seul qui s'attache à ta mante.
>
> C'est un aiglon tout faible, oublié par hasard,
> Il rapporte la foudre à son père Caesar...
> Et c'est lui qui dans l'air amassait la tourmente!

Autre poème d'histoire, mais vu sous un jour oriental, peut-être
sous l'influence du *Divan* de Goethe, le sonnet *A Madame Ida Dumas*
est riche de noms propres et de majuscules comme au temps du
baroquisme :

> J'étais assis chantant aux pieds de Michaël,
> Mithra sur notre tête avait fermé sa tente,
> Le Roi des rois dormait dans sa couche éclatante,
> Et tous deux en rêvant nous pleurions Israël!
>
> Quand Tippoo se leva dans la nuée ardente...
> Trois voix avaient crié vengeance au bord du ciel :
> Il rappela d'en haut mon frère Gabriel,
> Et tourna vers Michel sa prunelle sanglante :
>
> « Voici venir le Loup, le Tigre et le Lion...
> L'un s'appelle Ibrahim, l'autre Napoléon
> Et l'autre Abd-el-Kader, qui rugit dans la poudre;
>
> « Le glaive d'Alaric, le sabre d'Attila,
> Ils les ont... Mon épée et ma lance sont là...
> Mais le Caesar romain nous a volé la foudre! »

Ce recueil se termine par la plus mystérieuse *Erythréa* avec ses
majuscules et ses italiques qui fut publiée par Corti d'après le
manuscrit que possédait Paul Eluard :

> *Colonne de Saphir,* d'arabesques brodée
> — Reparais! — *Les Ramiers* pleurent cherchant leur nid :
> Et, de ton pied d'azur à ton front de granit
> Se déroule à longs plis la pourpre de Judée!

Si tu vois *Bénarès* sur son fleuve accoudée
Prends ton arc et revêts ton corset d'or bruni :
Car voici *le Vautour,* volant sur *Patani,*
Et de *papillons blancs* la Mer est inondée.

MAHDÉWA! Fais flotter tes voiles sur les eaux
Livre tes fleurs de pourpre au courant des ruisseaux;
La neige du *Cathay* tombe sur l'Atlantique :

Cependant la *Prêtresse* au visage vermeil
Est endormie encor sous l'*Arche du Soleil :*
— Et rien n'a dérangé le sévère portique.

Ici, le *Voyage en Orient* est présent. Les parnassiens se souviendront de tels poèmes, les symbolistes aussi, mais parfois oublieront l'essentiel, le mystère poétique; les vrais héritiers, nous les trouverons de Baudelaire au surréalisme, de Mallarmé à Paul Valéry. Un soir, chez Hugo, comme on lui reprochait de n'avoir point de religion, il s'écria : « Moi, point de religion, mais j'en ai dix-sept! » Ce n'était pas de la malice, mais de la sincérité. Comme dit Claude Roy : « Nerval *s'invente* sans doute un Dieu composite et hétéroclite, un Dieu-soleil récurrent, Orphée, Christ, Napoléon. Il l'invente au sens de *création,* de production imaginaire (même s'il ne fait que reprendre et modifier pour son usage une tradition hermétique très ancienne). Mais le mythe complémentaire jumeau est celui du Dieu solaire, le mythe de la Grande Déesse Mère, ce n'est pas pour Nerval une *invention* au sens où Littré parle de " créer quelque chose par la force de son esprit ". C'est une invention au sens de la découverte de ce qui préexistait, d'un trésor enfoui, d'un objet dissimulé. »

On se rallie à Georges-Emmanuel Clancier lorsqu'il écrit ces lignes : « Ce qui nous touche, c'est la voix *nocturne, nostalgique* et *souveraine* de Nerval appréhendant, au-delà des formules qui peut-être avaient pu le séduire, un monde informulé qui lui est essentiel, et par là même essentiel à l'homme. Ce qui fait la force, le pouvoir, la magie de ce sonnet *(El Desdichado),* comme de tous les sonnets des *Chimères,* c'est qu'en leurs quelques vers l'alchimie poétique de toute une vie se trouve réalisée : le temps d'un bref chant, recouvrant toute la durée, tous les souvenirs d'une vie, tout son amour, tout le rêve qui l'a nourri, et au-delà la nostalgie sans fin des êtres disparus dans l'éternité, comme la promesse dans l'infini de leurs retrouvailles. » Et Marcel Schneider, étendant son étude de la prose fantastique de Gérard à ses poèmes, dit : « Les rêves qu'il poursuit sont tour à tour terrifiants et délicieux; mais, cauchemars ou idylles, ils préfigurent les éléments décisifs de son existence et ce qui a été annoncé par le rêve se réalise dans la vie

éveillée. *Aurélia* et *les Chimères* sont une suite d'illuminations intérieures, la projection d'images fulgurantes de scènes qui se passent
en réalité dans un autre monde, mais qui intéressent notre moi, de
façon certaine, bien que mal connue. »

A propos d'*Aurélia* encore, nous citons ceci qui peut s'appliquer
aux *Chimères*. C'est René Daumal qui parle : « Je tiens seulement à
ce que l'on sache ce qui devrait pourtant éclater aux yeux, que rien
dans ce livre n'est fortuit ni fantaisiste, que le caprice n'y a aucune
part, et que chaque affirmation, chaque description, chaque récit
de Nerval peut se retrouver mille fois dans l'énorme savoir des
initiés et des voyants de tous les âges. Et il serait vain d' " expliquer " les rêves de Nerval par ses lectures et sa connaissance très
vaste... » Plus loin, Daumal ajoute : « C'est parce que cette science,
dans son principe, était inscrite, plantée entre ses yeux qu'il fut
possédé toute sa vie du besoin d'en chercher des manifestations :
autrement on ne saurait expliquer qu'elle dominât si drama-
tiquement ses rêves. » Gérard de Nerval a attiré vers lui tous les
esprits de qualité de notre temps. Mais *les Chimères* vont au-delà
du secret.

Le Plus romantique de tous.

Les quelques dizaines de pages que représente la meilleure poésie de Gérard de Nerval, si elles ne se suffisaient pas à elles-mêmes,
seraient prolongées non par ses œuvres de jeunesse, non par ses
innombrables travaux qui en feraient un polygraphe quelconque
s'il n'y infusait un peu de son génie, mais par ses chefs-d'œuvre
de prose fluide et délicate, fénelonienne, et il faudrait citer (ce
que nous ne pouvons faire dans notre cadre) des pages entières
des *Nuits d'Octobre,* des *Filles du Feu,* de *la Pandora,* d'*Aurélia*... où
la poésie est enclose pour notre ravissement.

Les introductions à Nerval sont nombreuses, du *Nerval par lui-
même* de Raymond Jean qui permet un abord facile à *Nerval, expérience et création,* de Jean Richer, œuvre d'investigation profonde,
en passant par tant d'exégèses qu'on ne peut les citer toutes, car
il y faudrait de nombreuses pages. Le temps n'est plus où Nerval
semblait ne pas exister : les maîtres de la critique du XIXᵉ siècle
sont généralement passés à côté de lui sans le voir. Après la mise
en valeur par Aristide Marie et Jules Marsan, il ne sera vraiment
apprécié que dans les années 20 après le *Manifeste du surréalisme*
d'André Breton. Certes Baudelaire parle de lui comme d'un « écrivain d'une honnêteté admirable, d'une haute intelligence, et qui fut
toujours lucide », Théophile Gautier lui dédie bien des pages de son

Histoire du romantisme, Arsène Houssaye fait son portrait dans l'*Histoire du 41ᵉ fauteuil,* et les témoignages de ses amis ne manquent pas, mais les opinions les plus lucides sont celles de nos contemporains.

N'oublions pas que Marcel Proust le met en compagnie de Chateaubriand en tête des « grands génies », que Drieu La Rochelle le cite parmi les quatre grands poètes du XIXᵉ siècle, les trois autres étant Baudelaire, Rimbaud et Mallarmé. Pour Kléber Haedens, « Si Nerval ne ressemble pas aux autres romantiques, c'est parce qu'il est le seul romantique en France. » Et le critique ajoute : « Revêtu de son habit de prince, il s'en va tout droit vers l'abîme, pareil à cet Icare tombé en embrassant la mer, libéré de toute servitude et de toute contrainte, allégé du poids de la terre, mais prisonnier des fatales images et du dieu mortel dont il est vainqueur. »

Jean Giraudoux a vu dans les vers de Nerval « cette preuve d'existence individuelle que donnent si peu, contre toute attente et contre la promesse de leur appellation, nos écrivains romantiques. » Fort justement, Pierre-Jean Jouve dit : « Dans le romantisme, qu'il traverse, et auquel il paraît étranger, Gérard de Nerval semble une apparition, la source autonome de tout son être et de son œuvre s'écoule à part, comme s'il était à la fois en avant de son époque et en arrière... » Mais, « avec Gérard de Nerval, dit Paul Guth, le romantisme rompt les dernières amarres qui l'attachaient à Boileau. Il débouche sur les ténèbres de l'inconscient qu'exploreront Rimbaud, les surréalistes et les poètes du XXᵉ siècle voués aux gouffres ». Maurice Blanchot va plus loin : « Il se transcrit comme la manifestation d'une essence pure. Il n'y a plus rien dans l'auteur qui soit indigne d'une œuvre nécessaire. Mais il n'y a plus rien en lui qui soit supportable à l'existence. L'assomption vers l'éternel se compense par l'anéantissement... »

Ce qui ne laisse pas d'étonner, c'est cette montée du génie à la fin de sa vie. « *El Desdichado, Myrtho, Horus, Delfica, Antéros, Artémis, Fantaisie, les Cydalises,* nous dit Eluard, ces poèmes supernaturalistes [...] sont à tel point parfaits, leur vue est si nouvelle et porte si loin que nous nous étonnons de la nullité, de l'inutilité de ses poèmes de jeunesse. » Au contraire de Rimbaud, Nerval a livré l'essentiel de son œuvre à la fin de sa vie dans un ultime éclat de lumière et de flamme avant de disparaître dans cette nuit que nul n'a si bien explorée. Ses visions, ses distillations savantes, magiques, d'un fond intérieur d'une richesse inouïe s'expriment dans l'éclosion des plus beaux vers qu'on ait écrits. Il unit le haut savoir de la poésie renaissante aux découvertes de notre langage poétique autopsié et mis à nu. On ne saurait connaître la poésie d'aujourd'hui sans la connaissance de Gérard de Nerval.

Théophile Gautier
et ses amis

bousingot   —n/l

tonitruant — booming

bouillant. ⟍

receler — conceal/ accept receive.

I

Théophile Gautier

Un Peintre romantique.

Gérard, Théophile... ce sont des poètes qu'on appelle naturellement par leur prénom comme jadis Tristan (L'Hermite) ou l'autre Théophile (de Viau). Le gilet rouge (qui était rose)
de Gautier (1811-1872) jette un éclat au cœur du romantisme. Lui
et ses amis bousingots, les ardents, les tonitruants, tout comme le
solide Hugo ou le bouillant Dumas, sont loin des pâleurs phtisiques des vies de bohème et dames aux camélias. Théophile Gautier est avant tout un peintre qui aime user de tous les tons, du
clair-obscur à l'aquarelle, du pastel à l'huile violente.

Théophile, on n'en connaît dans les meilleurs cas qu'*Émaux et
Camées,* à cause des souvenirs scolaires (on pense que ce n'était pas
si mal) ou *le Capitaine Fracasse* pour la cape, l'épée et le cinéma. Il
est urgent d'y regarder de plus près. L'ami de Hugo, de Nerval,
le maître vénéré de Baudelaire reste loin de partager leur gloire.
André Billy affirma : « La place qu'il mérite, il l'a. Elle n'est pas
au premier rang; elle est en retrait, mais elle n'est pas non plus
d'un écrivain de second ordre. » Nous ne serons pas si tiède : non!
Gautier mérite mieux, il recèle des surprises, certains de ses poèmes
ne sont pas indignes des maîtres du « premier rang ». Enfin, il est
l'annonciateur de vastes mouvements poétiques; il est un des mail-
lons indispensables de la chaîne : comme Baudelaire, Verlaine ou
Rimbaud lui doivent bien quelque chose.

Il naquit à Tarbes. A trois ans, il vint habiter Paris où son père
avait été nommé à l'administration de l'Octroi. A huit ans interne
à Louis-le-Grand, il sera bientôt externe à Charlemagne où il
rencontrera son aîné Gérard de Nerval. Dès son adolescence, sa
voie semblait tracée : il serait peintre, fréquentant les ateliers

comme celui de Rioult. En fait, il peindra, mais avec la plume. Les cénacles romantiques où la parole est reine, le mouvement d'*Hernani* décident de sa vocation. De son goût de la peinture, il gardera toujours l'amour sacré de l'art, le sens du regard, une connivence avec les formes et les couleurs, les décors et les lignes. « Je suis un homme pour qui le visible existe », écrit-il. Sa vision précise, rapide, revivra dans des vers éclatants; jamais plume ne rivalisera mieux avec le pinceau; les mots sont des touches de couleur qu'il faut unir. La lecture favorite de Gautier : le dictionnaire qu'il consulte comme un catalogue de couleurs, comme une palette. Son vocabulaire sera le plus riche et le plus précis qui soit. Il n'aura qu'un tort aux yeux des puristes : trop de virtuosité picturale, trop de variations autour d'une même couleur, trop de chatoiement, d'images multicolores, éblouissantes, qui fatiguent quelque peu la vue, mais, là encore, des goûts et des couleurs...

Les Premiers poèmes.

En 1830, il donne ses premières *Poésies* qui font peu de bruit. En 1831, c'est un étrange poème, *Albertus ou l'âme et le péché* qu'il appelle « légende théologique » dont le ton neuf, le trait dru, l'intensité sont de nature à impressionner Baudelaire. Ces tableaux réalistes, peut-être un Verhaeren s'en souviendra-t-il :

> Sur le bord d'un canal profond dont les eaux vertes
> Dorment, de nénuphars et de bateaux couvertes,
> Avec ses toits aigus, ses immenses greniers,
> Ses tours au front d'ardoise où nichent les cigognes,
> Ses cabarets bruyants, qui regorgent d'ivrognes,
> Est un faubourg flamand tel que les peint Téniers.

La vocation de peintre de Gautier s'affirme sans cesse; comme l'indique la suite de ce poème, c'est bien une toile qu'il est occupé à brosser :

> — Vous reconnaissez-vous? Tenez, voilà le saule,
> De ses cheveux blafards inondant son épaule
> Comme une fille au bain; l'église et son clocher,
> L'étang où des canards se pavane l'escadre;
> Il ne manque vraiment au tableau que le cadre
> Avec le clou pour l'accrocher.

Dans *Albertus,* parmi le bric-à-brac médiéval et romantique, on distingue une orientation philosophique tournée vers le scepticisme et le dandysme iconoclaste. Albertus est un frère de *Mardoche.* Il disloque comme lui « ce grand niais d'alexandrin » pour scandaliser le bourgeois et le néo-classique. Et pourtant, il a

aussi ses clichés et son académisme, son côté « plaqué » qui lui
fait assembler trop de mots clinquants : s'il n'avait pas sa fantaisie,
la rhétorique pèserait. On trouve là des scènes qui font penser aux
romans noirs, terrifiants, qui sont à la mode :

> Quand il se vit si près de cette Mort vivante,
> Tout le sang d'Albertus se figea d'épouvante;
> — Ses cheveux se dressaient sur son front, et ses dents
> Claquaient à se briser; — cependant le squelette,
> A sa joue appuyant sa lèvre violette,
> Le poursuivait partout de ses rires stridents.
> Dans l'ombre, au pied du lit, grouillaient d'étranges formes :
> Incubes, cauchemars, spectres lourds et difformes,
> Un recueil de Callot et de Goya complet!
> Des escargots cornus, sortant du joint des briques,
> Argentaient les vieux murs de baves phosphoriques;
>   La lampe fumait et râlait...

Dans le même recueil, on trouvera des sonnets amoureux
comme le *Sonnet IV* :

> Lorsque je vous dépeins cet amour sans mélange,
> Cet amour à la fois ardent, grave et jaloux,
> Que maintenant je porte au fond du cœur pour vous,
> Et dont je me raillais jadis, ô mon jeune ange,
>
> Rien de ce que je dis ne vous paraît étrange;
> Rien n'allume en vos yeux un éclair de courroux.
> Vous dirigez vers moi vos regards longs et doux;
> Votre pâleur nacrée en incarnat se change :
>
> Il est vrai, dans la mienne, en la forçant un peu,
> Je puis emprisonner votre main blanche et frêle,
> Et baiser votre front si pur sous la dentelle;
>
> Mais ce n'est pas assez pour un amour de feu;
> Non, ce n'est pas assez de souffrir qu'on vous aime;
> Ma belle paresseuse, il faut aimer vous-même.

Les parties colorées tranchent donc avec des poèmes plus
sereins, marqués — c'est un défaut chez les romantiques, et aussi
chez Baudelaire — par trop d'épithètes. A l'époque d'*Albertus,* le
jeune Gautier sait avoir de la douceur, dire des *Pensées d'Automne*
ou montrer un calme *Paysage :*

> Pas une feuille qui bouge,
> Pas un seul oiseau chantant,
> Au bord de l'horizon rouge
> Un éclair intermittent.
>
> D'un côté rares broussailles,
> Sillons à demi noyés,
> Pans grisâtres de murailles,
> Saules noueux et ployés;

> De l'autre, un champ que termine
> Un large fossé plein d'eau,
> Une vieille qui chemine
> Avec un pesant fardeau,
>
> Et puis la route qui plonge
> Dans le flanc des coteaux bleus,
> Et comme un ruban s'allonge
> En minces plis onduleux.

En 1833, Gautier publie *les Jeunes-France,* « romans gogue-nards », suite de récits caricaturaux du libertinage romantique, des attitudes byroniennes, en traits légers et savoureux. Nous sommes en plein dans le climat artistique et littéraire du temps, comme chez Musset ou Murger : ce sont les « précieuses ridicules » du romantisme. En 1835-1836, c'est une autre prose, le roman *Mademoiselle de Maupin* qui défie la morale bourgeoise : Gautier y montre que l'Art n'a que faire de la Morale. Il attire l'attention de Balzac qui l'appelle à collaborer à *la Chronique de Paris.* Dans ce journal, comme dans *la Presse* d'Émile de Girardin, il publiera des chroniques littéraires, artistiques, théâtrales, des reportages de toutes sortes qui lui permettront de gagner sa vie. Il est alors inten-sément mêlé à la vie littéraire, en attendant qu'en 1836, les joyeux amis bousingots, frénétiques et autres de l'impasse du Doyenné se séparent.

La Comédie de la Mort.

En 1838 paraissent les poèmes de *la Comédie de la Mort* qui affirment l'apogée, le couronnement de son œuvre romantique. Il faut dire ici que Gautier, à la charnière du romantisme et du par-nasse, peut se situer dans les deux écoles. Mais dans ces poèmes macabres, nous sommes au cœur de la première : le sombre, le funèbre s'y déploient dès le premier poème qui donne son titre à l'ensemble. En fait, c'est une série de scènes effroyables et l'on voit que Théophile, voulant frapper fort, « en rajoute » quelque peu comme au temps de la mort médiévale, mais de manière plus arti-ficielle. *La Vie dans la Mort* montre les cadavres inquiets dans leur tombe; l'angélique peintre Raphaël jette l'anathème aux hommes de science qui ne savent pas préserver le monde et l'amour, le beau et la poésie. *La Mort dans la Vie* met en images le néant que chacun porte en soi, sous son suaire de chair. La Mort prend l'as-pect symbolique d'une vierge diaphane :

> Plus sombres que la nuit, plus fixes que les pierres,
> Sous leur sourcil d'ébène et leur longue paupière

Luisent ses deux grands yeux;
Comme l'eau du Léthé qui va muette et noire,
Ses cheveux débordés baignent sa chair d'ivoire
A flots silencieux.

Des feuilles de ciguë avec des violettes
Se mêlent sur son front aux blanches bandelettes,
Chaste et simple ornement;
Quant au reste, elle est nue, et l'on rit et l'on tremble
En la voyant venir; car elle a tout ensemble
L'air sinistre et charmant.

Les moteurs de l'univers, science, amour, gloire, ne sont ici que vanités. Faust abattu rejette l'amour et la science est pour lui synonyme de mort; Don Juan brisé croit que la science et non l'amour cache l'énigme de la vie; Napoléon déçu se voudrait berger corse. Gautier se révolte : il invoque tout ce qui est image de vie, les roses, les chants, les femmes, la muse antique préservée dans une jeunesse éternelle. Mais la Mort est partout, même dans la femme de chair qu'on serre contre sa poitrine, et se succèdent des lamentations sur le malheur, la solitude, le temps irréversible : *Ténèbres, Thébaïde, Pensée de minuit.* L'art seul peut sauver, l'art pour la vie, et des poèmes comme *le Triomphe de Pétrarque* l'affirment, comme d'autres dont les sujets sont empruntés à Salvator Rosa, Michel-Ange, Dürer, Rubens.

Théophile est coloré, pittoresque, net et direct. On perçoit un effort poétique de recherche, notamment dans des tercets harmonieux. Le dialogue de *la Trépassée et le ver* contient des sizains dont pourra se souvenir Hugo dans *l'Épopée du ver.* Dans les poèmes brefs qui alternent avec les grands morceaux, on découvre déjà le poète d'*Émaux et Camées.* Ainsi, *la Dernière feuille* :

Dans la forêt chauve et rouillée
Il ne reste plus au rameau
Qu'une pauvre feuille oubliée,
Rien qu'une feuille et qu'un oiseau.

Il ne reste plus dans mon âme
Qu'un seul amour pour y chanter,
Mais le vent d'automne qui brame
Ne permet pas de l'écouter;

L'oiseau s'en va, la feuille tombe,
L'amour s'éteint, car c'est l'hiver.
Petit oiseau, viens sur ma tombe
Chanter, quand l'arbre sera vert.

Dans les grands poèmes de *la Comédie de la Mort,* comme *la Mort dans la Vie, la Vie dans la Mort, Ténèbres,* etc., on trouve d'où vient une part de Baudelaire, et l'on comprend mieux la fameuse dédicace des *Fleurs du Mal* qui ne laissa pas d'étonner et de laisser sceptique André Gide, Camille Mauclair ou Henri de Régnier, tandis que Raynaud niait absurdement que le poète de *la Comédie de la Mort* eut un rapport quelconque avec celui des *Fleurs du Mal.* Il suffit de lire les poèmes du recueil de Gautier, et aussi ceux d'*España* pour voir qu'il existe d'intimes rapports avec les poèmes de Baudelaire comme *la Mort des pauvres, Allégorie, Danse macabre, le Squelette laboureur, le Mort joyeux, une Charogne*... On sait que Baudelaire, dans une première rédaction de la fameuse dédicace, plus longue, terminait ainsi : « ... Mais j'ai voulu, autant qu'il était en moi, en espérant mieux peut-être, rendre un hommage profond à l'auteur d'*Albertus,* de *la Comédie de la Mort* et d'*España,* au poète impeccable, au magicien ès- langue française, dont je me déclare, avec autant d'orgueil que d'humilité, le plus dévoué, le plus respectueux et le plus jaloux des disciples. » Que Baudelaire soit le disciple de Gautier ne faisait aucun doute en son temps. Dont acte... Et Baudelaire pourra écrire encore : « ...il a introduit dans la poésie un élément nouveau, que j'appellerai la Consolation par les arts, par tous les éléments pittoresques qui réjouissent les yeux et amusent l'esprit. Il a fait dire au vers français plus qu'il n'avait dit jusqu'à présent; il a su l'agrément de mille détails faisant lumière et saillie, et ne nuisant pas à la coupe de l'ensemble ou à la silhouette générale... ».

Que dans *la Comédie de la Mort,* il y ait plus de brio, de fantaisie, d'imagination que de sentiment profond est indéniable et c'est ce qui rend le poème, inégal dans son ensemble, moins séduisant que ceux, plus dépouillés, de Baudelaire, et aussi du Musset des *Nuits* ou du Vigny de *la Maison du berger.* Il manque à Gautier ce dont dispose son ami Nerval : le sens de la rêverie, de l'inexprimé, de l'invisible. Le trait, trop net, aveugle par sa lumière crue. Il n'empêche : avec *la Comédie de la Mort,* Théophile fait faire à la poésie un pas en avant.

España.

Après 1836, Théophile continue à écrire beaucoup, publiant son roman séduisant, exotique et désinvolte *Fortunio,* 1837-1838, des contes galants, des contes fantastiques (de *la Morte amoureuse,* 1836, à *Spirite,* 1866, il en écrira beaucoup en s'améliorant sans cesse) dans un style parfait. Il voyage beaucoup : d'Espagne, il rapporte les éléments de son récit touristique *Tra los montes,* 1843, et surtout son recueil *España,* 1845, admirable de coloris, qui amorce un tournant dans son œuvre poétique. Se séparant des tournures romantiques, il recherche des « transpositions d'art » qui affirment son sens des correspondances, jouant sur *Zurbaran* ou sur *Ribeira* avec un nouveau regard :

> Il est des cœurs épris du triste amour du laid :
> — Tu fus un de ceux-là, peintre à la rude brosse
> Que Naples a salué du nom d'Espagnolet.
>
> Rien ne put amollir ton âpreté féroce,
> Et le splendide azur du ciel italien
> N'a laissé nul reflet dans ta peinture atroce.
>
> Chez toi l'on voit toujours le noir Valencien,
> Paysan hasardeux, mendiant équivoque,
> More que le baptême à peine a fait chrétien.
>
> Comme un autre le beau, tu cherches ce qui choque :
> Les martyrs, les bourreaux, les gitanos, les gueux,
> Étalant un ulcère à côté d'une loque...

Cette utilisation de la terza rima est parfaite. Quant au fond, il est permis de faire un rapprochement avec *les Phares* de Baudelaire. Dans le même recueil, on trouve *le Pin des Landes* avec, dans le dernier quatrain, une de ces comparaisons dont usera son grand disciple :

> Le poète est ainsi dans les Landes du monde;
> Lorsqu'il est sans blessure, il garde son trésor.
> Il faut qu'il ait au cœur une entaille profonde
> Pour épancher ses vers, divines larmes d'or.

Le paysage encore est symbole dans un poème intitulé primitivement *Dans la Sierra* et qui sera *le Poète et la foule* :

> La plaine, un jour, disait à la montagne oisive :
> — Rien ne vient sur ton front des vents toujours battu.
> Au poète, courbé sur sa lyre pensive,
> La foule aussi disait : — Rêveur, à quoi sers-tu?
>
> La montagne en courroux répondit à la plaine :
> — C'est moi qui fais germer les moissons sur ton sol,
> Du midi dévorant, je tempère l'haleine,
> J'arrête dans les cieux les nuages au vol!
>
> Je pétris de mes doigts la neige en avalanche,
> Dans mon creuset je fonds les cristaux des glaciers,
> Et je verse, du bout de mes mamelles blanches,
> En longs filets d'argent, les fleuves nourriciers.

Le poète, à son tour, répondit à la foule :
— Laissez mon pâle front s'appuyer sur ma main.
N'ai-je pas de mon flanc, d'où mon âme s'écoule,
Fait jaillir une source où boit le genre humain.

Le poème le plus célèbre du recueil est *Carmen*. Là aussi, on reconnaît le peintre :

Carmen est maigre, — un trait de bistre
Cerne son œil de gitana.
Ses cheveux sont d'un noir sinistre,
Sa peau, le diable la tanna.

Les femmes disent qu'elle est laide,
Mais tous les hommes en sont fous :
Et l'archevêque de Tolède
Chante la messe à ses genoux.

. . . .

Ainsi faite, la moricaude
Bat les plus altières beautés,
Et de ses yeux la lueur chaude
Rend la flamme aux satiétés.

Elle a, dans sa laideur piquante,
Un grain de sel de cette mer
D'où jaillit, nue et provocante,
L'âcre Vénus du gouffre amer.

De tels tableaux peuvent se passer de références, mais Gautier est tellement victime d'une injustice, qu'on se doit de montrer dans ces deux dernières strophes des images qui font penser aux « beautés » baudelairiennes. Et aussi ce poème *J'étais monté plus haut* :

J'étais monté plus haut que l'aigle et le nuage ;
Sous mes pieds s'étendait un vaste paysage,
Cerclé d'un double azur par le ciel et la mer ;
Et les crânes pelés des montagnes géantes
En foule jaillissaient des profondeurs béantes,
Comme de blancs écueils sortant du gouffre amer.

Tandis que s'affirme une réputation poétique qui fera de lui un maître, ses activités sont nombreuses. Il aime les femmes et a une vie sentimentale dont on trouvera un reflet dans son *Château du souvenir*. Il y a l'Espagnole Eugénie Fort qui lui donne son fils aîné Théophile (il traduira les *Contes* d'Arnim), Giulia Grisi, Ernesta Grisi sa compagne, mère de ces filles chargées de dons littéraires et artistiques : Judith (future Mme Catulle Mendès, futur membre de l'Académie Goncourt), Estelle (future Mme Émile Bergerat), enfin Carlotta Grisi pour qui il compose ses merveilleux ballets *Giselle*,

1841, *la Péri,* 1843. Il écrit aussi des comédies légères en prose ou en vers. Il faut parler de nombreux voyages durant le temps d'une vie tellement mouvementée : la Belgique, l'Espagne, Londres, l'Italie où le rejoint une autre de ses belles, Marie Mattéi, Constantinople, la Grèce, par deux fois la Russie, et tout cela s'accompagnant de livres, d'articles, de publications artistiques. En 1855, il sera au *Moniteur universel,* journal d'Empire, en 1869, il sera le reporter du *Journal officiel* pour l'inauguration du canal de Suez. De 1833 à 1872, il fera les comptes rendus des salons aidant les jeunes artistes, et notamment les peintres orientalistes comme Decamps, Marilhat, Chassériau, Fromentin. Et, bien sûr, il y a *le Capitaine Fracasse* qui s'inscrit bien dans son amitié de Scarron, *le Roman de la momie,* l'*Histoire du romantisme,* des *Tableaux du siège...*

Théophile déteste les classiques; il adore Villon, Rabelais, les écrivains et poètes de tempérament. Ses *Grotesques,* 1844, font l'exploration de l'univers pittoresque des marginaux du pré-classicisme, Saint-Amant, Scarron, Théophile de Viau, Cyrano de Bergerac, traquant volontiers ceux qu'il juge un peu vite pédants, ce qui est loin de lui déplaire, car il trouve là prétexte à tableaux.

Lorsqu'il publiera *Émaux et Camées* en 1852 (que suivront cinq réimpressions en dix ans), après la publication de *Poésies complètes,* 1845, il aura déjà fait figure de maître, mais ce recueil célèbre va influencer toute une école : Baudelaire, Banville, Flaubert pourront rendre hommage à celui qui, renversant le courant romantique, va célébrer « l'art pour l'art ».

Émaux et Camées.

La postérité ne s'est pas trompée en retenant *Émaux et Camées,* mais encore faut-il bien connaître et dégager sa véritable portée. Au départ, le bon Théo avertit avec une feinte modestie que son titre exprime le « dessein de traiter sous forme restreinte de petits sujets ». Il a « toujours préféré la statue à la femme et le marbre à la chair ». Ce qui compte avant tout : la forme durable, comme aux « temps heureux de l'art païen ». Il faut revêtir d'un « paros étincelant » les « squelettes gothiques » des danses macabres du christianisme. L'art pour l'art, c'est-à-dire ne relevant que de lui-même et non de la morale, de la pensée, de la philosophie, des besoins d'une actualité précaire, et se créant dans le dédain des bruits extérieurs :

> Sans prendre garde à l'ouragan
> Qui fouettait mes vitres fermées,
> Moi, j'ai fait *Émaux et Camées.*

Dans ces petits poèmes de mètres courts, il va fixer, comme jadis Belleau avec ses pierres précieuses, un tableau, une scène, un paysage, voire un état sentimental ou une idée, dans la perfection menue, mais durable. Cet art nouveau est dédaigneux du moralisme, de la sentimentalité, des élans du moi, des fastes romantiques dont le public est las. Le temps est venu — ou revenu — d'une représentation objective et impersonnelle. Il faut créer du nouveau, fuir la banalité dont Gautier a toujours eu horreur. Le miniaturiste Gautier va porter un coup sévère aux fresquistes : seule la netteté de la vision va compter. Le virtuose dont l'habileté à manier les vers faisait le désespoir de Sainte-Beuve va s'affirmer. L'enlumineur qui connaît si bien les termes des métiers d'art, du blason, de l'orfèvrerie va travailler dans la précision.

Son nouvel art poétique s'affirme dans un poème si souvent cité : *l'Art*. Il représente une date : ne croirait-on pas revenir à la conception malherbienne? C'est l'affirmation de la valeur absolue du métier, la nécessité de triompher par le travail des difficultés techniques qu'on invente au besoin. L'héritage de Lamartine et des romantiques est refusé. Seul Hugo, l'auteur des *Orientales* est accepté en partie : le grand poète ami a tant de cordes à sa lyre... Ce serait un retour en arrière s'il n'y avait l'annonce de Baudelaire et des parnassiens, la mise en œuvre d'une conception littéraire qui enthousiasmera Flaubert ou Louis Bouilhet son ami. Avant Verlaine, un dompteur de mots, par sa poétique exigeante tord le cou de l'éloquence.

Mais sommes-nous complètement séparés du romantisme? Un côté de Gautier est tourné vers le ton élégiaque et l'on verra que le moi n'est pas tout à fait oublié dans *Émaux et Camées* : il reparaît en de courts éclairs. Chez lui, il y a heureusement de la sensualité, un sens voluptueux des choses, de la délicatesse, de la fantaisie dans son jeu d'images, dans son recours à toutes les sources du langage. Son marbre, si marbre il y a, n'est pas froid, mais traversé de veines qui semblent charrier un sang généreux. En perdant cela, un jour, cette conception trouvera ses limites. Gautier affirme une naissance :

> Oui, l'œuvre sort plus belle
> D'une forme au travail
>   Rebelle,
> Vers, marbre, onyx, émail.
>
> Point de contraintes fausses!
> Mais que pour marcher droit
>   Tu chausses,
> Muse, un cothurne étroit.

Fi du rythme commode,
Comme un soulier trop grand,
   Du mode
Que tout pied quitte et prend !

. . . .

Tout passe. — L'Art robuste
Seul a l'éternité,
   Le buste
Survit à la cité.

A propos d'*Émaux et Camées,* Baudelaire a écrit : « Là surtout apparaît tout le résultat qu'on peut obtenir par la fusion du double élément : peinture et musique, par la carrure de la mélodie, et par la pourpre régulière et symétrique d'une rime plus qu'exacte. » Tout pourrait n'être que métier, or Gautier a trop de sens artistique pour oublier que la poésie doit exister aussi. Il la met simplement au second plan dans bien des cas. Dans *Affinités secrètes,* il offre une musique précieuse infiniment, une poésie artiste, à fleur de peau, à fleur de lèvres, auprès de laquelle tout peut paraître lourd et trop voulu :

Marbre, perle, rose, colombe,
Tout se dissout, tout se détruit;
La perle fond, le marbre tombe,
La fleur se fane et l'oiseau fuit.

En se quittant, chaque parcelle
S'en va dans le creuset profond
Grossir la pâte universelle,
Faite des formes que Dieu fond.

Par de lentes métamorphoses,
Les marbres blancs en blanches chairs,
Les fleurs roses en lèvres roses
Se refont dans des corps divers.

Les ramiers de nouveau roucoulent
Au cœur de deux jeunes amants
Et les perles en dents se moulent
Pour l'écrin des rires charmants.

Une série de quatre pièces forme *Variations sur le carnaval de Venise.* Il y reste du romantisme, celui de Musset, celui du Hugo de *la Fête chez Thérèse,* mais on trouve aussi le Nerval de *Fantaisie* et l'on comprend d'où vient l'art de Verlaine dans ses *Fêtes galantes,* comme dans cet extrait de *Carnaval :*

Venise pour le bal s'habille.
De paillettes tout étoilé,
Scintille, fourmille et babille
Le carnaval bariolé.

Arlequin, nègre par son masque,
Serpent par ses mille couleurs,
Rosse d'une note fantasque
Cassandre son souffre-douleur.

Battant de l'aile avec sa manche
Comme un pingouin sur un écueil,
Le blanc Pierrot, par une branche,
Passe la tête et cligne l'œil.

Le Docteur bolonais rabâche
Avec la basse aux sons traînés;
Polichinelle, qui se fâche,
Se trouve une croche pour nez.

Oui, les masques de Verlaine sont bien là. Et dans ces deux
strophes :

A travers la folle risée
Que Saint-Marc renvoie au Lido,
Une gamme monte en fusée,
Comme au clair de lune un jet d'eau.

A l'air qui jase d'un ton bouffe
Et secoue au vent ses grelots
Un regret, ramier qu'on étouffe,
Par instant mêle ses sanglots.

en s'arrêtant à « Un regret, ramier qu'on étouffe », ne peut-on distinguer Mallarmé et le symbolisme? Et dans les *Études de mains,* celles
de Lacenaire l'assassin-poète, on pense aux *Mains de Jeanne-Marie*
de Rimbaud irrésistiblement :

On y voit les œuvres mauvaises
Écrites en fauves sillons,
Et les brûlures des fournaises
Où bouillent les corruptions;

Les débauches dans les Caprées
Des tripots et des lupanars,
De vin et de sang diaprées,
Comme l'ennui des vieux Césars!

En même temps molle et féroce
Sa forme a pour l'observateur
Je ne sais quelle grâce atroce,
La grâce du gladiateur!

Criminelle aristocratie,
Par la varlope ou le marteau
Sa pulpe n'est pas endurcie
Car son outil fut un couteau.

Nous n'oublierons pas son *Premier sourire du Printemps* qui, aux temps où la scolarité goûtait les récitations mièvres, apporta un peu de vraie fraîcheur et d'authentique poésie :

Tandis qu'à leurs œuvres perverses
Les hommes courent haletants,
Mars, qui rit malgré les averses,
Prépare en secret le printemps.

Pour les petites pâquerettes,
Sournoisement, lorsque tout dort,
Il repasse des collerettes
Et cisèle des boutons d'or.

Dans le verger et dans la vigne,
Il s'en va, furtif perruquier,
Avec une houppe de cygne
Poudrer à frimas l'amandier.

La nature au lit se repose;
Lui, descend au jardin désert
Et lace les boutons de rose
Dans leur corset de velours vert.

Tout en composant des solfèges,
Qu'aux merles il siffle à mi-voix,
Il sème aux prés des perce-neige
Et les violettes aux bois.

. . . .

Puis, lorsque sa besogne est faite,
Et que son règne va finir,
Au seuil d'Avril tournant la tête,
Il dit : « Printemps, tu peux venir! »

On goûte moins *les Vieux de la vieille* malgré les peintures goyesques : Baudelaire fera mieux avec ses *Petites vieilles* que Gautier aima tant. Ces revenants de la Grande Armée, ces spectres que le poète invite à ne pas railler car ils furent

Ces Achilles d'une Iliade
Qu'Homère n'inventerait pas,

ne nous touchent guère aujourd'hui. Gautier disperse vainement son art dans une évocation qui ne dépasse guère celles de Béranger auquel un tel sujet convient mieux. Mais soit dit au passage, lorsque Gautier se mêle de chanter, il laisse loin derrière lui les chansonniers du temps et seul le Musset des romances peut lui être comparé. Dans les *Poésies diverses,* on trouve ce chant romantique, cette *Barcarolle* délicieuse :

> Dites, la jeune belle,
> Où voulez-vous aller ?
> La voile ouvre son aile,
> La brise va souffler !
>
> L'aviron est d'ivoire,
> Le pavillon de moire,
> Le gouvernail d'or fin ;
> J'ai pour lest une orange,
> Pour voile une aile d'ange,
> Pour mousse un séraphin.
>
> Dites, la jeune belle...

et qui aurait pu prendre place dans *Émaux et Camées.* Une autre pièce des *Poésies diverses* est *Chinoiserie* qu'on mit, comme la *Barcarolle,* en musique :

> Ce n'est pas vous, non, madame, que j'aime,
> Ni vous non plus, Juliette, ni vous,
> Ophélia, ni Béatrice, ni même
> Laure la blonde, avec ses grands yeux doux.
>
> Celle que j'aime, à présent, est en Chine ;
> Elle demeure avec ses vieux parents,
> Dans une tour de porcelaine fine,
> Au fleuve jaune, où sont les cormorans.
>
> Elle a des yeux retroussés vers les tempes,
> Un pied petit à tenir dans la main,
> Le teint plus clair que le cuivre des lampes,
> Les ongles longs et rougis de carmin.
>
> Par son treillis elle passe la tête,
> Que l'hirondelle, en volant, vient toucher,
> Et, chaque soir, aussi bien qu'un poète,
> Chante le saule et la fleur du pêcher.

Amoureux d'exotisme, il va de Chine en Hollande avec *la Tulipe* que Balzac attribua à son Rubempré et qui figurera en 1876 dans les *Poésies complètes.* Nous citons ce sonnet ici car il exprime bien le passage de Théophile du romantisme à l'art d'*Émaux et Camées :*

> Moi, je suis la tulipe, une fleur de Hollande,
> Et telle est ma beauté, que l'avare Flamand
> Paie un de mes oignons plus cher qu'un diamant
> Si mes fonds sont bien purs, si je suis droite et grande.

Mon air est féodal, et comme une Yolande
Dans sa jupe à longs plis étoffée amplement,
Je porte des blasons peints sur mon vêtement,
Gueules fascé d'argent, or avec pourpre en bande.

Le jardinier divin a filé de ses doigts
Les rayons du soleil et la pourpre des rois
Pour me faire une robe à trame douce et fine.

Nulle fleur du jardin n'égale ma splendeur,
Mais la nature, hélas! n'a pas versé d'odeur
Dans mon calice fait comme un vase de Chine.

Deux fois le mot « pourpre » à peu de distance. Ce fut un défaut de Gautier, et aussi, comme l'a observé Clancier, « trop de *marbres,* de *perles,* de *nacres,* d'*ivoire,* d'*or* ». Gautier, il est vrai, a fréquenté la Renaissance baroque avec ses symboles.

Pour revenir à *Émaux et Camées* (on voudrait citer encore dans ce merveilleux recueil : *Caerulei Oculi, l'Obélisque de Louxor, Odelette anacréontique, Apollonie, la Rose-thé, Fumée...*), répétons que tout sentiment n'en est pas absent. Quand on lit par exemple *Tristesse en mer,* à une description succède ceci qui est d'un élégiaque romantique :

Mon désir avide se noie
Dans le gouffre amer qui blanchit;
Le vaisseau danse, l'eau tournoie,
Le vent de plus en plus fraîchit.

Oh! je me sens l'âme navrée;
L'Océan gonfle, en soupirant,
Sa poitrine désespérée,
Comme un ami qui me comprend...

Heureusement, chez Gautier, la perfection n'exclut pas la grâce, l'art ne cache pas l'inquiétude, les théories ne voilent pas sa personnalité profonde, l'esthétisme ne détruit pas la chaleur.

Le Juste et l'injuste.

De tous temps, on fut sévère avec lui. Comme on a dit « le gentil Nerval », on a dit « le bon Théo » avec une nuance quelque peu péjorative. Les écrivains-journalistes ne goûteront pas ce propos de Balzac : « Il a un style ravissant, beaucoup d'esprit, et je crois qu'il ne fera jamais rien, parce qu'il est dans le journalisme. » Or, non seulement Gautier a fait beaucoup, mais il a été un journaliste de haute qualité, probe dans son artisanat, et témoignant de tant de qualités de culture, de vivacité, d'entrain, qu'on lit encore avec plaisir ses chroniques littéraires et artistiques qui font honneur à sa profession. N'oublions pas qu'elles marquèrent en partie le goût d'une époque. Lui-même a avoué avec un humour triste : « Qui sait! c'est peut-être le pain sur la planche qui m'a manqué pour être un des trois ou quatre grands noms du siècle. Il y a des jours où cela me *mélancolifie!* » Il n'aimait que le beau comme l'a souligné Baudelaire, et lui-même a dit sa fierté d'avoir participé à un grand ensemble littéraire : « Moi, dont l'admiration n'a jamais manqué à aucun talent... »

Injustice et absurdité lorsque Faguet note : « Il n'avait pas un grand instinct du rythme. » André Gide met de la superbe à vouloir bien l'accepter : « C'est précisément cette délibération soutenue que Gautier apporta dans l'exercice de ses fonctions poétiques, qui lui valut, avec la reconnaissance des lettres, cette place particulière, spéciale, royale presque, qu'on peut douter peut-être qu'il mérite, mais dont nous ne le délogerons pas. » On connaît la chaleur et la beauté du *Tombeau de Théophile Gautier* que dressa Hugo à son lieutenant du temps des batailles romantiques dans des vers ascensionnels que Pascal Pia a rapprochés des compositions de Piranèse :

> Je te salue au seuil sévère du tombeau,
> Va chercher le vrai, toi qui sus trouver le beau.
> Monte l'âpre escalier. Du haut des sombres marches,
> Du noir pont de l'abîme on entrevoit les arches;
> Va! Meurs! la dernière heure est le dernier degré.

Certes, Gautier partage des excès d'honneur avec des indignités. De Victor Hugo, il a la richesse étonnante de vocabulaire qui est un fait du XIXe siècle, celui des grandes encyclopédies. Laurent Tailhade l'a reconnu : « Nul avant lui, hormis Rabelais, cet autre poète, n'avait fait preuve d'une telle fécondité, d'une pareille abondance verbale. » Et l'on ajoute : en s'écartant du verbiage et de l'éloquence.

A toutes les opinions répond la simple lecture des vers : les surprises ne nous sont pas ménagées et si l'on veut être équitable, il faut reconnaître qu'il occupe au sein de la poésie du XIXe siècle une de ces positions de transition qui souvent nuisent aux auteurs. Comme dit très justement Georges-Emmanuel Clancier : « Tâchons, du moins, de ne pas demeurer injuste avec lui, et de ne pas condamner son œuvre au nom de la poésie plus naturellement romantique qui la précède, ou de celle plus moderne qui la suit. »

Masqué par des maîtres comme Hugo et Baudelaire (qui sont aussi par maints endroits ses disciples), moins apprécié que son ami Gérard de Nerval, annonçant de grands renouvellements indispensables à la marche en avant de la poésie, après le romantisme flamboyant d'*Albertus* (où derrière la pose romantique se cache un homme obsédé par ses visions fantastiques), après l'inoubliable *Comédie de la Mort,* le ciseleur d'*Émaux et Camées* peut déclarer : « Demander à la poésie du sentimentalisme, ce n'est pas ça. Des mots rayonnants, des mots de lumière, avec un rythme et une musique, voilà ce qu'est la poésie! »

2

Les Ardents de 1830

Bousingots et Jeunes-France.

GÉRARD DE NERVAL et Théophile Gautier étaient parmi ces
bousingots littéraires dont Francis Dumont a narré la courte
aventure dans *Nerval et les bousingots,* et que nous avons évoqués en
retraçant la jeunesse de Gérard et celle de Théophile. Au début
de la monarchie de Juillet, une jeunesse révolutionnaire, ardente,
turbulente, contestataire, ayant pour armes la poésie et l'ironie,
dans l'opposition à Louis-Philippe, voulut unir à la révolution
politique et sociale la révolution littéraire et artistique d'un jeune
romantisme, celui de la génération de 1830. Francis Dumont a bien
montré les similitudes entre ce groupe et le groupe surréaliste moins
de cent ans plus tard.

Littérairement si différente que soient ces bohèmes tapageurs des
élégiaques de *la Muse française,* si éloignés qu'ils soient de Hugo,
de Lamartine ou de Vigny, ils suivent une ligne parallèle : le tournant du romantisme était également amorcé dans *les Orientales.*
Au contraire des surréalistes qui prétendaient le refuser, les bousingots ont voulu faire carrière, à l'exemple de leurs aînés de la
génération de 1820. Nous l'avons dit : aux pâleurs romantiques,
aux jeunes filles malades, aux jeunes mortes, aux élégies sur les
tombes succède l'explosion orgiaque, dyonisiaque. Les crânes des
morts peuvent servir de coupe et une expression réaliste, outrée
apparaît. L'ennemi ? — le bourgeois, le philistin, les grands-parents
de ceux que Sartre appellera « les salauds ».

On a souvent du mal à établir une différence entre bousingots
et Jeunes-France, et il existe à la fois d'étroits rapports, en même
temps qu'à l'intérieur de ces groupes on distingue de multiples
tendances. Bousingot, bousingo, bouzingot, bouzingo, que d'or-

thographes! Dumont cite Gautier : « Ces ânes de bourgeois, ils ne savent pas seulement comment on écrit bouzingo! Pour leur apprendre un peu d'orthographe, nous devrions bien publier à plusieurs un volume de contes que nous intitulerons bravement *Contes du bouzingo!* » Il ajoute : « La proposition fut très acclamée, et on se mit au travail. Mais la chose n'aboutit point, et, il ne fut plus question chez nous, que pour les répudier, de ces deux vilains mots (bouzingotisme, bouzingot) produit cacographique de la lourde malignité des bourgeois. » Il y avait à l'époque de belles batailles journalistiques, Léon Gozlan, Jeune-France du début, ne manquant pas d'attaquer Jeunes-France et bousingots en donnant à ce dernier mot un sens péjoratif. En cela, F.-L. Groult de Tourlaville le rejoignit, s'attaquant aux dits bousingots dans des pièces de vers : *Épître à Viennet* et *Soleil de Juillet*.

Une différenciation qui prévaut toujours a été faite par Sainte-Beuve : tandis que les bousingots sont définis par une attitude devant la vie et la société plus que par une tendance littéraire, les Jeunes-France n'ont pas de préoccupations politiques et sociales. Si l'on tient compte des fortes individualités, ce n'est pas si simple. Ce qu'ils ont, en tout cas, en commun, c'est le débraillé, l'intempérance, la vie de bohème. A Saint-Germain-des-Prés, dans une rue Childebert aujourd'hui disparue existait ainsi un autre cénacle que Privat d'Anglemont, cité par Francis Dumont, définit ainsi : « La révolution de Juillet arriva au milieu des grandes disputes des classiques et des romantiques. Les habitants de la rue Childebert se divisèrent en *Bousingots* et en *Jeunes-France*. Les premiers adoptèrent l'habit de conventionnel, le gilet à la Marat et les cheveux à la Robespierre; ils s'armèrent de gourdins énormes, se coiffèrent de chapeaux de cuir bouilli ou de feutres rouges et portèrent l'œillet rouge à la boutonnière. Les seconds conservèrent leurs pourpoints, leurs barbes fourchues, leurs cheveux buissonneux... » Le lecteur du xxᵉ siècle reconnaîtra les siens. De ces groupes se détachent les grandes figures déjà évoquées. D'autres ne sont pas moins intéressants et annonciateurs. Georges Hugnet a rappelé qu'André Breton voulait recenser « ceux pour qui la vie tendait à échapper au réel par l'aventure ou par la création d'un décor ». « Véritable liste des " précurseurs " donc », dit Francis Dumont qui ajoute : « Mais ces énumérations nous intéressent moins que celle que m'avait communiquée Paul Eluard, d'après un manuscrit de Breton, dans lequel Nerval est qualifié de " surréaliste dans l'Allégorie " et Pétrus Borel " surréaliste dans la liberté ". »

Borel le Lycanthrope.

S'il existait une anthologie de l'anarchie ou des poètes de la révolte, Pierre Borel d'Hauterive, dit Pétrus Borel (1809-1859) y occuperait une place de choix, mais la fin de sa vie, dans ce sens, apparaîtrait contradictoire. Parmi ces bousingots, il n'est pas un suiveur, mais un meneur, un des chefs de ce mouvement si l'idée de chef lui avait été acceptable.

Il domina par sa curieuse personnalité. Théophile Gautier en a laissé le témoignage : « Il y a dans tout groupe une individualité pivotale, autour de laquelle les autres s'implantent et gravitent comme un système de planètes autour de leur astre. Pétrus Borel était cet astre; nul de nous n'essaya de se soustraire à cette attraction... La présence de Pétrus Borel produisait une impression indéfinissable dont nous finîmes par découvrir la cause; rien en lui ne rappelait l'homme moderne, et il semblait toujours venir du fond du passé, et on eût dit qu'il avait quitté ses aïeux la veille. Nous n'avons vu cette expression à personne; le croire Français, né dans ce siècle, eût été difficile. Espagnol, Arabe, Italien du xve siècle, à la bonne heure. »

Il se dit « lycanthrope » et Valéry Larbaud donne une définition heureuse : « Oui, la lycanthropie, ce mot « Jeune-France » dont la fortune ne fut pas heureuse, et qui reste vaguement entachée de ridicule, c'était cela : l'homme-loup opposé à l'homme-chien, l'artiste fier et indépendant opposé au bourgeois ambitieux et servile. » Il voulait détruire le mensonge social, s'intitulant parfois « le Basiléophage » ou « mangeur de rois », lui dont le frère était généalogiste : il attaquera dès son recueil *les Rapsodies,* 1852, « les poètes mélancoliés et les vicomtesses ». Il s'exclame : « Oui, je suis républicain! mais ce n'est pas le soleil de juillet qui a fait éclore en moi cette haute pensée; je le suis d'enfance, mais non pas républicain à jarretière rouge ou bleue à ma carmagnole, pérorateur de hangars et planteur de peupliers; je suis républicain comme l'entendrait le loup-cervier : mon républicanisme, c'est de la lycanthropie. Je suis républicain parce que je ne puis être caraïbe; j'ai besoin d'une somme énorme de liberté. » Il dira aussi : « Dans Paris, il y a deux cavernes, l'une de voleurs, l'autre de meurtriers; celle des voleurs, c'est la Bourse, celle des meurtriers, c'est le Palais de Justice. »

Écrits ou non durant son adolescence, les poèmes de ce lanceur d'anathèmes ont quelque chose de juvénile. Il fait penser à Saint-Just, le jeune *Organt,* qu'il admire : « Ils n'ont rien compris à la

haute mission de Saint-Just : ils lui reprochent quelques nécessités, et puis ils admirent les carnages de Buonaparte — Buonaparte! et ses huit millions d'hommes tués! » Face au sort de
l'homme, il va droit à la vérité, une vérité qui n'est pas calquée;
le seul regret qu'on éprouve, c'est qu'il ne sache pas créer le moule
poétique original qui corresponde à sa sensibilité : il est marqué
par les tics oratoires du temps, ceux de *la Némésis* de Barthélemy,
mais par-delà ses « lave et scorie » comme il dit, sa rhétorique, ses
enflures, ses naïvetés, la véracité profonde touche. Il est de la famille
de Villon, de Rabelais, de Mathurin Régnier, de Saint-Just, de
Rimbaud, de Corbière, de Lautréamont, des surréalistes. Il emploie
les ïambes, comme Chénier, Barbier, Hugo pour s'adresser *A certain débitant de morale :*

> Frère, mais quel est donc ce rude anachorète?
>   Quel est donc ce moine bourru?
> Cet âpre chipotier, ce gros Jean à barète?
>   Qui vient nous remontrer si dru?
> Quel est donc ce bourreau? de sa gueule canine,
>   Lacérant tout, niant le beau,
> Salissant l'art, qui dit que notre âge décline
>   Et n'est que pâture à corbeau.
> Frère, mais quel est-il?... Il chante les mains sales,
>   Pousse le peuple et crie haro!
> Au seuil des lupanars débite ses morales,
>   Comme un bouvier crie ahuro!

Son poignard-poésie se dégage mal de la gaine de l'alexandrin :

> Dors, mon bon poignard, dors, vieux compagnon fidèle,
> Dors! bercé dans ma main, patriote trésor!
> Tu dois être bien las? Sur toi le sang ruisselle,
> Et du choc de cent coups ta lame vibre encor!
>
> La mort d'un oppresseur, va, ne peut être un crime :
> On m'enchaîna petit, grand j'ai rompu mes fers,
> Le peuple a son réveil : malheur à qui l'opprime!
> Il mesure sa haine au joug, aux maux soufferts.

Ce poète de la misère et de la révolte, s'il se sert des clichés
romantiques, leur donne un tour plus aigu :

> Là dans ce sentier creux, promenoir solitaire
>   De mon clandestin mal,
> Je viens tout souffreteux, et je me couche à terre
>   Comme un brut animal.
> Je viens couver ma faim, la tête sur la pierre,
>   Appeler le sommeil.
> Pour étancher un peu ma brûlante paupière;
>   Je viens user mon écot de soleil!

S'il est émouvant comme sait l'être parfois le jeune *Organt* (avec les mêmes maladresses), il n'oublie pas les rimes sonores de ses maîtres romantiques :

> Autour de moi ce n'est que palais, joie immonde,
> Biens, somptueuses nuits.
> Avenir, gloire, honneur : au milieu de ce monde
> Pauvre et souffrant je suis,
> Comme entouré des grands, du roi, du saint-office,
> Sur le quémadero,
> Tous en pompe assemblés pour humer un supplice,
> Un juif au brazero!

Le lycanthrope glisse vers le misanthrope et ses amertumes, ses désillusions dans cinq « contes immoraux » : *Monsieur de l'Argentière, l'Accusateur, Jacques Barraou le charpentier, Don Andréa Vésalices, Passereau l'écolier* où dans une préface il explique que Pétrus Borel est mort et que de son vrai nom, il s'appelait *Champavert, 1833.* « Chanter l'amour! s'écrie-t-il. Pour moi, l'amour c'est de la haine, des gémissements, des cris, du fer, des larmes, du sang, des cadavres, des ossements, des remords... »

Là encore, il cherche l'étrange, le criard, l'inattendu : « Monsieur le bourreau, je désirerais que vous me guillotinassiez! » Il avait ses modèles frénétiques : *le Crapaud,* de Félix Davin prolongé par *les Roueries de Trialph* de Lassailly. Derrière tout cela, on trouve Sade, Loaisel de Tréogate, Ann Radcliffe, Lewis, sans oublier les élégies macabres de la fin du XVIIIᵉ siècle. De *Madame Putiphar,* 1839, on retient « la vigueur de Maturin » dont parle Baudelaire et la « sonorité éclatante » du prologue où trois cavaliers allégoriques personnifient *le Monde, la Solitude, le Cloître* :

> Ainsi, depuis longtemps, s'entrechoque et se taille
> Cet infernal trio — ces trois fiers spadassins :
> Ils ont pris — les méchants — pour leur champ de bataille
> Mon pauvre cœur, meurtri sous leurs coups assassins,
> Mon pauvre cœur navré, qui s'affaisse et se broie,
> Douteur, religieux, fou, mondain, mécréant!
> Quand finira la lutte, et qui m'aura pour proie —
> Dieu le sait! — du Désert, du Monde, ou du Néant?

En peu de mots, un exemple typique de sa prose choisi dans *le Croque-mort* :

On servait la soupe dans un cénotaphe, — la salade dans un sarcophage, — les anchois dans des cercueils! — On se couchait sur des tombes, — on s'asseyait sur des cyprès; — les coupes étaient des urnes; — on buvait des bières de toutes sortes; — on mangeait des crêpes; et, sous le nom de gélatines moulées sur nature, d'embryons à la béchamel, de capilotades d'orphelins, de civets de vieillards, de suprêmes de cuirassiers...

Après cela, comment l'oublier dans une anthologie de l'humour noir? Sincère, épris de vérité, il sait être poignant par instants, puis, jouant de son instrument, comme on dirait vulgairement, « il en fait trop », il prend la pose du dandy super-romantique, de l'étudiant à faluche. Sans cesse, surtout en lisant ses vers, on se sent attiré par l'homme et déçu qu'il ne soit pas meilleur poète : sans doute Corbière et Rimbaud l'effacent-ils par trop!

Hanté par le néant, cet apologiste du suicide, comme Rimbaud, renonça à la vie littéraire. Son Harrar, c'est l'Algérie où il se rend en 1846 pour être, quelle ironie! « inspecteur de la colonisation »... Champavert secrétaire du maréchal Bugeaud, marié, habitant une villa, « le Castel de Haute-Pensée », maire de Blad-Touaria, voilà de l'inattendu. Pour tenter de mieux couronner cette fin, ajoutons qu'il mourut d'une insolation : « Je ne me couvrirai pas la tête, la nature a bien fait ce qu'elle a fait, ce n'est pas à moi de la corriger. » Et plus encore qu'il eut des ennuis dans son administration : il employait les deniers publics et les siens pour sauver ses administrés de la faim ou les guérir de la fièvre, ce qui pouvait passer dans l'univers où il s'était fourvoyé pour une nouvelle excentricité. Il avait rencontré durant la première période de sa vie un ami, ce dont on ne parle pas assez : il se nommait *Robinson Crusoë* (qu'il traduisit fort bien en 1836).

Un jugement de Baudelaire sur Borel : « J'avoue sincèrement, quand même j'y sentirais un ridicule, que j'ai toujours eu quelque sympathie pour ce malheureux écrivain dont le génie manqué, plein d'ambition et de maladresse, n'a su produire que des ébauches minutieuses, des éclairs orageux, des figures dont quelque chose de trop bizarre... altère la naïve grandeur. » Et un autre, aussi juste, d'André Breton : « Le style de l'écrivain, auquel s'applique comme à aucun autre l'épithète " frénétique " et son orthographe attentivement baroque, semblent bien tendre à provoquer chez le lecteur une résistance relative à l'égard de l'émotion même qu'on veut lui faire éprouver, résistance basée sur l'extrême singularité de la forme et faute de laquelle le message par trop alarmant de l'auteur cesserait d'être perçu. » Chez Pétrus Borel, on trouve réunis tous les éléments représentatifs de sa génération : la révolte, l'humour noir, l'apologie de la mort, les outrances frénétiques, le dandysme de l'excentricité. De tous les « petits romantiques », ce lycanthrope misanthrope est, avec Rabbe, le plus pessimiste.

Philothée O'Neddy, frénétique lucide.

Théophile Dondey (1811-1875), par anagramme, se fit appeler Philothée O'Neddy. Comme Pétrus Borel, dès son jeune âge, il se fait une idée du poète dans la société que Baudelaire exprimera à merveille : « Exilé sur la terre au milieu des huées... » Lui aussi attaque le « mensonge social » tout « comme la philosophie du xviiie siècle se vouait à la destruction de ce qu'on appelait le *mensonge chrétien* ». Ce véhément jettera les feux de ses vingt ans et disparaîtra dans la brume. « Un chagrin inconnu plus ou moins mal dévoré, dit Théophile Gautier, cette immense fatigue qui suit parfois chez les jeunes poètes un trop violent effort intellectuel, le désaccord du réel et de l'idéal, une de ces causes ou toutes ces causes ensemble, peut-être aussi le regret ou le scrupule de certaines audaces, avaient-ils recouvert de leurs cendres grises le poète de *Feu et flamme*. » Il fait le portrait de ce jeune ami : « ... C'était un beau garçon qui offrait cette particularité d'être bistré de peau comme un mulâtre et d'avoir des cheveux blonds crêpés, touffus, abondants comme un Scandinave; ses yeux étaient d'un bleu clair, et leur extrême myopie en rendait le globe saillant; sa bouche était forte, rouge et sensuelle. De cet ensemble résultait une sorte de galbe africain qui avait valu à Philothée le sobriquet d'Othello. »

Feu et flamme, 1833, paraît pour les vingt-deux ans de ce jeune homme véhément et subtil qui parle d' « ébauches d'écolier », coupant ainsi l'herbe sous le pied à la critique (laquelle ne se soucia pas du livre qui connut l'échec). Après avoir lancé une diatribe contre « les brocanteurs de la civilisation », il reconnaît : « Ce volume n'a pas d'autre prétention que celle d'être le faisceau de mes meilleures ébauches d'écolier, lesquelles consistaient simplement en rêveries passionnées et en études artistiques. » Il enverra son ouvrage à Chateaubriand qui répondra par des compliments et des conseils : « Pardonnez-moi, je vous prie, ma religion, mes cheveux gris et ma franchise. Celle-ci est de la Bretagne, ma patrie; les autres sont du temps. René a pris des années, et il prêche ses enfants. »

Chez lui, comme chez Pétrus Borel, son talent n'a pas les dimensions voulues pour correspondre à la force de sa contestation, mais l'on sent une envie de dire et de dire vite, comme si le message juvénile allait tôt se dissoudre. Alors, se mêlent tous les thèmes du romantisme de 1830 : satanisme, goût du macabre, magie, fantastique, moyen âge, Orient, et surtout désenchantement : il semble que ni l'amour ni la gloire ne peuvent arracher le poète au suicide qui l'attire. Il y a, comme chez Saint-Just encore, un mélange de prosaïsme et de temps forts où les archaïsmes et les néologismes jettent des taches colorées. Parfois, O'Neddy étonne par son sens du rythme et sa maîtrise des mots, parfois il reste flottant et se perd dans le déjà lu.

Son ouvrage est en dix *Nuits* que suivent des poèmes réunis sous le titre de *Mosaïque*. La fin de *Nuit première* nous montre l'enthousiasme naïf de son auteur :

> Et jusques au matin, les damnés Jeunes-France
> Nagèrent dans un flux d'indicibles démences,
> — Échangeant leurs poignards — promettant de percer
> L'abdomen des chiffreurs — jurant de dépenser
> Leur âme à guerroyer contre le siècle aride. —
> Tous, les crins vagabonds, l'œil sauvage et torride,
> Pareils à des chevaux sans mors ni cavalier,
> Tous hurlant et dansant dans le fauve atelier,
> Ainsi que des pensers d'audace et d'ironie
> Dans le crâne orageux d'un homme de génie!...

Ces jeunes romantiques avaient de l'humour, cette « politesse du désespoir » comme a dit Boris Vian, et le désespoir chez eux est réel. Dans *Nuit quatrième,* O'Neddy fait parler un jeune squelette :

> Sous la tombe muette, oh! comme on dort tranquille!
> Sans changer de posture, on peut dans cet asile,
> Des replis du linceul débarrassant la main,
> L'unir aux doigts poudreux du squelette voisin.
> Il est doux de sentir des racines vivaces
> Coudre à ses ossements leurs nœuds et leurs rosaces,
> D'entendre les hurrahs du vent qui courbe et rompt
> Les arbustes plantés au-dessus de son front.

Auprès de l'humour nocturne et du désespoir, de la frénésie et des outrances, on trouve du dandysme spleenétique comme chez Baudelaire. Chez ce dernier, « le ciel bas et lourd pèse comme un couvercle »; chez O'Neddy, nous trouvons « cet air étouffant qui pèse sur la ville ». Mais l'on pourrait multiplier les exemples et les rapprochements entre les deux poètes. Lorsque Philothée oublie l'imprécation, il lui arrive d'être un modèle pour l'auteur des *Fleurs du Mal,* avec ses parfums lourds :

> Je savoure à loisir les sourdes voluptés
> Que la nature envoie à mes nerfs enchantés.
> Les émanations des feuilles et des tiges
> M'enveloppent le corps d'un réseau de vertiges.

Hélas! le pauvre Philothée, même quand il fait penser à Baudelaire reste loin de lui :

> Mon être intérieur me semble en ce moment
> Une île orientale aux parfums magnifiques,
> Où deux grands magiciens, athlètes pacifiques,
> Font, sous l'œil d'une fée, assaut d'enchantements.

Il appartient à cette génération désespérée écrasée par des poètes trop grands. O'Neddy ne cesse d'admirer Hugo bien que le romantisme qui connaît ses triomphes académiques ne lui plaise guère. Il voit le ciel se couvrir d'un drap noir tandis que du creux d'un nuage, une voix dramatique

> Laissa tomber ces mots comme un oracle antique :

> Puisque Liberté, Gloire, Amour,
> T'ont défendu l'accès de leurs temples sublimes;
> Puisque, d'abîmes en abîmes,
> Tes trois plans de bonheur ont roulé tour à tour;
> Prépare-toi, jeune homme, à descendre la pente
> Qui mène au réceptacle où, sur un trépied noir,
> Siège le démon pâle à la robe sanglante,
> Qu'on appelle le Désespoir!

L'attitude sociale, la jeunesse et la sincérité de Philothée O'Neddy le recommandent plus à l'attention que ses poèmes imparfaits : l'attraction, la sympathie, l'intelligence dans le désespoir sont aussi poésie, et, parmi les maladresses de Borel ou de Philothée, leur esprit de révolte estudiantine, leur fraîcheur d'âme, le lecteur trouve des accents d'une telle véracité qu'il en oublie la gaucherie. Comme Borel, O'Neddy finira fonctionnaire. On a oublié son roman de chevalerie, *Histoire d'un anneau enchanté,* 1843, et quelques autres parus en feuilleton. Quand on lui demandait : « A quand le second volume de vers? », il répondait : « Oh! quand il n'y aura plus de bourgeois! » Il continua néanmoins d'écrire des poèmes, de 1833 à 1846, puis de 1860 à 1870. Ses *Poésies posthumes* parurent en 1877. Elles étaient supérieures à *Feu et flamme,* mais moins révélatrices de cette école du Doyenné qui se réunissait volontiers chez Jehan Duseigneur et dont il a fait le tableau :

> Au centre de la salle, autour d'une urne en fer,
> Digne émule en largeur des coupes de l'enfer,
> Dans laquelle un beau punch, aux prismatiques flammes,
> Semble un lac sulfureux qui fait houler les lames,
> Vingt jeunes hommes, tous artistes dans le cœur,
> La pipe ou le cigare aux lèvres, l'air moqueur,
> Le temporal orné du bonnet de Phrygie,
> En barbe Jeune-France, en costume d'orgie
> Sont pachalesquement jetés sur un amas
> De coussins dont maint siècle a troué le damas.

Et le sombre atelier n'a pour tout éclairage
Que la gerbe du punch, spiritueux mirage.

Le punch : la boisson satanique avant l'opium, le haschisch, l'absinthe de Verlaine, la mescaline d'Henri Michaux.

Bousingots.

Un autre type de ce deuxième romantisme est Charles Lassailly (1812-1843), secrétaire de Balzac, connu pour *les Roueries de Trialph, notre contemporain, avant son suicide,* 1833, roman autobiographique, agressif, mystificateur, plein de gouaille qui fait penser à Léon Bloy en même temps qu'à Alfred Jarry. Balzac lui emprunta le sonnet de Camilla pour *les Illusions perdues*. Il fonda des revues éphémères, ne dévia jamais de sa ligne, n'accepta aucune sinécure et mourut dans une chambre sous les toits dans le crépuscule d'un soir mystique. On peut citer cette profession de foi sous forme d'interjections :

Ah!
Eh! hé?
Hi! Hi! Hi!
Oh!
Hu! hu! hu! hu!

où quelque lettriste peut trouver un précurseur, plutôt que ses *Poésies sur la mort du fils de Bonaparte,* 1832.

Son compagnon Édouard Ourliac (1813-1848), de Carcassonne, se distingue par son scepticisme voltairien. Ce nouvelliste, ce conteur de qualité se raille de tout, répandant à foison sa verve satirique et ses joyeusetés. Il fit partie avec Gautier, Lassailly, Laurent Jan et d'autres de l'escouade théâtrale de Balzac. Au temps chevelu du Doyenné, il amusait par des saynètes impromptus : « Il y improvisait avec une âpreté terrible et un comique sinistre ces charges amères, où perçait déjà le dégoût du monde et des ridicules humains. » La lecture de Bonald et de Maistre, des chagrins de ménage firent que, selon le mot de Balzac, « il retourna l'ironie de Candide contre la philosophie de Voltaire ». Converti, il glissa comme Lassailly vers le mysticisme et mourut chez les frères de Saint-Jean-de-Dieu. On rit beaucoup lorsqu'une erreur fit métamorphoser sa joyeuse *Confession de Nazarille* en *Confession de Nazareth!* Ayant, comme dans ses *Contes du bocage* rapportés de Vendée, le sens de la nature, dans certains poèmes, comme *Nocturne,* il tente de surprendre les secrets des fleurs :

Fleurs qu'une voix cachée ainsi guide et console,
C'est que vous savez bien vers quel trône éternel,

Que tabernacle en feu, quelle puissante idole,
Montent avec l'encens vos offrandes de miel :
Vous savez où s'en va, virginale et voilée,
Votre odeur, dans les airs comme une âme exhalée.
Dîtes-moi si c'est là que nous irons aussi,
Ô fleurs, pour que je vive et que je meure ainsi.

Ce que dit Théophile Gautier d'Arsène Houssaye (1815-1896),
il pourrait le dire de tous les bousingots : « Bien qu'il appartienne
par ses sympathies à ce grand mouvement romantique, d'où
découle toute la poésie de notre siècle, Arsène Houssaye ne s'est
fixé sous la bannière d'aucun maître. Il n'est le soldat ni de Lamartine, ni de Victor Hugo, ni d'Alfred de Musset. » Mais à la différence de Lassailly ou d'Ourliac, il fit carrière, son dandysme l'entraînant jusqu'à l'administration de la Comédie-Française. Comme
dit Jacques Vier, « des barricades du faubourg Saint-Antoine aux
lambris de la maison de Molière, il donna un bon modèle de carrière décorative et fortunée ». Le critique rappelle que Raoul Ponchon lui dédia une ode le comparant à Horace. Houssaye, grand
amoureux, a chanté bien des belles, a publié bien des poèmes tout
au long de sa vie sans faire oublier le parfum d'originalité de ses
premières ébauches *la Couronne de bluets* ou *la Pécheresse*. Historien
d'art, il a étudié la peinture flamande et hollandaise, l'école de
Watteau et de Greuze. Au théâtre, il a connu des succès et l'on relit
encore son *Histoire du 41e fauteuil*. Une chanson qu'il prête à
Béranger est un chef-d'œuvre du pastiche. Il ajouta à maints
recueils comme *Sentiers perdus, la Poésie dans les bois, Poèmes antiques,*
une *Symphonie des vingt ans* composée, dit Gautier, « de ces vers
qu'il sème çà et là, tout en marchant dans la vie, comme ces
magnats hongrois qui ne dédaignent pas se courber au bal, pour
ramasser les perles détachées de leurs bottes ». Il ressemble à
Gautier lorsqu'il parle de peinture en vers :

Je retrouve là-bas le taureau qui rumine
Dans le pré de Potter, à l'ombre du moulin;
— La blonde paysanne allant cueillir le lin,
Vers le gué de Berghem, les pieds nus, s'achemine.

Dans le bois de Ruysdaël qu'un rayon illumine,
La belle chute d'eau! — Le soleil au déclin
Sourit à la taverne où chaque verre est plein,
— Taverne de Brauwer que l'ivresse enlumine.

Je vois à la fenêtre un Gérard Dow nageant
Dans l'air; — plus loin Jordaens : les florissantes filles!
Saluons ce Rembrandt si beau dans ses guenilles!

> Oui, je te reconnais, Hollande au front d'argent;
> Au Louvre est ta prairie avec ta créature;
> Mais dans ces deux aspects où donc est la nature?

Ou bien, il est élégiaque, aussi peu frénétique que possible, et l'on est obligé de donner tort à Gautier, car on retrouve bien Lamartine ou Musset dans ses poèmes *la Mort de Cécile* ou *De Profundis* :

> N'avez-vous pas vu, drapée en chlamyde,
> Une jeune femme aux cheveux ondés,
> Qui prend dans le ciel son regard humide,
> Car elle a les yeux d'azur inondés?
>
> Son front souriant qu'un rêve traverse
> N'est pas couronné, mais elle a vingt ans.
> Et sur ce beau front la jeunesse verse,
> Verse à pleines mains les fleurs du printemps.
>
> Mais le ciel jaloux, sans attendre l'heure,
> Prit ce doux portrait pour le paradis :
> Et mon pauvre cœur qui saigne et qui pleure
> Ne me chante plus qu'un De profundis!

Comme lui, Jules Lefèvre-Deumier (1789-1857) trouve sa place entre Lamartine et Baudelaire. Admirateur de Chénier et de Lord Byron, il a salué en vers les mânes du premier, il a imité le second dans *le Parricide* ou *Manfred*. Il est capable d'imaginer dans un poème de ses *Loisirs d'un désœuvré* que l'église Notre-Dame s'arrache au sol de son île, vogue à travers fleuves et mers jusqu'aux Indes pour rencontrer dans un singulier œcuménisme les temples bouddhiques. Ses poèmes sont toujours fondés sur des idées originales.

On comprend qu'il ait écrit *le Parricide* : son père, Denis, versifiait contre les romantisques. Il a des formules heureuses comme : « Je ne suis pas misanthrope : je ne hais que moi. » Ou encore : « Et je sens bien qu'on meurt d'un mal qu'on a guéri. » Ou bien : « Je passe ma journée à m'occuper du soir. » Il a le sens aigu des correspondances :

> Du ciel de mon sommeil l'aurore, sur mes yeux,
> Verse de ses rayons l'éclat mélodieux;
> J'entends briller les fleurs; je vois, quand je respire,
> Étinceler dans l'air les parfums que j'aspire;
> Et du chant des oiseaux les soupirs enflammés
> Semblent, à mon oreille, arriver embaumés.

Médecin, il prit part à l'insurrection polonaise de 1830, étant ainsi un des rares à payer de sa personne. Malgré ses accents prébaudelairiens, ses tournures nervaliennes, ses vers ont parfois de la mollesse. Mais il y a en lui un poète en prose que nous retrouverons : celui du *Livre du promeneur,* 1854. Il précède Baudelaire dans le genre et ses qualités oniriques, sa modernité étonnent.

Parmi ce groupe excentrique, on trouve, nous l'avons dit, Augustus Mac Keat, autrement dit Auguste Maquet (1813-1888) connu pour sa collaboration avec Alexandre Dumas auprès de qui nous le placerons. Joseph Bouchardy (1810-1870), peintre, puis auteur de mélos joués par Frédérick Lemaître, roi du « boulevard du crime », maître en intrigues, invraisemblances et complications organisées, récite *Hernani* par cœur ou prône le duel, comme le rappelle Francis Dumont qui cite :

> Il n'est pas du néant descendu tout entier
> Le divin Moyen Age : un fils, un héritier
> Lui survit à jamais pour consoler les Gaules :
> En vain mille rhéteurs ont lancé des deux pôles,
> Leur malédiction sur ce fils immortel :
> Il les nargue, il les joue... or, ce dieu, c'est le Duel.

Au besoin, l'architecte Léon Clopet, ami et porte-parole de Pétrus Borel, jettera un distique :

> Attaquons sans scrupule, en son règne moral,
> La lâche iniquité de l'ordre social.

Quant à son confrère Jules Vabre, il dut sa célébrité littéraire à un ouvrage projeté, mais jamais écrit, l'aimable canular *Essai sur l'incommodité des commodes.* Parmi ce groupe, il convient de citer Célestin Nanteuil, Auguste de Châtillon (1813-1881) dont les *Chants et Poésies,* 1854, ou *A la Grand'Pinte,* 1860, sont préfacés par Théophile Gautier, le dandy et boulevardier Nestor Roqueplan (1804-1870), Jehan Duseigneur, des visiteurs comme Roger de Beauvoir et Alphonse Karr. L'histoire du petit cénacle des Bousingots, des Jeunes-France est plus qu'un épisode de l'histoire du romantisme à mettre entre parenthèses : cela les surréalistes l'ont bien compris.

Opinions sur les « petits romantiques ».

Nous le verrons encore un peu plus loin dans cet ouvrage, au chapitre des poètes en prose où sont réunis Alphonse Rabbe, Aloysius Bertrand, Xavier Forneret et d'autres, on ne saurait confondre ces poètes de la révolte, ces « brigands de la pensée » comme dit Philothée O'Neddy, avec des romantiques secondaires qui ne font que suivre les grands aînés. En 1949, sous la direction de Francis Dumont, un précieux numéro spécial des très regrettés *Cahiers du Sud* leur a été consacré. Il s'agit d'une tentative de caractériser ces poètes qui ont en commun, comme l'a montré Dumont, de cultiver le dégoût de l'uniforme. Le critique indique justement : « Nous cernerons peut-être mieux nos petits romantiques en remarquant que leur attitude métaphysique trahit une tentative de conquête, une volonté de transcender la condition d'artiste et d'homme. Cette attitude hautaine ne pouvait être que périlleuse; ils ont tenté de l'assumer, mais aucun d'eux n'a réussi. Nous trouvons là tout à la fois l'explication la plus plausible de ce qui les distingue de l'armée romantique et aussi de l'insatisfaction que l'on éprouve le plus souvent à considérer leur œuvre. Reconnaissons pourtant que l'entreprise, si démesurée fût-elle, mérite l'admiration. » Ajoutons que leur tentative prométhéenne n'a pas été vaine et que leur message de révolte, malgré ses imperfections, a été entendu, que leur héritage a été recueilli dans notre siècle et avant lui par Baudelaire et Lautréamont.

Armand Hoog, considérant leur révolte métaphysique et religieuse, a souligné qu'« ils ont inventé une *conduite,* sinon une poésie » et que « leur effort original, ce fut de relier un comportement à une écriture ». Pierre-Georges Castex a montré que « comme l'extase mystique, le délire frénétique est une fièvre d'Absolu » et il apparaît chez tous avec un goût des situations extrêmes et terrifiantes, des émotions fortes qui est apporté parallèlement par les romans noirs, les complaintes sur les crimes qu'a prisés un public populaire. Trop individualistes pour être sociaux, au contraire d'une tendance des grands romantiques, « les petits romantiques, dit Édouard Dolléans, furent républicains avec plus d'outrance ou avec plus de délicatesse, selon l'atmosphère nuancée où s'épanouit leur génie poétique ».

Tristan Tzara a posé une question capitale : « Par quelle étrange démarche de l'esprit le poète, surtout depuis le romantisme, s'attribue-t-il les caractères d'un être privilégié, d'un être singulier, sinon d'essence supérieure, échappant à toute catégorie sociale? » pour y répondre par une analyse du phénomène social bousingot : « Cet isolement n'est pas déterminé par la nature de son métier d'écrivain, mais par une qualité qui se superpose à ce métier, une sorte de mission dont il se croit chargé, et qui, tout en réglant son attitude devant le monde, lui laisse la sensation de dominer celui-ci en l'embrassant dans une compréhension approfondie. Cette compréhension peut aller jusqu'à se confondre avec lui. Dans ce double mouvement de singularisation et de communion, d'attraction et de répulsion, d'amour et de mépris envers le monde extérieur, le poète semble déceler une malédiction dont il est frappé. S'il s'en glorifie cependant, au même titre qu'il en souffre, c'est que l'auréole de martyr lui est par là acquise et, conjointement, l'admiration de ses compagnons largement accordée. Le poète " maudit " est avant tout conscient de son isolement. [...] Mais le poète, ajoute plus loin Tzara, et c'est là un fait capital du romantisme, quitte la tour d'ivoire pour se mêler à la vie. » Il conclut ainsi : « Bien plus par leur esprit que par leurs écrits, les Bousingots, malgré leur existence éphémère, tiennent une place de premier ordre dans le développement de la pensée poétique moderne. Ils ont contribué à diriger la révolte du poète sur la voie de cette liberté que quelques-uns reconnaissent aujourd'hui, pleinement réalisable, dans les buts de l'avant-garde révolutionnaire, sur le terrain de l'action pratique et dans la pratique de l'action. »

Ajoutons que dans ce volume qui contient des études sur les poètes et leurs œuvres, un article est consacré par Jean Duvignaud aux *Petits romantiques de 1600,* c'est-à-dire à ces « grotesques » chers à Théophile Gautier, à ces baroques du premier xviie siècle, à ces pré-classiques qui ont des points communs avec les « petits romantiques ». « Aussi, conclut Duvignaud, les poètes de la génération de 1820 furent-ils plus grands de leurs parodies fantastiques de la réalité, là où les " grotesques " du xviie siècle l'avaient été de leurs sentiments. » On peut ajouter que certains poèmes nocturnes de Tristan L'Hermite ou de Saint-Amant, dans lesquels la terreur se mêle à l'émerveillement ne sont pas si éloignés du romantisme noir des bousingots.

Alphonse Rabbe, Jules Lefèvre-Deumier, Aloysius Bertrand, Xavier Forneret, Defontenay sont des poètes en prose et si, après les avoir évoqués dans ce chapitre, nous les retrouverons dans celui consacré à l'évolution de cette forme particulière de la poésie qui est une conquête du xixe siècle, auprès de précurseurs et d'hommes si différents d'eux comme Lamennais ou Maurice de Guérin, c'est pour mieux montrer l'évolution du poème.

Dans la marge de la poésie : les illuminés.

L'époque fut prolixe en grands visionnaires, poètes au fond dans leur vie. Ainsi Alexis-Vincent-Charles Berbiguier (né en 1796), de Carpentras, l'ennemi des farfadets, les visionnaires Thomas Martin de Gaillardon (né en 1783) et Michel Vintras (1807-1875), animateurs politiques et religieux qui reconnurent Naundorf pour le fils de Louis XVI. L'utopiste Barthélemy-Prosper Enfantin (1796-1864) conduira le saint-simonisme vers un étrange mysticisme. Ce « Christ des Nations », enthousiaste frénétique, brasseur d'idées jamais reçues, hors des orthodoxies, jeta des rêves qui pouvaient paraître absurdes, mais qui la plupart se réalisèrent après lui. Par extension, d'aucuns pourront trouver de la poésie jusque dans le positivisme d'Auguste Comte (1798-1857), grand rêve humanitaire et nouvelle religion. Le calendrier comtien ne pourrait-il pas être pris pour un poème ? Ceux qui ont rêvé de « changer la vie », illuminés ou utopistes, sont proches de la création poétique.

La figure la plus étonnante est celle de « l'Arioste de l'Utopie », François-Marie-Charles Fourier (1772-1837), selon Engels, « un des plus grands satiriques de tous les temps ». Les grandes idées du fouriérisme sont les passions humaines tournées vers un but utile et concourant à une satisfaction légitime, le travail rendu attrayant par la liberté du choix et l'alternance des fonctions, l'association des individus en groupes d'après l'analogie des aptitudes, la réunion de plusieurs groupes gradués composant la série, et la réunion de plusieurs séries constituant la phalange ou commune sociétaire, la philanthropie amoureuse, etc. Dans ses ouvrages, son style est à la diable, mélangeant la subtilité et la candeur, le bon sens et l'extravagance, la raison et le baroquisme de la pensée. Son système a mille aspects originaux et inattendus, des sautillements incessants. Les phalanstériens trouvent chez lui un sens à la vie, allant volontiers de la tonte des moutons à la culture des roses en passant par bien des occupations à la fois utiles et agréables. Fleurs et repas ont une très grande place. Cet homme qui, comme Buster Keaton, ne riait jamais établit ainsi des systèmes sociaux qui ne ressemblent à aucun autre. Poésie ? Pourquoi pas. André Breton lui consacrera une *Ode*, Roland Barthes un pénétrant essai, Pascal Bruckner un délicieux ouvrage.

Il y a une véritable création burlesque jusque dans les titres qui décorent sa prose : *Antienne, Postienne, Cis-lude, Trans-lude, Post-lude, Épi-section, Citra-pause, Ultra-pause*, etc. Ses questions sont étranges : « Comment faire aimer les mathématiques à une jeune fille qui aime l'ail ? » par exemple. Ou bien il annonce que l'eau de mer sera potable et que les baleines seront remplacées par des anti-baleines qui aideront à tirer les bateaux, que des anti-crocodiles seront des coopérateurs de rivière ou des anti-phoques des montures de mer. Ses grandes idées tenteront bien des disciples et il y aura de nombreuses tentatives d'inspiration phalanstérienne. Par-delà des curiosités, épris de justice et de libération de la personne humaine, il offre un exemple d'imagination prodigieuse mise au service d'une nouvelle fraternité. Avant Marx, avant Freud, il est l'annonciateur de nouvelles formes de pensée.

Par extension, les grands rêves actifs humanitaires ne sont pas si éloignés de la poésie et de ses préoccupations les plus profondes. D'aucuns trouveront selon leur faim dans le scientisme et l'homme-faustien de Claude-Henri de Saint-Simon (1760-1825), chez Auguste Comte, ou dans le *Voyage en Icarie* d'Étienne Cabet (1788-1856). Nous n'avons pas voulu passer dans leur siècle sans les saluer; la grande et noble utopie des hommes soucieux de « changer la vie » n'est-elle pas la sœur de la poésie?

Poètes romantiques

I

Figures romantiques

Charles Nodier et son Cénacle.

« Il se trouva, dit Nodier, quelques hommes très jeunes alors, épars, inconnus l'un à l'autre, qui méditaient une poésie nouvelle. Chacun d'eux, dans le silence, avait senti sa mission dans son cœur. Lorsqu'ils se virent mutuellement, ils marchèrent l'un vers l'autre, ils se reconnurent pour frères et se donnèrent la main. » Nul mieux que Nodier favorisa ces rencontres : on allait chez Victor Hugo, on allait chez Émile Deschamps, on alla surtout chez le bibliothécaire de l'Arsenal.

Né à Besançon, Charles Nodier (1780-1844) a connu dans son enfance la Révolution, la Terreur : son père présidait le tribunal criminel de la ville. Cela le marqua : dans *Histoire d'Hélène Gillet*, un de ses contes, l'héroïne tue le bourreau; dans *Smarra*, le héros voit sa tête coupée rouler sur l'échafaud. Les chefs-d'œuvre de Charles Nodier sont en prose. Aux œuvres de début comme *le Peintre de Salzbourg*, *les Méditations du cloître*, 1803, *les Tristes*, *les Proscrits* (qui lui valurent la prison, puis l'exil à Ljubljana) succèderont celles où il donnera toute sa mesure : *Jean Sbogar*, 1818, *Thérèse Aubert*, 1819, *Adèle*, 1820, *Lord Ruthwen*, 1820, *Smarra ou les démons de la nuit*, 1821, *Trilby ou le Lutin d'Argail*, 1822. Bibliothécaire à l'Arsenal en 1823, recevant la jeunesse romantique surtout à partir de 1824, il restera fidèle à son univers romanesque et gagnera même en qualité et en originalité, si l'on en juge par *la Fée aux miettes*, 1832, *Mademoiselle de Marsan*, 1832, *Trésor des fèves et fleur des pois*, 1837, *la Neuvaine de la chandeleur*, 1839, *Histoire du chien de Brisquet*, 1844. Journaliste, on le trouve notamment au *Journal des Débats*, puis à la très royaliste *Quotidienne*. Ses ouvrages historiques, comme *le Dernier banquet des Girondins,* 1844, sont de qualité moyenne. Son universalité se manifeste par des titres scientifiques : *Dissertation sur l'usage des antennes dans les insectes,* 1798, *Bibliographie entomologique,* 1801. Philologue, il est l'auteur d'un *Dictionnaire raisonné des onomatopées françaises,* 1808, qui lui valut alors la place de secrétaire d'un philologue anglais de valeur, le chevalier Croft. Il a laissé également des *Souvenirs.*

Son rôle en poésie est celui d'une sorte d'accoucheur du mouvement romantique. Ouvert à toutes choses, allant « d'engouement en engouement » (Sainte-Beuve le dit), vrai « sac à paradoxes » (selon Alexandre Dumas), ayant « l'incurie de sa richesse » (écrit Lamartine), cet aîné conseille, écoute, dirige, indique les voies de la nouvelle littérature. Sa maison est celle du bon Dieu; il se ruine à recevoir. « C'est la boutique romantique », dit Musset. Dans le grand salon de l'Arsenal ou dans la chambre de Mme Nodier, se réunissent des hommes de lettres, beaucoup d'artistes, surtout des peintres. On peut imaginer une discussion entre le maître de maison, Hugo et Guttinguer sur l'esthétique de Kant ou de Hegel, ou bien Nodier narrant quelque aventure fantastique. Vers dix heures, le soir, on joue à l'écarté, car Nodier adore cela; les jeunes gens et les jeunes filles dansent; on se quitte vers minuit.

Il faut insister dans ce cadre sur un phénomène fécond et dynamique qui tend à se raréfier : les contacts entre artistes de disciplines différentes. Chez Nodier se croisaient les idées venues du monde entier, se rencontraient les gens les plus divers : philosophes, poètes, peintres, savants, musiciens.

Charles Nodier, malgré son ouverture, ne trahit pas sa nature profonde. Conteur, il conte. Est-il fantastique? En fait, il tient pour vrai ce qu'il écrit. L'irréel est sa réalité. Malicieux, bonhomme, racontant sans se forcer, un peu vieillot dans son écriture, il ne dédaigne pas d'imiter les vampires de Cyprien Bérard ou de Byron, de regarder vers chez Dom Calmet, Lenglet-Dufresnoy, Lewis ou le Suisse Zschokke, mais pour donner du Nodier sans dédaigner au besoin quelque mystification. Ce qui étonne, c'est qu'il apparaisse comme l'esprit le plus « normal » qui soit. C'est un homme sensé, un bourgeois cultivé, un bibliophile amoureux des beaux livres, un lecteur de Montaigne, un éminent bibliothécaire, un encyclopédiste, un bon connaisseur du XVIe siècle, et il se montre adepte d'entomologie, de botanique, de grammaire, de philologie, d'histoire. Et en écriture, c'est tour à tour un satanique, un frénétique, un chimérique, un lunatique, un pèlerin de l'imaginaire, un mineur de fond à la recherche d'un psychisme intérieur, quelque peu scandalisé que l'humanité ne vive qu'à sa propre surface.

Imaginons-le parmi ses in-folio. Il est grand, maigre, maladroit dans ses gestes, distrait; il fait penser au poète Jules Supervielle. Sa vérité profonde est de fuir la vérité commune, il invente, il affabule, il vit dans la fiction. S'il raconte sa jeunesse, il la réinvente. Quelque peu dédaigné par l'histoire littéraire, il mérite un regard appuyé, même s'il n'est pas du tout grand par ses poèmes. On comprend que Luc Decaunes, pour son anthologie des romantiques, ait préféré tirer des extraits de *Smarra ou les démons de la nuit* en prose plutôt que de *la Napoléone,* l'anti-épopée qui le fit dans son jeune âge passer pour fou, ou de ses *Essais d'un jeune barde.* Pour la curiosité, citons un extrait de son poème contre l'Empereur :

> En vain la crainte et la bassesse
> D'un culte adulateur ont bercé ton orgueil;
> Le tyran meurt, le charme cesse,
> La vérité s'arrête au pied de son cercueil.
> Debout, dans l'avenir la justice implacable
> Évoque ta gloire coupable
> Veuve de ses illusions.
> Les cris des opprimés tonnent sur ta poussière,
> Et ton nom est voué par la nature entière
> A la haine des nations.

On préfère encore des *Stances à Alfred de Musset* même si elles imitent mal l'art léger de leur destinataire ou tel gentil *Retour au village* qui a des allures de chanson campagnarde. Un poème de sagesse dit sans art qu'il faut *Cacher sa vie,* un autre prône *le Style naturel :*

> En vain une muse fardée
> S'enlumine d'or et d'azur.
> Le naturel est bien plus sûr :
> Le mot doit mûrir sur l'idée,
> Et puis tomber comme un fruit mûr.

Le meilleur est encore dans ses rimes franc-comtoises où, comme ses compatriotes contemporains, Aimé de Loy, Maximin Buchon, Édouard Grenier, il chante sans prétention sa province. Mais on préfère saluer ici un écrivain en prose plein d'imagination qui nous dit à la fin de *Jean-François les bas bleus :* « La vérité est inutile » et fait dire à sa *Fée aux miettes :* « Tout est vérité, tout est mensonge. » Charles Nodier, c'est le rêve éveillé en littérature.

Un Werther carabin.

Bibliothécaire, le fut aussi Charles-Augustin Sainte-Beuve (1804-1869) né à Boulogne-sur-mer au cœur d'une famille bourgeoise normande et picarde. Écririons-nous une histoire de la critique littéraire qu'il y occuperait la plus grande place. Bien qu'il ne soit pas sans défaut, bien qu'il ait commis des erreurs, et souvent dans le domaine poétique, faisant de Béranger un génie comparable à Racine et méconnaissant Nerval, par exemple, en un mot, bien qu'il soit resté aveugle devant ses contemporains, réprimant mal de secrètes envies, on lui doit d'avoir aidé à l'éclosion du romantisme et d'avoir donné des fondements à la critique.

Il est à son aise avec les écrivains du passé. Après tant d'oubli, il reconnaît, ce qui est aussi le cas de Nerval, la valeur de Ronsard. Son *Tableau historique et critique de la poésie française et du théâtre français au XVIe siècle* par ses redécouvertes modèle l'idée de la poésie et relie le jeune romantisme à la tradition nationale. Nous n'insisterons pas ici sur d'autres aspects de Sainte-Beuve : sa critique aux méthodes scientifiques qu'accompagne une vive curiosité des hommes l'amène à situer chacun dans son temps tout en le reliant aux grands mouvements de civilisation; ses titres : *Chateaubriand et son groupe littéraire sous l'Empire,* 1861, les séries de ses *Portraits littéraires,* de ses *Causeries du Lundi,* de ses *Nouveaux Lundis,* de *Port-Royal,* etc. Le critique est considérable, l'œuvre est immense et passionnante, qui ne le sait?

Il n'est pas qu'un critique. On trouve en lui le romancier de *Volupté,* 1834, en avance sur son temps comme peut l'être *l'Éducation sentimentale,* et qui, de ce fait, désorienta la critique, et l'on peut ajouter le roman *Arthur* que son ami Ulric Guttinguer termina. Les amours poétiques du jeune Sainte-Beuve ont été *René, les Méditations, Odes et ballades.* Il a fréquenté le Cénacle, il a été jusqu'en 1834 l'ami de Victor Hugo (on connaît la fameuse liaison de Sainte-Beuve avec Mme Adèle Hugo), il a lu les mémorialistes et les savants du siècle précédent, les idéologues qui l'ont formé, il s'est intéressé au saint-simonisme, au christianisme libéral de Lamennais, il a compris mieux que personne Pascal et le jansénisme. En bref, il a eu la plus intense et la plus féconde des vies intellectuelles.

Le critique a effacé chez lui le poète. Mais si l'on se reprend à lire *Vie, poésies et pensées de Joseph Delorme,* 1829, ou *les Consolations,* 1830, la surprise est plus qu'agréable. On le définissait alors comme un Werther carabin. En fait, il marquait une nette avance sur ses contemporains. Encore une fois, son œuvre fut incomprise.

Aujourd'hui, elle reste mal connue. Notre anatomiste des âmes a quelque lourdeur, il reste entortillé, laborieux et froid, mais on peut distinguer des promesses d'avenir.

Pour plus de liberté, par recul modeste en face d'une confession, peut-être par crainte du jugement public, Sainte-Beuve attribue son premier ouvrage poétique à un nommé Joseph Delorme, étudiant en médecine, mort de tuberculose avant la parution de son livre. Joseph Delorme (c'est-à-dire Sainte-Beuve) appartenait, écrit-il, « à cette jeune école de poésie qu'André Chénier légua au xixᵉ siècle, et dont Lamartine, Alfred de Vigny, Victor Hugo, Émile Deschamps et dix autres après eux, ont recueilli, décoré, agrandi le glorieux héritage ». Apparemment, Sainte-Beuve ressemble à ceux qu'il cite : le génie prédestiné au malheur est présent. Mais, si l'on creuse, on voit que le désespoir, moins outré qu'ailleurs, sonne plus vrai; que le rêve de la jeune fille idéale n'est pas conventionnel; que les traits qui apparaîtront dans l'Amaury de *Volupté* sont présents. Sainte-Beuve, malgré ses penchants au confort, à la bourgeoisie, n'est pas alors le critique replet que nous connaissons. Lamartine l'a dépeint « pâle, blond, frêle, sensible jusqu'à la maladie, poète jusqu'aux larmes, ayant une grande analogie avec Novalis en Allemagne » : voilà qui est inattendu.

Sainte-Beuve est à ce point lucide que la meilleure critique analytique de sa poésie vient de lui-même. En effet, Joseph Delorme est ainsi présenté : « S'il a été sévère dans la forme et pour ainsi dire religieux dans la facture, s'il a exprimé au vif et d'un ton franc quelques détails pittoresques ou domestiques jusqu'ici trop dédaignés, s'il a rajeuni ou refrappé quelques mots surannés ou de basse bourgeoisie, exclus, on ne sait pourquoi, du langage poétique... »

Ces poèmes présentent différents aspects. Sainte-Beuve aime la difficulté vaincue, il joue avec les mètres variés, il déplace la césure, il cherche des rimes riches, parfois surprenantes. Les parnassiens pourront lire avec délectation ses *Stances à la rime,* véritables litanies voltigeantes :

> Ô Rime, qui que tu sois,
>   Je reçois
> Ton joug; et longtemps rebelle,
> Corrigé, je te promets
>   Désormais
> Une oreille plus fidèle.
>
> Mais aussi devant mes pas
>   Ne fuis pas;

> Quand la Muse me dévore,
> Donne, donne par égard
> Un regard
> Au poète qui t'implore.

« Il manque en plus d'un lieu le léger de la muse » reconnaît Sainte-Beuve lui-même. Un autre aspect est celui d'une poésie intime, populaire, relevée par l'art romantique. S'il s'adresse à *Ma Muse,* il exprime bien « des détails pittoresques et intimes auxquels ses aînés n'étaient pas descendus » :

> Avez-vous vu là-bas, dans un fond, la chaumine
> Sous l'arbre mort? Auprès, un ravin est creusé;
> Une fille en tout temps y lave un linge usé.
> Peut-être à votre vue elle a baissé la tête;
> Car, bien pauvre qu'elle est, sa naissance est honnête.
>
> . . . .
>
> Elle file, elle coud, et garde à la maison
> Un père vieux, aveugle et privé de raison.
>
> . . . .
>
> C'est là ma Muse, à moi, ma Muse pour toujours;
> Les nuits je la possède; elle s'enfuit les jours;
> De moi seul visitée, à tout autre inconnue,
> Ô chaste Muse, ô sœur chaque soir bienvenue,
> Hâte-toi, la nuit tombe et ton vieux père dort.

Ne trouve-t-on pas ici une direction toute prête pour François Coppée se recueillant devant les humbles? Mais Baudelaire saura comprendre ce regard sur les vies modestes et les souffrances cachées « dans les plis sinueux des vieilles capitales » qui est aussi celui de Hugo et reste à l'honneur du romantisme.

Les poètes lakistes lui ont apporté de leur inspiration, témoin ce *Sonnet imité de Wordsworth* :

> Je ne suis pas de ceux pour qui les causeries,
> Au coin du feu, l'hiver, ont de grandes douceurs;
> Car j'ai pour tous voisins d'intrépides chasseurs
> Rêvant de chiens dressés, de meutes aguerries,
>
> Et des fermiers causant jachères et prairies,
> Et le juge de paix avec ses vieilles sœurs,
> Deux revêches beautés parlant de ravisseurs,
> Portraits comme on en voit dans les tapisseries.
>
> Oh! combien je préfère à ce caquet si vain,
> Tout le soir, du silence, — un silence sans fin;
> Être assis sans penser, sans désir, sans mémoire;

> Et, seul, sur mes chenets, m'éclairant aux tisons,
> Écouter le vent battre, et gémir les cloisons,
> Et le fagot flamber, et chanter ma bouilloire!

Il sait être aussi plus musical et plus langoureux, comme dans ce poème *A Alfred de Musset* qui convient bien à son destinataire :

> Les flambeaux pâlissaient, le bal allait finir,
> Et les mères disaient qu'il fallait s'en venir;
> Et l'on dansait toujours, et l'heure enchanteresse
> S'envolait : la fatigue aiguillonnait l'ivresse.
> Oh! quel délire alors! Plus d'un pâle bouquet
> Glisse d'un sein de vierge et jonche le parquet.
> Une molle sueur embrase chaque joue;
> Aux fronts voluptueux le bandeau se dénoue
> Et retombe en désordre, et les yeux en langueur
> Laissent lire aux amants les tendresses du cœur.

Et le lyrisme romantique s'épanouit dans le poème *le Calme*, ce calme que l'austère critique aimera retrouver pour ses études :

> Souvent un grand désir de choses inconnues,
> D'enlever mon essor aussi haut que les nues,
> De ressaisir dans l'air des sons évanouis,
> D'entendre, de chanter mille chants inouïs,
> Me prend à mon réveil; et voilà ma pensée
> Qui, soudain rejetant l'étude commencée,
> Et du grave travail, la veille interrompu,
> Détournant le regard comme un enfant repu,
> Caresse avec transport sa belle fantaisie
> Et veut partir, voguer en pleine poésie.

Encore un aspect frappant chez Sainte-Beuve, celui du bizarre poème *le Suicide* (ce suicide qui hantera les romantiques comme plus tard les surréalistes), et surtout cette symphonie de couleur : *les Rayons jaunes,* poème où tout est jaune. Mal tourné, mal agencé, traduisant l'amateurisme, il intéresse par son souci des correspondances :

> Et les jaunes rayons que le couchant ramène,
> Plus jaunes ce soir-là que pendant la semaine
> Teignent mon rideau blanc.

> J'aime à les voir percer vitres et jalousie :
> Chaque oblique rayon trace à ma fantaisie
> Un flot d'atomes d'or,

> Puis, m'arrivant dans l'âme à travers la prunelle,
> Ils redorent aussi mille pensées en elle,
> Mille atomes encor.

. . . .

> La lampe brûlait jaune, et jaune aussi les cierges ;
> Et la lueur glissant aux fronts voilés des vierges
> Jaunissait leur blancheur ;
>
> Et le prêtre, vêtu de son étole blanche,
> Courbait un front jauni, comme un épi qui penche
> Sous la faux du faucheur.

Un autre recueil, *les Consolations,* 1830, est dédié à Victor Hugo. Là, on trouve encore des imitations anglaises : tout est mélancolique, fatal, byronien, à la mode. Le sévère critique s'en moquera plus tard. *Les Pensées d'août,* 1837, témoignent encore de cette poésie familière et intime que Sainte-Beuve a cultivée.

On trouvera, en glanant bien, à côté de lourdeurs prosaïques, de beaux vers qui paraissent donnés par les dieux et qu'on pourrait attribuer à des poètes symbolistes :

> J'étais un arbre en fleur où chantait ma jeunesse.

> Et larges sur les fleurs quelques gouttes de pluie
> En faisaient mieux monter l'odeur épanouie.

> En bas le lac limpide, où nagent sans frisson
> Les blancs sommets tout peints d'un bleu de porcelaine.

> Devant ces pics rosés de neige et d'argent fin,
> Devant ce lac qui luit comme un dos de dauphin...

Non, le poète Sainte-Beuve n'est pas négligeable. Les *Poésies diverses,* les *Notes et sonnets, le Livre d'Amour,* même s'ils répètent, qualités et défauts compris, *Joseph Delorme* recèlent bien des surprises.

La muse couturière du poète réaliste s'est retrouvée parfois chez Nerval, souvent chez Baudelaire, Verlaine, Laforgue, Coppée qui ne l'ont pas dédaignée. Sainte-Beuve a aussi le mérite d'avoir remis le sonnet en vogue et l'on sait combien au XIXᵉ siècle les plus grands y excelleront. Sa poésie d'analyse sentimentale n'est pas si éloignée du symbolisme ni ses jeux de rime à la mode de la pléiade du parnasse. Théodore de Banville a porté un jugement favorable : « Avant le grand poète Charles Baudelaire, et comme lui, Sainte-Beuve, rompant avec la psychologie de convention, regarda en nous et en lui-même, et traduisit en vers durables une souffrance nouvelle, un héroïsme nouveau : il connut et peignit poétiquement l'homme du XIXᵉ siècle. »

Pour résumer, on peut dire qu'il existe un Sainte-Beuve lyrique et romantique, un Sainte-Beuve déjà parnassien, ami des acrobaties, un Sainte-Beuve présymboliste chantant avec musicalité. En un temps où Lamartine, Hugo, Vigny, Musset, se montraient incomparables, avec des moyens infiniment plus précaires, des défauts nombreux (il est pesant, maladroit, embarrassé, prosaïque, il dirige mal certaines recherches de versification), il a su pourtant trouver une voie personnelle, capable d'influencer Baudelaire et de provoquer une réaction anti-hugolienne.

Chez lui, la réflexion prend le pas sur l'inspiration; il aime les nuances, mais peine lorsqu'il veut les faire saisir; il manque de spontanéité et le souci de la forme lui nuit; il se surveille trop pour aller jusqu'au bout de singularités intéressantes, certes, mais rendons-lui justice qu'il sait parfois étonner, et que, d'avant-garde au cœur d'une avant-garde s'épanouissant, parce que libre, il montre la direction d'un avenir où, dans la deuxième partie du siècle, d'autres triompheront.

Les Frères Deschamps.

Ils sont des romantiques de la première heure, ces deux frères, Émile (1791-1871) et Antony Deschamps (1800-1869) qui méritent bien quelque lumière. Émile, comme son frère membre actif du Cénacle, a combattu par la plume dans *la Muse française* où il écrivait sous un pseudonyme, « le Jeune Moraliste ». Il a donné des comédies en vers, il a traduit *Roméo et Juliette, Macbeth, le Romancero du Cid,* il a adapté Schiller et Goethe, mais ses recueils de vers : *Études françaises et étrangères,* 1828, *Poésies complètes,* 1842, sont de valeur moyenne.

Il a participé au grand combat et l'a poursuivi par des escarmouches, répondant aux demandes de conseils, dispersant des leçons poétiques, glissant des vers dans des albums, se dépensant avec un esprit vif et un talent souple, mais peu original, en romances, en sonnets, en poèmes de circonstance, chantant gentiment *l'Été de la Saint-Martin* ou s'adressant *A une mère qui pleure,* écrivant à un jeune poète ceci :

> La poésie, hélas! n'est rien par elle-même,
> Tant que d'un cœur touché de la grâce suprême
> Elle n'éveille point le sympathique amour;
> C'est Galatée ouvrant ses yeux de marbre au jour :
> Pour qu'elle vive, il faut qu'on l'aime!

Car cet homme, esprit ingénieux, bon connaisseur de la littérature allemande, tournant bien une critique et rimant bien une ballade est un acteur et un témoin de son siècle. Sur le tard, il publia des *Contes physiologiques.* Il faut lui rendre cette justice d'avoir aidé beaucoup de jeunes en son temps. Certains même se disaient ses disciples. Pourquoi ne pas en citer quelques-uns, même s'ils ne peuvent figurer que parmi les poètes très mineurs?

L'un d'eux, Alexandre Cosnard (né en 1802) ne fait que chanter ses deuils familiaux à moins que ce ne soient les petites fleurs bleues qui vont mourir. Il n'est pas sans qualité, mais le ton romantique relève difficilement sa mièvrerie. D'un autre, Armand Renaud (né en 1836), Sainte-Beuve a dit : « Disciple sérieux d'un des plus gracieux poètes de notre ancienne jeunesse, d'Émile Deschamps, et, comme lui, rompu à l'art, maître achevé du rythme, M. Armand Renaud en est arrivé, de recherche en caprice, et après avoir épuisé la coupe, à des accents vraiment passionnés et profonds. » Cependant, on ne trouve dans ses *Poésies de l'amour,* 1862, ou ses *Pensées tristes,* 1865, rien de bien personnel. De même, à l'école des frères Deschamps, Paul Juillerat (né en 1815), rimeur habile dans *les Soirs d'Octobre,* ne mérite pas qu'Emmanuel des Essarts le dise « artiste achevé, conquérant et dompteur de la forme asservie », mais on sait que les éloges vont vite sous la plume des critiques du vivant des auteurs.

Parmi les cadets aidés par Émile Deschamps, citons Achille Millien (né en 1839), poète agreste imprégné des chants de la Bretagne, du Nord, de la Grèce, empruntant aux poésies populaires, mais arrivant bien tard et ne faisant que ressasser Lamartine, citons encore Eugène Bazin (né en 1817), honnête lamartinien, mais qui a parfois des accents vigoureux :

> Place! à toi, D'Aubigné! sonne, sonne, clairon!
> Non pas pour éveiller nos discordes civiles;
> Mais pour nous arracher à nos passions viles;
> A notre pauvre temps où les hommes, au lieu
> De dévouement, de foi, n'ont plus que l'or pour Dieu!

Et citons enfin Prosper Delamare (né en 1810) qui chante à son tour une jeune poitrinaire et une fleur avec des accents angéliques sans faire oublier qu'il a lu Poe, Hoffmann ou Hawthorne.

Ainsi, Émile Deschamps, jusqu'à la fin de sa vie, riche de son passé littéraire, eut une escorte de jeunes qui l'admiraient. Le temps a passé sur tout cela et fait oublier maître et disciples.

L'autre Deschamps, Antony, est plus intéressant que son aîné. Il y a dans les vers de cet homme qui mourut fou, traducteur en vers de *l'Enfer* de Dante, un ton inquiet, étrange, avec des passages puissants. Conscient de son mal, comme Nerval, et avant lui, il a su observer, entre deux crises, son état mental. Vivant dans cet univers obscur, il en sortait parfois pour écrire des *Italiennes* où la couleur locale s'imprègne d'une sorte de symbolisme musical.

Ses *Dernières paroles,* 1835, ou sa *Résignation,* 1839, chantent ses deux ennemis :

> L'un s'appelle la Mort, et l'autre la Folie.

Il se rapproche, dans sa mélancolie, de Lenau comme de Gérard de Nerval, mais tandis que ce dernier luttait par sa fantaisie, Antony Deschamps, métaphysicien, s'enfonçait dans une tristesse morne, obsédé par *l'Enfer* comme Nerval le fut par *Faust.*

Étincelles sur le pavé.

Lorsque, en 1830, Auguste Barbier (1805-1882) publia avec Alphonse Royer un roman historique, *les Mauvais garçons,* dissimulant une vive satire sociale, le livre fut remarqué, sans plus. On aimait alors que la protestation prît la voix de la poésie. Lorsque, au lendemain de la révolution de Juillet, parurent dans *la Revue des Deux-Mondes* des *Iambes* façon Chénier comme *l'Idole* ou *la Curée,* on vit des étincelles jaillir sous les sabots d'une cavale fougueuse. En ces temps élégiaques, lire *le Lion, Quatre-vingt-treize, l'Émeute,* c'était recevoir du nerf, de la vigueur. De plus, le souffle de Barbier ne s'interrompait pas au cours du poème. Nerveux, pressé, fringant, haletant, il bouleversait un univers de clichés politiques, pourfendait, brisait les icônes des idolâtres de l'Empereur ou du nouveau régime. Le rythme était rapide, enlevé, de la poésie de cavalier chargeant :

> Ô Corse à cheveux plats! que ta France était belle
>   Au grand soleil de messidor!
> C'était une cavale indomptable et rebelle,
>   Sans frein d'acier ni rênes d'or;
> Une jument sauvage à la croupe rustique,
>   Fumante encor du sang des rois,
> Mais fière, et d'un pied fort heurtant le sol antique,
>   Libre pour la première fois.

L'émotion dura longtemps. Or, si on lit bien, si on ne se limite pas à quelques vers, derrière l'éloquence, le cliché fleurit, le bavardage apparaît, et ces défauts qui subsistent de l'époque néoclassique. La lecture des *Iambes,* ce passage constant de l'alexandrin à l'octosyllabe, finit par lasser l'oreille et le regard. On a comparé avantageusement ces poèmes aux *Tragiques* ou aux *Châtiments,* y découvrant les plus beaux accents de la satire et de l'invective. Si l'on reconnaît qu'il y a là un chant de la colère brûlé de fièvre, de soleil et de poudre, un mouvement bien enlevé, il faut faire un effort et se reporter au temps de la publication pour comprendre l'enthousiasme soulevé par ces *Iambes* aux passages verbeux et pompiers.

Et pourtant, Baudelaire : « Chez Auguste Barbier, naturellement poète, *et grand poète,* le souci perpétuel et exclusif d'exprimer des pensées honnêtes et utiles a amené peu à peu un léger mépris de la correction, du poli et du fini, qui suffirait à lui seul pour constituer une décadence. » Sainte-Beuve accentue ce « oui mais... » : « Il a du talent, mais il ne domine pas ce talent; il y va sans direction et en tâtonnant, il ne sait plus bientôt où il en est, il s'y noie presque, comme un homme qui voudrait marcher dans l'eau en y étant jusqu'au menton. » Et le critique ajoute cette formule que nous faisons nôtre : « C'est un poète de hasard. »

Après tant de succès, il y eut une retombée. Les autres recueils : *Il Pianto,* 1833, *Lazare,* 1837, *Nouvelles satires, Chants civils et religieux,* 1841, *Rimes héroïques,* 1843, *Sylves,* 1865, furent dédaignés. On assura même qu'il n'était que le prête-nom de Brizeux, le poète de *Marie* que nous rencontrerons. Après un excès d'honneur, il ne méritait pas cette indignité. On trouve une veine humanitaire qui le rapproche de Vigny, de Laprade et d'autres poètes épris de ces mots à majuscule, le Bien, le Beau, le Vrai, mais une pensée banale ne rehausse pas une poésie de bon aloi. Pourtant, çà et là, loin de la verve bourbeuse et des déclamations débraillées, dans *il Pianto,* un sonnet bien façonné comme les aimeront ces messieurs du parnasse, *Michel-Ange :*

> Que ton visage est triste et ton front amaigri,
> Sublime Michel-Ange, ô vieux tailleur de pierre!
> Nulle larme jamais n'a mouillé ta paupière;
> Comme Dante, on dirait que tu n'as jamais ri.
>
> Hélas! d'un lait trop fort la Muse t'a nourri,
> L'art fut ton seul amour et prit ta vie entière;
> Soixante ans tu courus une triple carrière,
> Sans reposer ton cœur sur un cœur attendri.
>
> Pauvre Buonarotti! ton seul bonheur au monde
> Fut d'imprimer au marbre une grandeur profonde,
> Et, puissant comme Dieu, d'effrayer comme lui :
>
> Ainsi, quand tu parvins à ta saison dernière,
> Vieux lion fatigué, sous ta blanche crinière,
> Tu mourus longuement plein de gloire et d'ennui.

Un Breton : Auguste Brizeux.

Ami d'Auguste Barbier (un voyage qu'il fit avec lui inspira le recueil *la Fleur d'or,* en 1841), Auguste-Julien-Pélage Brizeux (1803-

1858) a publié encore des vers pour l'anniversaire de Racine, une épopée, *les Bretons,* 1843, *Histoires poétiques,* 1850, des chants en langue bretonne, *Télen Armor* (la Harpe armoricaine), une *Histoire des Indo-Armoricains,* 1854, une traduction en prose de *la Divine Comédie,* 1841, mais, pour tous, il est resté surtout le poète de *Marie,* 1831 à 1840.

Là, il unit les *Géorgiques* de Virgile au *Jocelyn* de Lamartine transportés en terre bretonne, avec un ton qui n'appartient qu'à lui, ce poète vrai et infiniment sympathique. Sait-on que son nom vient de *Briseuk* qui veut dire Breton en langue celte? Il est le chantre de sa terre, bien avant que Mistral ne chante la sienne; il est aussi, par-delà le clocher, celui qui a apporté au romantisme une nouvelle douceur, et à la poésie ce ton familier, intime, né de l'amour du terroir et du foyer où tant de disciples inavoués s'épuiseront sans faire aussi bien que lui. Aujourd'hui, on en ferait un poète écologique.

Marie est une idylle mélancolique, pleine d'effusion, limpide, rustique et gracieuse, loin des gentilles afféteries d'un Florian. Brizeux a le sens du paysage natal :

> Ô maison du Moustoir! combien de fois la nuit,
> Ou lorsque sur le port j'erre parmi le bruit,
> Tu m'apparais! Je vois les toits de ton village
> Baignés à l'horizon en des mers de feuillage,
> Une grêle fumée au-dessus, dans un champ,
> Une femme de loin appelant son enfant,
> Ou bien un jeune pâtre, assis près de sa vache,
> Qui, tandis qu'indolente elle paît à l'attache,
> Entonne un air breton, un air breton si doux,
> Qu'en le chantant ma voix vous ferait pleurer tous.

Et du fier passé de son pays dont retentissent les noms et les images :

> Du bois de Ker-Mélô jusqu'au moulin du Teir,
> J'ai passé tout le jour sur le bord de la mer,
> Respirant sous les pins leur odeur de résine,
> Poussant devant mes pieds leur feuille lisse et fine,
> Et d'instants en instants, par-dessus Saint-Michel,
> Lorsqu'éclatait le bruit de la barre d'Enn-Tell,
> M'arrêtant pour entendre : au milieu des bruyères,
> Carnac m'apparaissait avec toutes ses pierres,
> Et parmi les menhirs erraient comme autrefois
> Les vieux guerriers des clans, leurs prêtres et leurs rois.

Il sait dire *A la Bretagne* un amour farouche et exclusif :

> Ô landes! ô forêts! pierres sombres et hautes,
> Bois qui couvrez nos champs, mers qui battez nos côtes,

Villages où les morts errent avec les vents,
Bretagne! d'où te vient l'amour de tes enfants?
Des villes d'Italie, où j'osais, jeune et svelte,
Parmi ces hommes bruns montrer l'œil bleu d'un Celte,
J'arrivai, plein des feux de leur volcan sacré,
Mûri par leur soleil, de leurs arts enivré;
Mais dès que je sentis, ô ma terre natale,
L'odeur qui des genêts et des landes s'exhale,
Lorsque je vis le flux et le reflux de la mer,
Et les tristes sapins se balancer dans l'air :
Adieu les orangers, les marbres de Carrare!
Mon instinct l'emporta, je redevins Barbare,
Et j'oubliai les noms des antiques héros
Pour chanter les combats des loups et des taureaux.

Ce poème est extrait des *Bretons,* son épopée, et pourquoi ne pas dire que dans les années 1930, un chanteur corse comparera lui aussi « Venise et Bretagne »?

Il existe aussi, sans cesse, dans *Marie,* un Brizeux élégiaque qui apporte une douceur champêtre. Ainsi, dans *le Convoi de Louise,* morte « à sa quinzième année », il apporte un ton qu'on ne trouve dans aucune mort de jeune fille romantique :

Le convoi descendit au lever de l'aurore.
Avec toute sa pompe d'avril venait d'éclore,
Et couvrait en passant d'une neige de fleurs
Ce cercueil virginal et le baignait de pleurs;
L'aubépine avait pris sa robe rose et blanche;
Un bourgeon étoilé tremblait à chaque branche;
Ce n'étaient que parfums et concerts infinis;
Tous les oiseaux chantaient sur le bord de leurs nids.

Brizeux ne cesse de chanter son enfance en montrant des personnages vrais : sa mère, l' « humble et bon vieux curé d'Arzannô », les gens de la paroisse, sans que rien de faux, d'amélioré, de convenu ou d'artificiel n'apparaisse. Sans gros réalisme outré, sans naturalisme voulu, sans abus de couleur locale, sans préciosité non plus, le paysage breton, les pauvres gens ressemblent à la vie. Si nous sommes loin des hauteurs de Lamartine, de Hugo, de Musset, de Vigny, cette poésie rustique apporte un parfum incomparable.

Cette simplicité n'est pas sans art. Ce rêveur a médité, s'est appliqué à connaître toutes questions de littérature. Romantique rattaché à ses amis de 1830, il a aussi des goûts classiques qui le rapprochent de La Fontaine. Ce qui triomphe, c'est la franchise de sa nature, ce sont les caractéristiques bretonnes qu'on trouve tout au long de l'histoire de cette poésie si particulière sur le sol français.

Ajoutons que les pièces en breton qu'a écrites le poète des landes,

des chênes et du granit ont mérité de devenir populaires. Sa poésie a su prêter à bien des lieux communs, car on ne s'est souvent fié qu'aux idées vagues qu'inspirent les apparences, mais j'assure qu'une bonne lecture les détruit bien vite. On a pu l'exiler de bien des panoramas, ce poète loin de Paris. Brizeux qui chanta la petite *Marie* de son adolescence, qui regarda vers l'Italie et qui n'a jamais écrit un mauvais poème, est un des poètes originaux de son temps.

Joséphin Soulary, sonnetiste lyonnais.

Ceux qui ont lu dans la collection Lemerre les *Œuvres complètes* de Joséphin Soulary (1815-1891) ont peut-être le souvenir de la préface où Sainte-Beuve saluait ainsi : « J'ai quelque droit sur le sonnet, étant des premiers qui aient tenté de le remettre à l'honneur, vers 1828; aussi je ne sais si je mets de l'amour-propre à goûter cette forme étroite et curieuse de la pensée poétique, mais je sais bien (et je crois l'avoir écrit) que j'irais à Rome à pied pour avoir fait quelques sonnets de Pétrarque, et maintenant j'ajoute : – quelques sonnets de Soulary. »

Ayant découvert le sonnet, Soulary s'y tint et publia sans cesse des recueils : *Sonnets humoristiques,* 1858, *les Figurines,* 1862, *les Diables bleus,* 1870, etc. Il en est de sérieux, de gais, de tristes, d'amusants; on en trouve qui décrivent, qui narrent, qui s'attristent dans l'élégie, qui satirisent; certains rappellent les poètes galants du XVIIe siècle; les vers sont jolis plutôt que beaux. Mais Soulary a raison de s'en tenir aux quatorze vers d'un sonnet, car dès qu'il emploie une autre forme, il s'essouffle, ce coureur de petites distances. Le drame pour lui, c'est que la quantité ne le sauve pas. Ses contemporains ont fait mieux dans tous les genres qu'il a choisis. Pourtant, on doit avouer ne pas s'ennuyer en lisant ses recueils qui se sauvent par la diversité, les tours de force, les bonnes idées pour un sonnet avec le quatorzième vers qui affirme le trait – mais non point, comme chez Baudelaire par exemple, le prolongement et l'envolée. Un exemple de l'art de Soulary dans *les Deux cortèges :*

Deux cortèges se sont rencontrés à l'église.
L'un est morne : – il conduit le cercueil d'un enfant;
Une femme le suit, presque folle, étouffant
Dans sa poitrine en feu le sanglot qui la brise.

L'autre, c'est un baptême : – au bras qui le défend
Un nourrisson gazouille une note indécise;
Sa mère, lui tendant le doux sein qu'il épuise,
L'embrasse tout entier d'un regard triomphant!

> On baptise, on absout, et le temple se vide.
> Les deux femmes alors, se croisant sous l'abside,
> Échangent un coup d'œil aussitôt détourné.
>
> Et — merveilleux retour qu'inspire la prière —
> La jeune mère pleure en regardant la bière,
> La femme qui pleurait sourit au nouveau-né!

Cela donne la mesure du talent de Soulary qui, ne se rendant nullement compte de sa pauvreté intellectuelle, se croyait l'égal de Ronsard, le supérieur de Heredia — car son emploi d'une forme fixe le fit assimiler au parnasse.

Un Autre Lyonnais : Victor de Laprade.

Professeur aux universités lyonnaises, Victor de Laprade (1812-1883) est d'un niveau de pensée bien plus relevé. Vivant à Lyon, au pays de Maurice Scève et de Louise Labé, il est en fait né dans le Forez d'Honoré d'Urfé, à Montbrison. C'est un lamartinien convaincu, un poète idéaliste faisant grand cas de la valeur éducative et morale de son art, se disant « platonicien » égaré dans son siècle.

Ses vers sont imprégnés de spiritualisme. Il a beaucoup écrit, ce poète-penseur à la gravité digne de Vigny, apprécié par le poète des *Méditations,* mais méprisé par Musset ou Barbey d'Aurevilly qui parle de « poésie de glacier ». Aujourd'hui, on en ferait un raseur. Si l'on y regarde de près, on lui concède d'avoir le sentiment de la nature. Si l'on approfondit, on trouve auprès de l'esprit distingué un homme sincère et épris de sa recherche. Après avoir publié *les Parfums de la Madeleine* (où il y a du Klopstock et du Lamartine), 1830, *la Colère de Jésus,* 1840, sa *Psyché* est ce qu'il a fait de mieux. Cette légende spiritualiste est une interprétation de l'hellénisme fort édifiante : l'union de Psyché et d'Éros, de l'homme avec Dieu, est nécessaire pour compléter l'être et le bonheur infini est engendré par l'union de l'âme et de l'idéal, par le retour de l'humanité au sein de Dieu. Voici un extrait de cette *Psyché* dont on voit les accents préraphaélites et symbolistes :

> Entre les fleurs, Psyché, dormant au bord de l'eau,
> S'anime, ouvre les yeux à ce monde nouveau,
> Et, baigné des vapeurs d'un sommeil qui s'achève,
> Son regard luit pourtant, comme après un doux rêve;
> La terre avec amour porte la blonde enfant;
> Des rameaux par la brise agités doucement
> Le murmure et l'odeur s'épanchent sur sa couche.
> Le jour pose, en naissant, un rayon sur sa bouche :

D'une main supportant son corps demi-penché,
Rejetant de son front ses longs cheveux, Psyché
Écarte l'herbe haute et les fleurs autour d'elle,
Respire, sent la vie, et voit la terre belle,
Et blanche, se dressant dans sa robe à longs plis,
Hors du gazon touffu monte comme un grand lys.

Ses *Odes et poèmes,* 1844, moins ambitieux, moins érudits, sont plus libres. Le poète est hanté par la nature, par l'arbre surtout. De même, dans ses *Poèmes évangéliques,* 1851, dans *les Symphonies,* 1855, il fait parler les paysages sur un ton hautain et monotone. Citons encore *les Idylles héroïques, Frantz, Rosa mystica, Herman,* 1858. Partout, il veut enseigner aux jeunes « la beauté de la vertu et des victoires morales ». Cette gravité noble est aujourd'hui bien insupportable.

Un autre aspect de Laprade est qu'il fut l'ennemi de l'Empire. Il juge les événements au fil de sa méditation poétique dans des *Poèmes civiques,* de 1850 à 1872, et fait de la satire académique dans *Tribuns et courtisans.* Un poème de 1861, *les Muses d'État,* s'en prend particulièrement à Sainte-Beuve traité d' « ignoble bonapartiste » et de « Père Duchesne de la police ».

On peut s'arrêter à un poème rustique, *Pernette,* 1868, bien inférieur à la *Marie* de Brizeux, mais *le Livre d'un père,* effusion familiale, nouveau témoignage d'une pensée élevée, bien que retrouvant une certaine simplicité vraie, est d'un ennui achevé.

Connus pour un seul sonnet.

Un camarade d'Alfred de Musset (« un sosie » dit Roger de Beauvoir) et d'Alfred Tattet, c'est-à-dire un des jeunes « lions » de l'époque, auteur de théâtre et dandy, Félix Arvers (1806-1850) fit un jour pour Marie Nodier un sonnet pétrarquisant qu'il reprit dans un recueil réunissant poèmes et théâtre en vers sous le titre *Mes heures perdues.* Intitulé *Un Secret,* ce sonnet plus connu sous la dénomination du « sonnet d'Arvers » comme on disait « le sonnet de Christophe Plantin » fut le sujet d'un engouement sans pareil et dont on parle encore aujourd'hui chez les nostalgiques d'une culture de salon. Pendant des lustres, on le déclama en société au même titre que *le Lac* de Lamartine. Mérimée en témoigne qui écrit à Sainte-Beuve : « Il m'a fallu avaler ces deux pilules trois fois en une semaine. »

Cet objet de consommation qui toucha tant d'âmes peut rester comme un témoignage de la sensibilité amoureuse ou de la sensiblerie d'époque. Pourquoi ne pas le citer?

Mon âme a son secret, ma vie a son mystère :
Un amour éternel en un moment conçu,
Le mal est sans espoir, aussi j'ai dû le taire,
Et celle qui l'a fait n'en a jamais rien su.

Hélas! j'aurai passé près d'elle inaperçu,
Toujours à ses côtés, et pourtant solitaire;
Et j'aurai jusqu'au bout fait mon temps sur la terre,
N'osant rien demander, et n'ayant rien reçu.

Pour elle, quoique Dieu l'ait faite douce et tendre,
Elle suit son chemin distraite et sans entendre
Ce murmure d'amour élevé sur ses pas.

A l'austère devoir pieusement fidèle
Elle dira, lisant ces vers tout remplis d'elle :
« Quelle est donc cette femme? » et ne comprendra pas.

Cette adaptation bourgeoise et très XIXᵉ siècle du pétrarquisme des amoureux transis, en fait sonnet bien quelconque, a fait l'objet d'une foule d'imitations et les Marc Monnier, Jean Lahor, Maurice de Féraudy, Edmond Haraucourt, Eugène Manuel, Jean Goudezki *(Sonnet d'art vert)* pour n'en citer qu'une demi-douzaine parmi cent et cent s'en inspirèrent ou pastichèrent gaiement en jouant des bouts-rimés.

Pour arracher Arvers à cette malédiction, nous avons cherché vainement une œuvre supérieure, mais nous restons toujours dans le même genre, témoin ces derniers vers d'un autre *Sonnet :*

Le ciel m'a donné plus que je n'osais prétendre :
L'amitié, par le temps, a pris un nom plus tendre,
Et l'amour arriva, qu'on ne l'attendait plus.

A tout prendre, le comte Jules de Rességuier (1789-1862), mainteneur des Jeux Floraux de Toulouse, un des fondateurs avec Hugo et Saint-Valry de *la Muse française,* aristocrate, soldat, rimeur, connu lui aussi par un sonnet tant de fois cité, est plus intéressant. Son sonnet à lui a l'originalité d'être monosyllabique :

Fort	Sort	Rose	Brise
Belle,	Frêle	Close,	L'a
Elle	Quelle	La	Prise.
Dort.	Mort.		

Mais il fit d'autres poèmes, des *Tableaux poétiques,* 1829, des *Prismes poétiques,* 1838, des *Dernières poésies,* 1864. Il est tantôt léger, tantôt touchant, tantôt humanitaire quand il jette un appel aux ouvriers chrétiens sous le titre *le Chemin du ciel,* en vers. Il a chanté Toulouse, il a dit ses regrets du temps passé en avouant « Je ne vis plus, car je ne souffre pas », il s'est dit « déjà crédule en mon berceau », il a annoncé à ses enfants « Je me crois votre frère », il a écouté chanter les bouleaux, et ses vers sont jolis et bien tournés, gentiment intimistes. De petits airs comme *la Bouquetière* sont prêts pour la musique :

> Je vends anémone,
> Jacinthe, lilas;
> Mon cœur, je le donne
> Et ne le vends pas.

Encore quelques médaillons romantiques.

Ulric Guttinguer (1785-1866), Rouennais, fut du Cénacle, de *la Muse française,* des bonnes batailles. Nous avons parlé d'*Arthur,* ce roman qu'il fit avec Sainte-Beuve. Cet aîné du romantisme a aussi écrit des vers convenables, des élégies, des romances surtout et quelques poèmes d'album. Sans grande influence, il fut apprécié en son temps comme un homme du monde fort courtois à qui ses contemporains dédiaient des vers, comme Musset par exemple dans ses *Contes d'Espagne :*

> Ulric, nul œil des mers n'a mesuré l'abîme...

Il n'osait publier ses vers et il reçut d'Henri de Latouche à qui il demandait conseil ce vers excédé et prosaïque : « Publiez-les vos vers, et qu'on n'en parle plus. » Ce furent les *Mélanges poétiques,* 1824, *le Bal,* suivi de *Poésies,* 1834, *les Deux âges du poète,* 1844. Il nous dit *Embarquez-vous :*

> Embarquez-vous, qu'on se dépêche,
> La nacelle est dans les roseaux;
> Le ciel est pur, la brise est fraîche,
> L'onde réfléchit les ormeaux,
> Le dieu de ces riants rivages,
> Le tendre Amour veille sur nous.
> Jeunes et vieux, folles et sages,
> Embarquez-vous.

Et après cela très XVIIIᵉ, ce poème *A toi* plus romantique :

> A toi ma voix, mes chants, mon regard et ma lyre,
> Les désirs de la nuit, les songes du sommeil,
> Les rêves de mon cœur et mon triste sourire
> A l'heure du réveil.
>
> A toi ce long regret dont m'accable l'absence,
> Ce chagrin renaissant de ne jamais se voir;
> A toi ce doux transport lorsque de ta présence
> Je ressaisis l'espoir.

A toi ma solitude et le monde et ses fêtes;
C'est par ton souvenir que ces biens me sont doux;
A toi le sombre éclair des fureurs inquiètes
    Et du soupçon jaloux.

Il trouva sa retraite à Rouen, s'occupant des Palinods comme Rességuier s'occupait des Jeux Floraux, en gardant des relations épistolaires avec les amis qui réussissaient à Paris.

Un des fondateurs de *la Muse française*, Adolphe Souillard de Saint-Valry (1796-1867) fut avec Rességuier, Vigny, Gaspard de Pons, Soumet, puis Hugo, du groupe des romantiques légitimistes. Il a publié en recueil ces poèmes : *les Ruines de Monfort-L'Amaury*, 1826, *les Fleurs*, 1829, *Fragments poétiques*, 1833. Chez lui l'éloquence se déploie en lourds bataillons d'alexandrins. Dans un poème adressé à Jules de Rességuier, il dépeint ses contemporains :

Voyez comme la muse, aux chants de Lamartine,
Se révèle, et trahit sa céleste origine.

. . . .

Comme un aigle qui prend son orgueilleux essor,
Celui que nous nommions jadis notre Victor
Aime à planer longtemps dans les hautes pensées;
Puis, quand son aile est lasse, en rimes cadencées
Il descend mollement, tel qu'un cygne argenté,
Se mirer dans les eaux d'un beau lac enchanté,
Réunissant ainsi, par un accord bien rare,
La grâce de Virgile et l'élan de Pindare.

. . . .

De Vigny, grave et doux, d'un œil mélancolique
Cherche à tout sa raison et son sens symbolique;
Et la philosophie et l'art, céleste hymen!
Habitent sous son toit, en se donnant la main.

. . . .

Disciple de Ronsard, le naïf Sainte-Beuve
En des champs oubliés ouvrit sa route neuve;
Ce fut lui dont la muse, à nos foyers bourgeois,
Mit des pénates d'or pour la première fois,
Et qui d'humbles sujets força la poésie
A tirer, sans rougir, sa divine ambroisie!
Tout autre est ta manière à toi, à toi Rességuier!
La pourpre comme un roi t'enveloppe en entier.

Comme Vigny et Rességuier poète et soldat, le comte Gaspard de Pons (1798-1860), d'Avallon, put se distraire de la vie de caserne en écrivant des vers qu'il échangeait avec Victor Hugo, son cadet de quatre ans. Ses poèmes ont des titres curieux : *le Congrès d'Aix-la-Chapelle,* ode, ou *Constante et discrète,* poème en quatre chants. Son mince essor : *Inspirations poétiques,* 1825. En 1830, ce militaire quitta le 7e léger. Plus tard, il publia un choix de poèmes sous le titre parlant d'*Adieux poétiques* que complétait un *Fatras rimé* bien intitulé. Cet oublié, poète secondaire, a parfois des colères pré-baudelairiennes comme dans sa *Prière d'un damné,* chargée d'imprécations et blasphématoire, mais dans *l'Infini,* apparaît un romantisme apaisé :

> Que m'importe le temps? que m'importe le monde?
> Je parle à l'infini; que lui seul me réponde!

Le fils du savant, Jean-Jacques Ampère (1800-1864) hérita du goût de la recherche, comme de celui de la poésie chers à son illustre père. De plus, il fut un infatigable voyageur, parcourant l'Europe, l'Amérique, l'Afrique, s'arrêtant surtout en Italie pour ranimer en historien les cendres de la Rome antique tout en étant le tendre chevalier servant de son aînée de tant d'années, la séduisante Mme Récamier dans son âge mûr. Ses fréquentations furent de qualité : Chateaubriand, Goethe, Mérimée. Érudit, il se fit remarquer par des essais sur la littérature d'avant le XIIe siècle, il fut de l'Académie française. On trouve dans ses vers des traces de la poésie scandinave qu'il connaissait bien. Il a aussi traduit des chants basques, disant « les langues commencent par être une musique, et finissent par être une algèbre ». A son père, il envoie des vers émus : « Tu fais signe en marchant aux sciences humaines », mais lui-même, dans ses vers, avoue :

> J'ai trop vécu par la pensée,
> J'ai trop peu vécu par le cœur; .
> Je redescends des monts car leur cime est glacée :
> Ah! ce n'est pas si haut qu'habite le bonheur!

Le Marseillais Joseph Autran (1813-1877) fut surnommé « le poète de la mer » en un temps où les poètes cherchaient dans le vaste océan des rapports avec la destinée humaine. Aidé à ses débuts par Lamartine, par Hugo, il multiplia les recueils : *la Mer,* 1835, réédité en 1852 sous le titre *les Poèmes de la mer, Ludibria Ventis,* 1838, *l'An 40, ballades et poésies musicales,* 1840, *Milianah,* 1842, où il poétise la conquête de l'Afrique par les soldats français. Les Dumas père et fils l'aidèrent à donner une tragédie antique, *la Fille d'Eschyle,* à l'Odéon, 1848, car notre poète de la mer fut habité par les souvenirs antiques.

On les retrouve dans une nouvelle série de poèmes inspirés par Théocrite dont il traduisit *le Cyclope.* En effet, l'ambition de Joseph

Autran fut, avant Mistral, mais en langue française, de devenir le grand poète de la Provence. Il voulut donc chanter le travail de la terre comme il avait dit le chant de la mer. Dès lors, les titres parlent : *Laboureurs et soldats*, 1854, *la Vie rurale*, 1858, *Épîtres rustiques*, 1861, que devaient suivre *le Poème des beaux jours*, 1862. Partout l'influence de Lamartine se mêle à l'inspiration antique. Il n'obtint pas le renom auquel il aspirait mais fut récompensé par une entrée à l'Académie française. On dit qu'il mourut d'un éclat de rire en lisant une bourde d'un poète connu.

Henri Murger, mal connu.

Connu pour ses *Scènes de la vie de bohème*, 1848, Henri Murger (1822-1861), fils de concierges parisiens, fondateur de la « Société des buveurs d'eau », écrivain militant, est généralement ignoré comme poète. Par la bohème, il se relie à Nerval et à Musset; il est aussi un précurseur de Jules Vallès. Autodidacte, il dut s'inventer et vaincre bien des difficultés. Dans ses *Ballades et Fantaisies*, 1854, dans ses *Nuits d'hiver*, 1864, il évoque des souvenirs de jeunesse. L'amour parle avec lui la langue tendre des bohèmes de Musset, avec quelque chose de secret et de mélodieux qui fait penser à Henri Heine, comme dans cette *Ballade du désespéré :*

Qui frappe à ma porte à cette heure?
— Ouvre, c'est moi. — Quel est ton nom?
On n'entre pas dans ma demeure,
A minuit, ainsi sans façon!

Ouvre. — Ton nom? — La neige tombe;
Ouvre. — Ton nom? — Vite, ouvre-moi.
— Quel est ton nom? — Ah! dans sa tombe
Un cadavre n'a pas plus froid.

. . . .

Je suis l'amour et la jeunesse,
Ces deux belles moitiés de Dieu.
— Passe ton chemin! ma maîtresse
Depuis longtemps m'a dit adieu.

— Je suis l'art et la poésie,
On me proscrit; vite, ouvre. — Non!
Je ne sais plus chanter ma mie,
Je ne sais même plus son nom.

— Ouvre-moi, je suis la richesse
Et j'ai de l'or, de l'or toujours;
Je puis te rendre ta maîtresse.
Peux-tu me rendre mes amours?

Deux navigateurs.

Léon Gozlan (1803-1866), fils d'un armateur de Marseille, s'il fut surtout journaliste, romancier, auteur d'un *Balzac en pantoufles,* 1865, de comédies et de drames, dès son jeune âge avait été marin, négrier, forban, signant ses œuvres « Léon Gozlan, ancien pirate » sans mentir. On le retrouve faisant tous les métiers avant de trouver ceux de l'écriture. Il fit de nombreux poèmes jusqu'à ce que son compatriote Méry lui conseillât le journalisme. On cite toujours une gentille pièce, *l'Oiseau-mouche :*

> Il est si petit qu'il se perd,
> Quand du soir souffle la risée;
> Par une goutte il est couvert,
> Par une goutte de rosée.

Être navigateur oblige. Aussi se mêle-t-il d'exotisme dans *les Bayadères :*

> Sonnez, tambours chinois, et dansez, Bayadères,
> Voici les palanquins et les hauts dromadaires.
>
> Déployez le grand schall qui flotte à votre cou,
> Écoutez! le tamtam déjà vous accompagne;
> Je vois vos seins bronzés palpiter sous le pagne,
> Comme un jonc de santal fléchit votre genou.
> Le grand-prêtre brahmane est là qui vous regarde;
> Car, vous le savez bien, fleurs d'Asie, on vous garde
>   Pour les délices de Vichnou.

Il puise dans le bric-à-brac oriental comme Simbad dans les coffres remplis de bijoux :

> Pour vous on oublierait la feuille du bétel,
> La pagode aux glands d'or qui s'élève en losange...
> On quitterait les bords du Bengale et du Gange;
> Le faquir oublierait Brahma sur son autel.
> Le Mahratte, qui porte au cou les fruits d'Angole,
> Laisserait son cheval et sa femme mogole :
>   On viendrait du Coromandel.

Gozlan négrier? Il fait penser au père de Tristan Corbière, Jean-Antoine-René-Édouard Corbière (1793-1875), de Brest, capitaine au long cours, inventeur du roman maritime le plus authentique, maître de romans et de contes comme *les Trois pirates,* les *Contes de bord,* et surtout *le Négrier,* 1832. Ce qu'on connaît moins : sa comédie en vers *Jeux floraux,* 1818, sa traduction des *Poésies de Tibulle,* 1829, ses tendances libérales qui lui firent connaître la prison, ses poèmes d'allure politique comme *la Marotte des ultras,* 1820, ses *Philippiques françaises,* 1820.

Poètes socialistes.

Avant de se consacrer au socialisme et à l'émancipation de la femme, avant de devenir député, puis sénateur, Alphonse Esquiros (1814-1876), ami de Hugo, Nerval, Gautier, fut, de 1834 à 1841, presque exclusivement poète. Il a débuté avec *les Hirondelles,* 1834, dont Hugo disait : « C'est un essaim de vers charmants qui s'envole ; c'est un livre de poète que celui-là. » Selon Esquiros, il s'en vendit douze exemplaires. Ajoutons-lui quelques lecteurs :

> Mais dans ce lieu d'exil, pour compagne fidèle,
> Parmi tous les oiseaux,
> Mon cœur par sympathie a choisi l'hirondelle
> Qui vole sur les eaux.

> Comme elle nous passons, comme elle, dans ce monde,
> Cherchons des cieux meilleurs,
> Et nous allons tous deux, rasant la mer profonde,
> Nous reposer ailleurs!

Il est plus philosophique dans *le Mal de l'attente :*

> C'en est fait, le nuage a dévoré l'étoile;
> Mon Dieu, ta vérité disparaît sous un voile,
> Et la Foi, qui jadis éclairait l'univers,
> Flotte, soleil éteint, au sépulcre des airs.

Il se lança dans la politique, connut la prison, eut plus de succès avec ses *Chants du prisonnier,* puis ses *Fleurs du peuple,* 1846, d'où est extrait le passage ci-dessus et qui fut dédié à Arsène Houssaye. Mentionnons ses autres œuvres : *le Magicien,* roman, 1835, *l'Évangile du peuple,* 1840, et ses œuvres pour la Femme : *les Vierges folles, les Vierges sages, les Vierges martyres,* 1840-1842. Baudelaire le rencontra en 1842. Pour Robert Desnos, il y avait déjà chez Esquiros des accents proches des *Fleurs du Mal.* On le voit dans ces vers :

> Ainsi dans ma nuit sombre, ainsi lune d'opale
> Allant chercher d'en bas votre regard vainqueur,
> Ô ma brune amoureuse! Ô beauté triste et pâle!
> Ainsi monte vers vous l'océan de mon cœur.

Esquiros se maria avec Adèle Battanchon qui écrivit des romans et des poèmes où se retrouvent ses idées avancées.

Noël Parfait (1814-1869) est l'écrivain socialiste de poèmes engagés comme *l'Aurore d'un beau jour,* comme de violentes *Philippiques,* 1832-1834, en même temps que l'auteur d'un drame en collaboration avec Théophile Gautier, *la Juive de Constantine,* 1846. Lors de la deuxième République, on le retrouve député d'extrême-gauche et ses *Poésies politiques* paraissent de 1848 à 1851. Lors du coup d'état, il fut expulsé en Belgique. On le confond générale-ment avec Charles Parfait, traducteur du russe Krilof.

Adolphe Dumas (1810-1861), comme lui, a chanté 1830 dans un poème, *les Parisiennes.* Né à Bombas dans le Comtat Venaissin, il a écrit une épopée philosophique et socialiste de 15 000 vers, *la Cité des hommes,* 1835. Dans *la Provence,* 1840, il a réuni ses vers et on lui doit aussi des drames. En 1848, il publia une *Cantate des travailleurs.* Poète d'oc, secrétaire de Lamartine, il mit Frédéric Mistral en rapport avec ce dernier. On peut placer auprès de lui l'obscur Louis-Marie Fontan (1801-1839) qui polémiqua contre le roi avec *le Mouton enragé,* ce qui lui valut des années de prison jusqu'à ce que Juillet 1830 le libérât.

Latouche le touche-à-tout.

On appela par erreur Hyacinthe Thabaud, Henri, et il garda ce prénom pour son pseudonyme Henri de Latouche (1785-1851). Il est un des personnages de l'époque romantique. Ses principaux titres de gloire sont d'avoir publié André Chénier et d'avoir deviné le génie de George Sand. Une autre part de lui-même, moins sérieuse, lui fait sans cesse s'adonner à la mystification : il se mêle de l'affaire Fualdès en publiant les *Mémoires* de Mme Manson; il fait des faux littéraires comme une correspondance où le pape Clé-ment XIV échange des lettres avec l'arlequin Carlin Bertinazzi; il chipe à Hoffmann sa *Fragoletta* qui imite *la Princesse Brambilla,* et encore son *Olivier Brussion* en changeant le titre; il fabriqua aussi de l'André Chénier. Ses querelles littéraires sont fameuses, ses pièces, comme *la Reine d'Espagne* sont faites pour choquer et on le juge amoral.

Mais Latouche est un bon poète dans *les Adieux,* 1843, et *Encore adieu* publié après sa mort par la poétesse Pauline de Flaugergues. Des poèmes comme *les Agrestes, la Vallée aux loups* (où il se retira) ne cessent de décrire, de chanter le Berry qu'il partage avec son amie George Sand ou la Creuse, de dire les noms des paysages et des héros historiques avec charme et qualité. Certains poèmes sont en avance sur son temps :

> Sur les bords escarpés d'un grand vase où la Chine
> Avait, pour les yeux noirs de quelque mandarine,
> Épuisé le secret des riantes couleurs,
> Jeté l'azur du ciel et la pourpre des fleurs,

316 . POÈTES ROMANTIQUES

> Sélima, la plus chatte et la plus regrettée
> De l'espèce qui joue en robe tachetée,
> S'inclinait pour saisir un rayon du soleil...

tandis que d'autres trahissent un classicisme attardé :

> Oui, l'amour vit d'erreur et de pressentiments :
> Eh! qui ne lui connaît, dans ses vagues tourments,
> Pour irriter sa fièvre ou calmer ses alarmes,
> Des superstitions, des augures, des charmes?

et dans le même poème apparaît soudain un autre ton :

> De Délie et d'amour que Tibulle occupé
> Achève au sein des nuits l'écrit plein de son âme,
> De la lampe incertaine il consulte la flamme;
> Et si l'ardent flocon vers lui s'est incliné,
> Ô bonheur! pour ses feux présage fortuné!
> Et Délie à l'enfant que le hasard appelle,
> Fait agiter des sorts l'urne trois fois rebelle.

Souvent embarrassé dans son style, inégal, Latouche garde en partage le charme. Il passa en son temps pour avoir inventé le mot « camaraderie » : c'était encore un emprunt.

fauchés à la fleur de l'âge

fou de poesie !

2

Randonnée romantique

Poètes malheureux.

Si le bonheur est une invention du xixe siècle, le malheur n'y est pas absent et ce siècle qui n'a cessé de pleurer, de chanter les jeunes filles mortes et les deuils sous les saules, a eu ses raisons. Chez les poètes, les destins malheureux ne manquent pas et nous en trouverons tout au long de ce panorama. Ici sont réunis quelques-uns de ces morts romantiques, fauchés à la fleur de l'âge, connus ou inconnus, miséreux, malades, phtisiques, suicidés.

Un des plus célèbres est Hégésippe Moreau (1810-1838) parce qu'il était le plus prometteur. Ce premier poète maudit du siècle, avant ceux que Verlaine réunira, fut très tôt orphelin. Recueilli par des paysans de Provins, il put faire des études au séminaire d'Avon, avant de devenir apprenti-imprimeur à Provins, puis correcteur à Paris chez Didot. Mais bientôt, fou de poésie, il connut la bohème et ses misères, le manque de travail, le début de cette maladie affreuse, la tuberculose, appelée phtisie, puis l'abandon de poètes éminents, ses protecteurs, comme Pierre Lebrun. Sa navrante correspondance relate ces jours misérables. Il connut les milieux révolutionnaires, fut peut-être employé à de louches besognes, alla d'hôpital en hôpital comme plus tard Verlaine et mourut à la Charité.

Son œuvre n'est pas épaisse. Elle parut après sa mort sous le titre *le Myosotis,* 1838. On trouve des romances mélancoliques, des élégies, des satires politiques qui pastichent la *Némésis* de Barthélemy dont la vogue était grande. Son inspiratrice élégiaque et sentimentale fut Louise Lebeau qu'il appelait sa sœur.

Chantant *la Voulzie,* rivière de Provins, il se montre, selon Théodore de Banville, « un élégiaque inspiré à la grande source de Théocrite » :

> S'il est un nom bien doux fait pour la poésie,
> Oh! dites, n'est-ce pas le nom de la Voulzie?
> La Voulzie, est-ce un fleuve aux grandes îles? Non;
> Mais, avec un murmure aussi doux que son nom,
> Un tout petit ruisseau coulant visible à peine;
> Un géant altéré le boirait d'une haleine;
> Le nain vert Obéron, jouant au bord des flots,
> Sauterait par-dessus sans mouiller ses grelots.
> Mais j'aime la Voulzie et ses bois noirs de mûres,
> Et dans son lit de fleurs ses bonds et ses murmures.

Ses chansons sont gentilles et sans grande portée, avec parfois une spontanéité, comme dans *la Fermière* :

> Amour à la fermière! Elle est
>   Si gentille et si douce!
> C'est l'oiseau des bois qui se plaît
>   Loin du bruit dans la mousse.
> Vieux vagabond qui tends la main,
>   Enfant pauvre et sans mère,
> Puissiez-vous trouver en chemin
>   La ferme et la fermière!

On le proclama grand poète un mois avant sa mort. Il eut des admirateurs comme le journaliste Félix Pyat, des éditeurs comme Octave Lacroix qui publia aussi sa correspondance, Sainte-Beuve, le toujours zélé Louis Ratisbonne. Aurait-il tenu ses promesses? On peut en douter et il semble bien qu'il a pu écrire tout ce qu'il contenait en lui.

Ce fut un poète lyonnais, Berthaud (mort en 1843) qui lui trouva un éditeur. Mort lui aussi jeune, dans la misère, il écrivit quelques poèmes oubliés. On cita jadis un vers de lui pour dire sa « manière exagérée » : « Le lampion, dans la nuit, y dardait son œil fauve », ce qui est bien anodin.

La vie d'Hégésippe Moreau, un poète normand, Armand Lebailly (1840-1865), élevé lui aussi par des paysans pauvres, voulut l'écrire, trouvant une similitude fraternelle entre sa vie et celle de Moreau. Il se contenta de publier des inédits de ce poète mort avant que lui-même naisse. Il voulait aussi écrire les vies de Gilbert et de Chatterton, mais n'en eut pas le temps : la maladie de poitrine l'emporta à l'hôpital Necker. Inquiet, ombrageux, il rechercha dans *les Chants du Capitole* des héros antiques pour les chanter avec fougue et un feu qui, à l'époque, pouvait passer pour une promesse de génie.

Dans l'entourage d'Hégésippe Moreau, signalons un de ses

condisciples au séminaire, Antoine-Robert Loison (né en 1808) à qui l'on attribua une poésie figurant parmi celles de son ami et qui porte un titre presque caricatural des poèmes mortuaires de l'époque, *Élégie sur la mort d'une cousine de sept ans,* mais qui serait d'Auguste Lefèvre (né en 1807). Loison a écrit une comédie en vers, *le Roi s'ennuie,* et des poèmes imprégnés d'une rusticité à la Jean-Jacques.

La phtisie emporta aussi Eugène Orrit (1817-1843), comme Moreau correcteur d'imprimerie et comme lui très pauvre. Les plus grands noms de l'époque se trouvent parmi les souscripteurs de ses *Soirs d'orage,* 1845, et l'on peut citer Chateaubriand, Vigny, Lamennais, Béranger, Marceline Desbordes-Valmore. Antony Deschamps lui dédia des vers :

> Jusqu'au berceau de feu de l'éternelle aurore,
> Monte, le front serein, sans doute et sans effroi,
> Humble enfant couronné, rien n'est trop haut pour toi.

La tristesse désabusée d'Orrit coule dans ses poèmes, même s'il les intitule *Lyre d'airain* :

> J'allais, disant des vers sombres comme mes veilles,
> Mornes comme ma vie, amers comme mes jours.
> J'allais, et loin de moi la foule sans oreilles,
> S'écoulait bruyamment, — et s'écoule toujours.

D'autres jeunes poètes moururent de la même maladie, comme Charles Brugnot (1797-1831) ou Louis Berthaud. Ou bien, ce fut de misère dans de sordides mansardes prêtes pour le décor de la vie de bohème selon Henri Murger. Ainsi, Jules Louvet (1829-1864) né à Vire et mort à Montmartre, laissant dans un taudis des vers angoissés où la douleur « a changé la flamme en glace ». Ainsi Jean-Pierre Veyrat (1810-1844), autre disciple de Barthélemy, celui de la *Némésis,* qui vécut dans l'amitié d'Hégésippe Moreau et d'Aloysius Bertrand, l'auteur de *Gaspard de la Nuit,* homme malheureux lui aussi que nous retrouverons. Veyrat a publié *l'Homme rouge,* 1833, satire, *les Italiennes,* poésies politiques, sous le pseudonyme de Camille Saint-Héléna, 1832, mais c'est dans ses deux derniers recueils, *la Coupe de l'exil,* 1840, et *Station poétique à l'abbaye de Haute-Combe,* 1847, qu'il confie « l'abîme et la profondeur des souffrances et des agonies auxquelles il fut en proie toute sa vie ». Ainsi, un poème, *Vengeance,* frappe par l'authenticité du cri contre les persécuteurs auxquels il doit sa vie de misère et d'affronts :

> Je te consacre ici mon sang et mes alarmes,
> Une libation de mes plus tristes larmes !

Pour mes nuits sans sommeil et mes travaux sans fruit,
Pour ma vie en ruine et mon bonheur détruit;
Pour les pleurs trop amers que je n'ai pu répandre,
Pour mon foyer en deuil dont ils ont pris la cendre,
Pour ma moisson brûlée et mon champ dévasté,
Pour le mal qu'il m'ont fait et qu'ils m'ont souhaité,
Qu'ils soient tous... ah! le sang coule aux flancs du Calvaire!
Qu'ils soient tous pardonnés! pardonnez-leur, mon Père!
Ma mère sous leurs coups est morte de douleur,
Son martyre a duré trente ans! pardonne-leur! —
Le vautour a pillé le nid de la colombe,
Pardonne-leur! — Le sang fume sur l'hécatombe;
L'impie et le tyran frappent sans se lasser :
Détourne tes regards et laisse-les passer!
Qu'ils récoltent l'olive où j'ai cueilli l'épine!
Souris sur leurs palais bâtis sur ma ruine!
A sa vivante artère ils ont saigné mon cœur :
Ne viens pas voir couler mon sang... pardonne-leur!

Tel est l'anathème et le cri de vengeance, l'espoir que ses ennemis à leur tour pardonneront « le don triste et fatal dont j'ai le signe au front... »

On trouve des vers prémonitoires chez Jacques Richard (1841-1861) qui, avant ses vingt ans fatals, écrit un poème intitulé *Comment je voudrais mourir :*

Alors, le cœur rempli d'un espoir radieux,
Comme l'oiseau perdu dans les branches du chêne,
Comme l'oiseau des bois qui sent sa fin prochaine,
A la vie, en chantant, je ferai mes adieux.

Prémonition aussi chez Victor Mabile cueilli à la fleur de l'âge en 1864 qui écrit « la blessure, du moins, reste jusqu'à la mort », chez Prosper Jourdan, mort prématurément en 1867, qui dans son *Automne* souhaite « Mourir dans sa splendeur et sa sérénité ». Mais à cette époque d'élégie romantique, quel poète ne chante pas sa propre mort?

Parmi les vers de Musset, on trouve :

Quand on est pauvre et vieux, quand on est riche et triste,
On n'est plus assez fou pour se faire trappiste,
Mais on fait comme Escousse, on allume un réchaud.

Et, dans une chanson de Béranger :

Quoi! morts tous deux, dans cette chambre obscure,
Où du charbon pèse encor la vapeur...
. . . .
Et vers le ciel, se frayant un chemin,
Ils sont partis en se donnant la main.

Qui sont les héros de ce double suicide? Des jeunes gens, presque des enfants : Victor Escousse et Auguste Lebras. Après avoir écrit ensemble un drame, *Raymond,* mal reçu par le public, ils se suicidèrent. Escousse (1813-1832) avait dix-neuf ans, son ami Lebras (1811-1832) en avait vingt et un. Ce dernier, fort précoce, à dix-sept ans, publiait un poème, *les Trois règnes,* à dix-neuf, un recueil, *les Armoricaines,* chantant sa Bretagne natale. Victor Escousse était déjà l'auteur de deux drames aussi mal accueillis. On trouva sur sa table un billet : « Escousse s'est tué parce qu'il ne se sentait pas à sa place ici-bas, parce que la force lui manquait à chaque pas qu'il faisait en avant et en arrière, parce que la gloire ne dominait pas assez son âme, si âme il y a. Je désire que l'épigraphe de mon livre soit :

> " Adieu, trop inféconde terre,
> Fléaux humains, soleil glacé :
> Comme un fantôme solitaire,
> Inaperçu, j'aurai passé.
> Adieu les palmes immortelles,
> Vrai songe d'une âme de feu,
> L'air manquait, j'ai fermé mes ailes.
> Adieu. " »

Au XIXe siècle, on se battait facilement en duel. Un jeune provincial, Charles Dovalle (1807-1829) rimait déjà sur les bancs du collège. Reprenant la vieille supercherie du bon Desforges-Maillard, il envoyait sous le nom de Pauline A. des poèmes au *Mercure.* Monté à Paris, écrivant des chroniques théâtrales, il se vit un jour refuser l'entrée du théâtre des Variétés, par son directeur, M. Mira. Le lendemain, dans une gazette, il se vengeait par un mauvais jeu de mots : « M. Mira peut être Mira sévère, il ne sera jamais Mira beau. » Ledit Mira le provoqua en duel et l'atteignit d'une balle en plein cœur. On retrouva sur son corps, percé par la balle, un papier contenant un poème mutilé qu'il venait d'écrire et sur lequel on put lire :

> Brillant d'un   nheur ineffable
> Pour moi co   ençait l'avenir,
> Et ma jeunesse était semblable
> A la fleur qui vient de s'ouvrir.

Ce stupide fait divers émut les poètes de l'époque. Ses amis firent paraître ses poèmes sous le titre *le Sylphe,* 1830, avec une lettre-préface de Victor Hugo qui l'a salué ainsi : « Une poésie toute jeune, enfantine parfois; tantôt les idées de Chérubin, tantôt une sorte de nonchalance créole; un vers à gracieuse allure, trop peu métrique, trop peu rythmique, il est vrai, mais toujours plein d'une harmonie plutôt naturelle que musicale. » Que chantait Dovalle? *Le Convoi d'un enfant, la Bergeronnette, la Halte au Marais, la Chanson du curé de Meudon.* Les fleurs, la jeunesse, le printemps sont ses sujets qu'il traite avec monotonie et quelque charme. Ce martyr du calembour était un gentil poète. Ses amis l'aimaient bien, et l'un d'eux, Philippe Bouchet, consacra des vers à sa mémoire : « Dors, toi qui fus sans haine et qu'oublia l'envie... »

Georges Farcy (1803-1830), lui, fut tué sur une barricade au coin de la rue de Rohan et c'est Littré qui le reçut dans ses bras. Son livre de vers et prose, *Reliquae,* fut publié par un de ses condisciples normaliens militants qui venait de fonder une librairie : Louis Hachette. Dans son recueil, un dialogue, *la Fourmi et le Papillon,* bien fragile, et des poèmes chargés d'interrogations :

> Que suis-je en ce moment? Qu'étais-je avant de naître?
> Une ombre maintenant, et rien après peut-être.
> Quoi? Rien après? Pourquoi frémir épouvanté?
> Prends courage, ô mon cœur, l'arrêt n'est pas porté.
> Oh! qui m'expliquera ce terrible mystère?

Parmi l'œuvre surtout historique d'Hippolyte Régnier-Destourbet (1804-1832), de Langres comme Diderot, on trouve quelques poèmes tendres. L'un d'eux s'intitule *Rien, plus rien.* Cet homme de vingt-huit ans, romancier de *Louisa* sous le pseudonyme de l'abbé Tiberge pris dans *Manon Lescaut,* auteur de théâtre historique et notamment d'un *Napoléon* au grand succès, pouvait passer pour comblé. Et soudain, il disparut. Un désespoir d'amour lui avait fait prendre la vie en dégoût. Il entra au séminaire de Saint-Sulpice et n'en sortit que pour mourir désespéré.

Parmi les victimes de la misère, il y a encore le Suisse Jacques-Imbert Galloix que nous ne séparerons pas de ses compatriotes, les poètes en prose Aloysius Bertrand et Alphonse Rabbe. Auprès de ces poètes de valeur, il en existe nombre d'autres, venus de leur province à Paris pour trouver la gloire n'ayant pour tout bien que quelques vers en poche et un acte de déclaration de guerre à la société bourgeoise. Accueillis favorablement souvent par les plus grands, prompts aux éloges et pas trop avares de lettres laudatives attendant un retour, ils ont connu la désillusion, la faim, n'ayant pour les soutenir que leur fierté et un espoir s'amenuisant peu à peu. La maladie, le suicide les arrache à ce qu'ils détestent dans ce monde. Si l'art leur a permis de trouver leur identité et leur honneur en les situant hors de l'économie et de la production où les attendaient les tâches subalternes, leur physique n'a pas résisté aux privations, leur moral et leur morale supérieure à la médiocrité de l'existence. Leur contre-société n'a été la plus forte que par leur exemple et leurs écrits.

La Cape, l'épée, la poésie.

Lorsqu'un nom comme celui d'Alexandre Dumas (1802-1870), à sa manière un des grands du romantisme, vient sous notre plume, nous voudrions, sous peine d'être accusé de paradoxe, dire que tout est poésie. Cela nous permettrait de rencontrer des mousquetaires aimés, une foule de personnages historiques réinventés, de parler des *Mémoires* ou de *l'Iliade* en feuilleton, de saluer l'homme de théâtre et l'historien, le journaliste et le directeur d'usine à romans, le fondateur d'atelier littéraire et de nous arrêter aux merveilleux *Mohicans de Paris*... Ne dépassons pas trop notre projet et disons qu'il a apporté au public, et au public populaire, plus de rêve, de dépaysement et de poésie que bien des poètes. Dumas, « c'est un Encelade, un Prométhée, un Titan! » s'écrie Lamartine et l'on voudrait ajouter Protée. En deux vers, Hugo réunit cinq épithètes pour qualifier son œuvre « éclatante, innombrable, multiple, éblouissante, heureuse ». Quelle force de la nature! comme dit Michelet, chez ce « merveilleux Dumas » ajoute Apollinaire.

Il a écrit des vers, Dumas père, énormément de vers souvent « hénaurmes » pour ses drames, et aussi des vers lyriques, mais il ne s'y entendait guère, ou plutôt il voulait aller trop vite. Il plagiait au besoin son ami Victor Hugo, mais avec une syntaxe prosaïque bien relâchée pour armature et l'on comprend que Sainte-Beuve ait pu dire à son ami Juste Olivier : « J'aimerais mieux quatre vers de *Bérénice,* au hasard, que toute la *Christine* de Dumas. » On voit ici son embarras :

> Que c'est une effrayante et sombre destinée
> Que celle de cette âme au trône condamnée
> Qui pouvait vivre, aimer, être aimée à son tour,
> Qui dans elle sentait palpiter de l'amour
> Et qui voit qu'à ce faîte où le Destin la place
> Tous les cœurs sont couverts d'une couche de glace.

Or, s'il oubliait d'écrire « à la va vite » pour ces pièces à livrer très vite, il ne s'en tirait pas si mal :

> Je suis ce voyageur criant à vous dans l'ombre,
> Je suis parti d'en bas sans savoir mon chemin.
> Le chemin où je marche est étroit, la nuit sombre,
> Éclairez-moi, mon père, et donnez-moi la main.

Il avait concouru à dix-sept ans à l'Académie avec ce sujet imposé *Sur le dévouement de Malesherbes* et salué dans des odes La Pérouse,

Canaris, le général Foy. En 1827, il avait fait sa tragédie romaine, *les Gracques,* s'était appris à la poésie dramatique en traduisant en vers *le Fiesque* de Schiller. C'est à ce moment-là qu'il fit sa pauvre *Christine.*

Et voilà que pour aller plus vite, il délaisse les rimes et écrit en prose *Henri III et sa cour.* Deux ans après la *Préface* de *Cromwell* et un an avant la bataille d'*Hernani,* exploitant de vieilles chroniques et des mémoires imaginés d'Anquetil, utilisant ce sens du romanesque qui a fait le triomphe de ses feuilletons historiques, il connaît avec ce *Henri III* le premier succès du drame romantique nourri de passions violentes et de couleur locale. Le public populaire reconnaît son instinct scénique très sûr et il obtient un triomphe que les plus grands, comme Hugo, ne connaîtront pas auprès du plus grand nombre.

Va-t-il oublier les rimes? Non, aiguillonné d'émulation après *Hernani* et après une lecture de *Marion Delorme,* il refait sa *Christine* sous un nouveau titre, revient à la charge avec *Charles VII,* ne réussit pas, mais se montre satisfait, lui qui se sentait écrasé par la magnificence du style de Hugo. Mais la prose étant plus rapide, il s'y donne plus volontiers, avec parfois un retour à la forme rimée, se faisant au besoin aider par Nerval qui se charge du style de l'opéra-comique *Piquillo* et par de nombreux auteurs pour *l'Orestie.* On sait, par une anecdote fameuse, que Vigny et Hugo avaient mis au point en une nuit une de ses pièces alors qu'il était pris par un dîner, confraternité qui aujourd'hui ne se retrouverait guère.

Plongé dans son étonnante création, il y a belle lurette qu'il n'écrivait plus de poésies fugitives. Celles qu'on peut trouver datent de sa jeunesse. Dans la revue *Psyché,* on a trouvé *le Sylphe* qui a un accent symbolique :

> Je suis un sylphe, une ombre, un rien, un rêve
> Hôte de l'air, esprit mystérieux,
> Léger parfum que le zéphir enlève,
> Anneau vivant qui joint l'homme et les dieux.
>
> De mon corps pur les rayons diaphanes
> Flottent mêlés à la vapeur du soir;
> Mais je me cache aux regards des prophanes,
> Et l'âme seule, en songe, peut me voir.
>
> Rasant du lac la nappe étincelante,
> D'un vol léger j'effleure les roseaux,
> Et, balancé sur mon aile brillante,
> J'aime à me voir dans le cristal des eaux.

. . . .

> Lorsque sur vous la nuit jette son voile,
> Je glisse aux cieux comme un long filet d'or,
> Et les mortels disent : « C'est une étoile
> Qui d'un ami nous présage la mort. »

Inattendu, n'est-ce pas ? Ce même ton aérien se retrouve dans d'autres poèmes : couplets de *l'Arrangement à l'amiable,* vers d'amour *A Toi* chargés de ferveur. Dumas à la fin de sa vie aurait pu dire : « J'aurais été poète si je n'avais tant eu à écrire. » A écrire et à vivre. Sa poésie était ailleurs que dans le poème. George Sand le dit bien : « Lui qui porte un monde d'événements, de héros, de traîtres, de magiciens, d'aventuriers, lui qui est le drame en personne, croyez-vous que les goûts innocents ne l'auraient pas éteint ? Il lui a fallu des excès de vie pour renouveler sans cesse un énorme foyer de vie. »

Émules d'Alexandre Dumas.

La curiosité nous fait placer Alexandre Dumas fils (1824-1895) auprès de son père. Poète, l'auteur de *la Dame aux Camélias* ou du roman *l'Affaire Clemenceau ?* Il le fut, comme beaucoup, à ses débuts, avant de se livrer à des travaux plus lucratifs. Ce joyeux bambocheur, ce peintre de la vie parisienne, peu artiste, « de talent bourgeois », dit Émile Zola, publia à vingt et un ans un recueil, *Péchés de jeunesse,* 1845, et fit jouer la même année un acte en vers, *le Bijou de la reine.* Ce fut tout pour la versification. Dumas fils avait visité l'Afrique du Nord en temps de conquête coloniale avec son ami Joseph Autran. Il en a rapporté, sous le titre *Près d'Alger,* des images lumineuses :

> C'est là qu'on peut s'asseoir, rêvant à ce qu'on aime,
>   Sous les orangers toujours verts,
> Et d'un ciel toujours bleu lire le grand poème,
>   Dont chaque rayon est un vers.

> En écoutant passer de magiques syllabes
>   Douces à se faire extasier,
> Qui viennent à cette heure où, plein de chants arabes,
>   Le désert commence à prier.

> Là dort notre villa, calme et mystérieuse,
>   Avec le parfum des citrons,
> Et jamais on n'y vit, à l'ombre de l'yeuse,
>   Le hibou fauve aux deux yeux ronds!

Plus proche par ses œuvres d'Alexandre Dumas père fut Paul Féval (1817-1887) : il partagea avec lui les faveurs du public; son Lagardère de la Régence eut un succès comparable à celui du

D'Artagnan du temps d'Anne d'Autriche; ils se plurent l'un et l'autre à sonder les mystères des sociétés secrètes et des villes; ils eurent l'un et l'autre un fils portant leur prénom et leur nom, écrivant, le fils Féval donnant un fils au Lagardère de son père. On pourrait ajouter que Paul Féval père fut.poète, fort occasionnellement. Il eut toujours un penchant peu connu pour la littérature religieuse, et, même lorsqu'il écrit un poème d'amour comme *Son Nom,* il y mêle quelque religiosité :

> Aussi, j'en fais serment, que je vive ou je meure,
> Je veux que, jusqu'au bout, ce nom béni demeure
>   Mon culte le plus pur.
> Elle! je veux l'aimer de loin, comme une sainte,
> Vierge d'âme et de corps, pure et sans nulle atteinte,
>   Comme des cieux l'azur!

Mais si j'en viens à un autre romancier populaire, Eugène Sue (1804-1857), disant *les Mystères de Paris* comme Paul Féval *les Mystères de Londres,* comme Alexandre Dumas *les Mohicans de Paris,* comme Victor Hugo *les Misérables,* et que je le dise poète en vers, me croira-t-on? Il a écrit pour le couple Hugo, un sonnet, *les Deux heureux,* dont voici le second tercet :

> Mais la beauté, la grâce alliée au génie,
> La colombe de l'aigle accompagnant l'essor,
> C'est l'accord le plus beau : c'est là votre harmonie!

Et Roger de Beauvoir (1809-1866), romancier historique lui aussi, dans la suite de Walter Scott, reprend cette image du roi des oiseaux qu'il adresse à Victor Hugo dans *Plume d'aigle :*

> C'est un aiglon qui regagnant son aire,
> Laissa tomber sur le roc solitaire
> La longue plume arrachée à son flanc;
> Je vis au bout une perle de sang...
> J'en eus pitié, car vous êtes son frère!
> Que faites-vous, dites, notre aigle à tous!
> Pendant qu'ici la brise nous assiège?
> Près de ces monts aux épaules de neige
> On est si haut qu'on doit penser à vous.

Ce roi des soupeurs a répandu ainsi des vers de circonstance, des poèmes de dessert, des poésies de table d'hôte, avec abondance et c'est là qu'il réussissait le mieux avec sa verve chansonnière apportant un écho au Musset léger ou aux fantaisies de Théodore de Banville, petit genre certes, mais qui a des réussites comme on en trouvera chez Guillaume Apollinaire. Plus sérieusement, Beauvoir est le poète de trois recueils : *Mon procès,* 1850, où il versifie ses aventures amoureuses et ses démêlés conjugaux avec Léocadie-

Aimée Doze, sa femme, actrice et auteur dramatique, *la Cape et l'épée*, 1837, titre fait pour lui, *Colombes et couleuvres*, 1843, *les Meilleurs fruits de mon panier*, 1862. Ce boulevardier spirituel a aussi chanté *Brunoy* pour son ami Léon Gozlan :

> A Brunoy, beau village aux grands pics de verdure,
> La vigne en longs anneaux, comme une chevelure,
> Tombe, serpente, et va sous les saules, le soir,
> Au lac charmant d'Yère emprunter son miroir.
> Lorsque septembre vient, que la cuve s'apprête,
> Tout alors est soleil, et joie, et cris de fête;
> Et le village entier, comme un brun moissonneur,
> Encombre de raisins le chariot d'honneur.

Comme Hugo, comme Dumas, comme Vigny, auteur de drames historiques en vers, Jean-Bernard Lafon, dit Mary-Lafon (1810-1884) fut un historien, un philologue, un chantre du nationalisme occitan préparant par ses études la voie à une renaissance provençale, donnant un roman *Bertrand de Born*, étudiant et traduisant les troubadours. Il est aussi le poète d'un recueil, *Sylvie ou le boudoir* où l'on trouve le souvenir d'une mère morte à vingt ans :

> A vingt ans, à vingt ans, s'en aller de la vie!
> A l'heure où tout espoir, où tout bonheur convie,
> Avec si beau chemin encore à parcourir,
> Toi si belle, si fraîche, oh! quelle angoisse amère
> Quand, me baisant au front, tu te sentis mourir,
> Ma mère!

De 1833 à 1844, Joseph-Mathurin Brisset (1792-1856) publie des romans historiques après avoir donné des poèmes royalistes et, en collaboration, des vaudevilles et des mélodrames.

Si l'on a oublié ces romans : *le Comte de Toulouse, le Vicomte de Béziers,* de Frédéric Soulié (1800-1847), d'autres œuvres comme *le Lion amoureux, les Mémoires du Diable* sont restées dans le souvenir, les huit volumes du recueil diabolique surtout qui ont été des gros tirages de leur temps, la trame étant fantastique, le contenu étant plutôt réaliste : comme dit Marcel Schneider, « Frédéric Soulié use d'un « truc » à la mode, le surnaturel démoniaque ». Au théâtre, il imita Shakespeare dans son *Roméo* en vers de 1828, et donna des drames du genre de ceux d'Alexandre Dumas comme *Christine à Fontainebleau,* 1829, *la Closerie des genêts,* 1846. Auparavant, son oncle Soulié-Lavelanet, autodidacte ariégeois, lui avait donné le goût des vers puisqu'il en écrivait lui-même de bien élégiaques. *Les Amours françaises,* 1824, du neveu, sont négligeables. Pour vivre, Frédéric Soulié fut employé aux contributions directes, puis directeur d'une scierie près du Jardin des Plantes. Sur le tard, il revint aux vers sans s'être amélioré. Il a gardé les tournures des poètes du siècle précédent sans en avoir quelque grâce.

Auteur aussi de romans historiques et de drames, Charles-Alphonse Brot (1809-1895) débuta par de romantiques *Chants d'amour,* 1830.

Ce petit panorama des romanciers historiques s'essayant au poème se clôt en rappelant ce personnage sympathique, collaborateur d'Alexandre Dumas, auteur principal même de certains de ses romans, Auguste Maquet (1813-1888), alias Augustus Mac Keat pour ses amis bousingots, excentriques et frénétiques. En 1848, son *Chant des Girondins* retentit à tous les carrefours de la capitale :

> Au seul bruit de la délivrance,
> Les nations brisent leurs fers;
> Et le sang des fils de France
> Sert de rançon à l'univers.
>
> Mourir pour la patrie,
> C'est le sort le plus beau,
> Le plus digne d'envie!

La Famille Hugo.

L'entourage familial de Victor Hugo lui fut littérairement fort proche. Son père, le général Léopold-Sigisbert Hugo rimait des épopées. Son frère, Abel Hugo (1798-1855), un des fondateurs avec lui-même et Eugène Hugo du *Conservateur littéraire,* fut surtout un polygraphe; sa jeunesse passée, il fut en froid avec le grand homme de la famille, et traita d'histoire, de faits militaires ou d'architecture. On ne doit pas oublier qu'il fit connaître la poésie espagnole aux romantiques en publiant des *Romances historiques,* 1822, d'après le *Romancero.*

L'autre frère, Eugène Hugo (1800-1837) sombra dans la démence lorsque Victor Hugo épousa Adèle Foucher. Dans *le Conservateur littéraire,* il a publié *Du Génie,* 1820. Ossian lui inspira un poème en prose, *Duel du précipice,* 1820, dont on retrouve la trace dans les scènes de duel de *Bug-Jargal* et *Notre-Dame de Paris.*

Le frère d'Adèle Foucher, Paul Foucher (1810-1875) fut, croit-on, le prête-nom de son beau-frère Victor Hugo pour un drame tiré de Walter Scott, *Amy Robsart,* 1828, qui échoua. Foucher eut plus de succès avec ses œuvres personnelles comme *Yseult Rimbault,* 1830, drame curieusement titré, *Don Sébastien* ou *la Joconde* écrite en collaboration avec François-Joseph Régnier. Surtout journaliste, échotier dramatique, compagnon de débauche d'Alfred de Musset, il adapta pour la scène *Notre-Dame de Paris,* fit des livrets d'opéra comme *le Vaisseau fantôme,* chanta en romantique, comme tant de poètes, fut ému par le sort de l'Aiglon, comme il le montre dans *le Fils de Napoléon :*

> Ton front, que dévorait l'auréole enflammée,
> Cherchait en vain les bras d'une famille aimée,
> D'une épouse chérie, et non fille de roi;
> Dans tes veines il faut que ton sang meure esclave;
> Car des Napoléon le sang est une lave
> Qu'avec tes pleurs, Reichstadt, on veut éteindre en toi.

Un cousin germain de Mme Victor Hugo, Alfred Asseline (1824-1891) a conté dans *Victor Hugo intime,* 1885, les relations des familles Hugo et Asseline, très liées, entre 1830 et 1868. Il fit des romans, un drame historique en prose, *les Noces de Lucinde,* 1845, et plusieurs livres de poèmes : *Pâques fleuries,* 1847, *le Cœur et l'estomac,* 1853, *l'Enlèvement d'Hélène,* 1856. Il a chanté *la Chimère :*

> Mon rêve, mon beau rêve, oh! bien loin dans l'espace
> Ravis-moi! sous mes pieds que la terre s'efface!
>   Chimère, ouvre tes ailes d'or!
> La réalité pèse à mon âme attristée,
> Ô chimère, et toi seule est la source enchantée
>   Où je veux m'abreuver encor!
>
> Rêves capricieux! Oui, toute poésie
> Est en vous, et de vous naquit la fantaisie,
>   Blonde fille, fée aux doux yeux!
> La terre est sombre; amour, gloire, vertu, mensonges
> Le bonheur n'est qu'en vous, ô mes songes! mes songes!
>   Partons ensemble pour les cieux!

Cinq mois après : c'est le titre d'un poème d'Auguste Vacquerie (1819-1895) écrit après la noyade de son frère Charles et de la jeune épouse de ce dernier, Léopoldine Hugo. Déjà, Auguste professait une vive admiration pour Victor Hugo et une franche amitié. Le deuil partagé les réunit et Vacquerie fut de la famille, et le compagnon des heures d'exil. Venu tard dans l'univers romantique, alors que les grands, à l'exception de Victor Hugo, se mettaient poétiquement en retrait, il est un des représentants tardifs, de cette sorte d'arrière-garde cherchant à améliorer une poétique.

Par bien des endroits, Vacquerie ressemble à son maître : même verve, même goût du paradoxe et de l'antithèse, même appel à l'imagination, bien que chez le disciple elle soit quelque peu forcée. Dans ses poèmes, il ne dédaigne pas les images frappantes et réalistes comme dans cette *Rêverie devant la mer :*

> Et j'ai cru voir au loin dans le couchant en feu
> Les lions de la mer en querelle avec Dieu.

> Un orage hâtait et poussait la marée ;
> Le rivage tremblait. La mer désespérée
> Déchirait rudement son écume aux cailloux,
> Comme on déchirerait une robe à des clous,
> Et la lune écoutant ces menaces funèbres,
> Était pâle et sinistre et pleine de ténèbres.
> D'étranges visions passaient devant mes yeux.
> La mer voulait sans doute escalader les cieux
> Et, broyant du talon son audace trompée,
> Un ange, dans le vent, la frappait de l'épée.

Mais Vacquerie sait aussi tresser des *Guirlandes de fleurs* quasi verlainiennes :

> Lorsqu'entassant les fleurs, roses et violettes,
> Dans un pli de ta robe, heureux et cher fardeau,
> Et, sous tes doigts charmants effeuillant leurs squelettes,
> Tu perdais dans le vent leurs feuilles pleines d'eau,
>
> Oh ! que ne pouvais-tu prendre ainsi mes pensées,
> Pâles fleurs de l'esprit qui boivent l'eau des pleurs
> Et, froissant dans ta main leurs feuilles arrosées,
> Les perdre dans le vent, comme les autres fleurs !

Ou livrer des images comme on en trouve sous le pinceau des préraphaélites dans cette *Heure du berger* :

> La fée en passant cueille une branche de houx.
> Les vers luisants épars sèment leurs étincelles
> Et votre âme serait pendue à ses prunelles,
> Enfants, si son regard était tombé sur vous.

Il pouvait aussi faire des tours de force à la manière de son maître en jouant des vers très courts. Ainsi, ce sonnet *Sur la neige* :

Sortilège	Nous assiège	Eh bien ! Paul,	Va changeant
Tu verras	D'un ramas	Vois le sol.	Cette crasse
Le ciel gras	De frimas ;	La terrasse	En argent.
Qui s'abrège,	Paul, il neige.		

En plus de drames et de souvenirs, de nombreux articles, Vacquerie a laissé plusieurs recueils de vers : *l'Enfer de l'esprit,* 1840, *Demi-teintes,* 1845, *Drames de la grève,* 1855, *Mes premières années de Paris,* 1872, *Futura,* 1890, poème philosophique et humanitaire.

Les deux fils de Victor Hugo, l'aîné Charles-Victor (1826-1871) et le cadet François-Victor (1828-1873) eurent le même temps de vie, collaborèrent l'un et l'autre jusqu'en 1851 au journal *l'Événement* par des bulletins de politique étrangère. Ils connurent tous les deux la prison, puis partagèrent l'exil de leur père.

Charles-Victor a donné de nombreux romans, *le Cochon de saint Antoine,* fantaisie panthéistique, 1857, *la Bohème dorée,* 1859, *Victor*

Hugo en Zélande, sous le pseudonyme de Paul de La Miltière, *les Hommes de l'exil,* précédé de *Mes fils,* par Victor Hugo qui présente ainsi son aîné : « Comme tous les puissants et abondants esprits, il produit vite, mais il couve longtemps, avec la féconde patience de la gestation. »

François-Victor fut également productif, se consacrant aux recherches historiques sur *la Normandie inconnue* ou *Jersey,* mais surtout traduisant *les Sonnets de Shakespeare,* 1857, puis les *Œuvres complètes de Shakespeare,* 1859-1866, y compris les apocryphes, et, entre-temps, *le Faust anglais* de Marlowe.

En 1869, les deux frères fondèrent avec Auguste Vacquerie *le Rappel* et furent l'objet de diverses condamnations. Au retour de l'exil, ils y reprirent leur collaboration. Ajoutons que la première condamnation de Charles-Victor, en 1851, était venue à la suite de son article contre la peine de mort suivi d'un retentissant procès. Et rappelons Adèle Hugo, l'*Adèle H.* de François Truffaut, poète dans sa vie meurtrie.

Hugolâtres et lamartiniens.

Dans le sillage des grands, des centaines de poètes qui, souvent, ne font que répéter en moins bien Hugo, Lamartine et leurs amis. Ainsi, Henri de Bornier (1825-1901), de Lunel, qui fut célèbre par ses pièces en vers dans la suite de Victor Hugo, avec des relents cornéliens. De ses *Premières feuilles,* 1845, à ses poèmes couronnés par l'Académie française dont il devait faire partie : *l'Isthme de Suez, la France dans l'Extrême-Orient, Éloge de Chateaubriand,* il ajoute au ton hugolien une sorte de pompe académique se dispensant en banalités glacées : c'est qu'il exalte les grands sentiments, les vertus et les devoirs avec une technique bien au point. Cela donne en général ceci :

> La mort, c'est le repos; la tombe, c'est l'asile.
> Seigneur, rendez pour moi son approche facile;
> Comme un enfant s'endort dans le sein maternel,
> On s'endort dans la tombe et l'on s'éveille au ciel.

Les Djinns, c'est ainsi que Gustave Chadeuil (né en 1823), de Limoges, intitule un recueil. *Les Frères d'âme :* Édouard Delprat (1830-1874), sous ce titre, pastiche *la Légende des siècles.* Bernard Alciator (1810-1884) correspond avec Chateaubriand et Lamartine, et dans *l'Art dans la poésie,* 1866, ou *la Satire du 19ᵉ siècle,* 1860, est hugolien. Modeste, Auguste Desplaces (1818-1896) ami de Hugo et de Gautier se retirera pour chanter doucement sa bonne ville de

Poitiers, pour célébrer l'idéal de beauté qu'il s'est fixé pour but et dire du bien de ses amis poètes.

Plus connu est un ami de Victor Hugo, Louis Ulbach (1822-1889), de Troyes, auteur de dialogues avec un supposé *Jacques Souffrant, ouvrier,* qui lui valut des ennuis avec la justice du pouvoir, ce qui fut encore le cas pour bien des articles. Son recueil de poème *Gloriana,* 1844, est d'une douceur exquise.

Et que de lamartiniens! Un personnage curieux, Aimé Deloy (1798-1834), sorte de Blaise Cendrars du début du XIXe siècle, parcourt le monde, s'arrête au Brésil, fonde le journal *l'Étoile du Brésil* qu'il rédige lui-même en portugais. Sainte-Beuve l'appelle « troubadour décousu ». Écrit-il une *Ode à Chateaubriand* qu'on l'attribue à Lamartine. Dans ses posthumes *Feuilles au vent,* il évoque le pays lointain en faisant allusion au passage à l'impératrice du Brésil, Léopoldine, sœur de Marie-Louise d'Autriche :

> J'ai trouvé sur ces bords des amitiés parfaites,
> Mécène m'accueillit dans ses belles retraites;
> Et sous les bananiers, à mes regrets si chers,
> La fille des Césars m'a récité mes vers.
> Hélas! que de chagrins le rang suprême entraîne!
> Que de pleurs contenus dans les yeux d'une reine!
> J'ai vu les siens noyés, et dans un triste élan
> Elle me dit un jour : « Ce sol est un volcan... »
> Elle n'est plus!... Son nom sur mes lèvres expire,
> Quel vent a moissonné la rose de l'empire?

Ernest Fouinet (1798-1845), de Nantes, en bon orientaliste, a fourni à Victor Hugo les traductions de l'arabe et du persan citées dans les notes des *Orientales.* Il traduisit des poésies d'Orient, donna des vers dans les keepsakes et les albums et chanta son *Lac* comme Lamartine. Le *Jocelyn* de ce dernier inspira une réponse poétique à Désiré Carrière (1813-1853) de Nancy : *le Curé de Valneige,* 1845, pour montrer « le vrai portrait du curé de campagne ». Octave Ducros (1819-1883) ne craint pas d'intituler ses recueils de vers *Contemplations poétiques et religieuses* ou *Recueillements.* C'est à Lamartine qu'Henri de Lacretelle (1815-1899) dédie *les Cloches,* 1841, petits vers légers et charmants, avant de publier des *Nocturnes,* 1846, et d'emprunter au poète national hongrois Sandor Petöfi son titre *Nuits sans étoiles,* 1861. Mais Henri de Lacretelle est surtout romancier. Son père était l'historien Charles de Lacretelle (1766-1855) dont on peut citer un vers-proverbe : « Cédez-moi vos vingt ans si vous n'en faites rien. »

Auprès de Lamartine, il est juste de placer Charles-Émile Alexandre (1821-1890), son secrétaire qui a laissé des *Souvenirs* sur

Lamartine après avoir publié à la gloire de la Pologne, *Le Peuple martyr,* poème. Émile Aron (né en 1829) est un poète catholique et idéaliste qui chante le Christ et la liberté, imitant Lamartine, de même que Charles Diguet (né en 1830) qui eut l'honneur d'une préface du maître pour ses *Rimes de printemps.* Proches de Lamartine encore Pierre-François Mathieu (1808-1864) qui compare la vie à un *Album,* titre d'un poème; Théophile de Barbot (1798-1870) ou Ferdinand de Gramont (1815-1897) qui ajoute une note pétrarquisante dans ses *Sonnets,* 1840, ses *Sextines,* 1872, où, d'une strophe à l'autre se retrouvent les mêmes mots à la rime. Gramont fit aussi des *Terzines.* Il fut l'ami de Balzac et composa les blasons des aristocrates de *la Comédie humaine.*

Étienne Arago (1802-1892), frère de l'astronome, auteur dramatique et romancier féconds, avait commencé par travailler en collaboration avec Balzac pour publier *l'Héritière de Birague.* Il a laissé un poème en sept chants, *les Eaux de Spa.* A propos de Balzac, rappelons que son secrétaire, Charles Lassailly (1806-1843), personnage au nez cyranesque, auteur des *Roueries de Trialph,* qui semble annoncer Léon Bloy et qui finit dans le mysticisme et la misère, fut poète : Balzac lui emprunta un sonnet pour *les Illusions perdues.*

Sous le signe de Byron.

Théodore Carlier (1802-1839), traducteur du *Giaour* de Byron subit l'influence de ce dernier dans ses *Voyages poétiques,* 1830. Il compare le cœur de l'homme à l'oasis dans un *Sonnet sur le Sahara :*

> Point vague, imperceptible, à l'horizon perdu !
> Ainsi le cœur, grand piège à tous les paux tendu,
> Est si large au chagrin que le bonheur s'y noie !

Aimer Byron conduisit Antoine Fontaney (1803-1837) à signer ses poèmes Lord Feeling. Dans les *Ballades, mélodies et poésies diverses,* 1828, on trouve des vers sautillants et légers, avec, chez cet anglomane,.ce dandy, un écho de Musset et un rien de parnassien. Ainsi cette *Soirée castillane :*

> Quel plaisir de fumer au Prado son cigare,
> Le soir, quand l'air brûlant que l'amour enflamma
> Revient frais et glacé par le Guadarrama !
> On s'assied : on entend bourdonner la guitare.
>
> Puis passent les enfants avec leur tintamarre,
> Les moines, les majos. C'est un panorama.
> On aperçoit de loin les femmes qu'on aima;
> Dans sa voiture bleue on voit la Transtamare.

Cependant le cigare exhale son encens;
Au parfum du tabac l'âme s'est embaumée :
On regarde monter et s'enfuir la fumée.

Cette fumée, hélas! dont s'enivrent les sens,
Il semble de l'amour que ce soit un symbole :
Il enivre aussi vite. — Aussi vite il s'envole.

Childe Harold a inspiré à l'orientaliste Louis Delatre (né en 1815)
un poème *A l'Océan* :

Ta surface infinie offre à mes yeux l'emblème
De cet autre océan que je porte en moi-même,
Serein dans l'espérance, orageux dans l'effroi,
Changeant, mystérieux, immense comme toi!

Pour lui, les langues européennes, tout comme l'hébreu et le
sanscrit, n'ont pas de secret. Il écrit des poèmes en italien et traduit
Pouchkine dans cette langue. Ses recueils sont sous le signe du
voyage : *Chants d'un voyageur,* publiés à Lausanne, *Au bord de la Bal-
tique,* publié à Riga, *Chants de l'exil,* publiés plus prosaïquement à
Paris.

Childe Harold : un autre orientaliste l'a traduit, le sinologue
Jean-Pierre Pauthier de Censay. Ses *Helléniennes,* 1825, ses divers
recueils se ressentent de cette influence. Autre byronien, le musicien Edmond Fontaine (1828-1900) a étudié Shakespeare, Lord
Byron, Octave Feuillet. Il ressemble à son maître dans *le Dernier
mot sur Rome,* 1863, et *Douze odes et deux épitaphes,* 1864.

Avec Boulay-Paty, Hippolyte Lucas (1807-1878), auteur de tragédies calquées de Lope de Vega ou Calderon, Euripide ou Aristophane, a traduit *le Corsaire* de Lord Byron. Dans *le Cœur du monde,*
il pense en vers, parlant, par exemple, du suicide romantique :

A votre pâle foule enfin le suicide
Se mêle, et vous chassant, près de lui reste seul,
S'assied à ses repas, tel qu'un hôte homicide,
Le berce chaque nuit dans les plis d'un linceul.

Comme au nègre accablé du poids de l'esclavage,
Il dit : Je suis le roi d'un monde où tout est mieux.
Viens, suis-moi. Le poète écoutant ce langage,
Cède, et s'en va chercher une patrie aux cieux.

Dans le domaine anglais, Camille Bernay (1813-1842), fils du
maître d'hôtel de l'impératrice Marie-Louise, imite plus volontiers
Shakespeare. Léon Halévy (né en 1802), frère d'un musicien célèbre
et père d'un autre, fut un littérateur en tous genres, un des premiers
saint-simoniens, le traducteur d'Horace, un dramaturge, un critique, un élégiaque auteur de *Cyprès,* 1825. Il a surtout apporté des

échos poétiques d'autres nations dans ses *Poésies européennes,* 1828, mais Moore, Pope, le Slovaque Jean Kollar, sous le traitement d'une prosodie monotone paraissent réduits à une même dimension académique.

Près de Musset, près de Vigny.

La manière du Musset des chansons apparaît chez Charles Coran (né en 1814), ami de Brizeux, poète d'*Onyx,* 1840, où il polit ses rimes, de *Rimes galantes,* 1847, selon Monselet « mélange heureux de Parny et de Musset » et enfin *Dernières élégances.* Il chante *le Vin de Jurançon* comme Nerval le «piqueton de Mareuil » :

> Petit vin doux de Jurançon,
> Êtes-vous gai dans ma mémoire
> Avec mon hôte et sa chanson,
> Sous les rosiers j'allais vous boire.
>
> Passant par là, vingt ans après,
> J'ai retrouvé sous la tonnelle
> Mon hôte, assis, toujours au frais,
> Chantant la même ritournelle.
>
> Le verre en main, rubis dans l'œil,
> On trinque, on boit... mais quel vinaigre!
> Jamais piquette d'Argenteuil
> A mon palais ne fut plus aigre.
>
> Pourtant c'est le cru du bon temps,
> Le jus pareil, la même tonne.
> C'est vous, gaieté de mon printemps,
> Qui manquez au vin de l'automne.

Cela est bien reposant. Certains poèmes légers d'Ausone de Chancel (né en 1820) pourraient passer pour du Musset quand ce dernier n'excelle pas. Mais l'enthousiasme alourdit ce Chancel dès qu'il chante *l'Isthme de Suez* qui est pour lui « le septième jour de la création ». Hanté par les dames blondes, il en fait l'histoire en vers et en prose depuis les temps mythologiques jusqu'au XVIe siècle dans une fantaisie : *le Livre des Blondes,* 1865. Pourquoi pas? L'éditeur fervent de Baïf, Ronsard, Chénier, Louis-Aimé-Victor Becq de Fouquières (1831-1887) rappelle lui aussi Musset dans *Drames et poésies,* 1860, ou *Jeux des anciens,* 1869, mais Musset en plus petit.

Un autre éditeur dévoué, celui de Vigny, d'Hégésippe Moreau, déjà cité, Louis Ratisbonne (1827-1900) n'est pas du tout influencé par ceux qu'il admire. Il préfère écrire pour les enfants une célèbre

Comédie enfantine et des albums signés Trim qui ont fait la joie des années enfantines de nos arrière-grands-oncles. S'il veut dans des poèmes pour les grands mimer l'enfance, il est d'un comique involontaire :

> — Chère maman, voici la chose :
> Je priais le bon Dieu, car le pain, c'est bien sec,
> De nous donner toujours un peu de beurre avec.

Pour Vigny, on le remercie. Il est bien évident que Georges Fath (1818-1900), sculpteur de son état, lorsqu'il a écrit un drame en vers, *la Mort de Chatterton,* 1849, s'est souvenu de Vigny sans le faire oublier.

Moins visible parfois que l'influence de ses grands compagnons, l'influence de Vigny se manifeste par son aspect le plus grave, le plus noble, et si l'imitateur n'est pas de haute qualité, s'il ne domine pas sa pensée philosophique, il prend plus volontiers un aspect moralisateur proche de Laprade qui est difficilement acceptable. On le voit chez un Barthélemy (1812-1843) comme chez maints poètes que nous rencontrerons dans d'autres rubriques.

Les Amis des amis.

Lié avec Soumet (il écrivit une *Ode* sur sa mort), Édouard d'Anglemont (1798-1876) donne des *Légendes françaises,* 1829, des *Pèlerinages,* 1835, des *Euménides,* 1840, etc. Il a débuté avec les premiers romantiques par des odes monarchiques. Dans des *Amours de France,* il consacre ses poèmes à des couples célèbres de l'histoire. Partout, il se partage entre l'évocation historique en vers et des poèmes légers fondés sur des idées ingénieuses.

Les vers qu'écrivit Jules Janin (1804-1874) eurent pour principal mérite de donner une harmonie à sa prose. Feuilletonniste, journaliste, nommé « prince des critiques », salué par Hugo et Sainte-Beuve, faisant connaître Soulary, il est l'auteur fantastique d'un roman, *l'Ane mort et la femme guillotinée,* 1829, parodie de roman noir où il accumule les situations horrifiques, et aussi de *Contes fantastiques,* 1832. Marcel Schneider a pu dire : « Allégé de ses digressions et de ses réflexions critiques, *l'Ane mort* ferait figure à côté des *Histoires impossibles* d'Ambrose Bierce », ce qui est un grand compliment venant de la part d'un maître du genre. Jules Janin rima sur les *Églogues* de Virgile, fit des *Gaietés champêtres,* des poèmes-chansons pour le Caveau, des vers d'amour bien troussés, et parfois un salut à Bacchus :

Modère, Jeanneton, le feu de ta prunelle!
Échanson, verse-moi de ton plus petit vin!
Ne comptez pas sur moi pour le roi du festin...
   Amis, déjà voici que je chancelle
   D'avoir bu trop d'eau ce matin.

C'est bien *l'Ane mort* qu'il faut lire!

Le secrétaire de Sainte-Beuve, Octave Lacroix de Crespel (né en 1829), d'Égletons, a donné une édition du *Myosotis* de Moreau. Plus volontiers prosateur, s'il veut chanter *l'Idéal,* il a recours aux vers. Paul-Émile Larivière (né en 1826), dans *Églantines et Chrysanthèmes,* 1866, ou *l'Arc et la lyre,* 1867, va chercher son inspiration chez Burns. Sa *Stella matutina :*

L'étoile du matin, mélancolique et pure,
S'évanouit déjà dans le ciel argenté;
Tout est silence encore au sein de la nature,
Rêve, fraîcheur, parfum, idéale beauté.

Et pourtant ce n'est point ici-bas la verdure,
Les fleurs au doux arome, à l'éclat enchanté,
L'étoile blanche aux cieux ni la vallée obscure
Qu'ainsi je chante seul par un matin d'été!

Dans *les Filles de minuit* de Valery Vernier (1828-1891), un traducteur de Leopardi, on trouve une *Ode à Jules Janin* tout à fait quelconque. Son roman-poème, *Aline,* est plus intéressant car il a la forme du journal intime d'un jeune homme et apporte un parfum d'époque.

Paul Eluard a publié dans *les Lettres françaises* une partie du *Journal* manuscrit d'un bien curieux personnage : Napoléon Peyrat (1809-1881), pasteur, qui fréquenta aussi bien Lamennais que Béranger et Sainte-Beuve, et qui publia sous le pseudonyme de Napol le Pyrénéen. Né au Mas d'Azil, dans l'Ariège, près du torrent de l'Arise, il en prit le nom pour titrer son recueil : *l'Arise, romancero religieux, héroïque et pastoral,* 1863. Au contraire de ses contemporains quand ils sont médiocres, il n'ennuie jamais, car au cours d'un même poème, il varie les sujets, colore de noms historiques ou de noms de lieux et sa verve méridionale vous entraîne presque malgré vous :

Que Dieu vous garde, ami! — Mais lorsque vous aurez
Franchi monts et vallons, et fleuves azurés,
   Villes et vieilles citadelles,
La vermeille Orléans, et les âpres rochers
D'Argenton, et Limoge aux trois sveltes clochers
   Pleins de cloches et d'hirondelles;

> Et Brive et sa Corrèze, et Cahors et ses vins,
> Où naquit Fénelon, le cygne aux chants divins,
>   Qui nageait aux sources d'Homère. —
> Arrêtez un moment votre char agité
> Pour voir la belle plaine où le Maure a jeté
>   La blanche cité, votre mère.

Charles Nodier a encouragé un élégiaque bordelais, Edmond Géraud (1775-1831), auteur de méditations plus proches de Léonard que de Lamartine. Sainte-Beuve l'appelle « premier des romantiques », mais lui détestait la nouvelle école. Chopin, non pas le musicien, mais Charles-Auguste Chopin (1811-1844) eut pour principal mérite de révéler à George Sand *le Centaure* de Maurice de Guérin et d'encourager Magu, ce poète ouvrier que nous retrouverons. Ses *Sonnets* ont été appréciés par Sainte-Beuve, si attentif à cette forme, mais ils sont bien plats et ses *Rêves poétiques* bien attendus.

L'Air d'Allemagne, la lumière du Nord.

Le Cavaillonnais Henri Blaze de Bury (1813-1888), fils du musicologue Castil-Blaze, critique musical lui-même, s'il fut hostile à Berlioz, s'intéressa à Liszt et à Wagner. Il fit un opéra avec Meyerbeer, *la Jeunesse de Goethe.* Excellent germaniste, connaissant mieux encore la langue allemande que Gérard de Nerval, il a traduit les deux *Faust,* les poésies légères de Goethe, écrivant des études sur son poète préféré comme sur d'autres poètes allemands. Ce fut sa vocation, car ses *Intermèdes et poèmes,* 1859, sont loin d'avoir le niveau de qualité de Goethe ou de son ami Heine, et non plus de ce Musset qui le raille ou des romantiques qui le tiennent à distance, à l'exception de Vigny et Lamartine mariés comme lui à des anglaises, et de Dumas compatriote méridional. Ses *Écrivains et poètes de l'Allemagne,* 1846, témoignent d'une critique avertie et intelligente. Parmi ses poèmes, on retient plus volontiers ce qui a le tour de la romance, comme une *Chanson du soir* dédiée à Meyerbeer dont voici le début :

> Mais, silence! le jour décline;
> Déjà les bois de la colline
> Sous un voile épais de bruine
> Commencent à se dérober;
> L'oiseau s'endort, la fleur nocturne
> S'éveille et prépare son urne
> Pour les trésors qui vont tomber.

Mais Goethe, en moraliste, le Lyonnais Francisque Tronel lui a adressé des reproches :

La jeunesse abusée erra sous les vieux dômes,
Imitant ton héros, on les vit ces fantômes,
Du criminel Werther partager le linceul.

Ah! si ton livre est lu dans tous les idiomes,
Si l'orgueil t'a grisé par ses ardents aromes,
Vois les mères en pleurs dont tu causas le deuil!

tandis que Léon Rogier (né en 1828) imita *le Roi des Aulnes* avant de parcourir le monde sur un navire où il apprenait à lire aux matelots. Il n'a cessé dans sa prose de défendre fort justement l'idée que seul le chant populaire peut régénérer la poésie moderne.

Pour unir France et Allemagne, Nicolas Martin né en 1814, à Bonn d'un père Français et d'une mère Allemande, était bien placé. Son aïeul maternel était un ami intime de Beethoven. Il vécut en France, à Halluin, traduisit Grimm et publia des études sur *les Poètes contemporains d'Allemagne*. Ses propres poèmes, s'ils ne tentent pas de rendre poétiques *les Harmonies de la famille,* 1837, jouent sur *les Cordes graves,* 1845, les meilleurs étant inspirés par des légendes populaires. Son recueil, *Ariel,* 1841, fut traduit en allemand. Dans ses *Poésies complètes,* 1857, on découvre une double tendance : la rêverie nonchalante et l'entrain spirituel. Ses stances sont parfois faciles, mais empreintes de douceur, avec des chatoiements, des modulations, de petites perles d'harmonie. Qu'il emprunte la lyre allemande ou qu'il tire de son propre fonds, il brode sur une trame délicate dans des poèmes comme *la Note perdue, la Muse bocagère, les Glaneurs, Rosée nocturne, l'Hôtesse,* où, dans la manière de Friedrich Rückert, il donne un sonnet cuirassé que remarque Pierre Oster, notre contemporain. Il voit *Venise* ainsi :

Il semble qu'un soupir, un éternel soupir,
Peuple l'air embaumé d'échos mélancoliques;
C'est un soupir qui sort de ces brillants portiques
Qu'habitaient autrefois les chants et le plaisir.

Car Venise déjà n'est plus qu'un souvenir.
Elle dort du sommeil des vieilles républiques.
— En vain vous attendez, vagues adriatiques,
Le doge fiancé qui ne doit plus venir.

De quel royal éclat tu brillais, ô Venise!
Au temps où te peignait Paul Véronèse, assise
Sur un velours d'azur, tenant un sceptre d'or!

Seul au Pont des Soupirs, un poète, à cette heure,
Penché vers ta beauté, rêve, contemple et pleure.
— Hélas! jamais les pleurs n'ont réveillé la mort.

Dans une *Légende,* celle du voleur d'hosties, il atteint à une préciosité évangélique :

> Pour abriter l'hostie, aussitôt les abeilles,
> Des plus doux sucs puisés aux fleurs les plus vermeilles,
>
> Bâtissent alentour leurs rayons odorants,
> Et Dieu luit à travers les prismes transparents ;
>
> Et le soir, maint berger qui de ces monts est l'hôte,
> Croit qu'une vive étoile est tombée à mi-côte.
>
> Dès l'aube, vers ce point chacun se dirigeant,
> Voit l'auréole d'or sur un beau lis d'argent.
>
> Et le pâtre, non moins pieux que les abeilles,
> Bâtit une chapelle à ces saintes merveilles.

Un saut dans le temps nous fait rencontrer un personnage de qualité, romantique attardé (mais n'existe-t-il pas un romantisme hors du temps?) fort proche de l'Allemagne, lui aussi. Il s'agit du Strasbourgeois Édouard Schuré (1841-1929) que certains de nos contemporains ont pu connaître. Musicologue, il participa au triomphe du wagnérisme. Dans son *Histoire du lied,* il a traduit avec art Goethe, Heine, Uhland. Comme Rogier, il croit à la source populaire régénératrice. Il surprit en unissant des rimes masculines sans alternance de féminines, par exemple dans *le Fils de la montagne* d'après Uhland : ce musicologue savait le pouvoir des sons et a ainsi donné de la force :

> Je suis le pâtre, enfant des monts !
> A mes pieds les plus fiers donjons ;
> Je vois du jour le premier feu.
> Je reçois son dernier adieu.
>
> Au berceau du torrent d'azur,
> Dans ce roc je bois son flot pur.
> Il s'élance et mugit plus bas,
> Je cours le saisir dans mes bras.

Se vouèrent tout entier à une poésie d'inspiration allemande Hermann Pergameni (né en 1844) et Alexandre Tardif (1801-1890) qui traduit Klopstock, Schiller, Goethe, et aussi bien les vers amoureux d'Ovide avant de donner les chansons du *Pas de clerc,* 1838, *Nouvelles variétés poétiques,* 1844, *les Lauriers et les myrtes,* 1847.

Les poètes nordiques devaient eux aussi inspirer maints petits romantiques, et en particulier Xavier Marmier (1808-1892), de Pontarlier, grand voyageur qui ne devait pas tarder à devenir le chantre des légendes du Nord. Poète, linguiste, historien, il apporta ses connaissances non seulement sur les pays scandinaves, mais aussi sur la Pologne et la Russie, puis le Canada et l'Amérique. Il a traduit Goethe, Schiller, Hoffmann, il a imité Wallin, Uhland, Longfellow, Anastasius Grün, Lermontov, Andersen.

Comme son compatriote comtois Charles Nodier, Xavier Marmier était passionné de légendes, de mystères, de fantastique. Si l'on a oublié ce membre de l'Académie française, ce n'est guère juste. Ce cosmopolite fut aussi un mémorialiste de la vie littéraire, assez grinçant, l'introducteur, avant Mérimée, des lettres russes en France, l'auteur de relations de voyage. En poésie, ses *Esquisses poétiques,* 1830, ses *Chants populaires du Nord,* 1840, ses *Poésies du voyageur* se partagent entre la transcription des chants entendus ici et là et les émotions personnelles ressenties à la vue des spectacles de la nature et à la lecture des grands poètes dont il visitait la patrie. Doué d'un talent imitatif, il prend les inflexions de ceux qu'il rencontre. Ainsi, Andersen, dans *l'Enfant mourant :*

> Ma mère, je suis las, et le jour va finir,
> Sur ton sein bien-aimé laisse-moi m'endormir,
> Mais cache-moi tes pleurs, cache-moi tes alarmes.
> Tristes sont tes soupirs, brûlantes sont tes larmes.
> J'ai froid. Autour de nous, regarde, tout est noir;
> Mais lorsque je m'endors, c'est un bonheur de voir
> L'ange au front rayonnant qui devant moi se lève,
> Et les rayons dorés qui passent dans mon rêve.

Il a aussi un talent descriptif et ses tableaux de paysages scandinaves, à défaut d'une grande originalité, sont justes et ont les tonalités des soleils de minuit.

Comme lui, Armand de Flaux (né en 1819), d'Uzès, membre des académies suédoises, historien de la Suède, s'adonne au lyrisme nordique. Il chante *les Jeunes filles de Stockholm,* ce qui prouve que l'engouement pour les Suédoises ne date pas d'aujourd'hui :

> Qui peut vous oublier, blondes filles du Nord,
> Au teint pâle, aux yeux bleus, si pures et si belles
> Qu'il nous semble toujours qu'aux voûtes éternelles
> Comme des séraphins, vous allez prendre essor!
>
> De vos yeux abrités sous vos longs cheveux d'or,
> Parfois, à votre insu, sortent des étincelles.
> C'est que le feu caché qui couve en vos prunelles
> N'a dans aucun climat fait battre un cœur plus fort.
>
> Pendant les courtes nuits de juin, ô jeunes filles!
> Quand vous veniez, le front caché dans vos mantilles,
> Fouler d'un pied léger les prés de Djurgarden,

> Je croyais voir au ciel scintiller plus d'étoiles;
> L'air était embaumé, la nuit était sans voiles,
> Et mon rêve enchanté durait jusqu'au matin.

Alphonse Baudouin (né en 1833), Champenois, auteur de *Fleurs des ruines*, 1868, donne un *Chant du Nord* romantique :

> Heureux le fils d'Odin aux cheveux blancs de neige!
> La peau fauve d'un loup couvre son col nerveux;
> Il chasse le renard dans les pins de Norvège
> Sur un cheval fumant comme un gouffre écumeux.
>
> Heureux l'enfant du Nord, guerrier, chasseur et barde!
> Disciple favori du vieux maître Océan!
> Dans sa main indomptée aujourd'hui seul il garde
> Le glaive de Fingal et le luth d'Ossian.

Le Bordelais M.-P. Thorel chante la Suède :

> Ses belliqueux enfants ont, devant l'ennemi,
> Tout le sang-froid du Nord et l'élan du Midi.

Plus tard, Henri Cazalis (1840-1909), alias Jean Lahor, que nous retrouverons au temps du parnasse, dans *Melancholia,* titre emprunté à Dürer, relatera en vers *Une nuit au Cap Nord :*

> Sous la morne blancheur des longues nuits polaires
> Se dresse le Cap Nord, sombre et silencieux,
> Et le rocher, debout sous les clartés stellaires,
> Semble un géant qui veille à la porte des cieux.

Après Mme de Staël, nombreux sont les poètes et traducteurs qui firent connaître les lieds populaires et les maîtres de la jeune poésie allemande. Outre Gérard de Nerval et les poètes que nous venons de visiter, pour les littératures germaniques et scandinaves, il faut justement citer Rosalie Du Puget (née en 1795), Mathieu-Auguste Geffroy (né en 1820), Louis-Antoine Léouzon-Leduc (né en 1815), Jean-Jacques-Antoine Ampère (1800-1864), Auguste Robert, Philarète Chasles (1798-1873) et son ami Saint-Marc Girardin (1801-1873), Saint-René Taillandier (1816-1879), Édouard-René Lefebvre-Laboulaye (né en 1811), Frédéric-Gustave Eichhoff (né en 1799), Charles-Gabriel Thalès-Bernard (né en 1821), le Belge Émile-Louis-Victor de Laveleye (né en 1822), le Suisse Jules-Henri Kramer (né en 1827), Louis-Guillaume Tenint, traducteur en vers français des poèmes du roi Charles XV et du prince Oscar de Suède.

3

La Foule romantique

Un Bouquet d'élégies.

L A plaintive élégie, au XIXᵉ siècle, joue sur l'exclamatif et l'interrogatif, pour que les signes de ponctuation qui les
expriment enlèvent le vers en de hautes régions. Chez les poètes
secondaires, elle est à l'image d'André Chénier et surtout de Lamartine, de Chênedollé et de Millevoye, de Mᵐᵉˢ Desbordes-Valmore
et Tastu, avec des rappels de Gilbert ou de Parny, tandis que sont
toujours présents Thomas Gray et Young, Schiller et Goethe. Le
genre élégiaque répand partout des rivières de larmes et des ruisseaux de regrets qui se déversent dans les têtes pensives propices
à la floraison des fleurs de l'Idéal ou des arbres du Génie qui ne
sont souvent que des arbustes.

Marie-François-Antonin Bernardy de Sigoyer (1798-1860), d'Apt,
dans ses *Consolations poétiques,* adresse une *Supplique au sommeil :*

> Viens donc! et sur ce front où des peines mortelles
>   Ont imprimé leur pli,
> Verse avec la fraîcheur qui tombe de tes ailes
>   Le baume de l'oubli.

Le célèbre Eugène Scribe (1791-1861) quand il n'écrit pas des
comédies sentimentales ou des livrets d'opéra, s'arrête devant la
tombe d'un fils :

> Dans cette riante prairie,
> Auprès de ce tertre en fleurs,
> Quelle est cette femme jolie
> Dont les yeux sont mouillés de pleurs?
> De tes douleurs quelle est la cause?
> — Mes pleurs... rien ne les tarira :
> Tu vois ce tertre que j'arrose...
>   Mon fils est là!

Même pensée triste quand l'archéologue Jean-Baptiste Burgade (né en 1802), de Libourne, dans *le Chant des cloches,* s'épanche :

De mes cris d'amertume auront cessé les jours,
De vos chants de bonheur aura cessé l'ivresse.
Vous entendrez monter d'autres chants d'allégresse.
     La cloche oscillera toujours,
Sur les vivants, les morts, et dans l'abîme immense,
Toujours... en murmurant : Espoir! regret! silence!

De « bizarres déités », avant qu'il n'en apparaisse une chez Baudelaire, sont présentes chez Émile Roulland (1802-1835) dans un poème lamartinien, *Les Songes,* extrait de ses *Poésies posthumes,* 1838 :

Bizarres déités! quelle chaîne secrète
Vous unit aux mortels, et sur quelle palette
          Prenez-vous ces douces couleurs
Dont vous ornez les traits de la vierge ingénue,
L'onde calme du lac et le front de la nue,
          Le voile des bois et les fleurs?

Et voici un saule dans un poème de *Printemps* dû à Albert Maurin, auteur des *Élégies et chants lyriques,* 1837, publiés à Marseille :

Vainement aujourd'hui j'écoute sous le saule
Ta voix, ta douce voix qui charme et qui console,
Ta voix s'est-elle donc éteinte pour toujours?

Édouard Gout-Desmartres (1812-1862) dit : « Ma jeune poésie est une vierge pure. » Il la voit sous l'œil de Dieu ou dans la nature, avec un lac, comme chez tant de suiveurs de Lamartine :

Elle est près du lac solitaire
Lorsque la lune, avec mystère,
Brille comme un rayon d'espoir.

Il est curieux de voir combien les fidèles d'une poésie plus traditionnelle, ceux qui ont recours aux sources antiques, sont influencés à leur insu sans doute par une mode. Jean-Philippe-Joseph-André d'Arbaud-Jonques (1804-1863) lorsqu'il imite les idylles antiques : *Ethnéennes,* 1845, *Idylles antiques et sonnets,* 1846, *la Corinthienne, idylle sociale,* 1850, ajoute à Théocrite et Virgile un petit rien de lyrisme nouvelle époque.

Odes saphiques, 1852 : c'est ainsi que Joseph Boumier (né en 1821), de Tournus, intitule un recueil empreint d'un noble stoïcisme de poète érudit et laborieux. Plus romantique est Félix d'Amoreux, dit Jules de Saint-Félix (né en 1806) dans ses *Poésies romaines,* 1830, que traversent dames et gladiateurs, maîtres, esclaves et affranchis, et où *la Mort et l'Archange* peuvent dialoguer en alexandrins. Cet échappé de la Rome des Césars la fait revivre dans sa Provence qui n'en est pas éloignée, mais il peut aussi chanter *la Solitude* :

> Solitude, Souffrance, oh! que vous êtes belles!
> Anges errants, la nuit,
> Heureux qui peut toucher les plumes de vos ailes,
> Et plus heureuse encore est l'âme qui vous suit!
>
> Autrefois sur les bords du lac de Galilée,
> Un jeune homme rêveur
> Allait s'asseoir auprès d'une cloche isolée.
> Sa robe était de lin, son nom était Sauveur.
>
> Il n'avait pas vingt ans; sa blonde chevelure
> Retombait mollement,
> Et son regard humide errait à l'aventure
> De la rive sur l'eau, de l'onde au firmament.
>
> . . . .
>
> Ô pâle Solitude, ô Souffrance isolée,
> Qui ne vous aime pas
> Ignore le Sauveur, Jésus de Galilée,
> Qui jusques à la fin, vous cherchait ici-bas.

Les sujets d'Édouard Grenier (né en 1819) peuvent aussi être puisés dans l'Antiquité, mais aussi plus près de lui ; *la Mort du Président Lincoln* lui dicte des poèmes comme on en écrivait au siècle précédent pour les princes :

> Dors en paix, maintenant, Lincoln! Ton souvenir,
> Comme un mâle conseil qui relève et console,
> Restera ceint pour nous d'une double auréole.
> Tu vivras dans le cœur des bons et des meilleurs;
> Tu seras le héros des humbles travailleurs,
> Des soldats du devoir, des simples, des modestes.

On préfère que dans le poème *Fata libelli,* il devienne figuratif :

> Quand le pâtre a fini son chant joyeux ou triste,
> Dans l'air ému souvent le son persiste,
> Et plane une dernière fois.
> Puis, bientôt le silence,
> Cet hymne sans voix,
> Recommence
> Au bois.
>
> Le feu mystérieux que le caillou recèle
> Au choc du fer jaillit en étincelle;
> Mais ce n'est qu'un rapide éclair
> Qu'un moment voit éclore :
> Le jet vif et clair
> S'évapore
> Dans l'air.

Le navire qui fend la mer avec sa proue
Creuse un sillon où la vague se joue
Et parfois un instant reluit.
Puis, tout s'éteint; sa trace
Se perd dans la nuit,
Et s'efface
Sans bruit.

Le botaniste Apollinaire Fée (né en 1789), traduit *le Cimetière de campagne* de Gray en 1813. Plus tard, il écrira une ode sur *la Maçonnerie* et des poèmes sur *les Ombres*. Tout aussi lugubre est Joseph-Léon Marie dans *les Matines de la vallée de Montmorency,* stances éplorées et réalistes où il décrit sa sœur morte.

A Dijon, Eugène Cressot (1815-1861) a écrit des recueils de *Poésies* et de *Nouvelles poésies,* 1856, des *Larmes d'Antonia* en écho à Musset. Sa *Fileuse* a des allures de Parque :

Mais, sous l'herbe du cimetière,
J'ai vu coucher ceux que j'aimais;
Avec toi seule sur la terre,
Quenouille, j'ai fait le suaire
Des morts qu'on ne revoit jamais!

L'historien et archéologue orléanais Jules Loiseleur (né en 1816) s'exclame dans *la Mort d'une mère :* « Quoi! ce n'est qu'un cadavre et c'était une mère! » tandis que son fils, Jean-Camille Loiseleur (1846-1865), mort à vingt et un ans, laisse le poème fleuri de son adolescence :

Le héros de cette romance
Va bientôt avoir dix-sept ans;
Plus d'un rêve d'amour commence
A dorer les nuits de printemps
Du héros de cette romance.

Tout le long des buissons en fleur
Il mène sa mélancolie :
Devant notre héros rêveur
Une fille grande et jolie
Va le long des buissons en fleur.

. . . .

Tous deux se prirent par la main
Et se dirent de douces choses,
A tous les buissons du chemin
Cueillirent les nouvelles roses,
Tout en se tenant par la main.

Autre historien, le Toulousain Jules de Lamarque (né en 1820), dans ses *Figurines,* 1850, pleure gentiment :

Ah! laissez-moi pleurer! Dans ma douleur profonde,
Je ne regrette point la vague illusion,
La gloire, les honneurs, les prestiges du monde.
      Je pleure un papillon.

Comme lui, je voudrais habiter dans le vague,
M'enivrer d'harmonie et de pure clarté,
Balancé sur la fleur, suspendu sur la vague,
      Chanter mon chant de liberté.

C'est un fils qu'un ami d'Arsène Houssaye et d'Henri Murger, Auguste de Vaucelles (né en 1821), pleure avec quelque espoir : « Mon fils n'est plus, Seigneur, mais laissez-moi ma fille! » On préfère que, dans *Cimes et vallons,* il salue la beauté grecque ou parcourt la sphère de la création. Ici, l'image romantique de la barque :

Vainement le pilote interroge la sonde,
L'esquif du naufragé flotte, jouet du vent,
Sans boussole, égaré par les déserts de l'onde,
Il vogue et dans la nuit s'enfonce plus avant.

Imitant les poètes allemands (Heine, Uhland) ou hongrois (Petöfi, Czuczor), Francis Pittié (né en 1820), dans les *Ballades et Légendes,* publie des lieds. Ses beaux sonnets sont traversés d'apparitions, comme dans le début de cette *Vision crépusculaire :*

Elle s'avance, ailée, et dans le noir taillis
Les chênes chevelus s'inclinent sur sa trace;
Tels les plus orgueilleux, lorsque la reine passe,
Se penchent tout à coup, graves et recueillis.

Un voile au bleu reflet l'entoure de ses plis;
Sur son limpide front, où réside la grâce,
L'odorante hyacinthe aux glycines s'enlace,
Et sa main, comme un sceptre, agite un chaste lis.

Ami de Béranger, Émile Fage (né en 1822) jette dans *Mon rêve* ses interrogations :

Pourquoi vas-tu, courbant ton front mélancolique,
Loin du monde t'asseoir, pensif, au pied des monts?
Pourquoi recherches-tu, comme le cygne antique,
La fraîcheur des ruisseaux et l'onde des vallons?

Ces appels ne sont-ils pas présents chez tout poète qui a bu à la source lamartinienne? De petites musiques interprètent des airs connus, mais pour de douces harmonies et de rares surprises, que de vaines élévations!

Un Bouquet de fleurs des champs.

Le deuil de la nature qui « convient à ma douleur et plaît à mes regards », la nature « qui t'invite et qui t'aime » : il est intéressant de constater qu'en une période donnée, aucun poète, et même le plus classique, le plus académique, n'échappe au ton donné par le romantisme. Le phénomène est irréversible : les plus calmes, les plus sereins, ceux qui ne rêvent, comme jadis Christophe Plantin que d'« avoir une maison commode, propre et belle », ceux qui cherchent la paix des campagnes, avec des désirs de simples retraités, ont toujours des pointes de lyrisme exclamatif et finissent par imiter les grands romantiques de la génération de 1820. Si l'on compare avec la même race de petits poètes, de suiveurs, du temps de Voltaire, la différence de langage et de rythmes apparaît aussitôt.

Le poète de *Mélodies amiénoises,* 1853, Saint-Alban Berville (1788-1868), sans doute parce que né avant la Révolution, a gardé de la manière des élégiaques de la fin du siècle et mêle au joli suranné le beau romantique dans ses *Adieux à la campagne :*

> Il faut partir; du sort déjà la loi cruelle
> Au séjour des cités malgré moi me rappelle.
> Et, troublant sans pitié mes champêtres loisirs,
> Ainsi qu'à mes vergers m'arrache à mes plaisirs!
> Il faut donc vous quitter, ô paisibles ombrages,
> Beaux vallons, frais ruisseaux, gracieux paysages!

Même observation pour le marquis Auguste de Belloy (1816-1871) qui, dans ses *Légendes fleuries,* 1855, unit les grâces d'autrefois aux charmes de la nouvelle école :

> Verts glacis des remparts de ma ville natale,
> Rivière des amants, dont le nom m'attirait,
> D'où je revins un soir sérieux et distrait,
> Gorge des Câpriers, où, mieux que dans Virgile,
> Mon cœur s'initiait aux grâces de l'idylle,
> Chemins des écoliers, sinueux, infinis,
> Vous qui m'avez perdu, soyez, soyez bénis!

Un autre marquis, Louis-Elzéar de Laincel (né en 1818), lorsqu'il étudie la poésie, Lamartine et Hugo mis à part, ne trouve que dispersion et désarroi. Il ne distingue pas qu'une aurore nouvelle se prépare, à laquelle pourrait être dédiée sa poésie :

> A l'oiseau ne coupez point l'aile,
> Si de son nid il veut sortir,
> Et si l'azur des cieux l'appelle,
> Laissez son vol, libre, s'enfuir!

Le goût du moyen âge cher à l'époque romantique se retrouve chez Antoine-Fernand Campaux (né en 1818), auteur d'un *François Villon, sa vie et ses œuvres,* 1859, et d'analyses sur les *Testaments* du poète. Il n'est point étonnant qu'il intitule un recueil *le Legs de Marc-Antoine,* 1864, où il chante *le Quartier Latin :*

> Vieille cité, dédale de ruelles
> Où de Villon vagabondaient les belles...

François Chevalier, dit Pitre-Chevalier (1812-1863) dédie des poèmes à sa Bretagne. Hippolyte de Lorgeril (né en 1814), poète d'*Une étincelle,* 1836, et de *Récits et ballades,* 1849, nous confie :

> Je suis un de ces fils de l'aride Bretagne,
> Qui naissent sur la lande aux dolmens de granit,
> Respirant l'air des flots et l'air de la montagne,
> Et baisent les degrés du calvaire bénit.

Il chante le tombeau de Chateaubriand sur son rocher :

> Voyez-vous vers le nord ce roc à tête grise,
> Où sous l'aile du vent la vague ivre se brise,
> Ce roc qui fait trembler nos rudes matelots
> Quand ils y sont traînés par la houle des flots?
> Eh bien! c'est lui...

Un autre Breton, de Saint-Malo, selon Sainte-Beuve « peintre des landes », Hippolyte de La Morvonnais (1802-1859), dans *la Thébaïde des grèves,* 1858, donne des sonnets vigoureux où il ne s'embarrasse pas de gémissements, préférant décrire des chaumières, des foyers domestiques, avec simplicité :

> Je dirai les enfants jouant devant la porte,
> La fermière abreuvant les vaches au lavoir,
> Les passereaux de l'aire et le char qui rapporte
> L'ajonc pour les chevaux à la brune du soir
>
> Joie et douleur du toit, vous serez mon domaine.
> Durant d'assez longs temps on a chanté les rois,
> Et les vagues ennuis que le riche promène;
> Poète du foyer, j'y planterai la croix.
>
> Le temps n'est pas venu de me jeter au drame,
> Mon tableau sera simple et sans déchirements;
> Je dirai les amis, et l'enfant, et la femme,
> Et les deuils résignés et les recueillements.

André Chaten (né en 1815), disciple de Chénier, dans *les Haltes,* 1868, lui adresse un salut dont les derniers mots forment le titre d'un recueil de Jules Supervielle :

> Toi, poète chrétien, penseur à l'âme austère,
> Toi qui vécus sans bruit et mourus solitaire,

> Après avoir légué tes beaux chants méconnus,
> Ta chère *Thébaïde* aux *Amis inconnus!*

On trouve encore des scènes bretonnes chez Paul Deltuf (1825-1871), mais lorsqu'il rencontre *le Voyageur* qui sent sa fin prochaine, comment ne pas penser à Lamartine ou à Hugo?

> Et, pareil à la fleur qui boit, presque flétrie,
> Un dernier rayon de soleil,
> Il regarda les bois, la campagne fleurie,
> Le hameau, l'horizon vermeil;
>
> Il contempla longtemps et d'un regard avide
> Ce beau spectacle du matin,
> Et dit : « Dieu, qui commande à ce monde splendide,
> Sans doute commande au destin!
>
> Espérons! » Une larme humecta sa paupière.
> Il prit son bâton d'une main,
> Il regarda ses pieds blanchis par la poussière,
> Et, triste, il se mit en chemin.

Le Bourguignon François Fertiault (né en 1814) réédite les *Noëls* de La Monnoye et met dans ses vers français ou patoisants une rondeur populaire pleine de charme. La douceur du foyer ne l'empêche pas de nommer pour « ceux dont l'oreille entend tes voix mystérieuses » les richesses naturelles :

> Forêts au doux murmure, aux tièdes somnolences,
> Vapeurs nous enlaçant comme de blonds réseaux,
> Hymnes des verts gazons, des fleurs et des oiseaux,
> Vieux pins trouant la nue avec vos sombres lances;
>
> Monts chenus, creux ravins, mélodieux silences
> Planant par les déserts; blanche écume des eaux,
> Grande âme de la mer chantant dans les roseaux,
> Vagues nous apportant vos sourdes turbulences...

D'un autre enfant de la Bourgogne, Louis Goujon (né en 1819), Sainte-Beuve dit : « des vers inégaux, rudes parfois, vrais et toujours sincères, et dont quelques-uns attestent une force poétique incontestable ». Il s'agit de *Gerbes déliées* où un sonnet *A Jean Goujon* s'adresse au grand homonyme :

> Ô martyr! apprends-moi l'idéal et la ligne;
> Fais qu'un jour, par mes vers, je ne sois pas indigne
> De tes noms immortels et de l'art créateur!

Dans *Sonnets et poèmes,* Edmond Arnould (1811-1861) met quelque préciosité lorsqu'il décrit :

L'aurore a déployé son manteau de satin;
La prairie étincelle, humide de rosée,
Mais voici le soleil, son haleine embrasée
Sèche ces pleurs tombés de l'urne du matin.

Comme c'est le cas chez beaucoup de ces poètes, il veut prouver et termine sur une note moralisatrice :

Heureux pourtant, heureux l'homme, comme la fleur,
Quand au fond du calice une larme oubliée,
Sous la corolle aride humecte encor le cœur.

De Salins, Maximin Buchon (1818-1869) publie les *Noëls et chants populaires de la Franche-Comté,* 1863, des *Poésies allemandes,* 1846, (Hebbel, Uhland, Koerner, etc.) et des *Poésies franc-comtoises,* 1862. Son réalisme terrien l'empêche de se perdre dans les nuées, mais chanter comme Monselet *le Cochon* ne l'empêche pas ailleurs de se montrer romantique :

Et les Alpes, toujours, comme des nonnes blanches,
Drapant au loin, là-bas, leur manteau d'avalanches!
Et les chalets au bord des glaciers suspendus,
Et les sentiers étroits dans les neiges perdus.

Autre Comtois, Armand Barthet (1820-1874) dont Rachel joua avec grand succès *le Moineau de Lesbie,* 1840, fit des poèmes : *la Fleur du panier,* 1853. Son *Rêve de poète* est des plus sages :

Je voudrais, loin du monde, une simple maison
Où conduise un sentier frayé dans le gazon.

Même sagesse où apparaît l'esprit bourgeois du temps chez André Lemoyne (né en 1822) de Saint-Jean-d'Angély, dont Sainte-Beuve dit : « Tous les six mois, il distille une goutte d'ambre qui se cristallise en poésie. » Ses *Roses d'antan* sont limpides et pleines de sentiment. Il aime errer *Sous les hêtres* et se plaint, déjà, du bruit :

Las du rail continu, du sifflet des machines,
Conduit par mes deux pieds, comme un simple marcheur,
J'aime à vivre en plein bois dans l'herbe des ravines,
Enveloppé d'oubli, de calme et de fraîcheur.

Là jamais aucun bruit des wagons ni des cloches;
Pas même l'Angélus d'un village lointain.
J'écoute un filet d'eau qui, filtrant sous les roches,
Fait frémir au départ trois feuilles de plantain.

Un autre poète, à propos du bruit, lui apporte la contradiction :

> Ah! le bruit de Paris ne frappe que l'oreille,
> Mais l'âme reste sourde à ses cris, à ses chants;
> C'est ici seulement que l'homme se réveille.
> Les livres ont menti, le tumulte est aux champs!
> Ici, j'entends les flots de l'océan des choses,
> Et, voyant les effets j'en saisis mieux les causes.

Il s'agit d'Amédée Rolland (1829-1868) connu en son temps par des drames et des mélodrames. Il a quelques qualités dans ses recueils *Matutina, le Poème de la Mort* ou *le Fond du verre*. Ce Parisien excelle à dire la nature, à trouver même des correspondances : « Le parfum de la fleur n'est-il pas sa parole? »

Tout le siècle sera riche en poètes de nature sous le vieux signe de Virgile régénéré par la floraison lamartinienne. Dans une première période, citons encore noms et titres : Jean-François-Honoré Bonhomme (1811-1890) pour *A travers les buissons fleuris;* Jules Canonge (1812-1870), Nîmois, pour *le Tasse à Sorrente, le Monge des îles d'or,* 1839; Pierre-Gabriel-Arthur Ponroy (né en 1816) pour *Formes et couleurs,* 1842; Alfred Busquet (né en 1820) pour *le Poème des heures,* 1861; Louis Bordes (mort en 1868) pour *Olympiades, Torrents de la vallée,* 1848; Désiré-Pierre-Louis Baucher, pour *Adieux à mon village.*

Tous ceux-là, familiers plus que romantiques, mais vivant en période de romantisme, en reçoivent l'empreinte dans leur lyrisme champêtre atténué.

Des Fleurs pour l'autel.

Même profane, la poésie des années romantiques témoigne de religiosité que l'on soit devant l'autel de l'Église ou l'autel de la nature. On peut parler d'un Dieu bien particulier, celui du poète, celui de Victor Hugo par exemple. Les poètes ont le sens du sacré et la religion de la poésie. Lamartine, Hugo, Vigny vont aux sources de *la Bible.* Des poètes religieux de moindre dimension, hautains ou familiers, paraphrasent comme de tous temps ou disent leur foi, élevant des hymnes ou posant sur l'autel de plus humbles fleurettes.

Édouard Turquety (1801-1867) est le plus connu de tous, le romantique religieux par excellence. Les *Poésies,* 1845, groupent les recueils divers de ce Rennais : *Esquisses poétiques, Amour et Foi, Poésie catholique, Hymnes sacrés, Fleurs à Marie.* Chateaubriand, Nodier, Hugo, Sainte-Beuve, Vigny l'ont apprécié et tenu pour un des leurs. Musset et Lamartine semblent réunis dans ce début du *Saule pleureur :*

Ô saule! un secret charme auprès de toi m'arrête :
J'aime tes longs rameaux, aux funèbres couleurs,
Qui, brillants de rosée, inclinent sur ma tête
    Une ombre légère et des pleurs.

Ici, le bord des eaux se couvre de ton ombre,
Là, t'avançant plus loin comme un voile agité,
Tu laisses par moments ta chevelure sombre
    Caresser le lac attristé.

Bon connaisseur de la Renaissance, si le paganisme reste à la porte de ses poèmes, il n'oublie pas les vigueurs de la Pléiade et attaque volontiers les athées en des vers qui se veulent persuasifs. On aime qu'il chante *la Primavera :* il a alors des accents délicieux supérieurs à ceux du militant catholique assez lourd. Voici la dernière strophe de sa *Destruction des croix :*

Va donc jusqu'au saint lieu, va donc, ô plèbe vile!
Frappe les croix du temple, arrache-les par mille,
Nos lèvres baiseront ces emblèmes meurtris :
On peut rompre l'airain, anéantir la pierre;
Mais on ne peut briser l'aile de la prière
    Qui s'élève sur des débris.

Quel ami de la poésie renaissante ne connaît au moins le nom d'un érudit, éditeur de Ronsard, Vauquelin des Yveteaux ou Maynard, Prosper Blanchemain (1816-1879)? Il devait être aussi poète, mêlant l'élégie au chant religieux :

Le jour n'éclora plus : l'espérance est trompée!
    Adieu, Marie, un long adieu!
Votre corps s'est flétri comme l'herbe coupée;
    Votre âme est retournée à Dieu.

Il chante aussi *l'Idéal :*

Oh! j'aurais une poésie
A tenir le monde enchanté,
Belle comme la fantaisie,
Grande comme l'Éternité.

De la rencontre de *la Nonne et la Fleur,* il dresse une délicieuse petite fable :

La fleur lui dit : « Tout est mystère;
Ne te plains pas; ton sort vaut mieux :
Je suis une fleur de la terre,
Tu seras une fleur des cieux. »

Il est plus romantique lorsqu'il décrit des paysages qui l'exaltent, comme par exemple un *Soleil couchant :*

La voici de retour, l'heure mystérieuse
Où s'éteint lentement la lumière du jour,
Où la mer est limpide, où l'onde harmonieuse,
Baisant ie sable d'or, soupire un chant d'amour.

Moins suav℮ est le frère cadet de l'auteur des *Diaboliques,* le poète Léon-Louis-Frédéric Barbey d'Aurevilly (1809-1876) dans ses recueils *Amour et haine* ou *Poésies politiques.* Royaliste, maniant la satire, il s'est moqué du gouvernement de Louis-Philippe dans sa revue *le Momus normand.* D'autres recueils : *Rosa mystica,* 1856, *le Livre des hirondelles,* 1857, montrent un catholique fervent dont on sait l'influence qu'il eut sur la conversion de son frère.

Le Bordelais Pierre-Hippolyte Minier (né en 1813) est à la fois didactique et déclamatoire pour unir *l'Art et la Foi :*

L'art, qui vit d'amour pur, de chauds enthousiasmes,
Du bourbier social respire les miasmes;
Il pâlit, il chancelle, il tombe... on le croit mort;
Erreur! Que la foi brille, et, dans un saint transport,
Soudain l'art se redresse, ardent et plein de sève;
Plus bas il est tombé, plus haut il se relève...

Les principales fêtes de l'Église sont célébrées en vers par Jean-Baptiste Leclère (1812-1855) dans ses *Néoménies.* Ailleurs, sa foi s'accompagne du désir de la mort :

Oui, mourons, mourons, c'est mon vœu.
Jeune, le ciel m'appelle et mon exil s'achève;
Comme la flamme qui s'élève,
Mon âme, prends ton vol, remonte au sein de Dieu.

Pensée voisine dans ce poème de Justin Maurice (mort en 1842), *la Porte fatale,* extrait de *Au pied de la croix :*

Prends courage, et poursuis ta route d'un pas sûr,
Si le jour est pesant, si le sentier est dur,
Du moins il te conduit à la vie éternelle!

Le poète des *Perce-neige,* 1835, Louis-Charles Maurice-Saint-Aguet (né en 1809) est léger, aérien, fluide, avec quelque chose de populaire dans sa manière. On put mettre en musique *le Fil de la Vierge* qui fut beaucoup chanté :

Pauvre fil qu'autrefois ma jeune rêverie,
Naïve enfant,
Croyait abandonné par la Vierge Marie
Au gré du vent;
Dérobé par la brise à son voile de soie,
Fil précieux,
Quel est le chérubin dont le souffle t'envoie
Si loin des cieux?

> Viens-tu de Bethléem, la bourgade bénie,
> Frêle vapeur
> De l'encens qu'apportaient les mages d'Arménie
> Pour le Seigneur?

L'abbé Antoine Fayet (né en 1815) a fait connaître en vers français les *Beautés de la poésie hébraïque*, 1861, et les *Beautés de la poésie allemande*, 1862. Dans ses recueils : *la Foi*, 1864, *l'Espérance*, 1865, *la Charité*, 1866, se montre un dessein chrétien bien déterminé. Voici la fin du *Désir et l'Idéal*, d'après Schiller :

> Oh! qu'il doit être doux de vivre à la lumière
> D'un soleil éternel,
> Que l'air doit être pur sur ces hauteurs qu'éclaire
> Un jour voisin du ciel!
> Mais d'un torrent fougueux la vague menaçante
> M'en sépare à jamais;
> Mon âme à cet aspect recule d'épouvante...
> Où donc trouver la paix?

Traducteur des *Méditations* de saint Bonaventure, François Le Bannier a composé des chants religieux et des hymnes liturgiques. De nombreux prêtres, comme lui, ont prêté leur voix pieusement, parfois familièrement, comme Henri Bellot (né en 1825) dans *A travers le siècle* :

> L'Angélus va sonner au beffroi de l'église.
> Servante, chat, souris, dorment tous leur sommeil,
> Et, plus d'une heure encor, le maître à tête grise
> Sur l'oreiller moelleux oubliera le réveil

Mais la plupart tirent leurs poèmes de *la Bible* et des livres de piété. Félix Ragon (1795-1872), d'Avallon, a fait dans son *Essai de poésie biblique*, 1849, l'historique de la poésie tirée de *la Bible* par les auteurs français. Il y donne des fragments personnels qui soutiennent la comparaison avec les meilleurs :

> Éternel, quelle est ta puissance?
> De ce vaste univers de ton souffle émané
> J'admire la magnificence,
> Et l'adore à genoux, devant toi prosterné.
> Seigneur, chaque jour ma prière
> A toi s'élèvera sur des ailes de feu
> Et jusqu'à mon heure dernière
> Je chanterai la gloire et le nom de mon Dieu.

Dans d'autres poèmes, Ragon montre que si *la Bible* l'inspire, Horace et Aristote, Byron et Camoëns peuvent être présents dans ses vers.

Le comte Leodoïs Damartin Du Tyrac de Marcellus (1800-1860), diplomate, fut connu pour avoir apporté la Vénus de Milo en

France. En plus de *Chants populaires de la Grèce* et d'une traduction des *Dyonisiaques* de Nonnus, il a paraphrasé le *Stabat Mater* :

> Mère du chaste amour, vierge sainte, ô Marie!
> Obtenez-moi le don de sentir vos douleurs.
> Qu'en pleurant avec vous, de mes terrestres pleurs
> La source soit tarie.

On est souvent plus proche de l'art de Malherbe que de celui de Lamartine. Ce dernier a écrit à un traducteur de Pétrarque, Camille Esménard du Mazet (né en 1802), de Pélissane : « J'ai lu et j'ai retrouvé Pétrarque dans vos vers. Ils reflètent avec la clarté du cœur cette poésie de pureté et de lumière. La sympathie est le génie de la traduction, et elle a inspiré la vôtre. » Esménard était colonel. On comprend qu'il ait écrit *les Courses d'Alger,* 1857. Il a aussi écrit des versions françaises du *Cantique des Cantiques* et des *Hymnes du bréviaire,* 1870. Il est doux, il est suave dans *Jésus, dulcis memoria* :

> Ô doux plaisir lorsqu'on pense
> A Jésus divin sauveur!
> Mais plus douce est sa présence,
> Le miel a moins de douceur.
>
> Il n'est pas de mot si tendre,
> Pas de chant en aucun lieu,
> Qui plus doux se fasse entendre
> Que le nom du fils de Dieu.

Les *Hymnes du bréviaire* ont été également traduites par Accurse Allix (1802-1858). Si, ailleurs, il chante l'Irlande, il n'oublie pas Dieu :

> Ô Seigneur! comme l'hirondelle
> Qui traverse les flots amers
> Et ne sait où poser son aile
> Sur l'abîme immense des mers;
> Comme le passereau timide
> Qui, le soir, trouve son nid vide
> Et se lamente sur son toit;
> Comme la gazelle lassée
> Que le plomb mortel a blessée,
> Tout un peuple a crié vers toi!

Francis Levavasseur (1785-1830) a écrit une *Ode à l'Éternel,* 1820, a mis *le Livre de Job* en vers, 1826. Edmond Delière (né en 1833) prend le ton noble, élevé et banal :

> Salut, Religion, mère des nobles choses,
> Qui, domptant sous ta loi les orages du cœur,
> Maîtrises d'un seul mot les colères écloses
> Au-dedans de nous-mêmes, au souffle du malheur.

Jean-Baptiste-Modeste Gence (1755-1840) a publié des poèmes philosophiques : *Dieu, l'Être infini,* 1801, *Nouvelles poésies morales et philosophiques,* 1829. Et encore des *Étrennes patriotiques et morales,* 1831, des *Stances lyriques et morales,* 1839. Il s'occupa de magnétisme : *le Philosophe inconnu, Saint-Martin,* 1824.

Trois étudiants du collège de Carcassonne montèrent à Paris pour faire des tragédies : le bien oublié Pichald, Soumet et Alexandre Guiraud (1788-1847), aventure dans laquelle ils entraînèrent leur principal, le vieux Gary qui fit cinq actes tragiques, *Eudore et Cymodocée,* 1824. En plus de ses pièces, c'est à l'ode, au poème, à l'élégie que Guiraud se voua avec des poèmes empreints de lyrisme évangélique. La délivrance des Hellènes, le sacre de Charles X, les Anges, les Sœurs de charité, et surtout les petits ramoneurs savoyards qui lui valent un succès populaire, sont les sujets de ses poèmes. On trouve téméraire qu'il écrive « Un petit sou me rend la vie » et comme il publie aussi *le Chemin de la Croix* ses contemporains se moquent de son lyrisme royaliste et chrétien associé à ses élégies ramoneuses :

> Guiraud prend tour à tour et la vielle et la lyre,
> Sanglotte en ramoneur, pleure en archange, au choix;
> Mais si d'un bout à l'autre, hélas! on veut le lire,
> Il faudra parcourir *le Chemin de la Croix.*

Des romans pieux comme *Flavien* qui inspire à Soumet sa tragédie *le Gladiateur,* un poème, *le Cloître de Villemartin,* une étrange *Philosophie catholique de l'histoire* où il remonte aux aventures des anges complètent une œuvre chrétienne où tout est académique et attendu.

Il n'est point que les catholiques. Protestant comme Napoléon Peyrat qui lui écrit :

> Orateur, tu deviens poète, et bientôt ange,
> Ton cœur déjà prélude aux cantiques du ciel.

Adolphe Monod (1800-1857), président du Consistoire de l'Église Réformée, moraliste et prédicateur, dit *le Bonheur du Chrétien* dans des quatrains commençant tous par « Heureux... » :

> Heureux, lorsque, attaqué par l'ange de la chute,
> Prenant la croix pour arme et l'agneau pour sauveur,
> Je triomphe à genoux, et sors de cette lutte
> Vainqueur, mais tout meurtri, tout meurtri, mais vainqueur.

A Bordeaux, Adolphe Astruc (1820-1860) a décrit en vers les cérémonies de la Pâque juive : *la Haggada,* 1852. Ses *Poésies israélites,* 1853, sont imprégnées d'une foi profonde. Il a aussi écrit un *Essai politique,* 1856, en vers.

Poète et philosophe néo-chrétien, Pierre-Édouard Alletz (1798-1850), dans sa prose s'attache à l'idée de progrès inséparable pour lui de l'idée chrétienne. Dans ses *Études poétiques*, 1832, ses *Caractères poétiques*, 1834, il discourt longuement sur la condition humaine. S'il fait parler *le Poète*, il le situe dans le contexte de la soumission divine :

> Le sceptre du talent, au jour prédestiné,
> Fera devant le Dieu qui me l'avait donné
>   Mon honneur ou ma honte.
> Sur la face du monde où mes fruits ont germé,
> De chaque sentiment dans les âmes semé,
> A ta justice, ô Dieu, ma gloire rendra compte!

L'auteur d'une *Vie de Corneille,* Gustave Levavasseur (1819-1896) qu'il ne faut pas confondre avec son homonyme plus haut cité, dans ses *Poésies fugitives* fait alterner à la fin de ses quatrains les « Oubliez-moi » et les « Souvenez-vous » :

> Si l'on vous dit : Ici repose un homme impie
> Qui là-bas, en enfer, dans les tourments expie
> Les hommages cafards qu'il rendait à son roi,
>   Oubliez-moi
>
> Mais si quelqu'un de vous se lève et dit : Mensonges!
> Il croyait au grand Dieu qu'il voyait dans ses songes,
> Et quand il était seul, il priait à genoux,
>   Souvenez-vous.

Souvenez-vous... La plupart de ces poètes religieux sont bien oubliés. Mais comme dit Louis de Veyrières (né en 1819), à la fin d'un *Sonnet sur la gloire* qui termine sa *Monographie du sonnet* :

> Qu'importe un renom qui s'efface!
> La vie est la courte préface
> Du grand livre : l'Éternité!

Les Fleurs enfantines.

Les petits poètes des générations romantiques pratiquent plus ou moins l'art d'être grand-père. Peu retrouvent réellement le sentiment d'enfance. Il semble que le sujet soit prétexte à variations morales, philosophiques, religieuses plutôt qu'investigation vers des domaines imaginaires. Beaucoup de mièvrerie nous introduit à une idée de l'enfant de laquelle nous sommes bien éloignés. Pourtant, on trouve de la gentillesse, de la pitié, parfois une tentative témoignant d'un réel amour – à défaut de véritable compréhension.

Un savant archéologue, Jacques Boucher de Crêvecœur de Perthes (1788-1868), auteur, en plus de ses travaux scientifiques, de tragédies, romans, souvenirs, relations de voyages, dont l'essai *Sur la Création* exerça une influence profonde sur les romantiques, et surtout le Victor Hugo de *la Légende des siècles,* lorsqu'il est le poète du *Petit Pierre* apparaît simple comme dans les chansons des veillées d'autrefois :

> Comme le disait Blaise,
> Feu Blaise, mon parrain,
> On est toujours à l'aise
> Lorsque l'on n'a pas faim.
> Dans les jours de misère
> Je m'adresse au voisin;
> Il a pitié de Pierre,
> Et je trouve mon pain.

Il était naturel qu'un Toulonnais, Elzéar Ortolan (1802-1873) historien et jurisconsulte, prît la défense du chant des cigales aimé par Anacréon et Byron. A grand renfort d'érudition, il l'a fait en prose dans un recueil, *Enfantines,* 1829, dont les poèmes répondent bien au titre :

> Que fais-tu, bel enfant, l'œil au ciel suspendu,
> Les deux bras en avant, le tablier tendu,
> Courant à l'air, sans craindre aquilon ni froidure,
> Que fais-tu, bel enfant, à blonde chevelure?
>
> Es-tu fille ou garçon? Ces longues boucles d'or,
> Ce front pur, ce sourire, et ces habits encor,
> Tout nous laisse indécis; en comptant sa famille,
> L'Amour s'y tromperait... Es-tu garçon ou fille?

Le fils de Gabriel Legouvé (1764-1812) l'auteur du poème *le Mérite des femmes* s'appela Ernest Legouvé (1807-1903). Comme son père, il fut dramaturge et connut le succès avec des pièces comme *Adrienne Lecouvreur,* 1849, où triompha Rachel. Son premier poème s'intitulait *les Morts bizarres,* 1832. Il fut surtout l'historien des femmes : *Histoire morale de la femme* et *la Femme en France au XIXᵉ siècle.* En vers, il a écrit trois tragédies : *Guerrero ou la trahison, Médée, les Deux reines,* et une comédie : *Un jeune homme qui ne fait rien.* Dans ses poèmes, en homme de théâtre, il aime faire dialoguer tantôt *l'Ame et le corps,* tantôt *Deux mères.* Ces dernières, Ellys et Clary, l'une mère, l'autre enceinte, se confient les joies et les espoirs de la maternité, et quand le bébé s'éveille :

Puis, sans se dire un mot et comme par hasard,
Autour de leurs deux cous leurs deux bras s'enlacèrent,
Leurs bouches tendrement devant Dieu se pressèrent...
Car en un seul instant, réunissant leurs cœurs,
Leur amour maternel en avait fait deux sœurs!

Il ne faut pas avoir mauvais esprit : ce ne sont pas les « femmes damnées » de Baudelaire, mais comme ce poème, lu dans son entier, est touchant, frais, plein de sentiment, et même gentiment ridicule.

Les mères, Alcide-Hyacinthe Dubois de Beauchesne (1804-1873), auteur d'une *Vie de Louis XVII,* les a chantées lui aussi dans *le Livre des jeunes mères,* 1858, longtemps après avoir publié des *Souvenirs poétiques,* 1830. Alexandre Dumas disait de lui que « Tout ce qui était grand l'appelait frère, tout ce qui était bon l'appelait ami. » On peut l'imaginer dans sa villa gothique de l'avenue de Madrid, près du Bois de Boulogne, traduisant en vers légers les imaginations et les rêveries qui traversent l'esprit d'un enfant qu'on a puni :

« A genoux! à genoux! au milieu de la classe,
        L'enfant mutin!
Dont l'esprit est de feu pour l'algèbre, et de glace
        Pour le latin! »

De quatrain en quatrain ainsi conçus, il fait, en dehors des conventions, un réel effort pour se mettre dans la peau d'un enfant rebelle, « enthousiaste et fier », celui qu'il a été sans doute :

L'hiver! c'est la saison qu'il aime! que de charmes
        N'a-t-elle pas,
Quand le ciel aux enfants semble jeter des armes
        Pour leurs combats?

Alors ce sont des forts, des redoutes de neige,
        Un grand château;
Puis un mouchoir flottant qui couronne le siège
        Comme un drapeau!

Et puis des boulets blancs, dont la grêle foudroie
        Les rangs pressés!
Puis les cris triomphants des soldats, et leur joie
        S'ils sont blessés!

Géographe apprenti, quelquefois il s'amuse
        A situer
Les vieux empires peints sur des cartons, qu'il use
        A remuer.

Un jour que, s'essayant sur la route inconnue
Qu'il mesura,
Montgolfier triomphant s'envolait dans la nue,
L'enfant pleura.

Plus attendu est l'enfant comparé à l'ange :

Oui, l'enfant au front pur d'un ange a quelque chose ;
C'est que du ciel il porte en lui le souvenir,
Mais, plus tard, sur la terre, il salit son pied rose,
Et s'avance au hasard vers l'obscur avenir.

Le poète de ces derniers vers est Léon Magnier (né en 1813), de Saint-Quentin, qui choisit les meilleurs poèmes de trois recueils pour composer (ô Baudelaire!) *les Fleurs du bien*.

Le vicomte Jean-Luc-Jules de Gères (né en 1817), de Bordeaux, dans ses *Premières fleurs*, 1840, dans sa *Rose des Alpes*, 1856, fait penser au sévère Victor de Laprade. Il pose ses interrogations sur le ton élevé et noble, dit sa soif de beauté :

Rien ne peut étancher, sous ton orbe azuré,
La grande soif du beau dont je suis dévoré ;
Mon cœur inassouvi, chaos où tout s'abîme,
A tes gouffres bornés répond par un abîme ;
Car, vers cet inconnu qui me vient accabler,
J'ai d'immenses désirs que tu ne peux combler.

Il jette une vingtaine de *Questions d'enfant* à la suite :

— Père! qui passe le plus vite?...
Est-ce le fleuve? Est-ce le vent?
Est-ce l'étoile qui gravite
Et s'enflamme en sillon mouvant?

Est-ce la nue, ou la fumée?
L'hirondelle sifflant dans l'air?
La fusée en gerbe allumée?
Est-ce la foudre? Est-ce l'éclair?

Dès que les interrogations cessent, la réponse est banale :

— Mon fils, que l'avenir t'évite
Ce savoir doux et douloureux!
Non, ce qui passe le plus vite,
Enfant, ce sont les jours heureux!

Un autre vicomte, Charles de Nugent (né en 1820) lui ressemble par sa morale quotidienne. Il cherche l'étincelle divine chez *les Enfants* :

Sourire fin et pur, bégaiement gracieux,
Vifs et premiers regards dirigés vers les cieux,
Vous offrez un mystère où tout père devine
D'un souffle du Très-Haut l'étincelle divine.

Il sera plus coloré dans ses *Souvenirs d'un voyageur,* 1857, vers nés de ses voyages européens et africains :

> Palerme! sur tes monts déserts
> Que la fraîcheur du soir descende,
> Et que son ombre se suspende
> Comme une gaze dans les airs.
>
> Prodigues de leur riche offrande,
> Tes aloès, tes myrtes verts,
> Exhalent, au souffle des mers,
> Tous les parfums de leur guirlande.
>
> Aux bruits des flots mêlant ses bruits,
> La brise alors redit aux nuits
> Un chant que le jour fera taire.
>
> C'est l'heure où brillent à tes yeux
> Les fleurs, étoiles de la terre,
> Et les étoiles, fleurs des cieux.

Le Cantalien Casimir Pertus (né en 1822) à propos de ses *Échos poétiques,* 1865, reçoit cette appréciation de Victor Hugo : « Ce sont des échos si le chant de la fauvette est un écho, si la lumière de l'aube est un reflet. » Dans *les Lyres brisées,* 1865, il a conté les tristes destins d'André Chénier, de Gilbert, de Malfilâtre. Il a traduit en vers *Électre* et *Antigone.* Un ton prophétique et dur apparaît dans ses poèmes :

> Oui, siècle ténébreux, la Révolution
> Se débat dans tes flancs, pour faire irruption ;
> Elle doit en sortir, plus sombre, plus livide
> Que celle qui, jadis, dans sa fureur avide,
> Dressa sur l'échafaud son règne de terreur!
> Quelque chose de grand guidait cette fureur ;
> Si le peuple égorgeait la noblesse insolente,
> C'était pour lui montrer sous la lame sanglante
> L'œuvre du Créateur, la grande égalité,
> Sous laquelle la mort courbe l'humanité!

Dès qu'il parle d'enfance, le ton s'apaise et change. Le poète de combat, prophétisant les révolutions à venir, dit *Enfance et rêverie :*

> Folâtrez, folâtrez, enfants insoucieux,
> Petits êtres charmants, aux grâces ingénues,
> Laissez vos blonds anneaux d'un vol capricieux
> S'effranger en tombant sur vos épaules nues.
>
> Courez enfants, courez, la brise, en palpitant,
> Vous poursuit et se joue à vos rubans de soie;
> Courez, chantez, dansez, que la ronde, en sautant,
>   Rie et fasse éclater sa joie!

Voyez ici, partout, un beau ciel calme et pur
Fait épanouir l'âme et reverdir l'ombrage;
Peu vous importe, à vous, qu'il soit sombre ou d'azur,
Le vôtre est toujours d'or et n'a jamais d'orage.

Le mot révolution, pris comme défense du progrès et épanouissement de l'homme, apparaît dans *Nos Fantômes* de Francisque
Ducros (né en 1823). Ses *Fleurs des Alpes* sont plus intimistes. Il
chante une petite fille disparue, *Francesca* :

Sa bouche était une cerise
Entr'ouverte par le zéphyr,
Et sa prunelle une merise
Flottant sur un fond de saphir.

Ses paupières d'un pur ovale,
Pour abriter deux grands yeux noirs,
Étalaient de longs cils d'opale :
De la gaze sur des miroirs.

La tendre enfance, Léandre Brocherie (né en 1834) la décrit lui
aussi en employant des images florales :

Sous un berceau de fleurs, un bel enfant repose
Dans les bras maternels, — deux ivoires polis.
Vermeil, demi-penché, l'on dirait d'une rose
Qu'un souffle de printemps incline entre deux lis.

Déroulée en anneaux, sa chevelure est blonde
Comme un bouquet d'épis aux mains du moissonneur.
Bleus comme les lotus qui se mirent dans l'onde,
Ses yeux en ont l'éclat, leurs regards, la douceur.

Son sourire ressemble à celui de l'aurore
Transparente à travers le voile de la nuit;
Sa voix, au cri joyeux, mais inhabile encore,
De l'oisillon jasant à l'étroit dans son nid.

De la voix, du sourire, il enchante et caresse
L'oreille et les regards; et la mère, à son tour,
Abeille butinant une rose, — ne cesse
De cueillir des baisers sur cette fleur d'amour.

Pour joindre l'amitié à l'enfance, citons ici Jules Tardieu de
Saint-Germain (1800-1868) avec un titre déjà rencontré ici, célèbre
un siècle plus tard chez Supervielle, *Aux Amis inconnus* :

Qu'il est doux d'écouter la voix, la douce voix
des amis inconnus; comme dans les grands bois
le voyageur entend la source murmurante;

comme le matelot errant sur les grands flots
sèche ses pleurs amers et calme ses sanglots,
quand paraît dans le ciel l'étoile rassurante.

Qu'on ne s'étonne pas de ne point voir de majuscule en tête de ces vers! Pour ses *Roses de Noël,* Saint-Germain offrit la singularité que ses poèmes soient ainsi typographiés, ce qui s'est fait beaucoup bien plus tard.

Citons encore parmi les poètes de ce bouquet d'enfance : l'abbé Louis Alhoy (1755-1826), pédagogue auprès des sourds et muets pour son poème des *Hospices;* Louis Audiffret (1790-1869) pour ses élégies familiales; Léon-Louis Buron (né en 1813) pour ses *Simples essais,* poésies morales pour la jeunesse; Louis-Michel Desfossez (né en 1823); Edmond Audouit (mort en 1858) pour ses *Souvenirs d'enfance...*

Longtemps après la période romantique, dans la deuxième partie du siècle, et surtout vers sa fin, la poésie d'enfance fleurira, attendrie, trop peut-être, mais sincère et délicieuse quand trop de moralités faciles ne l'alourdissent pas.

Les Fleurs de La Fontaine.

Depuis l'immense fable du *Renart,* les ysopets, Marie de France au moyen âge, les Clément Marot, Guillaume Haudent, Gilles Corrozet, François Habert du XVIe siècle, La Fontaine au XVIIe, Florian au XVIIIe, les fabulistes en France et ailleurs ont bien piétiné. L'aigle romantique s'accommode-t-il de ce genre soumis à trop de sagesse dans les propos? On en peut douter. Le seul changement au XIXe siècle est qu'il ne s'agit plus de peindre la vie telle qu'elle est, comme au temps de La Fontaine, et de donner une moralité conforme aux mœurs du temps, c'est-à-dire une moralité fort peu morale et souvent cruelle. Après le XVIIIe siècle où Florian, moins talentueux, fut plus généreux, le siècle romantique, peu à peu, déverse ses sentiments humanitaires.

Le plus connu de tous est un autodidacte, fils d'un cultivateur pauvre de Sarlat, Pierre Lachambeaudie (1806-1872), petit employé idéaliste dont *les Fables populaires,* 1839, ont quelques mérites, même s'ils ne lui viennent pas de la poésie. Il a lutté, participé, touché au saint-simonisme, avant d'être plus tard l'ami de Blanqui et d'Esquiros et d'être arrêté à plusieurs reprises, d'éviter, grâce à Béranger et à ses amis, de peu la déportation. Il dut cependant rejoindre Bruxelles en compagnie de Blanqui. En 1861, il y publia *les Fleurs de Villemomble;* il vivait alors de ses poèmes, de ses fables, de ses romances. Ce personnage, utopiste, fier, généreux, est des plus sympathiques. Comme on voudrait en dire du bien! Mais ce qui est possible pour l'homme l'est plus difficilement pour le poète. Ses *Fables populaires,* entre 1839 et 1849, ne connurent pas moins de dix-sept éditions : les démocrates s'y reconnaissaient, le peuple s'y retrouvait, la bourgeoisie en était curieuse. Avec ses moralités vraiment morales, une droiture de pensée, elles paraissaient vraiment modernes, ce qui aujourd'hui ne laisse pas de nous étonner. En y regardant de près, et en comparant avec les fabulistes qui vont suivre, on trouve cependant une différence : Lachambeaudie est le seul à glisser dans ses apologues quelque chose qui ressemble au romantisme. On le voit dans la moralité qui suit *la Goutte d'eau :*

> Ô toi, vierge sans nom, fille du prolétaire,
> Qui retrempes ton âme au creuset du malheur,
> Un travail incessant fut ton lot sur la terre;
>
> Prends courage, ici-bas chacun aura son tour :
> Dans les flots de ce monde, où tu vis solitaire,
> Comme la goutte d'eau, tu seras perle un jour.

Il sait aussi prendre le ton de l'élégiaque. Ainsi dans *le Rossignol, l'étoile et la fleur :*

> Au firmament sans voile,
> Vers le soir, une étoile,
> Radieuse, montait;
> Brûlant d'ardeur pour elle,
> Un rossignol chantait;
> Une fleur douce et belle
> Pour l'oiseau soupirait.
> Or, déployant son aile,
> L'amant ambitieux
> S'éleva vers les cieux;
> L'étoile indifférente
> Au couchant disparut,
> Et, d'amour languissante,
> La pauvre fleur mourut.

Suit, bien sûr, une moralité attendue qui ne paraît pas indispensable, car le lecteur pouvait bien comprendre :

> Le rossignol, c'est l'âme;
> L'astre, lointaine flamme,
> C'est un espoir trompeur;
> La fleur, c'est le bonheur...
> Mais souvent, l'âme éprise
> De biens que nous n'attendons pas,
> Trop follement méprise
> Le bonheur éclos sous nos pas.

Terminons cette rencontre en citant les vers que Béranger lui adressa à sa sortie de prison :

Du génie et du cœur puissance souveraine!
Poète, d'un captif quand vous brisez la chaîne,
Coupable, il est purifié;
Innocent, il se lève et sort glorifié.

Auprès de ce fabuliste romantique et révolutionnaire, bien que ses qualités poétiques soient médiocres, les autres pâlissent singulièrement. Il reste du XVIIIe siècle chez la plupart d'entre eux, que ce soient Antoine-Vincent Arnault ou Jean-Pons Viennet. Chez le premier, selon Sainte-Beuve, la fable « n'est souvent qu'une épigramme mise en action ou traduite en emblème ». *Le Colimaçon* symbolise l'égoïsme, *le Chien et le chat* trouve pour conclusion morale : « J'aime mieux un franc ennemi / Qu'un bon ami qui m'égratigne », *l'Abeille* est un bon exemple pour la glorification du travail. La célèbre *Feuille :* « De ta tige détachée... » reprend un début déjà trouvé ailleurs. Quant à Viennet, la tête de Turc des romantiques, il étire des vers qui aspirent vainement à la légèreté vers une moralité bourgeoise.

Jean-Charles-François de Ladoucette (1772-1848), sous-préfet lorrain, va aux champs pour en rapporter ses *Fables,* 1827. Aldéric Deville (1773-1832) met les fleurs en action dans ses *Fables anthologiques :* au moins, là, comme dans son *Bouquet de Flore,* 1823, trouvons-nous quelques présents parfumés. On a appelé Désiré-François Le Filleul des Guerrots (1778-1857) « le Florian de Normandie ». Frédéric-Gaëtan de La Rochefoucauld-Liancourt (1779-1863) auteur des six chants d'*Achille à Troie* a fait mieux en publiant son illustre parent, ainsi que les *Mémoires* de Condorcet qu'en se frottant au genre.

Aux Jeux Floraux de Toulouse, Florentin Ducos (1789-1873) lit ses poèmes, ses *Fables et moralités,* 1840, plus lisibles que son *Épopée toulousaine* de bonne volonté, vingt-quatre chants sur la guerre albigeoise. Raymond Rousset (1799-1885) se contentera de vingt chants pour ses *Anges et démons,* 1867, mais publiera quatre volumes de fables. Amédée-Louis-Joseph Rousseau de Beauplan (1790-1853), auteur de théâtre comme le sera son fils Victor-Arthur (né en 1823) est plus célèbre pour ses romances que pour son recueil de *Fables.*

D'aucuns, il est vrai, font des fables comme on fait de la broderie, prenant le genre comme facile, alors qu'il est au contraire semé d'embûches : il n'est que de rappeler combien La Fontaine surpasse tous les autres grâce à l'exercice d'une langue à la pureté inégalée. Le général d'Empire Aimé Naudet (1785-1847) a écrit un acte en vers, *La Fontaine chez Madame de La Sablière,* 1821. De là à publier lui-même des *Fables,* 1829, il n'y avait pas loin; il les tire de l'italien, de l'anglais, de l'espagnol, du russe, chez des poètes eux-mêmes imprégnés de nos grands fabulistes. La moralité, par exemple, du *Bleuet :* « A choisir ses amis, on gagne toujours quelque chose », dit le niveau. Laurent-Pierre de Jussieu (1792-1866), neveu du célèbre botaniste Antoine-Laurent de Jussieu, fit des *Fables et Contes en vers,* 1844.

On voudrait citer des vers, tout au moins pour alléger ces lignes, mais ces poèmes sont tellement étirés et prosaïques qu'on n'en voit guère la nécessité. Le nommé Savatier-Laroche (né en 1804), d'Auxerre, fournit un exemple de ce qu'on trouve communément dans ses *Fables et contes,* 1859 :

> Qu'il soit blanc ou cuivré, soldat ou capitaine,
> Mahométan ou juif, l'homme n'a rien sans peine,
> C'est la loi du travail que Dieu nous imposa.
> Qui mange un grain de blé de sueur l'arrosa.

On préfère que Victor Roussy (né en 1808), méridional de l'Aude, mette de l'humour dans ses *Fables* que préfaça Méry. Ici, *le Saule et le buisson,* imité de l'allemand :

> — « Pourquoi, dit le Saule au Buisson,
> Des habits du passant es-tu toujours avide?...
> Quel profit en as-tu?... Quel caprice te guide?
> — Aucun : de vêtements je ne fais point moisson,
> Répond l'épine; et, s'il faut te le dire,
> Je ne prends rien, mais je déchire. »

Le ton de terroir apporte parfois un peu de vie. Gaston Romieux (1802-1872), de La Rochelle, dans des fables comme *le Moulin et le révérend* donne une conclusion en forme de dicton : « Froment moulu vaudra bien un sermon ». *Greffes morales sur La Fontaine,* c'est un recueil de l'abbé Emmanuel-Justin-Barthélemy de Beauregard (né en 1803) qui transpose volontiers les fables de son maître de l'animal au végétal. Le magistrat A. de Mongis tente de traduire *la Divine comédie* et en revient à la comédie animale en récrivant à sa manière *le Lièvre et la tortue.* Louis-Georges-Alfred Martonne (né en 1820), du Havre, intitule son livre *Ysopet,* 1858; on préfère *les Étoiles,* 1844, *les Offrandes,* 1851, car là il a le mérite de se fier à la nature qu'il décrit. Citons encore les *Fables,* 1848, d'Anatole de Ségur (né en 1831), de Jean-Pierre Brès (1782-1832), de Louis-Simon Desrivières, et celles des poètes suisses Antoine Carteret et Jean-Jacques Porchat.

La Floraison épique romantique.

Retrouve-t-il la tête épique, le poète français du XIXe siècle? Au
début de ce volume, et aussi à la fin du précédent, nous avons vu
ce qu'il en était avec les enflures des chantres de l'Empire recherchant leur inspiration dans l'épopée napoléonienne ou puisant
dans l'histoire toutes les possibilités d'aventures héroïques. Clairvoyant, Lamartine, dans *Des Destinées de la poésie,* a prophétisé la
fin du genre en ces termes : « Elle ne sera plus (la poésie) épique;
l'homme a trop vécu, trop réfléchi, pour se laisser amuser, intéresser par les longs récits de l'épopée, et l'expérience a détruit sa foi
aux merveilles dont le poème épique enchantait sa crédulité. » En
fait, on ira chercher surtout dans *la Bible* plutôt que dans les
manuels d'histoire, chez Byron, Klopstock, Milton, Chateaubriand,
et la simple épopée historique laissera place à l'épopée symboliste
avec Dieu et Satan, Caïn ou Moïse, le Cédar de Lamartine ou le
Juif Errant de Quinet pour protagonistes. Par un tel recul, loin
des henriades et des louisiades limitées dans l'espace et le temps,
on rejoindra la poésie cosmique et l'imagination pourra voguer
vers les terres inconnues. On s'aperçoit dans *la Légende des siècles,*
dans *la Fin de Satan,* dans *Dieu* que de nouvelles lectures du monde
sont possibles.

Comme au moyen âge, roman, histoire, poème se rejoignent sous
le signe épique. Chateaubriand, à partir d'un roman ébauché, *les
Martyrs de Dioclétien* fait l'épopée en prose *les Martyrs,* le merveilleux
n'étant pas un simple but à atteindre, mais la mécanique intellectuelle et spirituelle qui sous-tend la création. Comme au temps de
la Pléiade, l'épopée est un but, mais tandis que Ronsard et ses
contemporains échouent, et rejoignent le mystérieux cosmique par
d'autres voies, comme celles de la poésie scientifique, Hugo,
Lamartine, Vigny créent quelque chose de neuf et de grand. La
simple poésie religieuse, celle des bouquets pour l'autel comme
nous avons dit, est dépassée, et cela peut-être parce que les grands
poètes du romantisme doutent, et s'ils cherchent c'est parce qu'ils
doutent. Déjà, ce sentiment d'une épopée renouvelée par les sources
profondes apparaissait dans *le Dernier homme* de Grainville, dans
certains romans noirs. On la retrouvera sous forme scientifique
dans les romans de Camille Flammarion, et même de Jules Verne,
et le sentiment de l'épopée ne sera pas absent, d'une autre manière
chez Flaubert ou Balzac. Même en écrivant *Jocelyn* qui semble se
réduire à la petite église de campagne, Lamartine aura des ambitions cosmiques.

Les grandes provinces poétiques ne seront pas insensibles à ces nouvelles voies, que ce soit avec Brizeux, celui des *Bretons* plus que celui de *Marie,* ou Souvestre avec *les Derniers Bretons,* que ce soient Mistral et les félibres. Et, plus tard, Leconte de Lisle et les parnassiens feront passer dans des tableaux barbares, antiques ou tragiques de petits tableaux gravissant progressivement les échelons de la destinée humaine.

Est-ce à dire que les défauts de la vieille épopée, telle qu'on l'entendit au cours des derniers siècles, ont disparu? Il n'en est rien et nous allons voir que le ton oratoire et la fausse amplification subsistent, non sans quelque pompiérisme dans la démarche, avec un cortège de clichés et d'épithètes convenus. Cette galerie va nous montrer de grandes ambitions et de minces réussites.

Soumet et Quinet.

En dehors des grands romantiques, les plus connus sont Alexandre Soumet (1788-1845) et Edgar Quinet (1803-1875), ce dernier à d'autres titres que sa poésie bien oubliée. Ils eurent l'un et l'autre des ambitions immenses et durent rêver d'être les Milton et les Klopstock français, ces ambitieux soucieux d'embrasser l'histoire universelle et n'ayant pas assez de génie pour cela.

Alexandre Soumet commença par faire dans *l'Incrédule,* 1808, le panégyrique de Napoléon ou de donner comme tout un chacun *la Naissance du roi de Rome,* comme il donnera quelques années plus tard *le Baptême du comte de Paris.* Il disparaîtrait dans la foule des néo-classiques si, à la charnière du romantisme, il ne montrait des qualités qui le font reconnaître et le situent assez loin de Viennet et des autres ennemis du jeune romantisme.

En effet, Hugo écrit à Vigny : « Soumet fait des vers superbes » et Vigny répond : « Il est le dieu auquel j'offre mon sacrifice. » Comme cela nous paraît étrange vu de loin! De nombreuses tragédies apportent à Soumet la renommée : *Clytemnestre,* 1822, *Saül,* 1822, *Cléopâtre,* 1824. Écoutant à Orange *Norma* de Bellini, il nous est arrivé de penser que tout le monde avait oublié son premier auteur, Soumet, en 1831. Oublions de citer d'autres tragédies fort turbulentes, des opéras comme *le Siège de Corinthe,* 1828, dont Rossini écrit la musique pour en venir à ce qui fut considéré comme une grande œuvre épique, au titre somptueux, *la Divine épopée,* 1841. Il a voulu se situer au niveau des plus grands, pensant à Dante, à Milton, à Klopstock.

C'est encore, comme chez Grainville, le dernier homme qu'accompagne la dernière femme, Idaméel et Sémida. La terre, l'enfer, le ciel sont les lieux de l'action. Idaméel est l'héritier du secret du feu, il peut redonner vie au soleil, il est doué d'une puissance cosmique, mais sur une terre morte, comme dans les romans de science-fiction, les premiers anges vont succéder aux derniers hommes. L'ambition était démesurée : bien que Soumet marchât avec la nouvelle école, il restait en lui trop de vieux procédés, ceux par exemple d'un Parny dans *la Guerre des dieux.* Soumet put donner le change pendant un temps : à défaut de puissance, il donnait de la fougue, à défaut d'énergie profonde une fausse violence. Et là, pas plus que dans *Jeanne d'Arc,* 1846, posthume, il ne réussit à enlever son sujet, un sujet trop grand pour un poète mal armé. Au fond, c'est le Victor Hugo de *la Fin de Satan* qui réussira là où il a échoué. Voici un exemple de sa manière dans l'épisode des enfants au paradis :

> Sous les arbres de nard, d'aloès et de baume,
> Chaque souffle de l'air, dans ce flottant royaume,
> Est un enfant qui vole, un enfant qui sourit
> Au doux lait virginal dont le flot le nourrit;
> Un enfant, chaque fleur de la sainte corbeille;
> Chaque étoile, un enfant; un enfant, chaque abeille.
> Le fleuve y vient baigner leurs groupes triomphants;
> L'horizon s'y déroule en nuages d'enfants,
> Plus beaux que tout l'éclat des vapeurs fantastiques
> Dont le couchant superbe enflamme ses portiques.

On préfère moins de souffle et plus de vérité dans une élégie fort connue dont on oublie souvent que Soumet en fut l'auteur. Elle a un ton lamartinien. C'est *la Pauvre fille :*

> J'ai fui ce pénible sommeil
> Qu'aucun songe heureux n'accompagne;
> J'ai devancé sur la montagne
> Les premiers rayons du soleil.
>
> S'éveillant avec la nature,
> Le jeune oiseau chantait sur l'aubépine en fleurs :
> Sa mère lui portait sa douce nourriture,
> Mes yeux se sont mouillés de pleurs.

Edgar Quinet, peut-être par tant de boulevards et de rues qui portent son nom, est plus connu. Écrivain, homme politique, il est un de ces maîtres du XIXᵉ siècle, comme Michelet, d'une vaste érudition littéraire. Connaissant bien la littérature, de l'Allemagne à l'Italie, des siècles du moyen âge à ses contemporains, on le trouve professeur de littérature étrangère à Lyon en 1839, professeur de langues et de littérature de l'Europe méridionale au Collège de France en 1842. Il fut, avec Jules Michelet qui, comme lui, combattit l'ultramontisme renaissant, un des maîtres à penser de la jeunesse. Après les révolutions de 1848 et de 1870, il fut élu député. Ennemi farouche de la réaction politique et religieuse, comme Hugo il passa le temps de l'Empire en exil. Homme de trois révolutions puisqu'il avait déjà salué celle de 1830 comme l'aube des temps nouveaux, il fut l'ami du peuple et de la liberté. Ce grand universitaire a fait de multiples travaux et il faudrait des pages et des pages pour en faire l'analyse. On pourrait aussi longuement parler de ses *Cinquante ans d'amitié avec Michelet* (c'est le titre d'un ouvrage de sa veuve paru en 1899), de son ami Mickiewicz, des vives polémiques d'érudits au Collège de France, de son mariage avec la fille du poète roumain Asachi (cela l'amena à publier *les Roumains*), de sa critique de la Révolution, de ses choix politiques, de son action pour l'instruction gratuite, etc. Influencé par Herder qu'il traduisit, auteur de tant d'articles de philosophie et d'histoire, de catholicisme et de politique, il incarne un important courant de son temps. Mais venons-en plutôt, puisque c'est notre domaine, à ces vastes épopées, comme dit Marcel Reinhard, à ces poèmes « plus intéressants par leur philosophie et par leur signification politique que par leur valeur littéraire ».

Ayant étudié les *Épopées inédites du XIIᵉ siècle,* 1831, où il apparaît dans la lignée de Chateaubriand, il a commencé en vers par écrire *Napoléon,* 1836, puis *Prométhée,* 1838, après un poème en prose *Ahasvérus,* 1833, « histoire du monde et de Dieu et du doute dans le monde » qui était bien meilleur : là, il n'était pas gêné par le travail du vers qui le fait rester en dessous de sa propre pensée. Car, comme Soumet, l'élan, la fougue lui tiennent lieu de puissance. *Ahasvérus* est un mystère en prose, un dialogue symbolique en quatre journées, précédées d'un prologue, suivies d'un épilogue et séparées par trois intermèdes. L'histoire ancienne est mise en œuvre autour de l'éternel Juif Errant que suit l'apocalyptique vengeance divine. Malgré une architecture élaborée, cette œuvre symbolique, bien dans la lignée de la nouvelle épopée romantique, souffre d'évidents défauts de composition et d'un style grandiloquant et ampoulé. Les meilleurs passages sont ceux où la satire et l'ironie s'exercent contre le mal social et disent le progrès et la liberté. Là, Quinet est proche de Goethe et de Robert Hamerling dans leurs interprétations du Juif Errant, la première n'ayant été publiée qu'à titre posthume en 1836, la seconde en 1866. On sait comme ce thème a inspiré le XIXᵉ siècle et il n'est que de citer les œuvres de Wordsworth, d'Arnim, de Schubert, d'Eduard von Schenk, de Paludan-Müller, d'Andersen, sans oublier l'opéra d'Halévy, le roman d'Eugène Sue et la chanson de Béranger.

Son *Napoléon* est d'une inspiration inégale, d'une fougue hardie en ses mètres divers, avec un élan exclamatif constant :

> Déserts! landes! sierras! gorges et défilés!
> Grottes! lacs! mers! forêts! toits et murs écroulés!
> Vipères du chemin à la langue acérée!
> Loups cerviers de Biscaye à la gueule ulcérée!
> Hidalgos! guérillas! saints d'Espagne et du Nord!
> San Iago! terre et cieux! criez tous : Mort! mort! mort!

Dans cette Saragosse, arène où se trouve le « fier taureau de Corse », tout est ennemi et l'évêque de Grenade, sur les cimes, appelle au secours la Vierge des assiégés et tous les saints :

> San Jorge! prêtez-nous votre casque divin.
> San Miguel! votre épée et son tranchant d'airain.
> San Diego! préparez le festin du carnage.
> San Bartolomeo! gardez mon héritage.
> San Fernando! soyez la tour de mon beffroi.
> San Pablo! conduisez l'épouvante après moi.

De litanies en litanies, d'épithètes souvent là pour la rime en énumérations de noms de lieux qu'on va parfois chercher très loin, le poète donne l'impression d'une inspiration vaste. Lamartine, quelque peu étonné, pourra dire : « On nous broierait tous dans un mortier que nous ne fournirions pas la quantité de poésie qu'il y a dans cet homme » et Théodore de Banville ajouter : « Véritable poète, il ne vécut que pour rendre les idées visibles, pour les incarner sur la terre, et, tout amour, il ne fit à aucun être vivant l'honneur de le haïr ou de le craindre. »

Son *Prométhée* surprit : son idéalisme touchait à la religion. Puis ce fut un poème dramatique publié à Bruxelles, *les Esclaves,* 1853, marquant son adieu aux vers. Malgré sa bonne volonté et sa vaste culture, il se perdait dans une masse de vers de mauvaise qualité :

> Veux-tu donc affranchir l'univers malgré lui?
> Qui t'a commis ce soin? Qui t'en prie aujourd'hui?
> — Moi-même. — Et de quel droit? — Du droit d'une grande âme.
> — Et s'il aime à dormir sur ce chevet infâme?
> S'il affiche l'opprobre au lieu de s'en cacher,
> Qui t'a fait si hardi que de l'en arracher?
> Ne peut-il à son gré vouloir qu'on l'emprisonne?
> La liberté te plaît? Mais qui la veut? Personne.

Jamais on ne fit aussi grand usage de points d'interrogation ou d'exclamation. On peut être grand esprit et mauvais poète, qui ne le sait?

D'autres épopées.

La Caroléide, à la gloire de Charlemagne, de Charles-Victor Prévot d'Arlincourt (1789-1856) fut achevée en 1818. Autrement dit, commencée sous Napoléon, elle continue dans le sens de la Restauration, le poème n'ayant d'autre originalité que de se plier aux nécessités de l'heure. Ce curieux personnage vivait dans un château normand, entouré d'un décor gothique, où il écrivait des romans unissant les mystères du roman noir aux dépaysements du style troubadour genre Walter Scott. Certains, à clefs, sont dirigés contre le gouvernement de Louis-Philippe. Balzac pourra trouver dans l'un d'eux, *le Brasseur-roi,* l'atmosphère flamande dont il avait besoin pour *la Recherche de l'Absolu.* Ce poète a souvent l'honneur de la citation pour son burlesque involontaire :

> J'habite la montagne et j'aime à la vallée.

> Mon père, en ma prison, seul à manger m'apporte.

Siméon Pécontal (1802-1872), de Montauban, a un titre proche de Dante et de Soumet, *la Divine Odyssée,* 1866, épopée philosophique où l'auteur lui-même parcourt le ciel et la terre, conte la genèse et les destinées humaines d'un point de vue catholique. Ses *Ballades et légendes,* 1856, aussi banales, sont plus légères. Il avait débuté par *la Première Ménippée,* 1831, poème anti-monarchiste. Si son drame *le Dernier homme* ne fut pas terminé, il fut apprécié de l'Académie française pour son poème religieux, *Volberg,* 1838.

Ossian est tout entier chez Auguste Fabre (1792-1839) dans *la Calédonie,* 1823. Son frère aîné, Victorin Fabre (1785-1831) se spécialisa dans les *Éloges* (Montaigne, Boileau, Corneille, La Bruyère) et fit un poème sur *la Mort de Henri IV.* D'Hubert Lauvergne (1800-1860), citons *le Jugement dernier,* 1845, et du Dr François, *Eleutherie ou la liberté,* 1839.

On cite pour mémoire des auteurs attardés, écrivant selon la manière de l'Empire, avec parfois quelques traits empruntés au jeune romantisme : Vincent-Marie Viénot de Vaublanc (1756-1845), né à Saint-Domingue, pour *les Derniers Césars,* en douze chants, 1819; Adolphe-Jules-César-Auguste Dureau de La Malle (1777-1857) pour un *Bayard* en douze chants, 1823; Philippe-Alexandre Le Brun des Charmettes (1785-1850) pour *l'Orléanide* en vingt-huit chants, 1819; Nicolas-Alexandre Guillemin (1779-1872) pour *Jeanne d'Arc* en douze chants, 1844; le Dr Jacquemard, pour *le Comte Vert de Savoie,* 1844; Jules Pautet (1799-1869) pour *Vercingétorix et César,* 1865; Édouard Mennechet (1794-1845) pour les courts poèmes historiques, comme *Henri IV et ses ministres,* dans *les Contes en vers.* Ces poètes s'inscrivent à la suite de ces cohortes épiques de l'Empire signalées à la fin du précédent volume de ce panorama et au début de celui-ci.

Un héros plus moderne est choisi par Claude-François Andrevettan (1802-1881) qui est Joseph de Maistre, dans *la Maistriade* qu'on ne cite que pour la curiosité, l'auteur étant mieux inspiré par *la Savoie poétique,* 1845.

Le ton épique, on le trouve aussi chez des poètes comme Ludovic de Vauzelles (né en 1828) dont *l'Ode sur la bataille* fut bien connue. Là, on observe un recul philosophique et moral :

> Des hommes qui sont morts en ce combat fameux,
> Beaucoup ne savaient pas ce que l'on voulait d'eux ;
>   Leur cœur était exempt de haines !
> Dans l'un et l'autre camp, peu leur ont survécu ;
> Mais chacun loua Dieu, pensant avoir vaincu,
>   Chacun vanta ses capitaines !
> Sur la cause et le but de cette œuvre de mort
> Plusieurs ont disputé sans se mettre d'accord.
>   Ô gloire ! ô misères humaines !

Recul aussi chez Hortensius Rousselin Corbeau de Saint-Albin (né en 1805), auteur d'une *Ode sur Lafayette,* qui semble s'en prendre aux grands de la terre :

> Quels sont-ils donc, ces rois, vous allez tous le dire !
> Car tous vous acceptez leur innocent empire ;
> De maints et maints combats ils sortent triomphants ;
> Des hommes ils n'ont pas la sagesse profonde,
> Mais, forts de leur faiblesse, ils oppriment le monde.

mais finalement quitte le ton de l'épopée pour nous dire : « Ces rois sont... nos enfants ! » Terminons sur cette malice pour nous consoler de tant d'enflures !

Bouquet de fleurs diverses.

La poésie descriptive est partout chez les romantiques : à la différence des contemporains de Saint-Lambert ou de l'abbé Delille, elle perd l'aspect d'inventaire qui veut être exhaustif pour s'infléchir aux mouvements de l'âme. Cependant l'aspect énumératif subsiste, mais plus volontiers dans la prose poétique : ainsi quand Chateaubriand dépeint la nature du Nouveau Monde ou détaille les mœurs humaines en allant jusqu'à décrire les vêtements, ou encore quand Mme de Staël donne la revue des musées d'Italie dans *Corinne.* La science avait tenté le génie de Chénier, mais après lui, après tant de poètes pour le poulailler ou le trictrac, en période de rénovation romantique, le problème se posa de cette poésie didactique qui avait été le plus souvent descriptive.

Lisons l'arrêt de Lamartine dans *Des Destinées de la poésie :* « La poésie sera de la raison chantée; voilà sa destinée pour longtemps. Elle sera philosophique, religieuse, sociale, comme les époques que le genre humain va traverser; elle sera intime surtout, personnelle, méditative et grave; non plus un jeu de l'esprit, un caprice mélodieux de la pensée légère et superficielle, mais l'écho profond, réel, sincère des plus hautes conceptions de l'intelligence, des plus mystérieuses impressions de l'âme. »

Beaucoup ne pensent pas comme lui : la poésie didactique reste pour eux un des grands genres, inséparable de la nature poétique, consacré par des chefs-d'œuvre. Les grandes applications de la vapeur, de l'électricité peuvent offrir un aliment à l'imagination. Des poètes ne se retiendront pas de les décrire, mais la progression incessante des sciences pourra leur apporter quelque découragement : les meilleurs y trouveront une exaltation du génie humain, mais transcenderont le simple inventaire versifié.

Bien que les matières didactiques du temps de Delille soient épuisées : la peinture, la chasse et la pêche comme aux temps lointains d'Oppien, quelques poètes les chantent encore. Charles Fournier des Ormes (1778-1853) donne encore *la Peinture,* 1837, et le comte Louis-Marie-Joseph de Chevigné (1793-1876), disciple attardé de René-Richard Castel, *la Chasse et la pêche,* avant de publier des *Contes rémois,* 1864, satiriques et grivois.

Peintre et architecte, Jean-Baptiste Couder (1797-1865), a l'idée de bâtir un palais cosmopolite pour les expositions de l'industrie à la grande exposition de 1867. Dans ses *Deux horizons,* 1862, on trouve l'exaltation de ladite *Industrie :*

> L'industrie est la reine, infatigable, ardente,
> Poursuivant l'œuvre de Flamel;
> Elle offre ses attraits à la foule imprudente,
> En rendant cet arrêt formel :
> L'art le plus grand de tous, celui qui seul rend libre,
> Qu'en secret on cherchait encor,
> Le feu dans le regard, et le feu dans la fibre,
> Est l'art, l'art de fabriquer l'or!

Il semble tout naturel à Pierre-Jean Lesguillon (1799-1873) de chanter *la Découverte de la vapeur.* Ce poète peut bien publier *Couronnes poétiques :* toutes les académies de province lui offrent des palmes. Il chante encore *le Télescope,* 1852, donne des drames en vers comme *Washington,* des romans comme *Marie Touchet.* Dans l'interminable *Proscription des moineaux,* il joue au moraliste en étirant son propos : il lui manque la fluidité et le juste poids des mots de La Fontaine. Rien de plus convenu que sa *Découverte de la vapeur.* Soit dit au passage, la fumeuse locomotive de Barthélemy, le « taureau de fer » de Vigny, le « coche humanitaire » de Musset, en attendant Franc-Nohain, Coppée, Jules Lemaitre, puis, Larbaud, Morand, Dekobra et Michel Butor, a beaucoup inspiré.

Xavier Aubryet (1823-1880), collaborateur d'Arsène Houssaye et pour la prose disciple de Barbey d'Aurevilly, préfère écrire un bien tardif *Poème des mois républicains,* 1875. Oscar de Poli (1838-1908) est plus au goût du jour, mais il est plus humoristique que didactique lorsqu'il chante *les Scaphandres :*

> Gloire au scaphandre! amis! à l'heure même
> Où les loyers deviennent hors de prix,
> Dieu nous octroie en sa bonté suprême
> Le sol des mers pour fixer nos logis.

Auprès des didactiques scientifiques qui chantent *la Vapeur* et *le Progrès* comme Adrien Aliez, *l'Ascension aérostatique* comme Hippolyte Baraduc, *les Progrès de l'esprit humain* comme Philippe Benoit, *les Ages, l'Étude, les Sens,* etc., comme Boutreux, il y a la foule des didactiques médicaux. Pierre-Auguste Avenel s'en prend aux sciences parallèles, Bacqueville de la Vasserie en veut au Dr Broussais dans *le Docteur et la dame,* 1829, mais Léonard Borie avait loué le même dans une *Épître à M. le Dr Broussais,* 1824. Il y a les réformateurs : J.-B. Renou avec *Hygimédie ou le monde médical réformé,* 1828, Antoine Miquel avec *la Médecine vengée,* 1819. Ou bien il y a des traités en vers comme au moyen âge : *l'Odontechnie ou l'art du dentiste,* 1825, par J. Marmont; *Traité d'hygiène moderne en vers français,* 1841, par J.-B. Demommerot; *la Maternité,* 1824, par Alexis Clerc, etc.

Citons encore un *Lapin mousquetaire,* recette de cuisine en vers du Dr Augustin Barbette, une *Archéologie gastronomique* du Dr Clément-Jules Briois, une étude sur *le Ver à soie,* 1840, du Dr Matthieu Bonnafous. Quant au Dr Maurice Mahot, après *les Racines de la langue grecque expliquées en vers français,* 1830, il s'en prendra aux racines latines.

Dramaturges en vers.

Puisque ce bouquet est disparate, signalons ici quelques dramaturges qui ont le plus souvent écrit en vers. Là encore, nous rejoignons un domaine où la poésie du passé reste présente. Deux membres de l'Académie française ont dû leur succès uniquement au théâtre : Ponsard et Augier, le premier plus moderne que le second, les deux décollant difficilement du classicisme.

La tragédie *Lucrèce,* 1843, qu'on pourrait situer entre Corneille et les romantiques, de François Ponsard (1814-1867) a pu laisser croire que, face à la nouvelle école, trop exaltée, une école du bon sens venait de naître. On y pouvait trouver le goût classique et le sens de la vie moderne : de quoi plaire aux tièdes. Ses autres pièces de théâtre ne dévièrent pas de cette ligne : *Agnès de Méranie,* 1846, *Charlotte Corday,* 1850, *les Girondins,* d'après Lamartine, des comédies antiques et des tragédies archéologiques, et puis *le Lion amoureux,* 1866, bon tableau des mœurs du Directoire, *Galilée,* 1867, plaidoyer en faveur de la liberté de la science. Ponsard, homme réservé, modeste, fut respecté. Si on l'opposa à Victor Hugo qui donnait *les Burgraves* en même temps que sa *Lucrèce,* on le voit comme une caricature de son grand rival :

> Et, prodige nouveau! les gouttes ruisselantes
> Qui coulaient de mon cœur sur les pierres sanglantes,
> Enfantaient en tombant de nombreux bataillons
> Plus serrés qu'on ne voit les blés dans les sillons.
> Et tous les combattants, dont l'air était superbe,
> Portaient pour leur enseigne, au lieu du faisceau d'herbe,
> Une pique d'airain, avec un aigle d'or
> Qui menaçait le sud, l'est, l'ouest et le nord.

Certains passages de *Galilée* sont didactiques :

> Soleil, globe de feu, gigantesque fournaise,
> Chaos incandescent où bout une genèse,
> Océan furieux où flottent éperdus
> Les liquides granits et les métaux fondus,
> Heurtant, brisant, mêlant leurs vagues enflammées
> Sous de noirs ouragans tout chargés de fumées;
> Houle ardente, où parfois nage un îlot vermeil,
> Tache aujourd'hui, demain écorce du soleil;
> Autour de toi se meut, ô fécond incendie,
> La terre, notre mère, à peine refroidie;
> Et, refroidis comme elle et comme elle habités,
> Mars sanglant, et Vénus, l'astre aux blanches clartés :
> Dans tes proches splendeurs, Mercure qui se baigne,
> Et Saturne en exil aux confins de ton règne;
> Et par Dieu, puis par moi, couronné dans l'éther
> D'un quadruple bandeau de lunes, Jupiter.

Dans cette suite où défilent les mondes, le souffle poétique passe au détriment de l'action scénique. On ne le regrette pas. Il y a ainsi dans le théâtre de Ponsard de fort bons passages, mais qui les lira?

Ponsard était de Vienne (Isère). Son voisin de Valence (Drôme), son confrère au théâtre, Émile Augier (1820-1889) n'a pas ces qualités. Ce conservateur libéral et anticlérical apparaît plus bourgeois que romantique. Il a travaillé avec Musset, Jules Sandeau et le moins connu Édouard Foussier. Il a voulu réhabiliter la vertu dans *l'Homme de bien, l'Aventurière, Gabrielle.* On connaît encore *le Gendre de Monsieur Poirier.* Les vers de ses pièces ont la platitude de la prose rimée :

> Mathilde... Rien ne coûte ici des choses de la vie;
> Notre table est toujours abondamment servie :
> C'est la chasse qui paie, avec la basse-cour.
> Nous avons neuf chevaux, des chevaux de labour,
> Si tu veux, mais qui vont encore à la voiture,
> Et même n'y font pas trop mauvaise figure.
> Nous avons cinq valets, valets de ferme, soit!
> Mais dont le dévouement à rien n'est maladroit.
> Le pain se fait chez nous, et chez nous la lessive, etc.

Entre classicisme dévalué et romantisme timide, citons l'ingénieur Antoine Andraud (1795-1859), inventeur pour l'industrie, mais sans imagination poétique dans des drames comme *Philippe III.* Paul Lacroix (1807-1884) qu'on appelait « le Bibliophile Jacob » versa une autre forme de poésie par ses recherches, tandis que son frère cadet Jules Lacroix (1809-1887), beau-frère de Balzac, faisait des pièces et des adaptations du théâtre de Shakespeare, *Macbeth, le Roi Lear,* par exemple. Ses recueils, *Pervenches,* 1834, *l'Année infâme,* 1872, sont anodins. Sa *Jeunesse de Louis XI,* 1859, drame en vers, compte des vers de ce genre :

> Ambitieux, cruel, froid comme la vipère,
> Il marcherait au but sur le corps de son père.

Le Rouennais Émile Coquatrix se spécialise dans les comédies en vers comme *la Jeunesse de Corneille* ou *Il ne faut pas jouer avec le feu.* Il s'insurge contre la claque au théâtre :

> Non, Molière, Racine et Corneille encor moins,
> En quête du succès ne faisaient point de ligue.
> Les bravos du parterre, ils les avaient sans brigue,
> Et leurs vers inspirés, pour remuer les cœurs,
> N'avaient aucun besoin de l'appui des claqueurs.

Les Femmes poètes
du romantisme

I

Marceline Desbordes-Valmore

Le Roman de sa vie.

A LA naissante aurore du romantisme règne une femme, Marceline Desbordes-Valmore (1786-1859), pseudonyme de Marceline-Félicité-Josephe Desbordes, épouse de François-Prosper Lanchantin, dit Valmore. Deux siècles et demi après Louise Labé, un peu plus même, apparaît une femme poète dont le génie est digne de celui de la Belle Cordière.

Sa vie commence comme un roman. Sa famille ayant été ruinée par la Révolution, sa mère, Catherine, décida de partir en Guadeloupe où une de ses cousines avait fait fortune. Elle emmena Marceline. De Paris à Bordeaux, pour subsister et poursuivre le voyage, l'adolescente, dont les études ne dépassent pas l'école primaire, joue des rôles de fillette ou d'ingénue dans les théâtres : Rochefort, Pau, Toulouse, Tarbes, faisant ainsi l'apprentissage d'une vie qui sera errante. Finalement, on embarque, et, malgré les escadres de Nelson, on atteint Basse-Terre en 1801. Au lieu d'un paradis, elles trouvent un territoire en état d'émeute où sévit une épidémie de fièvre jaune dont la mère meurt bientôt.

De retour à sa ville natale, Douai, Marceline débute comme cantatrice. Ce sera désormais sa vocation. Elle chante à Rouen avant d'entrer, grâce à la protection de Grétry, à l'Opéra-Comique. Des liaisons se nouent, l'une d'elles la laissera brisée. Elle a un fils, peut-être d'Henri de Latouche, qui mourra à l'âge de cinq ans. Allant de théâtre en théâtre, à la Monnaie de Bruxelles, elle connaît un vif succès en interprétant la Rosine du *Barbier de Séville*. C'est là qu'elle rencontre le comédien Valmore : ils se marient en 1817. Deux ans après paraît son premier recueil. Le couple connaît une existence précaire, à croire que depuis son enfance Marceline est prédestinée à la misère et au malheur. Sans avoir, comme elle le dit elle-même, « rien appris, rien lu » elle est naturellement poète, les circonstances de sa vie l'inspirant et la conduisant vers la douceur mélancolique de l'élégie. Son mari n'a pas non plus de chance. Tandis qu'il court après le cachet, à Paris, à Lyon, à Rouen, à Bordeaux, à Milan, à Paris de nouveau, Marceline qui abandonne son métier de cantatrice dès 1823, est mère par trois fois : Hippolyte, Hyacinthe qui sera Ondine, Inès. Elle connaît des amitiés fidèles : Mme Récamier, Mlle Mars, la musicienne Pauline Duchambge la protègent.

La publication des livres de poésie apporte de la lumière dans cette vie bohème, dans cette odyssée romanesque assombrie par la misère latente, les amours malheureuses, les souffrances durables. Après le premier livre, ce seront successivement : *Élégies et poésies nouvelles,* 1825, *Poésies,* 1830, *les Pleurs,* 1833, *Pauvres fleurs,* 1839, *Bouquets et prières,* 1843. Un choix a été préfacé par Sainte-Beuve. Elle a donné des contes en prose. La muse de *la Muse française* est appréciée par les plus grands et comme sa poésie est en avance sur son temps, laissant préfigurer le symbolisme de Verlaine, l'admiration durera longtemps. Il faut répéter ce que disent d'elle les poètes émus par tant de grâce et tant de talent.

Début 1821, Victor Hugo écrit : « Sa douleur est toute terrestre, à moins qu'elle ne devienne maternelle. Il me semble que Mme Desbordes-Valmore n'a encore obtenu que la moitié du triomphe réservé à un talent tel que le sien; ses vers passionnés vont au cœur; qu'elle leur imprime un caractère religieux, ils iront à l'âme. » En 1839, Lamartine la salue :

> ...l'oiseau que ta voix imite
> T'a prêté sa plainte et ses chants,
> Et plus le vent du nord agite
> La branche où ton malheur s'abrite,
> Plus ton âme a des cris touchants.

Vigny la proclame « le plus grand esprit féminin de son temps ». Alexandre Dumas veut préfacer *les Pleurs.* En 1842, Sainte-Beuve la définit avec enthousiasme : « Si quelqu'un a été servi dès le début, c'est bien elle : elle a chanté comme l'oiseau chante, comme la tourterelle gémit, sans autre science que l'émotion du cœur, sans autre moyen que la note naturelle. De là, dans les premiers chants surtout qui lui sont échappés, avant aucune lecture, quelque chose de particulier et d'imprévu, d'une simplicité un peu étrange, élégamment naïve, d'une passion ardente et ingénue, et quelques-uns de ces accents inimitables qui vivent et qui s'attachent pour toujours dans les mémoires aimantes à l'expression de certains sentiments, de certaines douleurs. »

Il semble que son entourage conspire pour ajouter à sa tristesse. Sa fille Inès, phtisique, meurt à sa majorité; ses amies Mme Réca-mier et Mlle Mars disparaissent à leur tour; Ondine perd son unique enfant à quatre mois et meurt à trente ans; le frère de Marceline, Félix, est mort et morte est Pauline Duchambge. Lorsque la plus belle incarnation du romantisme chez les femmes, Marceline Desbordes-Valmore, brisée par ces deuils, par la misère et l'aban-don, par ses déchirements, quittera ce monde, ce sera dans un triste logement de la rue de Rivoli. Un de ses amis fervents, Gus-tave Revillod, recueillera à Genève ses *Poésies inédites* qui ne sont pas des fonds de tiroir puisqu'elles contiennent des chefs-d'œuvre.

On s'apercevra que Marceline représente un phénomène poétique. Poète à l'état sauvage et non femme de haute culture, elle a su faire chanter son désespoir en notes vaporeuses, dans des tons ombrés, avec de la douleur et de la tendresse, un art que l'on dirait verlainien s'il n'était apparu avant le Verlaine des *Romances sans parole.* C'est par Arthur Rimbaud que ce dernier la découvrit et il devait en être profondément marqué : « Nous proclamons à haute et intelligible voix que Mme Desbordes-Valmore est tout bonnement la seule femme de génie et de talent de ce siècle, en compagnie de Sappho peut-être et de sainte Thérèse. »

Ainsi, après les grands romantiques, cette sœur de Lamartine qui vibrait tant à sa lecture comme devant Vigny, car elle était tout enthousiasme et tout amour devant la poésie, cette femme simple et sans apprêts qui annonçait le symbolisme, cet être de souffrance qui changeait le mal en rêve, fut aimée et admirée par les plus difficiles. Même ce misogyne de Barbey d'Aurevilly l'a reconnue : « C'est la passion et la pudeur dans leurs luttes pâles ou rougis-santes, c'est la passion avec ses flammes, ses larmes, j'allais presque dire son innocence, tant ses regrets et ses repentirs sont amers! La passion avec son cri surtout. C'est quand elle est poète, la poésie du cri que Mme Desbordes-Valmore! » Et l'on ne peut se dispenser de citer Baudelaire : « Si le cri, si le soupir naturel d'une âme d'élite, si l'ambition désespérée du cœur, si les facultés soudaines, irréfléchies, si tout ce qui est gratuit et vient de Dieu suffisent à faire le grand poète, Marceline Valmore est et sera toujours un grand poète. Il est vrai que si vous avez le temps de remarquer tout ce qui lui manque de ce qui peut s'acquérir par le travail, sa gran-deur se trouvera singulièrement diminuée, mais au moment même où vous vous sentirez le plus impatienté et désolé par la négli-gence, par le cagot, par le trouble, que vous prenez, vous, homme réfléchi et toujours responsable, pour un parti pris de paresse, une beauté soudaine inattendue, non égalable, se dresse, et vous voilà enlevé irrésistiblement au fond du ciel poétique. Jamais aucun poète ne fut plus naturel, aucun ne fut jamais moins artificiel. Personne n'a pu imiter ce charme; parce qu'il est tout original et natif. »

L'Enfance et la mémoire.

Celui qui se limiterait à la lecture du poème de Marceline Desbordes-Valmore le plus répandu, celui des anthologies et des récitations scolaires, *l'Oreiller d'un enfant,* pourrait ne pas comprendre tant d'enthousiasme chez les plus grands, non que le poème soit négligeable, mais parce que, mièvre, il lui reste un peu de Mme Deshoulières :

> Cher petit oreiller! doux et chaud sous ma tête,
> Plein de plume choisie; et blanc! et fait pour moi!
> Quand on a peur du vent, des loups et de la tempête,
> Cher petit oreiller! que je dors bien sur toi!

N'oublions pas que Marceline fit partie des humiliés de la vie. « Faible, dit Anatole France, elle obsédait les puissants pour leur arracher des grâces. » Pour parler plus simplement, elle était astreinte, comme maints poètes (il suffit de lire la *Correspondance* de Baudelaire pour voir qu'il fut son frère en impécuniosité) à demander des aides, en bref une discrète mendicité. Or, Pauline Duchambge mettait en musique ces romances sentimentales qui permettaient à Marceline de gagner sa vie. Cependant, elle est tellement authentiquement poète, tellement artiste qu'elle peut arriver à ce qu'une simple berceuse touche à la féerie, au charme des comptines :

> Si l'enfant sommeille,
> Il verra l'abeille,
> Quand elle aura fait son miel,
> Danser entre terre et ciel.
>
> Si l'enfant repose,
> Un ange tout rose,
> Que la nuit seule on peut voir,
> Viendra lui dire : « Bonsoir! »
>
> Si l'enfant est sage,
> Sur son doux visage,
> La Vierge se penchera,
> Et longtemps lui parlera.

Si mon enfant m'aime,
Dieu dira lui-même :
J'aime cet enfant qui dort.
Qu'on lui porte un rêve d'or!

« Fermez ses paupières,
Et sur ses prières,
De mes jardins pleins de fleurs
Faites glisser les couleurs.

« Ourlez-lui des langes
Avec vos doigts d'anges,
Et laissez sur son chevet
Pleuvoir votre blanc duvet...

D'autres poèmes pour enfants sont teintés de réalisme bien doux, bien pâle, qui put plaire à des mentalités sensibles autres que celles d'aujourd'hui.

Comment Marceline vint-elle à la poésie? Elle renonça au théâtre et chanta d'une autre façon. Mais nul ne nous renseignera mieux qu'elle-même : « Le bruit de ma voix me faisait pleurer; mais la musique roulait dans ma tête malade, et une mesure toujours égale arrangeait mes idées à l'insu de mes réflexions. Je fus forcée de les jeter sur le papier pour me délivrer de ce frappement fiévreux; et l'on me dit que ce que je venais d'écrire était une élégie. » Si sa plus grande gloire n'est pas dans ces premiers poèmes, ils ne sont pas, malgré des défauts, inintéressants. Marceline poursuit : « M. Alibert, qui soignait ma santé devenue très frêle, me conseilla d'écrire, comme moyen de guérison, n'en connaissant pas d'autre. J'ai suivi l'ordonnance sans avoir rien appris, rien lu, ce qui me causa longtemps une fatigue pénible, car je ne pouvais jamais trouver de mots pour rendre ma pensée. » Marceline ne sera pas un esprit fort. L'amante et la mère sont présentes chez elle : elle est entièrement femme au sens où on l'entendait alors.

Elle a écrit pour l'enfant, elle a aussi naturellement fait revivre sa propre enfance dans ses vers, ayant la passion de sa Flandre natale qu'elle a fait revivre avec une intensité particulière. Comme Colette fera revivre sa mère, Marceline ne cesse dans maints poèmes de la revoir. Dans *Tristesse,* elle évoque ce passé :

N'irai-je plus courir dans l'enclos de ma mère?
N'irai-je plus m'asseoir sur les tombes en fleurs?
D'où vient que des beaux ans la mémoire est amère?
D'où vient qu'on aime tant une joie éphémère?
D'où vient que d'en parler ma voix se fond en pleurs?

C'est que, pour retourner à ces fraîches prémices,
A ces fruits veloutés qui pendent au berceau,
Prête à se replonger aux limpides calices
De la source fuyante et des vierges délices,
L'âme hésite à troubler la fange du ruisseau.

Quel effroi de ramper au fond de sa mémoire,
D'ensanglanter son cœur aux dards qui l'ont blessé,
De rapprendre un affront que l'on crut effacé,
Que le temps... que le ciel a dit de ne plus croire,
Et qui siffle aux lieux même où la flèche a passé!

. . . .

Oui! c'était une fête, une heure parfumée;
On moissonnait nos fleurs, on les jetait dans l'air;
Albertine riait sous la pluie embaumée;
Elle vivait encor; j'étais encore aimée!
C'est un parfum de rose... il n'atteint pas l'hiver.

Et aussi dans *l'Impossible* :

Quand l'amour de ma mère était mon avenir,
Quand on ne mourrait pas encor dans ma famille,
Quand tout vivait pour moi, vaine petite fille!
Quand vivre était le ciel, ou s'en ressouvenir;

Quand j'aimais sans savoir ce que j'aimais, quand l'âme
Me palpitait heureuse, et de quoi? Je ne sais;
Quand toute la nature était parfum et flamme,
Quand mes deux bras s'ouvraient devant ces jours... passés.

De telles intonations étonnent tant elles diffèrent de celles de ses frères romantiques par une spontanéité qu'ils ne rejoignent guère. Et pourtant, elle n'est pas toujours éloignée de ce Lamartine qu'elle aime tant et dont elle a parfois la prolixité. Des titres encore : *Sol natal, Jours d'été, la Fileuse et l'enfant* sont significatifs de sa nostalgie du passé. Voici le début de *la Maison de ma mère* :

Maison de la naissance, ô nid, doux coin du monde!
Ô premier univers où mes pas ont tourné!
Chambre ou ciel, dont le cœur garde la mappemonde,
Au fond du temps je vois ton seuil abandonné.
Je m'en irai aveugle et sans guide à ta porte,
Toucher le berceau nu qui daigna me nourrir;
Si je deviens âgée et faible, qu'on m'y porte!
Je n'y pu vivre enfant; j'y voudrais bien mourir;
Marcher dans notre cour où croissait un peu d'herbe,
Où l'oiseau de nos toits descendait boire, et puis,
Pour coucher ses enfants, becquetait l'humble gerbe,
Entre les cailloux bleus que mouillait le grand puits!

Et toujours la mémoire dans *Sol natal* :

> Mémoire! étang profond couvert de fleurs légères;
> Lac aux poissons dormeurs tapis dans les fougères,
> Quand la pitié du temps, quand son pied calme et sûr,
> Enfoncent le passé dans ton flot teint d'azur,
> Mémoire! au moindre éclair, au moindre goût d'orage,
> Tu montres tes secrets, tes débris, tes naufrages,
> Et sur ton voile ouvert les souffles les plus frais,
> Ne font longtemps trembler que larmes et cyprès!

On voudrait citer tant de poèmes! Il y a toujours la note de vérité, le rien qui vient de soi et qu'aucune tradition littéraire ne saurait apporter, comme dans *Un Ruisseau de la Scarpe* :

> Oui, j'avais des trésors... j'en ai plein ma mémoire.
> J'ai des banquets rêvés où l'orphelin va boire.
> Oh! quel enfant des bleds, le long des chemins verts,
> N'a, dans ses jeux errants, possédé l'univers?
>
> Emmenez-moi, chemins!... Mais non, ce n'est plus l'heure,
> Il faudrait revenir en courant où l'on pleure,
> Sans avoir regardé jusqu'au fond du ruisseau
> Dont la vague mouilla l'osier de mon berceau.
>
> Il courait vers la Scarpe en traversant nos rues
> Qu'épurait la fraîcheur de ses ondes accrues;
> Et l'enfance aux longs cris saluait son retour
> Qui faisait déborder tous les puits alentour.
>
> Écoliers de ce temps, troupe alerte et bruyante,
> Où sont-ils vos présents jetés à l'eau fuyante?
> Le livre ouvert, parfois vos souliers pour vaisseaux,
> Et vos petits jardins de mousse et d'arbrisseaux?
>
> Air natal! aliment de saveur sans seconde,
> Qui nourrit tes enfants et les baise à la ronde;
> Air natal imprégné des souffles de nos champs,
> Qui fait les cœurs pareils et pareils les penchants.

Marceline l'Amoureuse.

Dans les plus belles élégies, Marceline livre sans cesse la chanson de la mal-aimée. Pour elle qui n'a jamais triché, l'amour est offrande et don total de soi-même, le cœur, le corps et l'âme, et c'est une source de joies extraordinaires autant que rapides et de tristesses qui peuvent durer tout le temps d'une vie. Jusqu'à la mort, elle dira l'homme aimé dont elle taira le nom et pleurera l'abandon, exaltant son amour plus plein et plus grand peut-être

d'avoir été déçu. Cet amour est ce qui la ramène constamment à
la poésie; il est la voix sans réponse qui se répète en mille variations, avec ses plaintes et ses appels, ses pudeurs et ses cris passionnés qu'elle ne peut retenir. Ce bel amour trahi, espérant contre
toute espérance, se dépasse lui-même dans le chant de la vie plus
forte que tout, car l'amour ne vit que par la vie.

L'élégie éplorée, l'élégie de ceux qui se complaisent à leurs
propres larmes, chez elle prend un autre ton. Point de ces épanche-
ments lyriques qui ne sont souvent qu'un mode théâtral d'exaltation du moi. Mais, écoutons ces appels :

> Ma sœur, il est parti! ma sœur, il m'abandonne!
> Je sais qu'il m'abandonne et j'attends et je meurs,
> Je meurs. Embrasse-moi, pleure pour moi... pardonne...
> Je n'ai pas une larme et j'ai besoin de pleurs.
> Tu gémis? Que je t'aime! Ah! jamais le sourire
> Ne te rendis plus belle aux plus beaux de nos jours.
> Tourne vers moi les yeux, si tu plains mon délire.
> Si tes yeux ont des pleurs, regarde-moi toujours.
> Mais retiens tes sanglots. Il m'appelle, il me touche,
> Son souffle en me cherchant vient d'effleurer ma bouche.
> Laisse, tandis qu'il brûle et passe autour de nous,
> Laisse-moi reposer mon front sur tes genoux.

Ici, Marceline, maladroite, n'est guère économe de mots. Peu à
peu, elle trouvera plus de rigueur :

> Quand il pâlit un soir, et que sa voix tremblante
> S'éteignit tout à coup dans un mot commencé;
> Quand ses yeux, soulevant leur paupière brûlante,
> Me blessèrent d'un mal dont je le crus blessé;
>
> Quand ses traits plus touchants, éclairés d'une flamme
>   Qui ne s'éteint jamais,
> S'imprimèrent vivants dans le fond de mon âme :
>   Il n'aimait pas, j'aimais!

Certaines élégies sont des messages en vers, des lettres amoureuses, des billets jetés dans le feu de la passion :

> Nous mourrons désunis; n'est-ce pas, tu le veux?
> Pour t'oublier, viens voir!... qu'ai-je dit? vaine étude,
> Où la nature apprend à surmonter ses cris,
> Pour déguiser mon cœur, que m'avez-vous appris?
> La vérité s'élance à mes lèvres sincères;
> Sincère, elle t'appelle, et tu ne l'entends pas!

Sincère : cela l'exprime tout entière. C'est le titre qu'elle donne
à un poème léger comme une chanson :

Veux-tu l'acheter?
Mon cœur est à vendre.
Veux-tu l'acheter,
Sans nous disputer?

Dieu l'a fait d'aimant,
Tu le feras tendre;
Dieu l'a fait d'aimant
Pour un seul amant!

Moi, j'en fais le prix;
Veux-tu le connaître?
Moi, j'en fais le prix;
N'en sois pas surpris.

. . . .

L'âme doit courir
Comme une eau limpide;
L'âme doit courir,
Aimer! et mourir.

Elle sait la chanson douce « qui ne pleure que pour vous plaire »
dira Verlaine. Elle aime les échos :

Quand les cloches du soir, dans leur lente volée,
Feront descendre l'heure au fond de la vallée;
Quand tu n'auras plus d'amis, ni d'amours près de toi;
    Pense à moi! pense à moi!

Car les cloches du soir avec leur voix sonore,
A ton cœur solitaire iront parler encore;
Et l'air fera vibrer ces mots autour de toi :
    Aime-moi! aime-moi!

On ne se lasse pas d'écouter ses accents, comme dans *Avant
toi :*

Ma vie, elle avait froid, s'alluma dans la tienne,
Et ma vie a brillé, comme on voit au soleil,
Se dresser une fleur sans que rien la soutienne;
Rien qu'un baiser de l'air, rien qu'un rayon vermeil,
Un rayon curieux, altéré de mystère,
Cherchant sa fleur d'exil attachée à la terre,
Et si tu descendis de si haut pour me voir,
C'est que je t'attendais à genoux, mon espoir!

Ou bien quand elle dit *les Séparés :*

N'écris pas. Je suis triste, et je voudrais m'éteindre.
Les beaux étés sans toi, c'est la nuit sans flambeau.
J'ai refermé mes bras qui ne peuvent t'atteindre,
Et frapper à mon cœur, c'est frapper au tombeau.
    N'écris pas!

Et, dans *Ma Chambre,* une voix si douce, si émouvante, si musicale. Ô Verlaine! celle que tu admirais tant a trouvé avant toi ces rythmes simples, ces mots de tous les jours si bien unis, si bien mariés, ce dépouillement qui fait la vraie poésie :

> Ma demeure est haute,
> Donnant sur les cieux;
> La lune en est l'hôte,
> Pâle et sérieux :
> En bas que l'on sonne,
> Qu'importe aujourd'hui?
> Ce n'est plus personne,
> Quand ce n'est plus lui!
>
> Aux autres cachée,
> Je brode mes fleurs;
> Sans être fâchée,
> Mon âme est en pleurs;
> Le ciel bleu sans voiles,
> Je le vois d'ici;
> Je vois les étoiles :
> Mais l'orage aussi!

On voudrait citer en écho « Le ciel est par-dessus le toit... » Un écho du classicisme passe parfois, mais en ce qu'il a de meilleur :

> Parle-moi doucement! sans voix, parle à mon âme;
> Le souffle appelle un souffle, et la flamme une flamme.
> Entre deux cœurs charmés il faut peu de discours,
> Comme à deux filets d'eau peu de bruit dans leur cours.

Et un rien de Racine ne se cache-t-il pas dans les vers qui suivent?

> Sais-tu ce qu'il m'a dit? Des reproches... des larmes
> Il sait pleurer, ma sœur!
> Ô Dieu! que sur son front la tristesse a de charmes!
> Que j'aimais de ses yeux la brûlante douceur!

Sa poésie est-elle toujours innocente? Sans doute témoigne-t-elle de plus d'art et de plus de connaissance qu'elle ne l'avoue elle-même. D'un recueil à l'autre apparaît plus de qualité. Son secret est de ne jamais perdre sa spontanéité première. Et puis, comme elle a dit, « la musique roulait dans ma tête malade » : les mélodies qu'elle chantait lui ont laissé leurs douces harmonies.

« La terre ne rompt pas ce que le ciel assemble. »

Elle n'est pas plus femme que mère. Les deux en elle s'unissent. Dans *Un nouveau-né,* elle s'écrie :

Bien venu, mon enfant, mon jeune, mon doux hôte!
Depuis une heure au monde : oh! que je t'attendais!
Que j'achetais ta vie! hélas! est-ce ta faute?
Oh! non, ce n'est pas toi qu'en pleurant je grondais.
Toi, ne souffrais-tu pas, même avant que de naître?
Ne m'as-tu pas aidée enfin à nous connaître?
Oui, tu souffrais aussi, petite ombre de moi,
Enfant né de ma vie où je reste pour toi.

Et dans *Prière pour mon amie :*

Un enfant! un enfant! ô seule âme de l'âme!
Palme pure arrachée au malheur d'être femme!

Hippolyte, Ondine, Inès : ses trois enfants lui inspirent des poèmes divers. Ainsi, *A mon fils après l'avoir conduit au collège :*

Quand on pense qu'il faut s'en détacher vivante.
Lui choisir une cage inconnue et savante,
Le conduire à la porte et dire : « Le voilà!
Prenez, moi je m'en vais... » — C'est Dieu qui veut cela!

Même chant quand elle écrit *Ondine à l'école* qui fait penser non seulement par la similitude du titre, mais aussi par ce qui lui ressemble à la Colette de *Claudine à l'école* :

Vous entriez, Ondine, à cette porte étroite,
Quand vous étiez petite, et vous vous teniez droite;
Et quelque long carton sous votre bras passé
Vous donnait on ne sait quel air grave et sensé
Qui vous rendait charmante. Aussi votre maîtresse
Vous regardait venir, et fière avec tendresse,
Opposant votre calme aux rires triomphants,
Vous montrait pour exemple à son peuple d'enfants;
Et du nid studieux l'harmonie argentine
Poussait à votre vue : « Ondine! Ondine! Ondine! »

Deux poèmes pour Inès étonnent par ce qui les sépare. Le premier, intitulé *Inès,* touche à l'élégie :

Je ne dis rien de toi, toi, la plus enfermée,
Toi, la plus douloureuse, et non la moins aimée!
Toi, rentrée en mon sein, je ne dis rien de toi
Qui souffres, qui te plains, et qui meurs avec moi!

Le sais-tu maintenant, ô jalouse adorée,
Ce que je te vouais de tendresse ignorée?
Connais-tu maintenant, me l'ayant emporté,
Mon cœur qui bat si triste et pleure à ton côté?

Le second, *Amour partout,* prend un ton populaire se référant au langage d'époque :

T'es ma fille! T'es ma poule!
T'es le petit cœur qui roule
Tout à l'entour de mon cœur!
T'es le p'tit Jésus d'ta mère!
Tiens! gnia pas d'souffrance amère
Que ma fill' n'en soit l'vainqueur.

Gnia pas à dir, faut qu'tu manges.
Quoiqu'tu vienn's d'avec les anges,
Faut manger pour bien grandir.
Mon enfant, j't'aim'tant qu'ça m'lasse
C'est comme un' cord' qui m'enlace,
Qu'ça finit par m'étourdir.

Qué qu'ça m'fait si m' manqu' queuqu'chose,
Quand j'vois ton p'tit nez tout rose,
Tes dents blanch's comm' des jasmins;
J'prends tes yeux pour mes étoiles,
Et quand j'te sors de tes toiles
J'tiens l'bon Dieu dans mes deux mains.

Ne pense-t-on pas à un poète patoisant de ch'nord comme Des-rousseaux, aux vieilles complaintes? Et puis, n'y a-t-il pas déjà un zeste de Laforgue, un rien de Corbière? Sans cesse chez Marceline, des chansonnettes en vers courts alternent avec les poèmes d'une inspiration plus grave. Elle peut chanter comme Verlaine, comme Apollinaire, comme Carco, on le voit ici :

Vous aviez mon cœur,
Moi j'avais le vôtre;
Un cœur pour un cœur,
Bonheur pour bonheur.

Tant de diversité, tant de liberté dans l'écriture émerveille, et aussi que partout, toujours, on reconnaisse la même personnalité, la même voix à travers tant de voix diverses, une musique douce, ineffable unissant le tout dans son harmonie mystérieuse. La mère, l'amante ont la même caresse dans le chant.

« Pour regarder de près ces aurores nouvelles. »

« Voici des fruits, des fleurs, des feuilles et des branches », écrira Verlaine, si proche des *Roses de Saadi* de Marceline, ces tercets chargés de parfums voluptueux :

J'ai voulu, ce matin, te rapporter des roses;
Mais j'en avais tant pris dans mes ceintures closes
Que les nœuds trop serrés n'ont pu les contenir.

Les nœuds ont éclaté. Les roses envolées
Dans le vent, à la mer s'en sont toutes allées.
Elles ont suivi l'eau pour ne plus revenir.

La vague en a paru rouge et comme enflammée :
Ce soir ma robe encore en est tout embaumée...
Respires-en sur moi l'odorant souvenir.

Les noms de poètes qui s'imposent à nous en la lisant ne viennent pas des périodes qui l'ont précédée, mais de celles qui suivent, et son influence, évidente sur Verlaine et les symbolistes, est plus secrète chez d'autres. Ainsi, Francis Jammes qui aima Clara d'Ellébeuse n'a-t-il pas lu certaine *Rose flamande* de Marceline? Il y a dans ce poème en décasyllabes avec césure au cinquième pied, non seulement une coupe peu usitée, mais aussi un ton de simplicité inhabituel en son temps :

C'est là que j'ai vu Rose Dassonville,
Ce mouvant miroir d'une rose au vent.
Quand ses doux printemps erraient par la ville,
Ils embaumaient l'air libre et triomphant.

Et chacun disait en perçant la foule :
« Quoi! belle à ce point?... Je veux voir aussi... »
Et l'enfant passait comme l'eau qui coule
Sans se demander : « Qui voit-on ici? »

Un souffle effeuilla Rose Dassonville.
Son logis cessa de fleurir la ville,
Et, triste aujourd'hui comme le voilà,
   C'est là!

« Et l'enfant passait comme l'eau qui coule » : on pense encore au *Pont Mirabeau* né du rythme d'une chanson de toile médiévale. Et l'on peut trouver aussi dans ce court poème, d'apparence anodine, un peu de ce fantastique quotidien qui plaira tant chez Mac Orlan ou dans certains poèmes d'Armand Lanoux.

Dans maints poèmes religieux, comme ce *Cantique des mères,* on pense à Charles Péguy :

Reine pieuse aux flancs de mère,
Écoutez la supplique amère,
Des veuves aux rares deniers,
Dont les fils sont vos prisonniers :
Si vous voulez que Dieu vous aime
Et pardonne au geôlier lui-même,
Priez d'un salutaire effroi
Pour tous les prisonniers du roi!

Poète d'avenir, plus que les plus grands, elle laisse pressentir tant de voix! Après celles que nous venons de citer, c'est presque trop facile d'en trouver d'autres, du symbolisme à nos jours. Et l'on peut même évoquer l'Aragon de la Résistance :

> Savez-vous que c'est grand tout un peuple qui crie!
> Savez-vous que c'est triste une ville meurtrie,
> Appelant de ses sœurs la lointaine pitié,
> Et cousant au linceul sa livide moitié,
> Écrasée au galop de la guerre civile!
> Savez-vous que c'est froid le linceul d'une ville!
> Et qu'en nous revoyant debout sur quelques seuils
> Nous n'avions plus d'accents pour lamenter nos deuils!

Quand Eluard écrira : « Que voulez-vous la porte était fermée... » il se souviendra de Marceline. Elle n'a pas été insensible à la Révolution lyonnaise de 1834. Un poème encore, *Dans la rue par un jour funèbre de Lyon,* fait parler « la Femme » :

> Nous n'avions plus d'argent pour enterrer nos morts.
> Le prêtre est là, marquant le prix des funérailles;
> Et les corps étendus, troués par les mitrailles,
> Attendent un linceul, une croix, un remords.
>
> Le meurtre se fait roi. Le vainqueur siffle et passe.
> Où va-t-il? Au Trésor, toucher le prix du sang.
> Il en a bien versé... mais sa main n'est pas lasse;
> Elle a, sans le combattre, égorgé le passant.
>
> . . . .
>
> Les vivants n'osent plus se hasarder à vivre.
> Sentinelle soldée, au milieu du chemin,
> La mort est un soldat qui vise et qui délivre
> Le témoin révolté qui parlerait demain...

Et à ces anathèmes, à la fin du poème, comme des pleureuses antiques, répond la voix « des Femmes » :

> Prenons nos rubans noirs, pleurons toutes nos larmes;
> On nous a défendu d'emporter nos meurtris :
> Ils n'ont fait qu'un monceau de leurs pâles débris :
> Dieu! bénissez-les tous; ils étaient tous sans armes!

Et quelle haute lamentation encore dans *les Prisons et les prières :*

> Pleurez : comptez les noms des bannis de la France;
> L'air manque à ces grands cœurs où brûle tant d'espoir.
> Jetez la palme en deuil, au pied de leur souffrance;
> Et passons : les geôliers seuls ont droit de les voir!
>
> . . . .

Pitié! nous n'avons plus le temps des longues haines :
La haine est basse et sombre; il fait jour! il fait jour!
Ô France! il faut aimer, il faut rompre les chaînes,
Ton Dieu, le Dieu du peuple a tant besoin d'amour!

Et voudrait-on trouver une Marceline baudelairienne, que rien ne serait plus aisé :

Va, mon âme, au-dessus de la foule qui passe,
Ainsi qu'un libre oiseau te baigner dans l'espace.
Va voir! et ne reviens qu'après avoir touché
Le rêve... mon beau rêve à la terre caché.

Moi, je veux du silence, il y va de ma vie;
Et je m'enferme où rien, plus rien ne m'a suivie;
Et de mon lit étroit d'où nul sanglot ne sort,
J'entends courir le siècle à côté de mon sort.

Le siècle qui s'enfuit grondant devant nos portes,
Entraînant dans son cours comme des algues mortes
Les noms ensanglantés, les vœux, les vains serments,
Les bouquets purs, noués de noms doux et charmants.

Les amis passent dans les poèmes qu'elle leur dédie. *A M. Alphonse de Lamartine,* elle écrit :

Jamais, dans son errante alarme,
La Péri, pour porter aux cieux,
Ne puisa de plus humble larme
Que le pleur plein d'un triste charme
Dont les chants ont mouillé mes yeux.

Mais dans ces chants que ma mémoire
Et mon cœur s'apprennent tout bas,
Doux à lire, plus doux à croire,
Oh! n'as-tu pas dit le mot gloire?
Et ce mot, je ne l'entends pas.

. . . .

Je suis l'indigente glaneuse
Qui d'un peu d'épis oubliés
A paré sa gerbe épineuse,
Quand ta charité lumineuse
Verse du blé pur à mes pieds.

Elle dit la mort de Mme Émile de Girardin :

La mort vient de frapper les plus beaux yeux du monde.
Nous ne les verrons plus qu'en saluant les cieux.
Oui, c'est aux cieux, déjà! que leur grâce profonde
Comme un aimant d'espoir semble attirer nos yeux.

Belle étoile aux longs cils qui regardez la terre,
N'êtes-vous pas Delphine enlevée aux flambeaux,
Ardente à soulever le splendide mystère
Pour nous illuminer dans nos bruyants tombeaux?

Familière et douce, elle semble prendre le bras de son amie, Pauline Duchambge, dans le poème qui lui est dédié :

Nous disions tout l'une à l'autre sincère;
Larme pour larme et le cœur dans le cœur.
Si le bonheur est de croire, ô ma chère,
Qu'un toit si simple abrita de bonheur!

Marceline, poète de l'amour, est aussi le poète de l'amitié; poète de la maternité, elle est aussi le poète de l'enfance; fraternelle, elle se penche sur le sort de l'homme. Bonne, compatissante, ses poèmes ne sont pas des blocs de marbre souverain et inattaquable, fermés sur eux-mêmes, mais des messages destinés à rejoindre autrui. Nous sommes loin de l'égocentrisme romantique.

« Adieu, sourire, adieu jusque dans l'autre vie. »

Les deuils, tant de deuils! lui ont dicté des poèmes qui échappent aux conventions habituelles des consolations et des vers funèbres. Parce qu'elle est vérité et sincérité, elle oublie les lieux communs de la mort, elle qui est la vie. Voici sa *Prière* :

Ne me fais pas mourir sous les glaces de l'âge,
Toi qui formas mon cœur du pur feu de l'amour;
Rappelle ton enfant du milieu de l'orage.
Dieu! j'ai peur de la nuit. Que je m'envole au jour!

Après ce que j'aimai je ne veux pas m'éteindre;
Je ne veux pas mourir dans le deuil de sa mort :
Que son souffle me cherche, attaché sur mon sort,
        Et défende au froid de m'atteindre.

Laisse alors s'embrasser dans leur étonnement,
Et pour l'éternité, deux innocentes flammes.
Hélas! n'en mis-tu pas le doux pressentiment
Dans le fond d'un baiser où s'attendaient nos âmes.

Voici des vers de son *Soleil lointain* :

« Vos sanglots se perdront dans de longs cris de joie,
        Quand vous verrez la mort
Bercer aux pieds de Dieu son innocente proie,
        Comme un agneau qui dort.

« La mort, qui reprend tout, sauve tout sous ses ailes,
    Sa nuit couve le jour.
Elle délivre l'âme, et les âmes entre elles
    Savent que c'est l'amour! »

Sa ferveur religieuse est aussi ardente, aussi passionnée, aussi pathétique que ses émotions d'amante. Dans sa plus belle pièce, *la Couronne effeuillée,* malgré un défaut au troisième vers, apparaît une émouvante simplicité, et l'on pense au *Mystère de Jésus* des *Pensées* de Pascal, comme à l'écho de Verlaine dans les sonnets de *Sagesse :* « Mon Dieu m'a dit... » Gérard d'Houville a parlé de « ce divin poème où elle semble partir pour le royaume de Dieu, avec toute la grâce et le deuil d'une reine douloureuse ». Pour Anatole France, c'est un des plus beaux poèmes qu'on ait jamais écrit :

J'irai, j'irai porter ma couronne effeuillée
Au jardin de mon Père où revit toute fleur;
J'y répandrai longtemps mon âme agenouillée :
Mon Père a des secrets pour vaincre la douleur.

J'irai, j'irai lui dire, au moins avec mes larmes :
« Regardez, j'ai souffert... » Il me regardera,
Et sous mes jours changés, sous mes pâleurs sans charmes
Parce qu'il est mon Père, il me reconnaîtra.

Il dira : « C'est donc vous, chère âme désolée;
La terre manque-t-elle à vos pas égarés?
Chère âme, je suis Dieu : ne soyez plus troublée;
Voici votre maison, voici mon cœur, entrez! »

Ô clémence! ô douceur! ô saint refuge! ô Père!
Votre enfant qui pleurait, vous l'avez entendu!
Je vous obtiens déjà puisque je vous espère
Et que vous possédez tout ce que j'ai perdu.

Vous ne rejetez pas la fleur qui n'est plus belle;
Ce crime de la terre au ciel est pardonné!
Vous ne maudirez pas votre enfant infidèle,
Non d'avoir rien vendu, mais d'avoir tout donné.

Dans *Au Christ, Renoncement, les Sanglots, l'Église d'Arona* ou *l'Ame errante,* la diversité du chant religieux apparaît. Paul Eluard, dans *les Sanglots* a recueilli comme exemple de « poésie intentionnelle » ces deux vers :

Ciel! où m'en irai-je?
Sans pieds pour courir!

Le poème est surtout composé de distiques comme :

Ah! l'enfer est ici; l'autre me fait moins peur :
Pourtant le purgatoire inquiète mon cœur.

On m'en a trop parlé pour que ce nom funeste
Sur un si faible cœur ne serpente et ne reste;

Et quand le flot des jours me défait fleur à fleur,
Je vois le purgatoire au fond de ma pâleur.

Elle rejoint la plus haute poésie chrétienne dans son *Renonce-ment* :

Les fleurs sont pour l'enfant, le sel est pour la femme;
Faites-en l'innocence et trempez-y mes jours.
Seigneur, quand tout ce sel aura lavé mon âme,
Vous me rendrez un cœur pour vous aimer toujours!

Tous mes étonnements sont finis sur la terre,
Tous mes adieux sont faits, l'âme est prête à jaillir;
Pour atteindre à ses fruits protégés de mystère
Que la pudique mort a seule osé cueillir.

Ô Sauveur! Soyez tendre au moins à d'autres mères,
Par amour pour la vôtre et par pitié pour nous!
Baptisez leurs enfants de nos larmes amères,
Et relevez les miens tombés à vos genoux.

Lorsque Jean Grosjean cite ces vers :

Tu serais par la mort arraché de mes vœux,
Que pour te ressaisir mon âme aurait des yeux,
Des lueurs, des accents, des larmes, des prières,
Qui forceraient la mort à rouvrir tes paupières.

il les situe parmi « les textes inusables, intemporels » et ajoute :
« Ce pourrait être du xvie siècle comme du xxe, ou de l'espagnol
comme de l'akkadien. »

« J'appris à chanter en allant à l'école. »

D'où vient chez Marceline Desbordes-Valmore cette hardiesse
qui l'amène à une conception renouvelée du vers, mutilant le vieil
alexandrin d'une de ses pattes? Écoutons Marcel Arland : « Oui,
la trop sensible Marceline, toute de soupirs et de bonne volonté,
mais si sincère et d'une grâce si ingénue! La mélodie jaillit d'elle,
spontanément, souvent gauche et complaisante, mais soudain d'une
émouvante pureté. Il n'y a rien de plus simple, dirait-on; sans
doute, ni de plus rare; et c'est par là où Marceline, malgré son ignorance, rejoint certains trouvères, et déjà nous prépare au chant de
Verlaine, qui d'ailleurs a repris quelques-uns de ses rythmes
impairs. » Il dira, Verlaine, « de la musique avant toute chose » et
pour cela il préférera l'impair, codifiant en quelque sorte l'art

poétique de Marceline dans certains de ses poèmes. Lesquels? Ceux de mètres courts que nous avons cités; ceux où elle utilise le vers de onze pieds (cinq – césure – six) comme dans *la Fileuse et l'enfant* :

> La blanche fileuse à son rouet penchée
> Ouvrait ma jeune âme avec sa vieille voix
> Lorsque j'écoutais, toute lasse et fâchée,
> Toute buissonnière en un saule cachée,
> Pour mon avenir ces thèmes d'autrefois.

Et c'est toujours en rythmes impairs que la fileuse va doucement chanter en des strophes musicales et d'une harmonie entièrement nouvelle un chant qui semble, lui, venir de la nuit des temps, et dont voici un extrait :

> « L'été, lorsqu'un fruit fond sous votre sourire,
> Ne demandez pas : Ce doux fruit qui l'a fait?
> Vous direz : C'est Dieu, Dieu par qui tout respire!
> En piquant le mil l'oiseau sait bien le dire,
> Le chanter aussi par un double bienfait.
>
> « Si vous avez peur lorsque la nuit est noire,
> Vous direz : Mon Dieu, je vois clair avec vous!
> Vous êtes la lampe au fond de ma mémoire;
> Vous êtes la nuit, voilé dans votre gloire;
> Vous êtes le jour et vous brillez pour nous! »

On retrouve ce mètre dans son *Rêve intermittent d'une nuit triste* où passe (lisons bien!) un écho de Virgile, celui qu'un Mallarmé ou un Valéry retiendront :

> Sans piquer son front vos abeilles, là-bas,
> L'instruiront, rêveuse, à mesurer ses pas;
>
> Car l'insecte armé d'une sourde cymbale
> Donne à la pensée une césure égale.

Mallarmé, le maître sévère en musicalité, admirait le recueil *les Pleurs*. Verlaine retiendra Marceline parmi ses *Poètes maudits*. Verhaeren dans *les Heures d'après-midi* se souviendra des *Roses de Saadi*. Albert Samain reprendra en écho des vers languissants. Quant à la poésie féminine, elle s'imprégnera de Marceline, comme l'a souligné Yves-Gérard Le Dantec : « Elle fut la marraine indiscutable de toutes nos muses : Anna de Noailles, Gérard d'Houville, Renée Vivien, Cécile Sauvage, Marie Noël. » On pourrait en ajouter d'autres, comme Catherine Pozzi ou Simone Weil. Notre anthologiste de la poésie des femmes, Jeanine Moulin, écrit : « Ils (ses vers) sont nés d'« un cœur de génie », vivant jusqu'à l'extrême toutes les expériences que lui apporta le destin. Celles-ci furent nombreuses; aussi les thèmes de l'inspiration val-morienne — l'enfance, l'amour, la maternité, l'amitié, le sens de la solidarité humaine, la mort et Dieu — offrent-ils une diversité dont on ne rencontre que peu ou pas d'équivalent dans la poésie féminine. Pour en pénétrer toute la signification et toute la grandeur, il convient de narrer [...] l'existence d'un poète dont tous les biographes — Sainte-Beuve et Arthur Pougin, Benjamin Rivière et Boyer d'Agen, Lucien Descaves et Jacques Boulenger — reconnaissent qu'elle est la source majeure de son lyrisme. » Pour Fernand Gregh, Marceline est « une grande poétesse du cœur qui a montré que le cœur peut décidément être le plus grand des poètes, à condition qu'il batte dans la poitrine d'un artiste, même instinctif ». Il ajoute : « Elle est un des plus beaux triomphes du don sur la technique, et du génie sur le talent. »

Georges-Emmanuel Clancier a aussi fort bien parlé d'elle, mon-trant que si elle appartient au romantisme par le temps de sa vie, « elle le dépasse par la sincérité et la pureté de son chant qui échappe aux modes et aux thèmes " d'époque " ». Cette « Notre-Dame des pleurs » comme l'a définie Lucien Descaves est tout sen-timent et s'égale à ces romantiques qui parfois sont tout idée. Comme dit Claude Roy, « elle fait passer le courant du cœur dans le vieil et neutre alexandrin des poètes néo-classiques ». Il ajoute : « Elle ne connaît d'autre école que celle de la musique — celle des musiciens, celle de son univers intérieur. »

Pour nous, Marceline Desbordes-Valmore, malgré tant de témoi-gnages d'admiration, tant de reconnaissances de sa valeur, est une des plus mal connues. Nous n'hésitons pas à la situer au niveau des plus grands maîtres du romantisme, car cette femme effacée, modeste, a eu le sens de l'avenir de la poésie et a tracé les chemins les plus durables et les mieux fréquentés.

2

Les Sœurs romantiques

D URANT la période romantique, d'autres noms de femmes poètes qu'on affuble généralement du nom de « muses romantiques », ce qui contribue à affadir l'idée qu'on en peut avoir, se détachent, avec parfois quelque originalité. Les plus connues, celles dont les noms reviennent dans les anthologies spécialisées sont Mmes Babois, Tastu, Mercœur, Ackermann, Ségalas... Les lit-on vraiment? Ne sont-elles pas dédaignées parce que, semble-t-il, construites sur le même modèle? Sans doute. Toujours, les critiques et les historiens de la littérature prennent un ton aimable et indulgent (quand ils ne se taisent pas), ce qui donne des phrases dans le genre de celle qui suit et qui concerne Mme Ackermann : « Il est déjà remarquable qu'une intelligence féminine ait assez de vigueur et de portée pour méditer ainsi sur de grands sujets. » Que certaines d'entre elles puissent encourir la sévérité critique est vrai, mais pas plus que leurs correspondants masculins. Évitons surtout de les réduire à un dénominateur commun. Venues d'horizons différents, de milieux culturels ou sociaux divers, avec chacune sa personnalité et son art (rien de commun entre Mme Ackermann et Mme Tastu, par exemple), elles sont poètes à part entière et, comme les hommes poètes, unissent qualités et défauts.

L'Histoire et le foyer : Mme Tastu.

Dans un précédent volume, nous avons rencontré Victoire Babois, Mme Dufrénoy, Anne-Marie d'Hautpoul, la princesse de Salm-Dyck et quelques autres qui participent en partie de la période durant laquelle se forma le romantisme.

En 1809, une petite fille de onze ans est complimentée par

Joséphine de Beauharnais pour une idylle, *le Réséda*. Elle s'appelle Sabine-Casimire-Amable Voïart; elle sera cconnue après son mariage sous le nom de Mme Amable Tastu (1798-1885). Née à Metz, elle vivra à Paris, aux Invalides, où son père est administrateur des Vivres pour l'armée de Sambre-et-Meuse; son oncle maternel est l'ancien ministre de la guerre Bouchotte.

Quelques années plus tard, une autre fleur l'inspire, *le Narcisse,* et voilà qu'un ami, à son insu, envoie le poème au *Mercure* qu'imprime ce Joseph Tastu qui lui donnera son nom peu après. Ce Tastu est un homme savant, spécialisé dans le domaine de la littérature catalane et qui sera conservateur à la Bibliothèque Sainte-Geneviève. En 1824, un poème, *les Oiseaux du sacre* devient populaire. Mme Tastu se mêle au mouvement romantique. Sa *Chevalerie française,* 1820, sera ainsi suivie de nombreux ouvrages : *Poésies,* 1826, *Poésies nouvelles,* 1833, *Éloge de Madame de Sévigné,* 1840, d'études littéraires, de relations de voyages, de traductions de l'anglais, d'un *Tableau de la littérature italienne,* 1843, d'un *Tableau de la littérature allemande,* 1844, etc.

Mme Tastu a puisé son inspiration dans les grandes époques historiques, l'a livrée dans le plus humble chant du foyer domestique, dans de sensibles élégies. L'histoire ne lui convient guère : elle abuse de la couleur locale, fait du faux ancien à la manière d'un Viollet-le-Duc sans y bien réussir, car sa poésie se dilue, comme dans *la Chambre de la châtelaine* où de gentes damoiselles, Blanche, Germonde, Aliénor, Loïse se perdent en vains papotages. Parfois, des descriptions sont somptueuses :

> La châtelaine en sa molle indolence,
> De ses pensers suivait le cours changeant
> Et se taisait. Dans la lampe d'argent,
> Qui se balance à la haute solive,
> Se consumait le doux jus de l'olive;
> De ses contours ciselés avec art
> Quelques rayons échappés au hasard
> Vont effleurer le ciel, où se déploie
> L'azur mouvant des courtines de soie;
> Les longs tapis, où, d'un épais velours
> La blanche hermine enrichit les contours;
> Du dais massif, les angles où se cache
> L'or du cimier sous l'ombre du panache,
> Et la splendeur des pilastres dorés
> Qui de l'estrade entourent les degrés.
> D'un champ de soie, où l'argent se marie,
> Le beau tissu de la tapisserie...

Éloignées de ces décors gothiques sont de longues odes, comme *la Pauvreté,* riches de bons sentiments, mais de trop longue haleine pour un souffle trop court. Elle est plus à son aise quand, sous l'inspiration de Shelley, elle donne une *Plainte* :

> Ô monde! ô vie! ô temps! fantômes, ombres vaines,
> Qui lassez à la fin mes pas irrésolus,
> Quand reviendront ces jours où vos mains étaient pleines,
> Vos regards caressants, vos promesses certaines?
>   Jamais, oh! jamais plus!

Gentiment familière, elle s'adresse à son ange de manière assez mièvre. Rien ne déçoit tout à fait; rien n'enthousiasme non plus. Sainte-Beuve a trouvé dans sa manière « une nuance d'animation si ménagée, une blanche pâleur si tendre et si vivante, une grâce modeste qui s'efface si pudiquement d'elle-même... ». Ses vers sont aimables, souvent prosaïques, voire négligés. On ne retient que la fraîcheur d'inspiration qui les a dictés.

La Pessimiste Mme Ackermann.

Née Louise-Victorine Choquet, Mme Ackermann (1813-1890) était la fille d'un voltairien, disciple des encyclopédistes. Née à Paris, elle paracheva ses études à Berlin. Elle s'y maria en 1844 avec Paul Ackermann, pasteur protestant, ami de Pierre-Joseph Proudhon. A Berlin, elle fréquenta Humboldt, Müller, Baecker et toute une élite intellectuelle. Elle-même, savante, étudia le sanskrit et l'hébreu, fut au courant des grands mouvements de pensée de son temps. Veuve en 1846, elle se retira sur les hauteurs de Nice jusqu'à la fin de sa vie, dans la solitude, avec ses souvenirs et ses livres. Profondément pessimiste, athée, exaspérée par l'idée même de Dieu, elle a la passion des idées, de la méditation passionnée. Elle a dit elle-même que le genre humain lui apparaissait « comme le héros d'un drame lamentable qui se joue dans un coin perdu de l'univers, en vertu de lois aveugles, devant une nature indifférente, avec le néant pour dénouement ». C'est cette conception de la vie, sans concession, qui lui inspire la plupart de ses poèmes : *L'Amour et la Mort, la Nature à l'homme, l'Homme à la nature, la Guerre, l'Idéal*, etc.

Elle a certes écrit des *Élégies* unissant la gravité à la grâce, le sérieux à une mélancolie souriante, la fermeté à une ligne mélodique très pure, mais ce sont ses *Poésies philosophiques* qui affirment sa personnalité avec le plus de vigueur. On est frappé par une pensée virile luttant contre les injustices de la destinée humaine. Elle n'est pas entièrement négative, en ce sens qu'elle conseille un stoïcisme sans croyance, mais non pas sans grandeur, pour apprendre à l'homme la fierté d'une résignation hautaine. Chez elle, rien de languissant, mais une leçon d'énergie dépassant les délicatesses et les plaintes du romantisme. Spinoza, Kant, Schopenhauer sont présents, et on l'accusa de pédantisme : il apparaissait que ce haut caractère, chez une femme, gênait, mais n'avait-on pas déjà du mal à accepter les hauteurs d'un Vigny? Elle dit ce qu'elle a à dire fermement. Si elle exècre *la Guerre,* elle jette son dégoût de strophe en strophe avec une force brutale, une ironie farouche :

> Liberté, Droit, Justice, affaire de mitraille;
> Pour un lambeau d'État, pour un pan de muraille,
> Sans pitié, sans remords, un peuple est massacré.
> – Mais il est innocent! Qu'importe? On l'extermine.
> Pourtant la vie humaine est de source divine;
> N'y touchez pas; arrière! un homme, c'est sacré!
>
> Sous des vapeurs de poudre et de sang quand les astres
> Pâlissent indignés, parmi tant de désastres,
> Moi-même à la fureur me laissant emporter,
> Je ne distingue plus les bourreaux des victimes;
> Mon âme se soulève, et, devant de tels crimes,
> Je voudrais être foudre et pouvoir éclater.

Dans le même poème, on trouve cette strophe étonnante :

> Non, ce n'est point à nous, penseur et chantre austère,
> De nier les grandeurs de la mort volontaire.
> D'un élan généreux, il est beau d'y courir.
> Philosophes, savants, explorateurs, apôtres,
> Soldats de l'Idéal, ces héros sont les nôtres;
> Guerre, ils sauront sans toi trouver pour qui mourir.

« Hier encore, une femme qui s'est révélée à elle-même, et aux autres en ces tout derniers temps, Mme Ackermann, la docte solitaire de Nice, me donnait une fête de l'esprit en me récitant sa poésie philosophique, *le Nuage,* admirable d'expression et de couleur comme de vérité. » C'est Sainte-Beuve qui parle et voici le final de ce poème :

> Ainsi jamais d'arrêt. L'immortelle matière
> Un seul instant encor n'a pu se reposer.
> La Nature ne fait, énergique ouvrière,
>   Que dissoudre et recomposer.
>
> Tout se métamorphose entre ses mains actives;
> Partout le mouvement incessant et divers
> Dans le cercle éternel des formes fugitives,
>   Agitant l'immense univers.

Des vers de cette frappe sont courants chez Mme Ackermann, maître de la forme précise et du vers parlant juste. Pas de faux éclat, de la fermeté, c'est un poète surprenant dont la réputation réduite frise le scandale. Qui connaît ces poèmes philosophiques dignes des plus grands penseurs en vers? Qui connaît ses *Contes* habités de fantastique? Qui connaît ses *Pensées d'une solitaire* qui suivent son autobiographie?

Si elle appartient davantage à la période parnassienne qu'à la période romantique, ses sujets sont ceux de Vigny sur l'inutilité de la destinée humaine. Elle craint la mort uniquement parce qu'elle ne peut répondre à sa soif de savoir :

> J'ignore! Un mot, le seul par lequel je réponde
> Aux questions sans fin de mon esprit déçu;
> Aussi quand je me plains en parlant de ce monde,
> C'est moins d'avoir souffert que de n'avoir rien su.

« Du mystère timide amante » : Élisa Mercœur.

A Nantes, Élisa Mercœur (1809-1835) écrit très tôt, brûle d'une lueur trop vive et meurt. A douze ans, elle est déjà l'auteur d'une nouvelle et d'un portrait en vers; à seize, on commence à la connaître; à dix-huit, on la publie; à vingt, on la réédite. Chateaubriand lui adresse une lettre chaleureuse. Lamartine y va de quelque exagération : « Cette petite fille nous effacera tous tant que nous sommes. » Victor Hugo l'aide à obtenir une pension. Avant sa mort et après, des amis s'intéressent à elle et à son œuvre : la duchesse de Berry, Mme Récamier, Guizot. Un vif éclat, un intérêt, puis la révolution de 1830 et une sorte de dédain injustifié. Elle meurt de phtisie, désespérée parce qu'une tragédie n'a pas été reçue, parce que sa jeune gloire est fuyante. Elle a déjà beaucoup écrit : théâtre, nouvelles historiques, roman de mœurs. En 1843, par les soins de sa mère, ses *Œuvres complètes* paraissent, avec un portrait de Devéria. Comme Hégésippe Moreau, elle a peu vécu et a connu une mort romantique.

Dans ses vers, elle s'adresse *A Monsieur de Chateaubriand :*

> J'ai besoin, faible enfant, qu'on veille à mon berceau;
> Et l'aigle peut, du moins, à l'ombre de son aile,
>   Protéger le timide oiseau.

Dans *Philosophie* (où nous sommes loin de Mme Ackermann), elle n'a pas oublié Gilbert l'infortuné convive :

> Lorsque je vins m'asseoir au festin de la vie,
> Quand on passa la coupe au convive nouveau,
> J'ignorais le dégoût dont l'ivresse est suivie,
> Et le poids d'une chaîne à son dernier anneau.

> Et pourtant, je savais que les flambeaux des fêtes,
> Éteints ou consumés, s'éclipsent tour à tour,
> Et je voyais les fleurs qui tombaient de nos têtes,
> Montrer en s'effeuillant leur vieillesse d'un jour.

Dans *la Feuille flétrie,* des voix déjà entendues semblent ressusciter :

> Pourquoi tomber déjà, feuille jaune et flétrie?
> J'aimais ton doux aspect dans ce triste vallon.
> Un printemps, un été furent toute ta vie,
> Et tu vas sommeiller sur le pâle gazon.

En fait, elle se rattache aux élégiaques du XVIIIe siècle tout autant qu'aux jeunes romantiques, sinon plus. Elle n'a pas une très grande personnalité, mais ses accents sont sensibles et naturels :

> Qu'importe qu'en un jour on dépense une vie,
> Si l'on croit en aimant épuiser tout son cœur,
> Et doucement penché sur la coupe remplie,
> Si l'on doit y goûter le nectar du bonheur.

La Chaste muse de Mme Ségalas.

A quinze ans, la petite Anaïs Ménard, fille de l'humoriste Charles Ménard, auteur de *l'Ami des bêtes,* devenait Mme Anaïs Ségalas (1814-1875). Deux ans après, elle publiait un recueil de circonstance, *les Algériennes,* 1831, que suivaient *les Oiseaux de passage,* 1836, *Enfantines,* 1844, *la Femme,* 1847, etc., recueils auxquels s'ajoute une œuvre théâtrale légère, comédies et vaudevilles, un drame aussi, des centaines de chroniques, des articles, des romans, des nouvelles. Elle a éparpillé ses vers dans les albums et les keepsakes, les journaux et les revues. On trouve un peu de tout. Ainsi, Dumas attribua à Victor Hugo ces *Vers écrits au-dessous d'une tête de mort :*

> Lampe, qu'as-tu fait de ta flamme?
> Squelette, qu'as-tu fait de l'âme?
> Cage déserte, qu'as-tu fait
> De ton bel oiseau qui chantait?
> Volcan, qu'as-tu fait de ta lave?...
> Qu'as-tu fait de ton maître, esclave?

Elle ajoutera :

> Étais-tu femme et belle avec de longs cils noirs,
> Des fleurs dans les cheveux, souriant aux miroirs?
> Grand seigneur dépassant les têtes de la foule?
> Jeune homme et délirant pour des yeux bruns ou bleus?
> On ne sait; tous les morts se ressemblent entre eux :
> La vie a mille aspects, le néant n'a qu'un moule.

Et l'on trouvera dans *les Oiseaux de passage,* bien des rêveries macabres, sans pensée bien originale, mais avec une bonne expression :

> Ils ont les os disjoints et l'orbite béant,
> Un crâne aux larges trous, les dents sans lèvres roses,
> Des membres dont la chair tremble et se décompose :
> Êtres à part, sans nom, ils sont plus qu'une chose,
> Moins qu'un homme; ce sont les hommes du néant.

Auprès de cela qui rappelle les inscriptions funéraires du moyen âge, elle donne des poèmes d'apitoiement mondain comme *le Bal de charité* :

> Pour les pauvres, dansez, s'il vous plaît, ma charmante,
> Le quadrille béni, la polka bienfaisante :
> Que charitablement vos pieds prennent l'essor;
> Sous les lustres passez, belle entre les plus belles,
> Dansez, ô papillon, mais en ouvrant vos ailes,
> Laissez au moins au pauvre une couronne d'or.

Comme elle sait bien tourner les vers, elle les applique à tous sujets, s'apitoyant sur *la Pauvre femme* en répandant sa commisération convenue, parlant en femme du monde du *Gamin de Paris,* en lui conseillant la bonne tenue. Elle est très « bon genre » cette dame :

> Plus de propos qui font rougir les moins farouches;
> Lancez les traits piquants, mais non des mots grossiers.
> L'enfance sonne encor dans vos jeunes gosiers,
> Et les gros mots vont mal sur vos petites bouches.

Cher Gavroche, qu'en dites-vous? Quand elle dédie ses *Enfantines* à sa fille, sans doute fort bien élevée, elle enchante les mères de famille de l'époque : sept éditions à la suite. Quand elle emprunte à l'univers des *Fées,* elle donne dans la gentillesse menue et cela peut avoir du charme :

> Puis ce fut un jardin plein d'enfants, plein de rondes;
> D'oiseaux, ambassadeurs qui venaient des deux mondes :
> L'Asie envoyait là son bengali chéri,
> Un frais sénégali représentait l'Afrique,
> Un rossignol, l'Europe et l'écrin d'Amérique
> > Donnait un colibri.

> Une fée apparut, mais presque imperceptible :
> Les œillets dépassaient son petit corps flexible;
> Son char frêle, où brillaient des perles pour essieux,
> Allait glissant dans l'air, conduit par deux phalènes;
> Une araignée avait, pour leur servir de rênes,
> > Tissé deux fils soyeux.

Anaïs Ségalas est pénétrée des devoirs de la femme et de la mère. Sa muse est chaste. Tout reste délicat, bien fait, sans rien qui pèse, et sans rien qui attache vraiment. « La plus grande de toutes celles qui n'eurent qu'un petit talent », dira Rosemonde Gérard.

Comme elle peignait des fleurs et des oiseaux...

... Il arriva que George Sand fît des vers pour s'amuser. Faut-il le dire? Aurore Dupin, baronne Dudevant, dite George Sand (1804-1876) fut poète dans les romans réalistes de son cher Berry, dans sa *Correspondance,* son *Journal,* ses souvenirs, dans sa vie et son action plus que dans ses rares poèmes qu'on cite pour la curiosité en ajoutant qu'ils en valent bien d'autres. Aussi a-t-on quelques scrupules à ne consacrer ici que quelques lignes à la femme la plus importante de son temps. On voudrait rappeler qu'elle a défendu le droit de la femme à l'amour, qu'elle a lutté contre l'exploitation de l'homme par l'homme, qu'elle a aimé des artistes comme Sandeau, Musset, Chopin, qu'elle a été l'amie des grands prophètes socialistes, qu'elle a défendu les travailleurs, qu'elle fut révolutionnaire dans les idées et dans les mœurs. Que sont auprès de cela quelques vers?

On cite *la Reine Mab,* ballade figurant dans *les Soirées littéraires* de 1833 :

> Le pieux solitaire
> A cru souvent, la nuit,
> Voir sa forme légère
> Glisser dans son réduit;
> Mais, loin qu'il l'exorcise,
> A son regard si doux,
> Pour un ange il l'a prise
> Et s'est mis à genoux.

Le 18 février 1836, Alfred de Vigny écrit dans son *Journal d'un poète* : « Quelques jours après la représentation de *Chatterton* et l'article de Planche, Musset et Madame Sand ont composé chacun un sonnet que voici : on me les donne aujourd'hui (Buloz). » Tandis que Musset commence ainsi sa défense :

> Ô critique du jour, chère mouche bovine,
> Que te voilà pédante au troisième degré!

George Sand, moins à son aise que lui, ne s'en tire cependant pas trop mal :

> Quand vous aurez prouvé, messieurs du journalisme,
> Que Chatterton eut tort de mourir ignoré,

Qu'au Théâtre-Français on l'a défiguré,
Quand vous aurez crié sept fois à l'athéisme,

Sept fois au contresens et sept fois au sophisme,
Vous n'aurez pas prouvé que je n'ai pas pleuré.
Et si mes pleurs ont tort devant le pédantisme,
Savez-vous, moucherons, ce que je vous dirai?

Je vous dirai : « Sachez que les larmes humaines
Ressemblent en grandeur aux flots de l'Océan;
On n'en fait rien de bon en les analysant;

Quand vous en puiseriez deux tonnes toutes pleines,
En les faisant sécher, vous n'en aurez demain
Qu'un méchant grain de sel dans le creux de la main. »

Ce n'est pas haute poésie, mais ce n'est pas mal dit, n'est-ce pas? Jeanine Moulin, dans son anthologie, a bien fait d'ajouter à ses extraits de *la Reine Mab* un passage des *Lettres d'un voyageur* : en prose George Sand est plus riche de poésie que dans le poème.

La Très belle Delphine.

La renommée de Sophie Gay (1776-1842), romancière, femme d'esprit, maîtresse d'un salon qui recevait Chateaubriand et la société littéraire de qualité, rejaillit sur sa fille Delphine Gay, qui sera Mme de Girardin (1804-1855) : pourvue de tous les charmes, elle avait été baptisée à Aix-la-Chapelle, lieu de sa naissance, sur le tombeau de Charlemagne. Aimée, courtisée, ne faillit-elle pas devenir la Mme de Maintenon du comte d'Artois dont elle chantera le Sacre? ne faillit-elle pas devenir comtesse de Vigny? et aussi l'épouse d'un prince italien? A dix-huit ans, l'Académie française la couronnait pour un poème au titre interminable : *le Dévouement des médecins français et des sœurs de Sainte-Camille dans la peste de Barcelone.* Allant de sujets intimes en sujets nationaux, on ne tarderait pas à l'appeler « la muse de la Patrie ». Elle écrit des poèmes intitulés *le Bonheur d'être belle* (il s'agit d'elle-même), *Madeleine, Ourika,* ou bien *la Vision de Jeanne d'Arc* et *l'Hymne à Sainte Geneviève* ou des déplorations politiques qui lui assurent les sympathies du parti libéral : *la Mort de Napoléon* ou *la Mort du général Foy.* En Italie, avec sa mère, elle fait un voyage triomphal. Elle est une nouvelle Corinne, et, au retour, elle dit sa reconnaissance par des chants comme *le Retour, la Pèlerine, le Dernier jour de Pompéi,* par des élégies comme *le Désenchantement, le Repentir, Napoline...*
Comme sa mère, elle tient salon. Chez elle, on peut rencontrer tous les grands de la littérature nouvelle : son plus grand ami

Lamartine, Hugo, Musset, Vigny, Soulié, Gautier, Émile Deschamps, Latouche, Balzac, Dumas, Villemain, Eugène Sue, son confrère Méry puisque comme lui elle écrit des tragédies : sa *Cléopâtre,* 1847, connaît le succès. Elle a épousé en 1831 le publiciste Émile de Girardin, un homme aventureux se mêlant d'entreprises politiques et littéraires, de naissance mystérieuse, sans cesse attaqué et toujours défendu par sa femme. Cette dernière continua à écrire des poèmes toujours remarqués : *La Jeune fille enterrée aux Invalides,* à propos de l'attentat de Fieschi, *l'Épître à la Chambre des Députés* quand on exclut son mari qu'elle appelait « Celui qui est là-haut » car il se couchait tôt dans une chambre au-dessus du salon. Au milieu des journées de 1848, elle lancera une diatribe *Contre le général Cavaignac* qui avait fait emprisonner Girardin. Par la suite, elle sera célèbre en signant Vicomte de Launay des *Lettres parisiennes* dans *la Presse.* Sans cesse, elle écrira : des romans, des tragédies, des comédies, avec une fortune inégale. Ses *Poésies complètes,* 1842, puis 1856, seront suivies de ses *Œuvres complètes,* 1860-1861.

Au XIXe siècle, on croyait plus volontiers à la survie du vicomte de Launay qu'à celle de Mme de Girardin. Qu'en est-il aujourd'hui? Elle est présente dans la plupart des anthologies féminines, et, sans être un bien grand créateur, elle y tient une place heureuse. Voici comment elle interprète *la Nuit :*

> Ô nuit! pour moi brillante et sombre
> Je trouve tout dans la beauté ;
> Tu réunis l'étoile et l'ombre,
> Le mystère et la vérité.
>
> Mais déjà la brise glacée
> De l'aube annonce le retour;
> Adieu, ma sincère pensée;
> Il faut mentir!... voici le jour.

En vers de cinq pieds, voici une strophe de *A quoi pense-t-il?*

> Ange aux yeux de flammes,
> Tu sais nos secrets ;
> Tu lis dans nos âmes,
> Dis-moi ses regrets.
> Sur l'onde en furie,
> Cherchant le péril,
> Loin de sa patrie,
> A quoi pense-t-il?

Dans *la Mort d'une jeune fille,* elle mêle le chant politique à l'élégie :

> Dors en paix, victime innocente
> Immolée à la royauté;
> Dors; la France reconnaissante

Rend hommage à ta pureté.
En voyant les fleurs de ta tombe,
Le peuple croyant d'autrefois
Aurait dit : la sainte colombe
Plane encor sur le front des Rois.

Le ton de la satire ne lui est pas étranger; ainsi, dans *l'Argent* :

Il faut rendre justice aux jeunes gens du jour :
Eux aussi, j'en conviens, ne font rien par amour.
Si l'on vient vous parler de quelque sot jeune homme
Qui consente à l'hymen sans une forte somme,
Dites, sans demander son nom : « C'est un Anglais! »
Si vous avez deux cents louis, pariez-les.

Elle a cependant plus de personnalité lorsqu'elle se laisse aller à la méditation poétique :

Misérable destin! Quoi! Vivre sans son âme,
Méconnaître l'amour et toujours le rêver,
Parler, sans s'émouvoir, un langage de flamme,
    Peindre un bonheur sans l'éprouver!

Dans l'ivresse des vers, lorsque ma voix flexible
Modulait des accords que le monde admirait,
Mon cœur indépendant restait seul insensible
    Aux chants d'amour qu'il m'inspirait.

Des poèmes d'amour comme *Il m'aimait,* des confidences comme *Napoline,* des romances comme *l'Étranger* qui fut célèbre, malgré leur ton suranné, ou peut-être à cause de lui, pour le dépaysement, se lisent agréablement.

Une Grande provinciale : Eugénie de Guérin.

De cinq ans l'aînée de son frère Maurice de Guérin, Eugénie de Guérin (1805-1848) en fut, en quelque sorte, la mère, l'élevant, le soignant, nourrissant pour lui une affection tendre restée célèbre. Elle est née au château de Cayla, dans le Tarn. Ses principales œuvres, ses *Lettres* et son *Journal,* n'étaient nullement destinées à paraître : son grand ami Barbey d'Aurevilly, charmé par une personnalité certaine, s'en chargea. Peut-être moins formée que son frère par la lecture, mais d'une intelligence sans doute plus vive et acérée, sa lecture enchante par sa vivacité de penser, par son sens critique. Elle ne dédaigne pas, en bonne provinciale, de parler de cuisine. Quand elle monte à Paris, elle juge à sa façon les hommes et les femmes : « Le soir, dit-elle, nous avons la salle de spectacle en face, et nous nous amusons, Caroline et moi, à voir s'habiller les acteurs, les actrices, se faisant rois et reines en se donnant des coups de pieds. Pauvre canaille! » Et ce jugement sur Victor Hugo : « Quel homme que Hugo! je viens d'en lire quelque chose : il est divin, il est infernal, il est sage, il est fou, il est peuple, il est roi, il est homme, femme, peintre, poète, sculpteur, il est tout, il a tout vu, tout fait, tout senti; il m'étonne, me repousse et m'enchante. »

Elle a fait peu de vers et l'on cite toujours *Ma Lyre* qui est sans intérêt :

> Aux flots revient le navire,
> La colombe à ses amours;
> A toi je reviens, ma lyre,
> A toi je reviens toujours...

On préfère lire ce fragment :

> Que mon désert est grand, que mon ciel est immense!
> L'aigle, sans se lasser, n'en ferait pas le tour;
> Mille cités et plus tiendraient en ce contour;
> Et mon cœur n'y tient pas, et par-delà s'élance.
> Où va-t-il? Où va-t-il? Oh! Nommez-moi le lieu!
> Il s'en va sur la route à l'étoile tracée;
> Il s'en va dans l'espace où vole la pensée;
> Il s'en va près de l'ange, il s'en va près de Dieu!...

Ou, mieux encore, un passage de sa prose :

En lisant un livre de géologie, j'ai rencontré un éléphant fossile découvert dans la Laponie, et une pirogue déterrée dans l'île des Cygnes en creusant les fondations du pont des Invalides. Me voilà sur l'éléphant, me voilà dans la pirogue, faisant le tour des mers du Nord et de l'île des Cygnes, voyant ces lieux du temps de ces choses; la Laponie chaude, verdoyante et peuplée, non de nains, mais d'hommes beaux et grands, de femmes s'en allant en promenade sur un éléphant, dans ces forêts, sous ces monts pétrifiés aujourd'hui; et l'île des Cygnes, blanche de fleurs, et de leur duvet, oh! que je la trouve belle!...

Une autre femme poète, Céline Renard (née en 1834), qui publia des *Élévations* sous le pseudonyme de Marie Jenna, lui a dédié un poème *Au Cayla*, écrit sur sa tombe :

> C'est là qu'elle vivait, belle fleur solitaire,
> Entre un rayon du ciel et l'ombre du mystère,
> Lorsque sur son coteau Dieu la cueillit pour nous.
> Sentiers qu'elle foula, vous en souvenez-vous?
> Ô triste et doux passé! souvenirs pleins de charmes.
> Passant, donne à sa tombe et des chants et des larmes!

Quelques femmes poètes nées avant le siècle.

Mme Waldor, née Villenave (1796-1871), fille d'un journaliste nantais, protégea Victor Hugo à ses débuts, fut l'amie de Vigny, Musset, Nerval, Dumas, écrivit de la littérature pour enfants, des pièces de théâtre, des *Lettres d'un bas bleu*, des *Poésies du cœur*, 1831. Son chant, très doux, reste peu ambitieux. *Marie* pleure d'entendre sur les lèvres du bien-aimé un nom qui n'est pas le sien. *Le Bal* est évoqué nostalgiquement :

> Heureux temps, où mes pieds, dans leur folle vitesse,
> Semblaient ne pas poser sur le parquet glissant;
> Où mes regards, n'ayant ni langueur ni tristesse,
> Trouvaient tout ravissant.
>
> . . . .
>
> Car ma jeune âme était paisible comme l'onde
> Sur laquelle un beau jour avant l'orage a lui,
> Et souriait au monde, hélas! tant que ce monde
> Pour moi n'avait pas lui!

Et les émois de l'amour :

> Ô mon Dieu! c'est bien lui,... lui, qui m'a tant aimée,
> Lui, qu'attendant toujours je n'espérais plus voir...
> Mais il dort, et tout bas je crois qu'il m'a nommée...
> A ses pieds doucement je vais aller m'asseoir.

Elle est rêveuse, touchante, d'un romantisme atténué, peu originale. Elle écrit des poèmes d'amour calme et blessé. « Je suis jalouse de tes rêves » dit-elle au bien-aimé. Une poésie frissonnante, un murmure, presque rien, mais un joli rien.

La Maison d'Obermann : c'est un poème de Clémence Robert (1797-1872), Mâconnaise, connue en son temps comme une romancière étrange dont on disait qu'elle « poétisait les monstres ». Hippolyte de La Morvonnais et Sénancour, son dieu, l'encouragèrent. Elle fut l'amie intime de Mme Récamier. Éxilée des anthologies, sa poésie mystique a des beautés secrètes :

> Vous, fils du globe, éclos dans l'argile ignorée,
> Et qui croyez toujours vous élever assez
> Alors que vous montez à sa couche dorée;
> Vous, nourris d'ambroisie et d'air serein bercés,
> Enfants, vous passerez du monde comme passe
> Le ruban parfilé que l'air jette à l'espace,

> La perle du collier, dont le globe irisé
> Ne laisse que poussière au doigt qui l'a brisé.
> Sur votre coupe d'or voyez la mousse blanche,
> A votre lèvre à peine elle brille et se penche,
> Que s'enfuit en vapeur son limpide réseau ;
> Ainsi vous passerez en brillantes fumées,
> Enfants du monde, esprit des coupes parfumées,
> En touchant à la bouche avide du tombeau.

D'une famille écossaise, Angélique Gordon (1791-1839), trompée dans ses affections, se retira au couvent et écrivit des romans moraux et des *Écrits poétiques d'une jeune solitaire,* 1826, où domine le sentiment religieux :

> Quoi ! j'ose à vos tourments comparer mes souffrances,
> Vous qui, pour mes péchés, êtes mort sur la croix !
> Ô mon Dieu ! pardonnez !... j'ai mérité cent fois
>   Le châtiment de mes offenses !
> Une vapeur brillante avait séduit mon cœur,
>   Je m'égarais dans une nuit profonde ;
>   Mais pour me détacher du monde
> Vous m'avez envoyé l'ange de la douleur !...

Trompée elle aussi, Caroline de Marguerge d'Hautefeuille (1788-1862), dans *Souffrances,* 1834, et *Fleurs de tristesse,* 1852, répand ses larmes. Philippine Vannoz, née de Sivry (1775-1851), pleure sur *Louis XVI, élégie,* ou sur *la Profanation des tombeaux de Saint-Denis,* puis met un peu de romantisme, très peu, dans ses *Poésies fugitives,* 1812, et ses *Poésies,* 1845. L'originalité de Marie-Madeleine Joliveau de Segrais (1756-1830) est d'écrire des *Fables,* 1802, car les femmes fabulistes sont, et c'est curieux, fort rares. Mais *l'Aigle et le ver* ressemble à du déjà lu :

> L'aigle disait au ver, sur un arbre attrapé :
> Pour t'élever si haut, qu'as-tu fait ? J'ai rampé.

Et citons encore Élisabeth Bayle-Mouillard, née Canard (1796-1836), de Moulins, pour un poème en quatre chants sur *l'Inquisition,* 1824.

Atavismes poétiques.

La fille de Marceline, Ondine Valmore (1821-1853) qu'aima Sainte-Beuve a laissé des *Cahiers* où l'on trouve son *Adieu à l'enfance :*

> Adieu mes jours enfants, paradis éphémère !
> Fleur que brûle déjà le regard du soleil,
> Source dormeuse où rit une douce chimère,
> Adieu ! L'aurore fuit. C'est l'instant du réveil !

J'ai cherché vainement à retenir tes ailes
Sur mon cœur qui battait, disant : « Voici le jour! »
J'ai cherché vainement parmi mes jeux fidèles
A prolonger mon sort dans ton calme séjour;

L'heure est sonnée, adieu mon printemps, fleur sauvage;
Demain tant de bonheur sera le souvenir.
Adieu! Voici l'été; je redoute l'orage;
Midi porte l'éclair, et midi va venir.

Elle a parfois des accents d'un bien étrange réalisme :

Cueillons le jour, buvons l'heure qui coule;
Ne perdons pas de temps à nous laver les mains,
Hâtons-nous d'admirer le pigeon qui roucoule,
    Car nous le mangerons demain.

Ou bien, elle fait penser à Alfred de Musset :

J'ai pleuré, j'ai souffert, je ne crains plus la vie;
A ma pente inclinée en rêvant je la suis;
Je ne lutterai pas, regretteuse asservie
    Que je suis.

Je dirai seulement : que m'importent la route,
Les rigueurs du sommet, les ruisseaux des vallons;
Marchons, marchons toujours. A la mort qu'on redoute,
    Nous allons.

Dans son *Automne,* le fruit se fond en jouissance et annonce le renouveau :

Vois ce fruit, chaque jour plus tiède et plus vermeil,
Se gonfler doucement aux regards du soleil!
Sa sève, à chaque instant plus riche et plus féconde,
L'emplit, on le dirait, de volupté profonde.

Sous les feux d'un soleil invisible et puissant,
Notre cœur est semblable à ce fruit mûrissant.
De sucs plus abondants chaque jour il enivre,
Et, maintenant mûri, il est heureux de vivre.

L'automne vient : le fruit se vide et va tomber,
Mais sa gaine est vivante et demande à germer.
L'âge arrive, le cœur se referme en silence,
Mais, pour l'été promis, il garde sa semence.

Sensible aux voix de la nature, Ondine Valmore, dans bien des poèmes, annonce ce ton voluptueux qui sera celui des femmes poètes vers la fin du siècle. Sa mère qui la protégea tant pour la mettre en garde contre ses propres misères, à défaut de génie, lui a laissé une part de talent qui n'est pas négligeable. Ses accents élégiaques ont de la vigueur et les conventions reculent devant la spontanéité.

La fille de Charles Nodier, la séduisante Marie Nodier qui sera Marie Ménessier-Nodier (née en 1811) appartient à l'histoire romantique. Jeune fille de la maison, à l'Arsenal, elle se mêla à ces jeunes gloires dont son père aimait s'entourer. Victor Hugo lui adressa de belles strophes. Musicienne, elle charma par ses mélodies. Elle a laissé un recueil, *les Perce-neige,* des nouvelles, des articles, des souvenirs sur son père qu'elle rédigea quand elle se retira à Metz. Son poème *Pour endormir ma fille,* est souvent cité :

> C'est moi qui baise son sommeil,
> C'est moi qu'elle trouve au réveil,
> Éveillée;
> Bientôt pourtant, si je mourais,
> De ce cœur léger je serais
> Oubliée.

On pourrait lui donner pour écho un poème pour endormir un fils intitulé *Une mère et son enfant* :

> Dors, mon fils, que toujours ces rameaux, heureux voiles,
> Sans dérober ton front aux baisers des étoiles,
> Te protègent, bercés par ces flots murmurants.

Il est de la fille d'un autre romantique, Alexandre Soumet, dont le nom de dame est Gabrielle Beuvain d'Altenheim (1814-1866). Comme Marie Nodier, elle grandit parmi les romantiques. Jules Janin a préfacé son roman en vers *Berthe Bertha,* 1843; son recueil *la Croix et la lyre* contient des vers de son père dont elle termina le poème sur *Jeanne d'Arc.*

La fille d'un publiciste de l'époque, Louis-François Bertin, fondateur du *Journal des Débats,* Louise-Angélique Bertin (1805-1863), dans *Glanes* compare *la Mort et la Vie* :

> Si la mort est le but, pourquoi donc sur les routes
> Est-il dans les buissons de si charmantes fleurs?
> Et lorsqu'au vent d'automne elles s'envolent toutes,
> Pourquoi les voir partir d'un œil momifié de pleurs?
>
> Si la vie est le but, pourquoi donc sur les routes
> Tant de pierres dans l'herbe et d'épines aux fleurs,
> Que, pendant le voyage, hélas! nous devons toutes
> Tacher de notre sang et mouiller de nos pleurs?

Elle était heureusement meilleure musicienne que poète. L'épouse de Pierre-Jean Lesguillon, Hermance Lesguillon, née Sandrin (en 1810) pense que la femme, depuis Molière, a évolué :

> S'il revenait, Molière, il verrait avec joie
> La femme l'admirer en dévidant la soie,
> Et la jeune ouvrière, en tournant un chapeau,
> Commenter La Fontaine et réciter Boileau.

Elle fait partie des admiratrices de Marceline Desbordes-Valmore :

> Oh! laissez-moi vous parler d'elle!
> Elle est sœur de mon âme et d'un écho touchant
> Palpite encore en moi sa langue maternelle;
> Je l'aime! elle est du cœur le plus tendre modèle,
> Quand j'étais à l'aurore, elle était mon couchant,
> Et lorsque mon rayon fut béni par sa gloire,
> Je l'ai chantée; elle aime mon encens!
> Aujourd'hui son beau nom reste dans ma mémoire!
> Puisse son souvenir conserver mes accents!

Mais la gentille Hermance ne s'élève guère au-dessus de poésies charmantes dans ses *Rayons d'amour* ou ses *Mauvais jours*. Là, règne l'élégie tranquille qui chante *l'Automne* ou compare *l'Ame et l'abeille* :

> Va, lorsqu'un jour tu seras lasse
> Comme cette abeille qui passe
> Et court à la ruche finir,
> Tu dépouilleras la jeunesse
> Pour alimenter ta vieillesse
> Du fruit qu'on nomme souvenir.

Puisque nous sommes dans les liens familiaux, rencontrons la nièce de l'historien des ducs de Bourgogne, Barante. Née Bazancourt, elle se nomme Sophie d'Arbouville (1810-1850) et se montre aérienne quand se rencontrent *la Jeune fille et l'Ange de la poésie* :

> — L'ange reste près d'elle; il sourit à ses pleurs,
> Et resserre les nœuds de ses chaînes de fleurs;
> Arrachant une plume à son aile azurée,
> Il la met dans la main qui s'était retirée.
> En vain, elle résiste, il triomphe... il sourit...
> Laissant couler ses pleurs, la jeune femme écrit.

Le Temps des soupirs.

A la Maison de Saint-Denis, la poésie fleurit. La responsable en est Félicie-Marie-Émilie d'Ayzac (1810-1891), professeur et personnage éminent, historiographe impériale pourvue de bien des titres. Poète, elle donne des *Soupirs,* 1847, où elle reprend un thème constant dans la poésie de cette époque, *le Nid* :

Arbres hospitaliers! prêtez-leur vos ombrages;
Sur eux avec amour penchez vos bras amis :
Non, par moi vos secrets ne seront point trahis.
Et seule, chaque jour, rêvant dans ces bocages,
Je viendrai visiter sous vos légers feuillages,
L'asile où j'ai compté quatre faibles petits.

Elle prit sous son aile une de ses élèves, Zoé Fleurentin (1815-1863) qui a laissé un petit volume de *Poésies* où l'on trouve de jolis vers :

Sur la lyre tissant mes douces mélodies,
Tantôt j'ai fait gronder un hymne à la vertu;
Et tantôt, soupirant, mes lèvres moins hardies
Ont tout bas murmuré : « Printemps, que me veux-tu? »

Restant toujours fidèle à l'essaim de mes rêves,
Jamais je n'ai maudit l'extase de l'amour,
Ni condamné ceux qui, dans des heures trop brèves,
Prononcent des serments qu'ils oublieront un jour.

Autre élève de la célèbre maison, Pauline de Flaugergues (1810-1853) chanta aussi bien *le Tage* romantique que le val d'Aulnay. *Souvenez-vous de moi,* écrit-elle en évoquant la fleur chère à Hégésippe Moreau :

Mon œil distrait, errant dans la prairie,
T'a reconnue avec transport.
Suis-moi, rappelle à mon âme attendrie
Les moments passés sur ce bord.
Mais non, fleuris et meurs sur ce rivage,
J'y voudrais mourir près de toi...
Je pars... Vous tous dont j'emporte l'image,
Souvenez-vous de moi!

Céleste-Demante Guinard (1804-1860) qu'encouragea Lamartine dans ses élégies, *Auguste et Noémi,* 1843, ou ses *Poésies du foyer,* 1847, brode des poèmes trop longs pour leur contenu de vague mélancolie ou de moralisme familial. Mme de Pressensé, née Default (1826-1901) imite Longfellow :

Ah! ne me dites pas que la vie est un rêve,
Une ombre qui s'enfuit et flotte sous mes pas;
C'est le temps de la lutte, et si rien ne s'achève,
L'éternel avenir a son germe ici-bas.

La vie est un combat, la vie est une arène
Où le devoir grandit du triomphe obtenu;
C'est le sentier qui monte, et pas à pas nous mène
Aux sommets d'où la vue embrasse l'inconnu.

Grave, cette femme de pasteur suisse, écrit en essayant d'être digne de sa foi, dans une ligne nette :

> Laisse au vague avenir ses lointaines promesses,
> Au stérile passé son sourire d'adieu ;
> Bannis les rêves d'or et les molles tristesses,
> Le présent est à toi, mais le reste est à Dieu.

Caroline Lefaure, née Michel (en 1817) est aussi un poète religieux avec *Pleurs et prières,* 1852, dans le genre familier, consacrant un poème aux *Cloches :*

> Quand vous mêlez vos sons à l'air que je respire,
> Non, tout ce que je sens, je ne puis le redire,
> Mais j'entends une voix qui m'appelle au Seigneur,
> D'un saint frémissement s'anime et bat mon cœur.

Louise Riom (née en 1821) prend pour pseudonyme Louise d'Isole et publie des recueils : *Passions,* 1864, *Après l'amour,* 1867, écrit en vers sur *l'Enchanteur Merlin.* Elle commente volontiers le vers d'Ovide, *Tu sine me ibis in urbem :*

> Pour la dernière fois, oh! laissez-moi, mon livre,
> Rassembler vos feuillets, par mes larmes flétris ;
>> Au souffle du ciel je vous livre,
>> Qu'il vous emporte vers Paris!

> Je comprends maintenant ces plaintes d'un grand homme,
> Du fond d'un sombre exil disant en son émoi :
>> « Mon livre, vous irez à Rome!
>> Hélas! et vous irez sans moi! »

Rose-Céleste Vien, elle, connaît aussi les langues grecque et latine, traduisant Anacréon en 1825 et *les Baisers* de Jean Second en 1832, écrivant elle-même d'élégants vers latins, ou, en français, des légendes en vers, des romances, comme *Minuit* qui connut un grand succès :

>> J'entends sonner la douzième heure
>> Et dans ma paisible demeure
>> Le doux sommeil entre sans bruit :
>>> Il est minuit...

>> Du troubadour la voix sonore
>> Éveille un luth plus doux encore ;
>> Phoebé se voile et le conduit ;
>>> Il est minuit.

« Le talent peut se singer ; le génie, jamais » écrit Claudia Bachi (1825-1864) et aussi : « Il n'y a pas de prosateur détestant la poésie qui ne se soit exercé dans ce genre de littérature et qui n'ait pas réussi. » Il passe un peu de ses sentences dans des poèmes dont le fond est bien banal et où les épithètes forment un morne troupeau, donnant l'exemple de ce qu'il ne faut pas faire :

La vie est triste, courte, amère et décevante;
Nous ne savons jamais si nous sommes aimés;
Nous ne savons jamais si l'ami qui nous vante
Ne nous a pas d'un mot la veille diffamés.

L'épouse de François Fertiault, Julie Fertiault, chante l'enfance de la manière la plus laborieuse et mièvre qui soit, épuisant l'arsenal des « blonds chérubins » et autres anges. Louise-Eugénie Hervieu, dame Casanova (1825-1908) qu'on appelle « la Muse du Berry » donne de modestes *Fleurs des champs,* 1869, auxquelles répondent, si l'on veut, *les Échos des bois* de Mélanie Bourotte (née en 1832), fille d'un inspecteur des eaux et forêts. Cette dernière a des admirateurs comme Thalès Bernard ou le marquis de Laincel qui la place à côté de Lamartine. En fait, elle est sans grande personnalité poétique, glissant simplement un peu de panthéisme végétal dans une poésie catholique des plus orthodoxes.

Curiosités.

Fanny Denoix des Vergnes, née Descampeaux (1800-1894), si elle n'écrit pas des poèmes patriotiques, des études historiques ou de languides *Heures de solitude,* 1837, a la curieuse ambition de mettre en vers *les Mystères de Paris.*

Léocadie-Auguste Penquer (née en 1827) reçoit l'inspiration de Lamartine dans ses *Chants du foyer,* 1862, celle de Victor Hugo dans ses *Révélations poétiques,* celle de Chateaubriand dans une *Velléda,* poème épique en douze chants, où elle éveille les vieilles légendes bretonnes. Comme Musset, elle écrit *Une Nuit de Décembre :*

Connaissez-vous la nuit?
Non celle qui finira sur l'aile de minuit
Pour se perdre dans l'ombre où son vol se dérobe;
Mais la nuit qui revient vers nous, traînant sa robe,
Et cachant dans les plis d'un manteau de vapeur
Le spectre frissonnant qu'on appelle la peur?

La femme de Francisque Ducros, Marie-Louise Ducros, née Gayo de Fiorini, a chanté sa terre natale :

Naples, Naples, cité splendide,
Qui reposes comme Hespéride
En tes parterres enchantés,

> Les pieds caressés par les ondes,
> Le sein dans les fleurs des deux mondes,
> Le front couronné de clartés!

et aussi les *Flocons de neige,* 1867. Elle aime les nids qu'elle compare aux berceaux, les rêveries près des ruisseaux et ses poèmes, de mètres courts, ont le charme de douces barcarolles.

Ernestine Drouet, née Mitchell (en 1834), protégée de Monseigneur Dupanloup de belle mémoire et de Béranger (curieuse alliance) n'a chanté que le bien : *Carita,* 1868, *la Sœur de charité au XIXe siècle,* poème couronné par l'Académie française.

Des lauriers académiques, une dame en a reçu plus que tout autre pour des poèmes intitulés *le Musée de Versailles, le Monument de Molière* ou *l'Acropole d'Athènes.* C'est Louise Colet, née Révoil (1810-1876), d'Aix-en-Provence, non pas une pâle dame romantique ou une prêtresse du foyer domestique, mais une solide méridionale qui veut tout régenter. Elle se rajeunit s'il le faut, se dit faussement fille d'un peintre, fait de son mari musicien un aristocrate, veut arriver très haut très vite. On la verra projeter ses fureurs contre Gustave Flaubert ou Alphonse Karr, tenter de ramener Musset à la vertu (dans son roman *Lui,* elle parle surtout d'elle-même), séduire Vigny sur le tard, aller chez Mme Récamier, chercher une gloire pour laquelle elle ne semble pas très armée, d'autres plus intellectuelles ou d'un niveau social plus élevé la dépassant. Elle a écrit des comédies comme *la Jeunesse de Goethe,* 1839, un *Essai sur la philosophie de Campanella,* 1844, de nombreux ouvrages historiques, des relations de voyage, notamment celui d'Italie où à Ischia, elle fut accusée de répandre le choléra :

> Leur fureur me tenait captive
> Dans une adorable villa,
> Tandis qu'un prêtre sur la rive
> Criait au peuple : « Assommez-la!
>
> Avec le diable du Vésuve
> Cette nuit elle conféra
> De l'enfer elle a bu l'effluve
> Pour vous vomir le choléra. »

Pour être plus sérieux, évoquons ses *Fleurs du Midi* ou *Penserosa* (qui devint son surnom), des poèmes d'éloges assez pompeux dédiés aux grands hommes, des chants romantiques à la mode, comme *Au bord du fleuve :*

> Oh! que nous voulez-vous, vagues insidieuses!
> Parfois vous vous dressez avec des bruits si doux
> Que l'essaim éperdu des âmes malheureuses
>   Voudrait aller à vous.

Montez, montez vers ceux que l'angoisse consume!
Couvrez leurs pieds lassés et leurs fronts abattus;
Ensevelissez-les dans votre blanche écume,
Vous pleurerez sur eux quand ils ne seront plus.

Grande amoureuse, on se réfère plus volontiers à ses amours célèbres qu'à sa poésie et l'on a en cela quelques torts envers elle, car elle vaut nombre de ses consœurs mieux accueillies.

Élise Gagne, née Moreau de Rus (en 1813) avait commencé dans son enfance à rimer gentiment, ce qui séduisit le préfet de Niort où elle vivait. Il lui donna des lettres de recommandation pour Paris où elle se rendit avec sa mère. Elles furent fort bien accueillies, notamment chez Mme de Bawr dont Élise écrira l'*Éloge*, à sa mort, en 1861. Le premier recueil de celle qu'on appelait encore Élise Moreau, *Rêve d'une jeune fille,* 1837, comme *Une Destinée,* scènes de la vie intime, *Souvenirs d'un petit enfant,* etc., ne laissaient guère prévoir sa collaboration aux œuvres de son curieux mari. Ainsi, *Tristesse :*

Mais quoi! je n'ai plus de pensées!
Elles ont pâli sous mes pleurs;
L'air de Paris les a glacées,
Comme l'hiver glace les fleurs!
De mes derniers accords vibrante,
Comme la voix d'une mourante,
Ma lyre se tait pour toujours :
Adieu donc, sainte poésie!...
Hélas! mon cœur t'avait choisie
Pour appuyer mes tristes jours!

Ce romantisme ne semblait pas la prédestiner à seconder son anti-romantique de mari. Mais, *Bonne fille et bonne mère,* comme le dit un de ses poèmes, elle devait être bonne épouse :

Sois bonne fille, Emma, tu seras bonne mère;
Tu verras qu'ici-bas le bonheur le plus doux,
Le seul, qui ne soit une ombre passagère,
C'est d'aimer ses enfants et chérir son époux.

Ayant épousé Paulin Gagne, elle épousera également ses conceptions hors du commun, écrivant *Omégar ou le dernier homme,* en douze chants, 1858, sans oublier d'écrire quelques livres pour l'enfance. Elle collabore aux grands poèmes de Paulin Gagne comme *l'Unitéide ou la femme messie, le Calvaire des rois,* etc. Dès lors sa poésie se confond avec celle du personnage peut-être le plus étonnant de son temps.

La Poésie des travailleuses.

Des femmes de condition modeste ont écrit des poèmes qui valent bien ceux de nombreuses femmes du monde rencontrées ici, et qui jouent les dames de charité ou les évaporées mélancoliques. On sait l'intérêt que les romantiques, surtout Lamartine et George Sand (cette dernière plus sincère), ont voué aux poètes ouvriers, en y mêlant de la démagogie, un brin de paternalisme, certes, mais qui valent mieux que le silence.

Lamartine a encouragé trois femmes poètes : Antoinette Quarré, Cécile Dufour et Reine Garde. La première, Antoinette Quarré (1813-1847) était lingère à Dijon. Elle prit goût à la poésie non en lisant ses contemporains, mais la *Zaïre* de Voltaire. Ses *Poésies,* 1843, sont sa seule publication : son existence difficile rendit sa carrière très courte. Comme le relate Michel Ragon dans son indispensable *Histoire de la littérature prolétarienne,* Lamartine lui écrit :

> Quand, assise le soir au bord de ta fenêtre,
> Devant un coin de ciel qui brille entre les toits,
> L'aiguille matinale a fatigué tes doigts
> Et que ton front comprime une âme qui veut naître...

De passage à Marseille, il rencontre Reine Garde (1810-1887), mercière d'Aix-en-Provence venue à pied au-devant de lui. Dans la préface de *Geneviève,* il la décrit : « Elle était vêtue en journalière de peu d'aisance : une robe d'indienne rayée, déteinte et fanée, un fichu de coton blanc sur le cou, ses cheveux noirs proprement lissés mais un peu poudrés comme ses souliers... » Il juge ainsi ses poèmes qui devaient former la matière du recueil *Essais poétiques,* 1851, avant sa *Marie-Rose,* 1855 : « C'était naïf, c'était gracieux, c'était senti... C'était elle; c'était l'air monotone et plaintif qu'une pauvre ouvrière se chante à mi-voix à elle-même, en travaillant des doigts auprès de la fenêtre, pour s'encourager à l'aiguille et au fil. » Les mêmes mots que pour Antoinette Quarré, on le voit. Reine Garde n'a pas renié sa patrie provençale puisqu'elle a écrit en langue d'oc quelques poèmes. Voici ce qu'elle écrit *A mes hirondelles :*

> L'hiver au doux printemps vient de céder la place,
> Mars de sa tiède haleine a réchauffé l'espace,
> > La prairie étale ses fleurs :
> > Revenez donc, mes hirondelles,
> > Ne me soyez point infidèles,
> > Revenez, le bruit de vos ailes
> > A l'instant suspendra mes pleurs.

Laissant au rossignol les arbres du bocage,
Dans mes vases garnis de fleurs et de feuillage,
Gazouillez du matin au soir.
Je veux que chacune en dispose,
Et pour mieux becqueter la rose,
La giroflée à peine éclose,
Penchez-vous sur mon arrosoir.

Ouvrière modiste, Césarie Bontoux donne un poème, *le Bonheur,*
dans *l'Athénée ouvrier* de Marseille où s'expriment des travailleurs
et dont nous reparlerons plus loin. A l'autre bout de la France,
Rose Harel (née en 1830), servante de campagne à Lisieux, a été
inspirée par les travaux des champs dans *l'Alouette aux blés,* 1863,
recueil publié grâce à une souscription. Michel Ragon cite la Normande Marie Rose pour ses *Églantines,* 1842. Élisa Fleury, brodeuse,
figure dans une anthologie de 1841, *Poésie sociale des ouvriers.* Marie-
Caroline Quillet (1835-1867) était meunière. Elle dit *Ce qu'il faut
au poète :*

Enfant de la nature,
Il lui faut ses bouquets;
Ses tapis de verdure
Et l'or de ses guérets.

Mais il faut au poète
Des rythmes inconnus,
Les clartés du prophète
Et les nuits de Jésus.

Il lui faut des études
Aux aspects infinis :
D'austères solitudes
Pour nourrir ses esprits.

C'est là que le génie,
Au souffle créateur,
Infiltre l'harmonie
Dans le front du penseur...

Si elle dit sa *Mélancolie,* elle sait où trouver sa consolation, en
bonne fille de nature :

Pourquoi pleurer, quand la forêt s'embaume,
Quand tout renaît, plus joyeux et plus pur,
Et quand l'iris, en couronnant le chaume,
Verse à nos sens les parfums et l'azur?

Une autre ouvrière, Augustine-Malvina Blanchecotte (1830 —
après 1895) fut soutenue par Lamartine et Béranger qui lui vouait

une affection paternelle. Elle accéda à une condition sociale supérieure, mais n'oublia pas les jours mauvais. Béranger lui écrivit :

> A franchir les sentiers d'une vie inégale,
> Le ciel ne peut vouloir vous aider à demi :
> Vous joignez aux vertus que prêche la fourmi
> Les plus doux chants de la cigale.

Ses *Nouvelles poésies,* 1861, après ses *Rêves et réalités,* 1856, signés « Mme B., ouvrière et poète », ses proses ascétiques, nées des difficultés de sa vie, ont de la fermeté. Comme elle dit d'un de ses personnages, « la pauvreté lui a valu cette rude éducation solitaire, qui a mis une écorce autour de son âme, pour ne rien laisser évaporer des trésors qui y sont renfermés ». Une intense spiritualité domine ses poèmes comme lorsqu'elle salue *le Sommeil :*

> Les perdus, les absents, les morts que fait la vie,
> Ces fantômes d'un jour si longuement pleurés,
> Reparaissent en rêve avec leur voix amie,
> Le piège étincelant des regards adorés.
>
> Les amours prisonniers prennent tous leur volée,
> La nuit tient la revanche éclatante du jour.
> L'aveu brûle la lèvre un moment descellée,
> Après le dur réel, l'idéal a son tour!
>
> Ô vie en plein azur que le sommeil ramène,
> Paradis où le cœur donne ses rendez-vous,
> N'es-tu pas à ton heure une autre vie humaine,
> Aussi vraie, aussi sûre, aussi palpable en nous,
>
> Une vie invisible aussi pleine et vibrante
> Que la visible vie où s'étouffent nos jours,
> Cette vie incomplète, inassouvie, errante,
> S'ouvrant sur l'infini, nous décevant toujours?

Elle écrivit encore en prose des *Tablettes d'une femme pendant la Commune,* 1872, *les Militantes,* 1875, *le Long de la vie,* 1876.

Les femmes poètes furent plus que tout autres sensibles aux voix du romantisme. Après deux siècles assez pâles, la nouvelle école a éveillé leurs voix. Du romantisme, il en restera chez les poètes et poétesses que nous rencontrerons aux périodes parnassiennes et symbolistes, à la charnière du siècle où les accents seront de plus en plus voluptueux. La contribution de Mme de Staël et de quelques autres à la naissance du grand mouvement de rénovation montre que si la femme n'a pas encore trouvé l'égalité nécessaire, elle apporte une complémentarité importante. Une Marceline Desbordes-Valmore précède les plus grands. Comme au temps de

Louise Labé, l'aventure poétique des femmes, leur apport à la sensibilité, leurs trésors personnels sont déversés dans le grand ensemble dont nous essayons de narrer l'histoire. De nouvelles générations féminines vont apparaître dans le second volume consacré à la poésie du XIXe siècle.

Poésie en tous lieux

I

Le Poème en prose

Vers l'autonomie du genre.

ON admet généralement que le poème en prose naît avec *Gaspard de la Nuit,* 1842 (parfois avec *les Chansons madécasses* de Parny), sans doute parce qu'Aloysius Bertrand s'est adonné presque exclusivement au genre et qu'il lui a donné une autonomie, mais tout au long de cette histoire, et depuis Jean Lemaire de Belges au XVe siècle, nous avons pu rencontrer cent exemples. Les traducteurs de textes sacrés, les Rabelais, Pascal, Bossuet, Fénelon, Buffon, Rousseau, Bernardin de Saint-Pierre, Montesquieu, Diderot, Marmontel, Volney, Grainville, Mercier, Bitaubé, Chateaubriand, tant d'autres, ont usé d'une prose rythmée, naturellement poétique, et il suffit souvent d'extraire des passages pour se trouver devant un poème en prose. Nous ne rappellerons pas cette longue histoire.

Lorsque Lucile de Chateaubriand donne ses courtes pièces d'anthologie, elle fait penser à du Chénier en prose. De cela procèdent la *Moïna* de Joseph Bonaparte, les proses de Millevoye ou Sénancour, *la Prise de Jéricho* de Mme Cottin, les traductions de Gray, Young, Gessner, les poèmes ossianiques, les traductions de chants populaires de Fauriel, Nodier ou La Villemarqué. Il faudrait une longue étude pour montrer tous ceux, historiens, auteurs de récits de voyage, archéologues, savants, philosophes, épistoliers, écrivains, publicistes divers, qui, écrivant une prose rythmée et fleurie, rejoignent ces régions. On s'émerveille lorsqu'on lit par exemple l'historien Simon Ballanche (1776-1847) de voir que ses *Essais de Palingénésie sociale* ou son *Antigone* sont poésie :

La vierge, baignant de larmes les genoux du roi, n'entend qu'à peine les dernières paroles d'Œdipe ; elle ne songe qu'au triste sort de ses frères. Sa propre misère et son délaissement l'occupent bien moins que les malheurs dont ils sont menacés; elle voudrait détourner les funestes effets de la malédiction paternelle : « Mon père! s'écriait-elle, avant que de mourir, pardonnez à mes frères. Les dieux, n'en doutez pas, ferment l'oreille aux vœux de la bonté et de l'amour, lorsque ces vœux n'embrassent pas tous les enfants. Ah! pardonnez à mes frères, pour que le malheur cesse de s'appesantir sur moi-même. »

Inutile de dire que Chateaubriand dont tout l'œuvre est un long poème en prose est présent, et aussi Bitaubé ou Marmontel, comme on le voit dans les six chants de *la Jeunesse de Moïse* de Mme de Genlis en 1812, ou dans *Ruth et Noémi,* 1811, où Auguste-Hilarion de Kératry (1769-1859), homme politique, ami de Bernardin de Saint-Pierre et de Gabriel Legouvé, recherche la simplicité biblique. Mais si l'on jette un coup d'œil dans certains récits de voyage d'Astolphe de Custine (1793-1857) à l'écoute de son temps, on trouve des parties poétiques en prose.

Bien que Barbey d'Aurevilly le dise « écrivain lourd, incorrect et terreux », Charles Forbes de Tyron de Montalembert (1810-1870), homme politique et philosophe dans l'entourage de Lamennais et de Lacordaire, lorsqu'il traduit *le Livre de la nation polonaise* d'Adam Mickiewicz, en 1833, apporte une contribution à l'édification d'une poésie sans la prosodie habituelle : de là naîtront les *Paroles d'un croyant* de Lamennais qui nous conduisent aux poèmes de Maurice de Guérin.

De 1813 à 1817, Louis-Antoine-François de Marchangy (1782-1826) publie les huit volumes de *la Gaule poétique* ou *Histoire de France considérée dans ses rapports avec la poésie, l'éloquence et les beaux arts.* Le but est de fournir des matériaux d'inspiration, l'ensemble se présentant comme une épopée en prose dans le genre du *Génie du Christianisme.* Cette œuvre, qui connut un grand succès sous la Restauration, veut « réconcilier les fastes français avec les muses ». Marchangy donne de la couleur factice et du fatras; il donne aussi l'occasion à Victor Hugo d'une vive critique et d'une mise en garde dans *les Quatre vents de l'Esprit :*

> Prends garde à Marchangy! La prose poétique
> Est une ornière où geint le vieux Pégase étique.
> Tout autant que le vers, certes, la prose a droit
> A la juste cadence, au rythme divin; soit;
> Pourvu que sans changer le mètre, la cadence
> S'y cache, et que le rythme austère s'y condense.
> La prose en vain s'essaie un essor assommant :
> Le vers s'envole au ciel tout naturellement.

Et Victor Hugo ajoute :

La prose, c'est toujours le sermo pedestris,
Tu crois être Ariel, et tu n'es que Vestris.

Il aurait pu aussi bien prendre pour exemple les *Romances historiques,* 1822, d'Abel Hugo, encore que là, comme le dit Albert Chérel, « sa traduction est bel et bien, selon son dessein, « naïve, simple et animée » : prose mêlée de vers brefs qui çà et là riment sans richesse, prose alerte, jamais dolente » :

Les yeux plein de larmes, baignée de sueur, les cheveux épars, le blanc visage rouge de douleur, de honte et de peur,
Retenant avec ses mains les mains hardies du roi jeune fou, une femme faible, seule, éloignée de son père et de ses serviteurs,
Parle ainsi à Rodrigue, tantôt en criant, tantôt en suppliant...

On ne partage point l'avis de Chérel, et l'on voit vite la différence avec Lefèvre-Deumier, Aloysius Bertrand ou Maurice de Guérin. Ces trois, on comprend que Luc Decaunes les ait inclus dans son anthologie *la Poésie romantique française,* et qu'il ait placé à leur côté des proses de Chateaubriand et Sénancour, Nodier, Nerval et Hugo, Lamennais, Michelet et Edgar Quinet — sans oublier Baudelaire, Léon Bloy et Lautréamont que nous retrouverons en un autre temps dans un prochain chapitre.

A ces noms, on ajouterait celui de Ludovic de Cailleux si son *Monde antédiluvien,* 1845, avait quelque valeur. Finalement, c'est la meilleure prose qui atteint à la poésie : on le voit quand des poètes, habités naturellement par le rythme, s'expriment ainsi, qu'ils s'appellent Nerval, Pétrus Borel ou Lamartine.

Lamennais le Croyant.

S'il appartient à l'histoire des idées et des religions d'étudier Hugues-Félicité-Robert de Lamennais (1782-1864), « Juif Errant de la Foi » pour Lamartine, « père de l'Église nouvelle » pour George Sand, traçant « la voie sur laquelle l'humanité s'achemine inévitablement » pour Tolstoï, avec son « éloquence naïve et sublime, parfois un peu niaise » pour Bernanos, il a des titres à figurer ici, ne serait-ce que pour ses tentatives de réconcilier la foi et la poésie. On a oublié aussi qu'il s'est attaché à la traduction de *la Divine Comédie* dans son grand âge.

Maurice Chapelan a inclus des extraits de ses *Paroles d'un croyant,* inspirées par Chateaubriand, Ballanche, Mickiewicz (par Montalembert) dans son *Anthologie du poème en prose.* Il a bien fait, car son influence fut grande sur Guérin et quelques autres; de plus, cela permet de distinguer son charme et quelques limites. Les

Paroles d'un croyant sont découpées en versets montrant, sur un ton apocalyptique, des tableaux et des visions inspirés tantôt par une mansuétude évangélique, une résignation chrétienne, tantôt par le génie de la révolte, la haine des tyrannies sociales. Il y a en lui du *René* et son influence romantique est grande. Une autre œuvre, un dialogue entre le Bien et le Mal, *Amschaspands et Darvands,* 1843, se présente sous la même forme que ses *Paroles d'un croyant* dont nous donnons un exemple :

Malheur! malheur! le sang déborde; il entoure la terre comme une ceinture rouge.

Quel est ce vieillard qui parle de justice, en tenant d'une main une couronne empoisonnée, et caressant de l'autre une prostituée qui l'appelle mon père?

Il dit : C'est à moi qu'appartient la race d'Adam. Qui sont parmi vous les plus forts, et je la leur distribuerai?

Et ce qu'il a dit, il le fait, et de son trône, sans se lever, il assigne à chacun sa proie.

Et tous dévorent, dévorent; et leur faim va croissant, et ils se ruent les uns sur les autres, et la chair palpite, et les os craquent sous la dent.

Un marché s'ouvre, on y amène les nations la corde au cou; on les palpe, on les pèse, on les fait courir et marcher : elles valent tant...

Rabbe le Pessimiste.

Le Centaure : un titre pour Maurice de Guérin, mais avant lui pour Alphonse Rabbe (1786-1830), ce qui agace les fervents du premier. Ainsi, Bernard d'Harcourt écrit : « Le poème de Rabbe, paru avec « L'Adolescence » en 1822 et réédité en 1833 et 1834, soit environ à l'époque assignée à la composition des Poèmes de Guérin, est, en effet, une simple fantaisie. Encore est-elle parfois d'un goût assez douteux, et le « jeune Centaure », le « beau monstre », « l'homme-cheval » dont « le dos est large » et « le poil brillant », est une fable médiocre qui ne laisse à la fable antique qu'un aspect puéril. » Quoi qu'il en soit, et l'on sait combien sont suspectes les citations hors du contexte, *le Centaure* de Rabbe préfigure celui de Maurice de Guérin avec son paganisme, son exaltation panthéistique. Qu'il y ait plus d'ampleur et de lyrisme chez Guérin reste indéniable, mais Rabbe, pour André Breton « surréaliste dans la mort », présente des aspects fort intéressants. Il y a du Parny dans son *Centaure* qui fait le lien entre Chénier et Guérin :

Sa belle proie qu'il tenait tremblante et couchée sur ses reins puissants, il la soulève avec amour. Il la prend, la serre contre sa poitrine d'homme, exhale mille soupirs et couvre de baisers ses paupières mouillées de larmes. — Ne crains rien, lui dit-il, ô Cymothoë! ne t'épouvante pas d'un amant qui soumet à tes charmes les forces de l'homme réunies aux forces du coursier. Va! mon cœur vaut mieux que celui d'un vil mortel habitant de vos villes. Dompte ma sauvage indépendance. Je te porterai aux rives les plus fraîches, sous les ombrages les plus beaux; je te porterai sur les vertes prairies que baigne le Pénée ou le paternel Achéloüs.

Dans l'*Album d'un pessimiste,* 1835, posthume, son style net, sec, la lucidité de sa confession, son apologie du suicide qui troublera Breton, Aragon ou Crevel, ses cris de poète et d'homme libre, d'amant de la mort, le placent tout près de Lautréamont qu'il annonce comme dans *Horreur :*

Quand je me regarde, je frémis. Est-ce bien moi! Quelle main a sillonné ma face de ces traces hideuses!
Qu'est devenu ce front où respirait la candeur de mon âme, lorsqu'elle était pure encore? Ces yeux qui effraient, ces yeux mutilés exprimaient jadis ou les désirs d'un cœur qui n'avait que des espérances et pas un regret, ou les méditations voluptueusement sérieuses d'un esprit libre encore de honteuses chaînes.
Le sourire de la bienveillance les animait toujours, quand ils se portaient sur un de mes semblables. Maintenant mes regards hasardés, et tristement farouches disent à tous : J'ai vécu, j'ai souffert, je vous ai connus et je veux mourir...

ou encore dans *Désespoir :*

Hélas! j'espérais quelque chose alors, j'avais encore d'heureuses découvertes à faire dans le monde des sensations créatrices... Aujourd'hui, tout est froid, morne et taciturne; plus rien n'existe devant moi. Plus d'illusions ravissantes. Plus d'avenir d'amour. Pauvre nautonier, en lançant mon esquif sur l'océan immense, je rêvais d'une longue et heureuse traversée; des aspects enchantés appelaient, encourageaient ma voile; mais ces rivages aériens se sont dissipés comme les nuages d'or sur lesquels le caprice des vents avait dessiné leur forme fantastique et mensongère. Une plage aride, inféconde m'a reçu. L'orage et les bêtes sauvages m'ont assailli. Je me suis réfugié sur l'escarpement d'une roche et je m'y suis desséché de langueur et de désespoir.

Rabbe, pour vivre, fit des travaux de librairie : résumés historiques et géographiques, biographies. Il vécut difficilement et la maladie l'entraîna vers le suicide. Victor Hugo écrivit ces vers :

Hélas! que fais-tu donc, ô Rabbe, ô mon ami,
Sévère historien dans la tombe endormi?

La syphilis contractée en Espagne par notre jeune Aixois devait le détruire. La préface de l'*Album d'un pessimiste* s'intitule *Philosophie du Désespoir : le Suicide.* Elle commence ainsi : « J'ai beaucoup réfléchi sur la question du suicide : il s'est fait, des chances de ma vie et des dispositions natives de mon caractère, une combinaison telle que j'ai dû examiner cet acte, si diversement apprécié, comme pouvant être un jour mon propre fait. » Quelques semaines avant son suicide, il rédigea ses *Ultime Lettere :* « Si tout homme ayant beaucoup senti et pensé, mourant avant la dégradation de ses facultés par l'âge, laissait ainsi son Testament philosophique, c'est-à-dire une profession de foi sincère et hardie, écrite sur la planche du cercueil, il y aurait plus de vérités reconnues et soustraites à l'empire de la sottise et de la méprisante opinion du vulgaire. » Rabbe réclame le droit au suicide, c'est-à-dire un libre arbitre, un défi à la condition humaine. Il mourra pour mettre fin à ses misères sociales et à son pourrissement physique. Comme Hemingway, comme Montherlant.

L'*Album d'un pessimiste* est écrit avec soin, Rabbe évitant d'employer deux fois le même mot. Il a repris Épictète, Sénèque, Saadi ou *l'Imitation* pour joindre à leurs sentences ses propres méditations d'homme dévoré par la mort. Horreurs du mal, mélancolies de l'esprit, tristesses du cœur, il cherche l'oubli dans l'opium qui le soulage. Pauvre, seul (sa domestique, une Picarde de vingt ans qui l'aimait meurt en 1828), il voit s'éloigner de lui tout ce qu'il aime, il ne comprend plus ses livres, mais il garde sa lucidité et sa sérennité : « Le sage saura quand il lui convient de mourir, et il lui sera indifférent de mourir; il dira froidement à la mort : sois la bienvenue, nous sommes de vieilles connaissances. » Il mourut à l'aube du 1er janvier 1830.

Parmi les petits chefs-d'œuvre de sa prose aux rythmes les plus variés qui unissent à la philosophie venue du xviiie siècle la mélancolie romantique, citons encore *Sisyphe, l'An 2075, le Naufragé, la Pipe, le Poignard, Souvenirs d'un voyageur étranger.* Par sa haute valeur humaine, ce « surréaliste dans la mort » est un des poètes respectables et attachants de son temps.

Maurice de Guérin le Panthéiste.

Dieu et les dieux : ces deux appels, Maurice de Guérin (1810-1839) du Cayla, près d'Albi, les a ressentis. Cette dualité s'inscrit dans ses *Reliquae,* posthumes, 1860, où l'on trouve le chrétien, et dans *le Centaure,* 1840, *la Bacchante* en prose et *Glaucus* en vers, ces deux derniers poèmes inachevés, où l'on trouve le panthéisme.

Maurice de Guérin a pour amis Lamennais le croyant que condamne Rome et Jules Barbey d'Aurevilly, maître du dandysme hautain. Encore ses deux pôles : au jeune séminariste qu'est notre poète succédera un mondain, élégant, amoureux, recherché dans

les salons. Cette seconde période lui dictera ses poèmes. Il épousera une jeune Indienne, mais, bientôt, phtisique, il reviendra au
Cayla près de sa chère sœur Eugénie qui, bientôt, défendra sa
mémoire.

C'est George Sand qui le révéla, voyant en lui une victime de la
société. Comme dit Bernard d'Harcourt : « Une heureuse confusion avec les écrits de Charles Poncy, Agricol Perdiguier, Savinien
Lapointe, Gilles le serrurier, Jasmin le coiffeur ou Reboul le boulanger explique vraisemblablement l'article enthousiaste de
George Sand qui apporte au poète une gloire posthume et ouvre au
Centaure l'accès de *la Revue des Deux Mondes*. » Dès lors, ajoute
l'exégète de Guérin, « arrachée aux poètes prolétaires, l'œuvre du
poète est livrée aux coteries de salon, aux querelles de jupons, aux
pieux scrupules de famille... ». Elle est exposée aux plus impru-
dentes ferveurs : « expression admirable du « panthéisme » ou du
« naturisme » pour les uns, chant de catholique fervent pour les
autres : romantique et chrétienne pour ceux-ci, classique et païenne
pour ceux-là, elle présente un aspect de champ clos ». En fait,
Maurice de Guérin a bien uni ce qui semble contradictoire sous le
signe de l'homme-cheval. Comme a écrit François Mauriac à propos de « cet Atys enchaîné à ses songes, cet Endymion farouche [...],
tout conflit s'apaise dans l'illumination de la dernière heure ».
Le Centaure est une leçon de beauté et il faut lire cette prose serrée
comme un chant. L'être y apparaît entre terre et ciel, retenu par la
chair et voulant rejoindre la divinité. On ne saurait s'en tenir à la
mythologie, au marbre antique à quoi Sainte-Beuve comparait
l'œuvre : ce qui importe, c'est la participation entière et dans la
plénitude à la splendeur universelle.

Vieux, solitaire, au sommet de la montagne, le Centaure évoque
le bonheur de sa jeunesse, l'ivresse des courses dans les plaines,
les repos extasiés devant la beauté des choses :

Une inconstance sauvage et aveugle disposait de mes pas. Au milieu des
courses les plus violentes, il m'arrivait de rompre subitement mon
galop, comme si un abîme se fût rencontré à mes pieds, ou bien un dieu
debout devant moi. Ces immobilités soudaines me laissaient ressentir ma
vie tout émue par les emportements où j'étais. Autrefois j'ai coupé dans
la forêt des rameaux qu'en courant j'élevais par-dessus ma tête ; la vitesse
de la course suspendait la mobilité du feuillage qui ne rendait plus qu'un
frémissement léger ; mais au moindre repos le vent et l'agitation rentraient dans le rameau, qui reprenait le cours de ses murmures. Ainsi ma
vie, à l'interruption subite des carrières impétueuses que je fournissais à
travers ces vallées, frémissait dans tout mon sein. Je l'entendais courir en
bouillonnant et rouler le feu qu'elle avait pris dans l'espace ardemment
franchi. Mes flancs animés luttaient contre ses flots dont ils étaient pressés
intérieurement, et goûtaient dans ces tempêtes la volupté qui n'est connue

que des rivages de la mer, de renfermer sans aucune perte une vie montée à son comble et irritée...

Le Centaure sait que son âme va se fondre dans l'univers comme l'eau des fleuves dans les entrailles de la terre. Ce sont le flux et le reflux de la vie, les extases paniques et le trouble d'un être « rendu à l'existence distincte et pleine ». Le ton de l' « André Chénier du panthéisme » tranche sur celui de ses contemporains. Barbey d'Aurevilly affirmait que Guérin « suçait les mots comme les abeilles pompent les fleurs ». Une ivresse verbale nous enivre sans que le poète quitte l'emploi exact des vocables. A force de précision, de minutie, la poésie naît, convainc, envahit le lecteur.

Le paganisme voluptueux est encore plus sensible dans *la Bacchante,* peut-être parce que nous nous trouvons dans un univers moins fabuleux (Balzac y voyait une contemporaine) où la créature vivant parmi les sources et les murmures sensuels des rameaux selon les heures du jour, les forces solaires et nocturnes, nous est proche. La ligne mélodique est d'une finesse et d'une pureté incomparables, les images sont splendides, souveraines, le verbe magique et sûr, le mystère estompé, puis mis en pleine lumière. C'est une songerie enivrée dont on retrouvera la trace chez Mallarmé avec *l'Après-midi d'un faune,* chez Henri de Régnier avec *le Sang de Marsyas,* chez Paul Valéry avec *la Jeune Parque.* Ce dernier a forcément lu :

Pour moi, qui ignorais encore le dieu, je courais en désordre dans les campagnes, emportant dans ma fuite un serpent qui ne pouvait être reconnu de la main, mais dont je me sentais parcourue tout entière... Inclinée vers la chute, j'implorai la terre qui donne le repos, quand le serpent, redoublant ses nœuds, attacha dans mon sein une longue morsure. La douleur n'entra pas dans mon flanc déchiré; ce fut le calme et une sorte de langueur, comme si le serpent eût trempé son dard dans la coupe de Cybèle...

En prose, Maurice de Guérin n'a rien écrit qui soit inférieur : sa *Méditation sur la mort de Marie,* ses pages de journal sont encore rythmées comme des poèmes. Peut-être est-il moins à l'aise dans les vers de *Glaucus* où l'alexandrin l'embarrasse. Sainte-Beuve les trouve « naturels, faciles, abondants, mais inachevés ». Marcel Arland trouve la même inspiration « d'origine chrétienne et de tendance panthéiste » (comme dans les poèmes de François Mauriac) que dans les proses, « et, sous le calme harmonieux de la forme, la même inquiète et profonde ferveur ». Il est vrai que nous pénétrons dans un monde virgilien que n'auraient pas renié bien des poètes du siècle classique, avec grande douceur :

J'étais berger; j'avais plus de mille brebis,
Berger je suis encor, mes brebis sont fidèles :
Mais qu'aux champs refroidis languissent les épis,
Et meurent dans mon sein les soins que j'eus pour elles!
Au cours de l'abandon je laisse errer leurs pas,
Et je me livre aux dieux que je ne connais pas!...
J'immolerai ce soir aux Nymphes des montagnes.

. . . .

Comme un fruit suspendu dans l'ombre du feuillage,
Mon destin s'est formé dans l'épaisseur des bois.
J'ai grandi, recouvert d'une chaleur sauvage,
Et le vent qui rompait le tissu de l'ombrage
Me découvrit le ciel pour la première fois.
Les faveurs de nos dieux m'ont touché dès l'enfance;
Mes plus jeunes regards ont aimé les forêts,
Et mes plus jeunes pas ont suivi le silence
Qui m'entraînait bien loin dans l'ombre et les secrets.

Il a écrit d'autres poèmes en vers : *Ma sœur Eugénie,* ou *A mes deux amis, Maurice et François, Promenade à travers la lande,* poème philosophique inspiré par les paysages bretons. Les deux amis sont Hippolyte de La Morvonnais et François Du Breil de Marzan, disciples de Lamennais. Des femmes aimées, des amours parfois malheureuses l'inspirent et il s'y mêle des aspirations religieuses. Le séjour breton de La Chênaie en 1833 l'a marqué et il ne cesse de chanter la mélancolie de ces paysages. Mais rien ne peut égaler *le Centaure* et *la Bacchante* : sa prose n'est jamais prosaïque, ses vers le sont parfois.

Maurice de Guérin a donné une poésie née d'un conflit intérieur et qui ne semble pas devoir grand-chose au romantisme, mais qui affirme un renouvellement parallèle. Si George Sand parle de « ces mystérieuses souffrances dont René, Obermann et Werther offrent sous des faces différentes le résumé poétique », elle ne dit pas, et sans doute ne voit pas, en quoi Guérin en diffère, et nous préférons ce que dit Jules Barbey d'Aurevilly : « Maurice de Guérin est un panthéiste, mais un panthéiste d'un accent jusqu'à lui inconnu. C'est un panthéiste qui, pour être profond et puissant, n'est ni trouble, ni confus, comme tous les esprits qui inclinent au panthéisme... » A cet ami, Maurice de Guérin écrivait une confidence qui paraît être la clé de toute son œuvre : « Il y a un mot qui est le dieu de mon imagination, le tyran, devrais-je dire, qui la fascine, l'attire, lui donne un travail sans relâche et l'attirera je ne sais où; c'est le mot de *vie*... » Nous sommes plus proches de Dionysos que de René!

Lefèvre-Deumier le Promeneur.

Nous le retrouvons ce poète qui mérite l'éclairage, Jules Lefèvre-Deumier qui, à la fin de sa vie, réunit de courtes pièces de prose sous le titre *le Livre du Promeneur ou les Mois et les Jours,* 1854, dont Georges-Emmanuel Clancier dit qu'il contient « des poèmes en prose d'une rare qualité pour leur langage, leur sensibilité, leur *climat* souvent onirique » en ajoutant : « ils donnent déjà au mystère romantique un son moderne qui le rend très proche ». Pour Clancier, *le Passé* rejoint la recherche du temps perdu de Bergson, Marcel Proust ou Freud :

On demande ce que deviennent les jours qui ne sont plus, et si c'est le cœur de l'homme qui leur sert de tombeau. Non, croyez-moi; tout paraît mourir, mais rien ne meurt en effet; hier existe encore, quoique vous ne le voyiez plus. Vos jours évanouis sont des absents qui ne reviennent pas, mais qui ne sont pas perdus. Ils ont, comme dans un sanctuaire, suspendu leurs images dans votre âme, et quand vous dormez, quand vous rêvez, ils viennent souvent s'y entretenir comme autrefois, et déranger la poussière qui couvre leurs portraits. Le passé vit sous la neige des ans. C'est l'eau vive qui court toujours sous sa carapace de glace, l'eau vive où serpentent, comme des flèches de pourpre et d'or, comme des grappes de pierreries voyageuses, comme des fleurs qui fuient et ne se fanent pas, mille nageurs silencieux qui sont les souvenirs.

Mais souvent Lefèvre-Deumier n'est poète dans ses proses que par le climat : maints passages sont prosaïques et seulement garnis de quelques fleurs. S'il traite du *Phosphore* ou de *l'Anagramme,* il séduit plus par les idées que par les mots, le contenu poétique est de bien moindre densité que chez Rabbe, Maurice de Guérin ou Aloysius Bertrand et souvent on ne l'assimile au poème en prose que par son aspect contenu avec quelque extension du genre dont on ne se privera pas dans l'avenir. Mais, cette réserve faite, reconnaissons qu'il est le plus souvent poète, s'émerveillant par exemple du *Clavecin oculaire* du père Castel que nous avons évoqué dans le précédent volume :

... Un poète a pu seul imaginer de nuancer ses chants comme un bouquet; de donner du parfum aux soupirs de son génie; de faire de nos jardins un solfège de fleurs. Vous figurez-vous une symphonie de Beethoven exécutée par un parterre, une partition de Rossini écrite par le soleil avec des œillets et des roses?

Ou encore recevant comme le Musset de *la Nuit de Décembre* un *Visiteur nocturne :*

... J'entendis bien distinctement frapper à ma porte. J'ouvris, et je ne vis personne. Je me remis à ma place et je repris ma plume. Mais je n'étais plus seul. Un hôte que je n'avais pas vu était entré, un hôte bien connu qui ne souffre pas qu'on l'oublie, qui venait voir si j'étais tranquille, ou si je pensais à lui : c'était le chagrin.

Les Dorades expirantes auprès des convives romains, *la Miette de pain* moisie qui livre tout un monde au microscope :

... Ici se creusent des grottes d'améthyste, où s'allongent en berceaux des portiques d'opale; là s'arrondissent des monticules de saphirs, ombrageant des vallons de pourpre et d'or. C'est un monde enchanté, où vous voudrez vivre; un Eden solitaire, qui n'attend que des habitants. Vous vous croyez arrivé sur la frontière de ce pays des fées, où votre enfance s'est si souvent promenée...

Il y a encore *les Bouquets d'arbres* isolés sans être seuls : voilà quelques-uns des thèmes de ce Fabre de la poésie, entomologiste, observateur qui ne cesse de nous apprendre à voir, à dénombrer, à choisir, à comparer le monde, démarche que l'on retrouvera de nos jours chez bien des poètes comme un Francis Ponge ou un Jean Follain.

Aloysius Bertrand l'inventeur.

Au temps où les anthologistes n'osaient faire entrer dans leurs choix un poème en prose, ils retenaient chez Louis, dit Aloysius Bertrand (1807-1841) un *Sonnet à Eugène Renduel,* l'éditeur qui en 1834 lui avait promis la publication et ne tint parole que huit ans plus tard :

A votre huis, clos encor, je heurte. Dormez-vous?
Le matin vous éveille, élevant sa voix d'ange :
— Mon compère, chacun, en ce temps-ci, vendange;
Nous avons une vigne : eh bien! vendangeons-nous?

ou bien cette *Ballade* médiévale si proche de certain Victor Hugo :

Ô Dijon, la fille
Des glorieux ducs,
Qui portes béquille
Dans tes ans caducs;

Jeunette et gentille,
Tu bus tour à tour
Au pot du soudrille
Et du troubadour.

A la brusquembille
Tu jouas jadis
Mule, bride, étrille,
Et tu les perdis.

La grise bastille
Aux gris tiercelets
Troua ta mantille
De trente boulets.

Le reître, qui pille
Nippes au bahut,
Nonnes sous leur grille,
Te cassa ton luth.

Mais à la cheville
Ta main pend encor
Serpette et faucille,
Rustique trésor...

Né à Céva, Italie, d'un père Lorrain et d'une mère Italienne, Aloysius Bertrand, journaliste dijonnais, vint à Paris, fut chaudement accueilli par les romantiques, put nourrir des rêves de gloire, revint à Dijon où il se trouvait en juillet 1830, servant la révolution par la plume. Revenu à Paris, journaliste ou correcteur d'imprimerie, phtisique, ses itinéraires vont de la Pitié à Necker où il meurt en 1841. Pauvre Aloysius qui ne voit pas paraître l'œuvre de sa vie! C'est l'année suivante que par les soins de ses amis, David d'Angers surtout, sort chez Renduel *Gaspard de la Nuit, fantaisies à la manière de Rembrandt et de Callot* qui a fait la gloire posthume de ce poète maudit, inventeur comme il disait d' « un nouveau genre de prose » avec une étonnante originalité, orientant ses « bambochades » (modestie de Bertrand!) vers les lumières si différentes de Callot et de Rembrandt.

Il est un des plus rares inventeurs que nous connaissions en matière de poésie : pour le fond et pour la forme. C'est de lui que vient le poème en prose comme nous l'entendons aujourd'hui, c'est lui qui a tendu une nouvelle lyre aux plus grands, qu'ils le reconnaissent ou non. Le Baudelaire du *Spleen de Paris* n'est pas ingrat : « J'ai une petite confession à vous faire. C'est en feuilletant, pour la vingtième fois au moins, le fameux *Gaspard de la Nuit,* d'Aloysius Bertrand (un livre connu de vous, de moi et de quelques-uns de nos amis, n'a-t-il pas tous les droits à être appelé *fameux*) que l'idée m'est venu de tenter quelque chose d'analogue, et d'appliquer à la description de la vie moderne et plus abstraite le procédé qu'il avait appliqué à la peinture de la vie ancienne, si étrangement pittoresque. » Le Max Jacob du *Cornet à dés* pourra parler d'Aloysius comme n'étant qu'un peintre violent et romantique, il lui devra beaucoup, et faut-il mentionner, entre Baudelaire et Max Jacob, Villiers de L'Isle-Adam, Charles Cros, Mallarmé, Rimbaud, Huysmans...

Aloysius sculpte sur ivoire les sujets de son temps, mêlant, en bon hugolien, le sublime et le grotesque. Il refuse le ronron du vers, le ton déclamatoire, le discours, le récit verbeux, il veut mettre beaucoup, beaucoup en peu de mots. Il a ses disciplines, presque ses manies : nombre constant d'alinéas et nombre constant de lignes, enchaînements logiques abolis, imagerie en patchwork mêlant le détail réaliste à la vision onirique.

Entre la préface signée de Gaspard, ce mystérieux auteur supposé, et la postface dédiée à Sainte-Beuve, sans oublier une dédicace à Victor Hugo, on trouve les six livres de l'ouvrage : *École flamande, le Vieux Paris, La Nuit et ses prestiges, les Chroniques, Espagne et Italie, Silves.* On reconnaît vite les maîtres, Byron, Nodier, Hugo,

Gautier, Walter Scott. Chaque poème a un fronton parfois exagéré d'épigraphes. On est tout d'abord frappé par l'extrême richesse du vocabulaire, par sa préciosité surannée. Qui saura ce que sont « le *meix* d'une abbaye, une *caule* de fer, le *stoël*, le *rommelpot*, la *meule* de flanelle, le *feurre*, l'*amphistère* (ou *amphiptère?*), le *pialey*, le *rouillot*, la *foulque*, le *grèbe*, etc.? » Voilà ce que s'est demandé Yvon Belaval au cours d'une pénétrante étude. « Même quand les mots sont connus, écrit-il, on ne peut se laisser séduire par les vieilloteries à bon marché de tous ces *ménestrels, sire, messire, damoiseau, mignard, chair-cuitir, emmi,* etc., qui font penser aux figurants dans un théâtre de province. On se plaît davantage à *s'encolimaçonner, se panader, s'envider, s'accidenter...* »

Certes l'arsenal romantique peut agacer : abus de flèches, donjons et tourelles, de sylphides, de gnomes et de fées, de soldats, d'aventuriers et de vagabonds, de pendus et de suicidés, mais le miracle chez Aloysius, c'est que le charme finit par opérer avec une truculence colorée bien française, bourguignonne plutôt, et les fantaisies mystiques des romantismes allemand et anglais. « Bertrand me fait l'effet d'un orfèvre ou d'un bijoutier de la Renaissance, dit Sainte-Beuve; un peu d'alchimie par surcroît s'y serait mêlé, et à de certains signes et procédés, Nicolas Flamel aurait reconnu son élève. » Cherche-t-on l'évasion que Bertrand nous entraîne toujours dans un autre univers. Par exemple avec *le Maçon :*

Le maçon Abraham Knupfer chante, la truelle à la main, dans les airs échafaudé, si haut que, lisant les vers gothiques du bourdon, il nivelle de ses pieds et l'église aux trente arcs-boutants, et la ville aux trente églises.

Il voit les tarasques de pierre vomir l'eau des ardoises dans l'abîme confus des galeries, des fenêtres, des pendentifs, des clochetons, des tourelles, des toits et des charpentes, que tache d'un point gris l'aile échancrée et immobile du tiercelet.

Il voit les fortifications qui se découpent en étoile, la citadelle qui se rengorge comme une géline dans un tourteau, les cours des palais où le soleil tarit les fontaines, et les cloîtres des monastères où l'ombre tourne autour des piliers...

« Dans la nuit de Gaspard, dit André Breton, qu'importe s'il faut étendre longtemps la main pour sentir tomber une de ces pluies très fines qui vont donner naissance à une fontaine enchantée. » Tendons la main :

Et pendant que ruisselle la pluie, les petits charbonniers de la Forêt Noire entendent, de leur lit de fougère parfumée, hurler au dehors la bise comme un loup.

Ils plaignent la biche fugitive que relancent les fanfares de l'orage, et l'écureuil tapi au creux d'un chêne, qui s'épouvante de l'éclair comme de la lampe du chasseur des mines.

Ils plaignent la famille des oiseaux, la bergeronnette qui n'a que son aile pour abriter sa couvée, et le rouge-gorge dont la rose, ses amours, s'effeuille au vent.

Ils plaignent jusques au ver luisant qu'une goutte de pluie précipite dans les océans d'un rameau de mousse.

Ils plaignent le pèlerin attardé qui rencontre le roi Pialus et la reine Wilberta, car c'est l'heure où le roi mène boire son palefroi de vapeurs au Rhin.

Mais ils plaignent surtout les enfants fourvoyés qui se seraient engagés dans l'étroit sentier frayé par une troupe de voleurs, ou qui se dirigeraient vers la lumière lointaine de l'ogresse.

Et le lendemain, au point du jour, les petits charbonniers trouvèrent leur cabane de ramée, d'où ils pipaient les grives, couchée sur le gazon et leurs gluaux noyés dans la fontaine.

Mais il faudrait citer les cinquante-deux pièces qui composent *Gaspard de la Nuit* pour en dire la richesse et la diversité. Essentiellement romantiques, elles procèdent d'un artisanat supérieur. Chacune d'elle renferme un tableau bien cadré, expressif, fait de détails qui amusent le regard. Il écrit des poèmes en prose comme on écrit des sonnets, faisant entrer dans un moule étroit plus qu'il ne semblerait pouvoir en contenir. Belaval a remarqué que *Ma Chaumière, Jean de Tilles, Octobre, Chèvre morte,* etc., sont des sonnets en prose.

Parfois, Aloysius évite de justesse le cliché par l'emploi de quelque mot vieillot, inattendu. On sent que la phrase, lue et relue, a été conduite à son achèvement à grand renfort de nourritures fortes, celles des mots. Au début de chaque alinéa, on trouve souvent une conjonction, un *mais* que suivra un *et* à l'alinéa suivant (ce dernier souvent au début de la dernière strophe comme dans maints sonnets). Des *cependant,* des *tandis que,* des *comme* permettent un essor de la phrase tout en assurant sa liaison avec la précédente. C'est une reprise de souffle constante. Les pièces en dialogues lui permettent d'éviter ce recours, comme dans *Maître Ogier* ou *les Gueux de nuit* dont voici le début :

— Ohé! rangez-vous qu'on se chauffe! — Il ne te manque plus que d'enfourcher le foyer! Ce drôle a les jambes comme des pincettes.

— Une heure! — Il bise dru! — Savez-vous, mes chats-huants, ce qui fait la lune si claire? Les cornes des c... qu'on y brûle.

— La rouge braise à brûler de la charbonnée! — Comme la flamme danse bleue sur les tisons! Ohé! quel est le ribaud qui a battu sa ribaude?

— J'ai le nez gelé! — J'ai les grèves rôties! — Ne vois-tu rien dans le feu, Choupille? — Oui! une hallebarde. — Et toi, Jeanpoil? — Un œil.

Dans *l'Alchimiste, Départ pour le sabbat, la Chambre gothique,* titres parlants, il retrouve le même vocabulaire archaïque. La dédicace *A Monsieur Victor Hugo* est une caricature du ton médiéval employé par les romantiques. C'est un magasin d'antiquailles :

Le livre mignard de tes vers, dans cent ans comme aujourd'hui, sera le bien choyé des châtelaines, des .damoiseaux et des ménestrels, florilège de chevalerie, décaméron d'amour, qui charmera les nobles oisifs des manoirs.

Dans ses strictes cadrages, il glisse des images que ne renieraient ni les symbolistes, ni les surréalistes. On pourrait attribuer parfois à Baudelaire, Verlaine ou Rimbaud, au Jules Renard des *Histoires naturelles,* au Max Jacob du *Cornet à dés* ou à Cocteau. Les visions sont pittoresques, ironiques, gracieuses, et cela qui, emprunté à la mythologie, aux contes de fées, à l'histoire, à la mythologie, serait extérieur et plaqué chez un autre, est chez lui le reflet d'une intériorité. On sait que Ravel a donné un correspondant de création musicale à ces poèmes : *Ondine, le Gibet, Scarbo,* ces petits chefs-d'œuvre symboliques.

Gaspard de la Nuit se présente comme les trésors des quarante voleurs. On y trouve de tout, comme dira Mallarmé. Bien des grands ont emprunté le chemin créé par ce poète apparemment mineur, cheminant à ses côtés avant de créer leur propre route. C'est un poète qui ne déçoit jamais. Aujourd'hui, même si le temps a ajouté du suranné au suranné volontaire, *Gaspard de la Nuit* n'a rien perdu de son charme. Il y a là quelque magie.

Xavier Forneret l'Étrange.

« Ni vers ni prose » indique Xavier Forneret (1809-1884), de Beaune, sous son titre *Vapeurs,* 1838. Il publiera encore *Sans titre par un homme noir blanc de visage,* 1838, et plus tard, *Encore un an de sans titre,* 1839, *Pièces de pièces, Temps perdu,* 1840, *Rêves,* 1846, *Ombres de poésie,* 1860, *Broussailles de la pensée,* 1870. Tout cela passe inaperçu, malgré un article de Charles Monselet dans *le Figaro :* « L'étrange, le mystérieux, le doux, le terrible ne se sont jamais mariés sous une plume avec une telle intensité... » Mais le siècle n'était pas prêt. Il faudra qu'André Breton sorte « l'homme noir » de l'ombre, le situe sur la voie allant de Pétrus Borel à Lautréamont, puis aux surréalistes qui le tiennent pour un précurseur. Aucun poète du XIXe siècle n'a passé si loin d'une quelconque renommée. Aujourd'hui, il est reçu, fêté par Francis Dumont, les revues *Arcanes* ou *le Pont de l'épée.*

Il avait tout pour qu'on le rangeât parmi les bizarres, les étranges, les mystificateurs, les fous littéraires. Depuis le moyen âge, les Dijonnais connaissaient bien Mère Folle mais l'avaient reléguée parmi les accessoires du folklore. Dès lors, comment comprendre ce riche original, un peu comme Raymond Roussel, qui vivait dans une tour gothique comme celles de son compatriote Aloysius Bertrand, jouait du violon la nuit entière et dormait dans un cercueil. Poète en prose, en vers? Ni l'un ni l'autre, nous dit-il, mais dans *Elle,* reconnaissons-le poète et un des premiers surréalistes :

> Vous ne savez son nom? C'est pour qui je chante
> A vie d'amour de feu, puis après est mourante :
> C'est un arbre en verdeur, un soleil en éclats,
> Puis une nuit de rose aux languissants ébats.
> C'est un torrent jeté par un trou de nuage;
> C'est le roi des lions dégarni de sa cage;
> C'est l'enfant qui se roule et qui est tout en pleurs;
> C'est la misère en cris, c'est la richesse en fleurs.
>
> . . . .
>
> On pense que son pied ne la soutiendra pas,
> Tant il se perd au sol, ne marquant point de pas.
> Avec eux, si épais qu'on ne peut pas les prendre,
> Ses cheveux sont si beaux qu'on désire se pendre.
> Si petite est la place où l'entoure un corset
> Qu'on ne sait vraiment pas comment elle le met.
> Quelque chose en sa voix arrête, étreint, essouffle.
> Des âmes en douceur s'épurent dans son souffle.
> Et quand au fond du cœur elle s'en va cherchant,
> Ses baisers sont des yeux, sa bouche est leur *Voyant.*

Oui, cela pouvait paraître singulier, et formellement de qualité secondaire : prosaïsme, rimes prohibées qui cachaient l'originalité profonde. Quant au poème *Un pauvre honteux,* il avait une centaine d'années d'avance sur la route qui va de Claude Cherrier à Jacques Prévert et aux surréalistes :

> Il l'a tirée
> De sa poche percée,
> L'a mise sous ses yeux;
> Il l'a bien regardée
> En disant : « Malheureux! »
>
> Il l'a soufflée
> De sa bouche humectée;
> Il avait presque peur
> D'une horrible pensée
> Qui vînt le prendre au cœur.

Il l'a mouillée
D'une larme gelée
Qui fondit par hasard;
Sa chambre était trouée
Encor plus qu'un bazar.

Et de strophe en strophe, la litanie se poursuit : « Il l'a frottée...
Il l'a pesée... Il l'a touchée... Il l'a baisée... »

Il l'a palpée
D'une main décidée
A la faire mourir. —
Oui, c'est une bouchée
Dont on peut se nourrir.

Il l'a pliée,
Il l'a cassée,
Il l'a placée,
Il l'a coupée,
Il l'a lavée,
Il l'a portée,
Il l'a grillée,
Il l'a mangée.

Mais quoi? La phrase terminale apporte la réponse :

— Quand il n'était pas grand, on lui avait dit : Si tu as faim, mange une
de tes mains.

Dans ses proses, il mélange tout : le récit onirique, les vers, les
maximes, l'écriture automatique. Il y a du bon, du mauvais, du
pire. Il se livre tout entier à l'écriture. C'est elle qui apporte les
révélations. Le poète n'est rien devant elle : « Souvent on n'est pas
digne de la pensée qu'on a » remarque-t-il, ou « Un Petit Homme
à côté d'une Grande Idée ressemble à un cheval qui est à l'œil. »
Il se livre à ces forces obscures qui le commandent et cela n'empêche ni le sentiment, ni la passion, ni l'enthousiasme qui semblent
jaillir, paradoxalement, de son pessimisme. Des poèmes comme
le Diamant de l'herbe ou *Un Rêve* ne souffrent pas d'être cités en partie et l'on se sent plein d'embarras pour donner un court exemple :

Selon, je crois, des dires, le ver luisant annonce par son apparition plus
ou moins lumineuse, plus ou moins renouvelée, plus ou moins près de
certain endroit, plus ou moins multipliée, car, toujours selon les dires,
il se meut sous l'influence de ce qui doit advenir, le ver luisant présage,
ou une tempête en mer, ou une révolution sur terre : alors il est sombre,
se rallume et s'éteint; puis un miracle : alors on le voit à peine; puis un
meurtre : il est rougeâtre; puis de la neige : ses pattes deviennent noires;
du froid : il est d'un vif éclat sans cesse; de la pluie : il change de place;
des fêtes publiques : il frémit dans l'herbe et s'épanche en innombrables

petits jets de lumière; de la grêle : il se remue par saccades; du vent : il semble s'enfoncer en terre; un beau ciel pour le lendemain : il est bleu; une belle nuit : il étoile l'herbe à peu près comme pour les fêtes publiques, seulement, il ne frémit pas. Pour un enfant qui naît, le ver est blanc; enfin à l'heure où s'accomplit une étrange destinée, le ver luisant est jaune.

Je ne sais jusqu'à quel point ces dires doivent être crus; mais voici : je raconte...

S'il écrit à *Ma bonne aimée,* la lettre commence ainsi :

J'ai souvent désiré savoir combien une langue ordinaire d'homme lançait par an de sa demeure dans l'air, de sons articulés, durs, tendres, énergiques, indifférents, justes, cruels, insensés, sages, faux, francs, passionnés, clamés, hardis, craintifs, repoussants, consolateurs, spirituels, ineptes, grands, petits, sceptiques, décisifs, clairs, insignifiants et amphibologiques.

Mystificateur? Qu'importe. Il répond :

Cinquante-sept millions, trois cent quarante-huit mille, neuf cent trente-sept mots, sortent par an d'une bouche d'homme, sans compter les extra pris dans le vin, le sommeil et le parlement, si cette bouche y a voix.

L'énumération, inutile de le dire, se poursuit jusqu'à la hantise. Comme dit Georges-Emmanuel Clancier, « Xavier Forneret est cet homme déchiré entre un désespoir sans leurre et une espérance naïve en un domaine sauvé par l'amour ou le rêve ». Après lui, nous citons des maximes qui témoignent de « cette dualité, tantôt avec lyrisme, tantôt avec amour » :

L'Homme commet une faute en naissant, celle de naître...

La Mort est la soupape de la Vie...

En regardant un mort, on voit le Néant vivre...

Le Suicide est le Doute allant chercher le Vrai...

La mort apprend *à vivre* aux gens incorrigibles...

Lorsque la mort frappe à notre porte, le bonheur entre...

Portrait n'est bien *vivant* qu'autant que l'être est mort...

Le Cercueil est le salon des morts, ils y reçoivent des vers...

La Folie, c'est la mort avec des veines chaudes...

Excellent ou détestable, puéril ou profond, Xavier Forneret a du moins le mérite de ne ressembler qu'à ceux qui le suivront. Pour André Breton, il est « surréaliste dans la maxime » et aussi, son style « est de ceux qui font pressentir Lautréamont, comme son répertoire d'images audacieuses annonce déjà Saint-Pol Roux ». Si Forneret écrit : « L'habit râpé d'un honnête homme reluit de toutes ses dettes payées », on pense autant à Malcolm de Chazal qu'à Jules Renard. Que dans *Rien,* il mette en scène de façon sarcastique Young, Byron et Voltaire, qu'en politique, de façon inattendue, il se montre bon bourgeois ami de l'ordre hésitant entre le roi et la République, qu'il manie les excentricités typographiques (mettant par exemple le mot *fin* au milieu du livre), il étonne plus qu'aucun poète n'a jamais étonné. Il représente un « cas » : comme chez Borel ou Aloysius Bertrand, il offre à découvrir mille richesses et offre la meilleure liaison de son siècle avec le nôtre.

D'autres poètes romantiques en prose?

Dans la seconde partie du XIXe siècle, le poème en prose connaît son développement et ses chefs-d'œuvre : Baudelaire, Charles Cros, Mallarmé, Rimbaud, Lautréamont... qui témoignent des métamorphoses du romantisme.

Peut-on trouver dans cette première période d'autres poètes en prose? Il faudrait, comme le fit Raymond Queneau en 1930, fouiller « le long des kilomètres de rayonnages de la Bibliothèque Nationale ». Lui, c'était pour les « fous littéraires » et il put découvrir « un authentique précurseur de la science-fiction et de Michaux » : Defontenay dont nous parlerons. Pour le poème en prose, nous conseillerions d'aller voir du côté des nombreux adaptateurs de poètes populaires étrangers. Là, des surprises et des découvertes sont encore possibles. Qui connaît, par exemple, Louis de Lyvron dont le véritable nom était Lestoille? Il a traduit des chants arabes et finnois en donnant de véritables poèmes en prose. Même s'ils n'ont pas le contenu d'avenir de ceux de Rabbe, de Bertrand ou de Forneret, ils méritent d'être cités :

> Grive aux plumes vertes, fais ton nid dans mon casque; écureuil des bois, fais ton nid dans mon bouclier; je vais, jusqu'aux neiges d'hiver, chanter des rimes à ma bien-aimée.
> Perce-neige au cœur d'or, pervenche bleue, violette pâle, semez des graines dans ma barque de sapin; je vais jusqu'aux rosées du printemps, chanter des rimes à ma bien-aimée.
> Aigle des marais, faucon des rivages, cygne des rivières, corbeau des forêts, posez-vous sur mon arc de frêne; je vais, jusqu'à la moisson, chanter des rimes à ma bien-aimée.

2

Poésie venue d'ailleurs

PARFOIS, au fil de ce panorama, le regret nous prend de ne point parler des grands prosateurs. Alors, nous usons d'un subterfuge et allons, comme nous l'avons déjà fait, chercher les vers ou la poésie chez ceux qui ne sont pas réputés poètes.

L'Histoire naturelle poétique de Michelet.

Nous ne répéterons pas que Chateaubriand ou Sénancour, Nodier ou Lamartine, tant d'autres, peuvent être poètes dans leurs proses. Si nous lisons bien Jules Michelet (1798-1874), nous constatons, chez lui comme chez Ballanche, ce que l'histoire doit à la poésie. Il n'est pas chez Michelet que l'histoire naturelle poétique de *l'Insecte, l'Oiseau, la Mer, la Montagne,* pour nous faire goûter de vrais poèmes en prose qu'on devrait bien glisser dans les anthologies : dans ses récits historiques, on est sans cesse surpris par les cadences harmonieuses, les suites métriques. S'il décrit ici Jeanne d'Arc, nous trouvons nombre d'alexandrins et d'octosyllabes comme en témoigne ce découpage factice :

> Eh! qui ne sait que la meilleure âme de France,
> celle en qui renaquit la France,
> la sainte vierge Jeanne d'Arc,
> prit sa première inspiration
> aux marches lorraines,
> dans la mystérieuse clairière
> où se dressait, vieux de mille ans, l'arbre des fées,
> arbre éloquent qui lui parle de la patrie.

et l'on trouvera encore des vers dans ce passage de *l'Oiseau :*

J'ai maintes fois, en des jours de tristesse, / observé un être plus triste, / que la mélancolie aurait pris pour symbole : / c'était le rêveur des marais, / l'oiseau contemplateur / qui, en toutes saisons, / seul devant les eaux grises / semble avec son image / plonger dans leur miroir / sa pensée monotone.

Ainsi, comme au temps de Lemaire de Belges, il reste des cadences prosodiques dans la prose. Ce découpage, Émile Faguet l'a remarqué : « Des vers blancs à chaque instant. Il y en a un nombre infini, de douze pieds, de huit pieds. C'est qu'il a l'oreille musicale, et que le vers satisfait son besoin de rythme, et qui est admirable pour faire la phrase courte, tassée, vigoureusement détachée du discours. Rien n'est saccadé comme des alexandrins séparés les uns des autres par des points ; mille fois plus (car alors point de risque de monotonie) le vers entre deux points, dans un discours qui n'est point en vers. » Le Dr Coignion, cité par Paul Colonna, a relevé des alexandrins dans l'*Histoire de France* :

> Mais il n'eût pardonné qu'aux dépens de la France...
>
> Mazarin général et vainqueur de Turenne...
>
> Est-ce humanité ? Non ; prudence et bon sens...
>
> Se moquer de soi-même et mourir en riant...

et nous abrégeons, car il faudrait citer encore des distiques d'alexandrins ou un titre de chapitre :

> Richelieu donne au roi Cinq-Mars qui le trahit.

Dans *l'Oiseau,* ils abondent :

> Et dès qu'il lui ressemble, il veut aller vers elle...
>
> Le monde des poissons est celui du silence...
>
> Beaucoup pouvaient rester ; un aiguillon le pousse...

et le citateur nous invite à glaner ainsi en d'autres lieux : ceux de la prose menée à la perfection. La question qu'on peut se poser : quelle fut l'école de Michelet ? Il suffit, pour y répondre, de se rappeler que Michelet, dans son extrême jeunesse, alors qu'il se demandait sur quelle mode il chanterait, fit des vers comme ceux de *la Jeune Mendiante* où l'on trouve, comme dans sa prose, alexandrins, décasyllabes, octosyllabes :

> Sous le portique d'une église,
> Révélant le besoin qui causait sa douleur,
> Pour la troisième fois, par les ombres surprise,
> Se plaignait en ces mots la fille du malheur :
> « Je me meurs, je le sens ; je me meurs, car ma vue
> Est d'un voile funèbre obscurcie à moitié.
> La charité ne m'a pas entendue,
> Et l'aumône de la pitié
> A mon secours n'est point venue.

et aussi dans un *Chant de l'oiseau* ces vers de six pieds qui parsèment *l'Oiseau* en prose :

> Je suis le compagnon
> Du pauvre bûcheron.
>
> Je le suis en automne,
> Au vent des premiers froids,
> Et c'est moi qui lui donne
> Le dernier chant des bois.
>
> Il est triste, et je chante
> Sous mon deuil mêlé d'or.
> Dans la brume pesante
> Je vois l'azur encor...

Le secret de la prose poétique de Jules Michelet ne résiderait-il pas dans ces vers si peu connus?

Edgar Quinet le trop éloquent.

Des trois maîtres du Collège de France, Michelet, Mickiewicz et lui-même, Edgar Quinet (1803-1875) est celui qui manie la prose poétique avec le moins de talent. Nous avons évoqué ses longues épopées versifiées qui présentent quelques curiosités. Il aime se mouvoir dans la forêt des symboles avec conviction, et veut « ouvrir de nouvelles voies à l'imagination », mettre ses pouvoirs au service des grandes idées humanitaires, mais il a l'éloquence d'un professeur plus que d'un poète : ses meilleurs moments sont détruits par quelque chose de trop scolaire. Il a beau multiplier les interjections et les antithèses, il est rarement convaincant. Appartenant à la génération éblouie par le moyen âge, il jette ses images sentimentales de grand lettré en vrac, voulant peindre

...le monastère aux clochers élancés, les dames au clair visage, cueillant les fleurs de mai, ou du haut des balcons attendant des nouvelles; l'hermite au fond du bois, qui lit son livre enluminé; la damoiselle sur son fringant palefroi; le messager, les pèlerins assis à table et devisant dans la salle parée; les bourgeois sous la poterne, le serf sur la glèbe; les pavillons pendus au vent, les enseignes brodées et dépliées, les chasses au faucon, les jugements par le feu, par l'eau, par le duel; tout ce qui accompagnait ou suivait les disputes des seigneurs, défis, pourparlers, injures, prises d'armes, convocation du ban et de l'arrière-ban, machines de guerre, engins, assauts, pluies de flèches, famines, meurtres, tours démantelées; c'est-à-dire le spectacle entier de cette vie bruyante, silencieuse; variée, monotone; religieuse, guerrière; où tous les extrêmes étaient rassemblés.

Comme dans ses longs poèmes en vers, il procède par accumulation, ce que feront plus tard les romanciers naturalistes.

Dans son *Merlin l'Enchanteur,* on sent encore l'influence de Chateaubriand et de Ballanche, avec quelque chose de véhément dans le style qui semble trahir une impuissance à faire jaillir la poésie. La légende lui apporte ses principaux éléments ; il veut en accentuer les symboles, montrer les contrastes entre le visible et l'invisible. Les poètes du moyen âge, avec leur sens du mystère, y parvenaient mieux que lui. Lui remplace le mystère par le flou, il lui manque le don du style et c'est fort dommage : son imagination est poétique, son esprit est philosophique, et l'union se fait mal, peut-être justement parce qu'il a trop d'idées. Mais on peut trouver des idées nouvelles comme lorsque Merlin écrit à Viviane :

Tu regardes, en écrivant, certaines caresses de langage comme une douce musique qui n'a point de signification précise et n'engage à rien celle qui les laisse romanesquement tomber de sa plume de rossignol...

Parfois, entre Chateaubriand et Saint-John Perse, il peut étonner comme dans les versets du *Triomphe de Bacchus :*

Mais à ce moment s'ouvraient les portes des hymnes ; et l'écho en était si puissant, que les sources de vie renaissaient dans son cœur.

Venaient d'abord les peuples affranchis qui marchaient la tête droite, comme s'ils ne l'eussent jamais courbée.

Puis Artus couvert de son bouclier blanc, où se mirait le soleil de justice.

Artus étendait son bouclier autour de lui, et vingt nations en étaient protégées...

Honoré de Balzac et la fauvette.

Dans une œuvre aussi considérable que celle d'Honoré de Balzac (1799-1850), la poésie se niche en tant d'endroits qu'on ne saurait faire autre chose ici que de l'évoquer. Mme Anne-Marie Meininger nous a rappelé ce passage de *Louis Lambert* par la voix de qui Balzac rappelle ses premiers essais poétiques au collège de Vendôme :

...je négligeais mes études pour composer des poèmes qui devaient certes inspirer peu d'espérances, si j'en juge par ce trop long vers, devenu célèbre parmi mes camarades, et qui commençait une épopée sur les Incas :

Ô Inca ! ô roi infortuné et malheureux !

Je fus surnommé *le Poète* en dérision de mes essais ; mais les moqueries ne me corrigèrent pas. Je rimaillai toujours, malgré le sage conseil de M. Mareschal, notre directeur, qui tâcha de me guérir d'une manie malheureusement invétérée, en me racontant dans un apologue les malheurs d'une fauvette tombée de son nid pour avoir voulu voler avant que ses ailes ne fussent poussées.

Honoré de Balzac fit d'autres essais, notamment vers 1819-1822, et Maurice Bardèche les a reproduits et commentés. Et il y eut

Cromwell, tragédie en vers en cinq actes. Le jeune Honoré de Balzac manie les vers aussi mal qu'Alexandre Dumas, alignant des alexandrins prosaïques et souvent boiteux dans des dialogues lourds. On reconnut cependant que l'apprenti de Corneille connaissait l'art de l'affabulation et de l'intrigue; il y a même quelques moments pathétiques qui participent du bon théâtre romantique. Il y eut d'autres essais de versification : *le Mendiant, Esquisse à la Molière, Marie Touchet,* et des faux départs théâtraux, *Sylla, le Corsaire, Saint Louis, Stella,* intéressants, mais qui le rejetèrent heureusement vers le roman. La vocation de poète du Lucien de Rubempré des *Illusions perdues* naît de sa découverte d'André Chénier qui est aussi celle de Balzac. Quand le personnage écrit des sonnets comme *la Marguerite, le Camélia, la Tulipe,* Balzac fait appel à Delphine de Girardin, Lassailly, Théophile Gautier, peut-être écrit-il lui-même *le Chardon,* sorte de pastiche. Dans *le Député d'Arcis,* on trouve une grotesque *Bilquéide* ou dans *l'Israélite* un pastiche moyen âge. Écrivant *Cromwell,* il écrit à sa sœur : « Les idées m'accablent, mais je suis sans cesse arrêté par mon peu de génie pour la versification. » Lucide Balzac! et pourtant cette *Ode à une jeune fille* écrite vers 1827-1828, très romantique, en vaut bien d'autres :

> Du sein de ses torrents de gloire et de lumière,
> Où, sur des harpes d'or, les esprits immortels,
> Aux pieds de Jéhova, redisent la prière
> De nos plaintifs autels;
>
> Souvent un chérubin, à chevelure blonde,
> Voilant l'éclat de Dieu par son front reflété,
> Laisse au parvis des cieux son plumage argenté,
> Et descend sur le monde :
>
> Comprenant du Très-Haut le sublime regard,
> Il vient au pauvre à qui tout est souffrance;
> Et, par son tendre aspect, rappeler au vieillard
> Les doux jeux de l'enfance.
>
> Il inscrit des méchants les tardifs repentirs;
> A la vierge amoureuse, il accourt dire : « Espère. »
> Et, le cœur plein de joie, il compte les soupirs
> Qu'on donne à la misère...

Le grand Honoré de Balzac poète est cependant ailleurs, épars dans son œuvre gigantesque, et qui lit *l'Elixir de longue vie,* 1830, *la Peau de chagrin,* 1831, *Séraphîta,* 1835, *Melmoth réconcilié,* 1835, *Gambara,* 1837, par exemple, rejoint la poésie par le fantastique. Il est à noter que le nom de poète revient souvent sous la plume de ceux qui l'admirent. « C'était un aigle qui n'avait pas dans sa pru-

nelle la mesure de son vol », dit Lamartine. « Balzac fut un voyant »,
dit Gautier. « J'ai maintes fois été étonné que la grande gloire de
Balzac fût de passer pour un observateur ; il m'avait toujours semblé
que son principal mérite était d'être *visionnaire* et visionnaire passionné », dit Baudelaire. « Un grand poète », dit Jules Barbey
d'Aurevilly. « Aucun poète n'a jamais été plus absorbé dans son
œuvre », dit Stephan Zweig. « Le prestige du magicien de génie »,
dit Georges Bernanos. « Il a eu le pressentiment de tout », dit François Mauriac. N'est-il pas un point où, sous les ailes du génie, la
grande création romanesque, la vision prophétique du monde,
une certaine manière de le percevoir sont poésie ?

Poètes inattendus.

Chez Flaubert, chez Renan, nous trouverons dans des pages
futures de beaux exemples de vers dans la prose ; chez d'autres,
nous aurons l'éclair de poésie inattendue. N'oublions pas que
dans *Racine et Shakespeare,* Stendhal, en proclamant la nécessité
d'une révolution poétique nationale indépendante des « rêvasse-
ries » d'outre-Rhin, a apporté une pierre à l'édifice. Sainte-Beuve
s'il semble refuser la prose poétique, qui n'est qu'« une extrémité de
la prose », reprochant à Chateaubriand de transporter « le centre
de la prose de Rome à Byzance, et quelquefois par-delà Byzance,
de Rome à Antioche et à Laodicée » faisant dater de lui dans la
prose « le style bas-empire », émettant là quelques bizarreries
critiques, lorsqu'il écrit *Volupté* montre une ampleur lyrique :

... Un phosphore si rapide traverse, allume nos regards ; de telles irra-
diations s'en échappent par étincelles, et pleuvent alentour sur les choses ;
dès que la voix du désir s'élève et à moins qu'une autre voix souveraine
n'y coupe court, l'être entier frissonne d'un si magnétique mouvement,
que, sur la foi de tant d'annonces, on ne peut croire que l'amour n'est
pas là chez nous, prêt à suivre, avec son enthousiasme intarissable, les
perfections toujours nouvelles dont il dispose...

Dans cette rubrique récréative de curiosités mêlées, on peut faire
entrer Louis XVIII (1755-1824) sans ajouter « profession : roi de
France », non pour sa *Relation d'un voyage à Bruxelles et à Coblentz,*
1823, où il parle prosaïquement de ses mauvais dîners dans les
hôtels, mais pour une romance, *l'Homme et la femme comme il faut et
comme il faudrait,* mise en musique par Frantz Liouville :

> Toute à la mode nouvelle,
> A son mari parlant haut,
> Éloignant ses enfants d'elle,
> C'est la femme comme il faut.

> Leur donnant, selon leur âge,
> Et ses vertus et son lait,
> Soumise, économe et sage :
> Voilà comme il la faudrait.

ou, en oubliant des vers de circonstance, la traduction d'une ode d'Horace dans le goût du XVIIIe :

> Quand parjure à la loi de l'hospitalité,
> Le berger phrygien sur l'orageuse plaine
> Entraînait avec lui cette fière beauté,
>   L'orgueil de Sparte et de Mycène,
> Des aquilons Nérée enchaînant la fureur...

Poète et voyageur, Antoni Dufriche (né en 1804) a intitulé *Crescendo* un « drame maritime en cinq actes et trente-cinq petits vers ». Du prologue à l'épilogue en passant par I. *Calme plat,* II. *Petit frais,* III. *Bon frais,* IV. *Grand frais,* V. *Coup de cape,* on va de la vie à la mort au fil de la navigation.

Lucien Berthereau (né en 1812), se prétend « poète humoristique » dans la *Batrachomyomachie* venue pour certains d'Homère, et renouvelée par lui :

> Fourier prétend, je crois, que la lune a pâli,
> Mais, hors Considérant, qui de nous le relit ?

Il passe facilement d'Homère à Virgile :

> Hameaux hospitaliers, doux pays de ma mère,
> Dont je crois voir les mœurs en relisant Homère,
> Vous ne vous plaindrez pas si vous m'avez nourri,
> Que je parle de vous, quand je suis attendri.
> Heureux vos paysans, qui mangent dans l'argile,
> S'ils savaient leur bonheur !... Le reste est dans Virgile.

Camille Doucet (1812-1895) qui sera secrétaire perpétuel de l'Académie française, a un succès fou au théâtre. Voilà ce que donnait, par exemple, *les Ennemis de la maison :*

> Croyez-moi ! croyez-moi ! Nous avons là, nous autres,
> Au fond du cœur, des yeux qui voient mieux que les vôtres.
> Je ne suis, pour Nerval, encore qu'une enfant ;
> Mais il souffre... Sa sœur le plaint... et le défend...
> D'un ami, d'une mère, il maudit la présence...
> Le danger qu'il redoute est ailleurs qu'il ne pense...

Quant à ses *Poésies détachées,* elles font penser à maints poèmes mnémotechniques :

> Comme au premier Sophocle, Eschyle triomphant,
> Lamartine à Ponsard avait dit : « Bien, enfant ! »
> Puis, voyant Marcellus mourir avant Auguste,
> Lamartine trouva la mort deux fois injuste.

Il est vrai que dans les livres de colportage on trouve à l'époque de curieux alexandrins : *Nouvelle arithmétique appliquée au commerce et à la marine mise en vers* ou *Nouvelle grammaire française mise en vers* par L. Chavignaud.

Henri Dottin (né en 1816), de Beauvais, donne des *Épîtres humoristiques* :

> Irons-nous demander à dame poésie
> De ses adorateurs les succès et les noms?
> Ah! pour parler de vers l'époque est mal choisie,
> Car le soleil de l'art n'a guère de Memnons.

Le Breton Eugène Mathieu (né en 1821) fit ses études au lycée polymathique dirigé par Denizard-Hippolyte-Léon Rivail, connu plus tard sous le pseudonyme d'Allan Kardec (1803-1869), spirite. Il a parodié Fénelon en vers : *Télémaque dans l'île de Calypso.* Là, il a multiplié les tours de force. Voici comment Calypso reproche sa froideur au fils d'Ulysse :

> Tu te tais, tant te tient ton tuteur tortueux,
> Dans d'odieux dédains des doux dons d'un des dieux.

Quant à Paul Auguez, propagandiste du spiritisme comme Kardec, il a donné un recueil de *Parfums et caprices,* mais fut plus connu pour une idée originale : il s'agissait très sérieusement de donner un uniforme aux gens de lettres!

En son temps, Louis-Cincinnatus-Séverin-Léon Hussenot fut tenu pour fou. Il inventa, dans ses *Provinciales,* 1843, un « système de traduction inouïe sans points ni virgules ». Fou? Non, précurseur. Quant au dentiste Pical, pas fou du tout, dans *les Dentistes peints par eux-mêmes,* 1845, il apparaît comme un précurseur des « loisirs de la poste » chers à Mallarmé et comme un ingénieux publicitaire :

> L'auteur demeure aussi, comme ses chers confrères,
> Au premier, à deux pas de tous les ministères;
> Dans le noble faubourg; l'omnibus y conduit;
> Dirai-je, rue du Bac, numéro trente-huit?

Nous nous rapprochons du plus farfelu des utopistes, Paulin Gagne (1808-1876), de Mormoiron, esprit entreprenant qui rêva d'une langue universelle, *la Gagne-Monopanglotte,* composa des milliers et des milliers de vers apocalyptiques : *le Suicide, Martyre des rois, l'Océan des catastrophes, l'Empire universel, Voyage de Napoléon, l'Unitéide, le Calvaire des rois, le Supplice du mari, la Grévéide,* « drame grévicide universel des grèves en cinq éclats », etc. Il fonda une société : *la Philantropophagie.* Pendant les disettes, ceux qui ne voudraient pas mourir offriraient un de leurs membres pour nourrir autrui. On en parla en 1870, ce qui fit écrire à Victor Hugo :

> Je lègue au pays non pas ma cendre,
> Mais mon beefsteack, morceau de roi!
> Femmes, si vous mangez de moi,
> Vous verrez comme je suis tendre.

Paulin Gagne a fondé des journaux comme *l'Archisoleil, le Journalophage, l'Uniteur du monde visible et invisible,* etc. Les vers de cet excentrique, que sa femme Élise Gagne aida beaucoup pour ses grandes compositions versifiées, sont d'une rare platitude. Aujourd'hui, les fervents de l'humour noir, les amateurs de curiosités, ceux qui cherchent une psychologie approfondie jusque dans les déviations de la pensée s'intéressent à celui qu'on peut prendre comme un ancêtre de Philibert Besson et de Ferdinand Lop ou comme un esprit original. Entre autres, André Blavier a fait d'intéressantes études au sujet de ce cas.

La Némésis de Barthélemy fut beaucoup imitée. Par Jean-Baptiste Bouché (né en 1815) avec *le Scorpion politique,* satire hebdomadaire en vers, *les Scapins de la politique,* épopée en 32 chants. Par Collin de Plancy (né en 1793), l'auteur du *Dictionnaire infernal,* avec un *Chansonnier du chrétien,* attaques rimées des philosophes. Par Destigny (mort en 1864) avec *la Némésis incorruptible* que ses lecteurs appellent « la Némésis illisible ». Par Gustave Naquet (né en 1819) avec sa *Némésis normande,* par *la Némésis ouvrière, la Némésis médicale,* etc. D'autres satiriques sont Eugène Yvert (né en 1794) avec notamment *Ma Gazette,* 1844, imité de la *IXᵉ Satire* de Boileau ou Alphonse Karr (1808-1890) qui, dans *les Guêpes* manie volontiers l'alexandrin :

> Je crois à la sagesse en riant des sophistes,
> Je crois à la morale et crains les moralistes,
> Je hais les raisonneurs, et crois à la raison;
> Et, quand je vois la flamme envahir la maison,
> Sans varier mes mots, en dépit des puristes,
> Je crie : Au feu! au feu! au feu! accourez sus!
> Sans me préoccuper de mes trois hiatus.

Et, pourquoi pas? Napoléon III (1808-1873) qui écrivit en 1833 une *Épître en vers* à Chateaubriand sur la duchesse de Berry. Il aimait les belles phrases : « Marchez à la tête des idées de votre siècle, ces idées vous soutiennent; marchez à leur suite, elles vous entraînent; marchez contre elles, elles vous renversent. » Et aussi Louis Iᵉʳ de Bavière : après son abdication, il s'adonnera à la peinture et à la poésie, écrivant des poèmes français, notamment des strophes pour Lola Montès.

Sait-on qu'Auguste Comte (1798-1857) méditait un poème en vingt-quatre chants sur la philosophie positive? Il s'arrêta dès le premier vers : « Agir par affection, et penser pour agir » quand on lui fit remarquer que son alexandrin avait treize pieds. Son disciple, Émile Littré (1801-1881), avant de mettre *l'Enfer* de Dante en vieux langage français, 1879, avait écrit des poèmes comme *la Terre* qui témoignent d'un honnête savoir-faire :

> Ô terre, mon pays, monde parmi les mondes,
> Où mènes-tu tes champs, tes rochers et tes ondes,
> Les bêtes, leurs forêts; les hommes, leurs cités?
> Où vas-tu déroulant ton orbite rapide,
> Sans repos dans le vide
> Des cieux illimités?
>
> Ah! c'est grandeur à moi, chétive intelligence,
> De me dresser pour prendre à ton voyage immense
> Une part toute pleine et d'extase et d'effroi;
> Et sentant sous mon ciel l'abîme et son mystère,
> Courir même carrière
> Un moment avec toi.

Célèbres à d'autres titres sont aussi Adolphe-Laurent Joanne (1813-1881), l'auteur des *Guides Diamant* et des *Géographies départementales,* qui publia des poèmes, *Fleurs des Alpes,* 1852; le grammairien Prosper Poitevin (1804-1884) qui fit le poème *Ali-Pacha et Vasiliki,* 1833; son confrère Louis-Nicolas Bescherelle (1802-1884) qui fera sur le tard une épopée en douze chants, *la Christéide,* 1874; le romancier Paul de Kock (1794-1871) qui taquina la muse dans des *Contes en vers;* l'historien des Chouans, Jacques Crétineau-Joly (1803-1875) qui écrivit *Chants romains,* 1823, et *Inspirations poétiques,* 1829. Tous avaient mieux à faire...

Deux remarquables contemporains.

André Neher a fait le portrait d'Alexandre Weill (1811-1899) qui a sa place ici non seulement comme poète, mais pour avoir eu une influence « parfois souterraine, mais toujours très forte » sur Henri Heine, Gérard de Nerval, Victor Hugo, la pensée religieuse de ce dernier lui devant beaucoup : « Journaliste, publiciste, conteur, romancier, poète, philosophe, occultiste, utopiste, fondateur d'un monde nouveau dont il était à la fois le mage et le seul citoyen, cet homme extraordinaire a vécu dix vies, a touché à tout et, il faut bien le dire, a gâché simultanément ses vies et ses œuvres. » Dans son œuvre juive, on distingue surtout la partie narrative et folklorique. André Neher nous dit : « Cette dernière est d'autant plus importante dans l'histoire de la littérature française, qu'Alexandre Weill prétendait être l'inventeur du genre rustique et avoir été le premier auteur français à composer des idylles romancées... », ce qui paraîtra bien curieux, et Neher poursuit : « Il a rédigé en effet une *Petite Fadette* avant George Sand, un *Ami Fritz* avant Erckmann-Chatrian, mais que n'a-t-il pas rédigé ? » Des nouvelles, comme *Couronne* ou *Émeraude,* sont de bonne qualité et marquées par des influences allemandes. Son recueil de vers, *Amour et blasphèmes,* publié à Bruxelles en 1862, fut interdit en France. Il a traduit de l'hébreu *les Mystères de la création,* 1852, écrit un drame en vers, *Une Madeleine,* 1853, une étude sur Schiller, 1854, et une masse de livres d'actualité, de polémique, de religion. Neher affirme : « S'il fallait lui chercher un pair dans les lettres romantiques, c'est à Jean-Paul que l'on penserait, et ce n'est pas amoindrir le mérite littéraire d'Alexandre Weill que d'affirmer que son œuvre peut soutenir la comparaison avec l'exubérant antipode de Goethe. » Il reste à découvrir.

Amédée Pommier (1804-1877), Lyonnais, poète, critique, latiniste, érudit, est tantôt classique, tantôt d'un romantisme effréné, forcené, à la recherche d'images frappantes et d'expressions exagérées, disant lui-même :

> ... Pour rendre mon vers plus sonore et plus riche,
> Il n'est d'expression que ma main ne déniche.

Dans ses *Colères,* 1834, où il est satirique à la manière de Barthélemy, dans *la République ou le livre du sang,* dans *Paris,* dans *l'Enfer* surtout, il va d'extravagances en extravagances sans parvenir à rejoindre la grande poésie. Voilà que dans *le Voyageur, poème géographique,* il se met à nommer :

> J'aime de mon pays tous les fleuves, en somme,
>> Somme,
> Charente, Meurthe, Allier, Rhône qui n'est pas doux,
>> Doubs;
>
> J'aime l'Eure, l'Escaut, la Sarthe, la Villaine,
>> L'Aisne,
> Le Furens, fils des monts qui sont ton boulevard,
>> Var !

Il s'est exercé dans le genre monosyllabique, a écrit une *Ode à la rime* pour se saluer lui-même :

> J'en décore mes ballades,
> J'en compose mes roulades,
> Je dispose en enfilades
> Leur assortiment coquet.

En longs colliers je les noue,
Je leur dis : Faites la roue.
Avec elles je me joue
Comme avec un bilboquet.

A défaut de mirliton... Théophile Gautier aurait pu le prendre comme un Grotesque, mais *l'Enfer* l'a impressionné d'une certaine façon : « L'auteur trouvant qu'on spiritualisait un peu trop l'enfer, l'a épaissi, comme disait Mme de Sévigné à propos de la religion, par quelques bons supplices matériels, tels que chaudières bouillantes, jets de plomb fondu, cuillerées de poix liquide, lits de fer rougis, coups de fourches et de lanières à pointe, introduisant les diableries de Callot dans les Cercles du Dante. » Il a même inventé un supplice, celui du tête-à-tête avec un être détesté :

L'éternité du tête-à-tête
Ne pouvait manquer à l'enfer !

Dans *la Liberté, les Choses du temps,* il trouve des saillies, donnant ce conseil aux académiciens :

Instituez des prix pour les hommes de bien
Qui se tiennent en paix et qui n'écrivent rien.

mais il est lui-même souvent couronné aux grands concours, par exemple avec *la Découverte de la vapeur,* comme Laprade. Il aime les néologismes à l'école de Du Bartas tels que le flot *rumoreux, extuant,* les rocs *fluctisonnants,* les fleurs *immarescibles,* qu'on trouve dans ses *Océanides.* Il aime saluer la phalange féminine :

Honneur à vous aussi, phalange féminine,
Salm, Desbordes, Tastu, Collet, Denoix, Delphine,
Robert, Moreau, Guinard, Mollard, Waldor, Favier,
Lesguillon, Ségalas, vous que peut envier
Le tendre rossignol, qui, caché sous l'ombrage,
De sa plainte nocturne enchante le bocage!

Comme « le prosaïsme gagne », il jette ainsi un *Appel aux femmes poètes.* Il aime scruter le fond des océans :

Oh! qui me donnera d'assez bons yeux pour voir
Tout ce que l'Océan cache en son gouffre noir;
Pour trouver les talents, les vertus que le monde
Retient ensevelis dans une nuit profonde?

Mais « les métaux inconnus, les perles de la mer », ce n'est pas dans ses *Océanides* qu'on les trouvera. Ce poète en partie double, ronronnant ou exalté, tint une place en son temps.

Lacenaire, assassin et poète.

Alors que le fameux assassin qu'a popularisé le film de Marcel Carné, *les Enfants du paradis,* Pierre-François Lacenaire (1800-1836) était déjà condamné a être exécuté, il suscita une vive curiosité chez les contemporains. Il avait une réputation de poète et d'écrivain qui fit se déplacer pour le visiter nombre de ses illustres confrères en écriture. Hégésippe Moreau, ému par un tel engouement, composa même une satire :

> Ah! sur tes échos sourds la lyre est sans pouvoir!
> Il faut des condamnés à mort pour t'émouvoir,
> Paris! Eh bien! écoute...

Après la mort de Lacenaire, on imprima ses *Mémoires,* ses poèmes, sa correspondance, son drame, *l'Aigle de la Sélléide.* De son vivant, on avait imprimé dans les journaux une pièce de vers *Insomnie d'un condamné,* mais Lacenaire réclama contre cette attribution. On peut tenir pour vrais les vers composés la veille de son exécution et qui se terminent ainsi :

> Dieu..., le néant..., notre âme..., la nature...,
> C'est un secret...; je le saurai demain.

On peut citer encore le poème *Dans la lunette :*

> Quand vient le moment, lorsque la tête roule
>   Sous le choc du pesant couteau,
> Il ne reste plus rien pour amuser la foule
>   Que le coup d'œil au tombereau
> Et quelque peu de sang qui lentement s'écoule;
>   Tout est fini, chacun se tait et part,
> Hors une voix qui répète : « A Clamart! »

Plus curieux est ce poème en argot :

> Pègres traqueurs qui voulez tous du fade,
> Prêtez l'esgourde à mon dur boniment.
> Vous commencez par tirer en valade,
> Puis au grand truc vous marchez en tafant.
>   Le pante aboule,
>   On perd la boule,
> Puis de la tolle on se crampe en rompant,
>   On vous roussine,
>   Et puis la tine
> Vient remoucher la butte en rigolant.

« Qu'on y consente ou non, dit Victor Hugo, l'argot a sa syntaxe et sa poésie. C'est une langue. Si, à la difformité de certains vocables, on reconnaît qu'elle a été mâchée par Mandrin, à la splendeur de certaines métonymies on reconnaît que Villon l'a parlée. »

Gavarni le Protée.

Celui dont parlent tant les Goncourt dans leur *Journal,* celui que cite Baudelaire dans ses poèmes, Guillaume Chevalier, dit Gavarni (1804-1866) fit des vers pour prouver qu'il était aussi capable d'en faire. Avant de prendre le nom de la célèbre chute à la suite de l'erreur d'un graveur qui avait pris le nom du lieu pour celui de l'artiste, il avait gravé des plans pour les Ponts et Chaussées, du pont de Bordeaux à de nombreuses machines. A force de fréquenter des littérateurs, il put dire : « Moi aussi je sais faire des romans! » et ce fut une nouvelle, *Madame Acker,* dont Sainte-Beuve fit grand cas. Même affirmation pour les poèmes et cela donne *la Pie de la prison :*

> Du grain qu'ils ont semé laissez la fleur éclore
> Allez, Margot, la loi leur a permis des fleurs.
> Eh quoi! méchant oiseau, vous revenez encore
> De ce triste jardin becqueter les primeurs.
>
> N'en privez pas, au moins, leurs jours que rien n'abrège;
> Les ans laissent ici de bien longues saisons,
> Margot! et de l'hiver ils n'ont eu que la neige;
> N'allez pas au printemps leur ôter les bourgeons;
>
> Et qu'au moins du soleil un bouquet les console;
> Demain, le savez-vous, ils attendraient en vain
> Ce printemps qu'aujourd'hui votre audace leur vole.
> Margot! les prisonniers vous donnent de leur pain.
>
> . . . .
>
> C'est la faim d'être libre. Un oiseau mord sa cage;
> Vous vouliez à la vôtre attacher ce rameau,
> Souvenir des jardins dont vous aimiez l'ombrage,
> Amis, et vous coupez les ailes d'un oiseau.

ou encore *A Louise,* joliment romantique :

> Nous aurons sous nos pas des fleurs à chaque aurore,
>> Oui, mon âme, à demain!
> Mais dans ces fleurs d'hier laissez-moi voir encore
>> Où passait mon chemin.

et qui se termine ainsi :

> Doux fantôme! à le voir si brillant et si frêle,
>> En son vol arrêté,
> On dirait qu'aux feuillets il s'est pris par une aile
>> Un phalène argenté.

Gavarni étonnera encore, non seulement par son art, mais par ses connaissances mathématiques. Quand Joseph Bertrand déposa sur le bureau de l'Académie des sciences la solution d'un problème : « la généralisation de la série des sinus en fonction de l'arc », on fut bien étonné en entendant le nom du savant : Gavarni, peintre, dessinateur, inventeur, mathématicien, romancier et poète.

3

La Poésie des travailleurs

Un Fait nouveau.

A u temps du romantisme, l'intérêt se porte vers un nouveau
fait littéraire et social : la littérature, et surtout la poésie des
travailleurs, artisans, ouvriers, paysans. Lamartine, Alexandre
Dumas, Chateaubriand rendent visite au boulanger Jean Reboul;
George Sand est attentive à ce dernier comme à Charles Poncy,
Agricol Perdiguier, Savinien Lapointe ou Jasmin; Marceline
Desbordes-Valmore, Hugo, Béranger, Lamartine encore encou-
ragent Théodore Lebreton; les bousingots qui se réunissent
autour de Vinçard, frabricant de mesures linéaires, l'aident à fonder *la Ruche populaire,* journal des ouvriers, « écho des abeilles »;
Jules Michelet qui n'oublie pas qu'il a été apprenti-typographe
chez son père chérit toujours *le Peuple.* Lamartine, après avoir rencontré Reine Garde (que nous avons trouvée avec d'autres femmes
poètes ouvrières dans la rubrique de poésie féminine) à qui il
dédie *Geneviève, histoire d'une servante,* donne un grossissement bien
romantique : « Il faut que Dieu suscite un génie populaire, un
Homère ouvrier, un Milton laboureur, un Dante industriel... »
Les saint-simoniens, Flora Tristan, les bourgeois émancipés, ceux
qui mettent le peuple dans leurs œuvres comme Delphine de
Girardin ou Frédéric Soulié, comme Marceline Desbordes-Valmore
et Victor Hugo, comme les romanciers populaires, les poètes
sociaux, les chansonniers tendent la main aux poètes travailleurs.

Nous écartons d'emblée l'expression de « poètes du dimanche »,
car nous sommes au contraire en présence de poètes de la semaine,
de la dure semaine de travail. Certes, les poètes travailleurs ne sont
pas affranchis des imitations romantiques et parfois (mais rare-

ment) des ambitions littéraires au sens social, mais leurs chants, qu'ils s'attachent à leur condition ou qu'ils tentent de rejoindre d'autres sphères de culture, sont pleins d'honneur, de probité, de vérité. Par-delà le fait poétique que l'emploi du langage existant, celui de la bourgeoisie, réduit nécessairement, il y a surtout le fait social : une société ouvrière est née, celle des poètes et des penseurs de l'établi. Tandis que les lettrés écrivent pour les lettrés, d'aucuns, comme Michelet, ont conscience qu'il faut briser le cercle et faire naître une véritable culture populaire. Si, littérairement, le fait poétique ouvrier ne bouleverse pas les manières d'écrire du siècle, du moins affirme-t-il l'ardente convoitise de la culture populaire et montre-t-il aux grands écrivains de nouvelles aspirations. Le serrurier Pierre Moreau écrit : « Si je me suis hasardé à prendre la plume, moi simple ouvrier, c'est que j'estime que les travailleurs doivent s'entraider... Sortant de l'atelier après une longue journée d'un travail pénible, je prends une plume inexpérimentée et malhabile... » Dès lors, la classe ouvrière ne laisse plus son sort en des mains étrangères. L'idée d'association est née que défendent des élites nouvelles avec à leur tête les Agricol Perdiguier, menuisier, Grignon le tailleur, Jules Leroux le typographe, Gosset le forgeron. Ils aideront par leurs voix les grands poètes, les Baudelaire ou les Rimbaud, à prendre conscience du vide d'amour, de l'absence de fraternité du monde industriel.

Comment situer les poètes ouvriers? Ce n'est guère facile. Nous avons pensé les honorer en les rencontrant ici parmi les corps de métiers.

Des Tisserands.

Lorsque parut en 1845 l'édition la plus complète des poésies de Magu (1788-1860), tisserand à Tancrou en Seine-et-Marne, George Sand l'enrichit d'une notice (Auguste Chopin avait payé les frais de cette édition) sur « le bonhomme Magu » et sur ses vers : « Ils sont si coulants, si bonnement malins, si affectueux et si convaincants, qu'on est forcé de les aimer, et qu'on ne s'aperçoit pas de quelques défauts d'élégance ou de correction. Il y en a de si vraiment adorables qu'on est attendri et qu'on n'a pas le courage de rien critiquer. » A quoi pourra s'ajouter une lettre de Béranger : « J'ai trouvé en vous le poète artisan, tel qu'il me semble devoir être : occupé de rendre ses sentiments intimes avec la couleur des objets dont il vit entouré, sans ambition de langage et d'idées, ne puisant qu'à sa propre source et n'empruntant qu'à son cœur, et non aux livres, des peintures pleines d'une sensibilité vraie et d'une philosophie pratique. » On souscrit à ces opinions quand on lit des poèmes intitulés *Pourquoi je ne suis poète qu'à demi, A une abeille* ou *A ma navette :*

> Cours devant moi, ma petite navette;
> Passe, passe rapidement!
> C'est toi qui nourris le poète,
> Aussi t'aime-t-il tendrement.
>
> Confiant dans maintes promesses,
> Eh quoi! j'ai pu te négliger...
> Va, je te rendrai mes caresses,
> Tu ne me verras plus changer.
>
> Il le faut, je suspend ma lyre
> A la barre de mon métier;
> La raison succède au délire,
> Je reviens à toi tout entier.
>
> . . . .
>
> Je me soumets à mon étoile,
> Après l'orage, le beau temps!
> Ces vers que j'écris sur ma toile
> M'ont délassé quelques instants.
>
> Mais vite reprenons l'ouvrage,
> L'heure s'enfuit d'un vol léger;
> Allons, j'ai promis d'être sage,
> Aux vers il ne faut plus songer.
>
> Cours devant moi, ma petite navette...

Citons auprès de lui deux compagnons tisseurs-ferrandiniers du Devoir : Guait, dit « Lyonnais la Fidélité » et Galibert, dit « Dauphiné la Clef des Cœurs ». Le premier chante *le Travail :*

> Je suis un joyeux Compagnon
> Et n'ai jamais craint la besogne;
> J'aime le vin du Bourguignon,
> Pourtant je ne suis pas un ivrogne.
> La France est mon pays natal,
> Le bon vieux vin est mon régal,
> Et pour en avoir
> Du matin au soir,
> Travail, travail,
> Avec nous prolonge ton bail;
> C'est le souhait des Compagnons
> Du travail, du vin, des chansons,
> C'est le refrain des compagnons. *(bis)*.

tandis que le second donne le *Chant* de son métier :

Beaux ouvrages de Saint-Étienne,
Paris vous imite tout bas,
Tours fait brocatelle et damas;
Le drap vient d'Elbeuf et de Vienne;
Partout gagnons de beaux deniers!
Le Rhône, la Seine, la Loire,
Sur leurs bords rediront la gloire
Des Compagnons Ferrandiniers. *(bis)*

En 1843, Magu donna sa fille en mariage au serrurier Jean-Pierre Gilland (1815-1857) et Béranger lui écrivit : « Votre fille épouse un brave jeune homme... A votre exemple, il ne s'est pas laissé entraîner au dédain d'une utile profession par les sottes vanités littéraires; cela le rend digne de votre alliance. Il pourra chanter la mariée en bons vers, et vous lui répondrez sur le même ton... » D'ailleurs Gilland affirme : « J'aime mon état, j'aime mes outils, et alors même que j'aurais pu vivre de ma plume, je n'aurais pas voulu cesser d'être ouvrier serrurier. »

Gilland se partagea entre son enclume et sa bibliothèque, devenant peu à peu un poète digne des meilleurs romantiques, un publiciste cultivé. Achetant des ouvrages par livraison, passionné de Jean-Jacques Rousseau, cet ancêtre des autodidactes atteignit les plus hautes régions de la culture. Il milita politiquement, fut porté à la candidature pour la députation en Seine-et-Marne, mais échoua. Lors de l'insurrection, il fut arrêté et traduit devant le conseil de guerre qui l'acquitta. L'année suivante, il publia *les Conteurs ouvriers* que préfaça George Sand. Voici *la Muse et la nécessité* où le poète, après avoir chanté la naissance du printemps avec une somptuosité romantique, devient réaliste :

— Oui! mais je dois ma vie aux labeurs de la terre;
Ce que tu veux de moi, le ciel me le défend;
Il faut, dans son grenier, du feu pour mon vieux père,
Et chaque jour du pain pour nourrir mon enfant.

Il existe en lui un poète bucolique sans rapport direct avec sa condition :

Petite marguerite, au bord du chemin vert,
Au souffle du matin tiens ton calice ouvert.

Chassant l'ombre des nuits comme un voile qu'il lève,
A l'Orient doré le doux soleil s'élève,
La brise rafraîchit les feuilles du buisson,
Et la rosée humide en courbant le brin d'herbe,
Tremble, brille et paraît comme un rubis superbe,
Que l'insecte vient boire en cessant sa chanson.
A cette heure du jour où tout paraît mystère,
Où tout semble harmonie au ciel et sur la terre.

Les critiques du temps, bienveillants, assez paternels, ont tendance, pour ces poètes travailleurs, à relever avec une feinte indulgence « des incorrections dues à l'inexpérience » qu'ils ne remarqueraient pas chez des poètes d'autres classes sociales.

Les Métiers du bois.

Les émules de Maître Adam Billaut sont nombreux au XIXᵉ siècle. Le plus célèbre est Agricol Perdiguier, dit Avignonnais la Vertu (1805-1875) qui écrivit des ouvrages sur le compagnonnage. Élu en 1848, emprisonné, puis exilé lors du coup d'État, il publia en Suisse ses *Mémoires d'un compagnon,* 1854, avant de revenir en France pour être libraire au faubourg Saint-Antoine. Sa *Biographie,* 1843, est révélatrice des luttes ouvrières. Il est le champion de la promotion du peuple, et l'on comprend la place importante que lui donne Michel Ragon dans son *Histoire de la littérature prolétarienne.* Soutenu par George Sand et Béranger, en 1914 Daniel Halévy le tirera de l'oubli. Il a écrit des poèmes comme *le Voyageur :*

> Mon paquet est sur mon épaule,
> Ma gourde pend à mon côté;
> Pendant que l'heure vole et vole,
> Moi je chemine en liberté.
> Mes pieds se couvrent de poussière,
> L'air dans ma poitrine descend,
> Et j'avance dans la carrière
> L'âme en paix et le cœur content.

Cette force tranquille, on la retrouve chez son confrère Benjamin Lafaye :

> Longtemps déchus, redevenons des hommes;
> L'instruction fera notre bonheur;
> A l'insolent prouvons donc que nous sommes
> Des citoyens et des hommes de cœur.

Un revirement social assez rare apparaît chez un fils d'agriculteur, Jean-Marie Demoule (né en 1825), de Vaux en Saône-et-Loire : il commença par être clerc de notaire, puis devint menuisier, chantant *Mes copeaux.* Autre menuisier-poète, Alexis Durand (né en 1795) ne s'éloigne pas du bois pour les quatre chants de *la Forêt de Fontainebleau,* ni de son métier avec une comédie, *le Poète-artisan,* 1845. Il est lettré :

> Je dois te célébrer, j'en ai fait la promesse;
> Ta fontaine souvent me tint lieu de Permesse,
> Je m'y plais, que le ciel soit nuageux ou pur,
> A relire les vers du chantre de Tibur.

> Ta grotte, tes rochers, le chêne qui t'ombrage,
> L'isolement des lieux, tout retrace à notre âge
> Le *Fons Blandusiae* du poète romain...

Un destin malheureux fut celui d'Hippolyte Raynal (né en 1805) que Béranger soutint lors de ses ennuis avec la Justice. Ce Jean Valjean fut successivement apprenti-menuisier, commis de librairie, garçon boucher, clerc d'avoué, berger. La mendicité était alors un crime qui lui valut deux ans de prison; par la suite, des vols le firent condamner à cinq ans de réclusion, puis cinq ans de travaux forcés. En prison, il apprit le métier de sculpteur sur corne et ivoire. Libéré, il publia *Malheur et poésie*, 1834, puis un roman *le Voleur*, 1835. Il se retira à Lyon, puis à Bordeaux où l'académie de cette ville couronna sa satire *les Sangsues*. Il fonda une revue *la Nouvelle mosaïque du Midi*. Ses poèmes sont divers. On trouve une *Ode à la duchesse de Berry*, des *Conseils à un ami* :

> Nous laissons à nos pieds l'infortune à genoux;
> Le malheur est pour nous une image abhorrée;
> La vertu naît, vit, souffre et s'éteint ignorée.
> Le crime fortuné se montre avec orgueil,
> Debout sur son trésor comme sur un écueil
> Où devra se briser la justice impuissante.

ou encore *J'aime à rêver* qui reflète aussi sa destinée :

> J'aime à rêver sur la brillante aurore
> Qui devança mon pénible avenir :
> Que de beaux jours pour moi devaient éclore!
> Que de beaux jours ne devaient pas finir!
> De mes destins je traverse l'espace,
> Loin du bonheur, que je n'ai pu trouver :
> Le temps s'enfuit, sur chaque instant qui passe.
> J'aime à rêver.

Trois autres menuisiers-poètes : Sècheresse, Michel Roly, Ganny et son *Hosannah* :

> Ami, roulons notre âme avec toutes les âmes
> De ces beaux avenirs où roule l'univers,
> Pour plonger dans un *tout* comme plongent les lames
> Des torrents bleus et verts.

Sous le signe du bois, des tonneliers. Il y a Charles-Auguste Grivot (1814-1855) et Paul Germigny. Il y a Jules Prior (né en 1821), fils de jardinier, qui reçut son instruction d'un brigadier de gendarmerie. Gardant une vache blanche, il griffonnait ses vers sur son pelage, l'été avec le suc des iris, l'automne avec le jus des mûres, pour les essuyer ensuite avec une poignée d'herbe trempée dans le ruisseau. Tourneur, tonnelier, il chanta *Une nuit au milieu des ruines* et les *Veilles d'un artisan.* Parmi les tonneliers, il.y aura plus tard le Marseillais Marius Anglès (1841-1925) dont les couplets seront sur les lèvres de ses concitoyens. Nous voudrions faire un saut dans le temps pour parler de Pierre Boujut, poète de nos jours, tonnelier à Jarnac et fondateur de la célèbre *Tour de Feu...*

Les Métiers du cuir.

Joseph-Fidèle Laugier, dit Toulonnais le Génie (né en 1802), apprenti cordonnier chez son père deviendra instituteur, écrira sur le compagnonnage et rimera des chansons. George Sand loue une de ses œuvres : « C'est un poème épique très bien conduit sur les persécutions au sein desquelles le *Devoir* des cordonniers s'est maintenu triomphant. Il y a de fort beaux vers dans ce poème. »

Ragon cite le cordonnier de Reims Gonzale. Dans une époque plus tardive, on trouve Hippolyte-Joseph Demanet (1821-1892), successivement cordonnier, contrôleur d'omnibus, puis chansonnier de couplets lestes et romancier du *Charbonnier calabrais;* Alexandre Ducros (né en 1832), fils de sabotier qui sera acteur, ténor, régisseur de ménagerie, et poète du *Gui du chêne,* un conte d'Hégésippe Moreau qu'il met en vers; Joseph Barbotin (né en 1847) qui écrit en ressemelant des *Chansons et poésies à la bonne franquette,* sentimentales, satiriques et gauloises en parler populaire; Jacques Le Lorrain (1856-1904), professeur, puis savetier avec son père, poète d'un recueil, *Évohé.*

Avant de connaître bien des états, Hippolyte Tampucci (né en 1802) fut ouvrier cordonnier. Il a écrit des recueils intitulés *Poésies,* 1832, le *Réveil du poète,* 1838, les *Chercheurs d'or,* 1857. On le trouve successivement garçon de classes au lycée Charlemagne, chef de bureau à la préfecture de la Marne (où il s'occupait des enfants trouvés); ses opinions politiques le chassèrent de ce poste; il fut ensuite contrôleur au théâtre Beaumarchais et employé dans diverses administrations. A signaler encore les *Crèches,* 1847, poèmes, *De l'Organisation de la charité sociale,* 1853, un *Dictionnaire de rimes,* 1864, les *Maximes d'Épictète,* 1865 et 1870.

Un autre cordonnier-poète est le Marseillais François-Bernard Mazuy (1813-1863) qu'on retrouvera pendu. Collaborateur assidu de *l'Athénée ouvrier,* il a rédigé une revue hebdomadaire en vers, la *Némésis ouvrière,* satires où se mêle la générosité humaine et la virulence à l'endroit des importants personnages du temps. Dès 1849, Mazuy devine l'ambition de Louis-Napoléon, mais le met en garde de convoiter le trône :

> Tu trouverais partout l'ombre de Spartacus,
> Et pour frapper César nous serions cent Brutus.

Enfin, manient le cuir le corroyeur Édouard Plouvier (né en 1821), auteur de feuilletons, de comédies et de poèmes sentimentaux comme *les Quatre âges du cœur;* Piron, dit Vendôme la Clef des Cœurs, blancher-chamoiseur qui dédie à Agricol Perdiguier un poème, *Ordre du jour des compagnons;* Auguste Abadie (né en 1832), de Toulouse, relieur, auteur de recueils, *Roses et dahlias, les Régions du ciel.*

Le Boulanger Reboul et le maçon Poncy.

En attendant de trouver les poètes d'oc, saluons le coiffeur agenais Jacques Boé, dit Jasmin (1798-1864), ce précurseur. Le boulanger nîmois Jean Reboul (1796-1864) a écrit en français. Si, par Lamartine et George Sand, il est rattaché aux poètes-ouvriers, il s'en éloigne par ses idées. Selon Jacques Vier « ... Jean Reboul se rattachait par toutes ses fibres à la droite de l'Enclos-Rey, si perfidement ridiculisée par un autre Nîmois, mais transfuge, Alphonse Daudet, droite populaire, royaliste selon le drapeau blanc, les Bourbons et la foi... » Fils d'un serrurier, il fut quelque temps clerc d'avoué avant de revenir à son métier de boulanger pour rimer entre deux fournées. Si en 1823, il écrit une ode sur la guerre d'Espagne, c'est en 1828 qu'il se fait connaître en paraphrasant habilement Grillparzer dans *l'Ange et l'enfant,* poème qui fit le tour du monde :

> Un ange au radieux visage,
> Penché sur le bord d'un berceau,
> Semblait contempler son image
> Comme dans l'onde d'un ruisseau.
>
> « Charmant enfant qui me ressemble,
> Disait-il! oh! viens avec moi!
> Viens, nous serons heureux ensemble;
> La terre est indigne de toi.
>
> « Là, jamais entière allégresse :
> L'âme y souffre de ses plaisirs,
> Les cris de joie ont leur tristesse,
> Et les voluptés, leurs soupirs.
>
> « La crainte est de toutes les fêtes;
> Jamais un jour calme et serein
> Du choc ténébreux des tempêtes
> N'a garanti le lendemain.
>
> . . . .

> Et secouant ses blanches ailes,
> L'ange à ces mots prit l'essor
> Vers les demeures éternelles...
> Pauvre mère!... ton fils est mort!

Par ce poème, Reboul devint à la mode. Lamartine lui adressa des vers, *le Génie dans l'obscurité*, Alexandre Dumas lui rendit visite. Tous deux préfacèrent ses *Poésies*, 1836. Son œuvre fut copieuse : *le Dernier jour*, poème épique en dix chants, 1839, *Antigone*, tragédie, 1844, *le Mystère de Vivia*, trois actes en vers, 1850, *les Traditionnelles*, recueil lyrique, 1857, *Dernières poésies*, 1865, posthume, contenant *l'Homélie poétique*, art poétique en quatre chants... Reboul se défia de Paris, de la gloire, des honneurs, refusant l'Académie française et la Légion d'honneur, repoussant alors qu'il était dans la gêne des subsides du comte de Chambord. Ses poèmes sont directs, vrais, souvent meilleurs que celui qui le fit connaître. Il est la vie, il refuse la mort :

> Je suis né pour la vie, et n'obéirai pas,
> Mort. Au fond du sépulcre où tu me fais descendre,
> Mes hymnes donneront une voix à ma cendre.
> Je laisse en m'en allant de quoi t'anéantir.
> Je t'ai tuée, ô mort, avant que de mourir.

D'une tout autre nature est la poésie du maçon Charles Poncy (1821-1891) patronné par George Sand. Ce Toulonnais ayant appris son métier de poète en lisant Racine publia à dix-neuf ans ses *Poésies*, 1840, que fit connaître son compatriote Elzéar Ortolan. Poncy se rendit à Paris, mais revint bientôt à Toulon :

> A quoi bon, chaque jour, m'étourdir les oreilles,
> En me vantant Paris et ses rares merveilles,
> Dire : Ce n'est que là qu'on peut se faire un nom.
> Vous perdez votre temps, je vous ai dit que non!

Un nom, il s'en fit un à partir des *Marines,* 1842, que devaient suivre *le Chantier, la Chanson pour tous* où chaque corps de métier, du *Maçon* au *Fossoyeur* a son poème. Voici le début du *Forgeron :*

> Debout devant mon enclume,
> Prêt au travail me voici :
> Dès que l'aube au ciel s'allume
> Ma forge s'allume aussi.
> Frappe, marteau, tors et façonne
> Le métal qu'amollit le feu.
> Que ta voix de fer, mon marteau, résonne
> Pour glorifier le travail et Dieu.

Ailleurs, il s'adressera *Aux ouvriers maçons* ses frères :

Que nous sommes heureux d'être ouvriers! La vie
A pour nous des douceurs que plus d'un prince envie,
Le matin, sur les toits, avec les gais oiseaux,
Nous chantons le soleil qui sort du sein des eaux,
Qui, submergeant ces toits d'une mer de lumière,
Change en corniches d'or leurs corniches de pierre,
Et semble réchauffer, de ses rayons bénis,
La tuile, frêle égide où s'abritent les nids.
Nous guettons les beautés dont l'âme et la fenêtre
Semblent s'épanouir au jour qui vient de naître;
Et, de l'aube à la nuit, l'aile de nos refrains
Emporte, dans son vol, nos maux et nos chagrins.

En 1858, ses *Poésies* formèrent cinq volumes. Entre 1868 et 1875 parurent quatre volumes de *Contes et nouvelles.* George Sand, Méry, Béranger ne cessèrent de l'encourager. Il ne quitta jamais son beau métier. Comme Magu remerciant sa navette qui le nourrit, à propos d'une truelle cassée, il écrit :

En dégringolant d'une échelle,
— J'en ai les membres tout perclus, —
J'ai cassé ma vieille truelle,
Un acier comme on n'en fait plus!

. . . .

Tu le sais, toi que je regrette;
Je ne ris pas de ma chanson.
Car, qui nourrirait le poète
Si ce n'était pas le maçon!

Dans *le Bouquet de Marguerite,* Poncy s'est essayé à transposer les lieds allemands. Il est un type de poète intéressant, n'oubliant jamais de chanter sa condition et recherchant les prestiges de la plus haute poésie. Pourquoi, en effet, serait-elle refusée à qui que ce soit?

Le Chant des trente-six métiers.

Une tradition de la poésie a toujours existé chez les typographes. L'un d'eux, Louis Voitelain (1798-1852) fit des chansons de caractère socialisant où se reflètent les épreuves de sa vie d'ouvrier. Auprès de lui, Béranger paraît littéraire. Voici une strophe de *la Grand-mère,* si réaliste et expressive :

Ah! tu jeûnas plus d'une fois
Lorsque tu reçus l'existence;
Tes cinq aînés qui sont au bois
Avaient déjà maigre pitance.
Un eût suffi, mais six, hélas!
Guillot le riche n'en a pas.

> Dodo, mon petiot,
> Ta mère en a fait pénitence,
> Dodo, mon petiot,
> Garde tes larmes pour tantôt.

Christian Sailer (1812-1864) travaille dans une imprimerie à Cayenne. Sa *Berceuse indienne* apporte un exotisme comme chez Chateaubriand :

> Renais dans ces oiseaux aux ravissants plumages,
> Dormant dans une fleur, de grain de mil repus.
> Sur des ailes d'azur baigne dans les nuages
> Tes jeunes songes d'or si vite interrompus.

D'autres poètes typographes sont Orrit, déjà cité, Rougier, Bénard, Bathild Bouniol. Isaac Moiré (1771-1840) fut bouquiniste et brocanteur ; il choisit des sujets menus pour ses poèmes comme *les Souris* ou *le Greffier,* autrement dit le chat. Raymond Queneau a fait connaître un personnage extraordinaire, le typographe Nicolas-Louis-Marie-Dominique Cirier (1792-vers 1869) qui, avant Mallarmé ou Apollinaire, utilisa la matière typographique comme mode d'expression. Il y a *l'Œil typographique* calligrammé, l'extraordinaire ouvrage *l'Apprentif Administrateur,* 1840, le dernier mot étant typographié à l'envers, où il s'en prend au poète Pierre Lebrun, directeur de l'Imprimerie Royale, qu'il dit être la cause de ses malheurs. Raymond Queneau en parle ainsi : « Cet ouvrage de soixante-douze pages, « bariolé », au dire de son auteur, de « vignettes sur bois, pierre ou cuivre », ne comprend pas moins de trente-deux papillons, dépliants ou feuillets intermédiaires de différentes couleurs. On y rencontre des caractères grecs, hébreux, arabes, chinois. Cirier s'est chargé lui-même d'énumérer tous les « arts graphiques », selon sa propre expression, qu'il a employés pour « tresser une guirlande à son persécuteur »... Il imprime des vers sans majuscules initiales, il utilise l'écriture en miroir et les lettres renversées, il imagine le point d'interrogation sans point... » Et Queneau cite d'autres œuvres de ce poète-typographe comme *Scène amphibolo-térortho-graphicologique,* 1850, ou *la Brisséïde,* pamphlet contre la gastronomie, entre autres. Nous sommes plus proches avec Cirier des « fous littéraires » du genre de Paulin Gagne que de la tradition des poètes-ouvriers.

François Tourte, peintre sur porcelaine comme Eugène Bouteiller doublement son confrère, dans un poème réfute la vertu charité et réclame l'équité. Jean-Napoléon Vernier (né en 1807) exerce en itinérant son métier de jardinier, ce qui le conduit en Allemagne, en Pologne, en Suisse où il publie des *Fables et poésies*, 1865, où il imite les ballades allemandes et scandinaves quand il ne chante pas *Elisa Mercœur* avec romantisme. Le coiffeur d'Autun, Étienne Barraud, donne un recueil de poésies diverses en 1853.

Claude Genoux (né en 1811) est ramoneur, colporteur, mousse, aide-maçon, imprimeur, journaliste ; il donne des *Chants de l'atelier*. L'armurier Louis Gras (né en 1821) de Dieulefit, dans *les Insomnies*, 1856, écrit surtout des poèmes sur la nature. Le portefaix Louis Astouin (1822-1855), représentant du peuple en 1848, va d'une *Rome* en deux chants à des *Gerbes d'épis* et des *Perles de rosée*. Vincent Coat (né en 1845), ouvrier des Tabacs, écrit des tragédies bretonnes comme *le Pardon de Rumengel* et des poésies, en français comme en breton, où il dit son émotion devant la nature. Fils d'ouvrier, Louis Decottignies (mort en 1840) a cherché la vengeance, attaquant la bourgeoisie dans de violentes satires. Un an après sa mort, ses amis publièrent ses *Œuvres poétiques* avec une lettre-préface de Lamennais.

Aux aguets de ces poètes venus du peuple, tout comme George Sand nous pouvons en citer beaucoup encore sous le signe de trente-six métiers trente-six misères comme dit la voix populaire. On en retrouvera parmi les poètes chansonniers, car la chanson reste souvent la manière de s'exprimer la plus directe, celle qui nécessite le moins de recherche prosodique, à moins que l'on ne soit Béranger. Parmi les poètes travailleurs qui chantent leur travail ou tentent d'atteindre d'autres régions, nous citons encore le potier Beuzeville, le chapelier Claude Desbeaux, le tailleur Constant Hilbey, le tourneur sur cuivre Caplain, le bijoutier Marius Fortoul, l'employé dans une fabrique de boutons Étienne Arnal qui finira acteur, le fabricant de parapluies Robert, le serrurier Gilles, le cultivateur Camille Blondeau, l'ébéniste Boissy, les collaborateurs de *l'Athénée ouvrier* de Marseille comme Mathurin Darbou, ouvrier doreur, qui signe une fable, *la Teigne et la lumière*, Justin Laurens qui aligne les alexandrins. Un horloger, Louis Festeau, exprime son amertume :

> Courbé sur le rabot, la pioche ou la lime,
> Il arrache avec peine à ses rudes labeurs,
> Des aliments grossiers détrempés de sueurs ;
> Réduit aux fonctions, au rang d'homme-machine,
> Il ne doit pas sentir un cœur dans sa poitrine ;
> Par malheur, s'il comprend ses droits, sa dignité ;
> S'il veut par des talents combler sa pauvreté ;
> Si le travail mûrit sa mémoire et sa tête,
> Alors l'infortuné ! que de maux il s'apprête !

Dans la période romantique, avec ses raffinements et ses pâleurs, la poésie ouvrière apporte sa rudesse, le peuple travailleur affirme sa présence. Dans la deuxième partie du siècle, une poésie sociale ira sans cesse se développant, ouvrière ou non, mais attachée à la défense des humbles, à la promotion des manuels. On verra que nombre de chansonniers montmartrois ont appartenu à la classe ouvrière.

Ouvriers et paysans poètes du pays d'Oc.

Avant le Félibrige, le Midi connut une floraison de poésie du peuple. Ce n'est point là un phénomène marginal, mais un événement et un avènement considérables sociologiquement et poétiquement. Par l'enthousiasme, ces poètes se sont imposés dans la première moitié du siècle et leur influence s'est prolongée longtemps. Charles Camproux le rappelle : « Au congrès d'Aix, ils seront nombreux : à côté de Peyrottes, il y aura Alphonse Tavan, paysan; J.-B. Caillat, serrurier; Denis Ollivier, maçon; A.-L. Grenier, forgeron; D.-C. Cassan, imprimeur, et le triomphateur de la journée ne fut pas Mistral mais bien un maçon de la Grand'Combe, Mathieu Lacroix, que l'on saluait tout haut comme un autre Jasmin pour son élégie en vers provençaux *Paouro Martino,* qui fut édité à Alès en 1855. » Jasmin, Poncy, nous parlerons d'eux dans un prochain volume afin de ne point les séparer du mouvement général des lettres d'oc aux temps pré-félibréens. Nous parlerons aussi d'un certain nombre de « troubaïres » avant qu'on invente le mot « félibres », ou plutôt qu'on l'emploie.

Auprès du maçon Mathieu Lacroix (1819-1866), au long du siècle, il y a son confrère Denis Ollivier, et s'ajoutent des paysans qui se nomment Alphonse Tavan (1833-1905), de Châteauneuf-de-Gadagne, jardinier au château de Font-Ségugne le berceau du Félibrige; Charles Rieu, dit Charloun (1845-1924), Arlésien, auteur de chansons rustiques : *Cant dou terraïre,* que préface Mistral, d'un drame, d'une traduction de *l'Odyssée* en prose d'oc; Paul Froment (1875-1898), du Quercy, auteur de *Lous de Primo,* 1897; des forgerons comme Justin Courbin et A.-L. Grenier, et au nom de Jean-Antoine Peyrottes (1813-1858), le bottier de Clermont-L'Hérault s'ajoutent ceux de Jean Lacon, mécanicien, Louis Pélabon, ouvrier-voilier à Toulon, Louis Vestrepain, bottier à Toulouse, Alphonse Maillet (1810-1850), tailleur à La Tour-d'Aygues, Guillaume Laforêt, charretier à Saint-Gilles, Louis Bard, tourneur sur bois à Nîmes, Marius Decard, ouvrier d'Aix et modeste aubergiste des pauvres, Jean Brunet, peintre-vitrier d'Avignon, etc.

Comme au temps de Bernart, fils de serf au château de Venta-
dour, les plus humbles côtoient les bourgeois et les savants, avant,
pendant et après le Félibrige. Ils ont leur place auprès de Charles
Poncy et ses *Pouesios prouvençalos,* 1845, de Jean Reboul qui encou-
ragera Mistral, auprès du figaro d'Agen Jasmin dont l'immense
succès provoqua tant de vocations. C'est une passionnante histoire
qui ne commence pas avec Roumanille et ses amis, mais bien avant,
alors que des poètes d'oc sont reconnus comme de parfaits romantiques, plus populaires sur leur terre que bien des grands de la
capitale.

4

Les Chansonniers de l'époque romantique

E N attendant *les Hydropathes* et *le Chat Noir,* le temps de Bruant
et de ses amis, la chanson au début du siècle prend résidence
au *Caveau,* cette vieille société née en 1729, renouvelée en 1759,
remplacée en 1796 par *les Dîners du Vaudeville,* devenue *Caveau
moderne* en 1808 et ressuscitant la tradition chansonnière au *Rocher
de Cancale,* publiant mensuellement *le Journal des gourmands et des
belles.*

Le Plus populaire de tous.

En 1813, Pierre-Jean de Béranger (1780-1857) est intronisé par
Désaugiers dans le groupe que bientôt il domine. Descendant
d'une famille militaire, il fut élevé à Paris chez un grand-père tailleur. Enfant, il vit prendre la Bastille. Adolescent, il est à Béthune
chez une tante aubergiste, il découvre Fénelon, Racine et surtout
Voltaire qui le marque à jamais. A seize ans, « garçon d'auberge,
imprimeur et commis », il a déjà une expérience. Son père l'appelle auprès de lui pour travailler dans la finance où il réussit
parfaitement.
Ses premières œuvres furent dominées par l'ambition littéraire.
Voici une comédie satirique, *Hermaphrodites,* un poème épique,
Clovis, des odes, des dithyrambes, des méditations sur de grands
sujets, un *Pèlerinage* qui décrit en vers les mœurs du xvie siècle. Il
fait aussi des chansons, ce qui n'est pour lui qu'un passe-temps.
Des poètes qui se nomment Lucien Bonaparte ou Arnault l'aident
de leurs conseils, lui trouvent un emploi dans l'administration
qu'il quittera avec ses premiers succès. Il fait rire avec une satire
politique, *le Sénateur;* il se fait connaître avec *le Roi d'Yvetot* qui

agace tant l'Empereur et qui charmera tant Sainte-Beuve. Le roi
d'Yvetot, c'est un peu le meunier de Sans-souci :

> Il était un roi d'Yvetot
>   Peu connu dans l'histoire,
> Se levant tard, se couchant tôt,
>   Dormant fort bien sans gloire,
> Et couronné par Jeanneton
> D'un simple bonnet de coton,
>   Dit-on.
> Oh! oh! oh! oh! ah! ah! ah! ah!
> Quel bon petit roi c'était là!
>   La, la.

Il se moque de l'Empereur et de la gloire passagère en attendant « Parlez-nous de lui, grand-mère... » Dans ses recueils successifs, de 1815 à 1833, il se montre porte-drapeau du libéralisme,
chantre des pauvres, ennemi de l'Église. Il chante sur des airs
connus, ce qui est un gage de succès. Il crée un type féminin, Lisette,
sœur de Jeanneton et autres Mimi Pinson. Condamné en 1821 à
la prison, il fait figure de martyr du libéralisme. Une amende en
1828 est payée par une souscription publique. Ses chansons sont
une cause de la révolution de 1830; sous la monarchie de Juillet,
sa gloire est à son apogée et ne faiblira plus. En 1833, il semble
retiré, savourant sa gloire. En 1848, il est élu presque malgré lui
à la Constituante, mais démissionne.

Sa mort fut un deuil public et le gouvernement prit en main
les cérémonies funéraires pour l'officialiser, en écarter la foule
dangereuse pour le pouvoir. N'oublions pas que sa réputation,
fait curieux, inimaginable, s'étendait des gens les plus cultivés au
plus grand public, qu'elle dépassait celle de Hugo ou de Lamartine. C'est un phénomène qui s'explique ainsi : la forme poétique
classique ne choquait pas le bourgeois, le prosaïsme poétique le
dispensait d'efforts de compréhension, les thèmes, du plaisir des
amours passagères à la contestation voltairienne bon enfant et
bonasse, répondaient aux aspirations générales, et, de plus, l'alibi
littéraire était présent, donnant bonne conscience aux amis du
confort intellectuel.

On ne saurait nier cependant qu'il y ait eu un accord total
entre le poète et le peuple, ce qui arrive souvent dès lors qu'il
ne s'agit pas de vraie poésie et que les bourgeois acceptent et
répandent. Il faut dire que ses chansons, souvent sincères, ne
manquent pas de démagogie. Il se pose lui-même en modeste
lorsqu'en 1831, il s'adresse *A mes amis devenus ministres :*

> Non, mes amis, non, je ne veux rien être ;
> Semez ailleurs places, titres et croix ;
> Non, pour un cours Dieu ne m'a pas fait naître ;
> Oiseau craintif, je fuis la glu des rois.
> Que me faut-il ? maîtresse à fine taille,
> Petit repas et joyeux entretiens.
> De mon berceau près de bénir la paille,
> En me créant Dieu m'a dit : Ne sois rien.

Les frères Goncourt ne seront pas tendres avec celui qu'on appelle le poète national ou l'Horace français et qu'ils nomment le Tyrtée de la Garde nationale : « Béranger est mort. Le plus habile homme peut-être du siècle, qui a eu le bonheur de se faire tout offrir et qui a eu la rouerie de tout refuser, qui a fait de la modestie la popularité de son nom, de la retraite une réclame, de son silence un bruit. » Et Gide dira : « J'ai reparcouru dernièrement le recueil des *Chansons* de Béranger, sans y rien trouver qui ne me paraisse vulgaire, banal et rebutant. » Gœthe avait reconnu que Béranger s'attaquait à la corruption des mœurs, en avouant : « Il ne dédaigne pas trop le côté graveleux et vulgaire, et même il le traite avec une certaine complaisance. » Il sut être patriotique et politique, et ses titres sont parlants : *les Enfants de la France, le Vieux drapeau, le Vieux sergent, le Vieux caporal,* etc. Il sut être intimiste : *Mon âme, la Bonne vieille, Souvenirs d'enfance, Nostalgie,* et mêlant à cela le grivois, l'irréligieux qui plaisait, mêlant la sincérité et l'habileté, sachant répondre à la demande publique, ayant la caution de tous les grands qui se pressaient chez lui : Chateaubriand, Lamennais, Lamartine, Alexandre Dumas, Arago, Thiers, Mignet... Sentimenteux plus que sentimental, chauvin plus que patriote, il refait en plus petit ce que les autres font en grand, cherchant ses thèmes dans la tradition, répondant à *l'Habit* de Sedaine par un autre *Habit,* pastichant les romantiques en langage à la bonne franquette, et, de temps en temps, donnant un vrai poème pour montrer de quoi il est capable :

> Des jours de mon printemps douce et dernière aurore,
>> Tu vas fuir sans retour :
> Tu fuis ; mon printemps passe et je demande encore
>> Pourquoi j'ai vu le jour.
>
> Sous tes pleurs fécondants, scintillante rosée,
>> Que de fleurs vont s'ouvrir !
> Mais trop vite en leur sein tu seras épuisée :
>> Que de fleurs vont mourir !
>
> Petits oiseaux, chantez, un mois vous a vu naître
>> Et braver l'oiseleur ;
> Vos chants, comme les miens, seront bientôt, peut-être,
>> Un écho de douleur.

Il sait jouer de la romance comme dans les *Adieux de Marie Stuart* :

> Adieu, charmant pays de France,
>   Que je dois tant chérir!
> Berceau de mon heureuse enfance,
> Adieu! te quitter c'est mourir.

La société du XIXe siècle est encore pleine des idées du siècle précédent. Aussi, ce voltairianisme sentimental et frivole, cette simplicité satirique sans complication, cette exaltation de la gloire napoléonienne revenant sans cesse, cette banalité reposante purent plaire. Renan, le premier, tenta de déboulonner la statue sans guère y parvenir. Mais après 1830 quand la société connut une atmosphère sociale plus grave et plus sérieuse, Béranger avait amorcé un léger recul. Ces *Chansons,* aujourd'hui, nous semblent de peu d'intérêt, d'autant que nous avons oublié les airs qui les supportaient et que la lecture des couplets et des refrains écœure par la nullité bavarde qui s'y répand.

Nous voudrions modérer nos rigueurs, répéter simplement « Dans un grenier qu'on est bien à vingt ans! », savourer les jouissances fugitives avec Jeannette ou Margot, trouver un épicurisme aimable, de la verve, de la gentillesse, un don de la satire légère, mais il nous paraît plus bourgeois au sens flaubertien que populaire au sens profond. Les auteurs de chansons retiendront sa liberté d'expression et passeront sur son manque de style : la musique souvent vient y suppléer. Le malheureux Sainte-Beuve qui dédaigne Nerval s'y laisse prendre et l'égale aux génies poétiques. Chaque époque ainsi connaît ses erreurs. Le pompiérisme tricolore, ce qu'on appelle « l'esprit français », celui qui boit le Rhin allemand dans son verre chez Musset, la facilité ont trouvé asile chez Béranger, mais après tout, il a ravi tant de gens qu'on ne l'éloigne pas tout à fait de nos rives, tout en regrettant un talent sans doute réel, mais dévoyé, non pas par la chanson qui est un genre plus qu'honorable, non pas par le contenu populaire, évidemment, mais par une insupportable démagogie politique et sociale.

Désaugiers et ses amis.

Faut-il dire que Marc-Antoine Désaugiers (1772-1827) lui est supérieur? Peut-être pas, mais il y a chez lui plus de profondeur humaine. Dans le cadre qu'il a choisi, il tente d'améliorer sa qualité, allant de la comédie légère à la comédie en vers, de l'opéra à un genre qu'il invente, la parade, où un ignorant raconte à sa façon une pièce en vogue. Élevant un *Hymne à la gaieté,* il est en fait un mélancolique qui « rit en pleurs ». A vingt ans, il a connu des épreuves, ayant failli être fusillé à Saint-Domingue et ayant risqué de mourir de maladie à New York. Il se partage entre *Jean qui pleure et Jean qui rit,* entre *Chien et chat,* selon les titres de ses chansons. Il aime ses prédécesseurs, Piron, Panard ou Scarron dont il chante la mort :

> La gaîté, qu'à ses maux, il opposa toujours,
> Ne peut se comparer qu'à celle qu'il inspire;
> Et la Parque étonnée, en terminant ses jours,
> A vu sa dernière heure et son dernier sourire.

Sa philosophie est toute simple : vivre et sourire de son état. Il adresse des *Stances à Mme Desbordes-Valmore :*

> On voit renaître sous tes doigts
> La muse dont Lesbos s'honore,
> Et chaque son de ton luth, de ta voix,
> Nous dit : Sappho respire encore!

Il chante Paris qui s'éveille dans un *Tableau de Paris* avec une saveur qui sera celle de Francis Carco :

> L'ombre s'évapore,
> Et déjà l'aurore
> De ses rayons dore
> Les toits d'alentour;
> Les lampes pâlissent,
> Les maisons blanchissent,
> Les marchés s'emplissent,
> On a vu le jour.
>
> De la Villette,
> Dans sa charrette,
> Suzon brouette
> Ses fleurs sur le quai,
> Et de Vincenne
> Gros-Pierre amène
> Ses fruits que traîne
> Un âne efflanqué.
>
> Déjà l'épicière,
> Déjà la fruitière,
> Déjà l'écaillère
> Saute à bas du lit.
> L'ouvrier travaille,
> L'écrivain rimaille,
> Le fainéant bâille,
> Et le savant lit...

Autour de Béranger, de Désaugiers, les chansonniers sont nombreux qui se dépensent en pièces de théâtre, en vaudevilles, en couplets fugitifs. Ils se ressemblent beaucoup et ont en commun une étonnante rapidité de plume, jetant des milliers et des milliers de chansons sur le papier, même si on ne les chante qu'un soir lors d'un joyeux dîner. Armand Gouffé (1775-1845), connu à la fin du xviiie siècle pour ses *Ballons d'essai* et ses vaudevilles, lorsqu'il fonde le *Caveau moderne* accueille une nombreuse compagnie.

La plupart sont nés avant 1800 et nous en faisons une rapide revue : Michel-Joseph Gentil de Chavagnac (1767-1846); Nicolas Brazier (1783-1838), auteur de plus de deux cents pièces de théâtre; Pierre Laujon (1727-1811), de l'Académie française; Michel Dieulafoy (1762-1823) qui, comme Désaugiers, échappa de justesse aux massacres de Saint-Domingue, fut connu pour une pièce célèbre *Fanchon la vielleuse* et pour ses fables; Pierre-Joseph Charrin (1784-1863), lui aussi chansonnier et fabuliste; Jacques-André Jacquelin (1776-1825) qui se partage entre le théâtre burlesque et les chansons; Antoine Coupart (1780-1864) et ses *Chansons d'un employé à la retraite;* le curieux Pierre Courtray de Pradel (1787-1857) qui décida un jour de ne parler qu'en vers et parcourut l'Europe en donnant des représentations impromptus; Charles Malo (1790-1872) qui fonde *la France littéraire* et fait une inattendue *Histoire des Juifs;* Pierre-Joseph Rousseau (1797-1849), comme lui historien, mais d'une *Vie de Louis XVIII* et chansonnier d'un *Code épicurien;* Ambroise Bétourné (1795-1872) pour ses romances douceâtres; et Autignac, Jouy, Dupaty, Théolon, Ourry, etc.

Louis Festeau (1797-1869), le bijoutier poète se disait « chansonnier du peuple » et le prouva en cinq volumes de *Chansons* dont il composa paroles et musique. Paul-Émile Debraux (1798-1831) mourut dans la misère. On l'appelait « le Béranger de la canaille », mais dans les ateliers et dans les chaumières, on se répétait ses chansons à boire et surtout ses chants patriotiques : *Soldat, t'en souviens-tu?, le Mont Saint-Jean, Fanfan la Tulipe, la Veuve du soldat, Marengo...* Il avait de la verve, de la chaleur, et pas la moindre correction, la moindre délicatesse. Ennemi des Bourbons, il était le chantre populaire de Napoléon et sa chanson *la Colonne* fut sur toutes les lèvres :

> Ah! qu'on est fier d'être Français
> Quand on regarde la colonne.

A tous ces chansonniers, nous pourrions en ajouter un inattendu :

François Raspail (1794-1878) qui a souvent des ennuis avec un régime peu libéral. Au pied du Ventoux, il chante :

> Viens-tu de la montagne
> Où je suis né ?

Grands Chansonniers.

Dans une deuxième période, on trouve des chansonniers de grande envergure. Ainsi, Pierre Dupont (1821-1870) qui aurait pu prendre place parmi les poètes travailleurs. Ouvrier, il fut protégé par Pierre Lebrun. Il reçut un prix de poésie de l'Académie et aida aux travaux du *Dictionnaire*. Dans *les Bœufs, la Mère Jeanne, la Vigne, le Chant des nations, le Chant du vote, le Chant des transportés, le Chant des soldats, le Chant des ouvriers,* son inspiration est populaire. Il s'intéresse tantôt aux campagnards, tantôt aux parias de la société urbaine. Il reçoit une inspiration directe, faite d'observation, donnant du même jet parole et musique avec la force convaincante du sentiment profond. Il nous dit que l'amour est plus fort que la guerre :

> A chaque fois que, par torrents,
> Notre sang coule par le monde,
> C'est toujours pour quelques tyrans
> Que cette rosée est féconde.
> Ménageons-le dorénavant,
> L'amour est plus fort que la guerre!
> En attendant qu'un meilleur vent
> Souffle du ciel ou de la terre,
> Aimons-nous, et, quand nous pouvons
> Nous unir pour boire à la ronde,
> Que le canon se taise ou gronde,
>   Buvons, buvons, buvons
> A l'indépendance du monde!

Les Bœufs, nous les connaissons encore. Il s'agit d'un de ces chants qui traversent le temps :

> J'ai deux grands bœufs dans mon étable,
> Deux grands bœufs blancs, marqués de roux;
> La charrue est en bois d'érable,
> L'aiguillon en branche de houx;
> C'est par leur soin qu'on voit la plaine
> Verte l'hiver, jaune l'été :
> Ils gagnent dans une semaine
> Plus d'argent qu'ils n'en ont coûté.
>   S'il me fallait les vendre,
>   J'aimerais mieux me pendre;

J'aime Jeanne, ma femme, eh bien! j'aimerais mieux
La voir mourir, que voir mourir mes bœufs.

Nous écoutons Charles Baudelaire qu'il a ému malgré la distance de pensée et de tempérament artistique qui sépare les deux hommes : « Il se souvient de ses émotions d'enfance, de la poésie latente de l'enfance, jadis si souvent provoquée par ce que nous pouvons appeler la poésie anonyme, la chanson, non pas celle du soi-disant homme de lettres,... mais la chanson du premier venu, du laboureur, du maçon, du roulier, du matelot. »

Gustave Nadaud (1820-1893) est plus « écrivain » que Dupont. Ce « Béranger des gamins », comme disent les Goncourt, a de jolies réussites : *les Reines de Mabille, le Docteur Grégoire, la Valse des adieux, Carcassonne, Cheval et cavalier,* et surtout *Pandore ou les deux gendarmes* qui lui valut quelques ennuis avec les caricaturés. Il y a en lui deux inspirations, deux êtres : celui de la campagne qui saisit la robuste odeur de terre, la voix des saisons, tantôt doux comme *les Fraises des bois,* tantôt mâle s'il chante le paysan de Limoux qui n'a jamais vu *Carcassonne;* celui de la ville, homme d'esprit, quelque peu salonnard, finement satirique, maniant la caricature avec grâce et conduisant la chanson vers l'odelette ou l'élégie. On connaît encore tout au moins les deux derniers vers de ce couplet :

Deux gendarmes, un beau dimanche,
Chevauchaient le long d'un sentier;
L'un portrait la sardine blanche,
L'autre, le jeune baudrier.
Le premier dit d'un ton sonore :
« Le temps est beau pour la saison.
— Brigadier, répondit Pandore,
Brigadier, vous avez raison. »

Des chansons, on en trouve de qualité, souvent d'ailleurs plus romances que chansons chez Musset, Théophile Gautier, Henri Murger qui ne méprisent pas le genre.

Si on place Charles Monselet (1825-1888) parmi les chansonniers, ce n'est pas parce qu'il en est un, mais peut-être par ces rencontres de fin de repas où dire un sonnet sur quelque mets s'accorde au refrain qu'on chante. L'homme est multiple : poète et pas seulement poète gourmand, chroniqueur léger et capable d'apprécier Xavier Forneret, d'écrire une étude sur *Restif de la Bretonne* avec une certaine pénétration pour son époque, de s'attacher aux *Oubliés et dédaignés du XVIIIe siècle,* d'écrire une *Histoire du Tribunal révolutionnaire.* Il restera cependant comme le poète des gourmets, l'auteur de *l'Almanach gourmand,* de *la Cuisinière poétique,* recettes en vers, et de multiples écrits de table.

Nous sommes loin de *Marie et Ferdinand,* son pastiche romantique de la *Marie* de Brizeux, et proches du *Ventre de Paris* si nous citons un passage d'un des *Sonnets* gastronomiques, *le Cochon* dont Raoul Ponchon chantera *les Pieds* (mais on pourrait aussi bien citer le sonnet de *l'Asperge* ou de *la Perdrix*) :

> Car tout est bon en toi : chair, graisse, muscle, tripe!
> On t'aime galantine, on t'adore boudin.
> Ton pied, dont une sainte a consacré le type,
> Empruntant son arome au sol périgourdin,
>
> Eût réconcilié Socrate avec Xantippe.
> Ton filet, qu'embellit le cornichon badin,
> Forme le déjeuner de l'humble citadin;
> Et tu passes avant l'oie au frère Philippe.

Mais voudrions-nous avoir la coquetterie de surprendre par un Monselet inattendu que ce serait possible. Il suffirait de prendre tel poème ayant assez d'humour pour évoquer Raymond Queneau ou bien un *Sonnet à un poète* que ne renierait pas un poète romantique du plus haut envol :

> La vierge aux larmes d'or, la Résignation,
> De sa pieuse voix vainement nous appelle.
> — Attends, lui dites-vous, rien qu'une heure! Et loin d'elle
> Charmé, vous retournez à la vocation.
>
> Ô poésie! — ô flamme! et jeunesse éternelle!
> On a beau t'appeler folie et fiction,
> T'abaisser, comme on fait de toute passion,
> Tu restes la plus forte autant que la plus belle.
>
> Votre hymne douloureux m'a longuement frappé;
> Cœur vaincu! vif esprit, et courage trompé!
> Vos strophes m'ont fait peur, hélas, vous le dirai-je?
>
> Elles m'ont fait songer à ces gouttes de sang
> Que de leurs flancs blessés font pleuvoir sur la neige
> Les grands oiseaux atteints dans leur essor puissant...

Une Génération de chansonniers.

Entre la génération de Béranger et celle du *Chat Noir,* quelques dizaines de chansonniers tentent se distinguer. Peu à peu le genre se dégage du XVIIIe siècle, et, malgré bien des fadeurs, bien du romantisme mal assimilé ou pris selon ses tendances les plus languides, la vérité humaine gagne, comme on l'a vu avec Dupont et Nadaud.

Quelques lettrés ne dédaignent pas la chanson. Jules Travers

(1802-1888) est un érudit normand qui édite les *Vaux-de-Vire* (qui donnent son nom au vaudeville tant prisé au XIXe siècle), ceux de Jean Le Houx et d'Olivier Basselin, en ne dédaignant pas la mystification poétique, comme il l'avouera plus tard, lorsqu'il aura joué un bon tour aux lettrés qui s'y seront laissé prendre. Le pastiche est assez réussi :

> Cuydoyent tousjours vuider nos tonnes,
> Mectre en chartre nos compaignons,
> Tendre sur nos huys des sidones
> Et contaminer ces vallons.

> Cuydoyent tousjours dessus nos terres
> S'esbatre en joye et grant soulas,
> Pour resconfort embler nos verres
> Et se gaudir de nos repas.

> Ne beuvant qu'eau, tous nos couraiges
> Estoyent la vigne sans raizin;
> Rougissoyent encor nos visaiges
> Ainçois de sildre et de vin...

Il a encore écrit *la Chanson de la chemise,* imitée de Thomas Hood qui a aussi inspiré *la Grand-mère* de Voitelain, et de nombreux recueils comme *les Algériennes,* 1827, *Deuil,* 1837, les *Distiques de Muret* imités en quatrains français, etc.

Un autre érudit, Hector de Saint-Maur (né en 1812) traduisit en vers *Job* et *les Psaumes,* ce qui ne l'empêcha pas d'écrire la jolie chanson *l'Hirondelle et le prisonnier* qu'on attribua faussement à Raspail. Eugène Imbert (né en 1820) est un chansonnier social proche de Pierre Dupont. Il a consacré des chants à Lamennais, à Voitelain, à Charles Gille. Ses chansons forment de petits tableaux précis, glissant dans des refrains populaires un peu de mystère. Ainsi *le Rat du 7e léger :*

> Au dortoir, lorsque la veilleuse
> Par intervalles pâlissait
> Comme une ombre mystérieuse,
> Gaspard passait et repassait.
> Et la troupe, au repos livrée,
> Murmurait : Laissons voyager
> Le lutin de notre chambrée,
> Le Rat du septième léger.

Il est aussi sentimental dans *l'Automne, Il a neigé ce matin, les Bottes de Bastien,* mais il est un poète assez savant pour rédiger un *Traité de la prosodie moderne.*

Le sergent-major Charles Colmance (1806-1870) ne dédaigne pas l'humour noir :

Un beau jour, la gloire étonnée
Me trouva dans un régiment,
Où je sus, en moins d'une année,
Tuer un homme proprement.

D'autres sont tentés par la romance comme Gustave Lemoine (1802-1885) dont Loïsa Puget fait la musique : *la Demande en mariage, Soleil de ma Bretagne,* etc., comme Paul-Léopold Amat (1814-1872) avec *la Fleur fanée* qu'on ne dédaigne pas dans les salons. Eugène de Lonlay (1815-1886) est sentimental et patriotique avec pompiérisme dans ses *Hymnes et chants nationaux;* s'il est grivois il prend un pseudonyme.

Plus proches du peuple sont Victor Rabineau (1816-1869) qui veut pour public les ouvriers de Paris (il meurt à l'hospice) et Charles Gille (1820-1856) qui écrit à la mort de Lamennais ce simple vers : « N'a pas qui veut le peuple à son convoi » et donne aussi bien des chansons comme *le Vengeur* ou *la Bataille de la Moselle* que des poèmes exotiques comme *le Bengali* (il se suicide pour échapper à la misère).

Édouard Plouvier (1821-1876) et Hubert-Charles Vincent (1828-1888) publient ensemble *les Refrains du Dimanche.* Le premier déjà cité, est plus poète que chansonnier comme en témoigne son *Chevalier Printemps,* le second sera connu pour une *Histoire de la chaussure des origines à nos jours,* les deux feront beaucoup de chansons.

Un autre chansonnier est Gustave Mathieu (1808-1877), ancien marin qui connut des aventures autour du monde. Il créa un personnage nommé *Jean Raisin* qui fut célèbre, chanta selon la bonne tradition le vin et la belle vie, mais fut aussi un poète démocrate, patriotique et satirique engagé. Son *Chanteclair ou le coq gaulois* s'est opposé à l'aigle impérial. Sa *Chasse du Peuple,* 1852, est le chant de la République spoliée. C'est Richard Wallace qui publiera ses œuvres sous le titre de *Parfums, chants et couleurs,* 1873. Proche de Pierre Dupont, mais ayant moins de talent que lui, il parle avec le langage du peuple et l'emporte par sa conviction communicative.

Le bijoutier Eugène Baillet donne *la Muse des ateliers* et d'autres recueils, Aristide Saclé (né en 1832), *la Muse populaire.* Alexandre Flan (1827-1870) cherche des *Rythmes impossibles,* jouant des vers courts sans faire mieux que Victor Hugo ou Jules de Rességuier :

L'aurore   Colore   Elle ouvre
De feux   Les cieux; Les fleurs

Et couvre
De pleurs
Les arbres,
Les nids,
Les marbres
Jaunis.

Lui, pâle
Et froid,
Il râle
Et croit

Revivre...

Le jour
L'enivre
D'amour,
D'extase,
D'espoir...

Il jase,
Veut voir

La plaine
Là-bas
Si pleine
D'ébats;
Les mousses
Tapis
Des douces
Brebis;
Les merles
Jaseurs,
Les perles
Des fleurs...

Bien sûr, le mythe de Napoléon apporte une source d'inspiration constante sinon renouvelée. Une chanson reste de nos jours bien connue. Son auteur est Jean-François Costa, son titre est *l'Ajaccienne,* 1848, hymne à « l'enfant prodigue de la gloire » :

> Entre la France et l'Italie,
> Ces deux mères d'Ajaccio,
> Dont l'une chante et l'autre prie,
> Ce fut ici, nouvelle Rome,
> Que le jour de l'Assomption
> Une autre fois Dieu se fit homme,
> Napoléon, Napoléon!

Il existe un autre chansonnier très attachant, Auguste de Châtillon (1813-1882) qui unit les qualités de peintre, sculpteur, lithographe et chansonnier-poète. Vers 1860, il fut célèbre sur le boulevard. Ami de Victor Hugo et de Théophile Gautier, il fit leur portrait, non pas en vers, mais sur la toile. Il expose régulièrement au Salon où il obtient des récompenses. En 1844, il part pour les États-Unis où il se fixera durant plusieurs années, peignant notamment pour la Maison-Blanche à Washington une toile de 40 mètres de superficie, *la Bataille de la Resaca de Palma* dont on répandit des lithos. De retour en France, il publia plusieurs recueils comme *Chant et Poésie, A la Grand'Pinte, les Poésies.*

Comme auteur de chansons, il est le précurseur d'un genre qui sera celui des *Vivants,* des *Hydropathes* et du *Chat Noir.* On ne peut nier qu'il y ait de la poésie dans *A la Grand'Pinte :*

> A la Grand'Pinte, quand le vent
> Fait grincer l'enseigne en fer-blanc,
> Alors qu'il gèle,
> Dans la cuisine on voit briller
> Toujours un tronc d'arbre au foyer;
> Flamme éternelle

Où rôtissent, en chapelets,
Oisons, canards, dindons, poulets,
    Au tournebroche;
Et puis le soleil, jaune d'or,
Sur les casseroles, encor
    Dardè et s'accroche.

Tout se fricasse, tout bruit...
Et l'on chante là, jour et nuit;
    C'est toujours fête!
Quand, sous ce toit hospitalier,
On demande à notre hôtelier
    Si tout s'apprête...
Il vous répond avec raison :
On n'a jamais dans ma maison
    Fait une plainte!
On est servi comme il convient,
Et rien n'est meilleur, on le sait bien,
    Qu'à la Grand'Pinte!

Je salue et monte. Je vois
Un couvert comme pour des rois!
    La nappe est mise.
J'attends mes amis. — Au lointain
Tout est gelé sur le chemin,
    La plaine est grise.
Pour mieux voir, j'ouvre les rideaux.
Le givre étend sur les carreaux
    Un tain de glace;
Il trace des monts, des forêts,
Des lacs, des fleurs et des cyprès :
    Je les efface.

. . . .

Nous sommes quatre compagnons
Qui buvons bien, mais sommes bons,
    Dieu nous pardonne!
Un mort, il en restera trois,
Puis deux, puis un, et puis, je crois
    Après... personne!

Il passe un écho lointain de Rutebeuf et de Villon dans ces humbles chansons. On comprend que Théophile Gautier et Charles Asselineau les aient aimées. Auguste de Châtillon aime les moulins de la butte Montmartre, les lilas de Montmorency et les canots du lac d'Enghien. S'il use de l'élision pour faire populaire dans son poème le plus célèbre, *la Levrette en paletot,* il prépare la voie au Parisien Aristide Bruant et au paysan Gaston Couté :

Y a-t'y rien qui vous agace
Comme un' levrette en pal'tot!

Quand y a tant d'gens su' la place
Qui n'ont rien à s'mett' su' l'dos?

J'ai l'horreur de ces p'tit's bêtes,
J'aim' pas leurs museaux pointus;
J'aim' pas ceux qui font leurs têtes
Pass'qu'iz ont des pardessus...

Parmi les chansonniers dans la lignée de Béranger, on trouve encore Émile-Jules Richebourg (1833-1898) avec ses romances et ses fades romans pour la jeunesse; Lucien Delormel (1847-1899) avec quatre mille chansons sentimentales ou cocardières; le père du feuilletoniste Pierre Decourcelle (1856-1926), l'auteur de comédies faciles et de chansons Adrien Decourcelle (1821-1892); Émile Barateau (1792-1870) et trois mille chansons dont celle de *Jenny l'ouvrière;* Agénor Altaroche, chansonnier politique.

Après l'époque de Béranger et de Désaugiers, celle de Pierre Dupont et de Gustave Nadaud, viendra celle des Montmartrois. Nous leur ouvrirons la porte de cet ouvrage comme ils ouvraient celle des cabarets pour y faire pénétrer un souffle de poésie populaire.

5

Poésie française hors de France au temps du romantisme

A QUELQUES rares exceptions près, un Polonius, un Lacaussade, on ne trouve pas durant la période romantique, *extra-muros*, de poètes majeurs. Pour cela, et surtout en Belgique, il faudra attendre les générations de 1870-1880, pour trouver alors, brusquement, des poètes de la plus haute valeur. Au temps de Lamartine et de Hugo, on n'entrevoit le plus souvent que des reflets lointains, des échos assourdis, des disciples tièdes qui tentent de se réchauffer au rayon central. Fidèle à notre désir de mentionner tout au moins les obscurs et les sans-grade, nous procéderons à une courte revue, ne serait-ce que pour affirmer des présences qui maintiennent et ouvrent la voie à d'autres plus grands, plus significatifs. Et tous ne méritent pas le dédain, comme en témoignent quelques surprises.

En Belgique.

La terre belge, terre de poésie, qui des symbolistes aux surréalistes verra naître des poètes immenses, reste, jusqu'aux environs de 1880, dans une honnête moyenne. Il faudra donc attendre que les Jeunes-Belgique, quatre lustres avant la fin du siècle, lèvent leur drapeau de l'art contre les gardiens de la tradition conservatrice.

Et pourtant, un poète aurait mérité plus de renommée : c'est André Van Hasselt (1805-1874) qui signait Alfred d'Aveline ses récits imités de l'allemand. Né à Maëstricht, il fit ses études à Bruxelles, à Paris, à Heidelberg où la grande université le marqua d'une teinte germanique. Cet érudit a travaillé dans les domaines les plus divers : archéologie, histoire, biographie, critique, et surtout poésie sans parvenir à vaincre l'indifférence de ses contemporains. Certes, sa lyre est hugolienne, et il arrive qu'on le

remarque en France. Parmi ses recueils, *Primevères,* 1835; *Poésies,*
1852-1857; *Études rythmiques,* 1867; *le Livre des ballades, le Livre des
paraboles,* 1872, on distingue surtout le plus ambitieux, *les Quatre
incarnations du Christ,* 1867 et 1872. Là, de *l'Hymne des vieux siècles* à
l'Hymne des siècles nouveaux, il déploie une sorte de *Légende des siècles*
en raccourci avec une conviction contagieuse et non négligeable.
Ici, c'est la mort :

> Notre règne s'éteint. Nous tombons en ruines,
> Arbres déracinés que rongent les bruines
>   Et la pluie et les vents.
> Et cependant, Seigneur, à votre créature
> Nos bras ont dix mille ans tendu sa nourriture
>   Sur nos dômes mouvants.

et là, c'est la vie :

> Notre règne est venu. L'avenir, c'est la vie.
> De son chemin d'hier notre vaisseau dévie.
>   Ô peuples désolés,
> Pour guider vers le port vos rames et vos voiles,
> Il faut un autre phare, il faut d'autres étoiles
>   A vos cieux dépeuplés.

   Plus originale, moins déclamatoire, *la Tache de feu* qui fait penser
au poème de Nerval, *le Point noir :*

> N'est-ce pas? Quand on a regardé le soleil,
> Il nous reste dans l'œil une tache de flamme,
> Et bien longtemps le spectre éclatant et vermeil
>   Nous illumine l'âme.
>
> Et de quelque côté qu'on se tourne, partout,
> Sur l'arbre qui verdit, sur l'onde qui bouillonne,
> Sur les fleurs, sur le ciel, sur la terre, sur tout
>   L'orbe de feu rayonne.
>
> Ainsi toi, mon enfant, astre éteint dans mes cieux,
> Et dont le soir, hélas! toucha presque à l'aurore,
> Ton image sans cesse erre devant mes yeux,
>   Toute vivante encore.

   Sa lyre romantique prend tous les accents. Il a aussi tenté comme
Baïf jadis, d'appliquer à la langue française la mesure cadencée des
Grecs et des Latins, et aussi à introduire des vers de neuf ou onze
pieds.

   Membre, comme lui, de l'Académie royale de Belgique, Adolphe
Mathieu (1804-1876), de Mons, s'écriait vers 1830 : « Des vers, il
en pleut, c'est une épidémie! » Il ne sut y échapper, de ses *Passe-
temps poétiques,* 1830, à ses *Œuvres poétiques,* 1856, ou ses *Souvenirs,*
1866, sans oublier ses traductions en vers des *Épîtres* d'Horace.

Accusé d'outrages envers une des puissances alliées du royaume des Pays-Bas, il fut condamné à un an de prison en 1823, ce qui lui valut une popularité qu'il entretint par des contes, fables, romances, satires, poèmes politiques, articles et travaux érudits. Mais qu'il chante *la Mère du poète* ou que les malheurs de la France en 1870 lui inspirent *Sursum corda,* il reste terne, gentiment sentimental et mièvre s'il s'adresse *A ma petite fille* .

> Enfant qui du séjour des anges
> T'en viens sourire à ton aïeul,
> Toi dont le ciel a mis les langes,
> Hélas, si près de mon linceul,
>
> Aux deux confins de l'existence
> Nous croisant dans le même port,
> Comme deux vaisseaux en partance,
> Qui vers le Sud, qui vers le Nord...
>
> ... Grandis, enfant, laisse ton âme
> S'épanouir, lis matinal,
> A la candide et chaste flamme
> De l'aurore au front virginal ;
>
> Que mon doux printemps refleurisse
> A ton sourire réchauffant !
> Père, mère, aïeul ou nourrice,
> Avec toi je veux être enfant.

Il se rattache par le sentiment à l'école de Lamartine et souvent, par le choix des sujets, à celle de Victor Hugo, ce qu'on pourrait dire aussi de son collègue à l'Académie belge, Louis-Joseph Alvin (1806-1887), auteur de théâtre, qui parodie Hugo dans *les Recontemplations,* 1856, bien nommées, ou de Charles Lafont (1809-1864), de Liège, pour *les Légendes de la Charité* ou le *Recueil de poésies,* 1858, que couronna l'Académie française. Ses attendrissements sont difficilement supportables, mais nous avons signalé qu'un des poèmes de son premier recueil, *les Enfants de la morte,* serait la source des *Pauvres gens* de Victor Hugo.

Pierre de Decker (1812-1891), homme d'état et historien né à Zèle en Flandre orientale, est un poète catholique dans *Religion et amour.* Il est marqué par Lamartine dont il ne se dégage pas. Bien gris aussi sont Philippe Lesbroussart et le baron de Stassart. André Van Hasselt eut un disciple romantique : Jules Abrassart (1826-1902) qui se signala par d'heureuses transcriptions rythmiques de Goethe, Schiller, Uhland et Bürger. Il avait commencé par publier sous le nom de Jules Aiméflor *les Abeilles,* puis *les Illusions.* Près de ces disciples romantiques, Walter Debouny (1829-1866) de Rétienne, près de Liège, a sa place :

J'aime les prés où les fleurs d'arbre neigent,
Les blés jaunis déroulant leurs flots blonds,
Les buissons verts que les moineaux assiègent,
L'arbre où le merle épelle ses chansons.

Je cours le long des coteaux, sous les haies,
Jetant au vent mes cheveux et mon cœur,
Criant de joie et moissonnant des baies,
Des fleurs, des nids, de l'air et du bonheur.

Un Théodore Weustenraad (1805-1849) est un poète didactique attardé dans *le Remorqueur,* 1842, *la Charité,* 1845, *le Haut-fourneau,* 1844, dont le progrès renouvelle les thèmes, mais non point la façon de les traiter. Il chante ici *le Fer* :

Jeune et puissant Protée aux formes toujours neuves,
Il vogue, ardent navire, à tous les vents des mers ;
S'allonge en ponts hardis sur le lit de nos fleuves
Fend, remorqueur tonnant, le vaste champ des airs ;
Se roule autour du globe en splendide ceinture ;
Rampe, en canaux de gaz, sous le sol tourmenté ;
Et porte aux nations, avec leur nourriture,
La lumière, la paix, l'ordre et la liberté.

Un Auguste Visschers, fabuliste, sait choisir ses sujets dans la mécanique, disant, par exemple, *l'Utilité d'un frein* :

Certain mécanicien, encor jeune et novice,
Critiquait du volant l'inutile service :
« Appareil trop massif, marchant avec lourdeur,
D'un moteur énergique il comprime l'ardeur.
— Mal te prendrait, mon fils ! d'enlever ce rouage,
Repartit un vieillard mieux instruit et plus sage.
Crains, en allant trop vite, un danger bien plus grand ;
Tu ne seras jamais fort qu'en te modérant. »

Ce poème aurait pu faire sourire celui qui signait Jean Rigoleur ses *Épîtres,* le Bruxellois Lambert-Ferdinand-Joseph Van den Zand (1780-1853), ancien polytechnicien qui mourut à Marseille. Il fit aussi des *Fables,* 1846, après avoir réuni contes, épîtres et poésies sous le titre *les Franfreluches poétiques par un métagraboliseur,* 1845.

Signalons deux chansonniers. Le premier, Louis Dechez, dit Jenneval (1800-1830), acteur du théâtre de Bruxelles, est un Lyonnais. Pourquoi figure-t-il dans cette rubrique? Pour un juste hommage. Il se trouvait dans la ville de Bruxelles quand la révolution de 1830 fit de lui une des premières victimes. Il n'avait écrit que quelques couplets épars dans les journaux, mais il écrit ce chant qu'on chante en Belgique conjointement avec *la Marseillaise,* et qui prend le relais sous le signe de la nationalité belge, *la Brabançonne* :

> Qui l'aurait cru? de l'arbitraire
> Consacrant les affreux projets,
> Sur nous de l'airain sanguinaire,
> Un prince a lancé les boulets.
>
> C'en est fait, oui, Belges, tout change,
> Avec Nassau plus d'indigne traité,
> La mitraille a brisé l'orange
> Sur l'arbre de la liberté.

et l'on signale au passage l'importance en Belgique des chansons patriotiques. Dès 1819, elles proclament : « Oui, je suis Belge, moi... » et lors de l'insurrection nationale les chants patriotiques se multiplieront : *la Marseillaise des Belges, la Bruxelloise, la Liberté belge,* etc.

Le second chansonnier, Antoine Clesse (1816-1888) appartient au peuple. Il est ouvrier-armurier à Mons. Sentimental et socialisant, il exprime sa pitié pour les humbles et enseigne au travailleur ses devoirs sociaux. Il a écrit aussi un poème, *Godefroy de Bouillon,* 1839, des *Poésies diverses,* 1841, mais c'est dans *les Chansons,* 1845-1848, qu'il exprime le mieux sa pensée. Il chante Homère, aveugle et mendiant, qu'il assimile, artiste, aux travailleurs :

> Rois, trônes de l'antiquité,
> Vain orgueil, splendeur éphémère,
> Vous n'êtes pour l'humanité
> Que par la parole d'Homère.
> Sublime écho des grandes voix,
> A travers les temps tu persistes...
> Que les peuples fassent des rois :
> C'est Dieu seul qui fait les artistes.

Étienne Hénaux (1818-1843) est mort trop jeune pour donner la mesure de son talent. *Pauline, histoire de tous les jours,* 1841, *la Statue de Grétry,* 1842, *le Mal du pays,* 1842, contenaient des vers harmonieux et prometteurs.

Chez Charles Potvin (1818-1902), de Mons, savant, philosophe, historien, si l'on trouve des influences comme celles de Victor Hugo ou d'Auguste Barbier pour la forme, ce sont surtout les tableaux flamands qui l'inspirent, mais ses descriptions sont longues et prosaïques. Il a cru, de bonne foi, qu'arriverait une nouvelle ère poétique post-romantique, ce qui fut certes, mais pas dans le sens vague qu'il imaginait. Il a fait paraître des poésies nationales, intimes ou satiriques, il a voulu rajeunir la poésie du moyen âge, traduisant en vers modernes *le Roman de Renart* et le *Don Juan* de Tirso de Molina. Il chante ainsi sa patrie :

J'aime sa vieille histoire et ses frais paysages,
       Ses ateliers retentissants,
Ses meetings bien bruyants et ses chambres bien sages,
       Et ses citoyens renaissants.
Dans ses annales j'aime à flâner en touriste,
       Là, sa gloire est vivante encor,
Et quand la nuit se fait, que le présent s'attriste,
       Son histoire a des astres d'or.
J'aime ses coteaux verts, aux flancs gonflés de houille,
       Aux sommets ceints de hauts fourneaux,
Ses bois où le poète avec l'oiseau gazouille,
       Sa dune où mugissent les flots...

Auteur d'un *Dictionnaire historique des peintres,* Adolphe Siret (1818-1888) de Beaumont (Hainaut) a laissé des *Poésies,* des pièces de théâtre, mais il fut surtout apprécié comme critique d'art. Signalons encore Édouard de Linge pour ses *Poésies champêtres* imitées d'Horace et Léon Wocquier (1815-1864) pour ses *Poésies,* 1847.

Nous sommes durant la période romantique en temps de préparation. Les meilleurs poètes sont des suiveurs. On est heureux quand ils exaltent les mœurs et la vie de leur patrie ou peignent l'homme d'une manière plus générale, comme Van Hasselt, car c'est un pas vers des préoccupations supérieures. De là se dégageront de grands courants littéraires dépassant les frontières. En ce sens, la Belgique étonnera.

En Suisse romande.

Parmi les poètes lyriques qui représentent le romantisme en Suisse, quelques-uns sont remarquables. Les Alpes sont là pour apporter une inspiration méditative, les pâtres apportent leur note bucolique et le pays aime chanter ses héros.

Le plus connu de tous est Imbert Galloix (1807-1828). Il le doit à Victor Hugo qui consacra à ce lyrique mort jeune des pages publiées dans *l'Europe littéraire* fin 1833, puis dans *Littérature et philosophie mêlées* : « Imbert Galloix, écrit-il, est un des plus frappants exemples du péril de la controverse » et il nous apprend que ce jeune homme est mort de misère en « une espèce de suicide ». A dix-neuf ans, à Paris, sans ressources, il apportait la contradiction et le rêve. Le dénuement, la maladie le firent tomber dans le marasme comme en témoigne Hugo : « Il ne voulait plus rien voir, plus rien entendre; en quelques mois, il était tombé de la curiosité au dégoût. » En 1834, des amis, et surtout Jules Petit-Senn, publièrent ses œuvres poétiques à leurs frais. Les romantiques,

Hugo, Nodier, Dumas, l'avaient reconnu pour un des leurs. Il appartient encore à leur école et c'est un des plus mélancoliques de tous, qu'il cherche dans sa *Nuit de Noël* un apaisement religieux ou dans *les Rêves du passé* les consolations nostalgiques :

> Ô mes jours de bonheur! Ô mes jeunes années!
> Entre nous dès longtemps l'adieu s'est prononcé.
> J'aime à voir, triste et seul, pâlir mes destinées
> Avec les rêves du passé.

> Pressy, riant village, asile solitaire,
> Le plus cher à mes vœux, le plus doux de la terre,
> Sous les arbres en fleurs, n'irai-je plus rêver?
> Blancs rochers de Salève, où j'ai caché des larmes,
> Genève, si chérie et si pleine de charmes,
> N'irai-je pas vous retrouver?

> Hélas! depuis longtemps je végète et je pleure;
> Depuis longtemps, hélas! je redis d'heure en heure :
> « Encore une heure de malheur! »
> Mais les cieux paternels abritaient mieux ma peine;
> Et l'étranger n'a pas, aux rives de la Seine,
> D'asile pour les maux du cœur.

Grand voyageur, apôtre en Suisse du carbonarisme italien, Charles Didier (1805-1864) vécut plus longtemps et eut aussi une fin tragique : aveugle, il se suicida. Lié avec Hugo, Nodier, Sainte-Beuve, collaborateur de *la Revue des Deux-Mondes,* ses *Mélodies helvétiques,* 1828, sa *Porte d'Ivoire,* 1848, montrent un créateur épris de perfection, mélancolique et nocturne, aimant comme *le Chamois* d'un sonnet retrouver la solitude dans la nature :

> Et si parfois le soir, errant dans la vallée,
> Près des hameaux en fête il passe à la volée,
> Le bal, les chants, les feux, tant d'éclat, tant de voix

> L'effarouchent; il fuit, il fend l'air, il regagne,
> Encor tout palpitant, la paisible montagne...
> Moi, fils aussi des monts, je ressemble au chamois.

Autre romantique, le Vaudois Albert Richard (né en 1807), sera appelé par Marc Monnier « le robuste neveu du Dante ». Non pas élégiaque, mais combattant, du *Massacre de Nidwald,* 1831, à *l'Ossuaire de Stautz,* 1842, en passant par *l'Appel aux Suisses,* 1832, *Salut aux Polonais,* 1833 ou *Hymne à la Suisse,* 1832, il jette ses chants patriotiques avec fougue.

Son compatriote vaudois Frédéric Monneron (1813-1837) vécut le temps de donner quelques chants de caractère national. C'est un lamartinien qui médite devant *les Alpes,* un spectateur mystique qui mourut agenouillé sous un arbre, *le Nouveau Testament* près de lui. C'est un des meilleurs romantiques de la Suisse :

> Ces jours où ma jeunesse a fait souffrir les cœurs,
> Je n'en pourrai gémir que seul avec moi-même,
> Alors qu'il n'est plus temps de dire à ceux qu'on aime :
> « A genoux, me voici! pardonnez-moi vos pleurs. »

Autre poète important, Juste Olivier (1807-1876), Vaudois, s'installa à Paris, ce qui ne l'empêcha pas d'écrire en vers et en prose sur son pays : « Après avoir chanté dans sa jeunesse des refrains qu'ont répétés les échos de l'Helvétie, dit Sainte-Beuve, il a pris en vieillissant une vocation de plus en plus prononcée pour la poésie intérieure et morale. » Ses livres de poèmes : *Marco Botzaris,* 1825, *les Poèmes suisses,* 1830, *l'Avenir,* 1831, *l'Évocation,* 1833, *les Chansons lointaines,* 1847. Avec sa femme, Caroline Olivier, auteur de poèmes chrétiens, il a écrit *les Deux voix,* 1835. Il chante *l'Helvétie* :

> Heureuse et fière, et bientôt consolée
> De ne grandir que vers le ciel.

et dans tous ses poèmes apparaissent *les Alpes rayonnantes,* car

> Il est doux, il est doux d'avoir une patrie,
> Des montagnes, des bois, un lac, un fleuve à soi,
> Vignes, vergers, champs d'or, fraîche et verte prairie,
> Un cimetière en fleurs, un autel pour sa foi!

Il a su reprendre d'anciens motifs populaires pour faire des chansons comme *Frère Jacques, les Marionnettes, la Reine du bal, les Compagnons de la Marjolaine* qui ont fait la joie de ses compatriotes.

Jean-François de Sandoz-Travers (1814-1847), de Neuchâtel, mourut jeune. Il y a du Voltaire dans ses longs *Contes en vers* et qui se marie avec son sens épique de la légende. Il chante ses compatriotes tout en regrettant l'époque des loups, des sorciers et des brigands comme dans son *Cabaret de Brot* :

> Il fut un temps où le Neuchâtelois
> Suivait en paix les vieux us de ses pères,
> Ne fabriquait ni vin mousseux, ni bois;
> Allait parfois voir brûler les sorcières,
> Buvait son vin et parlait en patois.
>
> . . . .
>
> On les pendit, nous apprend la légende,
> Au grand gibet tout près de Rochefort.

Le prosaïsme est relevé par des noms de lieux colorés et un ton fantastique. A Neuchâtel encore, c'est Eugène Borel (1802-1867) qui chante *les Vieilles arcades* en disant ses regrets de l'enfance ou Florian Calame (1807-1863) qui est si lamartinien que cela frise le pastiche. Leur compatriote neuchâtelois, le libraire Jules Gerster (mort en 1867) dans ses *Poésies fugitives* joue avec les rythmes, comme dans *la Partie de traîneaux :*

Hourrah! mon sein palpite	L'aquilon qui nous fouette
Plein d'ardeur	A merci,
La course où l'on va vite	Des arbres nous soufflette
Précipite	Le squelette
Le bonheur.	Tout transi...

Les arcades de Neuchâtel ont aussi inspiré Jules-Henri Kramer (né en 1827), traducteur d'œuvres suédoises.

Le Genevois Ernest Naville (1816-1909) pense que « l'art devient un anneau de la chaîne d'or qui relie le ciel à la terre ». Philosophe chrétien, éditeur de Maine de Biran, auteur d'ouvrages pieux, ses poèmes ne cessent de dire : « Regardons vers les cieux » comme dans cette *Aurore alpestre :*

> Plus haut que les vapeurs qui passent sur nos têtes,
> Vers l'azur éternel qui brave les tempêtes,
> Élevons donc les yeux!
> Et, pour illuminer les bonheurs de la terre,
> Pour priver la douleur de sa saveur amère,
> Regardons vers les cieux.

N'oublions pas qu'Adolphe Monod, déjà cité avec des poètes religieux, appartenait à une famille suisse dont plusieurs membres ont exercé des fonctions sacerdotales.

Mme de Pressensé dont nous avons parlé était suisse. Comme elle mariée à un Français et tournée vers la religion, la comtesse Valérie de Gasparin, née Boissier (1813-1894) en plus de romans, de récits de voyages, de livres de politique et de morale religieuse, est le poète d'*Edelweiss* et d'*El Sonador.*

Un créateur plus intéressant est Étienne Eggis (1830-1867), de Fribourg, neveu par alliance de Senancour, plus ardent et plus vif que la plupart de ses confrères romands. A Paris, il fut un bohème romantique qui se mêla aux milieux littéraires, collaborant avec Charles Monselet à *l'Artiste,* préparant des romans et des drames aux titres bizarres : *Wald, Yohonn, Auréol Bionda.* Dans ses recueils *En causant avec la lune,* 1850, et *Voyages au pays du cœur,* 1852, il montre un style aisé, jetant *l'Éclat de rire d'un bohème :*

> Tout ce qui grouille enfin de vil, d'abject, d'immonde,
> Dans ce grand hôpital qu'on appelle le monde,
> Et je me dis alors que pour un million,
> Ces hommes à genoux baiseraient mon haillon :

Car l'homme des vertus répétant la chimère
Vendrait pour un peu d'or ses enfants et sa mère.
Alors un noble orgueil illumine mon front
Du haut de mon dédain, vierge de tout affront,
Dominant cette foule et penché sur ma lyre,
Je jette au monde entier un vaste éclat de rire.

Il y a des réminiscences de Musset, de Murger et de Heine, et l'on sent aussi un côté Maurice Rollinat ou Jean Richepin. Ce poète qui mourut frappé de phtisie abuse parfois de fanfaronnades et de tours outrés du romantisme déjà un peu passés de mode en son temps, mais il est parfois touchant par ses cris de détresse et par la jeunesse de ses vers. Il aime sa ville natale qu'il mêle à son enfance. Vers la fin de sa vie, il a publié une fantaisie en prose, *les Schnapsseurs* suivie d'une *Ode au schnaps* et d'un *Toast aux poètes*. Les Goncourt, Arsène Houssaye et Maxime Du Camp le signalent dans leurs souvenirs.

On a trouvé à Genève au début du siècle François Vernes, qui selon la mode du temps de l'Empire, fait de longues épopées comme *la Franciade,* seize chants, ou *la Création,* six chants. Au temps des échanges sur *le Rhin allemand* où Musset et Lamartine rivalisent, Jules Vuy (né en 1815), patriotiquement, répond à son tour par une pièce, *le Rhin suisse,* qui fait du bruit :

Les Alpes sont à nous et leurs cimes de neige
Et leurs pics sourcilleux, formidable cortège,
Séculaire berceau du fleuve souverain;
Là, nos pères ont bu sa vague froide et pure.
Il fallait au grand fleuve une grande nature :
    Il est à nous le Rhin!

Le pasteur genevois Louis Tournier (né en 1828) chante aussi les Alpes dans *le Bonheur :*

Oh! c'est lui, c'est bien lui! calme, serein, paisible,
Rose, aux feux du couchant, dans un ciel sombre et bleu;
C'est lui, c'est le bonheur! — C'est la Jungfrau, mon Dieu...
    Elle est inaccessible!

Il se partage entre des poèmes religieux, des poèmes pour la jeunesse et des compositions intimistes élégiaques.

L'éducation de la jeunesse, Jean-Jacques Porchat (1800-1837) s'y consacre aussi par des *Fables,* 1826, des *Fables et paraboles,* 1854, posthumes. On l'appela « le La Fontaine vaudois ». Il traduisit Tibulle, Horace, Gœthe, donna un drame, *la Mission de Jeanne d'Arc,* et des *Poésies vaudoises,* 1832. Ce don de la *Fable,* on le retrouve chez Antoine Carteret (né en 1813), familier et spirituel. Mais aucun d'eux ne renouvelle le genre.

La plupart de ces poètes, s'ils n'ont guère de personnalité poétique profonde et originale, ont, du moins, une grande ferveur; on sent qu'ils croient à ce qu'ils écrivent; certains se sentent investis d'une mission nationale; ils émeuvent surtout quand ils chantent leur pays, leur ville ou leur village. Nous citons encore André Verre, Gandy Lefort, Aimé Steinlein, et surtout Henri Blanvalet (né en 1811), disciple de Victor Hugo dans sa *Lyre à la mer,* 1844, où des poèmes comme *la Petite sœur* (qui cherche son frère mort dans la campagne) ont pu toucher jadis. Charles-Louis de Bons (né en 1809) est patriotique dans *Divicon ou la Suisse patriotique* et gracieux dans *les Hirondelles,* sujet de plusieurs romantiques. Henri Durand (1818-1843) parle comme Lamartine de l'immortalité avec conviction. Le prédicateur vaudois Louis Manuel (1790-1838) publie dans *le Mercure* un pompeux *Tombeau d'Homère* ou un gentil *Rossignol.* Les si peu originales *Poésies,* 1869, de David-Étienne Gide (1804-1869) sont publiées l'année même de sa mort. Il s'agissait de ses œuvres de jeunesse.

Félix Chavannes (1802-1863), Vaudois, publie *le Petit oiseau* et *la Reine Berthe,* ou bien, avec son oncle Nicolas Chatelain (1769-1857), il fait des pastiches classiques comme celui de Mme de Sévigné. Leur parent Frédéric Chavannes (né en 1803) mêle le lyrisme au didactisme dans ses *Poésies chrétiennes,* 1846.

On a attribué à l'avocat Salomon Cougnard (1788-1868) la fameuse *Complainte de Fualdès;* sa chanson *Fanfan* fut célèbre en Suisse.

Nous terminons ce panorama par deux écrivains assez connus. Le premier, Jules Petit-Senn (1792-1870) est un poète et un écrivain humoristique et satirique. Enjoué et malicieux, sceptique, il y a en lui du Montaigne et du Sterne, avec un grain de Scarron. Dans la satire, il a le talent particulier d'être désinvolte. Il a écrit des pensées fort originales, ce *Fantasque,* comme il a intitulé un journal. Dans son salon de Chênethonex, il recevait une société cosmopolite à qui il récitait ses compositions burlesques comme *les Trois verres de vin* qui content le désappointement d'un buveur qui prend pour belle un laideron et l'épouse. Mais ce rieur, parfois cynique, ce railleur pétri d'intelligence qui caricature en vers et en prose ses contemporains, ce glaneur des travers et des originalités sait avoir de la sensibilité quand il chante *le Lac de Genève, la Bible de ma mère* ou *le Cimetière et le rossignol :*

> Hélas! il chanta comme toi
> La nature, l'amour, la foi;
> La poésie était sa loi
> Et sa folie.

> Mais en dépit de ses efforts,
> Ainsi que les tiens, ses accords
> N'ont retenti que pour des morts,
> Puis on l'oublie!

Töpffer illustra son premier livre, *la Griffonnade,* 1817. Il publia ensuite *la Miliciade, Paysages poétiques, Netienne* (contre la guerre), et sa meilleure œuvre, *les Perce-neige,* 1847. Il termina, lui qui disait : « Respectons les cheveux blancs, mais surtout les nôtres » par un recueil mélancolique, *Cheveux blancs.* Dans ses *Bigarrures littéraires* ou ses *Bluettes et boutades,* il n'est jamais lourd et ne semble jamais se prendre au sérieux. Il trouve aussi le moyen de mettre des idées originales dans des poèmes humoristiques comme celui où il s'imagine en l'an deux mille écoutant un littérateur qui le flatte tandis qu'un passant devant sa porte l'appelle « poète rococo, classique rossinante ». Se moquer de soi-même est chose rare en poésie!

Le second, Alexandre-Rodolphe Vinet (1797-1847), Vaudois, professeur de français, théologien, critique, auteur d'une *Chrestomathie française,* 1829-1830, et d'études littéraires remarquables, notamment sur les grands romantiques français, fut l'ami de Sainte-Beuve qui parle ainsi de son enseignement : « Jamais je n'ai goûté autant la sobre et pure jouissance de l'esprit, et je n'ai eu plus vif le sentiment moral de la pensée. » Il a écrit des poèmes graves et moralisateurs et d'autres, de mètres courts, petites élégies romantiques sur *le Renouvellement de l'année* ou *la Mort de ma fille* :

> Pourquoi reprendre,
> Ô Père tendre,
> Les biens dont tu m'as couronné?
> Ce qu'en offrandes
> Tu redemandes
> Pourquoi donc l'avais-tu donné?
> Parle, Seigneur, tes œuvres sont si grandes,
> Et mon regard est si borné!

Après 1850, d'autres poètes apparaîtront comme Marc Monnier, comme Henri-Frédéric Amiel plus connu pour son *Journal intime.* Nous ne manquerons pas de suivre les étapes de la poésie de langue française en pays helvétique, en attendant les parfaites réussites du siècle qui est le nôtre.

Poètes français de partout.

Tandis qu'au Canada, la poésie ne connaîtra son éveil qu'après 1860 avec Octave Crémazie, Louis Fréchette, William Chapman, Pamphile Le May, Alfred Garneau, Nérée Beauchemin, en attendant l'École de Montréal, et surtout le génial Émile Nelligan, d'autres encore avec qui nous prenons rendez-vous, des poètes de langue française, en terre lointaine, parlent.

Dans les keepsakes de 1827 à 1829, des poèmes signés Jean Polonius surprirent. Rien ne révélait un étranger : la langue était pure, la prosodie parfaite, le contenu d'époque. On ne sut la véritable identité de cet inconnu qu'en 1839 quand parut un poème en six chants, *Erostrate,* signé cette fois d'un noble polonais, le comte Xavier Labenski (1790-1855). Ses *Poésies diverses,* 1827, et sa *Vision d'Empédocle,* étaient endossées par Jean Polonius. Si *Erostrate* ressassait le dégoût du siècle, les soupirs languissants des recueils mélancoliques, avec quoi la génération de 1830 avait pris du recul, *la Vision d'Empédocle* avait, malgré l'éloignement, plus d'originalité, Polonius valait mieux que Labenski. Charles Asselineau lui a reconnu une place entre Auguste Barbier dont il fut l'émule et Lamartine dont il fut l'élève. On pourrait aussi parler de Millevoye. Il a de l'harmonie et de la facilité, quoique ses vers frisent le pastiche. Lamartine aurait pu les signer sans qu'on fît la différence :

> Si, saisi du dégoût des choses de la terre,
> Jetant sur la nature un œil désenchanté,
> Il écartait de lui la coupe trop amère
> De l'immortalité.

> Qu'à ton seul souvenir il reprenne courage!
> Qu'il sache que l'injure ou l'oubli des humains
> Ne lui raviront pas le sublime héritage
> Qu'il reçut de tes mains!

> Le peuple des oiseaux, quand le temps les dévore,
> Tombe, et reste englouti dans l'éternel sommeil;
> Le phénix sait revivre et s'élancer encore
> Aux palais du soleil.

Un Russe, le prince Elim-Petrovitch Metcherski (1808-1844), traduit pour une anthologie *les Poètes russes* en vers français et l'on publie *les Roses noires,* 1845, après sa mort. Un autre Russe surprendra ici. Il se nomme Alexandre Sergueievitch Pouchkine (1799-1837), oui, le grand Pouchkine! sang mêlé comme Dumas, qui reçut une éducation française par le comte de Montfort. Il écrivit une bluette, *l'Escamoteur,* qui ne réussit pas, ce dont il se consola par une épigramme :

> Dis-moi, pourquoi *l'Escamoteur*
> Est-il sifflé par le parterre?
> Hélas! c'est que le pauvre auteur
> L'escamota de Molière.

Il a fait, sur le ton badin du XVIIIᵉ siècle, son portrait en vers français de huit et six pieds entrecroisés, peu poétique, mais témoignant d'un sens parfait de la prosodie et de la langue :

> Je suis un jeune polisson
>   Encore dans les classes;
> Point sot, je le dis sans façon
>   Et sans fades grimaces.
> Or, il ne fut de babillard
>   Ni de docteur en Sorbonne
> Plus ennuyeux et plus braillard
>   Que moi-même en personne.
> Ma taille à celle des plus longs
>   Ne peut être égalée,
> J'ai le teint frais, les cheveux blonds
>   Et la tête bouclée...

En Roumanie où l'influence française était prépondérante, de nombreux poètes de langue française apparaîtront, mais au temps de la reine Carmen-Sylva, d'Hélène Vacaresco, d'Alexandre Sturdza.

Au Caire, Joseph Agoub (1795-1852) apprend le français, ce qui lui permet d'écrire un *Dithyrambe sur la mort de Mᵐᵉ Dufrénoy,* 1825. En Allemagne, Adolphe-Michel Birmann (1810-1868) met en vers français des poèmes de Schiller.

En Haïti, quelques poètes font attendre le meilleur des poètes haïtiens, Oswald Durand (1840-1906) et quelques poètes lyriques, et puis, en 1898, l'école groupée autour de la revue *la Ronde.* Des journaux donnent une place à une poésie souvent mondaine et galante dans le goût du siècle passé : ce sont *l'Observateur* de 1819, puis *l'Abeille haïtienne* de 1827. Dans la période qui nous intéresse, on rencontre de nombreux auteurs de drames historiques ou bourgeois, de comédies, de tragédies qui se nomment Fligneau (*l'Haïtien expatrié,* 1804), Dupré (*Odéide ou la honte d'une mère,* 1813, *la Mort du général Lamarre,* 1815), Juste Chanlatte comte des Rosiers (une tragédie en l'honneur d'Henri Christophe, ancien esclave devenu roi en 1811), le général-comte Pierre Faubert (*Ogé ou le préjugé de couleur,* 1856), Alibée Féry, Eugène Nau, Liautaud Ethéart. Un renouvellement se produira dans la deuxième partie du siècle.

Pour la poésie, nous trouvons François Romain, dit Lhérisson (1798-1858), poète en tous genres : satirique, politique, galant, etc., mais qui comprend la valeur poétique du créole qu'il transcrit, ce qui lui permet de se dégager des modèles français. Ignace Nau (1808-1839) et son frère Émile Nau (1812-1860) fondateur de journaux comme *le Républicain* et *l'Union,* vers 1836, laissent entrevoir un romantisme haïtien qui mêlerait l'inspiration française et le génie local. Coriolan Ardouin (1812-1835) mourra très jeune de phtisie. Ses élégies seront publiées en 1837 sous le titre de *Reliquaire*. Les poèmes de Pierre Faubert ne seront publiés qu'en 1869, l'année qui suit sa mort. Malgré une pointe de romantisme, il s'apparente encore à l'école néo-classique :

> Beau lac de ce désert, combien j'admire et j'aime
> Tes flots bleus endormis sous ces monts orgueilleux,
> Que ce site, à la fois doux et majestueux,
> Parle haut à mon cœur de l'artiste suprême!
> Pour lancer jusqu'au ciel ces cônes de granit,
> Pour briser sur le roc la cascade grondante,
> Un seul mot, Dieu puissant, un signe te suffit...

C'est le cas de Jean-Jacques Lérémond (1823-1844), d'Abel Elie ou d'Hippolyte Ducas qui tentent d'imiter les romantiques en ressemblant plutôt à ceux qui les ont précédés. A la fin du siècle, nous trouverons une grande floraison de poètes français haïtiens.

Auguste Viatte, dans son *Histoire littéraire de l'Amérique française,* a montré la présence de nombreux poètes en Louisiane. Après lui, signalons Tullius Saint-Céran (1800-1855), né à la Jamaïque, qui supprima sa particule. Ses premières œuvres, *Chansons et poésies diverses,* 1836, marquent un retard évident sur la poésie de l'époque en France et ce retard ne se rattrapera pas avec ses œuvres suivantes. On hésite à l'époque entre le néo-classicisme et le préromantisme, ce qui se voit, soit dit au passage, chez maints poètes vivant en France. D'autres poètes louisianais sont Camille Thierry (1814-1875) qui collabore au recueil poétique des *Cenelles* publié en 1845 par des poètes de couleur. L'année qui précède sa mort, il publie à Paris *les Vagabondes,* 1874, Viatte le situe parmi les romantiques frénétiques; Alexandre Latil (1816-1861) qui mourra iépreux : son recueil *les Éphémères,* 1841, est, selon l'historien de l'Amérique littéraire française, « mêlé de beaucoup de fadeurs qui contrastent avec le pathétique de son destin », ce qui nous éloigne de la force des *Congés* d'Arras au moyen âge.

Les plus connus sont les frères Adrien (1813-1887) et Dominique Rouquette (1810-1890). Le premier a fait ses études en France où ses débuts ont été remarqués; avant de se faire prêtre, il a connu de multiples amours. Devenu missionnaire chez les Indiens Chactas, sa poésie célèbre la nature et la foi; comme beaucoup d'exilés, il cherche à créer une littérature française puisant son inspiration sur la terre d'accueil. En français, il écrit ses poèmes lyriques, *les Savanes,* 1841, ou religieux, *la Thébaïde en Amérique,* 1852, *l'Antoniade,* 1860, son roman *la Nouvelle Atala,* bien plus tard, en 1879 (signé de son pseudonyme indien Chata-Ima), prolongeant ainsi Chateaubriand. En anglais, il a laissé ses *Fleurs sauvages,* 1858. Son frère Dominique est essentiellement romantique dans *les Meschacébéennes,* 1839 et *Fleurs d'Amérique,* 1856. Selon Viatte : « Il chante à la fois la solitude et le voyage, la Louisiane et la France; certains de ses vers présagent les accents de Baudelaire et de Mallarmé. »

A leur école, on trouve Charles-Oscar Dugué (1821-1872), auteur d'*Essais poétiques,* 1847, de *Mile ou la mort de La Salle,* 1852, d'*Homo,* 1872, poème philosophique. Exilé, Alexandre Barde écrit surtout des romans et donne aux journaux des poèmes à la manière du Victor Hugo satirique. Bien plus tard, on trouvera en Louisiane Albert Delpit (1849-1893) qui fut secrétaire d'Alexandre Dumas, exilé de la Commune, dont les poèmes *l'Invasion* parurent en 1871 avec succès, avant *les Dieux qu'on brise,* 1881. Romancier, auteur dramatique, poète, il nous fait quelque peu anticiper, comme aussi son frère Édouard Delpit (1844-1900), auteur de *Mosaïques,* 1871, de drames et de romans. Plus tard encore, Georges Dessommes (1855-1929) publiera des poèmes dans *l'Athénée louisianais.*

Puisque nous sommes de l'autre côté de l'Océan, signalons Félix de Courmont en Martinique qui écrit ses poèmes vers 1846.

Nous terminerons en beauté avec Auguste Lacaussade (1817-1897) né en l'île de la Réunion. Il vivra en France, mais sera sans cesse inspiré par son île natale comme en témoignent ses premiers vers, *les Saléziennes,* 1839 (du nom du massif des Salazes) et tant d'autres poèmes. En 1842, il retourna dans son île pour mener une campagne contre l'esclavage des Noirs; toute sa vie, il combattra, notamment aux côtés de Schoelcher, pour l'émancipation des peuples : l'honneur des poètes... Il traduisit Ossian et Leopardi avec bonheur. Ses principaux recueils sont, après *les Saléziennes, Poèmes et paysages,* 1851, *les Épaves,* 1861, *Cri de guerre, Vae victoribus,* 1870, *le Siège de Paris,* 1871, *Stances à Leopardi, Ultima verba,* 1890, *les Épaves,* 1896, qui contiennent ses poèmes contre Napoléon III. S'il touche au romantisme, il est souvent plus près des parnassiens comme Leconte de Lisle : on pourrait comparer *l'Heure de midi* au *Midi* de ce dernier. Ce début de poème en témoigne :

> Midi! l'heure de feu! l'heure à la rouge haleine,
> Sur les champs embrasés pèse un air étouffant :
> Le soleil darde à pic ses flammes sur la plaine,
> Le ciel brûle, implacable, et la terre se fend.

La Nature n'a plus ni brises ni murmures;
Le flot tarit; dans l'herbe on n'entend rien frémir;
Les pics ardents, les bois aux muettes ramures,
D'un morne et lourd sommeil tout semble au loin dormir.

L'immobile palmier des Savanes brûlantes,
Abritant les troupeaux sous les rameaux penchés,
Courbe languissamment ses palmes indolentes
Sur les bœufs ruminant dans son ombre couchés.

On pourrait encore le rapprocher d'un *Midi au village* de Sully Prudhomme. De Lacaussade, Sainte-Beuve (dont il fut le secrétaire) a écrit : « Il a senti profondément la nature tropicale et il a mis sa muse tout entière au service et à la disposition de son pays bien-aimé. Il prend l'homme avec tous ses sentiments de père, de fils, d'époux et d'ami et il le place dans le cadre éblouissant des Tropiques. Cette nouveauté de situation produit dans l'expression des sentiments naturels et simples un véritable rajeunissement. » L'exotisme n'est pas tout chez Lacaussade : il a une manière particulière, désabusée et tendre, de chanter les désillusions de la vie et les peines perdues. La terre lui apporte sa mélancolique consolation :

Ô changeantes saisons! ô lois inexorables!
De quel deuil la nature, hélas! va se couvrir!
Soleil des mois heureux, printemps irréparables,
Adieu! ruisseaux et fleurs vont se taire et mourir.

Mais console-toi, terre! ô nature! ô Cybèle!
L'hiver est un sommeil et n'est point le trépas :
Les printemps reviendront te faire verte et belle;
L'homme vieillit et meurt; toi, tu ne vieillis pas!

Comme Théophile Gautier, Lacaussade procède de cet art parnassien dont nous allons parler, celui de Leconte de Lisle, de Théodore de Banville, de José-Maria de Heredia, dont la forme reste chez Baudelaire et Mallarmé, avant d'en venir à un mouvement plus vaste, le symbolisme, qui s'exprime à travers tous les arts, musique, peinture, théâtre, poésie, et est en cela comparable au romantisme ou au surréalisme.

Un Entracte.

Le phénomène romantique se poursuit tout au long du siècle et au-delà. Dans la seconde partie de ce tome consacré à *la Poésie du XIXᵉ siècle,* le lecteur retrouvera le romantisme, les romantismes selon leurs nouvelles métamorphoses. C'est le temps où naîtra la poésie moderne, avec des poètes comme Baudelaire, Lautréamont, Rimbaud, Verlaine, Mallarmé, et tant d'autres parfois considérables, souvent peu connus ou mal connus. A la richesse poétique du quadrige fameux Hugo-Vigny-Lamartine-Musset, à celle des sur-romantiques comme Gérard de Nerval et maints bousingots, à celle des maîtres du poème en prose comme Aloysius Bertrand ou Xavier Forneret, va succéder une richesse plus grande encore par une infinie variété, par des options nouvelles, des directions inconnues et peu imaginables jusqu'alors, des éclatements, des révolutions. Les écoles, les individualités, nous tenterons de ne rien omettre, et non plus le félibrige, les poètes populaires, les chansonniers, la poésie francophone. Sait-on que dans ce siècle qui nous est si proche, des remises en question sont nécessaires, des réhabilitations, des découvertes sont possibles?

Nous aurions aimé que ce XIXᵉ siècle, pour n'apporter aucune coupure, fût réuni en un seul volume. Pour des raisons pratiques (un ouvrage trop épais serait peu facile à manier), l'ampleur de la matière poétique ne l'a pas permis. Passant d'un volume à l'autre, que le lecteur pense qu'il ne fait que tourner la page et que l'histoire que nous racontons est ininterrompue...

Index

Table des Matières

des oiseaux... La Très belle Delphine. Une Grande provinciale :
Eugénie de Guérin. Quelques femmes poètes nées avant le
siècle. Atavismes poétiques. Le Temps des soupirs. Curiosités.
La Poésie des travailleuses.

*La composition
et l'impression de ce livre ont été effectuées
par l'Imprimerie Floch à Mayenne
pour les Éditions Albin Michel*

AM

*Achevé d'imprimer le 23 décembre 1976
N° d'édition : 5843. N° d'impression : 14511
Dépôt légal : 1er trimestre 1977*

Imprimé en France